彼得大帝 传

（俄）阿·托尔斯泰 著

子木 编译

上

人民日报出版社

图书在版编目（CIP）数据

彼得大帝传 /（俄罗斯）托尔斯泰（Tolstoy, A.N.）著；子木编译. —北京：人民日报出版社，2012.12
ISBN 978-7-5115-1449-3

Ⅰ．①彼… Ⅱ．①托… ②子… Ⅲ．①彼得一世（1672～1725）—传记 Ⅳ．① K835.127=4

中国版本图书馆CIP数据核字（2012）第 273685 号

书　　名	彼得大帝传
作　　者	（俄）阿·托尔斯泰　著　子木　编译
出 版 人	董　伟
责任编辑	杨冬絮
封面设计	未　泯
出版发行	人民日报 出版社
社　　址	北京金台西路2号
邮政编码	100733
发行热线	（010）65369527　65369846　65369509　65369510
邮购热线	（010）65369530　65363527
编辑热线	（010）65369522
网　　址	www.peopledailypress.com
经　　销	新华书店
印　　刷	北京中新伟业印刷有限公司
开　　本	710mm×1000mm　1/16
字　　数	512千字
印　　张	34.5
印　　次	2014年1月第1版　2014年1月第1次印刷
书　　号	ISBN 978-7-5115-1449-3
定　　价	78.00元（上下册）

目 录

第一卷
第一章 · 003
第二章 · 027
第三章 · 042
第四章 · 058
第五章 · 103
第六章 · 154
第七章 · 168

第二卷
第一章 · 195
第二章 · 253
第三章 · 309
第四章 · 358
第五章 · 398

第三卷
第一章 · 433
第二章 · 448
第三章 · 467
第四章 · 478
第五章 · 502
第六章 · 520

主要人物

彼得·阿列克谢耶维奇——彼得大帝,沙皇阿列克谢·米哈伊洛维奇和皇后纳塔利娅·基里洛芙娜的儿子。

费多尔·阿列克谢耶维奇——沙皇,彼得大帝的异母哥哥。

伊凡·阿列克谢耶维奇——与彼得大帝同时即位的沙皇,彼得大帝的异母哥哥。

索菲娅·阿列克谢耶芙娜(索尼卡)——摄政王,彼得大帝的异母姐姐。

纳塔利娅·阿列克谢耶芙娜(纳塔莎)——彼得大帝的姐姐。

纳塔利娅·基里洛芙娜·纳雷什金娜——彼得大帝的母亲。

列夫·基里洛维奇·纳雷什金——彼得大帝的舅舅,使节政厅总监。

伊万·米哈伊洛维奇·米洛斯拉夫斯基——索菲娅的舅舅。

费多尔·马特维耶维奇·阿普拉克辛——沙皇阿列克谢·米哈伊洛维奇的内兄,海军部大臣。

彼得·马特维耶维奇·阿普拉克辛——沙皇阿列克谢·米哈伊洛维奇的内兄。

马尔法·马特维耶芙娜——沙皇费多尔·阿列克谢耶维奇的妻子。

叶夫多基娅·费多罗芙娜·洛普欣娜——彼得大帝的第一个妻子。

卡捷琳娜·瓦西里耶夫斯卡娅（埃列娜·埃卡捷琳娜、卡秋莎、卡佳、埃伦·卡捷琳）——利伏尼亚的女俘虏，彼得大帝的第二个妻子，后来是女皇卡捷琳娜一世。

安娜·蒙斯（安娜·伊万诺芙娜、安欣、安努什卡）——德国商人的女儿，彼得大帝的情妇。

普拉斯科维娅·费多罗芙娜——沙皇伊凡的妻子。

阿列克谢·彼得罗维奇（奥列申卡）——彼得大帝和皇后叶夫多基娅·洛普欣娜的儿子。

亚历山大·丹尼洛维奇·缅希科夫（阿列克萨什卡、丹尼雷奇）——饲马员的儿子，彼得大帝的亲信，普列奥布拉任斯科耶团的军官，彼得堡总督。

伊万·阿尔捷米奇·布罗夫金（伊瓦什卡、万卡）——农民，后来是商人、实业家。

亚历山德拉·伊万诺芙娜·布罗夫金（桑卡）——伊万·阿尔捷米奇的女儿，贵族领主瓦西里·沃尔科夫的妻子。

阿列克谢·伊万诺维奇·布罗夫金（阿廖什卡、阿廖沙）——伊万·阿尔捷米奇的儿子，普列奥布拉任斯科耶团的军官。

阿尔塔蒙·伊万诺维奇·布罗夫金（阿尔塔莫什卡）——伊万·阿尔捷米奇的儿子，外交事务衙门的翻译官。

加夫里尔·伊万诺维奇·布罗夫金（加夫里尔卡）——伊万·阿尔捷米奇的儿子，海军工程师。

雅科夫·伊万诺维奇·布罗夫金（雅什卡）——伊万·阿尔捷米奇的儿子，航海员。

费多尔·尤里耶维奇·罗莫达诺夫斯基——大贵族，"公爵皇帝"，刑事政厅总监。

尼基塔·莫伊谢耶维奇·佐托夫（阿尼基塔）——彼得大帝的老师，诨名"公爵教皇"。

伊万·安德烈耶维奇·霍万斯基——领主，射击军政厅总监。

费多尔·列昂季耶维奇·沙克洛维特——贵族杜马秘书官，射击军哗变的首领。

彼得·安德烈耶维奇·托尔斯泰——摄政王索菲娅的亲戚和同党，后来是彼得大帝的外交官。

瓦西里·瓦西里耶维奇·戈利岑（瓦西卡）——外交家，摄政王索菲娅的情人，远征克里米亚的总司令。

鲍里斯·阿列克谢耶维奇·戈利岑——领主。

米哈伊尔·戈利岑——近卫军司令官。

阿尔塔蒙·米哈伊洛维奇·戈洛温——"游戏兵团"的创建者。

费多尔·阿列克谢耶维奇·戈洛温——俄罗斯海军的创建者，海军上将。

鲍里斯·彼得罗维奇·舍列梅季耶夫——领主，陆军大元帅。

罗曼·鲍里索维奇·布伊诺索夫——领主。

安东妮达·布伊诺索娃——罗曼·鲍里索维奇的女儿。

奥莉加·布伊诺索娃——罗曼·鲍里索维奇的女儿。

纳塔利娅·布伊诺索娃——罗曼·鲍里索维奇的女儿。

安德烈·安德烈耶维奇·维尼乌斯——领主杜马的秘书官。

彼得·帕夫洛维奇·沙菲罗夫——使节政厅的翻译官。

叶梅利扬·乌克兰采夫——俄罗斯驻君士坦丁堡大使。

瓦西里·沃尔科夫——领主，彼得大帝的侍臣，罗曼·鲍里索维奇·布伊诺索夫的表侄。

吉普赛人——沃尔科夫家的农奴，兵士，后来成为乞丐和强盗。

奥夫谢·勒若夫——射击军士兵，缅希科夫的舅舅。

奥夫多基姆——射击军叛乱的首领，乞丐。

"泥洗脸"费季卡——修道院的农奴，流亡者兵士。

库兹马·热莫夫——铁匠，发明家。

尼基塔·德米多夫——图拉的铁匠，乌拉尔冶炼业的创建者。

安德烈·戈利科夫——帕列赫的圣像画师。

涅克塔里——分裂派教会长老。

安德烈·杰尼索夫——分裂派教会长老，后来是商人。

弗朗茨·勒福尔特——瑞士驻莫斯科大使馆的武官，彼得大帝的亲信和谋士。

潘布尔格——葡萄牙海盗，俄罗斯海军中将。

奥吉尔维——奥地利军事家，俄罗斯元帅。

奥古斯特——萨克森选帝侯，波兰国王。

柯尼泽克——萨克森驻莫斯科大使。

马拉霍夫斯基——波兰大贵族地主。

索别先斯基——波兰大贵族地主。

约翰·帕特库尔——利伏尼亚大贵族。

索菲娅·科泽尔斯卡伯爵夫人——奥古斯特的情妇。

查理十二世——瑞典国王。

卡尔·霍恩——瑞典将军，纳尔瓦卫戍司令官。

阿尔维德·霍恩——瑞典驻华沙卫戍军上校司令。

阿塔莉·台斯芒伯爵夫人——查理十二世的情妇，后来是奥古斯特的情妇。

第一卷

第一章

一

桑卡从暖炕上跳了下来,一屁股就把变了形的门给撞开了,雅什卡、加夫里尔卡、阿尔塔莫什卡也像是心有灵犀似的,也跟着姐姐桑卡跳下暖炕,因为他们都想喝水了。他们跑到了黑糊糊的门廊里,伴随着他们一起过去的还有一股酸味的水汽和烟雾。天气冷极了,晨曦从窗外的积雪里射了进来,水桶都结了冰,连舀水勺也一并被冻住了。

孩子们却没有受到一丝影响。他们高兴极了,都光着小脚,不停地在地上跳来蹦去,仿佛冬天的寒意与他们根本无关。桑卡的头上只裹了一条围巾,加夫里尔卡、阿尔塔莫什卡则只穿着一件露肚脐的小衬衫,孩子们内心的火热战胜了严寒。

"你们这群疯孩子!快回屋去!"母亲站在暖炕前面呵斥道。火光映照出她满是皱纹、历经风霜的脸,一双哭坏的眼睛,在破烂的头巾下一闪一闪的,看起来很吓人。桑卡看到母亲的眼神,心里惊了一下,用力地把门关上了。然后,她舀起一勺清甜的凉水,喝了一口,嘴里嚼着一块冰,又把勺子递给弟弟们喝。她柔声地说:"你们冷不冷啊?要是不冷的话,咱们再到院子里看看,爸爸正在那边套马呢……"

院子里,一个中年男人正把马往雪橇上套,一顶高高的毡帽直扣在两道凌厉的眉毛上,火红色的大胡子,自从圣母节那天起就再没打理过。树皮鞋踩在雪地上发出吱吱的声响。车档子出问题了,那东西已经烂了,净是一个个铁疙瘩,他懊恼地朝黑马吆喝着。这就是孩子们的父亲——伊万·阿尔捷米奇,除了他的妻子,其余的人都称他为伊瓦什卡,外号布罗夫金。

"你们这群淘气鬼!快回去,要不冻坏了!"

孩子们在门廊旁边站着,对寒气刺骨的天气不以为然,在冻冰的门槛上挤作一团。小儿子阿尔塔莫什卡结结巴巴地说:"没关系,回头到炕上暖和一下就好了……"

伊万·阿尔捷米奇已经把马套好了,牵着它去木桶前喝水。那匹马喝了许久的水,就连瘦骨嶙峋的两肋都鼓起来了,父亲看到这里,戴上了手套,从雪橇的底下抽出了那根鞭子。

"快回屋去,要不我就给你们点颜色瞧瞧!"伊瓦什卡举起了手中的鞭子吓唬孩子们。随后他跳到了雪橇上,朝马身上抽了一鞭子,那匹瘦马便直奔覆盖着雪的枞树地带,朝着领主沃尔科夫的儿子家的庄园方向疾驰。

"太冷了!"桑卡望着父亲远逝的背影说道。孩子们迅疾地又冲进了屋子,爬上暖炕,浑身哆嗦,牙齿咯咯地直打颤。母亲则在用力揉面。伊瓦什卡家的生活过得很殷实:有一匹马,一头母牛,四只母鸡。桑卡拿起一件羊皮袄盖在自己和弟弟们的身上取暖,钻进里头开始给弟弟们讲各种各样可怕的东西:"我要是瞎说,让我眼珠子爆裂。"桑卡首先起了一个毒誓,以证明她的话的真实性。"前几天,门槛旁边有一堆垃圾,垃圾堆上搁着一把笤帚。我从暖炕上看出去,太可怕了,那笤帚底下,有个毛乎乎的东西,长着猫胡子……""啊!啊!"钻到皮袄下面的三个男孩子都吓坏了。

伊瓦什卡赶着快步疾驰的马,正准备穿过一片被暴风吹得东倒西歪的树林子。树枝摩擦着车弓子,不断掉下扑簌簌的雪花。这片土地是沃尔科夫的儿子瓦西里前年受封的,那时的他刚刚娶妻,离开了在莫斯科任职的父亲。领地政厅封给他 450 俄亩土地，还有 37 名家奴以及其家属。

瓦西里来到领地后，为了建造庄园把钱都花光了，只好硬着头皮把自己领地的一半抵押给修道院，向僧侣们借了二分利的高利贷。靠着从修道院借来的钱，他购置了马匹、甲胄、佩剑、火枪等必需品，此外他还雇了三个随身军士，为他们也配备了相应的装备。这样一来，瓦西里又囊中空空了，他又开始为生活费、豢养家丁、支付高利贷的利息发愁了。

皇上年年都发布新的饬令，让百姓缴纳新的捐税，以此来充实可怜的国库。本来自己就没有多少剩余了，可上面还常常派人下来催问领主要农民交税，但总不能无休无止地剥农民的皮啊，这样下去早晚要出大事的。先皇阿列克谢·米哈伊洛维奇在位时，由于战争、暴动与骚乱已经是民穷财尽、怨声四起了。该死的强盗斯坚卡·拉辛在各地煽动农民反抗，虽然后来被处死，但农民们都变得无法无天了。只要你稍微逼迫他们一下，他们便纷纷跑到顿河去，即使用诏书和军刀都没办法把他们给弄回来。

伊瓦什卡躺在雪橇上也在寻思着，但他只有寻思的份儿，其余什么都做不了。

"哦，这个要拿出去，那个也要拿出去。这个人要给，那个人也要给。……这样的日子真是一个无底洞啊！什么时候才是个头啊！我们从来不逃避干活，我们什么苦都能吃，可是莫斯科的领主，他们出门都坐上镀金的马车了。……你强迫我们干活也好，把我们的东西拿去也罢，但不要胡作非为！骑在我们头上作威作福的官太多了，不要惹恼我们，不然我们就逃到林子里去，宁可被野兽撕个粉碎，也比现在所遭受的痛苦要好些。不过这样，你们也就不能指望我们养活你们了……"

正当伊瓦什卡沉思的时候，沃尔科夫家的，外号叫吉普赛人的农民从林子里冲了出来，跑到了大路上。这个人以前在老沃尔科夫家里干活，为了逃避主人的虐待，他在外面过了 15 年的流亡生活，每次被抓回去都遭到领主的一顿毒打，目的就是让他记住教训：以后不要再想逃跑的事儿。直到后来他来到瓦西里家，才算真正得到解救了。

"你好。"吉普赛人和伊瓦什卡打了个招呼，便一屁股坐到了雪橇上。他脱下了手套，捋了捋胡子，眼中露出了一丝狡黠的神色："我在树林中遇见了一个人,他说皇上快要死了。"伊万·阿尔捷米奇欠了欠身子,摘下了帽子,用手在胸前画了个十字,开口问道:"那么,他说究竟是谁来当新皇帝呢?"

"他说,除了彼得·阿列克谢耶维奇那个孩子,也没什么人了。可他还只是个刚刚断奶的孩子……"伊万听完,顺手戴上了帽子,翻了翻白眼。"哦,看来这天下就要成为领主们的天下了,咱们统统都要完蛋了。"

"完蛋,也许不会,"吉普赛人给伊万递了个眼神,压低了声音说:"那个人说暴动很快就要来了。说不定咱们还能活下去,会生活得更好,这世道嘛,咱们也见得多了。不必担心。"说完,他露出了一口结实的牙齿,开怀大笑,把整个树林都给震响了。

二

伊瓦什卡和吉普赛人在瓦西里家门前把马勒住了。两人摘下帽子,伊瓦什卡抓着门环儿,按着规矩说道:"主耶稣基督,上帝的儿子,饶恕我们吧。"看门人阿韦良听见声音,穿着树皮鞋从门房里走了出来,往门缝里望了望,说了声"阿门",就把大门给打开了。两个人把马牵进了院子,伊瓦什卡边走边问:"阿韦良,老爷这次让我们把马牵过来,到底是公事,还是另有吩咐?在我的记忆中,我们一点也不欠他的了。"

"让你们把军士送到莫斯科去。"吉普赛人听阿韦良这么一说,马上来了兴致,急忙问道:"跟什么人打仗?还是哪里又发生了暴动?"阿韦良点了点头,嘴里却说:"这和你我都没关系,老爷就是吩咐你们把人送过去,今天已经为你们准备了一大车的棍子。"说完,转身向门房走去。

不知什么地方有扇门吱嘎一声,一个婢女穿过雪地,直奔他们而来:"老爷让你们把牲口卸下,在这住宿一夜。听好,不允许你们用老爷家的草料喂你们的牲口!"吉普赛人刚想在这个姑娘的背上抽一鞭子,可她却转身跑了。两个人卸下了牲口,来到了沃尔科夫家奴过夜的下房里。一进屋就看见七八个仆人正围坐在一根蜡烛前,打纸牌赌输赢。

在他们旁边的长凳上坐着一个孩子,身穿一件宽大的亚麻衬衫,破破烂烂的一双树皮鞋,他就是伊万·阿尔捷米奇的儿子——阿廖什卡。有一年秋天饥荒,伊万欠了税款,只好把阿廖什卡送到领主家当终身的奴仆。伊万斜着眼睛朝儿子瞟了一下,这孩子眼睛很大,和他母亲一模一样。看到他身上的鞭痕,心里很难过。阿廖什卡看到父亲来了,站了起来,向父亲深深鞠了一躬。

伊万招呼儿子过来,摸了摸怀里用布包着的面包,压低嗓门说:"我从家里出来就没带面包,阿廖什卡,你替我想想办法弄一块面包过来。明天早上老爷还要让我干好多活呢。说不定他会开恩,让你替我去莫斯科完成这个差事。"阿廖什卡一本正经地点点头:"好的,爸爸。"转身就去为伊万弄面包了。

伊万来了兴致,用爽快而急促的嗓音说道:"伙计们,你们是不是天天都这样玩儿啊,你们日子过得不赖啊,天天都好吃好喝的……"他们之中有一个高个儿把纸牌一甩,回头冲他喝道:"你是干什么吃的,是不是想找碴儿?……"伊万不等他说完,便急忙爬上板床睡觉去了。

与此同时,瓦西里·沃尔科夫正陪着一个在他家过夜,附近的一个小领主的儿子米哈伊尔·特尔托夫聊天。吃过晚饭后,他们围坐在热烘烘的壁炉旁,只穿一件贴身衬衣,不时地变换着话题。

"你啊,瓦西里,大家都非常羡慕你。你再看看我,我父亲生下我们弟兄十四人,七个人已经得到封地了,有的在荒地上挣扎,有的家奴只剩下两三个。我是老八,明天就要受封,他们会赐给我一个烧光的小村子,你说,我往后的日子可怎么过啊?"米哈伊尔一脸懊恼的神色。"眼下谁的日子都不好过,大家都在挣扎着,走一步看一步吧,"瓦西里答道,用手拨弄着一串柏木念珠。

"我祖父,"米哈伊尔说道,"他为先皇米哈伊尔·费多罗维奇守过灵,可是我们家里人却穿着树皮鞋,这已经让我们够丢脸的了。但这也没什么,我们现在只是想怎么活下去……我父亲到领地政厅去求那帮官员,头都磕烂了,也没换来他们的一点同情心。你要是想办成事,需要上下打点才可以。……可是,有些另辟蹊径的人,反而达到了目的。沃洛季卡·切莫达诺夫给皇上上了一道奏折，就弄到了两个小村子作为自己的永久领地。但大家都知道，正是这个人在对波兰的战争中开了小差，他的父亲曾经开过三次小差。结果怎样呢，他们并没有因此而被剥夺领地，反而又受封了几个村子。这个世道真是没有天理啊！"

说到这里，他们互相望了一眼，缄默了一会儿。后来，瓦西里率先打破了僵局，他说："要是我能去威尼斯，罗马，或是维也纳就好了，随便在哪个国王手下当差都行，我会义无反顾地赶过去，离开这个鬼地方。我以前看过一本书，其他国家的人民，生活都很富裕，唯独我们这的人过得都像叫花子。前不久我到过莫斯科外国人聚居的库奎区，每个人看上去都和蔼可亲，房子是整洁明亮的，街道天天有人打扫，园子里种着各种鲜花。最令人惊讶的是他们的财富！一个库奎区就比莫斯科全城连同它的郊区还要多。"

"前些日子，"米哈伊尔说，"御马房的一个马夫，丹尼拉·缅希科夫来拜见我父亲，两个人在闲聊的时候，他告诉我父亲说国库已经欠了射击军二年多军饷了，如果有人叫嚷，他们就把你给抓进去。有个射击军实在受不了佩若夫上校的虐待，便跑到克里姆林宫去控告他的上司。结果，他的下场却是在拘留所前被当众鞭打了一顿。事情传开后，射击军们都气愤极了。缅希科夫说，现在俄罗斯做买卖的全是外国人。我们的商人从外国人那里一卢布进的货，非要三卢布卖掉。如果卖不掉，宁可让货物白白烂掉，也不会减价处理。在这种恶性循环的局面下，大家承受不了这么高的捐税，只能纷纷逃跑。领主们的日子越过越滋润，瓦西里·瓦西里耶维奇·戈利岑公爵用我们交的捐税在河边建造了一座豪华的府邸，外面包裹的是铜皮，里面镶着镀金的皮革……"

瓦西里抬起头，瞅着米哈伊尔。米哈伊尔毫无畏惧，也瞪着瓦西里。这个刚才看起来还很温顺的年轻人，这会儿全变了：他冷冷一笑，摆动着一条腿，不停地摇晃……

"那你怎么想？"瓦西里轻声问道。米哈伊尔耸了耸肩，笑了笑，说："上个星期，在麻雀村附近又有一个大车队被抢了。只有一个人活着回来，把事情的经过报告给了官府。官府马上派人去搜捕强盗，可是他们发现脚印一直通到瓦尔瓦尔村,斯坚卡·奥多耶夫斯基的庄园,那是奥多耶夫斯基公爵的小儿子的住所……斯坚卡·奥多耶夫斯基那个家伙,豢养了25个配备马刀和火器的家奴,一年多来,他从来没养活过他们,只是晚上放他们出去勒索财物。这帮浑蛋就是一群豺狼。"

"时候不早了,咱们该睡了。"瓦西里无精打采地说。米哈伊尔又闷闷笑了一阵,站起身来,伸了一个懒腰,躺在木炕上,一只手放在脑袋下面,眼睛里闪闪发光,对瓦西里说:"我在想,你听了我说的话之后,会不会去告发呢?"瓦西里把念珠挂好,不声不响地躺了下去,盯着对面墙许久之后,开口说道:"不,我不会去告发你的。"

三

莫斯科土城门外,阿廖什卡抓着缰绳,在一条坑洼不平的道路上向前走着。放眼望去,莫斯科街头到处充斥着随意丢弃的破布、破碎的陶器,还有一堆堆灰烬和令人作呕的腐肉。雪橇里坐着三个瓦西里·沃尔科夫家的军士,他们戴着棉布军帽,穿着厚厚的高领子硬毡大衣,给他们配备了一套棉甲装备,来莫斯科参加检阅,但瓦西里心里仍惴惴不安,担心在检阅的时候受到羞辱和责骂:你并没有按照要求来做,你不老实。

瓦西里和米哈伊尔坐在吉普赛人的雪橇里,家奴们牵着马跟在后面,瓦西里的那匹马有华丽的鞍褥和一个波斯马鞍,可怜的米哈伊尔那一匹配着寒酸鞍鞯的又跛又瘸的骟马显得相形见绌。大家看到米哈伊尔的骟马哈哈大笑:"嗨,你要把马赶到屠宰场吗?留神啊,不要连地方都到不了……"有人还走过去用鞭子抽了下马,哄笑声、口哨声、尖叫声顿时响成一片。

米哈伊尔哭丧着脸,看着许多贵族和领主的子弟们,穿着祖辈传下来的锁子铠和护胸甲,新的衣物,吆五喝六,盛气凌人地从他们面前经过,全县的人都前往卢布扬卡广场去了,聚集在那里看检阅和领地的封赐与重新分配。他们则跟着雪橇和车队小跑着,穿过广场来到矮矮的米亚斯尼茨基城门口,城门口混乱不堪,每个人都想抢先过去,于是大家抡起拳头一顿乱打,吼叫咒骂的声音、鞭子抽在人身上的声音、牲口发出的声音、雪橇吱吱呀呀的声音乱成一片。

阿廖什卡也不知道身上挨了多少鞭子,帽子飞了,鼻子也被打出了血,感谢上帝,他总算是通过了城门,来到了米亚斯尼茨基街。街上乱哄哄的,店主都拼命把人往自己的店里拉,乞丐抱住人们的大腿诉说自己的痛苦,游方教士劝人们去教堂祈祷或者吃掉他们手中的面包……

他们好不容易穿过拥挤的人群,来到卢布扬卡广场后面,那里挤满了骑马的军士。按照莫斯科的传统,每年要在春季行军前进行一次贵族民军检阅。瓦西里和米哈伊尔上了马,吉普赛人和阿廖什卡把雪橇上的牲口卸了下来,让沃尔科夫的两个农奴骑上,另外一个由于在半路上马就瘸了,只有步行。吉普赛人抓住马镫,叫嚷着:"老爷!您要把我的马赶到哪里去啊?"瓦西里挥了挥鞭子,吓唬他:"如果你胆敢再嚷嚷……"等到瓦西里一走,吉普赛人就破口大骂,爬上雪橇躺着去了。

阿廖什卡被忘记了。他默默地把挽具捡起来,放在雪橇上,坐在雪橇上看热闹。忽然,一股诱人的香味冲入他的鼻孔,他抬头看见一个老头正托着一个盘子,用手把遮住的布撩开一角,喊道:"快来吃啊,焦黄滚热、好吃的馅饼!"阿廖什卡朝着香味跑了过去:"怎么卖?"老头看了他一眼:"一个铜板两个,好吃极了。"

阿廖什卡犹豫了一下,可是肚子却咕咕叫着,他把藏在腮帮里面的铜币拿了出来,买了两个馅饼,开始品尝着他从未品尝过的滋味。等他回到雪橇那里却傻眼了,东西统统被人偷走了。他急得要命,马上奔过去找吉普赛人想问问情况,结果遭到了一顿臭骂。阿廖什卡头嗡嗡地响着,哭了许久,然后四处问路人看见偷东西的贼没有,大家只是笑。阿廖什卡镇定了一下,才想起应该去广场找他的主人。

阿廖什卡找到了瓦西里,用凄惨的声音把事情的经过说了一遍。"怪你自己!"瓦西里喝道,"你老子知道这件事后,肯定会抽你一顿。如果你老子找不来新的马具,那我就叫他吃一顿鞭子!快去把丢的东西找回来!"

阿廖什卡该怎么办呢?帽子不见了,挽具也不见了……他一个人在广场上游荡,低声哭泣。这时,特尔托夫从马背上跳了下来,一把抓住了他的肩膀,眼中噙满了泪水:"阿廖什卡,看在上帝的面上,你去特维尔门家跑一趟，打听一下御马房的马夫丹尼拉·缅希科夫家在哪儿。找到他后，你先给他磕三个响头，然后对他说，米哈伊尔求他一件事，请他随便借给我一匹马，就是为了检阅。你告诉他，我会报答他的。你一边哭，一边求他……"

"要是我说了，他不答应怎么办？"阿廖什卡问。"那我就把你捶进地里！"米哈伊尔从鼻孔中哼出一个很大的声音。阿廖什卡马上朝着米哈伊尔指点的方向，不顾死活地跑了过去。

米哈伊尔蹲在马鞍上快要冻僵了，整整一天他都没有吃东西。暮色正在降临，莫斯科开始敲起晚祷钟，依旧没有等到阿廖什卡的身影。他始终都没有回来。

阿廖什卡一走进丹尼拉家的院子，两只戴着锁链的狗就扑了过来。一个嘴上生着疮疤的小女孩，告诉他从冻着冰的阶蹬走到上面那间正房去，然后她傻傻地笑了笑，转身进了台阶下面的屋子里。

向上走的时候，阿廖什卡就听见楼上有人在疯狂地叫喊，他胆战心惊地把那扇发胀的木门给推开了，一股暖气混杂着萝卜和伏特加酒的味道扑面而来。两个人正坐在圣像底下的一张桌子上喝酒，一个是神甫，另一个是麻脸汉子，第三个人则是又胖又笨重，正用皮条抽一个孩子的光溜溜的屁股。"饶了我吧，我再也不敢了，爸爸！"被打的小男孩声嘶力竭地喊着。"狠狠地打，让他长长记性！"他们喝道，叮当碰着酒杯。阿廖什卡看到这个景象，吓得呆站在那里，不知如何是好。

"这里还有一个，你顺便也打他一顿吧！"阿廖什卡定了定神，按照特尔托夫的话，跪了下去，先磕了三个响头。那个胖大笨重的人抓着他的领子把他拎了起来，嘴里喷出一股热腾腾的酒气："你干什么，是不是来偷东西的？"

阿廖什卡牙齿不停地打颤，结结巴巴地告诉特尔托夫想向他借马的事。可那个人一点也没听懂。"什么特尔托夫？什么牲口？你来这里干什么，你是不是盗马贼？"阿廖什卡哭了，他对天起誓，还用三个手指头画了个十字来证明自己说的是真的。那个大汉抓住他的头发，把他拖到门口，一脚端开门，将阿廖什卡从台阶上扔了下去……

阿廖什卡从台阶上滚了下来，跌到了雪堆里。几只狗立刻朝他扑了过来。他闭上眼睛，抱着脑袋。……奇迹发生了，那几只狗只是汪汪叫了几声，便跑开了。有人朝阿廖什卡弯下身子，用手指戳了戳他的脑袋："喂，你是谁？"

阿廖什卡睁开一只眼睛，看见刚才那个挨打的孩子，靠着他蹲了下来，"你叫什么名字，从哪里来？"他问。"阿廖什卡，布罗夫金家的，从乡下来。"那孩子上下打量着阿廖什卡，一会看看这儿，一会看看那儿，过了许久他才说："咱们烤火去吧，要是你不去，看我怎么收拾你！""放我走吧，我想离开这里。"阿廖什卡说。"你要上哪去，回去后你爸不打你吗？"那个小男孩继续追问。"我也不知道，我爸早把我卖给人家了，我在主人家常常挨打。他们吓唬我说，如果我不把马借来，就把我捶进地里。你叫什么名字，为什么挨打啊？"

"我是阿列克萨什卡，缅希科夫家的。我爸一天要打我好几次呢。我屁股上的肉都被打没了，只剩下骨头了。不说这个了，咱们烤火去。"两个孩子跑进了底层那间屋子，屋里又暖和又干燥，还有一股热哄哄的面包味。能够在这住上一辈子才好呢！阿廖什卡心想。

"我们谈谈吧，"阿列克萨什卡小声说，"我妈死了，我爸天天喝得烂醉如泥，可他还想找个女人。我害怕后妈，今天他又把我打了一顿，我不想待在家里了。前几天，我看到一个吉普赛人的帐篷，还有一头熊，他们吹着笛子，又唱又跳，我看我们跟他们一起流浪吧，好不好？"

"跟着他们，我们会挨饿的，"阿廖什卡说。"那我们就投奔个买卖人，弄了活干干，到了夏天我们就去树林里抓熊，我认识个人，他会教给我们如何捕熊的，你牵着那头熊，我在旁边唱歌跳舞，莫斯科没有人比我跳得更有劲了。"

"如果能找到一个买卖人，让他雇用我们帮他卖包子就好了，"阿廖什卡说。阿列克萨什卡笑了笑，继续说："等会我们就要吃白菜汤了，然后叫我去楼上背主祷文，回来后睡觉。等天一亮我们就逃出去，穿过莫斯科河，我有几个熟人在那里。其实，我早就想跑了，只是没有人跟我一起走。"这时，楼梯上传来了客人告别的声音，楼梯被他们踩得吱嘎直响。丹尼拉·缅希科夫那令人胆颤的声音开始呼喝阿列克萨什卡上楼了。

低矮的、炉火生得很暖的宫殿里，圣像中那张发暗的面容底下，奄奄一息的沙皇费尔多·阿列克谢耶维奇正躺在木炕上。沙皇得了坏血病，马上要死了。他眼窝深陷且发黑，鼻子发尖，两腿浮肿如同两块木头一样，嘴里嘟嘟囔囔地说着什么，可是没有人能够听懂，医生费了好大劲，才依稀听出他似乎在背奥维德的一首诗。毫无疑问，沙皇已经神志不清了。

这会儿，连沙皇的呼吸也听不见了。约阿基姆总主教坐在窗边的一张意大利椅子上，神情严肃，脸如黄蜡，他一动不动地坐在那里，宛如死神的幻影。马尔法·马特维耶芙娜皇后一个人站在墙边，透过泪花，正望着她临终前的丈夫。她只有17岁，被册封为皇后刚刚两个月，她像孩子一般，不敢大声哀号，那张仍带有稚气的小脸都已经哭肿了。

宫殿的另一头，一大群皇亲国戚正悄悄地交谈——沙皇的叔伯们、姑婶们、姊妹们，此外还有亲信的领主们：对宫廷里的一套处世态度十分熟悉且和蔼而圆滑的伊万·马克西莫维奇·亚济科夫；御前侍臣阿列克谢·季莫费耶维奇·利哈切夫，一位殷勤温厚的老头儿，也是个饱学之人；瓦西里·瓦西里耶维奇·戈利岑公爵，一个出众的美男子，都在焦急地等待着新皇的人选结果。

彼得大帝的父亲——阿列克谢·米哈伊洛维奇沙皇

瓦西里公爵那双暗蓝色的眼睛激动地闪烁着。新皇的人选会是谁呢？彼得还是伊凡？纳雷什金娜的儿子还是米洛斯拉夫斯卡娅的儿子？两个都还是年幼无知的孩子：彼得头脑灵活，身体结实；伊凡呆傻低能，身体多病，可以任你摆布。……到底会选哪个呢？瓦西里公爵不时地侧过身子，把耳朵贴上去，只听到了里面一片喧哗争吵、侮辱谩骂之声，除此之外什么也没听到其他有价值的话。瓦西里感到很失望，嘴里喃喃自语，走到了亚济科夫身边，低声问道："你能不能去问下总主教，看看他赞成哪一位？"

亚济科夫抬起眼睛，冲着瓦西里微微一笑："总主教和我们都在等您的意见呢，爵爷。不过，我倒是打定主意了。"利哈切夫听到他们二人的谈话之后，叹了口气，也凑了过来，说："在这个关键的时刻，我们之间不应该有分歧。我们是这样考虑的，伊凡体弱多病，让他当皇帝是不稳当的，我们需要力量。"瓦西里低头冥想，嘴角浮起了一丝微笑，他知道，这个时候争辩是非常危险的。"就这样吧，让彼得做皇帝。"他说。

他扬起暗蓝色的眼睛，眼睛忽然颤动了一下，彼得的姐姐，索菲娅急匆匆地闯了进来，衣服都没顾得上整理，朝着临终皇帝的御床跑了过去。总主教看了她一眼，然后站起身，临空画了一个很大的十字，开始念起送终的祷文来了。索菲娅突然发出一声刺耳的尖叫，随即用低沉的嗓音哀号着。她的姐妹们也都跟着尖叫起来，皇后伏在木床上痛哭……亚济科夫跑过来拉着总主教的手，与利哈切夫、瓦西里公爵急匆匆地走进了金銮殿。领主们一拥而上，挽起袖子，瞪着眼睛，吹着胡子问："怎么样了，总主教？"

"陛下已经平安地升天了。各位领主，举哀吧！"领主们却没有听总主教的话，他们纷纷抢着进入，在遗体前下跪，在地毯上磕着头，随后站起来，吻了吻死者已经交叠起来的手。长明灯的火苗跳了几下，熄灭了。索菲娅被带走了，瓦西里·瓦西里耶维奇也不见了。两位戈利岑公爵，彼得·阿列克谢耶维奇和鲍里斯·阿列克谢耶维奇兄弟，雅科夫·多尔戈鲁基公爵，以及公爵的兄弟们，卢卡、鲍里斯和格里戈里，朝亚济科夫走了过去，雅科夫说："我们身上藏着刀子，要不要宣布彼得继位？""先到外面门廊上，总主教要在那里宣布新的沙皇人选。如果有人喊出伊凡的名字，你们就用刀子捅死那帮浑蛋。"

一个小时后，总主教走到殿外正廊上，成千上万的射击军、领主子弟、官吏、商人以及民众早已等候多时。他首先为民众祝福，然后问："两位王子之间，你们觉得哪一位应登皇位？"人群中沉寂了一会儿，发出了这样的呼喊："我们要彼得·阿列克谢耶维奇登基！"随后又传出一个嘶哑的声音："我们要伊凡当皇帝！"人们朝那个喊声扑了过去，那个嗓音不再做声了。人群中的呼喊声越来越大："要彼得！要彼得！"

四

那一天，在瓦尔瓦尔卡一家酒店的外面，人们争相爬上别人的肩头，往窗户里窥视。庭院和门庭一片混乱和倾轧。射击军的衣服在人群里面十分显眼。"怎么回事了？谁被打死了？……"酒店里面，射击军士兵和商人们密密麻麻地站在那间整洁的大厅里，空气令人窒息，射击军士兵把一个半死的人抬了过来，那个人的衣服被撕成了碎片，花白的头发被血粘住了，鼻子和腮帮子统统被打烂了。士兵指着他嚷道："你们很快也会和他一样的下场。"

"弟兄们，外国人凭什么把咱们老百姓打成这样？"一个气愤不平的人说道。"幸亏我们打那儿过，和他们交涉了一番，要不，他早就被打死了。"另外一个人接着说。人群发出了一阵小骚动。"在先皇陛下当政时，发生过这种事吗？外国人欺辱过咱们吗？"

佩若夫团的射击军士兵奥夫谢·勒若夫先让弟兄们安静下来，他向市场里的商人们鞠了一个躬，开口说道："先生们，我们因为穷苦才到你们这里来，我们的老婆和孩子都在挨饿，我们已经两年没有领到饷银了。可军官们还是不停地逼迫我们在地里干活，折磨我们。眼下，外国人又把生意都控制起来了。日子简直过不下去了。纳雷什金家族贪得无厌，垄断了国库，他们不把我们弄得倾家荡产是不会罢休的。比这更糟糕的是，领主马特维耶夫一定会回到莫斯科的，他会把莫斯科全部都吞下去的。"

屋子里回荡着一阵细细的低语声。商人们互相对视着，不知该怎么回复。他们其实不太相信库奎区的外国人会殴打这个小商人，但外国人基本垄断了各种生意确是不争的事实，让他们什么买卖都做不下去了。射击军说得也对，日子一年比一年过得苦，真的让人快走投无路了。至于领主，他们只是想尽一切办法把钱搜刮到他们的腰包里去，根本不顾人们的死活。

射击军士兵们挽起衣袖，又大声叫嚷起来。奥夫谢·勒若夫把手放到军刀上，弄出一阵响声，恶狠狠地说道："我们要在全莫斯科鸣钟告警，让我们先收拾我们的长官们，然后收拾那些领土老爷，所有的城镇都会站在我们这边的，不过，你们商人也要支持我们。弟兄们，我们把他抬出去……"

那天晚上，做完晚祷后，阿列克萨什卡又挨了一顿毒打，几乎都爬不回来了。他一声不吭，只是磨着牙齿。阿廖什卡十分难过，把牛奶粥送到他面前："唉，他们怎么能这么打你啊，可怜的人！"躺了一天一夜后，阿列克萨什卡终于能开口说话了："这样的老子就应该让车轮碾碎，凶恶的毒蛇！阿廖什卡，你去圣像后面弄点橄榄油涂在我屁股上，明天早上就会好的，到时候我们就走，我宁可死在水沟里，也不想再回来了。"

第二天天刚蒙蒙亮，阿列克萨什卡就把阿廖什卡叫醒了。两个人拿了半块面包，悄悄地离开了院子。他们穿过伊维尔斯基桥时，天已经大亮了。一条被雪橇轧出来的路蜿蜒穿过广场，通往克里姆林宫。沿着克里姆林宫墙有一条很宽很深的堑壕，旁边立着许多绞刑架，有个绞刑架上吊着一个穿树皮鞋的人，胳膊被反绑在身后，那张凹陷的脸已经被鸟啄过了。"这边还有两个，"阿列克萨什卡说，堑壕底下躺着两具尸体，已经被雪盖住了大半个身子。"他们是强盗，所以要这样对付他们。"

两个孩子穿过广场，来到了热闹的市集。老板们已经打开店门，开始摆放货物。好几家面包铺的烟囱正往外冒烟，散溢着一股诱人的香味，两个人都使劲咽了咽唾沫。阿列克萨什卡在人堆里钻来钻去，跟老板们搭讪，问问价格，管管闲事，不顾自己挨骂或是挨打。幸运的是他讨到了两个小钱，买了烤饼和热蜂蜜水。阿廖什卡张大着嘴，一个劲儿抓着阿列克萨什卡的腰带，生怕走散。

当他们又回到广场的时候，正看见一大群人从瓦尔瓦尔卡涌过来，射击军士兵还抬着一个被打伤的人。那人被放在一辆树皮雪橇上。"正教教友们，"他们眼中含着眼泪说，"看看他们是怎么对待买卖人的吧。"

奥夫谢·勒若夫爬到雪橇上，开始反复讲德国人如何狠心地把这个正直的商人打个半死，领主们怎么不久就要把整个莫斯科卖给外国人。阿列克萨什卡和阿廖什卡也推搡着挤到了雪橇跟前。阿廖什卡立刻就认出了这个伤者：前天卖给他两个馅饼的那个老头。他浑身散发着一股强烈的伏特加酒味，侧着身子躺着，嘴里低声说道："主啊，看在基督的分儿上，放了我吧。"射击军士兵四散在人群里，低声耳语，怒火很快就燃烧起来。突然人群中传出一阵吆喝："马队！马队！"

两个骑着马的人先后冲进了人群，先到的这个人是伊万·安德烈耶维奇·霍万斯基公爵，一位世家门第的领主。射击军一看他穿着射击军的制服，便纷纷嚷道："他是和我们一伙儿的，伊万·安德烈耶维奇！"大家纷纷朝他奔去。瓦西里·瓦西里耶维奇·戈利岑来迟了一步，他拍了拍马脖子，问道："正教教友们，谁得罪了你们，你们这是要暴动吗？我们不分黑白为老百姓做事，你们这么做，沙皇感到很痛心，派我们先行听下到底发生了什么事情。"人们张大了嘴，看着他穿着那件足可以买下半个莫斯科的锦缎皮大衣，看着他那手上的宝石戒指，谁都没有答话，往后退了退。

"把射击军团长交给我们，让我们亲自审判，把他倒栽葱从钟楼上扔下去！"射击军士兵叫嚷着。"领主们到底想干什么？他们为什么要我们接受一个孩子，一个纳雷什金家的白痴做沙皇！"霍万斯基举起一只手，人群立刻安静下来了。"射击军弟兄们！天知道他们推举一个什么样的沙皇，宣布登基的不是我。等着瞧吧，你们不但领不到薪饷，而且糊口的东西也不会有。你们就像奴隶一样干活，更糟糕的是，他们会毁掉莫斯科，根绝正教的信仰。本来有一股俄罗斯的力量，可是现在到哪去了？"听到这里，人群中发出一阵可怕的叫喊。霍万斯基一看时机成熟，拼命叫喊："射击军弟兄们！到河对岸你们的团队里去，我们到那边谈。"

五

人群如潮水一般涌了过去。转眼间，广场上就剩下阿列克萨什卡和阿廖什卡，还有那个躺在雪橇上呻吟的受伤的人。良久之后，那个受伤的人独自爬了起来，眯缝着肿胀的眼睛向四周瞅了好大一会儿，神智还没有完全清醒。"老大爷，"阿列克萨什卡跟他说，向阿廖什卡挤挤眼，"我们为您的遭遇感到很难过，我们送您回家去。"两个人搀扶着他，跌跌撞撞地向谢尔普霍夫门走去。在路上，他们知道这个人叫费季卡·扎亚茨，他家在郊外，院子里有一棵树，上面有一个乌鸦巢，大门和房子全是新的。"到了，"扎亚茨兴冲冲地说，"他们都在这，我的宝贝，把我搭救出来了。"

一个麻脸的独眼女人给他们开了门，扎亚茨走进了屋子，往木炕上一坐，伤心地哭了起来。"他们简直是要揍死我，我都记不清楚身上挨了多少下了，快去把澡房烧热，给我拿干净衣服！"他用拳头往木炕上捶了下，大声吼道。沉默了一会，扎亚茨又开腔了："你们救了我的命，你们想要什么，尽管说吧，我会报答你们的。"嘴里喃喃自语："我浑身都被打伤了，我怎么还能托着盘子去叫卖呢？老天爷，买卖可不等人啊！"

阿列克萨什卡又朝阿廖什卡挤了挤眼睛，他说："我们不要报酬，只要能让我们在您这里吃住就好了。"于是扎亚茨蠕行到澡房，两个孩子爬到了暖炕上。"明天我们就可以替他出去卖馅饼了，"阿列克萨什卡小声说着，"你记住，跟我在一起你是不会吃亏的。"

天蒙蒙亮，独眼女人就开始烤馒头、果酱面包、硬面包和大馅饼，阿列克萨什卡挑水、劈柴、倒炉灰与脏水，阿廖什卡则给牲口喂水，他们干活都快极了，而且还有说有笑。"好小子，"扎亚茨说道，"你太机灵了，本来要让你去市集卖馅饼的，可你准会拿了钱跑的……阿列克萨什卡亲吻十字架，赌咒发誓说自己不会跑的。扎亚茨只有相信他的话。

"馅饼，蜜糕，一个铜板两个，快来买啊，刚出炉的啊！"阿列克萨什卡扯开嗓门卖力地喊着。看见射击军站在那，他便手舞足蹈地喊道："快来买馅饼啊！沙皇也愿意吃我的馅饼，领主老爷也喜欢吃，克里姆林宫买了几个去，我可挨了一顿打啊！纳雷什金家吃了肚子会痛！"射击军士兵都笑了，大家抢着买馅饼。不大会儿工夫，他们得赶回去添货了。"孩子们，是老天爷把你们派到我这里来的吧，"扎亚茨吃惊地嚷着。

米哈伊尔·特尔托夫在莫斯科游荡了三个星期也没有找到事，钱也花光了。那天在卢布扬卡广场上，秘书官对他一番嘲笑，既没给他土地，也没给他农奴。罗莫达诺夫斯基公爵给他一顿辱骂，让他下次再来，还要他打扮得体面一些，骑一匹像样的马来。

他离开广场，在前往酒店投宿的路上遇见了他的哥哥，哥哥骂他给家族丢了面子，并把他的骟马牵走了。那天晚上在酒店里，米哈伊尔被伏特加灌醉了，竟把宝剑和腰带都押给了酒保。酒店里的两个无赖缠住了他，一个自称是商人的儿子，另一个自称是书记官，他们一个劲儿恭维米哈伊尔，答应带他去寻欢作乐。他们带他到一处地下室的希腊人那儿，用灌着水的牛角抽烟；还带他去一处澡堂，不时有赤身裸体的女人冲进来；还打算劝他去找拉皮条的女人。

胡闹了一个星期后，他的钱花完了，那两个伙伴也就离开他了。他不敢回到乡下见父亲，只能从一个地方流浪到另一个地方。后来，他想起了他教父的儿子，跟他同年的斯坚卡·奥多耶夫斯基，便找到了他的家里。奴仆们对他毫不客气，瞪着眼睛问："你要见我们老爷干什么？"

"麻烦你通报一下，就说他的朋友米哈伊尔·特尔托夫有事求见。"奴仆不屑地看着他，嘴里蹦出一句话："你在这等着，待我去禀告。"人穷志短啊，米哈伊尔只好等着。那个小厮到底出来了，朝他挥挥手，"跟我来吧。"米哈伊尔跟他走进了会客厅，打量着里面的陈设。

"嗨，你好，米哈伊尔，"斯坚卡·奥多耶夫斯基站在门口招呼他。米哈伊尔朝他走去，鞠一个躬，手指尖触到了地毯。斯坚卡点头还礼，伸出一只手跟他握了握，仍然把他当成一个贵族子弟对待。"请坐，我的客人。"他自己先坐下了，米哈伊尔也跟着坐下了。"斯坚卡，看在上帝的面上，请你指点指点我吧，我该上哪儿去安身立命，我受不了这可恶的贫穷诅咒。我是进修道院，还是拿个锤子去拦路抢劫好呢？"米哈伊尔叹了口气，沮丧地说。

一阵沉寂。斯坚卡露出了恶意的微笑，他用手杖杵了杵地毯，清了清嗓子说："叫我怎么说呢，聪明人总是有办法的，只有傻瓜才会去讨饭和坐牢。举个例子来说，沃洛季卡·切莫达诺夫只是打了一场官司，便从邻居那里得到了两个富裕的村子。列夫卡·普斯托罗斯列夫最近也打了一场官司,从奇诺夫家弄到了一座豪华的宅子……"

"我也听说过,可是官司如何打,他们是怎么打赢的?"米哈伊尔插嘴问道。"找一个你喜欢的村子,然后花一个戈比买点纸和墨水,写一张诬告那个地主的告密信。他们都是这样干的。"斯坚卡眼神中闪过一丝狡黠的神色。"可是怎么找证据呢?告密信应该怎么写?"米哈伊尔追问道。

"你这个笨蛋,你听着,列夫卡·普斯托罗斯列夫有一次去参加奇诺夫家的宴会,他认真听别人的谈话,当奇诺夫在餐桌上不慎说错了一句话:'愿上帝保佑费多尔·阿列克谢耶维奇陛下身体健康,因为有人说他活不过复活节。'列夫卡抓住这个机会,跳起来嚷道:'有人造反!'结果所有的客人与主人都被带到了暗探局。列夫卡得到了奇诺夫的宅子,奇诺夫本人被判终身流放到西伯利亚。你瞧,聪明人就是这么干的。不过你要记住,别找强的打交道,要去打击弱者……"斯坚卡抬起一眨不眨的眼睛,直瞪着米哈伊尔。

米哈伊尔转动着手中的帽子,琢磨了一会儿,小心翼翼地站起来,开口说道:"请您宽恕我,打官司的事,我一点经验也没有,我想我应该告辞了。"他正准备起身告辞,斯坚卡却示意他坐下来,接着说:"你这样困难,我应该帮帮你,一会我给你换身干净漂亮的衣服,有位领主太太需要安慰。"米哈伊尔的脸唰地红了。斯坚卡却没看他,拍了下手,那个小厮就走进来了。"带这位少爷去澡房,换身漂亮的衣服,回头我跟他一块吃晚饭……"

六

索菲娅公主做了礼拜祈祷后累透了。她坐在父亲那张从海外带回来的椅子里,膝头上放着用手帕包起来的圣饼。这张椅子是她从多棱宫搬过来的。纳塔利娅太后知道后,大发雷霆:"要不了多久,皇上的宝座也得搬到她屋子里去!"索菲娅把脚放在一张小板凳上,半闭着眼摇晃着,心里却并不平静:有多少公主,夜里抱着枕头疯狂地哭喊,有多少人虚度了一生,后来在修道院的地下长眠。可她是幸运的,她的心肝宝贝——漂亮的瓦西里·瓦西里耶维奇公爵是一个会说甜言蜜语的情人，哄得她十分开心。索菲娅把圣饼往旁边一搁，无力地摆摆手，仿佛要把他推开似的，随后又闭上眼睛，对着热情的幻影微笑着……

外面的地板传来一阵脚步声。索菲娅猛一下跳起来，直瞪着房门，她的嘴唇直哆嗦，心在剧烈跳动着，可是她要假装打盹，这样才符合公主的身份。瓦西里·瓦西里耶维奇弯腰通过低矮的门框，小心翼翼地走进来，站在索菲娅面前。"索菲娅！"他轻轻喊了声，然后弯下腰去亲吻索菲娅的嘴唇。索菲娅恨不得像海浪一样把他卷住，融合在她那燥热的身体里面。她伸出双手抱住瓦西里的头，可又把他推开了："走开，你怎么来了，礼拜五做这个是罪过……"

"索菲娅，"瓦西里说，"伊万·米哈伊洛维奇·米洛斯拉夫斯基和伊万·安德烈耶维奇·霍万斯基他们都在楼底下，带来了一个重要的消息，下去吧，情况万分紧急。"索菲娅定了定神，走到一面镜子前整理了下自己的衣冠，来到楼下。

霍万斯基和公主的舅舅伊万·米哈伊洛维奇正站在一扇雕花装饰的窗户旁边，索菲娅急匆匆走过去。伊万·米哈伊洛维奇说："马特维耶夫已经到了三一修道院，预计他5月12日到达莫斯科。我的外甥彼得·托尔斯泰刚从修道院回来，他说马特维耶夫当众把我们米洛斯拉夫斯基家痛骂了一顿，然后鼓动射击军冲进朝廷。我会镇压叛乱的，我要把射击军分派到各个城镇去，我要折断领主的翅膀。我始终为彼得·阿列克谢耶维奇陛下效忠。只是陛下年纪还小，不妨让纳塔利娅·基里洛芙娜太后摄政，如果不能这样，我死不瞑目……"

索菲娅一声不响，可是她脸色惨白，身体在颤抖。"最糟糕的是，"伊万·米哈伊洛维奇压低了声音说，"他还辱骂了瓦西里·瓦西里耶维奇公爵，说他想要篡夺皇位，我看他是不想活了……"索菲娅慢慢转过脸，看着瓦西里·瓦西里耶维奇那俊俏的脸庞，她心里明白，他有生命危险了。为了他，她恨不得把莫斯科烧个精光。她抑制住激动，问道："射击军怎么说？"

霍万斯基刚要开口，索菲娅却沉不住气了，说道："纳塔利娅太后起了杀机了。她总是忘不了她自己卑贱的出身，大家都对她来到宫里没有一件换洗衣服的事记忆深刻。她跟尼康总主教的笑话可不少。我的弟弟彼得，不论是在相貌上，还是脾气上一点也不像我的父亲。如果纳塔利娅太后真想流血，那就让她流去吧。要不，你们都会人头落地，我也要投井自尽。"索菲娅眼神中透出一股令人胆寒的目光。"听到这样的话真有意思，"瓦西里·瓦西里耶维奇看了一眼索菲娅说，"伊万·安德烈耶维奇公爵，把你在射击军听到的情况告诉公主吧。"

"除了斯特列米亚尼一个团，剩下所有的团队都拥护公主您，"霍万斯基说，"射击军士兵天天在司令部门口聚集，漫骂他们的长官，朝里面扔石头和木棒。布赫沃斯托夫上校和博博霍金骑兵中尉出来申斥他们，结果被他们从钟楼顶上扔了下去。他们不服从命令，在市场上煽动百姓，四处宣扬不许纳雷什金家族和马特维耶夫统治他们，还要扭断他们的脖子。"

"他们只是瞎叫嚷，可是我们可以利用他们完成我们的大业，"索菲娅挺直了身子，眉毛拧成一团。"让他们继续叫嚷，把阿尔塔蒙·马特维耶夫、亚济科夫与利哈切夫都戳在矛尖上，纳雷什金家族全部都是……让射击军把彼得撵下台，让他们拥戴我登上皇位。"说着，她把手上的戒指都撸了下来，递给霍万斯基。"把这些都给他们，让他们不要退缩。我不在乎钱，只要他们能拥戴我，要什么就给他们什么。"

伊万·米哈伊洛维奇胆战心惊，只是向索菲娅乱摆双手。霍万斯基眼中冒光，流露出火一般的热情，嘴角也微微上翘。瓦西里·瓦西里耶维奇用一只手遮住了眼睛，也许他是想掩饰下自己的得意神色吧。

七

吃了一个春天的馅饼之后，阿列克萨什卡和阿廖什卡明显变胖了，日子过得十分舒坦。扎亚茨也发福了，一天到晚就是坐在台阶上，吃着干果，人也变得懒洋洋的："我劳碌了一辈子，现在你们替我干活，感谢上帝。"由于无所事事，扎亚茨开始疑神疑鬼："要是这两个孩子把钱不全交给我该怎么办呢？他们肯定会偷着留点的。"想来想去，他决定找个机会吓唬他们。

有一天晚上，阿列克萨什卡和阿廖什卡兴冲冲地赶回来吃饭，扎亚茨把钱查了一遍，说是差了一个戈比，让他们给偷了！他拿着早上削好的棍子轮流打他们，嘴里数着数，打过之后，才允许他们吃饭。

"你们要知道，一个挨过打的小伙子抵得上两个没挨过打的小伙子。孩子们，你们以后会感谢我的，你们要在上帝面前替我祈祷，我是个心地善良的人，把我看作是你们的父亲吧……"扎亚茨吃着烤肉，把牛奶调在粥里喝着。阿列克萨什卡撇撇嘴，把视线转到一旁。

晚饭后，阿列克萨什卡对阿廖什卡说："正是因为我爸打我，我才从家跑出来，这个家伙应该下地狱。"阿廖什卡一想到离开这个衣食无忧的地方，心里就忐忑，要是不挨打，那该多好啊！可是他舍不得他的伙伴。第二天一早，两个孩子托着装满馅饼的盘子，又来到市集叫卖了。

"今天晚上，让扎亚茨等他的钱去吧。"阿列克萨什卡笑着对阿廖什卡说。"啊，阿列克萨什卡，那可是偷盗行为啊。"阿廖什卡提醒道。"你真是个乡巴佬。那个老东西一分工钱都不给我们，这两个月我的脊背都快累断了……射击军老总，买个馅饼尝尝吧，一个铜钱两个，刚出锅的！"阿列克萨什卡不停地在桥边转来转去，他跟阿廖什卡早把馅饼卖完了，正看涌向广场的射击军士兵。

广场上的射击军士兵越来越多。人群闹哄哄的，都望着克里姆林宫的方向，尽管谁也不能确切说出到底发生了什么事情，但每个人的情绪都很激动，大家对这样的生活早已厌烦了。他们朝克里姆林宫的塔楼做着威胁的手势。有一个老头，爬到了垃圾堆上，大声说道："在先皇阿列克谢·米哈伊洛维奇时代，领主们就贪婪地喝着我们的血。后来，拉辛在南方起事了，可老百姓太软弱了，只会嚷嚷。现在，除非我们团结起来，否则等待我们的只有绞刑架和断头台了。"人们都张大了嘴看着他，他说得确实很有道理，要动摇克里姆林宫，现在是最合适的机会了，可是该怎么做呢？

在另外一个地方，一个射击军挤到人群前面："你们还在等什么！领主马特维耶夫已经赶到莫斯科了，真正的主宰出现了，我们要在今天暴动，明天就来不及了。"话音刚落，桥的一边就起了一阵骚动。一匹雪白的马冲进了人群，马上的人直喘粗气，剃得发青的头发在抖动。大家立即认出他了：

"是托尔斯泰,彼得·安德烈耶维奇,米洛斯拉夫斯基的外甥,他是站在我们这边的,我们听听他怎么说……"人群如潮水一般涌了过去。

彼得·安德烈耶维奇用高亢的嗓音嚷着:"射击军弟兄们!大祸临头了!伊凡王子被马特维耶夫和纳雷什金家掐死了,要是晚去一会儿,彼得也会被他们掐死的。赶快冲到克里姆林宫,要不就来不及了……"

人群喧哗着,叫嚷着,随着一阵咆哮冲过了桥头,射击军一声不响,如同野兽一般,把人群给挤到一边去了。忽然,一个钟楼传来了警钟之声,接着莫斯科不计其数的教堂也跟着敲起警钟来了……

八

射击军、老百姓、阿列克萨什卡和阿廖什卡以及成群的孩子一起来到了克里姆林宫宫门外,可是他们到了这里却不敢向前走了,站在那儿东张西望。高高的楼房、矮矮的木屋、甬道、望楼和尖塔,由无数的走廊和楼梯串联起来,各种奇形怪状的屋顶闪烁着金光和银光,这里面住着大地的主宰,上帝之下的第一个人……

"伊凡大帝"钟凄凉的声音似乎穿透了人们的胸口,大家开始慌张起来。几个胆大的人冲到了人群前面说:"弟兄们,你们在这里傻站着干什么?他们已经把伊凡王子掐死了,现在正要彼得王子的命呢,赶快冲到台阶上去解救彼得!"一阵深沉的军鼓声响起,许多声音在呐喊:"快去!快去!"十几个射击军士兵猛地冲了出来,拔出弯刀,爬过栅栏,扑到了宫殿的门前,他们锤着铜质的宫门,有的还用肩膀去撞。不知谁从哪儿弄来了几个梯子,架到了多棱宫的窗口和台阶侧面的栏杆上。人群顺着梯子爬了上去,他们咬牙切齿地喊道:"把马特维耶夫交出来!把纳雷什金一家人交出来!……"

皇宫内,嘈杂之声不绝于耳。"他们会杀死我们的。怎么办啊,阿尔塔蒙·谢尔盖耶维奇?""太后,让我出去跟他们谈谈吧。……有没有请总主教?快去请啊!""阿尔塔蒙·谢尔盖耶维奇,是他们,他们是我的仇人,亚济科夫亲眼看见的,米洛斯拉夫斯基家的两个人化了装,在射击军里面挑衅……"

窗外，撞击和呐喊的声音响彻云霄。"总主教来了，总主教来了！"许多人在门厅嚷着。约阿基姆总主教进来了，举起一只干枯的手，向扒在小窗玻璃上的射击军士兵做了个威胁的手势，那些脑袋立刻便缩回去了。纳塔利娅·基里洛芙娜急忙跑到总主教面前，她亲吻着总主教的手，急切地说："救救我们，救救我们啊，大主教……"马特维耶夫抑制住心中的怒火，说："这是公开的叛乱，他们早就密谋好了，必须先把他们赶出克里姆林宫去，然后再一个个收拾他们。"

"索菲娅来了！"太后的弟弟伊万·基里洛维奇·纳雷什金喊道，然后他跑出去了。索菲娅、瓦西里·瓦西里耶维奇公爵和霍万斯基带着伊凡急匆匆赶过来了。索菲娅向太后和总主教深施一礼后，眼睛里闪烁着激动的光芒，她高声说道："老百姓发怒了，母后，你应该带着两个弟弟出去让他们看看，他们嚷嚷两个孩子被害死了，跟他们讲讲，要不他们会随时冲进皇宫来……"

总主教沉思了下，用权杖杵了杵地板："把伊凡和彼得两个孩子带出去让他们看看。"太后一听就急了，大声嚷道："大主教，我不同意，我害怕……"总主教并没有理会她的话，用不容置疑的口气又说了一遍："把两个孩子带到殿外正廊上去。"

正廊上的铜门吱吱呀呀地开了，人群涌了过去，大家安静了下来，屏住呼吸，聚精会神地望着。阿列克萨什卡抱住一根大圆柱，阿廖什卡尽管内心忐忑，但也不甘落后，紧跟着他。纳塔利娅太后、伊凡和彼得两个孩子也出现在人们的视野之中。太后一看见有成千上万双眼睛盯着她，身子不住摇晃，感觉一阵头晕目眩，向后倒了下去。马特维耶夫赶紧走上前去，扶住了她。人群中发出了一阵低吼。

"哪一个在你们面前造谣？"马特维耶夫皱了皱眉，用强有力的声音说道："蒙上帝的圣恩，两位王子都好好地活着，他们既健康又愉快。射击军弟兄们，你们快回去吧，如果有什么需要或是请求，你们派几个代表来……"

霍万斯基和瓦西里·瓦西里耶维奇公爵从台阶上走了下来，他们来到人群中，劝说他们散开，可是话说得更像是在嘲讽。本来已经安静的人群又开始群情激奋,沸腾起来:"他们活着又有什么相干?""我们反正不离开克里姆林宫!""把马特维耶夫和纳雷什金一家人交给我们!""把吸血鬼领主亚济科夫交给我们!还有多尔戈鲁基!"

人群中喊着他们所憎恨的领主的名字,吼声越来越大。纳塔利娅·基里洛芙娜太后脸色刷地发白,用颤抖的双手搂住儿子。射击军司令官的儿子米哈伊尔·多尔戈鲁基公爵带着武器跑下了台阶。他把鞭子弄得呼呼作响,向射击军士兵骂道:"我父亲正在生病,你们这些狗东西倒高兴了,你们这帮恶狗,奴才!"可是,他却忘记了现在的形势,不该用这种口气和他们说话的。

这时一个怒吼声响起:"你算老几,小崽子?你还没有尝过被人从钟楼上扔下去的滋味吧!弟兄们,揍他!"米哈伊尔·多尔戈鲁基一看情形不对,立刻拔出军刀,一面挥舞一面往后退。射击军扑了过去,把他抛向了空中,多尔戈鲁基掉了下来,在踩踏他、撕扯他的人群中消失了。纳塔利娅·基里洛芙娜太后尖叫了起来,马特维耶夫正要朝门口冲去,可是却晚了一步,他那魁梧的身体被高高举起,随后摇晃着落在矗立的矛枪上。太后被推开了,昏了过去;彼得像只小猫一样被抛弃在一旁;伊凡被推倒在地,不禁哭了出来。

场面彻底失控了。射击军、老百姓、阿列克萨什卡和阿廖什卡以及成群的孩子一起冲进了皇宫,朝几百间屋子涌了进去。人群中发出一片叫喊:"我们要伊凡做皇帝!"

"两个人都做皇帝,要索菲娅当政!"

"要给我们在红场上立一座纪功碑,纪念我们得到永远的自由!"

伊凡五世

第二章

一

射击军趁着这次暴动杀死了不少领主：皇太后的两个兄弟伊万·纳雷什金和阿法纳西·纳雷什金，尤里·多尔戈鲁基和米哈伊尔·多尔戈鲁基公爵，格里戈里·罗莫达诺夫斯基和安德烈·罗莫达诺夫斯基，米哈伊尔·切尔卡斯基，马特维耶夫等人，此外还有一些门第较低的贵族。克里姆林宫为了平息事态，被迫答应了他们的条件，还发放了大量的钱财。但克里姆林宫怀恨在心，一直寻找机会复仇。射击军士兵领到了总数为24万卢布的薪饷，另外每个人还得到了十个卢布的额外赏赐。红场上立了一根柱子，柱子四周写着那些被他们杀死的领主的名字，连同他们的罪状和暴行一并登录于上。射击军还要求颁给他们特赦状，让领主立誓永远不得辱骂殴打他们，不许称他们为叛党或叛徒，不能无缘无故判处他们死刑，不得随意流放他们。

把克里姆林宫贮备的食物吃光喝光之后，射击军又回到了他们的驻地，一切又恢复到原来的轨道上。莫斯科依旧死气沉沉，贫穷、奴役和苦难已经盘旋在上空，挥之不去。领主们变得更加贪得无厌，更多的居民受不了贡赋与捐税，在寒冷的屋子里哀号。所有的小商人也叫苦不迭，买卖更不景气了。卖给本国人，你也卖不出去多少，而且他们也没有钱；销往外国吧，又没有运输工具，海外贸易统统掌控在外国人手中。俄罗斯人常常感慨：到底是什么妖魔控制了俄罗斯这个国家啊？到底什么时候才能看到光明啊？

莫斯科有了两个皇帝——伊凡与彼得，在二人之上还有摄政王索菲娅公主。旧领主下台了，一批新领主上了台。纪功碑旁边站岗的士兵不见了，老百姓开始把垃圾往柱子四周堆。人们又开始牢骚满腹，谣言又悄悄传播开来。射击军不禁怀疑是不是因为上一次他们没有把事情彻底解决，所以才会出现这样的局面，他们是不是该再来一次暴动。

一天，六个分裂派教徒出现在射击军驻扎的郊区，他们宣传着自己的主张："出路只有一条，那就是摆脱尼康派总主教和整个尼康化、波兰化的领主贵族议会，恢复我们古老的生活方式。"射击军士兵不知所措。一个名叫尼基塔·普斯托斯维亚特的分裂派长老，站在市场中的一辆大车上，向大家念着分裂派教徒印刷的一本小册子的文字："同道们，我已经看见了反基督者，我心里很悲伤，便开始做祷告，可是我竟然睡着了，真是该死。我看见田野中有数不清的人，一个人站在我旁边。我问：'为什么有那么多人？'他答道：'反基督者就要来了，不要害怕！'我看见一个赤裸的人走过来了，浑身散发着恶臭，他嘴里、鼻孔和耳朵里都散发着带有恶臭气味的火焰。跟在他后面的是我们的沙皇，还有当朝显贵、领主、杜马贵族……我从圣书上知道，那些歹徒，那些疯狗，不久就要来了。"

意思再明显不过了，射击军明白了，他们又冲进克里姆林宫。射击军总监伊万·安德烈耶维奇·霍万斯基宣布拥护分裂派，分裂派教徒尼基塔·普斯托斯维亚特长老当着索菲娅的面，咒骂和侮辱总主教和僧侣。射击军则在殿外高呼："我们要分裂派，我们要古老的生活方式！"有的还强横地说："是时候把索菲娅公主送进修道院，别再让她扰乱国家了。"

索菲娅勃然大怒，只剩下一个办法了，她威胁着说："你们想靠这六个不学无术的修道士撤换我们？如果是这样，那我们就到别的城市去，把你们的叛逆行为昭告全国人民……"射击军明白她威胁的含义,大家惊慌起来,"万一她把贵族民军调来攻打莫斯科怎么办?"射击军首先沉不住气,开始谈判了。瓦西里·瓦西里耶维奇下令把皇宫地窖储藏的伏特加酒都搬到广场上,射击军喝得迷迷糊糊,开始动摇起来。一个人嚷道:"旧教关我们屁事,那是神甫之间的事,打倒分裂派教徒!"一个长老当场被砍下了头,两个人被活活掐死,剩下的四个好不容易逃脱了。

莫斯科又陷入恐慌之中。街头经常发生大规模的流血战斗,随处可见没有人收拾的尸体,谣言四起。射击军和一批逃亡的农奴把请愿书戳在矛枪上,找到了索菲娅·阿列克谢耶芙娜公主,要求把所有领主都交给他们惩办。索菲娅气得脸色铁青,一面扯着胸前的十字架,"一定是马特维伊卡郡主造谣生事,"她嚷道,于是众人决定把马特维伊卡郡主扔到射击军的矛枪上去,以平息事态。

射击军把马特维伊卡撕了个粉碎,狂暴宣泄出来了,吵闹了三天三夜的莫斯科,终于安静了下来。就在这个时候,一群不顾死活的人终于下定了决心:把两个皇帝和摄政王统统杀死。可是当他们准备动手的时候,人却都不见了,就连领主们也都逃走了。克里姆林宫只剩下伊万·安德烈耶维奇·霍万斯基,人们便拥戴他当了皇帝。

索菲娅一行来到了离莫斯科不远的科洛缅斯科耶村,整个八月,她一直都在莫斯科附近转悠,给贵族许下了优厚的待遇与赏赐,一支20万人的大军很快就在谢尔盖三一修道院附近集结完成了。9月的一天拂晓,索菲娅派出由斯坚卡·奥多耶夫斯基领导的一支骑兵突袭了射击军的驻地,大部分射击军在梦里就人头落地,伊万·安德烈耶维奇穿着一件衬衣从帐篷里冲了出来,结果被米哈伊尔·特尔托夫生擒活捉,解押到索菲娅那里。衣衫不整的伊万·安德烈耶维奇跪在草地上,杜马秘书官沙克洛维特宣读他的罪状后,米哈伊尔·特尔托夫把他拖到村口,伊万·安德烈耶维奇在那里人头落地。

射击军群龙无首了,众人没了主见,最后冲进克里姆林宫,关上大门,架上大炮,准备迎敌。索菲娅则带着军队撤退到了谢尔盖三一修道院,把贵族民军的指挥权交给了瓦西里·瓦西里耶维奇。双方形成了对峙之势。

射击军首先气馁了,派出请愿团去三一修道院认罪,他们认输了。自由书状撤销了,广场上的纪功碑拆除了,冷血残酷的沙克洛维特出任射击军政厅总监,大量的射击军团被调往外地驻扎。日子又恢复了平静,沉寂再一次笼罩在莫斯科上空。这样的日子又持续了许多年,老百姓的日子过得比水都平静,比草都低。

二

黄昏时候,阿列克萨什卡在街上全力奔跑,汗水已经把他双眼弄模糊了,可他却不敢擦,因为后面紧追不舍的是他喝醉酒的父亲丹尼拉·缅希科夫,这回他手里拿的不是鞭子,而是一把明晃晃的刀子,嘴里还发出令人胆颤的声音:"站住!我要杀了你,你这个小混蛋!"街上的人则都在欣赏点评这场好戏。阿列克萨什卡已经一年多没看见父亲了,谁知道今天冤家路窄,在一间被火烧过的酒店不期而遇。

这段时间,阿列克萨什卡和阿廖什卡两人虽然过着半饥半饱的生活,可是他们却非常开心。在莫斯科的郊外,人们都很愿意收留这两个阳光的男孩过夜。一个夏天的时间里,他们就在莫斯科周围的林子和小河边游荡,他们抓些能唱歌的小鸟卖给商人,下河捕鱼,还从人家菜园中偷点水果和蔬菜充饥,他们生活得无忧无虑。

一天,他们在清澈的雅乌扎河边垂钓,忽然看见对面坐着一个古怪的孩子,不远处就是普列奥布拉任斯科耶宫。女人们正在宫门旁边的草地上跑来跑去,喊着什么人,说不定就是在找他,可他却躲着不肯见,也不理她们。阿列克萨什卡往鱼饵上吐了口唾沫,冲着河对岸喊道:"嗨!你是哪一家的孩子?你把我的鱼吓跑了,我一会就过河去,看你能不能躲得了我一顿胖揍!"

那个孩子就是彼得,他哼了一声,开口说道:"我会下命令让你脑袋掉地,到时候你就知道我是谁了。"阿廖什卡听完那个孩子的话,立刻跟了一句:"别胡说了,那是皇上的特权。"阿列克萨什卡笑着把钓钩投入水中,眼中闪过一丝淘气的神色:"你以为会吓住我们吗?掉脑袋,真是信口开河!你坐那干什么，她们似乎在找你呢。咦，难道你真是我们的皇上？"

"是皇上又怎么样，和你们有什么关系？"那个孩子听他这么问，觉得很惊奇。"当然有关系了，你要真是皇上，给我们弄点蜜糖饼干，我给你变个戏法。"说着，阿列克萨什卡拿出一根针，"看见没有，我可以把这根针穿上线，从我腮帮上穿过去，不会出一点血……"

彼得的好奇心被勾起来了，他说："皇上是不会给你们找蜜糖饼干的，不过你要是肯表演的话，我可以给你们钱，怎么样？"阿列克萨什卡的眼睛转了几转，马上有了对策："一个银戈比，我可以给你表演三次。"彼得站起来，朝宫殿的方向瞅了一眼，那几个女人仍在跑来跑去喊他，随后他就跑过了木桥，来到了阿列克萨什卡的身边。阿列克萨什卡把带着黑线的针从腮帮上穿过三次，一滴血也没掉下来，腮帮上只留下三个黑斑点。彼得眼睛瞪得溜圆，立刻来了兴致，急切地说："把针给我啊。"阿列克萨什卡伸出一只手，彼得扔给他一个卢布，拿了他给的针，动手往自己的腮帮上穿去，又把它拉出来，笑着说："不比你差，不比你差！"丢下他们两个，扭头朝宫殿的方向跑去。

得到这个卢布后，他们终于可以实现买头小熊的梦想了。两个孩子用半个卢布买了头小熊，整个夏天都给它唱歌跳舞，与它殴斗。秋天来临之后，麻烦也随之而来了。没有人愿意接纳这头熊过夜，它的食量非常大，他们把钱都花在它身上了，而且它还老想冬眠。万般无奈之下，两个孩子亏本把熊卖了。他们只好靠着乞讨挨过了严寒的冬天，迎来了大地返青、鸟儿歌唱的春天。人们警告过阿列克萨什卡好几次："你要当心，你老子在莫斯科到处找你，他说他要宰了你。"这不，今天果然与他碰上了……

阿列克萨什卡跑得腿都抽筋了，脚步逐渐慢了下来，他觉得后面的皮靴声和喘息声越来越近，"完了！"阿列克萨什卡心底一凉。正在这时，一辆马车从巷子里冲了出来，两匹前后串联的马放步疾驰，一个穿白袜子、戴宽边帽子的德国人骑在打头的一匹马上。阿列克萨什卡一看机会来了，立刻爬到马车后面的脚踏板上，丹尼拉冲着那个德国人大吼："停车！"结果他结结实实挨了一鞭子，跌倒在污泥里，马车竟自向前疾驰去了。

没多大一会儿，马车在一道高高的栅栏前面停住了。一个外国人不知问了句什么,从马车窗子里面探出一个脑袋答道:"弗朗茨·勒福尔特。"大门便打开了,阿列克萨什卡也跟着进入了库奎河边的外侨区。柔和温暖的灯光从房间的窗户里射了出来,照亮了低矮的围栅,剪得整整齐齐的小树。花园里开着一片白花,发出一股沁人的清香。花园的长凳上坐着一些外国人,悠闲地聊着天。这里的射击军士兵不像克里姆林宫的士兵那样严肃且沉默,他们在这里唱着跳着,神情放松,仿佛置身于世外桃源一般。"他们生活得多舒服啊!"阿列克萨什卡转动着脑袋四处张望,闪烁的灯光弄得他眼花缭乱。他们进入了一个宽阔的庭院,庭院中央有个圆形的喷泉在喷水,马车在几根白色的圆壁柱前面停下了,那个说话的人走下了车,看见阿列克萨什卡也从车上跳了下来,问道:"你是谁,从哪里来,到这儿干什么?告诉我,你是不是小偷?"

"我要是小偷,你把我打死好了!你难道没有看见大街上我爸拿刀追我,他会宰了我的!"阿列克萨什卡看着那张刮得很干净的脸,笑嘻嘻地说。他好像又想起了什么,他带着央求的口气说:"好大叔,你给我找点活儿干吧,你叫我干什么,我就干什么。上帝会保佑你的。"

弗朗茨·勒福尔特抬起阿列克萨什卡的下巴颏,他很喜欢这孩子的样子,他想了一会儿说:"那你就留下来吧。你身上太脏了,先好好洗洗,然后给我好好干活。记住,不许偷东西!"说完,他向马车夫吩咐了几句,便吹着口哨朝一幢房子走去。

三

"尼基塔·莫伊谢耶维奇,可千万别累着孩子啊……"纳塔利娅·基里洛芙娜太后看到彼得读书的时间有点长,便开始心疼自己的儿子了。但她想错了,彼得就等这句话,太后的话音未落,他急忙放下手中的《使徒行传》,急切地用手画了个十字,吻了吻母亲的手,然后就迅速地冲了出去,关门的响声隔了许久才传了回来。他跑得太快了,就连太师尼基塔·莫伊谢耶维奇·佐托夫向他磕头的时间都没给,眨眼就出现在了普列奥布拉任斯科耶宫外的草地上。"戴上帽子,彼得,不然你的头会痛的!"太后望着他的背影，有气无力地喊着。

"尼基塔，你应该多给他念一些宗教方面的书，他一点也不像个沙皇。再过几年，他就要娶媳妇儿了，可他连稳重地走路都没有学会，和平常人家的孩子没什么两样。"纳塔利娅太后冲着毕恭毕敬的太师尼基塔说道。尼基塔是一个忠心耿耿的人，如果你让他扑到刀子上去，他绝对没有二话，可他性格太过直率，脾气温和，做倔强的彼得的老师是不太合适的。

纳塔利娅太后看着窗外彼得的一举一动。彼得让人从外面找来一些农民，扮成外国人的样子，和他做军事游戏。有人忘记游戏该怎么玩了，彼得就开始怒吼，爬到要塞顶上，用火枪把一个参加游戏的农民给打了，那人迅疾地把脑袋往肩膀中间缩拢。"要不按照他的意思办，说不定他会杀人，他这个火爆脾气到底是从哪里来的呢？"纳塔利娅太后说。

游戏重新开始。彼得叫那些拿着斧子的人排好队，然后从要塞里推出一尊槲木大炮，只不过里面装的是胡萝卜和苹果，轰击对方阵地。那些人受到轰击后马上放下武器，举起双手。"笨蛋！不应该投降，要继续战斗！"彼得的脑袋晃个不停，"从头来！一切重新开始！"

纳塔利娅太后让人关上窗户，坐在那里发呆。这几年她变得苍老了许多，摄政王索菲娅日思夜想着和瓦西里·瓦西里耶维奇公爵结婚，她甚至都向国外订制了一顶王冠。为了让太后的面子好看一点，索菲娅派了四位领主来到普列奥布拉任斯科耶宫伺候彼得：米哈伊尔·阿列古科维奇·契尔卡斯基公爵、雷科夫公爵、特罗耶库罗夫公爵和鲍里斯·阿列克谢耶维奇·戈利岑公爵。他们虽然来了，却在台阶边懒洋洋地下了马，吻了吻太后的手，向没有实权的彼得皇帝拜一下，请一个安，便坐在那里一言不发，唉声叹气。由于长时间没有人来，车道及路旁都长满了茂盛的野草。

索菲娅最近经常在皇宫中含沙射影地说些针对他们母子的话："真可惜，那一回射击军竟然没有把那只狼崽连同母狼一起给弄死。"纳塔利娅太后听到尼基塔打探来的消息后，嘴唇在哆嗦，眼睛里噙着泪水。尼基塔看到太后的神情，也不知道如何安慰才好。他又能做什么呢？索菲娅拥有射击军团，背后还有全部的贵族民军，一手遮天；彼得呢，只有三十个做军事游戏、傻头傻脑的少年，还有一尊把萝卜当炮弹发射的大炮……

宫中教堂塔楼上的钟声响了起来,一天结束了。索菲娅派来的四位御前大臣和那些领地不多、出身贫寒的年轻贵族子弟揉着惺忪的睡眼出现在了楼梯和走廊上,瓦西里·沃尔科夫也在当中。他父亲四处磕头作揖,好不容易弄到这个职位,一天到晚就是吃饭睡觉,生活轻松自在,而且还能领到六十卢布的年俸。

晚祷的钟声敲响了,彼得却找不到了。侍臣和保姆们四处寻找,但却没有音信。大家心头一沉:皇上会不会给淹死了!侍臣们立刻清醒过来,骑上马四散到田野中喊着、叫着,保姆们嘴里不停地念叨:"一定是索尼卡干的。前几天有人看见一个男人在皇宫附近走动,靴子里藏着匕首。"纳塔利娅太后被吓坏了,发疯一样地冲到了外面的台阶上,绞着双手,撕心裂肺地喊着:"彼得,我的儿子,你在哪啊!"

瓦西里·沃尔科夫驱马在河边飞驰,遇见一群渔夫正烤着篝火。他跳下马,急匆匆地问:"老乡,你们看见皇上没有?""刚才坐着小船划过河的会不会是他?他们好像往库奎区那个方向划,你去外侨区找找看吧……"

沃尔科夫骑着马来到了外侨区,他在马背上就望见了皇上,皇上和一个长头发、中等身材的人在一起,有说有笑。沃尔科夫从马上跳下来,从人丛中挤了过去,在彼得面前跪了下来:"皇上,太后她老人家找不到您,非常着急,请您回宫去吧,现在是做晚祷的时候了……"彼得看着他,不耐烦地说:"我不想回去,滚开!"沃尔科夫仍跪在那里一动不动,彼得火了,踢了他一脚:"滚,奴才!"

沃尔科夫朝彼得深深鞠了一躬,脸色阴沉,急匆匆地赶回去禀告太后。这时,一个叫约翰·蒙斯的外国酒商,叼着烟斗走了过来,说道:"尊敬的陛下,我们这儿要比您的宫里有趣得多,您进来看看就知道了。"站在周围的外国人也都微笑着点头示意。

弗朗茨·勒福尔特在彼得的耳边说了什么,彼得点了点头。彼得在雅乌扎河上遇见了他的,当时仆人们正在笨手笨脚地划着船。弗朗茨·勒福尔特曾在克里姆林宫作为外国的使节觐见过彼得,立刻认出了这位年轻的沙皇,他用右手摘下帽子,退了一步,鞠了一躬,用半通不通的俄语说道:"您好,尊敬的陛下,愿意为您效劳。"自然而言,彼得就与他来到了库奎区。

勒福尔特既机巧又聪慧。他在前面给彼得引路，做参加库奎区的向导。库奎区的居民都想请彼得参观自己的房子，还把那些机巧的玩意儿都拿了出来，彼得对每一个玩意儿都很好奇，不停地问："这个有什么用？那个是怎么做出来的？"后来他们走到了一个池塘边，彼得看见一条小船上坐着一个年轻的姑娘，手臂赤裸着，穿着一件雪白的、如同白玫瑰花一样蓬松的衣服，抱着一把琴。姑娘转过脸来，在暮霭中这张脸显得漂亮极了。她拨动琴弦，用细柔的声音唱着外国歌，歌声美妙又凄婉。彼得的心狂跳起来。

勒福尔特似乎看出了他的心思，介绍道："她是酒商约翰·蒙斯的女儿安娜·蒙斯，她唱歌是为了向您表示敬意。"约翰·蒙斯举起一条胳膊，向彼得挥了挥手，勒福尔特接着说："这些姑娘回头都会在酒店集合，在那里跳舞、放焰火……"

四

到过克里姆林宫的外国人都非常惊讶，沙皇的宫廷与巴黎、维也纳、伦敦、华沙甚至斯德哥尔摩的皇宫相比，更像是一个商人的账房。那些披金戴银、目空一切的领主，声名煊赫的将军，每天所谈的就是大麻、鱼油、谷物或是皮革之类的交易。他们成天抱怨：俄罗斯虽然地大物博，生意却很清淡，而且也弄不出什么东西。鞑靼人控制了黑海沿岸，波罗的海又无法通航，中国离得很远，北方又给英国人占领了。他们应该打出海口来，可是他们却无能为力。

要不是发生了一件意外的事，天知道这样的状况还会持续多久，俄罗斯人会一直在叹气和牢骚中度过。波兰国王扬·索别斯基派了几个使节到莫斯科，商量成立一个对付土耳其人的联盟。那几个波兰使节婉转地游说，让那些信奉异教的土耳其人来折磨基督教徒是不能容许的，让信奉正教跟土耳其苏丹和克里米亚汗和平相处也是不能的。莫斯科立刻意识到波兰人已经走投无路，现在正是跟他们讨价还价的好机会。事实也是如此。波兰跟奥地利皇帝结盟了，打败了土耳其人的进攻，瑞典人控制了波罗的海沿岸，波兰弄得比瑞典一个行省大不了多少。法兰西、荷兰、土耳其成了海上的霸主,波兰人的意图非常明显,他们要借用俄罗斯的兵力保护乌克兰大草原,使之不受土耳其苏丹的侵犯。

双方讨价还价了三个半月,扬·索别斯基由于在巴萨拉比亚战役中被土耳其人打败,只能流着眼泪和莫斯科签订了一份永久的和约:基辅及其附近所有的城镇统统归还莫斯科,以换取俄罗斯人出兵的承诺。这是一次伟大的胜利,不过俄罗斯也必须召集军队去跟克里米亚汗作战了。

瓦西里·瓦西里耶维奇·戈利岑公爵正坐在一扇开着的窗户边,跟一个从华沙回来的外国人德·涅维尔用拉丁语交谈。瓦西里公爵翘着二郎腿,脸上始终带着微笑,用有点结结巴巴的拉丁语说:"让我来给您解释下,德·涅维尔先生。我们国家主要划分为两个阶层:生产阶层和官宦阶层,简而言之,就是农民和贵族。现在这两个阶层都非常贫困,国家从他们那里得不到任何好处,只会毁灭。如果把地主和农民分开,那就会有很多好处。因为地主都非常贪婪,狠着心肠去搜刮农民。这样做的结果是农民贫困了,地主跟着贫困了,国家也贫困了……"

"您的话极有见地,公爵先生,那您准备怎么解决这个问题呢?"德·涅维尔问。瓦西里微笑着,拿起桌上的一个笔记簿念道:"几百万亩土地现在仍然是一片荒芜,这些土地要开垦耕种。用英国的细毛绵羊淘汰俄罗斯的劣等绵羊。鼓励人们开采矿藏,兴办企业,并撤销让他们难以承受的赋税,用一种适度的人丁税替代。让地主让出土地,给他们薪俸,让自由的农民在上面耕种,废除现行的奴役制度。如果实行的话,国库的收入最少能增加一倍以上……"

"我好像在听一个古代哲学家的演讲,"德·涅维尔自言自语。瓦西里站了起来,手里抓着鹅毛笔,继续向客人讲述自己的奇思妙想:"未成年的贵族子弟要送到波兰、法国和瑞典去学习,国家要鼓励、提倡科学研究,我们要用艺术来陶冶自己……智慧将会在俄罗斯这片国土上发出耀眼的光芒。"

他们的谈话被打断了,一个仆人走到瓦西里旁边耳语了几句,瓦西里脸板了起来,挥了挥手,仆人便退了出去。德·涅维尔觉察出了这细微的变化,说了几句客套话,便转身告辞了。瓦西里送走他之后,便急匆匆走进自己的卧房。索菲娅正躺在一张宽大的双人床上深情地望着他,与往常一样,她是乘一辆遮得严严实实的马车从后门进来的。

五

瓦西里一走进房间,就看见索菲娅那张忧郁的脸与紧盯着他的那双眼睛,他给弄得莫名其妙,还没走到床前,就停下来问:"陛下,您是不是遇到什么麻烦了?"

索菲娅坐在那张宽大舒适的床上,冷淡地打量着瓦西里·瓦西里耶维奇,思绪却在不断翻滚着。去年她就为瓦西里秘密堕过一次胎,为了瓦西里,这都算不上什么,最可恶的是领主们总是在茶余饭后议论着他们,说他们性格太软弱,根本就没有管理国家的能力。他们还议论瓦西里的穿着与女人没什么不同,成天无所事事,脑袋被各种胡思乱想所占据,都怀疑他脑子出了毛病。如果他能建功立业,那就能堵上所有人的嘴。

索菲娅·阿列克谢耶芙娜(1657—1704),俄罗斯公主,沙皇阿列克谢·米哈伊洛维奇之女,彼得一世的姐姐。母为玛丽娅·伊利尼奇娜·米洛斯拉夫斯卡娅皇后,1657年出生在莫斯科克里姆林宫。

想到这里,索菲娅理了理思绪,开口说道:"亲爱的,我跟你说,你必须脱掉那些花边衣服和漂亮的长袜，拔出军刀，穿上出征的战袍，成就一番大事业给他们看。现在正有一个好机会，我们准备进军克里米亚。等你打了胜仗回来，你爱怎么样就怎么样。到那个时候，你会比最强的人都要强，那些背地说闲话的人就都会闭嘴的。"

"什么，又要出兵克里米亚？你了解的，我们不能打仗，应该把钱用在别的事情上……"瓦西里想打消她这个想法。"不要说了，我已经准备好了一道诏书，任命你为远征军总司令。其他事情都等到克里米亚的仗打好再说，我会日夜为你祈祷的，我要步行去每一个修道院参拜。你打了胜仗回来，我们再也不用偷偷摸摸的了。"她把瓦西里的一只手放进自己的热辣辣的手掌里，接着说："彼得已经15岁了，他找了一群人和他玩军事游戏，现在用的都是真刀真枪的家伙，我有一种不祥的预感，你快把我从罪恶中解救出来吧！等你凯旋之时，全欧洲都会听到你的丰功伟绩，到那时候，我们就让他任意去玩吧！"

"我们不能打仗！我们没有钱，也没有能打仗的军队！有谁能够理解我那伟大的计划啊，赏识我的计划！只要给我两三年时间就可以实现，多么可恶的战争！"瓦西里绝望地喊着。可是这一切都没什么用了，不管是劝说也好，拒绝也罢。

纳塔利娅·基里洛芙娜太后正在责骂尼基塔·佐托夫："你去找他啊！天刚蒙蒙亮，他就从皇宫里跑出去了，十字也不画，东西也不吃……"不过他们心里都很清楚，要找到彼得可不是件容易的事。除非听见树林某处传来一阵枪声，或者是一片鼓声，这表明彼得一定在那里跟他的军团玩军事游戏。尼基塔常常被彼得绑在树上，免得说出应该去做祈祷，接见莫斯科来的领主等让彼得扫兴的话。为了打发无聊的时间，尼基塔逐渐养成了喝酒的习惯，后来甚至自动要求在白桦树下当俘虏。

彼得玩得不亦乐乎，只要游戏是热闹的、好玩的、愉悦的，只要军鼓在响，大炮发射，他可以一天一夜不吃饭都不觉得饿。这可苦了和他一起做游戏的人。有时候，他们会在三更半夜被叫醒："快起来！包抄敌人，泅水渡河……"有的人甚至淹死在河里了；如果他们想偷懒或是开小差的话，等待他们的肯定是一顿毒打。大家都快让彼得折磨得要疯掉了。

近来，彼得任命一个叫阿夫托诺姆·戈洛温的人担任军队的长官，按照新式的叫法应该称呼他为将军。这个人粗鲁野蛮，但却精通军事操练，并且还颁布了严格的军事纪律。在他的影响下，彼得不再搞那种乱七八糟的军事游戏，在定名为"普列奥布拉任斯科耶第一营"认真学习起军事了。

弗朗茨·勒福尔特没有在彼得身边效力，因为彼得虽然把他安排在克里姆林宫里当差。但他却闲不住，经常跑到游戏军那边看热闹，对作战等问题发表自己的意见。通过他的引荐，一个名叫西蒙·佐默尔的外国上尉被聘为火器与手榴弹教官，也被授予将军的头衔。现在不是什么游戏了，田野中经常能发现被打死的牲口，许多人也被打伤。人们出行时变得更加小心翼翼了。

六

内务府办公的屋子又热又闷，苍蝇闹哄哄地飞来飞去，如果不是必须来办公的话，恐怕这里连鬼影都看不见一个。秘书官吃饱喝足后，靠在长凳上打盹。录事伊万·瓦斯科夫正埋头用一支鹅毛笔把一张纸上写着的东西誊到一本簿册上：

奉上谕，德式服装已做好，并已送往伟大的国君、全俄罗斯的君王彼得·阿列克谢耶维奇皇帝的内殿；为此，向弗朗茨·勒福尔特将军采购以下物品：金线两卷，付一卢布四十戈比；纽扣九打，每打十八戈比；内衣纽扣六打，每打八戈比；绸子与亚麻布，三十戈比；假发，三卢布……

秘书官也被苍蝇弄得没睡好觉，他拿出手绢挥舞了半天，向四周看了看，大声呵斥："你们这群浑蛋！是谁让你们睡觉的？你们拿了国家的钱，却不想为国家做事，你们这些懒骨头，等我用棍子把你们统统打一顿之后，你们就应该知道如何工作了。让雷劈死你们这帮贪懒的家伙！"他又挥舞了一下手绢，随即又睡着了。

这是一个既沉闷又无聊的时期：没有送禀呈表的人，也没有人来送礼。莫斯科的领主们的子弟、射击军、地主都远征克里米亚去了，只有苍蝇、灰尘和无聊之极的公事陪伴着他们。瓦斯科夫瞅了瞅秘书官，伸了个懒腰，继续低下头写着：

奉伟大的国君、全俄罗斯的君王彼得·阿列克谢耶维奇皇帝之谕，着御马饲养宫役亚基姆·伏罗宁、谢尔盖·布赫沃斯托夫、丹尼拉·卡尔京、伊万·纳吉宾、伊万·叶夫列夫、谢尔盖·切尔科夫与瓦西里·布赫沃斯托夫调往科洛缅斯科耶村皇帝陛下左右，规定薪饷如下：每人五卢布现金、五石裸麦，同量之燕麦……

侍臣瓦西里·沃尔科夫点收了内务府送来的外国服装与假发，立即送进了彼得的寝宫里。彼得把假发戴上，对着镜子里笑了笑，随即又穿上了新衣服。他按照勒福尔特教他的样子，系上了洁白的颈饰，在长襟衣外面，胯股处束上一条白绸带。彼得开始注意自己的仪表了，这让沃尔科夫觉得特别惊讶。九点钟的时候，尼基塔·佐托夫请皇帝去做晨祷。彼得听完之后，不耐烦地说："对太后说，我有要紧的军国大事。我一个人会祈祷的。"说完之后，彼得骨碌碌转动着眼珠子，又对尼基塔吩咐道："你要作为希腊酒神巴克科斯的伟大使节，去向一个正在庆祝命名日的人致敬。"宫役们把尼基塔塞进了马车，彼得往赶车的人座位上一坐，一群宫役跟在马车后面，一行人向库奎区的勒福尔特家进发了。

到了勒福尔特家后，彼得跳下车，揪住尼基塔的衣服，把他拖下了车，带到勒福尔特面前。"这是我送给你的礼物，勒福尔特，"彼得揪着尼基塔，嚷道："跪下，磕头！"勒福尔特一下子全明白了，他哈哈大笑，挽起彼得胳膊往里面走去，嘴里大声嚷道："真是一个美妙的玩笑啊，我从没见过比这更有趣的玩笑。嗨，乐师们，奏进行曲，让我们欢迎巴克科斯的使节！"彼得朝客人扫了一眼，便看见了安娜。她向他微笑着，露出一口雪白的、细小的牙齿，肩膀裸露着，看样子好像对他暗示着什么。

勒福尔特请彼得喝了酒，这是彼得平生第一次喝酒，说不清楚的感受如同火焰一般在他身体里乱窜。他咬紧牙关，竭力克制心底升腾起来的那种模糊的狂热欲念。欢乐的乡间舞曲声响起，男士们纷纷邀请女士走下舞池，彼得以前没有跳过舞，对前来邀请的女士都被回绝了。这时，一只冰凉的手搭上了彼得肩头，是安娜邀请他。彼得微微哆嗦着，脚下不由自主跟着轻如鸿毛的安娜一块跳舞。

跳得浑身发热的安娜，身体散发出一股清新的体香味，这让彼得的意识开始模糊了。"啊，彼得，我累了，"安娜气喘吁吁地说着，迷人的嗓音在他耳边响起。彼得不知道该怎么做，便搂住她的肩膀，和她湿漉漉的嘴唇碰触了一下。安娜脸立刻红了，挣脱了他的怀抱，转身就跑了出去。"安娜，"彼得喊道，拔腿就追了出去。

彼得望着四周，找不到安娜的身影，他怅然若失地站在那里，手足无措。"陛下，我知道她在哪里，"不知道什么时候，阿列克萨什卡·缅希科夫出现在面前，"她回家去了。"彼得一声不响地跟着阿列克萨什卡来到了安娜的家，阿列克萨什卡小声说："她在那儿！"随手抓起一把土，朝窗户撒了过去。"是谁？"安娜从窗户探出身来，马上发现了彼得，摇了摇头，说："不行，您回去睡觉吧，彼得先生。"她关好窗子，拉上了窗帘，灯也熄灭了。彼得直勾勾地盯着那扇窗户。"陛下，这个姑娘有人看着呢。……我去找马，您能骑回去吗？"

回到寝殿，阿列克萨什卡替他脱了鞋，彼得吩咐阿列克萨什卡睡在他身边，沉默了一会儿，他说："你就当御前侍臣吧，明天早上你去通知秘书官，让他写一道诏书。……今天玩得真开心啊，我亲爱的上帝！"不大一会儿，彼得发出了鼾声，睡熟了。

第三章

一

俄罗斯整个冬天都在召集贵族民军,让那帮贵族地主离开自己的家乡,真不是件容易的事情。远征军总司令瓦西里·瓦西里耶维奇·戈利岑公爵给这帮人下了死命令,如果不能按时报到,那就等着毁灭吧!可地主们仍旧不慌不忙,找出各种借口推诿,有的人还搞恶作剧。这个时候,种种奇思妙想都钻进他们脑子里去了。侍臣鲍里斯·多尔戈鲁基和尤里·谢尔巴特伊没有办法逃避远征,便穿上黑衣服,骑上黑马,让士兵也全部换上黑衣服,跟从坟墓里爬出来的没什么区别,列队来到了军营,把大家吓个半死。流言开始四散传播:"这次出征准有倒霉事,说不定咱们都不能活着回来了……"

瓦西里·瓦西里耶维奇勃然大怒,让莫斯科下了一道旨意,让那些不服从调遣、故意滋事的人失去领地,终身幽禁在修道院里。他要用这种严厉的措施给那帮人一个下马威。圣旨下来了,可是瓦西里·瓦西里耶维奇看见流着眼泪、跪着求他开恩的人,心肠软了下来,把他们给宽恕了。

积雪转眼就融化了，南边吹来了和煦的春风，河边的柳树抽出了新的枝芽，但瓦西里·瓦西里耶维奇的心情却越发沉重。从莫斯科传来了一些令人扫兴的消息，支持彼得的领主米哈伊尔·阿列古科维奇·切尔卡斯基在克里姆林宫高谈阔论，嘲笑远征："可汗已经不再等待瓦西里·瓦西里耶维奇·戈利岑公爵大驾光临了，在克里米亚、君士坦丁堡、全欧洲，他们已经对这次远征不在意了，可这次远征的花费惊人……"这还不算什么，更心烦的事情还有呢。原本一直庇护瓦西里·瓦西里耶维奇的总主教约阿基姆，不知是哪里得罪了他，叫人把他送去的法衣和长襟衣都从教堂里给扔了出去。瓦西里·瓦西里耶维奇给沙克洛维特写了许多封表达他惶恐不安的情绪的信，责成他密切监视切尔卡斯基，留言总主教的一举一动。

国外也传来了令人沮丧的消息。雅科夫·多尔戈鲁基和雅科夫·梅舍茨基被派往法国去借三百万里夫尔的贷款，可是连一个子儿也没拿到，法兰西国王也不愿意接见他们。他还接到了关于驻荷兰大使乌沙科夫的报告："他和他的部属的行为使俄罗斯蒙羞，他们每天就是大吃大喝，言语粗鄙不堪，让皇上的圣名受到了侮辱与嘲笑。"

5月底，瓦西里·瓦西里耶维奇率领十万大军到了萨马拉河边，与乌克兰统帅萨莫伊洛维奇会师。他们前进的速度很慢，一段时间后，进入了一个叫作"荒原"的草地。这是一片荒无人烟的草原，海市蜃楼在遥远的天边闪烁着，草原上没有道路，也没有车辙印。先头部队跋涉了很远，却连一个人影也没看见。鞑靼人的意图很明显，就是要把俄罗斯军队引入滴水全无的荒地里去。在这个地方，只有经验丰富的哥萨克人才知道怎么找到水源。

转眼就到了7月中旬，部队从草原的一头延伸到另一头，但还是没有找到丰富的水源，许多人渴得要死，战斗力急剧下降，大家怨声载道。总督们、团长们、民军们在瓦西里·瓦西里耶维奇的营房里商议对策，可是谁也不敢站起来说："趁着时间还来得及，我们抓紧撤退；越往前走，处境越危险。"等一天中的暑气稍退之后，瓦西里·瓦西里耶维奇便带上头盔，披上斗篷，走出营房。那些团长、民军司令一看见他的身影，便都翻身上马，整装待发。瓦西里·瓦西里耶维奇一声令下，赶在热浪到来以前的夜行军便开始了。

一天傍晚，他们正在向不毛之地的彼列科普进军的时候，哥萨克首领萨莫伊洛维奇策马跑到了瓦西里·瓦西里耶维奇面前，眼神中闪过一丝不易觉察的微笑，他对瓦西里说："不好了，公爵阁下，鞑靼人放火烧草原了，四面八方都是火。"说完，他用马鞭指了指。瓦西里·瓦西里耶维奇朝着红光凝视了许久之后才说："好吧，让步兵上马，我们从大火里冲过去。"说完，瓦西里·瓦西里耶维奇传令号兵，于是军号声便在烟雾弥漫的草原上响起。骑兵、步兵和辎重车队便朝大火冲了过去。

　　拂晓时分他终于意识到他们已经无法前进了，一大片黑黝黝、死气沉沉的草原横在他们面前，大家唉声叹气，牢骚满腹。瓦西里·瓦西里耶维奇看到这种景象后，双手放在护胸铠甲上，流着眼泪说："谁能反对上帝？主给我们降下了灾难。方圆几百里就没有粮草，也没有一滴水。我不怕死，也不怕受辱。长官们，你们考虑下，我们该怎么办？"总督们、团长们和哥萨克首领们商量了一阵，达成了一个一致的意见："大军立刻向第聂伯河撤退！"克里米亚远征就这么不光彩地结束了。大军一直撤退到波尔塔尔附近才停住脚。沿途损兵折将，辎重也丢弃殆尽。

二

　　团长素洛宁纳、利佐古布、扎别拉、加马列伊，哥萨克大尉伊万·马泽帕和司令部总书记官科丘别伊偷偷来到瓦西里·瓦西里耶维奇的营房，告诉他说："这把火不是鞑靼人放的，是哥萨克首领萨莫伊洛维奇让人放的，这里有一张密告他的状子，烦请您把它转到莫斯科去。他跟俄罗斯人撒谎，跟波兰人勾搭，因为他只想把乌克兰变成自己的一块永久的领地，剥夺我们的自主权。快让莫斯科传一道罢免他的圣旨吧，重新任命一个新的统领……"

　　"可是他为什么阻止我打败鞑靼人呢？"瓦西里还是感到很惊奇。"他之所以要这么做，是因为如果您打败了鞑靼人，那么用不了多久，乌克兰就会变成莫斯科的一个行省，他不想看见这种局面出现。您看，我们都是俄罗斯的小兄弟，并且信仰也相同，我们非常乐意在皇上手下当差。"

　　"说得对！"其他团长也随声附和，"我们只听命于莫斯科！"瓦西里回想大火燃烧起来的一幕幕场景，越发开始怀疑起来。沉思片刻之后，他开口说道："既然这样，那就按你们的意思办吧。"

当天夜里，公爵派瓦西里·特尔托夫带着告密信，星夜赶往莫斯科报告。圣旨很快就下来了，准许瓦西里捉拿萨莫伊洛维奇，并将其押解到莫斯科受审。射击军包围了统军司令部，把萨莫伊洛维奇抓了起来，交给瓦西里审讯。萨莫伊洛维奇看见瓦西里后，不停地重复着："瓦西里公爵，不要听信他们的一派胡言！这是马泽帕的阴谋！"当他看到素洛宁纳、加马列伊与马泽帕走过来，情绪变得更加激动："你们这帮浑蛋！原来是你们在背后挑唆，我还不知道你们的心思，你们一直想把乌克兰卖给波兰人。"

加马列伊和素洛宁纳拔出军刀，向他扑了过去，可是被几个射击军给拦住了。夜里，马泽帕走进瓦西里·瓦西里耶维奇的营房，他出身于一个显赫的家族，在波兰和奥地利住过很长一段时间。他先鞠了一躬，然后便一屁股坐下了，俨然一副和瓦西里平起平坐的架势。他摆弄着手指，瞪着瓦西里·瓦西里耶维奇的眼睛说："爵爷不介意我用拉丁语交谈吧？哥萨克小俄罗斯的事情，您可能无法理解。但他们既狡猾又深沉奸诈，我听说您要选博尔科夫斯基为他们的新统领，如果这样的话，还不如让萨莫伊洛维奇继续担任呢。对于莫斯科来说，没有比博尔科夫斯基更危险的敌人了。"

"你也应该知道，我们并不愿意干涉你们的事，只要是我们的朋友，任何人来当统领都可以，"瓦西里·瓦西里耶维奇回道。"如果是这样，那我就放心了，上帝对我们非常仁慈。去年我在波尔塔尔附近埋了一个小桶，里面装着一万金卢布，以备不时之需。只要不让权力落在叛徒或是傻瓜手里，淳朴的小俄罗斯人愿意为此奉献出自己的一切的。"马泽帕笑眯眯地说。"那就好，明天这个时候我将宣布统领的新人选。"瓦西里站了起来，向客人鞠了一躬。

第二天，瓦西里站在一张长凳上，一手抓着手帕，另外一只手搭在军刀的柄上，对围拢过来的哥萨克人说道："我代表沙皇陛下告知你们，我根据哥萨克古老的传统来选举你们新的统领，你们大家说说看，是选马泽帕，还是其他人，一切都由你们决定。"索洛宁纳带头高喊："我们要马泽帕！"许多人也附和，结果全场的人也跟着喊了起来……

当天夜里，四个哥萨克人抬着一个沾满黑黝黝泥土的小桶来到了瓦西里公爵的营帐。

三

秋天，彼得根据弗朗茨·勒福尔特和西蒙·佐默尔的建议，把两年前修建在雅乌扎河边、普列奥布拉任斯科耶宫下的要塞加以改建、扩充。要塞中央新建了一个可以容纳五百人的木制餐厅，大门的主楼上安装了一个可以发出乐声的排钟。从清晨到黑夜，两个营的士兵一直都在那片开阔地上进行训练，西蒙·佐默尔既不爱惜他的喉咙，也不吝惜他的拳头。士兵们听着他喉咙里喊出的各种口令，不停地变换着各种动作，以期达到他的标准，降低拳头落在自己身体各个部位的概率。

彼得又从库奎区请来了两个人：一个是弗朗茨·蒂莫蔓，他精通数学，还能使用天文观测仪；另外一个是卡尔滕·勃兰特，他有丰富的航海经验，深通航海业务。蒂莫蔓教授彼得数学和建筑学的知识，勃兰特则着手负责造船。

领主和贵族们对彼得的军事游戏越来越感兴趣，他们频繁地从莫斯科骑着马来到雅乌扎河边，想亲眼看看这位年轻的沙皇在自封的"普列什堡皇城"到底在做什么，大量的钱财和军械武器拿到这里都有什么用途。他们并不过桥，只是远远地观望着彼得这个游戏军团的一举一动：有的推着装满沙土的大车到指定的地点；有的则在搬运木头；几个外国人拿着圆规和图纸走来走去，工头们拿着尺子跑来跑去；铲子弄得泥土漫天飞舞，斧子铮铮地砍伐着。他们仔细一看，皇上也在人群中间，他戴着一顶便帽，身穿一件脏兮兮的衬衫，一条外国款式的裤子，正推着一辆独轮车在木板上跑来跑去……

领主和贵族都非常吃惊，他们摘下帽子，隔着河深深地弯腰行礼。在大家的印象中，他们的祖辈和父辈一直都在沙皇身边好生保护着，生怕有一颗灰尘或苍蝇落在陛下的身上，并且大家一辈子也难得看见皇上几回。可现在这到底是怎么一回事啊，混在人群中间的皇上更像是一个没用的傻瓜，根本就不懂得做帝王的礼仪与威严。这些人心中都产生了不祥的预感，根基被动摇了……

偶尔会有领主鼓足勇气，用颤抖的嗓音喊道："陛下，请恕我冒昧，您现在这样的做法，实在有失皇家的体统，这真是亘古未闻啊！"彼得听见后，爬到土城上去，大声嚷道："是你啊！是不是瓦西里·瓦西里耶维奇公爵派你来的？他是不是已经征服了克里米亚？"那些外国人听了之后便哄堂大笑，最可怕的是俄罗斯人也跟着发笑，这真是太可怕了。如果领主继续执拗地劝谏皇上，让他注意仪表，放弃游戏的话，通常会听到彼得喊："阿列克萨什卡，把引火线给我。"然后他点燃引线，向领主发射一排豌豆子弹。所有的人都会爬上土城，看着领主和贵族四处躲避的狼狈样，哈哈大笑。

四

自从那天夜里把彼得送回寝宫之后，阿列克萨什卡便留在彼得身边了。他每天都笑容满面，为人机灵又善于揣摩人意，交给他办的事，不大会儿就能办妥，深得彼得的宠信。彼得走到哪里，他就跟到哪里，形影不离。他经常装扮各种怪相引诱彼得发笑：他会像熊那样钻进树洞里去采蜜，结果遭来野蜂的一顿叮咬；他假扮成神甫去吓唬一个商人的妻子，让她去教堂祈祷；还可以学两个口吃的人吵架……他就是一个开心果，惹得大家都非常喜欢他，彼得甚至都用迷恋的眼神瞅着阿列克萨什卡，一天看不见他，心里就感觉空落落的。

起初，大家只是把阿列克萨什卡当成一个侍臣丑角。可阿列克萨什卡的抱负却很远大，他固然很会开玩笑，不时地说些俏皮话，当他有时候和将军和工程师们聚在一起，彼得不耐烦地咬着手指甲，其余人围看着图纸各抒己见的时候，阿列克萨什卡伏在别人肩膀上，还没等人家开口撵他走的时候，就伶牙俐齿地说道："还犹豫什么，这件事就应该这么做，再简单不过了。"将军们听他说完后，恍然大悟："啊！对，对！"彼得也感觉眼前一亮："对啊！"

如果要采办什么物品，阿列克萨什卡便飞快地拿了钱，飞身上马，赶往莫斯科，眨眼的工夫就把急需的东西带回来了，过后把采购清单交给尼基塔·佐托夫，叹口气，眨眨眼睛："这是物品的花销，都在这里了，我可是一点都没有虚报……"

"阿列克萨什卡！谁说枞树干值三个阿尔丁？最多也就一阿尔丁，你也太贪心了。"尼基塔训斥道。"如果不是彼得急需，一阿尔丁就足够了，为了不让皇上等得心急，我只好出高价购买……"阿列克萨什卡辩解道。尼基塔挥了挥手中的鹅毛笔，打发他走开："你走吧，这次我相信你，下次不允许了！"

自从阿列克萨什卡成为彼得的侍臣之后，勒福尔特便常常在彼得面前夸赞他："这个孩子很有前途，他像狗一样忠心，像鬼一样聪明，陛下，这是一个不可多得的人才啊！"阿列克萨什卡每次从勒福尔特那里回来，都不会空手而归，总是会带回来一些礼物。他还去外侨区定制火红色的假发，每逢节日便拿出来戴上。有些仆人便尊称他为"亚历山大·丹尼雷奇"。

有一天，阿列克萨什卡把一个老成持重的青年带到了彼得的面前，这个青年穿着一件干净的衬衫，一双崭新的树皮鞋。阿列克萨什卡说道："陛下，这个人的打鼓本领是超一流的，我带给您看看，阿廖什卡，把你打鼓的本领向陛下展示下！"

阿廖什卡·布罗夫金摘下帽子，先向彼得鞠了一个躬，拿起一面鼓，随后像爆炒豆子似的打了起来：先是一阵集合鼓，又打出一阵收兵鼓，又是一支进行曲，后来又是一支快步舞曲，只见他的手和鼓槌上下翻飞，迅捷异常，快得简直让人看不清楚他的动作。彼得朝他扑了过去，抓住他的耳朵，惊奇地看着他，吻了好几次："到第一连当鼓手！"这样一来，阿列克萨什卡在营里终于有了一个自己人，他和阿廖什卡都开心极了。

秋高气爽的日子渐渐远去，地面开始结了一层薄薄的冰，人们开始换上厚厚的衣服来御寒了。库奎区这时却热闹起来，开始举行各种舞会和音乐啤酒晚会。他们通过阿列克萨什卡给沙皇彼得送来了请帖。

这天，暮色刚刚降临，阿列克萨什卡就赶着马车来到了宫殿的台阶前，彼得上了车，马车便向外侨区的方向疾驰。在路上，阿列克萨什卡说："陛下，刚才我去小酒店订购了您需要的淡啤酒，见到了安娜·蒙斯，她说今天晚上她会过去的……"彼得用鼻子大声地吸了口气，什么也没说，只是夺过鞭子，用力地在马身上抽了一下。

温暖的灯光从低矮的荷兰式房子中射了出来，从玻璃窗里面可以看见很多女人裸露着肩头，一对对随着音乐轻盈起舞。彼得刚出现在门口，扑鼻而来的就是一股女人甜蜜的芬芳、好闻的烟斗和啤酒的气味。"嗨，彼得！"主人大声喊叫，客人们如弹簧一般迅速弹起，伸出一双双欢迎的手，仕女们朝沙皇深深地行礼。大家都知道彼得一定会邀请安娜·蒙斯跳第一支乡间舞，毫无悬念。

安娜出落得越发漂亮了，眼下正是她最妩媚的时候。彼得学会了荷兰话和德国话，她经常听他用并不标准连贯的声音讲述故事，偶尔还会插上一两句嘴。这时，一个火枪手邀请安娜跳舞，彼得的脸上立刻阴云密布，恶狠狠地盯着那个火枪手，感觉像是要把他吃下去似的，可他心里却极为痛苦：她是那么招人喜爱，那么叫人着迷啊！

阿列克萨什卡由于年龄关系，只能和那些坐在角落的太太们跳舞，可他并不介意，直到浑身大汗才停下来。很快就到十点了，这时候青年们都出去了，安娜也不知去向了，来宾们开始坐下来享用晚餐。彼得痛快地吃着，喝着啤酒，吸着烟草，和旁边的人开着玩笑。黎明之前，阿列克萨什卡扶他坐上了马车，向着寝宫的方向前进。"我真巴不得有一所磨坊，一所制革厂也好，就像蒂莫蔓一样。他们的生活真让人羡慕啊！明天，我又得接受母后的询问，到澡房去，做忏悔，领圣餐，穿上黄袍，半天做祈祷，半天跟哥哥坐在宝座上，索菲娅则坐在我们的上首。伊凡哥哥的气息太难闻了，我还得看那些丑恶嘴脸的领主，我恨不得上去给他们一脚，可我是沙皇，必须学会忍耐。"

"陛下，您不应该这么想，我看您准是喝醉了，"阿列克萨什卡插了一句。"索菲娅就是一条毒蛇，米洛斯拉夫斯基家的人都是一群贪婪的蝗虫，我永远忘记不了他们的长矛和军刀，他们曾经想把我从殿前的台阶上抛下去，人们的喊声也让我心惊胆战。你还记得吗？……瓦西里以前就从草原上狼狈而归，现在他又奉命出征克里米亚。索菲娅和米洛斯拉夫斯基家的人就等着他回来呢，他们要下令用士兵对付我。"

"陛下，不用担心，我们可以躲到普列什堡里面不出来，那里很安全的。"阿列克萨什卡安慰着彼得。彼得却没有听他的话，自顾自地说着："他们已经放过一次毒药，企图把我给毒死。还有一次，他们派了一个藏着一柄刀的人过来。他们该死，他们都该死！"远处，普列奥布拉任斯科耶宫的灯光显现出来了。

"现在不比从前了，陛下，即使是在敲击警钟，射击军官兵也根本无法鼓动起来，那个时候一去不复返了。您可以去问问阿廖什卡·布罗夫金，他曾经在那里待过的。射击军现在对您的姐姐也非常不满。"

"我想让安娜·蒙斯做我的皇后，你觉得怎么样？"彼得靠拢了过去，在黑暗里想竭力看清楚他的眼神。阿列克萨什卡笑了起来，往马身上抽了一鞭子，说道："用不了多久，太后就会让您结婚的，她会给您挑选一位有正宗血统与信仰的俄罗斯女子。安娜·蒙斯她是个德国人，还是个新教徒，如果您让她当皇后，那就等着全莫斯科都敲警钟吧……"

五

彼得每周都在煎熬中盼望着星期日，因为只有那一天，安娜那迷人的裙子和舞姿才会在舞池中旋转。到了星期一，库奎区的人们便都戴上帽子，穿上棉坎肩，如蜜蜂一样干活了。他们十分看重劳动：不管是商人还是普通的手艺人，提到劳动的时候都会竖起大拇指："我们每个人都是靠诚实的劳动换取自己的面包。"

第二天早晨，天刚蒙蒙亮，阿列克萨什卡就把彼得给叫醒了，告诉他卡尔滕·勃兰特跟那些老师傅与徒弟都来了。卡尔滕·勃兰特把普列奥布拉任斯科耶宫的一座大殿改成了造船作坊，正按照从阿姆斯特丹带回来的船舶模型建造。宫里开始日夜不得安宁。德国老师傅以及从游戏兵团选拔出来的徒弟不停地刨着、旋着、锤着、钉着，呼喝声、叫喊声、大笑声不绝于耳，和市集没什么区别，搅得宫里的人不得安宁。纳塔利娅·基里洛芙娜太后搬到一座最偏远的宫殿，以躲避这嘈杂的声音，但她又常常思念彼得，默默为他祈祷。

通过一些心腹的宫女，纳塔利娅太后对克里姆林宫，甚至是莫斯科所发生的事情了解得一清二楚。"索菲娅又在星期五吃鱼了，可是她却没有丝毫的罪恶感。有人送来了一大车鳕鱼，但她连一条小鱼都不给你送过来。因为思念瓦西里·瓦西里耶维奇，她把一个叫西尔韦斯特尔·梅德韦杰夫的修士招进了克里姆林宫，他可以随时走进索菲娅的寝殿，用望远镜望着星星，用符号记录下来。有一天，有人看见他把不知道什么人的头发给烧了，索菲娅则浑身发抖，脸色发青，坐在那活像一具死尸。大家都在猜测，那会不会是彼得陛下的头发？"纳塔利娅太后听完之后，脸色发青，紧握拳头，浑身颤抖，眼中仿佛有愤怒的火焰在燃烧，牙齿咯咯直响，样子可怕极了。

火红色头发的神甫菲利卡在莫斯科活动。只要人们聚拢在他身边，他就会歇斯底里地吼叫起来："我奉上帝的差遣，来告诉你们什么才是真正的信仰，使徒彼得和保罗都是我的亲戚。让我来告诉你们，你们应该用两个指头，而不是三个指头画十字，三个指头里住着基卡魔鬼，整个地狱都在里面，可你们却用来画十字……"许多人都相信了他的话，心里诚惶诚恐起来，并且克里姆林宫一直都没有抓到他。

克里姆林宫还在不断增加各种捐税，看起来是想把百姓的最后一张皮给剥掉，而这样做的目的是为了那根本不能取得胜利的第二次克里米亚远征。城镇和村庄的人都走空了，他们都逃到了乌拉尔山后面，逃到滨海区，逃往伏尔加河和顿河流域，总之是离莫斯科越远越好。分裂派教士从村落走到农庄，劝说大家把自己活活烧死在澡房或谷仓里，只有这样他们的灵魂才能得救。在一些地方，已经开始有把自己给活活烧死的事情发生了，让人感到不寒而栗。可是彼得仍然只是自顾玩耍，根本没有理会他头顶上慢慢聚拢过来的乌云。

一想到这些，纳塔利娅太后就心惊肉跳，斯坚卡·拉辛的流血暴动仿佛昨天发生的事情一样，是她挥之不去的心头阴影。那时候，他们也期待过反基督者，而且他手下的头目也是用两个手指头画十字的……

应该给彼得娶个媳妇了。以前，御前大臣觐见的时候，他还能在宝座上坐上一个小时左右，现在他总是说："我没有空"。他现在用真正的火药发射炮弹,宝座被烧焦了,一扇窗户也被打破了。她的弟弟也劝她:"姐姐,给他娶个媳妇吧,要不然事情会变得更糟糕的。侍臣拉里翁·洛普欣家有个姑娘叫叶夫多基娅,到了谈婚论嫁的年纪。她今年16岁,最关键的是她们家族人多,并且会像狗一样忠心的。"

初雪降临之时,纳塔利娅太后借着朝圣的名义,动身前往新圣母修道院。有人给洛普欣家暗示了一下,他们家族便有四十人赶到了修道院,把修道院挤得水泄不通。叶夫多基娅·费多罗芙娜·洛普欣娜也坐着一辆马车过来了。纳塔利娅太后准许她吻了自己的手,还把她带到圣器室内,浑身上下又察看了一遍。她对叶夫多基娅非常满意,但是并没有流露出任何感情,一句话也没说便离开了修道院。洛普欣家的人,眼中则是抑制不住的激动……

在这期间,普列奥布拉任斯科耶宫又出现了一件喜事:瓦西里·瓦西里耶维奇的堂兄弟,鲍里斯·阿列克谢耶维奇·戈利岑公爵,已经从克里米亚的军队中回来,在摄政王索菲娅生日当天喝得酩酊大醉,后来又在餐桌上把瓦西里·瓦西里耶维奇臭骂了一顿:"他在全欧洲的面前丢尽了脸,他不配统率军队,我看他更适合把自己的胡思乱想写在纸上。"他还嫌不解气,又把御前大臣羞辱了一番:"你们是用肚子来思维,眼睛都陷入脂肪中,大街上随便找一个人来,都可以治理莫斯科。"自从那一天开始,他就常常来纳塔利娅太后所住的宫殿报到了。

鲍里斯·阿列克谢耶维奇看过普列什堡的建设和两个营的操练后,不是像其他领主那样冷笑摇头,而是大加赞扬,特别是参观造船工坊的时候,他对彼得说:"罗马人当年学会了制造和装备船舶,他们就征服了海洋,也征服了世界。"他还饶有兴致地跟卡尔滕·勃兰特长谈,交流思想的同时还考察他的学识,建议造船工坊建在离莫斯科一百二十俄里的佩列亚斯拉夫湖边。几天之后,他拉来了一车拉丁文书籍,包括图样,铜版画,荷兰城市、造船厂、船舶、海战图画。随着这车书而来的还有个黑人翻译人才:阿布拉姆,以及他的两个伙伴托莫萨和谢卡,三个人都是侏儒,穿着古里古怪的长襟衣,头戴插有孔雀毛的头帕。

纳塔利娅·基里洛芙娜太后最初对鲍里斯·阿列克谢耶维奇还有些不放心,怕他是索菲娅派来监视他们。她在怀疑,一个地位显赫的贵族,为什么要放弃强者而迁就弱者呢？可是那辆套着四匹马的马车却没有一天不是轰隆隆驶进普列奥布拉任斯科耶宫里来。鲍里斯·阿列克谢耶维奇吻一吻太后的手，开口说道："太后，请问您昨天睡得如何，是不是又梦见了独角兽？我总是来打扰您，惹您讨厌了，请原谅我的鲁莽。"纳塔利娅望着他那红润的脸和闻着他身上散发出一股麝香的味道，心里有说不出来的舒服："爵爷，别这么说，我们非常欢迎你来这里。请问，听到有关莫斯科的什么消息没有？"

"太后，克里姆林宫沉闷透了，到处都是蜘蛛网，情况很糟糕。领主们都在各处宫殿打盹，摄政王已经三天没露面了，她幽居在……我闯到了伊凡皇上那里，请求亲吻他的手，他表情忧郁地问我，为什么克里姆林宫这么沉闷，到底是什么兆头啊？"纳塔利娅终于明白了，他是在和她开玩笑。"您生了一个好儿子，他有一双清醒的眼睛，比任何人都聪明，您就等着瞧吧。"

送走公爵后，纳塔利娅太后显得十分兴奋，眼睛还在熠熠发光。这好比是在一个阴雨天，从云彩中突然露出一角青天，预示着阳光即将莅临。要是这些雄鹰都离开索菲娅的话，那她的龙椅就坐不长久了。

彼得非常喜欢鲍里斯·阿列克谢耶维奇，只要他一来，彼得就和他亲嘴，同他商量许多事情，征询他的意见，向他要钱……公爵呢，总是满足他的要求，从来不会拒绝。鲍里斯·阿列克谢耶维奇经常鼓动彼得带着他的将军、老师傅、侍臣等人去库奎区游戏和胡闹，还想出许多特别的娱乐方法。"这种胡闹必须持续下去！"彼得吩咐尼基塔·佐托夫起草一道诏书：从今往后，每逢星期日，所有的酒徒都必须聚会一次，礼赞希腊的众神。勒尔福特建议把聚集的地点放在他的家里，于是这就成为一个惯例。尼基塔是个嗜酒如命的人，被封为大法师，把酒瓶系起来挂在脖子上；他们让阿列克萨什卡光着身子，骑在一只啤酒桶上，唱着歌，大家笑得肚子都痛了。

他们在勒福尔特家胡闹的行为，很快就传到了莫斯科。领主们窃窃私语："库奎区那些该死的外国人把皇上变成了一个酒徒，他们亵渎神明，都被恶鬼上了身。"中规中矩的老臣普里姆科夫·罗斯托夫斯基赶到了皇宫，向彼得直言进谏，当面指责他放浪形骸的行为，要彼得学会国君的气派和礼仪，他足足讲了一个小时。彼得一声不响地听着，公爵越说越有精神，彼得不想再听了。他让阿列克萨什卡准备上雪橇，带着他来到了勒福尔特家。

餐桌上，尼基塔·佐托夫头戴一顶纸糊的皇冠，一脸严肃地为彼得祝福，所有的人一起用瓮声瓮气的鼻音唱着赞美歌。普里姆科夫偷偷地在皮大衣里面画了个十字，偷偷吐了口唾沫。可是当他看到有个赤身裸体的人，拿着酒杯跳到啤酒桶上，彼得提高嗓门说："这是酒神巴克科斯，我们应该膜拜他。"当听到这句话时，普里姆科夫面无人色，浑身摇晃，扑通一声就倒了下去。

风声传到了索菲娅的耳边。她勃然大怒，派了一个亲信领主费多尔·尤里耶维奇·罗莫达诺夫斯基前往彼得那里，可他却心事重重地回来了："皇上在那边干了不少荒唐淘气的事情，可是也干了不少正事，普列奥布拉任斯科耶宫的人并没有打瞌睡……"索菲娅的心一下子揪了起来，仇恨与恐惧一起涌上了心头。小狼已经长大了……

六

天刚蒙蒙亮，瓦西里·瓦西里耶维奇就出人意料地从波尔塔瓦回来了。皇宫里面挤得水泄不通，嗡嗡声不绝于耳，让人心烦意乱。索菲娅呢，此刻正穿着那件名贵的礼服，坐在窗前，嘴唇紧闭。宫女韦尔卡跑了进来："亲爱的娘娘，他来了！"索菲娅差一点昏过去，韦尔卡急忙把她扶住了："您是多么思念公爵啊，可怜的人！"索菲娅嗓子突然变得嘶哑了："韦尔卡，把皇冠拿给我。"

索菲娅走上了多棱宫的御座，才见到瓦西里·瓦西里耶维奇。她忍住泪水，不让自己哭出来。领主们坐在长凳上，瓦西里跪了下去，吻了吻索菲娅的手，可这不是熟悉的感觉，她怔了怔，仿佛大难临头一般。索菲娅镇定了一下，清了清喉咙："我们很高兴见到你，瓦西里·瓦西里耶维奇·戈利岑公爵，我们首先要问候你的健康。对于我们托付给你的事，不知上帝有没有眷顾你啊？"

瓦西里·瓦西里耶维奇站了起来，答谢了她的仁慈的面谕，两名殿监搬来一把椅子。瓦西里该启奏他这次回来的原因了。瓦西里看了看领主们几乎清一色拉长的面孔，等待着想要搜刮他们脑袋的发言。瓦西里为了减少领主们对他的敌意并让他们接受自己的主张，开始转弯抹角地讲了起来：

"我,你们诸位陛下、圣上与大公的奴仆,向诸位恳求,希望诸位能够跟从前一样,今天赐给我和我的同僚们以恩典,把圣洁的圣母、慈悲的女王、永恒的童贞女玛利亚的圣像从顿河修道院请出来,送往不可征服的、战无不胜的军队里去,保佑他们免受一切的灾难,显示出对敌人的光荣的战胜和伟大的征服。"

领主们听他啰唆地说了一大堆,终于松了一口气。领主们例行公事地商量了一阵,一致做出决定:圣像不妨送去。瓦西里这会儿更有信心了,于是他便把话题转移到最重要的事情上:军队已经三个月没有发饷了,那些外国军官拒绝铜币,要求发放银币或是金币,至少是改发黑貂皮。士兵们的衣服全都烂了,现在都穿着树皮鞋,现在就连这种鞋都很少。他们在二月就要出征了,另一次丢人现眼的灾祸必须要避免。

领主们听完都沉默不语,"你要向我们借多少?"索菲娅打破了这种局面。"至少五十万银币和金币。"领主们倒吸了一口凉气,有的人连手杖和拐棍都吓得掉在了地上,大家开始骚动起来。瓦西里看了一眼索菲娅,她用热辣辣的眼神给他信心。他胆气更足了:"两个从华沙来的耶稣会修士来到我的营房,他们带着法兰西国王给他们的委任状。他们说近来海盗横行,法兰西船只的货物白白受损。可是穿过俄罗斯前往东方的道路却很便捷,可以前往波斯、中国与印度。他还建议,让法国商人穿过西伯利亚甚至更远的地方,让他们去开辟道路,树立里程碑,兴建驿站。如果发现矿藏,还可以动手开采。"

彼得大帝时期使用的金币

普里姆科夫·罗斯托夫斯基按捺不住心头的怒火,跳起来打断了瓦西里的话:"我们到现在还不知道如何摆脱库奎区那些异教徒,你倒又想让那些异教徒成为我们的累赘,正教这下子可要完蛋了!"

"先帝时期,我们好不容易摆脱了英国人的束缚,"杜马贵族博博雷金嚷着,"难道现在我们要向法国人屈服吗?他们这是在做梦!"季诺维耶夫也站了起来，狂怒地说："我们必须站稳脚跟，彻底摧毁外国人长期以来的骄横。坚决不能把工商业交给他们，要让他们变得温顺，不要忘记我们是第三罗马帝国……"

"对！对！"领主们都随声附和。瓦西里气得浑身都哆嗦，眼睛中喷出愤怒的光芒，他平息下怒气，继续说道："我对国家利益的关心，并不比你们差。那两个修士对着福音书起誓：要是陛下同意他们的建议，杜马也赞成的话，他们用脑袋担保，在春季前我们就会得到三百万里夫尔。"

这时，索菲娅站出来了："这是一件大事，大家慎重考虑一下。"领主们在心里默默盘算，跟可汗作战需要 50 万卢布，没有这笔钱，公爵是不会走的。季诺维耶夫抓着自己的胡子说道："我们可以征收新的捐税啊，譬如说，食盐税？"沃尔孔斯基突然灵机一动："树皮鞋还没收过税啊，一个农民一年最少穿坏十二双树皮鞋，每双鞋收一个戈比，打败可汗这笔钱不就有着落了吗？"领主们都觉得呼吸又畅快了，事情已经解决了。他们终于用这个办法战胜了瓦西里·瓦西里耶维奇，每个人都喜笑颜开。瓦西里这时也顾不上宫廷利益了，跳了起来抢起了手杖："你们这群疯子！你们想想看，现在老百姓不顾死活地四处逃亡，森林里竟是成群结队的土匪。在所有基督教的国家里，只有我们生活得最为悲惨。许多比我们小的国家，他们的商业都很发达，人们也很富有。如果任由俄罗斯这样发展下去，用不了多久，俄罗斯这片土地就会被瑞典人、英国人、土耳其人占领！"瓦西里的眼中流出了懊恼的泪水。

"陛下，其实用不着让法兰西人进来，我们自己就可以解决问题，"费多尔·尤里耶维奇·罗莫达诺夫斯基站了出来，语惊四座。索菲娅、瓦西里、领主们都安静下来了，等待他的陈述。"法兰西商人会把我们最后一件衣服也给剥掉的，前不久我去普列奥布拉任斯科耶朝见了彼得皇上，他们正在进行造船游戏，但这个游戏充满了智慧。皇上请来的德国和荷兰的技师、造船工、军官都是精通业务的。我们必须要创办自己的铁工厂、皮革制造厂、玻璃厂……我们要建一支舰队，取得出海口，要有自己的海外贸易。就让树皮鞋税见鬼去吧……"

领主与贵族们吵了一整天，最终也没有形成一个共识。

七

严冬的一个晚上,约翰·蒙斯的小酒馆里像往常一样来了许多客人,大家围着壁炉取暖,喝着啤酒,玩着纸牌,说着笑话。约翰就觉得人们的声音离他非常遥远,他伸手去抓啤酒,可是却举不起来,啤酒都洒出来了。他以为自己太累太困了,便推开了酒馆的门,想让自己呼吸下清冷的空气,好让自己清醒下。可约翰的呼吸这时候变得更加急促,一股痛楚袭扰着他的心。他费力地推开酒馆的门,接着胸脯一阵抽搐,便倒在地上了……

约翰·蒙斯暴毙了,这使得所有的德国人都为他感到难过与悲伤。大女儿莫杰斯特去年秋天嫁给了费多尔·巴尔克中尉,还有他的妻子马蒂尔德安娜·蒙斯,以及两个小女儿:菲力蒙与威廉。一家之主死了之后,她们才发现家境并不乐观:为了偿还债务,磨坊和珠宝店不得不盘出去,日子开始日益窘迫起来。在这个时候,勒福尔特伸出了援助之手,为她们出钱出力,酒馆的那所房子仍归她们所有。母子们则就坐在那儿日夜流着悲伤的泪水。

"母后,是你派人叫我来的吗?"彼得带着怒悻悻的神色问。"坐下来,我的小天使,彼得,"纳塔利娅·基里洛芙娜坐在他对面,微笑着说,"我的小宝贝,我要给你娶亲了。"彼得一下子跳了起来,摆动着胳膊,跑到门口后又跑了回来,脑袋摇动着问:"娶谁?"

纳塔利娅太后朝彼得弯下身子,摸了摸他的头发,爱惜着说:"我给你找了一个可爱的小媳妇儿,一只小白兔,拉里翁·洛普欣家的姑娘,叶夫多基娅。"

彼得的脸刷地一下子红到了耳根,热辣辣的。他从母亲手下钻了出来,跳起来说道:"我没有工夫,我实在忙得很。如果您一定要给我娶亲,那就娶吧,我还有别的事,我先走了。"他跑了出去,肩膀撞了下门框,很快就消失了。门砰地响了一下。

第四章

一

阿廖什卡的父亲伊瓦什卡·布罗夫金正赶着雪橇,里面堆满了冰冻家禽、面粉、豌豆以及卷心菜,一路疾驰来到了普列奥布拉任斯科耶宫。这些物品是瓦西里·沃尔科夫的实物租子,管家为了不让这些食物烂掉,才吩咐他把这些东西送到主人当差的地方。瓦西里·沃尔科夫凭借着彼得侍臣的身份,在皇宫里有了一间带有储藏室的单间屋子。进入宫院后,伊瓦什卡把雪橇停在殿前的台阶上,开始打量起皇宫来了。

许多带篷的、没篷的富丽的雪橇停在台阶下。一群群打扮得很漂亮的奴仆,正在清晨的寒气中聊着天,穿着长襟衣的侍臣和穿着外国大衣、头发弄得和女人一样鬈曲的军官,正在台阶上跑来跑去。伊瓦什卡认出了自己的主人,他大模大样走了出来,大拇指插在腰带里。

"我来得真不凑巧,他们不会要扣留我吧!"伊瓦什卡开始担心起来。现在想什么都是多余的,他解下了牲口,扔给它一点干草。一个肩膀宽阔的饲马宫役打他身边经过,扭头看了他一眼:"你这个流浪汉,你这是什么意思，敢在这里喂马？"伊瓦什卡听得心惊肉跳，可就在这时，有人把他给喊走了，要不他别想好着回去。他咽了口唾沫，画了个十字，把干草捡干净，给马戴上了嚼环。

皇宫钟楼悦耳的钟声敲响了。奴仆们立刻忙乱起来：跨上拉前套的牲口、跳上马车后面的踏脚板、马车夫将缰绳弄平整，侍臣们依次在台阶上站好，帽子斜扣在一边耳朵上。一大群迎娶的人从皇宫里面走了出来：拿着圣像的少年，捧着空盘子的青年；稀有的帽子，各种绿的、锦缎的、红丝绒的长襟衣和大衣，弄得人眼花缭乱。紧接着是领主们，他们簇拥着一个穿着好几件珍贵皮袄的女人走了出来，她既漂亮又高兴，而且一看就知道带有几分醉意。有人把她从台阶上扶了下来，几个宫女从伊瓦什卡身边跑过，说道："瞧啊，媒人来了！"

"要给新婚夫妇铺床呢……"饲马宫役们齐声吆喝，甩起齐刷刷的鞭子声，空气中回荡着车铃的叮当声，一行人马便穿过平原，朝着莫斯科的方向行进。伊瓦什卡张大了嘴，瞪着眼睛，手足无措地站在那里。耳边传来了一个沙哑的声音："浑蛋，你送来了些什么？"

瓦西里·沃尔科夫站在他面前，拧紧了眉毛，脸色凌厉又逼人，摆出一副主人的架势。伊瓦什卡清醒过来了，他跪在雪地里磕了个头，随后从怀里掏出管家的信，递到沃尔科夫的手上。沃尔科夫看完信之后，眉头皱得更紧了，跳到雪橇上，冲着伊瓦什卡怒吼："给我解开！"伊瓦什卡浑身哆嗦，怕稍一迟疑自己就会挨鞭子，便麻利地把遮布解开了。鹅是精瘦到底，鸡是青紫色的，面粉是一团一团的。

"小偷！小偷！你都送来了些什么啊？你说，你这只癞皮狗！"沃尔科夫发疯一般尖叫着，从雪橇里抓起鞭子，劈头盖脸地朝伊瓦什卡身上抽去。伊瓦什卡站在那里也没有躲避，仅仅是眨了眨眼睛，他知道灾难早晚会过去，如果躲那会遭到更多的毒打，并且隔着厚厚的棉袄也打不痛。

鞭子柄折断了，沃尔科夫更加怒不可遏，一把抓住伊瓦什卡的头发。伊瓦什卡心里默默地祈祷上帝保佑自己。就在这个时候，两个穿军服的青年急匆匆地从皇宫里跑了出来，直奔他们而来。伊瓦什卡的心彻底凉了，这两个人一定是来帮沃尔科夫的，这下他可完蛋了。可是意外发生了，前面那个身材矮些的突然扑到沃尔科夫的身边,抡起拳头就揍他的肋骨,东家差点别打倒,抓着伊瓦什卡头发的手松开了。另外一个高个看到这种情形,大声地笑着。三个人争吵、叫骂起来。伊瓦什卡更吃惊了,又跪到了雪地上。

沃尔科夫大声嚷嚷:"我不能受这样的侮辱!他们两个都是我的奴隶,我要叫人狠狠地揍他们!万岁爷的圣旨我也不在乎!"这时,那个眼睛蓝蓝的高个子,眯缝着眼睛,打断了他的话:"慢着,慢着,你刚才说什么呢,你再说一遍?万岁爷的圣旨你也不在乎,是不是,阿廖什卡,你听到这句大逆不道的话没有?"沃尔科夫清醒了过来,怒气突然消敛了,他急忙辩解道:"我一时昏了头,才说出那样忤逆的话,阿列克萨什卡,你也看到了,我自己的农奴差点把我弄死……"

"我们到彼得皇上那里去,把事情弄清楚,看看他会不会惩处你……"阿列克萨什卡大踏步朝宫里走去,沃尔科夫紧跟在他后面,不时地拉一把他的衣袖。第三个人没有跟他们一起走,而是在雪橇旁边站了下来,柔声说道:"爸,我是阿廖什卡啊,你不认得我了吗?"

伊瓦什卡斜着眼睛瞅了下,那是一个干净利落的青年,穿着高级的呢料衣服,闪亮的纽扣,鬈曲的假发一直披到肩膀上,腰里佩戴着一把军刀。伊瓦什卡不能确定眼前这个青年一定就是自己的儿子,他想了下,便含糊地回答着:"当然了,我怎么会不认识你呢,做老子的不会忘记自己儿子的。"阿廖什卡脸上露出了兴奋的神情:"爸爸,家里光景如何,日子过得怎么样?……难道你不记得我了?"

伊瓦什卡确定自己不会再挨揍,便戴上帽子,捡起那根断裂的鞭子,动手把东西遮挡起来。可是那个青年站在那里,没有离开他。也许他真是自己失踪的儿子阿廖什卡吧,但现在认他是不是聪明的选择呢?看来还是先不认他比较合适。想到这里,伊瓦什卡眯缝着眼睛说道:"我还得上莫斯科一趟,我老婆子让我买点盐回去,可我身上一个子也没有,你要是能给我三五个阿尔丁,或者几个戈比就好了。我是不会白要你的,我会归还的。"

阿廖什卡鼻子一酸,差点落下泪来,他从口袋中掏出一把钱,三个卢布,或许还更多。伊瓦什卡愣住了。等他把钱哆嗦得拿过来,膝盖不由自主弯了下去,行了一个礼。阿廖什卡摆了摆手,转身跑开了。伊瓦什卡眯缝着眼睛看了看四周，确定没有人看着他后，便把两个银币藏在腮帮里面，其余的放到帽子里，卸下了车上的物品之后，拿了收据，对着牲口使劲抽了一鞭子，向莫斯科方向疾驰而去。

瓦西里·沃尔科夫一句"万岁爷的圣旨我也不在乎"的话，极有可能给他带来一场灭顶之灾，弄不好就要跟内务府的刽子手打交道去了。他紧跟在阿列克萨什卡后面，留着眼泪，恳求他不要到彼得那里去揭发，并劝他接受自己从手上撸下来的一枚红宝石戒指。"你这个浑蛋，这是我最后一次搭救你，你给我记好了！"阿列克萨什卡说，顺手把戒指戴到了中指上，"你要给阿廖什卡送点东西，因为你侮辱了他，懂不懂？"

阿列克萨什卡瞟了沃尔科夫一眼，晃了晃假发，摆动着肩膀，大模大样地走开了。……人们在市集上揪住他的头发，这才过去多久啊！唉，这人抓在手里的是种什么样的权力啊！沃尔科夫望着远去的背影懊恼地想。他耷拉着脑袋，回到自己的屋子，挑了一匹呢子出来，招呼一个仆人进来："你去把这匹呢子交到普列奥布拉任斯科耶第一连的鼓手阿廖什卡·布罗夫金手里，就说我向他致敬，愿我们建立起友谊。记住，跟他说话的时候要温和，要客气，要谨慎；否则，我会给你颜色看的！"说着，他握紧了拳头，朝仆人挥了一下。

阿列克萨什卡跑遍了所有的殿堂，找寻彼得。宫里到处是一片繁忙的景象：奴仆们正在铺地毯，摆上过节用的锦披，往圣像上装饰幔，给长明灯添油，到处都是喧闹和忙乱。他发现彼得正坐在收拾好的新房里，手里抓着已经撕成一条条的方绸手帕——这是媒人刚才给他的。"陛下，我听大家议论，太后给您找的那位是个十足的美人儿。我发誓，没有比这事儿更甜蜜的了……"彼得叹了口气，朝新房四处扫了一眼，问道："这么说，你也没见过她了？"

"我和阿廖什卡买通了她家的用人，爬到了屋顶了，可是还是没有看见。新娘坐在黑地里，她母亲寸步不离地跟着她，甚至连屋子里的垃圾都不让打扫。她的叔伯们，佩戴着火枪和军刀，一刻不停地在院子里巡逻警戒。"

"那你有没有听到有关索菲娅的消息？"彼得追问。"她大发雷霆，可是她又怎么能阻止您娶亲呢？留神啊，陛下，您跟新娘在一起的时候，千万不要吃什么喝什么东西,如果需要的话,你就回头看看我,我会给您送过去的。"

彼得咬着已经被他撕成一条条的手帕说:"到外侨区好吗?就去一个小时,好不好?""陛下,您别开玩笑啊,这个时候您是不能去见安娜·蒙斯的,求您了。"阿列克萨什卡哀求着彼得。彼得大怒,一把揪住阿列克萨什卡,随即又放开他,平静地说:"把那件旧皮大衣给我找来,我要到园子里去,把雪橇给我停在那里……"

二

婚礼在普列奥布拉任斯科耶宫里举行。除了纳雷什金家和新娘的亲族之外,客人请得很少,只邀请了几个御前大臣,如鲍里斯·阿列克谢耶维奇·戈利岑和费多尔·尤里耶维奇·罗莫达诺夫斯基。纳塔利娅·基里洛芙娜太后邀请罗莫达诺夫斯基主持婚礼。伊凡皇帝因为生病不能前来,索菲娅则在这一天出门朝圣去了。

婚礼按照古礼进行。新娘一早就被送进宫里,动手穿戴衣服。快到三点钟的时候,叶夫多基娅·洛普欣娜差一点就想死了,她像蜡人一样坐在黑貂皮垫子上,沉重的衣服和冠冕弄得她连转头都不行,只能是直挺挺地坐着。她父亲拉里翁·洛普欣,今天刚被赐名为费多尔,不时地走进来询问女儿的情况。他这里站一会儿,那里停一下,忽然又想起什么了,转身就跑了出去。她母亲叶夫斯季格涅娅·阿尼基托芙娜早就昏了过去,婢女们自从天亮便没有吃过一点东西,嗓子都哑了。

媒人跑进来,大声叫着:"新娘准备好了没有?把大圆面包拿着,把风灯点起来。舞蹈的姑娘在哪?亲爱的,你们到底干了些什么啊,你们怎么不把新娘的头纱兜起来啊,这是最要紧的,头纱在哪儿呢?……"

叶夫多基娅·费多罗芙娜·洛普欣娜起身朝门外走去,叶夫斯季格涅娅·阿尼基托芙娜轻声抽泣,拉里翁手中拿着一幅为新娘祝福的圣像。舞蹈的姑娘们挥着手帕,跺着脚,开始滴溜溜地旋转着。仆人们托着一大盘一大盘的面包,掌灯的跟在后面,两个捧着蜡烛的抬着一根大花烛。新娘的傧相，她的堂兄弟彼季卡·洛普欣手里捧着一个盛满各种物品的盆，后面是洛普欣家的两个叔叔守卫着新娘要经过的走道，不许任何人走动。再后面是她的副手和媒人，挽着她的胳膊，她后面是两个年老的领主夫人，随后是父亲拉里翁，落后一步的是她的母亲叶夫斯季格涅娅·阿尼基托芙娜，最后面是新娘家所有的亲属，急匆匆地想要往里面挤。

就这样，他们一行走进了朝觐殿，让新娘坐在圣像底下，等待着成婚的吉时。楼梯上传来了脚步声，他们来了！主婚费多尔·尤里耶维奇·罗莫达诺夫斯基走了进来，向圣像画了个十字，随后跟拉里翁握了握手，在新娘对面坐下来。大家缄默了一会儿，等待着。一团一团的香烟从门口飘过，圣母升天大教堂的大司祭走进来了，身边还有一个不大被人知道的年轻的宫廷司祭，边走边往地上洒着圣水。一切都按照仪式有条不紊地进行着。

……

一大群喝得醉醺醺的亲族和客人一起把皇上和皇后引入洞房。在进入洞房的路上，一个女人把亚麻和大麻撒在他们头上，一路还笑个不停。彼得进入洞房之后，把黄袍从头顶脱了下来，把披肩拿掉，开口说道："叶夫多基娅，坐吧，你害怕什么啊？"

叶夫多基娅温顺地点了点头，可是她没办法爬到那堆得像山一样高的床上去，只好坐在一个小麦桶上，战战兢兢地瞟了一眼她的丈夫，脸一下子就红了。"你饿吗？"彼得问。她轻轻嗯了一声，彼得便拿起放在床脚边的一只烤鸡，撕下一条腿吃了起来，随即又扯下一个翅膀："这个给你！"

三

2月底，俄罗斯军队又一次向克里米亚进发了。行事谨慎的马泽帕劝告应该沿着第聂伯河行进，构筑坚固的堡垒，稳扎稳打。瓦西里·瓦西里耶维奇却听不进去放慢行军速度的话，他一心要尽快赶往彼列科普，一雪前耻。

在莫斯科，人们还穿着厚厚的冬装，赶着雪橇；可是这里，广袤辽阔的草原已经返青了，微风吹皱了涨了春潮的湖水，最多也就淹到马的腹部。

这里的土地乌黑，丰饶，可是眼下却一个人影都看不见，只有一群群灰鹤发出高亢嘹亮的鸣叫声。草原美丽壮观，可是它却浸透了俄罗斯人的泪水，数个世纪以来，几百万俄罗斯人曾经路过这里，被鞑靼人当作奴隶，装上驶往君士坦丁堡的大船，运往威尼斯、热那亚、埃及……

五月，莫斯科和乌克兰的二十万大军，到了牧场和水源都非常充足的辽阔的绿谷。哥萨克人抓到了一个"舌头"，把他押到了瓦西里·瓦西里耶维奇的营房里。这是一个红胡子鞑靼人，身上散发出鞑靼人特有的那股羊膻味儿。一顿皮鞭之后，那个鞑靼人开始开口说话了。他说鞑靼人的军队离这里并不远，可汗本人也正在那里。瓦西里·瓦西里耶维奇画了个十字后，便派人把马泽帕找过来商量作战的事情。傍晚时分，俄罗斯人摆开了阵势，将骑兵分布在左右两翼，把辎重车和大炮放在中间，开始向鞑靼人进攻了。

俄罗斯人望见鞑靼人了，他们的骑兵迅速集结起来，然后又散开了。瓦西里·瓦西里耶维奇站在一辆大车上，从望远镜里观察着鞑靼人的先头部队，这是一群戴着尖顶的头盔、颧骨很高、面目狰狞的脸，头上缠着绿头帕、道貌岸然的伊斯兰教司祭。鞑靼人的骑兵发出刺耳的尖叫声，迅疾地聚合在一起，在冲锋中又拉开了散兵线，向俄罗斯的阵地急速地冲了过来。草原上尘土飞扬，能见度急剧降低，俄罗斯的大炮发出了沉闷的隆隆声，火枪也噼噼啪啪响个不停。突然，一支箭射中了瓦西里·瓦西里耶维奇的胸甲，当的一声之后落到了地上，瓦西里立刻在射中的地方画了个十字……

枪炮声持续了一个多小时，当硝烟散去，人们的视线又变得清晰之后，战场上只剩下几匹马和数百具尸体。被大炮打退的鞑靼人，开始向天边撤退。瓦西里让部队进行短暂的休整之后，谨慎地朝黑谷方向移动，可汗和他的大部队就驻扎在附近的科隆恰克河边。

夜晚，从海上吹来了一股强劲的风，星星们都回家睡觉去了。第二天天刚蒙蒙亮，大雨裹挟着大风倾泻下来了。那些被打退的鞑靼人正用月牙形的阵势步步进逼俄罗斯军队的右翼。俄罗斯人还没明白是怎么一回事的时候，骑兵就已经被打垮，先头部队被赶了回来。雨水淋湿了引火线，火药也受了潮，大炮和火枪的威力消失了。瓦西里在辎重车队里奔来奔去，用鞭子抽打炮手，抓住车轮，从别人手里夺过引火线。炮手们终于想出一个巧妙的办法：他们用皮袄遮起来，打出了火，换上干燥的火药，大炮的铅弹又一次向鞑靼人撒了过去。左翼方面，马泽帕率领的哥萨克部队疯了一样，用马刀不顾死活地乱砍乱劈。鞑靼人撤退了，在大雨倾盆的黑暗之中消失不见了。

四

叶夫多基娅写得累坏了，只不过是给彼得写一封信，却已经是连续糟蹋了三张纸，不是把字写错了，就是把墨水弄得到处都是，就连她的大拇指和另外两个指头都沾满了墨水，但这也仅仅是写了个开头：

敬致我的圣上，亲爱的，彼得·阿列克谢耶夫维奇陛下，祝我的宝贝长命百岁……

她要写一封热情洋溢的信，让彼得读了之后高兴，可是笔墨又怎么能形容她此刻的心情呢？四月的春天生机盎然，一派风光迤逦的景象。

还能给他写些什么呢？他已经走了，到佩列亚斯拉夫湖去了，也没告诉她什么时候回来。要是能在一起做斋戒祈祷，一起做晨祷，大斋之后一起开斋那就更好了。叶夫多基娅想到这里，脸上露出了甜美的笑容。在复活节那天，叫几个宫女进来一起做游戏，唱唱歌，跳跳舞，荡荡秋千，那该是多么美妙的事情啊！彼得，我的宝贝，我想死你了！可是这些事儿，你怎么能写啊，况且这个词也没法说啊……想了一会，她又抓起了鹅毛笔，咬着嘴唇，继续写道：

我们恳求你开恩，亲爱的圣上，请你千万不要拖延你回来的日期，您的爱妻叶夫多基娅谨上。

她又把信看了一遍，信写得好极了，心里头十分高兴。糟了，信里竟然没有提到太后，这也太疏忽大意了。这下，她又得写第四遍。纳塔利娅·基里洛芙娜婆婆非常严厉，不管你怎么小心行事，她总会找出一点岔子，加以训斥。你们结婚才两个月，彼得为什么就离开你前往佩列亚斯拉夫湖？你到底是一个什么样的人，是不是一个傻姑，弄得你丈夫像是躲避瘟疫一般离开了你，跑得远远的？

叶夫多基娅嘴上虽然没有说什么，可是心里头却气呼呼的：明明是你自己不好嘛，你为什么允许勒福尔特、阿列克萨什卡，还有那么多外国人和他在一起？正是他们把我丈夫引诱到了佩列亚斯拉夫湖，要不了多久，他们会把他引诱到更远的地方，你为什么不管管他们？

想到这里，她气呼呼地拿起了蘸满了墨水的鹅毛笔，抬了抬眼睛，看见窗外的鸟儿正在歌唱。叶夫多基娅不禁触景生情，一颗硕大的泪珠落在干干净净的纸上。天啊，又得重写………

彼得没有一天不接到妻子或是母亲的来信："你不在宫里，这可闷死了，你什么时候回来啊，我们一起去圣三一修道院去朝圣吧……"净是无聊的事情！彼得现在连看这些信的工夫都没有，更别说写回信了。他住在码头上一座新建起来的木头房子里，两艘刚完工的船就停靠在附近。大家正在安装甲板，船艄的人正在雕刻人面像。第三条船，"普列什堡皇城号"已经下水了，船身共有38步长，船头雕刻着一个镀金的女海神像，船艄顶上有一间士官室，甲板下面，每个开着的舱口都伸出一门大炮，总共有八个舱口。

这一切正像鲍里斯·阿列克谢耶维奇送给他的那张美妙的荷兰画里所描绘的一样，只要有风，他们就可以试航。可是天公不作美，一个多星期来竟连一片树叶都没有动过，每个人都焦急万分地等待着。彼得这段时间一刻也没离开过卡尔滕·勃兰特，自从二月他身体就不舒服，可他仍然没有离开造船厂，不断地督促和吆喝。彼得下了一道圣旨：调集150名修道院的农奴来造船厂，他们之中有木匠、锯匠、银匠，还有一批缝制风篷的女人。50名从游戏军团调来的士兵，整天学习航海技术，为将来出航做好必要的准备。

彼得急躁得好像发了疯一样，每天天刚亮，工人们就被鼓声惊醒，有时候是被棍棒叫醒的。许多人都累垮了。尼基塔·佐托夫简直忙得要死，草拟那些给临近地主们的诏书，让他们提供粮食、家禽和肉类制品，还要把东西送到造船厂来。可筹款却遇到了困难，国家的钱已经所剩无几了，因为克里米亚战争吞掉了一切。索菲娅得知他这个异母弟弟离莫斯科越来越远了，心里很高兴，盼望着哪天彼得从船上翻身落水。至于弗朗茨·勒福尔特,只要他一办完公事,便抽空来到造船厂,和大家喝酒作乐,挤着眼睛给彼得带来安娜·蒙斯的问候,恳请彼得先生领她一份情,接受她送来的两个柠檬。

在新建的木头房子里吃饭的时候,这些人还为这个舰队特别设计了一面红白蓝三色的旗子,那些外国人则讲着有关航海、风暴和海战的故事。彼得聚精会神地听着,生怕落下一个字。到了夜里,他和阿列克萨什卡并排睡在床上的时候,他竟然梦到了大海的波涛,梦见了大海上方的阴云,还有飞快地掠过的海船。

彼得大帝的小船

现在,什么事情都不能让他离开这里,回到普列奥布拉任斯科耶宫。为了应付那些令他大伤脑筋的信,他便回了一封信:

您的不肖子彼得,于公务繁忙中谨禀比我自己更为重要的、亲爱的母亲纳塔利娅·基里洛芙娜太后陛下,我恳请您为我祝福,也希望听到您圣体康泰的消息。至于让我速回普列奥布拉任斯科耶宫,我实难遵从母亲大人的慈命,我实在是还有许多公务缠身,一时无法脱身。船只即将完工,我们现在只等着缆索升帆起航。我恳请您从炮政厅取出缆索,派人迅速送至,以便我们的工作能够顺利进行。您的不肖子彼得敬上。

现在,全村人都知道伊瓦什卡·布罗夫金家的儿子阿廖什卡成了皇帝的左膀右臂，变得有权有势，伊瓦什卡只要眨一下眼睛，要多少钱就有多少钱。人们经过他家的时候，都要摘下帽子表示敬意。阿廖什卡给他三个半卢布，伊瓦什卡用一个半卢布买了头漂亮的小母牛，35戈比买了一头母羊，以每只9戈比的价格买了四头母猪；用一个卢布和一桶伏特加酒，从别的农民那里租种了八俄亩地，把收成的20%分给租他土地的农民。

现在，每一个人都对伊瓦什卡点头作揖了，不敢随意支使他了。他常常对别人说："等到了秋天，我还要去看我的儿子，从他那里再拿点钱，开个磨坊。"沃尔科夫的管家再也不敢随意称呼他了，更别提拿鞭子抽他了，也不称他为伊瓦什卡，而是改成布罗夫金，并且还免掉了他的徭役负担。

伊瓦什卡的几个儿子都已经长大了，老天爷也没有委屈他的几个儿子。雅什卡一直在邻村一个教堂里认字，加夫里尔卡变成了一个漂亮的小伙子，小儿子阿尔塔莫什卡头脑也极为灵活。至于女儿桑卡，早就有人来提过亲，可是按照他们家现在的情形看，他不能让女儿嫁给一个和他一样的乡巴佬，要给她找个好归宿。

7月，大家都在谣传远征的军队正从克里米亚开拔回来，大家眼巴巴地盼望着亲人们早日归来——父亲们和儿子们。一到晚上，女人们便到小山上张望，从一个流浪的朝圣者那里听到了令人心跳的消息：邻村已经有人回来了。这些女人哭了起来："我们村的人都被打死了。"后来，一个战士回来了，是吉普赛人，他满脸都是硬硬的络腮胡子，一只眼睛瞎了，衬衫和裤子也都破烂不堪，他来到了布罗夫金家。

布罗夫金一家正在吃晚饭，有人在外面敲着门，雅什卡跑出去开了门，吉普赛人进来了。他先朝院子里扫了一眼，又向他们一家人打量了一下，开口说道："你们好！在凉爽的户外吃晚饭啊，是不是因为屋子里有苍蝇，影响到你们的食欲了？"

伊瓦什卡挤了挤眼眉，可是桑卡却自作主张地把一碗白菜汤推到吉普赛人面前："跟我们一起吃吧。"布罗夫金觉得很奇怪，桑卡今天怎么这么大胆，难道没看到我的表情，不怕我揪她头发！他忍住了，没有发作，而是问吉普赛人："前方的战事怎么样，鞑靼人被打败了，是不是？"

"打败了，但我们在彼列科普损失了2万人，回来的路上又损失了2万人。"吉普赛人非常饿,狼吞虎咽地吃着。"唉!我们听说可汗已经向我们屈服了,这就表明我们已经胜利了。"伊瓦什卡自言自语。"你去问问那些从克里米亚下来的人,打听下可汗是怎么向我们屈服的吧。我们到了彼列科普,左边是一片腐臭的海,右边是黑海,鞑靼人用尸体把所有的井都给填满了,我们找不到一滴水。人啊,马啊都像苍蝇一样死掉了,那种场面太悲惨了……"吉普赛人吃饱喝足后,对桑卡说:"谢谢你,姑娘。"随即转身问伊瓦什卡:"我出去打仗的时候,家里还有一头母牛,几头猪,我当时是请公社来帮我照管的,可是现在为什么都没有了呢?"

"朋友,本来我们是帮你照管的。可是沃尔科夫的管家不听我们的,他说是要缴饲养税,把你的母牛给牵走了,还把你的猪给吃了。他们说你已经阵亡了……"吉普赛人听完之后,搔了搔没有梳理过、硬硬的头发,站了起来,慢慢地向大门口走去。到了大门口,他又用威胁的口气说:"小心,不要多嘴多舌,伊瓦什卡,再见。"他消失了,村子里的人再也没有见过他。

五

奥夫谢·勒若夫站在瓦尔瓦尔卡一家酒店的门口,正数着手中的钱。两个射击军部队的军官,尼基塔·格拉德基和库兹马·切尔姆内,朝他走了过来,开口说道:"你好啊,奥夫谢,别数那几个铜子儿了,跟我们一起去吧。"切尔姆内把口袋弄得叮当作响,笑了起来。"嗨,弟兄们,你们做了什么事,是不是把别人给抢了?"

"傻瓜,我们在皇宫里站岗,懂不?"他们把奥夫谢带到小酒店,找了一个犄角坐下了。酒店老板给他们送来了一大瓶酒和一支蜡烛,切尔姆内吹灭了蜡烛,弯下腰去,努力听着格拉德基讲话:"可惜你没有和我们一起站岗去。有一天,费多尔·列昂季耶维奇·沙克洛维特走出来,给了我们每个人五卢布。他说:'这是长公主索菲娅对你们忠诚的奖赏,你们和你们的妻子、家人舒舒服服地住在莫斯科对岸的房子里的日子不多了。他们要把你们这些射击军分散到小城市去,要把我逐出射击军政厅,用瓦西里·瓦西里耶维奇的脑袋来偿还远征克里米亚的耻辱,把摄政王赶到修道院去。

所有这些风波,都是纳塔利娅太后搞出来的。奴仆人给伊凡皇上吃了一种慢性毒药,以后还有谁还能照顾保护你们,射击军弟兄们?'"

"走着瞧!我们敲警钟也不是第一次了。"奥夫谢愤愤地说。"别那么大声,"格拉德基把奥夫谢拉近了一点,用几乎听不清的声音说:"敲警钟也救不了我们,你难道忘记七年前的事情了?要想一劳永逸,我们只有把那只老母猪干掉,还有那只小熊,把他戳到矛枪上,这样才保险。只有我们自己才能拯救自己,兄弟。"

尼基塔·格拉德基的话让奥夫谢将信将疑,他说得太可怕了。切尔姆内往杯中斟了一点酒,接着说:"这件事一定要悄悄地干,不能让人发觉。我们要挑选50个忠实可靠的射击军弟兄,找个黑暗的夜晚,去普列奥布拉任斯科耶宫放一把火,我们用军刀解决他们……"

六

远征克里米亚的军队回来了莫斯科。各射击军团早已回到自己的驻地,民军里的地主们也带着自己的人回到了庄园,可那些受伤的、残疾的、开小差的士兵却磨磨蹭蹭地回到莫斯科。他们聚集在教堂门口,露出身上的脓疮,展示自己的伤口,伸出断臂,以期得到教民们的同情和怜悯,换取一些铜钱。

"好心的人,我的眼睛瞎了,不信的话你用棍子打我的头,我好可怜啊!"

"闻闻看,我这个胳膊已经烂掉了,求求你,给我点买药的钱吧。"

"还有这儿,他们把皮从我背上一条条剥了下来。"

……

善良的人们哪见过这样可怕的景象,他们便施舍了一些小钱。可是到了夜里,僻静的地方就会发现一些残缺不全的尸首,路上、桥上、巷子里常常发生抢劫财物的事情。大量的残疾士兵涌向莫斯科。

莫斯科的情况也不乐观,许多店铺关了门,有些商人被捐税弄得破了产,还有人把货物和钱藏起来,等待着市面好转。战争以来,所有的食物仿佛一夜之间集体变小,人们连肚子都填不饱了。一种不祥的苍蝇出现了,被它一碰，人的腮帮子和嘴唇就会鼓起来。莫斯科发出了愤怒、饥饿、躁动不安的声音。

米哈伊尔·特尔托夫勒住了马，整理了下装束，弯弯的马刀碰到脚镫上，发出了铮铮的声响。斯坚卡·奥多耶夫斯基从台阶上跑了过来，弯下腰去："你去听听大家的议论，然后直接告诉他们，太后和她的哥哥列夫·基里洛维奇把莫斯科所有的粮食都买过去了，他们是想让莫斯科人都活活饿死，还有那个不祥的苍蝇的事，你就说是他们施了魔法。"

特尔托夫从敞开的大门里飞驰出去了。他来到街上，一股尘土、恶臭的气味扑面而来，他不禁厌恶地皱了皱鼻子。人们从四面八方扑向这个衣着鲜亮的领主，无数只手伸了出来，可怜相、哀求声充斥着市场上方的天空。特尔托夫紧锁眉头，在密密匝匝的人群中向前移动。就这样，他来到了伊利英卡的尽头，有张告示贴在了一根柱子上，一个穿着体面的人正大声念着上面的内容：

我大皇帝诏告御前大臣兼护国公瓦西里·瓦西里耶维奇·戈利岑公爵，对尔之伟大功勋、忠诚服役，深表嘉许，吾卿一举征服一切基督教徒之如此凶恶世仇，既非偶然，又史无前例，将其逐至万恶之巢穴，予以击溃加以歼灭……

"被击溃和歼灭的到底是谁，是我们还是鞑靼人？"人群中传来一个嘶哑的嗓音质问。人群中马上骚动起来，愤怒声不断加大："我们在什么地方，什么时候征服过鞑靼人？在克里米亚，我们连他们的鬼影子都没有看见一个！"

"我们仓皇逃命的时候倒是看见了他们！念诏书的那个傻瓜是谁，做什么的？"

"克里姆林宫的书记官，戈利岑家的奴才。……我们把他给揪下来！"

衣着得体的那个书记官把声音提得更高了，他继续念道：

鞑靼人不惜毁坏自身之住所，在彼列科普纵火焚烧市镇与村庄，此乃十恶不赦之罪行，见吾军则满怀恐惧，望风而逃，不敢露面。……卿统率大军恢复我边陲安宁凯旋，不损一兵一卒，誉满天下。……基于以上种种旷世功勋，朕等仁慈宽厚，予尔等以嘉奖……

一个独眼汉子在人群中吹着口哨,大声嚷嚷:"念告示的,你仔细看看,告示难道没有一句话提到我吗?"人群哄然大笑。一块泥巴不偏不倚地贴在了告示上,咒骂声、牢骚声、抱怨声此起彼伏,人们对这种骗人虚夸的告示厌倦了。特尔托夫赶着马冲出人群,向那个独眼汉挤过去,可那个吉普赛人只是冲他龇龇牙,一下就不见了。有人揪住特尔托夫马的缰绳,高声叫着:"快过来,把这个家伙的衣服扒下来!"另一个人用锥子刺了一下马,马长嘶一声,用后蹄直立起来了。紧接着,一块石头擦破了特尔托夫的腮帮,他猛地从人群中冲了出来,策马向广场疾驰。

快到尼科利斯基门的时候,他看见了斯坚卡·奥多耶夫斯基和费多尔·列昂季耶维奇·沙克洛维特两个人正骑着马转悠,特尔托夫急忙摘下帽子,深施一礼。斯坚卡·奥多耶夫斯基问他:"你对他们吆喝了没有,特尔托夫?"特尔托夫捂着热辣辣的腮帮子,没有好气地说:"你自己去吆喝吧,这帮家伙什么都不在乎,彼得也好,索菲娅也罢,在他们看来都是一个样,我们应当调200名射击军过来,把那帮浑蛋赶走,维持秩序。"

费多尔·沙克洛维特看了特尔托夫一眼,转头对奥多耶夫斯基说:"我们要派一个真正干练的人过来,煽动百姓去普列奥布拉任斯科耶宫要面包。我们这么对他们说,德国人是奉了彼得皇上的命令来打俄罗斯人的。我们让射击军团的士兵对付他们,必须让民众离开莫斯科,不能有大规模的暴动。赶快去,把这些话告诉射击军士兵。"

七

列夫·基里洛维奇此刻正坐在一辆风尘仆仆的马车里,向着佩列亚斯拉夫湖边疾驰而来。马车夫和一个骑在左边套马上的农奴,正在四下张望着。在木头和桶子后面的树荫里,他们看见一双双穿着树皮鞋的脚,横七竖八地躺在地上休息,每个人的头发都很凌乱,穿着肮脏不整的衣衫。基里洛维奇顺着岸坡走过去,想找人打听一下彼得皇上在哪里。当他看见一个穿着树皮鞋的俄罗斯汉子,便毫不迟疑地用脚碰了碰他。那是一个木匠,揉着惺忪的睡眼回答:"皇上早晨还开过船,放过大炮,他现在大概累了,正在那边休息。"

基里洛维奇一行人发现彼得正睡在一条小艇里，列夫·基里洛维奇把船上的人都打发走后，一个人静静坐在那里等待外甥醒来。彼得酣畅地打着鼾，可列夫·基里洛维奇心里惴惴不安，俄罗斯的命运处在千钧一发之际。他耳边回响着那些领主在克里姆林宫的公开扬言："对于彼得皇上而言，最合适的去处就是修道院。他是一个跟士兵开怀畅饮的酒鬼，他在酒店里赌博，把皇冠都给输掉了，我们不能接受这样的人当我们的皇上。"败将瓦西里·瓦西里耶维奇，只许沙克洛维特和西尔韦斯特尔·梅德韦杰夫两个人晋见。大家都明白：他现在要么忍辱负重，宣布引咎辞职，离开朝廷；要么就是不惜流血，夺取皇位。克里姆林宫的上空阴云密布，可是，皇上却在小艇里面睡觉，对外面的世界似乎毫不关心……

"舅舅，你好，你来有什么事吗？"彼得往船舷上一坐，浑身的皮肤晒得黝黑，眼神中有掩饰不住的疲倦之色。"陛下，我找你不是来求你赏赐恩典，克里姆林宫发生大事了，你必须回莫斯科，你要是不回去，我就在这里不走了。"列夫·基里洛维奇的脸上哆嗦着，汗珠子从帽子里面渗了出来。彼得吃惊地望着舅舅激动的神情，他意识到莫斯科一定有万分急迫的事情等着他。彼得喝了一口水，然后开口说道："那好，这几天我就去。"

列夫·基里洛维奇朝四周看了看，压低了声音说："今天就必须走，一刻也不能耽误了。昨天夜里，在靠近普列奥布拉任斯科耶的雅乌扎河对岸，发现一百多名士兵正埋伏在灌木丛里。我们在普列奥布拉任斯科耶营的放哨的士兵，彻夜烧着火绳，吹着号角，谢天谢地，那些射击军总算没敢渡过河来。后来，有人听射击军奥夫谢·勒若夫说，这是他们商量好的计划：他们准备把普列奥布拉任斯科耶宫里的人，不论男女老少，统统杀死，一个活口不留。"列夫·基里洛维奇继续告诉他，沙克洛维特是怎样派人到市集上煽动饥饿的人群去普列奥布拉任斯科耶宫闹事。

"老百姓被逼上了绝境，每个人都不顾死活了，他们现在的心里只有抢劫和掠夺这个念头。这是一场暴动，而这正是索菲娅所希望看到的。要不是射击军、商人、城市居民对警钟已经厌烦了，现在莫斯科全城的钟声早就敲响了。至于我的妹妹，你的母亲纳塔利娅·基里洛芙娜太后，现在已经快崩溃了。我恳请您，去斥责他们一番。只要你以皇上的身份出现，他们会帮您的，就连我们的敌人也讨厌瓦西里·瓦西里耶维奇，索菲娅更像是卡在他们喉咙里的骨头，吐之而后快。"

"陛下，陛下！愿主与你同在！"基里洛维奇抓着彼得的肩膀使劲儿摇晃，彼得在他胳膊里挣扎着，嘴里满是涎沫。人们闻声赶来，围着正在抽筋的彼得，把一碗碗伏特加酒往他嘴里灌。人们还要把彼得往基里洛维奇的车上拖，可是他用脚踢着，叫人们把他放在草地上，总算安静下来了。尼基塔·佐托夫连滚带爬地跑了过来，絮絮叨叨地说："皇上，听听我这个傻瓜的话吧。"

"滚！"彼得从牙缝中挤出了一个字，他扭过头，尼基塔跪着爬了过去。彼得一把推开他，一言不发地坐上了马车，基里洛维奇急忙画了个十字，赶了上去。

圣母升天大教堂里，总主教正主持着祈祷仪式，马上就到结束的时间了。御座坛上，索菲娅站在紫红色的华盖底下，脚下垫着一张板凳。一脸病容的伊凡皇帝站在她的右手边，又瘦又长半闭双眼的彼得站在她的左手边。领主们一见到彼得就想笑，他更像一个穿上皇袍的农民，索菲娅至少还有些帝王的威严，看起来比他强多了。

祈祷结束了，教堂里的差役忙乱起来。总主教被司祭们扶着，向沙皇深鞠一躬，请他们捧着喀山圣母像走过红场，前往喀山大教堂。莫斯科大主教把圣像献给伊凡，可他怯生生地说："我捧着圣母像走不了那么远，我会掉到地上的。"于是，大主教走到索菲娅面前，把圣像献给了她，索菲娅紧紧地抓住了圣像。瓦西里·瓦西里耶维奇，费多尔·沙克洛维特，伊万·米洛斯拉夫斯基马上朝摄政王靠拢。教堂里悄无声息。

"把它交给我！把它交给我！"大家朝着声音发出来的方向望去，原来是彼得用带着仇恨的声音喊着。可是索菲娅只是停了下，连头都没有转过来，也没露出任何为难的神色。这时，彼得的声音加大，全教堂的人都听得到了："伊凡不去，那我来好了。把圣像交给我，这不是女人家应该做的事，我不允许这样做！"

索菲娅抬起眼睛，用甜美的嗓音说道："唱诗班歌手们，唱那伟大的出埃及歌吧！"她移步下来，慢慢地从领主们身边走过。伊凡小心翼翼跟着姐姐走了下来，小声说："得了，彼得，跟她和好吧。你们到底在吵什么，争什么啊？"

八

费多尔·列昂季耶维奇·沙克洛维特和西尔韦斯特尔·梅德韦杰夫正望着躺在木炕上的瓦西里·瓦西里耶维奇，他在远征克里米亚中得了寒热病，这会儿正浑身发冷。"不，我不能听这种话。上帝赐予他生命，也只有上帝才能夺走他的生命。"过了好半天，他才开了口。

沙克洛维特瞅了梅德韦杰夫一眼。梅德韦杰夫马上会意，他不假思索地说着："经书上写着：我需要一个复仇使者。这句话应该这样理解：上帝并不是拿走生命，我们只是遵照意旨来行事。"沙克洛维特补充道："他在神圣的教堂里叫嚷，好像在小酒店一样，这是亵渎神明。摄政王索菲娅到现在还没有醒过来，你看他把摄政王吓成什么样了。这是一头小狼，你等着吧，他会带他的游戏军团到莫斯科，他们现在已经有了3000人，说不定还多些。"

"时间要来不及了，瓦西里·瓦西里耶维奇，我们要小心了，说不定哪天我们的脑袋就要挂到木杆子上示众了。你犹豫、畏惧，你束缚住了我们的手。"沙克洛维特看着瓦西里，继续煽风点火。瓦西里闭上眼睛，喃喃地说："我从来没有束缚过你们的手……"沙克洛维特走了，隔着窗户可以听到他策马飞驰的声响，梅德韦杰夫坐在瓦西里旁边，开始谈论约阿基姆总主教。他说总主教口是心非，性格软弱，应该推选出一位年轻的、有学问的总主教，这样教会才会欣欣向荣。

梅德韦杰夫也走了。瓦西里·瓦西里耶维奇睁开了眼睛，听着。公爵的侍从在门外打鼾，院子里的卫兵们踱来踱去。瓦西里拿起蜡烛，打开那扇被床遮挡的暗门，走了下去。他不时地停下来，担惊受怕地望着下面一团漆黑的地方，来到了放置皇冠的地方："是否应该放弃计划，回到自己的领地上去？那么，剩下来的是什么，是索菲娅、沙克洛维特和米洛斯拉夫斯基家族想的事吗？要是我们不杀彼得，那他就会杀了我们！可是，如果我们要是打败了呢？这个时候，我要是不得寒热病该多好啊！主啊，开导开导我吧！"瓦西里画了个十字，无助地靠在了墙上。

来到楼梯角，瓦西里·瓦西里耶维奇打开了铁门，走向了地窖的一个角落，在那里，魔法师瓦西卡·西林戴着脚镣，正躺在一条毡毯上。瓦西里把蜡烛放在地上，瞪着瓦西卡。几天以前，他下令把梅德韦杰夫家的瓦西卡·西林抓起来，这个家伙在外面竟胡说八道：一位有权势的人物向他要春药，还答应给他一幢庄园，还可以在酒店白吃白喝，诸如此类。

"你是不是观测过太阳？"瓦西里·瓦西里耶维奇问道。瓦西林眼睛中露出神采奕奕的光芒："老爷，是他们把我带到钟楼上去观测太阳，我什么都看到了，什么都明白了。……那里站着一个皇帝，又高又黑，皇冠在摆动；另外一个皇帝说起来才可怕，他头上插着三根蜡烛。两位皇帝中间还有两个人紧紧抱着，像风车一样旋转，如同夫妇一样，而太阳则热烘烘地跟着他们。"

"我不明白你在说什么，"瓦西里·瓦西里耶维奇拿起蜡烛，转身就走。"老爷，一切都会按照你的愿望实现的，请你关照他们把我的脚镣拿掉吧。老爷，麻烦他们送点吃的过来，自从昨天起，我就一点东西也没吃过……"门砰地一声关上了，他怒吼着、呼喊着。

射击军五十人长尼基塔·格拉德基、库兹马·切尔姆内以及奥布罗西姆·彼得罗夫为了挑唆各地方的射击军闹事而东奔西走，弄得筋疲力尽。他们在市集上散发匿名信，挨家挨户地砸门："你们怎么还在屋里待着，我们的脑袋都快要搬家了，快起来反抗吧！"他们还在看守所叫嚷："我们要给领主的府邸和商人的住宅弄上明显的标识，我们要分他们的财产，把铺子抢过来。弟兄们，我们现在又可以有自由了。"可是，射击军却像淋了雨的木头，只是咝咝地响了一下，然后就悄无声息了，没有人愿意再参加一次暴动了。射击军们对越来越多涌入莫斯科的贱民们心存恐惧，担心他们暴动起来，自己家的财产难保……

一天早上，米亚斯尼茨基门附近发现了四个射击军士兵，他们的脑袋被砸破了,四肢被砍断了。大家派人请来了费多尔·列昂季耶维奇·沙克洛维特,对他讲述了事情的经过:"拂晓的时候,我们正在大门口站岗,忽然有几个骑马的人飞驰而来,用斧头、铁锤等东西对着他们几个没头没脑地一顿乱砸,结果就是这样了。他们之中最凶的是一个胖子,穿着白缎子的长襟衣,带着领主的帽子。另外几个人劝他:'别打了,列夫·基里洛维奇,再打的话,他们就会死的!'那个胖子却喝道:'我要替我哥哥向那些该死的射击军讨还公道!'"沙克洛维特蹲下去看了看他们的伤口,然后举起一只断指给射击军以及其他围观的人看:"如果不有所行动的话,你们不久也要步他们的后尘的。"

事情发生得太突然了,大家都很难相信列夫·基里洛维奇会有这样的行为。可尼基塔·格拉德基、库兹马·切尔姆内以及奥布罗西姆·彼得罗夫却把消失扩散到市郊,说有一次列夫·基里洛维奇和伙伴们半夜出来的时候,正好认出一个七年前参与过克里姆林宫叛乱的人,便把他打得死去活来。

射击军仍然无动于衷。三天后,波克罗夫斯基门附近,那批骑马的人,还有那个胖子领主又用铁锤、鞭子和军刀向站岗的射击军猛扑,打伤了许多人。沙克洛维特的如意算盘却起到了相反的效果:射击军更不敢出来了,一到夜里,站岗的人全都跑了。他们要求,以后夜里执勤的人要派一个分队,至少有100人,还要配备一门大炮。射击军着了魔,他们被吓晕了。

谣言继续传出来,那些骑马的暴徒,有几个已经被人指认出来了:斯坚卡·奥多耶夫斯基、米什卡·特尔托夫、彼得·安德烈耶维奇·托尔斯泰,至于那个穿白缎子长襟衣的,根本就不是什么领主,他只是索菲娅公主的一个亲信,书记官马特维卡·绍申。人们不禁大惊失色,他们这么胡作非为,到底想做什么?

多灾多难的莫斯科,每天都让人惶惶不安。每天夜里,一支500人的分队被派往克里姆林宫守卫,彼得则回到了普列奥布拉任斯科耶宫,在那里不停地试验炮弹。人们都在疯传,据说极为巧妙的手榴弹已经做出来了,尼基塔·格拉德基已经偷偷地带到了普列奥布拉任斯科耶,埋在了彼得必经之路上,可是却没有爆炸。有好几次,大批的人涌到普列奥布拉任斯科耶打算去抢劫，可是还没到雅乌扎河，便被士兵的枪声给吓回来了。大家对现在的局面都感到厌烦了，不管是索菲娅吃掉彼得也好，还是彼得吃掉索菲娅也罢，只要能稳定，过上太平日子就可以，别无所求。

九

沃尔科夫骑着马，奉命前往克里姆林宫打探情况。在卢布扬卡广场通往克里姆林宫的路上，每走一步都要受到盘问，他总是回答："彼得皇上的侍臣，带着皇上的圣旨……"这是鲍里斯·阿列克谢耶维奇·戈利岑出的主意，他现在不论白天黑夜都待在普列奥布拉任斯科耶，成为彼得的心腹大臣。从佩列亚斯拉夫湖回来后，彼得就变了一个人，以前的种种胡闹、萎靡不振的生活彻底不见了。喀山圣母节那天，他回到宫里愤然大怒，好容易喝了圣水之后才安静下来。他现在常常和鲍里斯·阿列克谢耶维奇、列夫·基里洛维奇商议事情，从库奎区借来了一笔钱，给游戏兵团的士兵增加了给养。每次出去，彼得总是带着十几名全副武装的侍臣，并且随时回头张望，好像并不信任他们。今天，沃尔科夫刚跨上马背，准备前往克里姆林宫时，彼得从窗户里探出头喊："要是索菲娅问你我的情况，你一句话也不要说。要是他们把你吊起来拷问，你也不能说。"

沃尔科夫向空荡荡的广场上扫了一眼，策马小跑起来了。"站住！"黑暗中不知什么地方跳出一个人，厉声呵斥他："你是干什么的，你要去哪儿？"他一把抓了马的缰绳。"我是彼得皇上的侍臣，来这里办事。"那个射击军吹了个口哨，又跑过来五个射击军。"这是你自投罗网，怪不得我们。"他们把沃尔科夫包围起来，带到了哨房里。借着篝火的亮光，沃尔科夫认出那个抓他的射击军正是奥夫谢·勒若夫。勒若夫抓着缰绳，喊道："快去找尼基塔·格拉德基！"

更多的射击军士兵围拢了过来，他们一声不响地站着，好像这个事跟他们毫无干系。沃尔科夫胆子大了："弟兄们，你们难道长了两个脑袋不成？我这是在送皇上的圣旨，你们把我抓起来，这是公开地藐视皇上，是大逆不道的行为。……弟兄们，你们想一想，霍万斯基以前深受宠爱，可是他最终是什么下场？你们也得过宠，但红场上的纪功碑到哪去了？你们的自由哪去了？"

"闭嘴！你这只胡说八道的母狗！"奥夫谢喝道。沃尔科夫没有理他，继续说道："我都替你们惋惜，瓦西里·瓦西里耶维奇已经两次带你们去远征克里米亚了，把你们当成傻瓜一样指使来指使去，你们难道还没受够吗？你们拥护他好了，早晚会带你们去第三次远征的，你们最终的下场就是挨门挨户乞讨。彼得皇上现在已经不是小孩子了，他英明睿智，沉着勇敢，一定能成大事的，弟兄们，你们别再胡闹了！"

一声暴喝传了过来，沃尔科夫哼了一下，倒下去了。原来是尼基塔·格拉德基从后面跳到马上，把他给揪了下来。格拉德基骑在他的身上，左右开弓地扇着他的嘴巴，又顺手扯下了他的军刀，跳起身来，指着沃尔科夫说："你看好了，我也能把彼得拉下来！来人，把他带到费多尔·列昂季耶维奇那里去。"射击军士兵们把沃尔科夫拉起来，沿着城墙走了一段，最后把他推进了一间点着长明灯的低矮的屋子里。一个年老的哨兵走了过来，悄悄地说："你别发火，我们这也是没有办法的事，上面的命令我们必须执行。我家有14口人，现在只靠我这点钱来养活他们。你不要以为我们是反对彼得皇上的，谁统治我们，我们就听谁的。"

索菲娅进来了，紧绷着脸在桌边坐下了，后面跟着沙克洛维特，挨着她坐下了。格拉德基这个忠心的奴才正斜倚在门上，沙克洛维特则正翻看着那封从沃尔科夫口袋里抄出来的彼得的信。"公主殿下已经看过这封信，只是件无关紧要的小事，你为什么半夜三更，急急忙忙送过来？……我们很愿意和你谈谈，彼得皇上和纳塔利娅太后最近身体是否康泰，你最好还是配合我们，要不我们就强迫你回答了。"

"我们要强迫你回答，"索菲娅紧绷着脸。重复了一遍，眼神中透露出一股阴沉。沙克洛维特继续审问沃尔科夫："听说游戏军团的士兵增加给养了，钱从哪里来的？你们还想要什么东西？你们在路上设置了岗哨，拦截到莫斯科的粮车，你们这种做法对吗？"

沃尔科夫耷拉着头，遵照彼得的指示，一句话都不说。他越是这样，沙克洛维特逼问得越紧，索菲娅的脸色变得更加可怕。沙克洛维特一看问不出任何结果，他急了，猛地跳起来，狂躁地跺着脚："看来不给你点颜色，你是不会说的。"说着，他用尽力量照着沃尔科夫的胸口打了一拳，沃尔科夫眼前一暗，向后退了好几步才站住，嘶哑着嗓子说："我没什么可回答你的，你们自己去普列奥布拉任斯科耶问吧，你们的射击军的数量足够护送你们去。"

听到这里，索菲娅从桌边站了起来，恶狠狠地盯着他："砍掉他的脑袋，马上。"格拉德基跟那个哨兵把沃尔科夫拖到了院子里。格拉德基好像要自己动手，正准备拔军刀之际，一个声音响了起来："尼基塔·格拉德基，这点小事犯不上你动手，太丢人了，快把军刀收起来吧。"格拉德基把手从刀鞘上拿开了，咒骂着返回去了。那个年老的哨兵朝沃尔科夫弯下腰去，碰了碰他："快走，沿着墙根跑，找个地方翻出去，愿上帝保佑你。"

黑暗中，很多射击军士兵都已经溜回家了，还有一些已经睡着了，不管奥夫谢如何怒吼，也没有人去搬木柴，再次点燃卢布扬卡广场上的篝火。五个射击军士兵正在围墙的角落里悄悄地说着话。"格拉德基只会抢别人的东西，每次他抢了东西，倒霉的都是我们。"一个声音不满地说。

"彼得皇上的那个侍臣说得对，咱们跟着索菲娅是没有好结果的，到头来两手空空，什么也得不到。咱们待在这，最终只会得到一根套在脖子上的绳索。"

"弟兄们，我倒是真想去投奔彼得皇上，听说他那里的士兵薪饷非常好，而且还不拖欠。怎么样，你们想不想过去？"一阵沉默。大家都不吱声了，四下里张望着。这时，一匹马从克里姆林宫方向疾驰过来。"又是格拉德基，这个讨厌的家伙，肯定又没好事儿！"一个射击军士兵嘟囔着。转眼间，格拉德基就出现在众人视线内，他醉醺醺地跳下马，大声呵斥："射击军干嘛还不集合？克里姆林宫都准备好了，可是你们却偷懒睡觉，没有尽职尽责，甚至连篝火都不点！等我们把救主堂钟楼的警钟敲响，你们就得准备战斗！"他一面咒骂，一面迈开大步朝哨房走去。

"这可怎么办啊，弟兄们？他们要集合了。"

"放心，他们集合不起来的……那边会感谢我们的，还会给我们奖金的。我们到那里一定要见到彼得皇上，然后往地下一跪，把这边企图谋害的计划都告诉他。……弟兄们,哪个愿意去?"商议了好一阵,最后他们派德米特里·梅尔诺夫和雅科夫·拉德金前往普列奥布拉任斯科耶宫传递消息。

位于下诺夫哥罗德的克里姆林宫

十

鲍里斯·阿列克谢耶维奇强烈反对靠彼得现有的两个营、几千人的军队去战斗,那结果是不言而喻的。三万射击军、克里姆林宫的禁卫军、戈登将军的部队,消灭他们就像打死一只苍蝇一样容易。鲍里斯主张在普列奥布拉任斯科耶等到春天再说,那时候,大地开化,道路泥泞不堪,即使你用棍棒也不能让射击军出来打仗。对于彼得这边来说,情况不可能变得更糟糕,可是索菲娅和瓦西里·瓦西里耶维奇来说,冬天的日子可能更难过:领主们在冬季里会吵得不可开交,一些人会投奔过去,射击军会领不到薪水,百姓始终处于饥饿之中,商人们怨声载道。如果索菲娅敲起警钟,召集军队进攻的话,那就要赶在彼得带着军团进入谢尔盖圣三一修道院之前结束战斗,要是他们进入里面固守的话,那麻烦就大了——那地方可以坚守一年,甚至更久。

彼得听从了鲍里斯的意见,秘密地送给圣三一修道院院长维肯季一些礼物,对他进行拉拢。鲍里斯还亲自去过那边两次,与修道院院长进行了长谈,要求在特殊情况下可以得到保护。佐默尔将军每天都检阅士兵,为可能发生的战斗准备着。勒福尔特最近也不如以前那么频繁地出入普列奥布拉任斯科耶了,而且他显得很殷勤,脸上带着怯生生的笑容,这让彼得感到更加诧异。他现在连勒福尔特都不信任了,他经常半夜里叫醒阿列克萨什卡,一起跑出去检查岗哨。彼得站在雅乌扎河边,久久凝视着莫斯科的方向,那边没有一丝灯光,笼罩着一种令人不安的氛围。彼得每次都是闷闷不乐地招呼着阿列克萨什卡回去睡觉。

叶夫多基娅为了等她心爱的丈夫回来,把眼睛都哭肿了。她已有四个多月的身孕,现在丈夫好不容易回来了,可是只有头几夜和她睡在一起,其余的时间就和阿列克萨什卡混在一起。有一阵,彼得抚摸着她日渐隆起的肚子,对她很关心,带着她去纳塔利娅太后处请安。可是现在,彼得仿佛已经忘记了他的妻子,一天到晚忙个不停,东奔西跑,整天都和鲍里斯嘟囔着。

转眼间就到了8月,莫斯科弥漫着不祥的气氛,普列奥布拉任斯科耶充满了不安的情绪,小心翼翼地戒备着。

"陛下,你写封信给罗马皇帝,向他借一万步兵,你可以去和鲍里斯·阿列克谢耶维奇商议下具体细节。"阿列克萨什卡从地毯上坐起来,眼睛闪烁着光芒。彼得侧身躺着,蜷起了膝盖,用毛毯蒙着头。阿列克萨什卡继续说着:"当然,我们并没有钱花在这上面,但是我们可以去骗啊,要不我亲自去一趟维也纳好了。然后,我们就可以向莫斯科行进,打败射击军……"彼得从毛毯下面含含糊糊地冒出来一句话:"你这个主意出得太晚了。"

屋子里又安静了下来,外面远远地传来哨兵的声音:"口令!"阿列克萨什卡呼吸变得平稳了。彼得这几天一直失眠,根本无法入睡。只要头一挨上枕头,他就会听到无声的呐喊:"失火了!快来救火啊!"他的心便开始不安起来,睡意也就溜走了。这几天,他回忆起以前的许多事情。在普列奥布拉任斯科耶度过的童年,虽然也受到迫害、歧视,长居深宫,但却过得逍遥自在,热闹愉快,无忧无虑;可现在长大了,他忽然发现自己成了一个陌生人,所有人对他的态度都改变了,刺客的刀子即将刺入他的心脏。

索菲娅姐姐,她现在既无耻又残忍!她居然派来了怀揣刀子的人,还下令把手榴弹埋在他走过的路上。昨天厨房里又发生了一件令他胆寒的事,他们让一只小狗先尝了尝克瓦斯酒,结果那狗一喝就死了。彼得试图把脑中的念头全部赶走,可是怒火却在他太阳穴的血管里燃烧,简直是想要他的命。"阿列克萨什卡,睡了没有?给我拿点克瓦斯酒。"彼得无法入睡,便想用酒来催眠。阿列克萨什卡从羊皮袄底下跳了起来,舀了一点克瓦斯,自己先尝了尝,然后再递给彼得。他们交谈了会就又躺下了。

沉重的脚步声从走廊一路响来,在门口停住了。彼得立刻惊醒,朝门口瞅着。有个发抖的声音喊着:"陛下,醒醒吧,出大事了!"阿列克萨什卡也已起来,双手各拿一支手枪,警惕地望着门口。听到声音后,他松了口气:"陛下,是阿廖什卡。"说着,他伸手拨开了门闩,尼基塔·佐托夫赤着脚,气急败坏地走了进来,后面跟着几个士兵,阿廖什卡也在其中。尼基塔用颤抖的声音说:"这两个人是射击军的梅尔诺夫和拉德金,他们从莫斯科一路小跑过来的,有要事向陛下禀报。"

那两个射击军在门口跪下了,胡子碰到了地毯,他们尖叫着:"哎呀,万岁爷,这下您要出事了,他们正在策划阴谋,那帮人纠结了一支军队,正在磨砺着军刀。救主堂钟楼上就要敲起警钟,百姓们就要从四面八方跑过来了!"彼得听了之后浑身发抖,号叫了一声,顺手推开了尼基塔,只穿着一件衬衣,从走廊里飞奔出去,夺过一个守卫军官手中的马鞭,飞身上马,朝着树林深处飞驰。

阿列克萨什卡并没有慌乱,他迅速镇静地穿好衣服,向阿廖什卡喊道:"带上皇上的衣服,跟我走!"说完,他跨上另一个军官的马,追赶彼得去了。等追到了皇家猎鹰林场时,彼得正用双手按着胸口,大口地喘着粗气。这时候,阿廖什卡和布赫沃斯托夫也尾随而至,他们三人好说歹说才让彼得穿上衣服。随后又飞驰过来二十来个侍臣和军官。他们小心翼翼地走出了林场,彼得咬着牙说道:"去圣三一修道院!"

一行人顺着乡间的土道飞快地向通往圣三一修道院方向驰去,彼得不时地狠狠抽打着牲口,二十多人的队伍在他后面飞驰着。小丘、陡坡、白桦树丛,全都飞闪而过。彼得的心里只有一个念头:必须赶在索菲娅之前到达圣三一修道院,除此之外,别无他法。几匹马倒下了,他们换上备用的马,继续赶路。当天边的朝霞照亮了修道院的圆屋顶时,彼得勒住马,冲莫斯科方向呲着牙。彼得被人从马上扶了下来,他已经疲惫不堪,被带进了修道院院长的净室。

十一

上帝和大家开了个玩笑。不管是莫斯科,还是普列奥布拉任斯科耶,大家都没有想到会出现令人意想不到的结局:索菲娅用尽办法也没有把射击军发动起来,救主堂钟楼上的警钟也没有敲响,莫斯科就这样安静地睡了一夜。可是普列奥布拉任斯科耶宫那边已经放弃了:纳塔利娅·基里洛芙娜太后和她怀孕的儿媳妇、御前大臣们、侍臣、家丁与奴仆、游戏兵团的全部士兵,以及大炮、弹药通通到了圣三一修道院。

索菲娅很快就得到了消息,但她隐藏着愤怒,等待着,并没有立刻采取进一步的行动。好像根本就没发生过一样,大家仍然一如既往地生活。可就在那一天,拉夫连季·苏哈列夫,鲍里斯·阿列克谢耶维奇·戈利岑的酒友,率领一团射击军士兵跑到圣三一修道院,谁也说不清楚这些人到底是什么时候,或是什么人让他们去的。

瓦西里·瓦西里耶维奇每天白天都在宫里晃悠来晃悠去,对什么事情都表示同意,夜里跟梅德韦杰夫待在一起,用魔法来占卜自己的命运。沙克洛维特则不停地从一个团赶往另外一个团。至于那些领主们,一到夜里,他们的马车便出现在府邸的门外,在街道上飞驰,向着圣三一修道院的方向而去。

一个消息传到了索菲娅的耳朵里,她开始坐卧不安起来。伊万·齐克列尔带着他的五百人长、百人长和一部分射击军投奔了圣三一修道院,正是这个人,七年前曾经把太后的哥哥伊万·基里洛维奇给拖了出来,由此成为索菲娅的心腹。不用说,他一定把自己以前的阴谋全部告诉了彼得。索菲娅开始慌张了,连这样忠诚的狗都背叛她了,她以后还能信任谁?而圣三一修道院方面,立刻向19个射击军团派出了急使,带着诏书,上面还有鲍里斯·阿列克谢耶维奇·戈利岑亲笔签名,命令团长和其他军官火速前往彼得皇上那里报到。

大部分的急使在城门口就挨了一顿毒打,诏书也被没收,可还是有几个人溜进了军团,宣读了诏书。索菲娅出了一个告示:"投奔圣三一修道院的人，一律格杀勿论！"这样一来，各个射击军团长们不敢轻举妄动了。瓦西里·瓦西里耶维奇还给索菲娅出了个主意，派人去威胁那些已经投靠了彼得的射击军的妻子，让她们写信催促丈夫回来。这件事做是做了，但收效不大。

他们又派了阿基姆总主教前往圣三一修道院去劝和，总主教去了之后就心甘情愿待在了那里，连信都没给索菲娅写。彼得又源源不断发布新的诏书给射击团队、民军、郊区和城区："速前往圣三一修道院报到，违者一律处以死刑。"这样一来，大家陷入进退两难的境地，你去了脑袋保不住，不去也是同样的下场。苏哈列夫、涅恰耶夫、斯皮里多诺夫、杜罗夫、谢尔盖耶夫，500名军官，一大批射击军，以及商人和市郊居民的代表，怀着恐惧、忐忑的心情，动身前往圣三一修道院了。彼得身穿俄罗斯传统服装，站在台阶上赐给他们每人一杯伏特加。他们感激涕零，苏哈列夫团喊出了这样的口号："让我们去莫斯科抓住那帮浑蛋！"

瓦西里·瓦西里耶维奇对外宣称病了，沙克洛维特现在也不露面了，躲在皇宫的密室里不出来，格拉德基和他同伙也藏了起来，克里姆林宫的大门也关上了，大炮推到了城墙上。索菲娅受不了这种死一般的寂静，战斗、叛乱、屠杀都可以，要在令人压抑的环境中生活，她做不到。如同梦境从记忆中抹去一样，权力和生命也正悄悄从她身边溜走。

莫斯科却依旧平静，广场、市集上的人们依旧吵吵嚷嚷，守夜人的梆声和公鸡报晓仍旧准时到来。没有一个人愿意打仗，他们好像已经忘记了独自困守在克里姆林宫的索菲娅了。索菲娅终于下了决心，在8月29日，只带了宫女韦尔卡和为数不多的贴身卫士，动身前往圣三一修道院。

无论白天黑夜，通往圣三一修道院的雅罗斯拉夫大道上都是尘土飞扬，步行的人与骑马的人从莫斯科的各个方向涌了出来，可大家的目的地却惊人的一致。圣三一修道院的围墙前、村子和田野里挤满了前来觐见彼得的领主们，他们有的住在帐篷里，有的住在庭院里，有的干脆睡在田野。太阳刚一露脸，他们就都坐在台阶上，吃着干粮，晒着太阳，等待彼得皇上出来。现在就是拿莫斯科安静的府邸来换这种拥挤和嘈杂，他们也不会干的。

大家心里都明镜似的，国家的权力正在易手，会不会变得好些，谁也无法回答，但至少不会比现在更坏。整个莫斯科，包括俄罗斯都已经是遍体鳞伤，破败不堪，十足一副叫花子模样。到了晚上，人们围坐在篝火旁，自由自在、无拘无束地谈论着各种事情，修道院的四周弥漫着通红的火光和鼎沸的声音。

不知从什么地方冒出来一批会使魔法的人，他们给人家占卜、算命，并散播着离奇的谣言："索菲娅长公主的脊梁骨发软了，瓦西里·瓦西里耶维奇公爵活不过第一场大雪，离开他们的人是聪明的。彼得皇上还年轻幼稚，可是纳塔利娅太后和总主教会为他筹划，商人和市民选出的代表可以进宫面圣，否定他们认为不对的事情；他们会把所有的外国人都赶出莫斯科，听任别人抢劫他们住过的房子，农民和奴隶将会获得自由，他们再也不会受到奴役，也没有捐税……"

天刚亮，沙皇彼得——右手边是太后，左手边是总主教——从台阶上走下来，准备去做祈祷。仪式结束之后，他们出现在了民众面前。纳塔利娅太后亲手拿了一杯伏特加赐给新来的人们，总主教则精神振奋地说："你们离开盗贼，投奔皇上，上帝会为你们这种做法感到高兴的。"说完，他的眼睛冲着彼得闪闪发光。近三个星期来，彼得没有抽过一次烟，也没沾过一滴酒，他每天按照母亲、总主教、鲍里斯等人的话去做，而且也从未离开过修道院的围墙。他现在的一举一动都符合沙皇的身份，这让纳塔利娅太后惊喜不已，她不止一次和那些御前大臣说："我不知道该怎么感谢上帝，皇上已经明白过来了，他变得认真、规矩了，这是俄罗斯人民的福气。"

在外国人当中，彼得只允许勒福尔特一个人觐见，还得尽量避免让总主教看见。彼得没有经验，而且性格暴躁。勒福尔特就经常劝他，跟索菲娅这样的人斗争，最关键的是要有耐心，要慎重，千万不能发动战争，现在人们都厌恶战争，只要在修道院的祝福的钟声中，许诺给人们和平与幸福就可以了。至于打打杀杀的事情，就让鲍里斯去干好了，这样的话，索菲娅会像一根腐朽的柱子一样轰然倒塌。

彼得对勒福尔特的通情达理感到很惊讶。"按照法国人的说法，这就叫政治手腕，法兰西国王路易十一如果有必要的话，他会去拜访一个卑贱的农民；如果有必要，他也会砍下一个公爵或伯爵的脑袋。"彼得对勒福尔特更刮目相看了，一个以前只是胡闹的家伙，一个善于插科打诨的人，竟然能说出如此深刻的道理，他能说出许多俄罗斯根本就没提到的事情："我所见过的俄罗斯人，眼中没有一点国家观念，都是为了自己那点私利，他们贪图钱财，追求名誉，有的就是为了填饱肚子。全欧洲恐怕找不到这样的国家了，只有在非洲才有可能找得到。俄罗斯还没有工业，没有军队，没有舰船。大家都只是想着怎么去剥削别人，这太可悲了。"

他滔滔不绝地发表了一篇宏论,也不怕彼得为"第三罗马"辩护。"彼得，你聪明睿智，我决定我要把我的宝剑和我的生命全部奉献给你。你需要一些聪明而诚实的人，这不是着急的事儿，我们总会找到适合的新人，为了你的事业，赴汤蹈火，毫不顾忌。至于那些领主，就让他们继续为了地位、金钱去争吵好了，反正什么时候砍他们的脑袋都不会嫌晚的。彼得，你现在还是太软弱，你应该更强硬一些，要不然你是斗不过那些领主的。"彼得望着他，眼中流露出钦佩、羡慕、渴望的神色，久久凝视着，静静地听着……

纳塔利娅·基里洛芙娜太后一再感到惊奇的是，以前那个粗鲁、淘气、不修边幅、蛮不讲理的彼得现在怎么变得这么温和、注意着装，而且还特别通情达理。让她感到幸福的还不只是彼得的转变：她过了十五年没人搭理的生活，可现在那些领主们天天向她请安，门槛都被踏平了，只要她一开口，立刻会有无数人争抢着为她办事，人人都以和她接触交往为荣。纳塔利娅太后的嗓音变得宁静而又庄重，她的脸色也愈发威严起来。在她的净室里，最亲信的老臣吉洪·尼基季耶维奇·斯特列什涅夫，太师尼基塔·佐托夫，伊万·鲍里索维奇·特罗耶库罗夫公爵，彼得·阿布拉莫维奇·洛普欣，米哈伊尔·阿列古科维奇·切尔卡斯基公爵，都一本正经坐在那里，听候着吩咐。一个半月之后，费多尔·尤里耶维奇·罗莫达诺夫斯基也来到净室，加入了这个队伍。

纳塔利娅走进来，跟大家打个招呼，喊出每个人的名字，然后就坐在一张椅子上，和领主们商议起国事：如何对付索菲娅，迪欧米罗斯拉夫斯基如何处理，哪些人要判发配，哪些人要送到修道院去，哪个领主去掌管哪一个政厅……

鲍里斯·阿列克谢耶维奇是一个不知疲倦的人，他喜欢把所有的事情都一个人揽过来处理，大部分领主乐享其成，坐在太后的净室里沉思默想。但也有人对此不满，多尔戈鲁基兄弟、雅科夫和格里戈里愤愤不平地说："我们已经在瓦西里那边熬了七年，现在这里又有一个鲍里斯骑在我们头上了！"总主教也不喜欢鲍里斯，因为他总是和彼得去库奎区喝酒，因为他念拉丁文，因为他喜欢外国的东西，但总主教并没有说什么，他在等待着机会。

8月29日，一个射击军飞奔到了修道院的铁门前，他冲着大门上的望楼喊道："有急事，我要禀报皇上！"大门嘎嘎作响地打开了，大家带他去见鲍里斯。那人一看见鲍里斯，便扑到他脚下："索菲娅已经离开了莫斯科，距这儿不到十俄里，现在正在沃兹德维任斯科耶村……"

十二

沃兹德维任斯科耶村，哨兵拦住了摄政王索菲娅的马车。索菲娅看见几张熟识的射击军面孔，推开玻璃门，高声大骂他们是叛徒，还朝他们挥舞着拳头。射击军惊慌起来，急忙摘下帽子行礼；可是当马车继续向前移动的时候，他们又用月牙斧拦住去路，索菲娅吃了一惊，接着便吩咐把马车赶到附近的人家去。说完她往后一靠，脸色惨白，流露出既羞愧又愤怒的神色，但她却没有办法改变这种情况，只能默默承受着失意所带来的痛楚。马车来到了一户税务官家里，索菲娅让那一家人统统回避，来到这家的一间卧室休息，脑中灾难一般的预感如同一双强有力的铁腕在扼着她，让她觉得呼吸变得越难越困难。

还不到两小时，索菲娅就听见马蹄的嗒嗒声和军刀铮铮作响的声音。侍臣伊万·伊万诺维奇·布图尔林不经通报就闯入房间，大声问道："长公主在哪呢？"韦尔卡向他扑了过去，伸手推他："出去，你这个不懂礼数、不要脸的家伙！公主现在正睡觉呢。"布图尔林把推他的手挡开，嘴里说道："这样啊，那让长公主继续睡觉吧，等醒来的时候告诉她，叫她别去修道院了。"索菲娅闻声一骨碌跳起来，直瞪着布图尔林："我正准备动身去修道院，你回去告诉我弟弟，我马上就过去。"

"这是你自己的事情，可是皇上有命令，让你等一等他的特使伊万·鲍里索维奇·特罗耶库罗夫公爵，他没到这来之前，你不能离开这里。"布图尔林走了，索菲娅重新躺了下去，从外面射入窗户里的光芒更加黯淡了。她倾听着远处传来牧羊人的鞭子啪啪作响，母牛哞哞地叫着的声音。许久之后，一切又重归沉寂。"韦尔卡，"索菲娅轻声召唤，"到了修道院，可别忘了提醒我一下瓦尼卡·布图尔林这个人。"韦尔卡冷冰冰的手碰了碰她，算是回应。

特罗耶库罗夫从圣三一修道院赶来了。半个月前，索菲娅把他派到彼得那里谈判，可是没有任何结果。索菲娅对他很失望，就没让他亲吻自己的手，表示自己开始不信任他了，特罗耶库罗夫立刻投奔了圣三一修道院。索菲娅坐了起来，对韦尔卡说："你把那个小箱子给我拿过来。"一个包着铜皮的小箱子拿了过来。索菲娅拿出一封伊凡皇帝写给彼得的信，要求和解，不要流血冲突，还恳请总主教大发慈悲，从旁协助，让索菲娅和彼得两颗冷酷的心柔软下来。

她一面读一面冷笑，这点凌辱算不了什么，只要把彼得那头小狼骗出圣三一修道院就可以，没别的想法。她想得太投入，以致大门外传来的马蹄声都没有听见。等到特罗耶库罗夫那独特的嗓音在走廊响起的时候，她才反应过来，从床上抓起一条黑围巾，迎了出来。公爵礼节性地向索菲娅打了个招呼，索菲娅也没还礼，便开口问起纳塔利娅太后和彼得皇上的近况，特罗耶库罗夫便告诉他，感谢上帝，他们现在都很健康，可他只是站在那里，并没有问候索菲娅。索菲娅立刻明白他的意思，她压住怒火，对他说："我现在要去修道院过夜，这里没有什么吃的，而且还不舒服。"特罗耶库罗夫看了他一眼，一语双关地说："长公主出门，应该多带侍卫，以免发生危险。可这次您却没有带军队过来，这是不安全的，我觉得您还是待在这里比较好，前往圣三一修道院的路上可并不安全。"

"我不怕，我的军队比你们的多，没带军队来，因为我想要和平，不想看到骨肉相残，许多人白白牺牲。"索菲娅望着特罗耶库罗夫那张紫铜色的脸，一双不怀好意的眼睛，没有好气地说。特罗耶库罗夫也不甘示弱："摄政王陛下，您说的流血冲突是指什么啊，我看，流血的事情是不会发生的，您放心好了。至于费季卡·沙克洛维特和他的一伙不安好心的人，我们会有办法对付他们的，阴谋是不会得逞的，上帝一直站在我们这一边。"

"那你来干什么，你带圣旨了吗？"特罗耶库罗夫不慌不忙地从口袋拿出盖有朱红玉玺的圣旨来，将想来拿走圣旨的韦尔卡的手推开，展开圣旨，高声朗诵：

奉全俄罗斯的君王、彼得·阿列克谢耶维奇皇帝与大公之谕"着尔从速返回莫斯科，不得拖延，静候发落。不得有误……

"你这个走狗！"索菲娅不等他念完，便抢过圣旨，揉成一团，往地上一扔，顺便又补上一脚。"我要带所有的军队再回来，我会让你的脑袋第一个落地，与我作对，你们是不会有好下场的！"特罗耶库罗夫冷笑了一声，弯腰捡起圣旨，根本就不顾及索菲娅的暴怒，严肃地说："旨意我已经给你带到了，如果你执意要去圣三一修道院，那我们就对你不客气了，好好考虑一下后果吧！"索菲娅猛地倒在床上，脸色惨白，嘴唇哆嗦，一句话也说不出来。特罗耶库罗夫根本就没有理会她的变化，自顾自地把圣旨放在长凳上，整理了一下仪容，没有再说什么，而是大摇大摆地走了出去，留下长公主和侍女愣愣地看着他离去的背影。

十三

瓦西里·瓦西里耶维奇拿信的手颤抖着，他把蜡烛拿近一些，仔细辨认着那些仓促涂写的内容：……在这件事关原则的问题上，没有比拖延更为糟糕的了。这句话他看了好几遍，尽力想去体会这些话的含义，不要分散自己的注意力。这封信是他的堂兄弟鲍里斯·阿列克谢耶维奇写的："戈登上校带着布特尔斯基团来到了圣三一修道院,请求皇上见他一面。彼得·阿列克谢耶维奇跟他拥抱的时候流着泪，并亲吻了他好几次。戈登感激涕零，发誓要为皇室效忠至死，绝无怨言。瓦西里公爵，你快醒醒吧，你看看你们身边还剩下几个人了？有一小部分射击军，他们是不愿意离开自己的家人与妻子，不想放弃自己经营多年的店铺，离开自己生活多年的环境。你这会儿过来还来得及，我以我的名誉和人格为你担保，皇上不会计较你过去所做的事情。要是再晚的话，那就来不及了，我也爱莫能助。明天，我们就会把费季卡·沙克洛维特送上断头台了……"

他的兄弟鲍里斯并没有对他说谎，现实的确如此。自从索菲娅被拒绝进入圣三一修道院那天开始，莫斯科不管用什么办法，都无法阻止士兵和官员逃跑：领主们再也不会偷偷摸摸地在黑夜出城，他们在光天化日之下毫无顾忌地离开，以廉洁与严厉著称的戈登上校也跑到瓦西里这里，拿出彼得要他前往圣三一修道院觐见的诏书给他看。"我头发已经花白了，身上也留下了数不清的战斗伤痕，"戈登说，"我对《圣经》起誓，我对阿列克谢·米哈伊洛维奇、费多尔·阿列克谢耶维奇、索菲娅·阿列克谢耶芙娜，一向是忠心耿耿，没有二心。但是现在，我要去彼得·阿列克谢耶维奇那里报到去了，我不想有生之年把我的脑袋放在断头台上。"

圣三一修道院

瓦西里·瓦西里耶维奇听完之后，面无表情，没有说一句话。这个时候，即使是反驳、斥责也无济于事。局势已经明朗了，在索菲娅与彼得的较量中，索菲娅败局已定，根本没有死灰复燃的可能——当然，彼得也不会给她这个机会。就在这一天，戈登挥舞着军旗，敲着军鼓，风风光光地离开了，这是最后的，也是最致命的打击。瓦西里一连几天都仿佛生活在梦里，浑浑噩噩的，他从内心里非常想帮助索菲娅，可是却实在力不从心，只能看着索菲娅做着那些徒劳无功的努力,心痛极了。如果他以皇位的保护者和总司令的身份发号施令的话,至少可以带领二十个团到圣三一修道院去,让彼得看看自己的实力,能够与他坐下来讨价还价。可是,恐惧和疑惑袭扰着他的内心,如果军队不服从调遣,他似乎也无法控制局面。由于内心举棋不定,瓦西里没有采取任何行动,刻意回避索菲娅,对外宣称自己生病,需要静养。但他并不是什么动作都没有。他几次秘密地派人前往圣三一修道院,带着他亲自书写的拉丁文信件送往鲍里斯处,请他不要对莫斯科采取军事行动,并提出多种调节索菲娅和彼得关系的建议,希望能够让他转达给彼得,不希望看到流血的冲突。可是这一切都是泥牛入海,毫无音信,白费心机。

自索菲娅从圣三一修道院回来那天起,瓦西里的命运似乎就发生了巨大的变化。索菲娅一回来就召集射击军、商团、城市居民到克里姆林宫,她和伊凡皇帝就站在殿外正廊上,但伊凡连站都站不住了,只能靠着柱子勉强支撑,明眼人一看就知道他已经没剩下多少日子了。索菲娅头发凌乱,一副风尘仆仆的样子,她环视了一眼,然后开口说道:"对我们每一个人来说,和平与友爱都是弥足珍贵的,这也是我们一直以来不断追求的。可是现在的情况不同了,我们送往圣三一修道院的信,他们都没有拆开。我们派过去的信使也被赶出来了。为了避免骨肉相残悲剧的发生,我做了祈祷,亲自赶往修道院,想和我的弟弟彼得推心置腹地交谈。可是他们只允许我走到沃兹德维任斯科耶村,往前多走一步都不行。更令人气愤的是,他们就在那羞辱我,谩骂我,就好像我不是皇帝家的公主似的。我真没想到,自己居然还能活着回来。一天一夜的时间,我只吃了一点圣饼。列夫·纳雷什金和鲍里斯·阿列克谢耶维奇已经把周围的村子洗劫一空了,他们还把我弟弟彼得变成了一个酒鬼,每天都喝得烂醉如泥,倒头就睡,祷告之类的事情也不做了。他们还要进攻莫斯科,砍掉瓦西里·瓦西里耶维奇公爵的脑袋。如果大家不需要我们执政,那我就和伊凡弟弟一起离开,找一间没有人打扰的净室隐居起来。"

眼泪从索菲娅的眼眶中滑落,她呜咽着,再也说不下去了,只是高高地举着一个藏有圣骨的十字架,人们便把视线移到那个十字架上,对公主的号啕大哭和伊凡皇帝无精打采的病态不再关注了。看到这种情形，他们怜悯之情油然而生，摘下帽子，叹着气，擦着眼泪。索菲娅看到时机成熟，便问："你们会不会去圣三一修道院，我能不能信任你们？"群众们答道："能！能！我们不会出卖您的！"索菲娅哭得更厉害了。

人群散去了，一想到摄政王索菲娅的话，他们便不由地皱起了眉头。从情理上来说，让她遭到侮辱是不对的，可是现实却很残酷：莫斯科的粮食所剩不多，辎重车队也都转移到修道院去了，市场上盗匪横行，毫无顾忌。一切都停滞了，规章秩序被打破了，一片混乱。大家都已经厌倦这种生活了，不管是索菲娅和瓦西里·瓦西里耶维奇·戈利岑所代表的一方胜利也好，还是鲍里斯·阿列克谢耶维奇·戈利岑赢了也罢，他们不再关心输赢，只是希望这种局面早点结束。

也就在那一天，大约有一万人涌入了克里姆林宫，他们手中挥舞着彼得的诏书，要求把捣乱分子和匪首费季卡·沙克洛维特及其同伙全部交出来，押往圣三一修道院去，让彼得皇上发落。"交出沙克洛维特！"愤怒的人群四处叫嚷着，寻觅着他们要找的人。这种情形和几年前的场景很相似，只不过这次不再是索菲娅他们一伙得意扬扬了，他们变成了四处躲藏、逃跑的人了。"把尼基塔·格拉德基、库兹马·切尔姆内、奥布罗西卡·彼得罗夫、西尔韦斯特尔·梅德韦杰夫等人交给我们，要不然我们就拆了这座宫殿！"警卫队扔掉武器，奴仆、侍女、老妈子也都躲在楼梯底下和地窖中，生怕跑慢了被抓住，再被当成某一个人而遭到毒打，甚至扔到矛枪上去，或者在钟楼上做自由落体运动，那可真是得不偿失了。

"你出去跟那群野兽说，我是绝不会交出费季卡·沙克洛维特等人的，"索菲娅喋喋不休地说，抓着瓦西里·瓦西里耶维奇的衣服，把他拉到门口。瓦西里·瓦西里耶维奇都不知道自己是怎么走到人群前的。一看见瓦西里出来了，人群全部向他围拢了过来，各种仇恨的眼神，混杂着各种味道的气息，让人眼花缭乱的矛枪、军刀、宝剑的晃动，全部映入他的眼中。他吆喝了几声，便慢慢退回到了宫门内的门廊里。许多肩膀开始猛烈地撞击宫门，索菲娅的脸变得苍白，眼睛瞪着大门，一句话都说不出来了。宫门被撞开了，索菲娅和瓦西里的心都不禁哆嗦了一下，如潮水般的人群涌了进来，无处不在。两个人被挤得几乎喘不上气来，好不容易才从人群中找出缝隙，溜到了多棱宫里，长出了一口气，剧烈跳动的心脏慢慢平缓下来。就在这时，一声尖叫从澡房那边传了过来，费季卡·沙克洛维特被抓住了。

瓦西里·瓦西里耶维奇并没有马上离开莫斯科，他上了从昨天夜里就在宫门外一直等候着他的马车。瓦西里耷拉着脑袋，十指深深插入头发，不停地摇晃着脑袋。现在什么都没了，只给他剩下一样东西——无尽的悔恨和懊恼。他想不明白，这样的事情怎么会发生，到底是谁做错了，或是哪里出问题了？在他内心深处，索菲娅那张丑恶、扭曲、贪婪、粗暴、可怕的嘴脸，一刻不停地袭扰着他的神经，如同魔鬼附身一样，挥之不去。太可怕了！他现在拿什么和彼得说，又拿什么行动回应自己的敌人呢？他攥紧拳头，用力地在桌子上捶了一下，手上的疼痛他已经感觉不到了，脑海中只有"耻辱"这个词！

瓦西里·瓦西里耶维奇朝绘着黄道十二宫的克里姆林宫方向扫了一眼，从前的风光、荣耀、地位，从这一刻开始都不复存在了。那个号称是占星家、预言者、魔法师的人欺骗了他，本来还想宽恕他，现在却绝然不能了。瓦西里哼了一声，把帽子往下拉了拉，眼神中充满了恶毒。瓦西里拿起两把手枪，放进口袋中。马车疾驰着。

东方泛起了鱼肚白，天即将破晓，朝霞即将出来了。可在瓦西里的庭院里，来回穿梭的人群没有丝毫停下来的意思，收拾了一个晚上，仆人们终于把大部分东西都搬出来了。瓦西里往马车上一靠，扔给管家一把钥匙："你去把那个人给我带来。"不大工夫，总管回来了，身后跟着那个铁链子叮当作响的瓦西卡·西林。仆人们七手八脚地把他推上车，扔到瓦西里的脚边。

就这样，瓦西里最后一次在莫斯科飞驰着，脑中飞快旋转着，明天会怎么样？流浪？进修道院？严刑拷问？他不敢再想下去了，把头深深埋入羊皮袄里。他好像在打盹，可是当瓦西卡·西林试着挪动一下，想换个舒服的姿势时，后背猛地挨了一脚，痛彻心扉。"哎哟！"瓦西卡吃了一惊，一脸迷茫不解的神色。"你算的命都是谎言、欺诈，完全是一派胡言。你就是一条恶狗，一个野种，一个杂碎！即使用鞭子抽掉你的皮，我还嫌发落得太轻……"瓦西里把所有他能想到的恶毒的言语都送给了瓦西卡。"不要，不要怀疑我的占卜，老爷，您一定会心想事成的，包括皇冠也会戴在您头上的！"瓦西里·瓦西里耶维奇往后靠过去，可是脚却没有闲下来，发疯一样踢着那个魔法师，发泄着心中的愤懑与无奈……

在离梅德韦德科沃一俄里的地方，一个农民刚看见那辆马车经过，扬了扬手中的帽子；在一个桦树林丛的边缘，另一个农民又对丘陵上的第三个农民发出了信号。大约有五百个仆役跪地迎接瓦西里公爵，他们把他扶下了马车，用惶恐的眼神看着他。瓦西里看着自己非常熟识的庄园，明天就要易主，心中既酸楚又感伤："明天，书记官就会找到这儿，清点财产，把所有的物品都贴上封条，一切都完蛋了。"收起了感伤，瓦西里便又威风凛凛地走进屋子。在门廊，儿子阿列克谢早已站在那里迎接着他：他个子高高的，体态相貌和瓦西里像极了。到了餐室里，瓦西里勉强画了个十字，坐在椅子上打量周围的陈设，一切都是那么熟悉，一切却又那么陌生。阿列克谢站在旁边，屏住呼吸，决定把消息必须告诉他的父亲。

"父亲，他们早上已经来过了，二十五名龙骑兵，还有一个中尉，还有侍臣沃尔科夫……"阿列克谢说到这里，停顿了一下，欲言又止。"他们说什么了？全告诉我！"瓦西里不耐烦地问。"您在莫斯科，并没有回来，那个侍臣就让你抓紧时间去圣三一修道院，如果不想受辱的话。……他们还命令我，叫我跟您一起上圣三一修道院去。"

瓦西里公爵苦笑了下，一口喝干了杯子里的伏特加，嚼着面包，可是嘴里却没有一丝感觉。他低头沉思了下，又倒了一杯酒，切了块肉冻，凝视着阿列克谢说："做好准备，我们休息一下，天黑后就出发。你再去办件事，我带过来一个人，你把他关到河边的澡房里，派人看着他，不能出差错。"吩咐完之后，瓦西里一脸疲惫地靠在椅子上，望着桌上的食物发呆。阿列克谢退了出去。

瓦西卡·西林被关在河边陡岸下的澡房里，他一天到晚不停地叫喊着，呼号着，要看守他的人给他东西吃，可是却没有人搭理他。他只能透过一小扇窗户看到外面自由翱翔的白头翁，灌木丛被风吹得沙沙作响，以及河水中的鱼逃避天敌所发出的哗哗的水声。"我亲爱的波尔塔瓦啊！"瓦西卡自言自语地说，"撒旦把我带到了莫斯科！但愿你们被瘟神抓走，让你们四散分离，所有的城市全部夷为平地！"太阳的余晖射入了窗户，树林里、河水里渐渐安静下来。瓦西卡·西林见没有人给他送吃的，便躺在长凳上，准备闭眼小憩。眼睛余光一扫，他又像安装了弹簧一样，迅速弹起，哆嗦着，颤抖着，哭号着对瓦西里·瓦西里耶维奇说："看在上帝基督的分上，放我回波尔塔瓦去吧！我不会害人，更不会去告密的！"

瓦西里·瓦西里耶维奇出现在门口，头戴一顶三角帽，身穿一套外国式样的黑衣服，宝剑如松鼠尾巴似的突出来，一双狂暴的眼睛正死死盯着他。突然，瓦西里好像想起什么，转身冲出去，抱来一堆木头，随后把门堵住，上了锁。瓦西卡马上明白过来，开始叫喊起来，苦苦哀求瓦西里。瓦西里·西林回了句："你知道的太多了，该死的！"他吹着火绒，一股焦味出来了，木头缝里闪烁着火光，火苗迅速飙升，瓦西卡四处寻找着能够避开热气的地方……

雅罗斯拉夫大道上疾驰着六匹白马的黑皮篷车，飞过田野，钻入峡谷的深处，爬上低矮的山岗，穿越过白桦丛林。"哪里着火了啊，父亲？会不会是我们家啊？"马车里的阿列克谢看着火光，不止一次地问。瓦西里·瓦西里耶维奇并没有理睬儿子，靠在犄角里打盹。马车继续飞驰着。

十四

在宫内养牛场的一个粮食储藏室里，已经成为阶下囚的费季卡·沙克洛维特正在接受审讯，由鲍里斯·阿列克谢耶维奇主持。为了让沙克洛维特如实交代，从莫斯科刑事政厅调来了一个刽子手——叶梅利扬·斯维热夫，这个人以抽第一鞭就能让任何人招供而闻名。许多人已经被提审过了，还有几个自首并招供的。库兹马·切尔姆内已经被抓来了，索菲娅的心腹、警察所长奥布罗西姆·彼得罗夫也中计被逮住了。但尼基塔·格拉德基和梅德韦杰夫神甫却逃脱了，为此，彼得在全国各地发了通缉令，严令追查。

费多尔·沙克洛维特被带进来了。上一次审问的时候，他对一切有关他的指控都言辞激烈地反对："这简直就是诬告。这是有人在故意整我，捏造根本就不存在的罪名，我是清白的，没有任何问题。"今天他们特意请来了叶梅利扬·斯维热夫，如果还不承认曾经煽动叛变或是蓄意谋害皇上生命的话，那就有他好看的了。

起初，彼得并没有亲自到场，只是让鲍里斯·阿列克谢耶维奇带着书记官在晚上向他汇报审问的结果，书记官念着审问的案宗。随着切尔姆内、彼得罗夫一伙人的相继落网，奥格雷兹科夫、舍斯塔科夫、叶夫多基莫夫、切切特卡等人一一被抓，彼得才决定要去现场旁听，看看他们会说什么。他让人从地窖里找来把椅子，坐在一边，静静地听着这些人的供词，自己从不插嘴，只是托着下巴看着这些人的眼睛。当拷问台嘎嘎作响，奥布罗西姆·彼得罗夫被赤身裸体吊起来的时候，彼得便稍稍挪下位置，直到拷打完毕一直纹丝不动坐在那里。最开始，彼得脸色苍白，心事重重，可久而久之，他就慢慢习惯这种局面了。

那天早晨做完早祷后，纳塔利娅·基里洛芙娜把彼得留下了，总主教向他祝贺，骚乱已经平息了。事实上也确实是这样，索菲娅虽然没留在克里姆林宫，但她已经失去了一切权力。留在莫斯科的团队，派代表到彼得皇上这来，恳求他宽恕开恩，只要能够保全他们的性命，即使是流放到最偏远地区也可以。彼得从教堂里走了出来，养牛场上挤满了射击军，他们叫喊着："陛下，请把费季卡交给我们，我们要亲自和他谈谈！"彼得摆了摆手，急匆匆经过人群，走进了黑洞洞的地窖。他推开一扇门，鲍里斯·阿列克谢耶维奇、列夫·基里洛维奇、斯特列什涅夫、罗莫达诺夫斯基和书记官都站起来行礼，彼得还了礼，看到沙克洛维特跪在离他一步远的地方，耷拉着脑袋，衬衫上都是泥浆点子。鲍里斯·阿列克谢耶维奇笑着问道："我们是否要继续进行，陛下？"彼得点头示意继续审问。

斯特列什涅夫咬紧牙关问道："你已经犯下了不可饶恕的罪行，你就要老老实实供认你的罪行，为什么还要浪费时间？皇上都来了，就是想要了解真相。快招！"彼得大踏步朝他身边走去，手插进口袋里，用高亢的、年轻的嗓音说道："让他把真相供出来！"鲍里斯喊过来叶梅利扬，叶梅利扬走到沙克洛维特跟前，一把将他抓了起来。叶梅利扬把费季卡的双手反绑在身后，用皮套绑住他的腕关节，拉紧了绳子的另一头。沙克洛维特被滑车吊在半空中，肌肉拉紧了，身子往前弯，叶梅利扬在他腰间狠狠地揍了一拳，随后又把他拉起来。沙克洛维特闷哼一声，张大了嘴，瞪出了眼睛，肚子凹了进去。叶梅利扬把绳子系好，又从地上拿起了鞭子。

鲍里斯·阿列克谢耶维奇给书记官一个暗示，那书记官清了清嗓子，凑近蜡烛，借着光亮高声念道：

审讯时，菲利普·萨波戈夫上尉供诉："去年的某一天，具体时间记不清楚了，索菲娅·阿列克谢耶芙娜曾经去过普列奥布拉任斯科耶村，彼得陛下正巧不在那儿，索菲娅没待多久就回去了。一同随她而来的有费多尔·沙克洛维特以及各团调来的人，费多尔·沙克洛维特把这些人召集过来，目的就是为了要谋害列夫·基里洛维奇和纳塔利娅·基里洛芙娜太后……费多尔·沙克洛维特走到皇宫的门厅里，告诉菲利普·萨波戈夫上尉，一会宫中会传来太后责备长公主索菲娅的声音。听到声音后,他们要迅速冲进去，把敌人一个个都打死。"

"我没有说过这样的话！菲利普是为了逃避惩罚，这纯粹是污蔑！"沙克洛维特沙哑地说道。鲍里斯·阿列克谢耶维奇皱皱眉，给了叶梅利扬一个暗示的动作，叶梅利扬马上退后几步，算准了距离，抡起鞭子便抽将下去。沙克洛维特惨叫了一声，身体一阵抽搐，随后又软软地塌了下去。叶梅利扬又接连抽了几鞭子，沙克洛维特连连求饶，嘴里喷着白沫："我当时喝醉了，我自己也不知道我说过什么了，具体细节实在是记不清楚了。"叫声一停，书记官继续念着：

还有，关于彼得·阿列克谢耶维奇陛下，他还跟菲利普说过一些狂妄的话，他污蔑陛下常去库奎区喝酒，每次都是烂醉如泥，没有任何办法能弄醒他，他们可以弄些手榴弹放在他的马车里面，这样就可以把皇上炸死，除掉这个心腹大患了。

沙克洛维特一声不吭。彼得冲到他面前，摇晃着他喊道："你这个畜生，把事实真相告诉我！你是不是觉得没有在小时候把我弄死是个遗憾？混蛋，你告诉我，到底是谁指使你这样干的，你派谁来往我车上放手榴弹的？他们叫什么名字，快说出来！你为什么没有谋杀我，弄死我？"

"我只记得说过为什么没有把太后和她的兄弟们都干掉这样的话，可是刀子、手榴弹的事情，我真记不得了。不过说起太后，瓦西里·瓦西里耶维奇公爵倒是提过这个事情……"

沙克洛维特嘟嘟囔囔辩解着。鲍里斯·阿列克谢耶维奇一听到瓦西里的名字，马上像被针扎了一样，迅疾从长凳上跳了起来，发疯似地喝道："抽他！用力抽！"叶梅利扬又抡圆了鞭子，朝沙克洛维特的两个肩膀中间抽了下去，立刻便发出了一声撕心裂肺的叫喊，这已经是沙克洛维特挨的第十鞭，他头耷拉着，全身皮开肉绽，进气多出气少，已经是奄奄一息了。

"把他带下去，"鲍里斯说，用丝质手绢抹了抹嘴唇，"好生看着他，用伏特加给他擦擦后背，明天一定要让他招供。"几个宫役过来，拖走了沙克洛维特。彼得转身走了，领主们也陆续离开了地窖。"审讯的时候，你注意到鲍里斯的表情没有，列夫？"吉洪·尼基季耶维奇·斯特列什涅夫凑到列夫·基里洛维奇耳边问。"没有啊，我注意力都在沙克洛维特身上了，有什么问题吗？"吉洪·尼基季耶维奇看了看四下，压低声音说道："他从长凳上跳起来，这是要堵住沙克洛维特的嘴啊。他说得太多了，而且鲍里斯和瓦西里还是一个血统。在他们眼中，血统要比皇上的事情更加重要。"

列夫·基里洛维奇举起双手，往大腿上一拍，恍然大悟地说道："是啊，我怎么没想到呢，亏我们还很信任鲍里斯！"吉洪·尼基季耶维奇笑了笑，脸上浮现了一种不怀好意的表情："我们现在是信任他，但是也得看住他啊……"

瓦西里·阿列克谢耶维奇和他的儿子阿列克谢用最快的速度赶到了修道院，但彼得并没有允许他们进修道院的大门，而是让两个人待在农舍里，给他们带来了圣旨："皇上陛下命令你们留在这里，不许擅自离开，听候传唤。"两人只有乖乖听话的份儿，每天提心吊胆，食之无味，坐卧不安。瓦西里在路上已经对什么事情都估计过了，也做了最坏的打算，没想到来到这里却是这个结果。他每天只能听到这家农户的女主人骂孩子的吼声，还有孩子们的哭闹声，令他啼笑皆非。

在审讯沙克洛维特那一天，戈登上校来看望瓦西里·瓦西里耶维奇来了，他高高兴兴，诚恳地表示对瓦西里的同情，安慰瓦西里说："没什么，瓦西里·瓦西里耶维奇公爵，您不要这么意志消沉，苦难终究会过去的，阳光正向你招手呢。"瓦西里想从他口中探听下彼得对他的态度，可是戈登什么也没有说，只是笑了笑，转身离开了。瓦西里现在特别无奈，以前风光无限的他，现在却找不出一个人可以为他去修道院打探消息，忐忑不安地过了好几天。

那天深夜，正当瓦西里父子两人准备休息的时候，一个军士带着几个士兵闯进了农舍，他们立刻被烟呛得直咳嗽，好一会儿才开口问这家的女主人："瓦西里·瓦西里耶维奇是住在你们家吗？"那女人把胳膊肘一拐说："嗯，他就住在那儿。"他们找到了瓦西里·瓦西里耶维奇父子，把他们送进了修道院。射击军士兵有许多认识他的，哄笑着，有的把他的帽子拉了下来，有的一把抓住他的胡子，有的对他们做出了猥琐的表情和姿势。

瓦西里低着脑袋，郁郁寡欢地往前走，他恨不得立刻就来到大主教的台阶前，不想再听见士兵们的侮辱和嘲笑。感觉像经过漫长的跋涉之后，瓦西里终于到了台阶前，他暗暗松了一口气，正准备向上走，一个衣服寒酸的、不知名的书记官从里面跑了出来，对他做了个停止的手势，威风凛凛地站在上面，展开诏书，高亢而又缓慢地念着上面的文字，每念一个字，公爵就感觉自己的头上挨了一锤：

……根据以上种种罪行，彼得·阿列克谢耶维奇陛下与伊凡·阿列克谢耶维奇沙皇下诏剥夺瓦西里·瓦西里耶维奇·戈利岑公爵的所有荣誉与领主称号，特命你率领妻子和儿女前往卡尔戈波尔，终身流放。至于世袭的领地、庄园、莫斯科府邸及其家畜一并没收充公，归沙皇陛下使用，并着内务府查点验收。瓦西里府上的下人、仆役，除农民及其子女外一律特赦，恢复他们的自由之身。

瓦西里听完圣旨后，站也站不稳，阿列克谢急忙搀扶着他，书记官把诏书收起来之后，向警卫官指了指瓦西里："把他押起来，遵照圣旨办事。"马上就过来了几个警卫，把父子两个人押了出去。在教堂的门口，一辆马车已经等在那里多时了，几个人七手八脚把他们父子推上了车，警卫们也随后跳上了马车，赶车的那个人抓起缰绳，马车慢步跑出了修道院，来到外面田野里，向着目的地进发了……

十五

圣三一修道院和莫斯科的争斗结束了,俄罗斯又恢复了平静。跟七年前一样,彼得一行人留在了修道院,抵住了莫斯科的进攻。领主们、总主教、纳塔利娅太后商议了一阵之后,决定用彼得的名义给伊凡皇帝写一封信。信的起草颇费了一番心思:"……皇兄陛下,让我们两个人来治理这个上帝托付给我们的王国吧,这个时刻已经来临了,我们不能让第三者——我们的姐姐索菲娅来跟我们两个男人来分享那些称号和荣誉了。"

夜里,索菲娅被人从克里姆林宫送往新圣母修道院,她将在那里度过自己的余生,可这并没有引起多大的惊扰,就好像她是个无足轻重的人一样。沙克洛维特、切尔姆内和彼得罗夫几个人被斩首示众,其余的叛徒在广场和市郊各个地方接受鞭刑的惩罚,割掉舌头,终身流放西伯利亚。梅德韦杰夫神甫和尼基塔·格拉德基后来被多罗戈布日总督抓获,押回了莫斯科。接受了严刑拷打之后,他们也被送上了断头台。

至于那些投奔过来的人,都按照等级受到不同程度的土地和金钱的赏赐:领主每人300卢布;朝臣270卢布;杜马贵族250卢布。随同彼得去修道院的侍臣各得到37卢布;后去的是32卢布;8月10日之前到达的是30卢布;8月20日之前到的27卢布。城里的贵族也按照不同的等级分别给予了18卢布、17卢布、16卢布。一般的射击军,由于他们的忠诚,每个人各得1卢布,不另赐土地。

对领主们来说,最重要的不是得到赏赐,而是要在回到莫斯科之前,抓紧抢占各政厅的职位。第一个,也是最重要的使节政厅没有悬念地放给了列夫·基里洛维奇,不过作为交换条件,取消了他"护国公"的称号。对于鲍里斯·阿列克谢耶维奇·戈利岑的安排则颇费一番思量。纳塔利娅·基里洛芙娜太后对他做过的许多事情都无法宽恕,特别是争斗结束之后,他已经没有用处了,让他免受鞭刑和死刑,只是终身流放十分不满。领主们经过一番商议之后,觉得完全剥夺一个世袭望族的荣誉也有点说不过去:"假如我们这样做,那么这些政厅很快也会被人拿走,让那些出身卑贱的商人、书记官、外国人和其他平民一夜飞黄腾达,那这些人就会成天钻营如何讨取皇上的喜欢了,这对国家并不是件好事。"最后一番争论之后,为了照顾戈利岑家的面子,他们派给鲍里斯·阿列克谢耶维奇一个主管喀山行宫的差事。鲍里斯得到这个消息之后,牢骚满腹,当天喝得大醉,跑回莫斯科近郊的庄园睡觉去了。

新上任的大臣们撤掉了原来政厅中的一批秘书官和书记官,换上了忠于自己的秘书官和书记官,随后又开始按照老派作风处理日常事务。唯一发生改变的是伊万·米洛斯拉夫斯基换成了列夫·基里洛维奇。这些人除了破坏、贪婪之外,什么都指望不上,俄罗斯这片沃土仍像一匹年老力衰的跛马拉着一辆残破不堪、随时都会散架的车慢吞吞地前行……

在莫斯科和库奎区,外国商人都极不耐烦地等待着新秩序和新人物出现,众人把希望都寄托在彼得身上。如果这个新沙皇不能去改变这个国家现状,那还能指望谁呢?彼得也的确想改变这种局面,可他并没有立即动身。他先率领部队从修道院行军到阿列克山德罗夫区,伊凡雷帝那荒废的宫殿废墟仍然矗立在那里。佐默尔将军在那里组织了一次为期一周的军事演习,直到把火药全部消耗殆尽才恋恋不舍地离开。佐默尔一生中最辉煌的时候也在这里戛然而止,他从马背上摔了下来,他残疾了。

直到10月,彼得才向莫斯科进发,只带着他的游戏兵团。距莫斯科十俄里之处,也就是阿列克谢耶夫斯基村,成群结队的百姓欢迎他们的到来。他们捧着圣像,盘子里放着大圆面包,道路两旁是一个个断头台,那些没有投奔到圣三一修道院去的射击军代表在那里趴着,静候发落。年轻的彼得沙皇没有砍掉他们的脑袋,他没有生气,可也没流露出喜悦的神情。

17世纪的莫斯科

第五章

一

自圣三一修道院回来后,勒福尔特成为一个要人了。彼得封他为将军,对一个外国人来说,没有什么比这更为荣耀的了。库奎区的居民联合起来给他送了一把宝剑,谈起他的时候都满怀敬意。库奎区的居民如果在商业上遇到无法解决的麻烦,也会带礼物去拜访他,希望他能够帮助解决。他的家每天都会有无数的人前来拜访探望,和他寒暄、套近乎,目的不外乎就是希望他关照。这样一来,勒福尔特的家明显不够用,加高和拓宽府邸成为当务之急。俄罗斯已进入暮秋,严格来说这个季节并不适宜大兴土木,但工人们还是大肆扩建起来:在正房对面和两侧增添了石门房屋,两边的台阶都可以自由上下,大门正面还装上了圆柱和泥塑人像,凸显出主人家的气派与尊贵。庭院里以前的那个喷泉深挖和扩充,改成池塘,能够从事水上娱乐活动及焰火表演。特别值得一提的是,房屋两侧建造了火枪手居住的警卫室。

勒福尔特本人并不想这样铺张浪费,可是彼得强烈要求要这样。在逗留圣三一修道院期间，彼得感觉已经离不开勒福尔特了，他就是指引彼得前进的灯塔，给他带来希望和福音。勒福尔特可以从彼得告诉他的只言片语中，警告彼得要防范危险，让他看清楚什么是有利什么是不利的方面，他对彼得的关心已经超过了一般朋友的范畴，更像是母亲对孩子的无微不至的关爱。他经常陪侍在彼得左右，但不是像领主们那样，只想得到土地和赏赐，而是为了商量事情和娱乐等问题，成为彼得的左膀右臂。彼得本人也喜欢勒福尔特，因为看见他就可以唤起对异国他乡、对魅力十足的城市、对散发着烟草和酒味的船长和港湾的无限遐想。甚至勒福尔特身上散发出来的气味都不是俄罗斯的，一种令人向往的味道，给人以极大的愉悦与憧憬。

彼得对勒福尔特府邸的扩建，目的就是让他的住宅成为吸引人的外国生活的岛屿，为此，他从纳塔利娅太后手中要来无数的钱财，毫不吝惜地花在了这上头。他已经成为莫斯科真正的主人，他可以毫无顾忌地声色犬马了。因此，勒福尔特对他就显得特别需要，别人无法替代。只要是一言半语，勒福尔特就可以明白彼得的心意，他好像彼得那热情的面团里面的发酵剂一样，给人以无限满足。

斗争结束后，普列什堡皇城的工程又开工了，城堡继续修筑，为游戏兵团的秋季演习做着最后的准备工作。各团都配发了新的制服：普列奥布拉任斯科耶团一身绿色的长襟衣，谢苗诺沃团是蓝色的，戈登将军率领的布特尔斯基团则是红色的。整个秋天，彼得都是在宴饮游戏与跳舞中度过，而那些外国商人在参加勒福尔特府邸的娱乐之余，各自打着算盘。

二

勒福尔特新建的舞厅还有点潮湿，但这并未阻挡彼得开舞会和安娜跳舞幽会的心情。黄昏开始降临，柔雪霏霏地洒落大地。一辆辆荷兰人、德国人、法兰西人、俄罗斯人的雪橇驶进庭院，参加舞会的每个人脸上都是笑吟吟的。灯光晃动的门廊里，勒福尔特穿一件白绸缎的长襟衣，戴着扑过银粉的假发，在舞厅门口接待着来宾。客人们围着壁炉而坐，喝着匈牙利酒，抽着上好的烟草，侃侃而谈。因为俄罗斯人很少有人能用荷兰语、英语或是德语与外国人交流，为了避免尴尬，总是来得很晚，一来就直接入席。大家互相问候着健康，旅途的情况，生意的情况，有没有合适的旅馆，谈论着要提防偷盗和抢劫等事情，宛如一群找到食物的麻雀。

"……是啊，关于俄罗斯的平民，我有许多耳闻，他们总是想打劫有钱的旅客，甚至是杀死他们。"其中的一个客人插了一嘴。英国木材商人锡德尼带理不理地说："一个国家，如果人民都是靠欺诈混日子，那就是一个糟糕的国家。俄罗斯商人，他们祈求上帝帮助他们更巧妙地进行欺诈，管这个还叫精明。唉，这个国家我了解得太清楚了，为防止不测，我们最好随身藏着点武器。"一个生长在库奎区的商人汉弥尔顿——他祖父为了逃避克伦威尔的恐怖统治，逃到了莫斯科——朝那群人靠了过去，恭恭敬敬地说："我对你们的话深有同感，就连我这样一个在俄罗斯出生的人，对他们粗鲁的礼貌和不诚实的品格都无法适应，感到一个个就像是鬼迷心窍一样。"

锡德尼听这个人英语说得不是很地道，便朝他瞅了一眼，寒酸的衣服，陈旧的式样，便撇了撇嘴，出于礼貌回道："我们并不准备在这里常住下去，虽然是做大手笔的批发生意，俄罗斯人是否老实，对我们的影响不是很大。我们已经在阿尔汉格尔斯克附近买下了大宗的森林开采权。"一听到"森林开采权"这个词，一个名叫万·莱顿的荷兰商人立马来了兴致，把他那又短又尖的紫红色脸探入人丛中，插嘴说："啊，是啊，俄罗斯的木材是非常出色的，可是北冰洋上那股恶魔的风和挪威的海盗也令人担忧。"他张开嘴，脸越发红了，哈哈大笑着，几滴眼泪慢慢从他的眼眶中挤了出来。

"没关系，俄罗斯的桅杆材我们进价才是25戈比，如果我们能拿到英国纽卡斯尔去卖的话，每根可以卖到9先令，几十倍的利润，我们觉得冒这个险还是非常划算的。"又瘦又高、脸色黄黄的锡德尼答道。荷兰人脸上流露出羡慕的神色，咂着舌头说："一根木头9先令！"他来莫斯科是为了收购亚麻纱、粗麻布、焦油等物品，他带来的两艘船正停泊在阿尔汉格尔斯克过冬。生意非常不景气，俄罗斯人听说他开来了两条船，便把货物的价格抬高到荒谬的程度，让他无法接受。如果这个英国人没有说谎的话，那他的生意一定富得流油。

万·莱顿四下张望，确定周围没有一个俄罗斯人，这才低声说："俄罗斯沙皇拥有世界上四分之三的焦油、桅杆木材和所有的大麻，可就是不容易弄到我们的手中。锡德尼先生，您手中的木材其实并没有多少，俄罗斯北方荒无人烟，总不能去叫熊采伐木材吧。……再说，您手中的三条船，有两条会被挪威或是瑞典的海盗击沉，第三艘会触冰的。"他觉得他的话已经让这个英国商人感到烦恼了，便又大笑起来："俄罗斯是富饶的，正如新大陆比起印度更富饶一些一样，可是这里是领主们当权，莫斯科人做生意野蛮粗鲁，我们无法在这里赚钱，只会赔本。……唉，如果他们开辟了波罗的海的港口，修筑起畅通无阻的道路，遵守贸易规则，那我们的生意才会蒸蒸日上。"

"是的，先生，"锡德尼豪情万丈地说，"我很高兴听到您的高见，并且还同意您的分析。我不知道您那边的情况如何，可是我猜想，贵国也不再建造小海船了。我们英国的造船厂，现在只造吃水量四五百吨的大船，眼下我们急需提供现有五十倍的木材和亚麻纱的货物，每条船至少还需要一万码帆布。"听他这样说，围观的人全部发出了惊讶的声音，啧啧赞叹。"还有皮革，先生，您肯定需要俄罗斯的皮革的！"汉弥尔顿打了一个岔。

锡德尼不满地看了他一眼，继续说道："我当然不会忘记俄罗斯的皮革，可是我现在不做这个方面的生意，瑞典商人专门输出皮革。上帝保佑，我们英国现在是越来越富裕了，现在最需要的是建筑材料。不过，我们会得到一切我们所需要的东西……"说完这句话，他往椅子上一靠，再也不去理睬任何人了，独自闭目养神。

勒福尔特挽着阿列克萨什卡·缅希科夫的胳膊走了进来，整个舞厅的目光也随着他们两个人的移动而变化着。阿列克萨什卡走到壁炉前，转过身来，对着来宾说："尊敬的先生、女士们，彼得皇上马上驾到。"人群开始窃窃私语，那些身份地位比较显赫的客人朝门口走去。锡德尼显然没听懂阿列克萨什卡的话，张大着嘴，望着这个粗鲁地推开一些位高权重、受人尊敬的青年，茫然不解。汉弥尔顿小声告诉他："他叫阿列克萨什卡·缅希科夫，他是沙皇的近臣，是个地位十分关键的人物。"

听了这番话，锡德尼转向阿列克萨什卡，微微一笑，眼睛里满是和蔼慈善的目光："我一直想找机会觐见伟大的沙皇陛下，并以此为荣。我只是个卑贱的商人，我要感谢万能的上帝，能够给我这个梦想成真的机会，我将来会把这件事告诉给我的儿孙们。"勒福尔特翻译了这番话，阿列克萨什卡笑了起来，露出一口整齐洁白的牙齿："放心，我会引荐你的！如果你能喝酒，而且还会讲笑话，那你一定会跟沙皇相处融洽。"他转头问了问勒福尔特关于锡德尼的情况，然后继续说："你是做木材生意的啊，那你是不是急需很多能够砍伐木头的工人？如果你能让皇上给列夫·基里洛维奇下一道手谕，那一切问题都会迎刃而解。你可以去试一试，看看你的运气如何。"

突然，彼得在门口出现了。他身上落满了雪花，跟阿列克萨什卡一样，穿着普列奥布拉任斯科耶团的长襟衣，嘴唇紧闭，可是黑黝黝的眼睛里却透着笑意。他摘下三角帽，跺了跺脚，抖掉靴子上的雪。"女士们、先生们，晚上好！"他用年轻的低音说着，"我已经饿透了，那些俗套就免了，我们快开席吧。"那些屏气而立的外国人相互眨了眨眼睛，穿过门厅，跟在彼得身后，朝餐室走去。

客人们的脸受到酒精的刺激，此时脸色都红润起来，假发也已经歪歪斜斜了，大家围坐在一起高谈阔论。阿列克萨什卡已经跳过一次特列帕克舞，这会儿他又喝了不少。库奎区的太太小姐们已经聚集在这里半天了，急切盼望着跳舞时刻的来临。锡德尼眼睛也发红了，但意识还算清醒，他正跟彼得谈话，让汉弥尔顿站在后面充当翻译："汉弥尔顿先生，请你告诉沙皇陛下，我们英国人认为国家的幸福是建立在海外贸易的成功上面，战争是一种代价昂贵而且悲惨的需要，可是贸易却是上帝带给我们的祝福。"彼得同意他的话，十分享受这种吵闹喧嚷的局面。锡德尼那一套有关国家、贸易、人民，什么是有利的，什么是不利的言论吸引了他："对，说下去，我正在听。"

"在英国，英王陛下和受人尊重的爵士们只会通过有利于贸易发展的法律，而不会去制定一条阻碍发展的规章。英国商人在国内是受人尊敬的，而且我们大家也愿意为英国、为英王流血牺牲。好的法律是一种伟大的东西！如果我说俄罗斯有着很多不好的法律和许多没用的法律，沙皇陛下您一定会生气。……我们也有一些严酷的法律，但那些法律对我们是有用的，是为了维护社会秩序而制定的，我们尊重它。"彼得一面听，一面把高脚杯中的酒喝干了，笑着说道："天知道他在胡说什么！他要是在克里姆林宫讲这番话，弗朗茨，你们听了之后不得晕过去啊。……你说说看，我们到底哪里有问题？"

"这是一个严肃的话题，我现在脑子还没有完全清醒，"锡德尼说，"如果陛下恩准，等我明天清醒过来之后，我再来告诉您俄罗斯的恶习，同时谈谈如何使国家富裕，以及使国家富裕应该有哪些必要的措施。"彼得斜着眼睛望着锡德尼，莫非他是开俄罗斯的傻瓜的玩笑？勒福尔特看出了彼得心思，急忙走了过来，按住了彼得的肩膀。"好吧，让他先说说我们糟糕在哪里。"锡德尼克制着浓烈的醉意，喘了口气："好的。我刚才路过一个广场，那里放着一台绞刑架，只有一个小小的地方积雪给清扫了，一个卫兵孤零零地守着一个女人。"彼得朝阿列克萨什卡看了一眼，他把椅子挪了过来，说了一句："他说的那个地方是波克罗夫斯基门后面。"

"对，就是那里，我看见一个女人的头露出地面，而且还眨着眼睛。我当时大吃一惊，便问我的同伴：'为什么这个脑袋还在眨眼，难道我是遇见魔鬼了吗？'同伴告诉我，这是俄罗斯的一种死刑，因为她谋杀亲夫，所以被活埋在那里，等她死后再把她的尸体倒挂起来。"阿列克萨什卡哈哈大笑，彼得暗暗松了口气，冲着锡德尼微微一笑，开口说："这又能说明什么，她杀了人，难道不应该受到惩罚吗？这种死刑，俄罗斯已经执行几百年了。"

"尊敬的沙皇陛下，"锡德尼说，"您应该问问这个可怜的女人，是什么导致她犯下这样的滔天大罪，她给您的答复准会让您的心肠软下来。我在俄罗斯听到并且观察到了几件事。俄罗斯的女人在闺房的生活简直与猪一样！设想一下，母亲被活埋在地里，然后被倒挂起来示众，会给她的子女及其他人留下什么印象？我们英国伟大的莎士比亚剧作家在一部美丽的戏剧中描述了一个意大利富商的儿子，为了爱上一个女人而服毒自尽。可俄罗斯的男人却用棍棒和鞭子把他们的妻子打个半死，让我不可思议的是法律对这种行为却加以鼓励。……每当我回家，我的妻子和孩子们便会扑到我的身上，和我亲热，让我感到家庭的温暖。这才是家庭中应有的景象！"说到这里，锡德尼动了情，低下了头，不再言语。

"汉弥尔顿，你翻译给他听，"彼得大声嚷嚷着，"我们绝不吹嘘自己有多好，这些事情我们也知道。我已经和太后商量好了，我们准备派50个侍臣，挑选最聪明的孩童去国外学习，从基础学起。你当面说我们是野蛮人，是乞丐，是野兽……活见鬼！等着瞧吧！"彼得站了起来，一脚踢开了椅子，"阿列克萨什卡，备马，去波克罗夫斯基门！"

三

那个女人缓慢地抬起了头，她被齐耳朵埋在地里，地里的寒气充斥着她的身体，可她还没有死，还在喘气。人们简直是野兽，她没结婚之前一直像野外的小花一样生活着。她的意识渐渐模糊起来，思绪也变得混乱起来："达莎，达申卡，"母亲在呼唤着她，"你为什么要生我啊，为什么要把我嫁给那个魔鬼啊，现在我让人活活埋在地里……我并没有错，你看到了没有，看到没有？"眼泪扑簌簌地掉在了地上，雪花已经在她的眉毛上结冰了。

"主啊，保佑我吧，妈妈，你跟他说，我一点都没有做错，他就像狗一样咬我，我是一时发昏才杀了他的。……那是什么？红红的光，火把，雪橇，人，都朝这个方向过来了。难道我还要继续受折磨？"她眼睛瞪着，可是已经没有多少光彩了，她想挪动下脚，可是泥土却把它死死压住，就连手指都没法动一下。

"那个女人在哪呢，我没有看见，会不会被野兽吃掉了？"彼得大声叫喊。雪橇周围的人也四处寻找着广场上的卫兵。"在这儿，这儿！"卫兵拖长嗓音喊着，从飘落的雪花中跑过来，然后跪在彼得脚下，一动也不动。"有个女人是不是活埋在这里，快带我去看看！"彼得厉声呵斥卫兵。卫兵站起来，跑了几步便来到女人面前，掸掉女人脸上已经冻冰的地方和还在飘落的雪花："陛下，她还活着，还活着，她眼睛还在眨呢。"卫兵讨好地说着。

彼得、锡德尼、勒福尔特、阿列克萨什卡和四五个客人围拢在女人身旁，两个火枪手高高地举起火把，一双大眼睛从雪地仰望着他们，女人的脸已经跟周围的雪一样白了。"你为什么谋杀你的丈夫？"彼得问。这个女人并没有吱声，只是冷冷地望着他们。"他是不是打你了？你叫什么名字？……达里娅，你快告诉我！"

女人还是没有吱声。卫兵着急了，蹲下身去，凑到她耳边说道："认罪啊，这是彼得皇上，也许他会赦免你的死罪。你快说啊，别让我为难啊……"女人张开了黑乎乎的嘴，眼中喷发出愤怒的火光，沙哑着嗓子说："我杀了他，我还要杀了他，那个畜生！"说完，闭上了眼睛。大家都没有言语。锡德尼说了很多，可是并没有人把他的话给翻译出来。卫兵又用脚碰了碰女人的头，可她的脑袋一晃，歪在了一边。彼得咳嗽了一声，小声对阿列克萨什卡说："把她枪毙了……"

彼得回来的路上沉默不语，又回到了勒福尔特那间灯火辉煌的舞厅，舞厅里奏着令人兴奋的乐曲。彼得一眼就看到了淡褐色头发的安娜·蒙斯，她正坐在墙角，一脸的心事，裸露的肩膀耷拉着。安娜一看见彼得走进门口，便飞快地跑过去。彼得搂着安娜裹在绸衣里面的腰，在一曲欢快的德意志舞曲中翩翩起舞。两个人默默地跳着，乐曲奏完后他们还没跳完，弄得乐师们都吹跑调了。

"安娜？"她扬起晶莹而又清澈的眼睛，观察着彼得的表情，吁了一口气，幽幽地说："您是不是遇到不开心的事情了，陛下？"彼得并没有回答她的问题，而是继续说："安娜，你爱我吗？"听彼得说了这句话后，安娜急忙低下了头。所有跳舞的人和坐在那里的太太小姐们，大家都知道彼得问完之后，安娜·蒙斯是如何回答的。当他们在舞厅旋转的时候，安娜说道："跟你在一起，我就幸福了。"

四

总主教约阿基姆走进了多棱宫。他为纳塔利娅太后以及她的哥哥和领主们祝福。彼得皇上还没有来。约阿基姆坐在一把高背椅子上，低下头，每个人都没有发出声响，交叠着双手，沉下了眼睛。屋子里散发着一股神香和蜡烛的气味，这是头等重要的事情：肃穆地、一声不响地坐着，保持着种种礼法和习俗。让尘世的空虚去冲击这种不可动摇的东西吧！俄罗斯的堡垒就在这儿，现在和真理更为接近。至于其他的事情，上帝自会保佑我们的。

门厅里，寒颤的嗓音和门的碰撞声打破了这种沉寂的空气。纳塔利娅太后忍住一个哈欠，在嘴上画个十字，这几个月她明显发福了，人开始衰弱下去了。御前侍卫向她禀告，皇上已经到了。纳塔利娅·基里洛芙娜朝门口望去，看到一身俄罗斯服装的彼得走了过来，她脸上露出了笑容。彼得走到总主教面前，接受他的祝福，问候了得病的皇兄，并祝福他能够早日康复。本来，彼得的内心并不喜欢这里，可为了得到钱别无他法，他只能遵照母亲信中的旨意，恭敬地赶来听取约阿基姆的启奏。彼得在宝座上坐了下来，用一只手捂着嘴，防止不知不觉打哈欠。

俄罗斯大主教装扮

约阿基姆总主教从黑袍中掏出奏折，用一只因为年老而发抖的手翻过一页，接着又画了个十字，便开始用缓慢而又令人腻烦的声音念道：

……我们不能这样假想，以为扑灭了叛乱就可以高枕无忧，给国家和人民以及地方带来和平与安宁。因为看不到思想上的一致和民族的繁荣，我的心就十分伤悲。在莫斯科，随处可见游手好闲的人，修士和修女也不懂规矩，并且缺乏思考；还有诸多无所事事的射击军团，他们把全身都包裹起来，成天在街头游荡，用欺诈的方法来骗取钱财。我还看到了人们家中那些烂醉、放纵，甚至是淫乱等让人无法容忍的事。丈夫把妻子赤裸裸地赶到街上，妻子杀死了丈夫，孩子们缺乏管教，一如野草般生长。……难道这就是欣欣向荣的葡萄园吗？农民，你的锄头在哪里？商人，你的量尺又在哪儿？领主的儿子，你的荣誉跑到哪里去了？

约阿基姆念着全国各地报上来的灾难，彼得再也没有睡意，认真地倾听着。纳塔利娅太后眼中出现了惶恐的神色，一会儿望望自己的儿子，一会儿又看看那些领主，可是领主们一声不响地听着，好像这些情况跟他们毫无关联一样。他们每个人都明白国家把许多事情弄得特别糟糕，可是除了听听，又能怎么办呢？也许忍受是最好的办法，也是唯一的办法。约阿基姆继续念着：

我们才疏学浅，资质愚笨，决定将事情如实直陈与陛下。只要无神论与那些可恶的拉丁异端、路德派、加尔文派、犹太教存在一天，国家就一天也得不到安宁，秩序无法确立，人民无法富足。我们是第三罗马，陛下，应当禁止异教徒兴建他们的祈祷所，已经建成的，要抓紧给予捣毁；不允许异教徒在军队和朝廷中担任职务。退一步说，对于正教的军队，这些异教徒能有什么用处呢？外国的习惯和服装，要加以禁止。现在是豺狼统治羔羊的时刻，要禁止信奉正教的人和异教徒交往，等我们把正教的精神逐渐发扬光大后，还必须要把外国人逐出俄罗斯，将外侨区那个地狱付之一炬！

当奏折念完之后，总主教的眼睛燃烧着愤怒的火焰，他的胡子和手都在打颤；罗莫达诺夫斯基的眼珠儿差一点就掉下来了，领主们都低着头——约阿基姆所念奏折中的问题太尖锐了，在这个问题上不应该太绝对，而且大家都清楚彼得和外侨区的关联。

约阿基姆收起了奏折，用手抹了下眼睛，接着说道："尊敬的陛下，让我们从一件小事来开始我们伟大的事业吧。在索菲娅·阿列克谢耶芙娜执政时期，由于我的坚持和哀求，他们总算把库奎区那个害人的异教徒克维林·库尔曼给抓起来了。在审讯中，他供称在阿姆斯特丹看见一个穿白法衣的幻影命令他来莫斯科，说是莫斯科正在没有信仰的黑暗中毁灭。他还说自己头上有一圈灵光，是圣灵指引他前进的方向。可是他却在莫斯科勾引一个叫玛什卡·谢利丰托娃的女人，两人天天在一起淫乱，他还对前去拜访他的人预测吉凶。陛下，当魔鬼欢呼胜利的时候，人怎么能有片刻的安宁呢？我要奏请陛下下一道圣旨，将克维林·库尔曼活活烧死，以及他那引导人们走向罪恶的书籍。"

约阿基姆启奏完毕之后，大家都把头转向了彼得，想知道这位年轻的沙皇如何处理这个棘手的问题。彼得早就知道关于克维林·库尔曼的案子早就已经判决了，这可以从他母亲纳塔利娅太后平静的眼神中得到证实。彼得坐得笔直，可心里却很惶恐，让他以一个真正的元首的身份来做出决定，这还是生平中的第一次。彼得想起锡德尼对他说过的话："俄罗斯作为一个亚洲国家，时间太长久了，你们的人民害怕欧洲人，可是你们自己才是自己最危险可怕的敌人。"他又想起了库奎区收拾得干干净净的小房子，安娜·蒙斯窗户上的帘幔。可是这个老家伙，竟然要把整个库奎区烧成一堆灰烬！

彼得心里升起了倔强和狡猾，可是他脸上仍不动声色，平静地说道："圣父，说起来我感到有些伤心，因为在这个问题上我们的想法并不太一致。我并不干涉你在基督教方面的事情，可是你却干涉我的军事计划。我有伟大的计划，但是你却并不知道。我们要征服海洋，把我们国家的幸福寄托在海外贸易方面，这是上帝给我的祝福。在军事问题上，我们必须先要依靠外国人，除此之外别无出路。要是你毁坏他们的新教教堂和天主教堂，他们就会逃之夭夭的。那样做的结果，你们应该很清楚吧？难道你们要毁掉我的翅膀吗？"

彼得这番话说得慷慨激昂，有种舍我其谁的英雄气概，这让领主们都感到很惊奇。大家你瞅瞅我，我看看你，眼中都透露着这样的信息："他原来是这样的人！"罗莫达诺夫斯基点点头，总主教则探出他那瘦骨嶙峋的身子，嚷嚷道："陛下，可别从我这里带走魔鬼克维林·库尔曼！"

彼得沉思着，他觉得这件事情上他应该让步，但又拿不定主意，他向罗莫达诺夫斯基斜觑了一眼，只见他把两手一摊……"克维林·库尔曼和我们没有一点关系，你随便怎么处置他都可以，我没有意见。"总主教长吁了一口气，精疲力竭地坐了回去，闭上了眼睛。彼得继续说："领主们，现在我有一件事要谈谈，我需要八千卢布，作为军事和造船方面的费用支出……"

五

为了照顾叶夫多基娅生产，内务府特地为年轻的皇后找到了一个名叫沃罗比伊哈的女人，把她从梅季希村带到了克里姆林宫。沃罗比伊哈走进皇后的寝宫——一间在正殿楼上用木头搭建的耳房里，一个随时在这里侍候的接生婆，正躺在热烘烘的炕上打着盹。叶夫多基娅皇后随时都可能分娩，他们不敢大意，小心翼翼地守着她。叶夫多基娅已经好几天没有起来了，她非常想坐上雪橇，在积雪的莫斯科飞驰，可是周围所有的人都不允许，一再劝告她：你怀的是皇上的亲骨肉，要小心啊！就是连哭也不行，怕孩子不舒服……

沃罗比伊哈走到床边，跪了下去，奉旨觐见皇后。叶夫多基娅伸出一只圆润玉滑的手："坐下，你讲点事情给我听听，让我开开心，"她又看了一眼接生婆，压低声音说道："给我卜卦，看看是男孩还是女孩。"沃罗比伊哈连连摆手："娘娘，我不会，如今就是用豆子卜卦也会被鞭子抽得皮开肉绽，你快饶了我吧！……是不是用燕麦粉、拿圣水调得薄薄的占一占啊？"

"我什么时候才能生啊，一到夜里，孩子的小脚就不停踢我，一会儿这样，一会儿又那样，太淘气了。"沃罗比伊哈听完描述之后，对皇后说道："听您这么说，一定是个男孩。您不用担心。"说完，她又看了看周围，悄声说着："还要我卜什么？你就凑到我耳边说吧，把你的秘密告诉我。"叶夫多基娅脸转向墙壁，脸刷地就红了，深棕色的眼中噙满了泪水："你给我卜一卦看看，他是不是还爱我、疼我？你把这个占卜出来，你去拿燕麦粉吧……"

沃罗比伊哈来的时候，已经把所有的东西都准备好了，听皇后这么说，便把叶夫多基娅的结婚戒指放在碟子里，开始为她卜卦。"看看戒指里面，是不是有一个模模糊糊的东西？"

"好像是一张女人的脸，"皇后看了半天之后才说道。"对，就是她，"沃罗比伊哈说道，"全莫斯科的人都知道她，一个德国女人。大家都在私下议论，只不过是不敢声张罢了。库奎区有人给他吃春药了。皇后不必悲伤，我帮你施展魔法,你就拿着这根针,刺向戒指中间去,刺到她脸上去好了。"叶夫多基娅刺着,一直刺到针尖在碟子上折断为止。于是她向后一仰,嘴唇哆嗦着,两行热泪流了下来。

傍晚,奶妈和保姆、接生婆和宫廷中的女人们全部忙乱起来,门的开关声和杂乱的脚步声不停地响着。沃罗比伊哈往蜡烛上撒了能让人提神的香,便急匆匆地溜走了。彼得大踏步闯了进来,朝妻子弯下腰去,身上发出一股寒气和浓酒的味道,关切地问:"你还没有生吗?我还以为……"叶夫多基娅刚刚热起来的心转瞬变得冰冷,她含糊地说:"我巴不得让陛下高兴一下,我看得出来,大家都很为我心急,可我……"

"我刚才在罗莫达诺夫斯基家吃饭,有人告诉我你已经临盆了,我以为你已经生了,便急急忙忙赶了回来。"彼得露出欢乐的微笑,圆溜溜的眼睛看着叶夫多基娅。"我会在生孩子时候死去的,你到那个时候就知道了。你去外面喝酒、寻欢作乐好了,不用管我。你快去找那个德国女人去啊,那个酒店的小荡妇,她还会给你喝药的!"

一席话说得彼得满脸通红,他的脸色变得难看,站在那里,凶神恶煞地瞪着自己的妻子,吓得叶夫多基娅把一只手放到了脸上,再也不敢看他。这个时候,肚子里的孩子轻轻地、不耐烦地转了个身,一阵可怕的剧痛传遍了皇后的全身,她发出了一声低沉的哀号……

听到哀号声后,保姆、接生婆等人全都跑进了皇后的寝宫,七手八脚地忙活着。阵痛过后,沃罗比伊哈和接生婆扶着皇后去热气腾腾的浴室里分娩,彼得则走出了寝宫。

六

寒鸦不知被什么动静惊醒了,飞到了另一棵白桦树上,跳来跳去,雪花扑簌簌洒了一地,把雪抖落进独眼汉吉普赛人的眼中,他怒气冲冲地捡起一个东西,朝这个讨厌的家伙扔了过去。树林后面,一轮红日正泛出冬日的朝霞,大地上到处是袅袅升起的炊烟,咳嗽声、开关篱笆门声、斧子的铮铮声、孩子的嬉闹声在清冷的早晨显得十分清脆入耳。在这样一个爽朗的冬日，吉普赛人的心情却很糟糕，无比烦躁。他正从井里拉起一个冻了冰的水桶，吊杆嘎嘎地响着，破轮子来回摆动。

"真倒霉！我又成了奴隶，不管是人，还是畜生，在他们看来都是一样的。……如果这是我的产业，我一定会比你照顾得好。"他心里愤愤不平。而他的主人，射击军奥夫谢·勒若夫此刻从屋里走了出来，他对着寒霜哼了一声，将帽子往下拉了拉，站在台阶上，摆弄着钥匙："你把木槽倒满没有呢？"

吉普赛人那只独眼闪了下，他的桦树皮鞋在冻了冰的坡道上直打滑。奥夫谢走了过去，抬起一只穿着毡靴的脚，踢了一下没有放好的吊杆："你这个婊子养的，你想尝尝吊杆的滋味吗？你看看，又把东西扔得满院子都是。"说完，奥夫谢走到门口，拔掉门闩，开了门，牵出两匹膘肥体壮的马，在它们身上拍了下，两匹马喝着冰冷的水。随后，奥夫谢又赶出了几头母牛和一头青色小公牛，紧跟在后面的是一群羊，咩咩地叫唤。

吉普赛人还在费力地打着水，裤子都溅湿了。奥夫谢斜了他一眼说："你这个人没有好心，你对家畜从来不肯和气气的，只会用你的独眼瞪着它们。我猜不出你是哪号人……"他吩咐吉普赛人给马添点草料，吉普赛人往麦秸杆场来回跑了十来趟。太阳照亮了白桦林积雪的树梢，教堂的钟声也同一时间响了起来。

奥夫谢庄严地画了个十字，一个小女孩从屋里跑到台阶上，喊着奥夫谢："父亲，快进来吃饭吧。"奥夫谢拍掉身上的雪，跨了进来，顺手关上了门。他们就当吉普赛人不存在一样。吉普赛人看着背影出了一会儿神，轻轻地叹了一口气，转身走进了那间暖和的半地下室，他的主人正在那儿吃饭，一股牛肉白菜汤的香味飘入他的鼻子里。奥夫谢和他一同在射击军当差的哥哥康斯坦丁正悠闲地喝着汤。

两兄弟有不少自己的产业：一间出售树皮制品的铺子，一家开在巴尔丘格的澡堂，一所磨坊，此外他们还向奥多耶夫斯基公爵租了十二俄亩的耕地和牧场。以前，他们没有参加克里米亚远征，两兄弟自己干活；可是现在，彼得皇上却不给他们一点休息的时间：让他们每天都听候传唤，不是服勤务，便是去操练。按照射击军的规定，他们是不允许开铺子和澡堂，托付给别人又放心不下，万般无奈之下，兄弟两人为皇上去当差，留下妻子和儿女留在家里干活。兄弟两个人正在闲聊："我不知道我们今年的夏收该怎么办，雇人也很麻烦。皇上又下了一道诏书，凡是没有保人却在市区或是酒店、澡堂、客栈里面居住的流浪汉，一律要把名单给报上去。"

"要是正在干活的，那又怎么办呢？"奥夫谢问哥哥。"那你要为他负责，担保他不是盗匪。对了，你有没有叫吉普赛人出一张保单？他是个什么人，会不会是犯了罪逃出来的？"吉普赛人这时走了过来，用一只独眼瞅着兄弟俩。奥夫谢看见他，马上提高了嗓音："即使他没有犯罪，就像他现在这样干活，也叫我讨厌不已，我受够了。"屋里一时出现了可怕的沉默，让人可怕的窒息氛围。为了让屋里有点生气，他们继续吃着面包，喝着牛肉白菜汤。这股味道让吉普赛人浑身颤抖，他沙哑着嗓子问："这么说，你们刚才是在说我了？"奥夫谢放下了汤匙，瞪了一眼："讲你又怎么样？你已经白吃白喝6个多月了，可是只有魔鬼才了解你的来历，像你这种没有名姓的家伙，市面上多得是。"

"你这是什么意思，难道我偷了你们的东西不成？"吉普赛人问。

"要是你偷了东西，说不定会让我们反而安心些。我的两头母牛为什么死了？其余的母牛为什么挤出来的奶总是有股怪味？今年秋天，为什么女人们总是肚子痛？你到底是什么人，会什么妖法？"奥夫谢用拳头捶了一下桌子，呵斥着。"别胡说八道，奥夫谢，我替你干活，腰都快累断了，你对我印象再坏，我也不在乎，我只想能把我每个月半个卢布的报酬拿到，我干了五个月了，应该得到两个半卢布……"

"你说什么？康斯坦丁，你听到他说什么了吗？给你钱，你想活着离开吗？给你个屁，你个狗崽子！"奥夫谢从桌子后面站了起来，攥紧了拳头。他一把抓住了吉普赛人的衣服，打了他一记耳光，要不是躲得快，一定会被打死的。兄弟俩都是健壮的家伙，用武力跟他们要钱这条路肯定行不通。

吉普赛人恶狠狠地瞅着兄弟俩，一句话也没说。他摇摇摆摆地走出门去，真恨不得把他们都捶进地里去，可是他现在没有这个能力，只能想想。"好，我们走着瞧，你们俩等着，"他瞪着大门自言自语。他摸了摸腮帮子，感觉有血流了出来，他把脑袋往后一仰，树皮鞋踩在雪上发出嘎嘎的响声，漫无目的地走着。从他身边经过的人们，都回过头笑着。

七

"快去看啊，那边一会儿要烧人！"不知道谁发出这样一声喊，市集上的人如潮水般涌了过去。大家互相推搡着，踮起自己的脚尖，希望能有个好位置，一会儿能看个清楚。"为什么要烧死他，他犯了什么罪？"人群中有人小声发问，但没人能回答。

"谢天谢地，上帝终于来收拾他们了！那些该死的抽烟的外国人，他们靠咱们的血汗钱养胖了。"……"快瞧啊，已经冒烟了！"……

人群中议论纷纷，都在看着那边烧人的西洋景。吉普赛人也朝岸坡的人群走了过去，想亲眼看看到底发生了什么事情。他挤入人群，看见了两个与他一样的流浪汉，他尽力想向他们靠拢，说不定还能弄点吃的。这两个人看起来也吃过苦，一个是麻脸，用一块破布遮住了被烙铁烙过的痕迹，他名叫尤达；另一个是驼背，差不多都要折断了，拄着拐杖，他叫奥夫多基姆。奥夫多基姆很快就察觉到，一个独眼汉子老是在他们身边串来串去，看样子是想做点什么。他拄着拐杖，挺了挺身子，和和气气地对吉普赛人说："朋友，我们和你一样，也是靠偷摸过日子。你从我们这里捞不到什么的，快走吧。"尤达也靠了过来，把嘴一歪，含含糊糊地说道："暗探局也有一个家伙在我们身边串来串去，后来掉进了冰窟窿……"

吉普赛人心想："他们倒是有胆量，我应该和他们结交。"想到这里，他说："死神还没有勾我的魂，我好歹还得活下去。你们愿意招我入伙吗，多一个人总比少一个人更好些……"尤达转头问奥夫多基姆："他会不会是暗探局派来的？"奥夫多基姆晃着脑袋，直盯着吉普赛人的眼睛，几个人都没有言语。

冰面上，冻得瑟瑟发抖的射击军士兵正跺着脚，跳来跳去，拍着戴连指手套的双手。他们围在一个草草搭建的木框架旁边，不远处就是执行死刑的柱子，周围堆满了木柴，烧着烙铁的篝火冒出阵阵白烟。围观的人群忽然发出一阵呐喊："他们来了，他们来了！"骑着马的龙骑兵出现在了人们的视野中，他们控制着马，小心地在冰面上行进。后面是一辆雪橇，坐着一个德国人，还有一个女人；再后面是一位领主，几个侍臣与书记官。最后是一辆带有车篷的笨重的大雪橇。

书记官下了马，队伍停下了，可是那辆大雪橇里没有人走出来，人群中猜测、窃窃私语声响了起来，都把眼睛盯在雪橇上。这时，木框架后面走出来的是叶梅利扬·斯维热夫，肩头上搭着一根让人胆寒的鞭子。几个人先把那个女人推搡到柱子旁，剥掉她的衣服，捆绑在柱子上。书记官看了一眼那个女的，便高声朗读公文，手中还不停地摆弄着玺印。大家只能听清那个女的名字叫玛什卡·谢利丰托娃，德国男人叫克维林·库尔曼，至于罪名诸如此类的东西则听得懵懵懂懂。

叶梅利扬不慌不忙地走到柱子前，抓起鞭子用力抽了过去。只听一声凌厉惨叫的声音划破了广场的上空，随之而来的是玛什卡身上出现了一条血红的伤痕。随后又抽了四鞭子，女人已经没有力气号叫了，不过嘴里的白沫依旧喷着。他们把她从柱子上解下来，带着她来到了篝火旁边，叶梅利扬从篝火中拾起发红的烙铁，往她脸上烫去。玛什卡尖叫一声，倒了下去，捂着脸在地上翻滚起来。空气中迅疾散发出一股熟肉的味道，不过这种味道可让人高兴不起来，大家都捂住了口鼻。几个射击军过来把她从地上拽了起来，穿好衣服之后，又把她扔到雪橇上，顺着莫斯科河，前往一所修道院去了。

书记官还在宣读诏书，要把异教徒克维林·库尔曼连同那些蛊惑人心的书籍一起烧毁。这回该轮到那个德国人克维林·库尔曼出场了。人群屏住了呼吸，静静等待着事情的进展。克维林是个矮小却结实的中年男子，他从雪橇里走了出来，直奔那个木框架而去。突然，他嘴里开始嘟嘟囔囔，号啕大哭，不肯再向前挪动一步。他们抓着他，把他拖到了木柴堆上。就在那儿，叶梅利扬剥掉他的衣服，在他的背上压满了书，接着就点燃了木柴堆。木柴堆越烧越旺，四周升腾起灰蒙蒙的浓烟，射击军士兵拿着矛枪站在四周。

人群开始不安起来："德国人，他是德国人！可是也要把他活活烧死。主啊，饶恕他吧！"

"他学会了读书写字,如今却落得这样一个下场。"

"他是不是先被熏晕了,木柴这么湿……"

皮篷雪橇里探出一张仿佛从圣像上走下来、毫无生气的脸——总主教约阿基姆也来了。他望着浓烟和四处乱窜的火苗,脸上露出一丝不易觉察的喜悦,但喜悦转瞬即逝,又变得没有表情。皮篷雪橇离开了,人群也慢慢散去了。但尤达和吉普赛人仍待在原地,听着奥夫多基姆自言自语:"他是个异教徒,那又怎么样呢?他认为什么信仰最好就信仰什么好了,这没什么。说不定是我们的信仰方式对他不适合吧?可就是为了这个,他就必须接受火刑,我们活着就是在受罪,受罪……"

尤达拉扯着他的衣角,提醒他快走,在这里不能乱说,如果被人告密可不是闹着玩的事。奥夫多基姆仍在嘟囔:"伙伴们,不要去追求真理!牧师们和长官们,收税的人,他们口袋的黄金叮当作响,我们却在受着折磨,给打上烙印。快逃吧,赶快到密林深处吧!"两个人费了很大的劲才把奥夫多基姆给拉走了,三人向路边的一家小酒店走去。

他们继续向前走着,吉普赛人一路不停地诉说自己的苦楚,希望能够博得他们俩的同情,收留自己。过了一会儿,奥夫多基姆情绪慢慢平复下来,他一路上只问了一句话:"你会不会偷东西?"吉普赛人犹豫了一下,坚定地说:"会!只要大伙儿一起干就没问题,哪怕是到树林子里面打劫都行!"

"好大胆,你以为我们是什么人?"尤达问。"这是要甩掉我啊,"吉普赛人很郁闷,望着酒店外面结了冰的路面,歪歪斜斜的大门,从里面飘出一股诱人的香味,把他的头都弄晕了。他讨好地说:"你们两位都是正直的人。即使你们偷东西,那也没什么关系,你们是因为穷才偷的,那不是你们的过错。现在,已经有一半的百姓逃到密林深处了,朋友,请不要抛弃我,给我点东西吃吧!"

奥夫多基姆看了他一眼,瞪着他说:"我们有时候很仁慈,有时候也很残忍,你现在要是加入我们,就没有后路了,记住没有?"吉普赛人点点头。"跟我们一块走吧!"说完,三个人走进了小酒店,要了半瓶酒和白菜汤。吉普赛人拿起汤匙把白菜汤送进了嘴里,他已经好几天没有吃过一顿像样的饭了，拿着汤匙的手都在发抖。

奥夫多基姆喝了一口酒，显得兴致很高，眼睛笑眯眯地放着光："我给你们讲一个寓言，小伙子们。从前有两个人，一个很快乐，一个很忧愁。快乐的人是一个穷人，他所有的东西都被领主、书记官、法官给拿走了，还受着各种折磨，那帮人把他绑在拷问台上，抽断了脊背，从此之后他走路只能弯腰了。忧愁的人是一个领主的儿子，很有钱，却是个守财奴。他的仆人都挨着饿，陆续离开了。他一天到晚就坐在装满金银的箱子上，日复一日。那个快乐的人什么都没有，肚子饿了，就去讨一点东西或者偷点东西回来吃，人们还会给他点钱渡过难关；那个忧愁的人只是想着如何保住自己的钱，而且他还不愿意死。为此他给教堂捐了一大笔钱，希望上帝会推迟他的死期。"

说到这里，奥夫多基姆舀了口白菜，放进嘴里嚼着，继续说道："这个忧愁的人，原来就是折磨那个快乐的朋友、让他变成乞丐的人。有一天，快乐的人溜进忧愁的人家里偷东西，随身带着一根木棍。那个有钱人正在炕上睡觉，下面放着一口大箱子。快乐的人没有注意到那个大箱子，上前抓住有钱人的头发，告诉他如果不给他口饭吃，那就打死他。有钱人就苦苦哀求，但又舍不得钱，嘴里一个劲儿求饶。那个快乐的人就用木棍朝他脸上和腰上打去。打着打着，他笑了：'明天晚上我还来，你最少要给我准备一帽子的银币。'"

"那个有钱人不是傻瓜，他把情况上奏给沙皇陛下，换来了几名卫兵。但那个快乐的人非常聪明，他躲过了卫兵，又闯入那个家伙的家里，揪住他的头发问：'钱准备好没有呢？'那个有钱人又被打了一顿，可是他还是不肯交出钱。快乐的人告诉他，他还要来，把钱给他准备好。"

"这一回，皇上派来了一团的人，如果要是一般人就没什么办法了。可是，那个快乐的人很机灵，他换上了射击军制服，走到那个家伙家里，喊道：'卫兵们，你们这是在保护有钱人的财产，你们这么做是傻瓜，到头来也得不到几个薪饷，或许一个子儿都得不到。'射击军被他煽动起来了，这些人砸断了地窖和储藏室的锁，大吃大喝，每个人都喝醉了。那个有钱的家伙吓坏了，一个人趴在大箱子上瑟瑟发抖，浑身伤痕。这个快乐的人再一次揪住有钱人的头发，大声呵斥：'我向你要过我自己的东西，可你不给，那我现在就要让你把所有东西都吐出来，让你一贫如洗。'他把有钱人扔到士兵里面，他们把他撕成碎片。而那个快乐的人，只拿了属于自己应得的东西，高高兴兴地离开了。"

奥夫多基姆讲这个故事的时候，喝酒的陆陆续续走过来，一面听他讲故事，一面还不断点头赞许。库兹马已经在这里游荡一个星期了，前几天去领主那里，结果屁股上结结实实挨了一顿板子。也不知道他是喝多了，还是脑袋不清醒，说出的话含含糊糊，抓住裤子喊着："你们看呢，我一个人担当所有的苦难，这就是领主特罗耶库罗夫给我签的名！"说完，他褪下裤子，屁股上青一块紫一块。在场的人全都哄笑起来，连酒保也从柜台里探出身子。

库兹马提上裤子，继续说着："你们知道大殉教者圣瓦尔瓦拉教堂旁边那个铁匠库兹马·热莫夫不？我在那住了15年。热莫夫铁匠，一个响当当的名字！我做的锁，没有一个小偷能打开，我打的镰刀，一直热销到梁赞省。我家作坊制作的铠甲，子弹都打不进去！这些事你们都知道吗？"

"知道，知道！"人群中喊着，接着伴随着一阵哄笑。他又自顾自说下去："你们不知道的是，热莫夫有的是机智和勇敢。要是在另外一个国家里，我会受尊重的，人们都佩服羡慕我；可在俄罗斯，我的聪明才智无处施展，只能用在养猪上。总有一天，你们会把热莫夫这个名字永远记在心里的！"他攥起硕大的拳头，朝人群的上方挥舞着。

"库兹马，那你挨打是怎么回事啊？"一个声音带着笑，从人群中传入他的耳朵。"伙计们，我说了，你们不准笑。就是这个事，让我的心很痛苦。"说着，库兹马摸索出一张纸，摊放在桌子上。这张纸上面画着两个翅膀，翅膀的两翼有环扣和杠杆。库兹马脸红润起来了，兴奋地说："这是一种美妙而又奇异的机械，云母片做的翅膀，轻巧又结实，靠着杠杆，人就可以飞翔了。我要去英国完成翅膀的制作，做好后从钟楼上跳下去，它就会像鸟儿一样在天空中翱翔！可是领主特罗耶库罗夫却打错了主意！上帝把人变成只能在地上爬行的动物，而我要教会人飞翔……"

奥夫多基姆拍了拍库兹马的肩头，微笑地看着他："把你挨打的事情从头到尾讲给我们听吧，他们到底是怎么欺负你的，朋友。"库兹马听了之后，紧锁着眉毛，鼻中发出呼哧呼哧的响声："我计算有点小差错，我把翅膀做得重了点，但这并不怪我。因为我没有钱，只能用最便宜的材料做翅膀。在我院子里，我迎着风从屋顶跳下来，飞了50步。我当时欣喜若狂，便跑去射击军政厅，说是有重要的事情求见。他们就把我带到了特罗耶库罗夫那里去了。我当时告诉他，只要给我25卢布，我就能像鸽子一样飞翔。如果不相信的话，可以派人去我家里拿来那对小翅膀，不过那个翅膀在皇上面前表演并不合适。他让我发誓，给了我18卢布。结果还是做得太重了，我带了翅膀去克里姆林宫试飞……我没有飞起来，脸先着地了。我恳求他再给我5卢布，我一定会飞起来的。特罗耶库罗夫再也不信了，当场就打了我200棍。他还命令我赔偿那18卢布，为此，我变卖了铁匠作坊、工具和房子。现在的我一无所有，该怎么办，难道让我拿起锤子去打劫吗？"

"朋友，现在你只剩下这一条路了。"奥夫多基姆凑到他耳边，低沉又清晰地说。库兹马·热莫夫也加入了奥夫多基姆一伙，他们则为他买了一双毡靴和一件厚呢子衣服。他们四个人开始在莫斯科游荡：尤达专门偷窃；吉普赛人翻着眼珠子，让眼球从眼眶中突出来，向人们诉苦以骗取钱财；库兹马的脖子上套着一个绳子，让奥夫多基姆牵着走，装作一个疯癫的人。一天下来，他们总能弄到足够吃饭的钱，运气好的话还能弄瓶酒喝喝。困难不可怕，更多的是危险：皇上下了命令，他们都属于要被抓起来，送到刑事厅去。

大地回春了，莫斯科上空的太阳升得更高了，到处都是暖融融的。奥夫多基姆有天晚上在酒店里开了腔："现在是咱们准备上路的时候了，伙计们，这里没有我们舍弃不下的人。等高岗上稍微干点，我们就可以到那里自由自在了。"尤达立马反对："咱们人少，又没有武器，而且还不熟悉路，在林子里会饿死的……"没等尤达说完，奥夫多基姆就打断了他，"在动身之前，咱们还得干件缺德的事。干过这件事后，咱们需要的东西就都到手了，不要害怕，朋友，一切责任都由我来负。"

彼得大帝时期俄罗斯人的着装

八

春天,波兰"国王"向普列什堡皇城的"国王"宣战了。布特尔斯基和勒福尔特的两个游戏兵团归普列什堡"国王"管辖,八个射击军团里面最精锐的部队,斯特列米亚尼、苏哈列夫、齐克列尔、克罗夫科夫、杜罗夫、诺尔马茨基、梁赞诺夫的人马,归波兰"国王"指挥。费尔多·尤里耶维奇·罗莫达诺夫斯基被任命为普列什堡皇城的"国王",伊万·伊万诺维奇·布图尔林被指定为波兰"国王"。布图尔林是一个典型的酒鬼,他总是幸灾乐祸,贪赃枉法,可是对娱乐之事十分上心,头脑也灵活起来了。谢苗诺沃原野上的皇家鹰场被指定为他的"首都"。

最初,人们以为这还是彼得小时候那一套把戏,大都一笑了之。可令人不安的是,每天都有诏书下来,而且诏书的内容也越来越让人心惊。领主们、御前大臣、侍臣等被任命为两个"国王"的大臣,这让大家感到彼得的玩笑开得有点过头了。领主们心里很愤懑,从来没有听过拿官阶来开玩笑的。这些人联合起来,跑到纳塔利娅·基里洛芙娜太后那里诉苦,希望太后能够约束下皇上。列夫·基里洛维奇气呼呼地说:"我们有什么办法,诏书都是彼得皇上下的,上面盖着国玺,你们还是亲自去见他,恳请他收回成命吧。"朝臣们大都是老成持重之人,他们没有跑去见彼得,大家都希望事情快点过去。可是彼得并没有这么想,他命令士兵闯进领主的府宅，强迫他们穿上朝服，带到普列奥布拉任斯科耶去当差，完全是一派胡闹的景象。普里姆科夫·罗斯托夫老公爵累得两脚都麻木了，可彼得却没有让他休息的意思，还命令他装扮成各种形象，跑来跑去。有的人企图装病，逃避这种折磨，但没有任何作用，彼得根本就不给他们机会。他们只能忍受这种羞愧和耻辱，心底很酸楚。

费尔多·尤里耶维奇·罗莫达诺夫斯基遵照彼得意思，装扮成腓特烈大帝的样子，坐在镀金的宝座上，戴着黄铜的王冠，张着一个红色的华盖，颇有点以假乱真的感觉。肩头上罩着镶着兔子皮的披氅。领主们如果不仔细瞅，还真不容易辨认，等认出是他之后，立马感到一阵恶心涌上心头。杜马贵族季诺维耶夫实在是看不下去了，便朝他吐了口唾沫，当天便被剥夺了一切荣誉，上了一辆大车，落得个发配充军的下场。纳塔利娅太后闻讯后惊慌不已，亲自前往普列奥布拉任斯科耶，请求赦免，把他给追了回来。

最荒唐的事情是，彼得竟然没有任何官职，他只是一个穿着士兵制服的小卒，让别人呼来喝去。遇见腓特烈"国王"的时候，彼得也要屈膝行礼，那个该死的"国王"还向他吆喝，就好像他就是个普通士兵一样，朝臣们就快要疯掉了。除此之外，他们每天还要坐在普列什堡皇城的宫殿里，一本正经地接见使节，考虑国家大事，颁发诏书，大家都恨不得找个地缝钻进去。一到晚上，第二个统治者，"公爵教皇"尼基塔·佐托夫便登场了，他们一群人在勒福尔特的府邸里开怀畅饮，朝臣们听到消息后不是摇头，就是叹气。

不知是哪个该死的外国人给彼得出的主意，让他从莫斯科的各个政厅中抽调1000名比较年轻的书记官和秘书官，前往普列奥布拉任斯科耶报到，并发了武器，跨上战马，让他们接受残酷的军事训练。为此，"腓特烈"还在议会里说："你们等着瞧吧，我们很快就会把所有人都抓来，让你们每个人都尝尝士兵的稀粥。"彼得正站在门口站岗，听了这些话便大笑起来。腓特烈便狂暴地弄着马刺，沙皇马上闭嘴，老老实实履行自己的职责。对这种忤逆的行为，朝臣们本来应该跪在彼得的脚下哭泣，忏悔他们的罪孽："您是拜占庭皇帝的后裔，你难道要把俄罗斯带到地狱里去吗？如果你真想开这种玩笑，那不如砍掉我们的脑袋好了。"但他们都没有勇气，没有一个人敢站出来，只是默默承受着。

波兰"国王"伊万·伊万诺维奇·布图尔林在谢苗诺沃也有这样一个"朝廷"。不过那边却不如这边，领主和朝臣们每天靠着长凳后面的墙，用衣袖遮挡打着哈欠，等暮色降临的时候，大家便赶回莫斯科去过夜。可恶的波兰"国王"强迫大家学说波兰话，但是又执拗不过领主们，后来他自己也赶到厌倦了，便索性任由他们随意。

正当他们渐渐适应这种习惯之时，布图尔林却派使者给普列什堡的"腓特烈"送去了战书，他的团队、辎重、领主们也随之一同开拔。射击军心里非常愤懑：现在是播种的季节，每天的时间都是宝贵的，可是魔鬼却给皇上出了这样一个馊主意，让他们参与无聊的军事游戏。虽然是游戏，但一切都仿佛是战场情景重现：挖壕沟、掘坑道、埋地雷、发起突袭，火药毫不吝惜地使用着，陶罐装在大炮里放出去。守军向进攻者泼泥浆、污水，双方用钝军刀厮杀。这种情况延续了一个春天才结束，所花费的钱财不比一次真的战争少。

夏天就要过去了，布图尔林还没有攻下普列什堡，于是后撤三十里，安营扎寨，等待对方来攻。射击军士兵恨透了这样的游戏生活，当地方进攻过来时，他们真打起来了，这一下双方死伤有数十人之多，戈登将军的脑袋差点就被打烂了，彼得的眉毛和脸被烧伤，半数官兵患了痢疾病。列夫·基里洛维奇带着纳塔利娅太后的信恳求彼得结束——国库已经拿不出钱给彼得玩了。彼得这个时候才不得不安静下来，双方"国王"率领他们的部队各自回到驻扎地休整。

九

百姓们对彼得的军事游戏议论纷纷，他们认为彼得一定是受了某些人的教唆，要不然他不会拿出这么一大笔钱花在无聊的军事游戏上，肯定是有人从中捞取了好处。俄罗斯人的生活仍一如既往，没有任何变化，既枯燥又艰难。

索菲娅执政的时代，多少还有些节制，可现在，那些强悍的有势力的人把百姓的灵魂都给逼出来了，法律失去了正义，贪污受贿成风，窃取国家资产，让人看不到一丝光亮。很多人逃到树林里当了强盗，有的人则不想再过倒霉的生活，选择到北方原始森林中，躲避那些贪婪地吮吸他们鲜血的总督、地主、地方官员和秘书官的压迫。他们在河流旁和森林中开辟空地，播种大麦；砍伐松树建造房屋，树立木桩，彼此隔得很远，简直就是农民的宫殿。他们跑到严肃的分裂派长老们那去做祈祷，"反基督者越来越多了，"分裂派长老们说，"只有从沙皇和总主教那里逃出来的人才可以得到解救"。

克里姆林宫不允许这种情况存在。他们派出反基督者的奴仆，出来找寻那些不服从和不满意的人，摸进了密林深处，摸到了最偏远的大地边缘，威胁着逃离的人们。于是，这些农民被迫又一次带着妻子儿女，抛下刚刚建立不久的新家，聚集在长老的院子里或是教堂里，朝士兵们开枪，如果没有能够用来攻击的工具，他们干脆以谩骂的方式进行反抗，为了免于落在士兵手中，他们还会在家里或者在教堂里把自己活活烧死，发疯似地号。俄罗斯大地呈现出一幅凄惨的生命临终画卷，令人不寒而栗。

那些没有家庭拖累、逃到森林里当强盗的人，开始向气候更温暖、粮食更丰富的伏尔加河和顿河流域迁徙。即使到了那里，俄罗斯那种讨厌的气息还是闻得到：沙皇的诏书仍可到达，正教的神甫仍会气势汹汹赶来，因此武装起来的强盗必须跑得更远，逃到达格斯坦、卡尔巴达，或者去克里米亚找鞑靼人，寻求土耳其人的保护。

俄罗斯大地既不可爱，更不舒适，比一切苦痛的奴役还要糟，不会给人留下一丝美好的回忆。千百年来，这片大地长久以来被树皮鞋所践踏，被木犁含辛茹苦地耕种，到处是无数毁灭的村庄和无名坟墓凌乱地点缀在其间，凄惨、荒凉，毫无生机。

十

"爸，钟敲得不太对头，怎么这么快？好像要出事了，趁现在还没事儿，我们快走吧。"伊万·阿尔捷米奇·布罗夫金此时正站在一座古老小教堂的门口，穿件崭新的羊皮袄，刚蹬上脚的毡靴，崭新的羊毛围巾围得很紧，连头都无法转动了。好多人都聚集在店铺周围听着教堂的钟声：没有规律，随意而为，像是在拿钟出气。大家四处张望，希望能找到一个能解答困惑的人，解释教堂钟声所代表的含义……

桑卡·布罗夫金娜已经18岁了，穿着一身考究的衣服，人越发漂亮了，也到了出嫁的年龄了。她今天跟着父亲是为了买嫁妆羽绒被子中的羽绒，要不然她宁可在家待着，也不愿意抛头露面。媒婆们整天在布罗夫金家周围打转，可现在伊万·阿尔捷米奇·布罗夫金对她的期望值很高，不会像从前那样随便找个穿树皮鞋的人就嫁出去。儿子阿廖什卡当上了炮手长，深受皇上的赏识。为此，沃尔科夫家的管家亲自到新家祝贺，并让他租下了沃尔科夫家的牧场和耕地。除此之外，布罗夫金开了一家磨坊，还做木材生意。布罗夫金家的牲畜都不和其他人的放在一起看管，他把家禽卖给普列奥布拉任斯科耶，专供皇上食用。

这时候，一个红胡子神甫菲利卡推着一个虚弱的教堂管事，跟跟跄跄往教堂来了。菲利卡一边推搡着教堂管事，一边骂他："你这个臭酒鬼，又喝多了。昨天晚上，我特意关照过你，叫你一早就过来敲钟。这下可好，我又要跟你倒霉了。"伊万摘下帽子，鞠了个躬，问菲利卡："今天是不是过什么节？我和我女儿路过这，没有听懂这钟声，神甫，请你告诉我们吧。"菲利卡眯缝着眼睛，顺着从街道那边吹过来的夹杂着积雪的寒风，大声喊道："反基督者降临了！"

伊万·阿尔捷米奇的身体晃了晃，差点摔倒。桑卡的脸刷地变白了，随后在胸口画了个十字。一大群人从米亚斯尼茨基门涌了过来，吆喝声、口哨声、疯笑声响成一片，街上的人都傻在那里，看着他们，店铺全都打烊了。不知什么地方爬出一群乞丐，朝这边冲了过来。

伊万和桑卡被吓得魂不附体。

现在，他们都看清楚了。一辆辆六只猪拉着的大车、雪橇、两轮车绵延了一条街，正缓慢地前行。鞭子呼呼地响，猪吱吱地叫唤，坐在车上的人都化了妆，他们都喝醉了，嘴里不知嘟囔着什么。从玻璃窗可以看见彼得的酒友——神甫比特卡耷拉着头，已经睡熟了；两个新来的宫廷丑角，雅科夫·屠格涅夫和舒舍拉婆子,雅科夫以前是索菲娅的侍臣,为了避免充军,便充当了这个角色;而舒舍拉两天前跟雅科夫结婚了,也扮演了这一角色。

两位让人们恨得牙根直痒痒的"国王",罗莫达诺夫斯基和布图尔林则在队伍中间步行,他们俩中间的是"公爵教皇"阿尼基塔,两位"国王"后面的是宫廷中的领主和朝臣。人们很快就认出这些人来:舍列梅季耶夫、特鲁别茨科伊、多尔戈鲁基、博博雷金家的人。百姓们全都用诧异的眼光看着这支队伍,指指点点,议论纷纷。自莫斯科城建立以来,还没有过这么让人丢脸的事,难道是魔鬼统治他们的脑子了吗?领主后面,推来了一只装着轮子的船,彼得一身炮手的制服,在套马的前面步行,圆圆的眼睛冲着人群四处转动。船上的人一律荷兰水手的打扮,他们是勒福尔特、潘布尔格、戈登、蒂莫蒙,以及新任命的上校魏德、缅格通、格拉格、利文斯通……

当彼得走到教堂门口的时候,伊万·阿尔捷米奇推着发呆的桑卡,跪了下去。年轻的沙皇瞅了一眼,然后便走到教堂里面去了。伊万·阿尔捷米奇若有所思:"嗯,是他,"随后他便推了还在发呆的桑卡,"够了,醒醒,咱们还得买羽绒去呢!"

十一

彼得的精力太让人不可思议了,似乎永远不知疲倦,要是换了别人,就算是身体比他强壮很多,恐怕也早见了上帝了。彼得每星期最少去库奎区喝两次酒,结局都是一样——被侍臣给送回来。不到四个小时,他就醒了酒,继续找地方寻欢作乐。圣诞节前夜,彼得又不知道被哪根神经触动了,带着"公爵教皇"尼基塔、两位"国王"——罗莫达诺夫斯基和布图尔林以及被他用圣旨找来的将军和领主们,一起去拜访俄罗斯的名门望族。他们每个人都化了妆,戴上了假面具。他们还找来了一个专干坏事的莫斯科贵族子弟瓦西里·索科夫宁,作为他们的首领。

一个圣诞节,名门望族都受尽了侮辱和奚落,尤其是那些公爵和老贵族,无一幸免。约有百十来个人涌进门来,龇牙咧嘴,胡乱蹦跳着,让人头发都竖起来了。一看那身服装和身材，人们就知道这肯定是彼得———副荷兰商船船长的打扮，长筒羊毛袜，戴着土耳其人的圆帽，脸上安着一个硕大的假鼻子。这帮人也不管什么主从尊卑，狂欢不止，冲到餐桌上，要白菜、鸡蛋香肠、要伏特加、要舞女……弄得人仰马翻，凌乱无比。彼得还要求主人喝双倍的酒，如果喝不下去，他们就捏住他的鼻子给灌下去。

门第越高，他们开的玩笑也越大，越发不像话。别洛谢利斯基公爵脾气倔强暴躁，他们便把他剥光，在他的光屁股上打鸡蛋；博博雷金身体比较胖，他们便把博博雷金从椅子档里拖过去，问题是这个空间连一个瘦子都钻不过去；沃尔孔斯基的屁股上被点上一根蜡烛，大家围绕着他唱赞美诗；伊万·阿尔基耶维奇·米亚斯诺伊被他们用风箱往屁股里打进风，没隔多久就死了……

情况到了春天才算缓和下来，彼得动身前往阿尔汉格尔斯克去了。这是因为勒福尔特接受了荷兰人的请求，向彼得暗示，到阿尔汉格尔斯克去看看大海及大海船。这一年，那两个荷兰商人万·莱顿和亨利希·佩尔滕布尔格也去了那儿。他们置办了大量的货物，以满足彼得日益膨胀的需要。列夫·基里洛维奇从外国人马塞利斯手中盘下一个图拉兵工厂，把生产出来的各种武器强行推销给那两个荷兰人，可是列夫贪得无厌，开得价格太高，被他们一口拒绝了。

六条船都装满了货物，就等北海开冻，起航抛锚。彼得出发了，照例率领着他的那群心腹："公爵教皇"尼基塔、两个"国王"及其他们的手下领主、勒福尔特。这次除了这些人之外，彼得还带了一批对国家事务有丰富经验的人：杜马大秘书官维尼乌斯、鲍里斯·阿列克谢耶维奇、特罗耶库罗夫、先皇费多尔的内兄阿普拉克辛，以及阿列克萨什卡·缅希科夫率领的五十名勇敢的卫兵。他们一行人顺河行驶到了乌斯丘格，又从那里取到北德维纳河来到了阿尔汉格尔斯克。

辽阔的、雄伟的、一眼望不到边的河，彼得生平还是第一次看见，立刻就被深深迷住了。大地在他面前伸展开来，重叠的阴云在头顶上飘浮，大批的野鸟从大木船上空自由翱翔。河边的修道院发出迎接众人的钟声，可是深藏在树林深处的眼睛警惕地看着这些反基督者们。

所有的人，差不多都是第一次来到北方。他们站在甲板上，望着即将从水面跳跃出来的红日,激动兴奋的心情溢于言表。绕过德维纳河,视线中便出现了一排如同堡垒的建筑物,一栋栋坚实的仓库和整洁的房子矗立在那里,沿岸是用木桩支撑建造的码头,覆盖着堆积如山的货包、麻袋等物品。码头旁边还停泊着二十来艘大海船,一面面的荷兰旗、英国旗、汉堡旗,几乎与水面垂直。在那涂着焦油、漆着一道宽阔白线的船舷上,打开的舱口里伸出来一门门大炮。

右岸响起了迎宾的钟声,依然是那个俄罗斯钟楼,仿佛只是懒怠无聊而迎接远道而来的客人。岸边有几百只载着原料的小艇和驳船,彼得鼻子里喘着粗气,他看着勒福尔特一脸幸福、得意的神情,真恨不得打这个知己朋友一记耳光。就连阿列克萨什卡也晃着脑袋,不住地叹气。欧洲的口岸因为有黄金和大炮而耀武扬威,一百多年来一直带着鄙夷的困惑望着东方的口岸,感觉就像主人看着奴仆。

一团浓烟从最靠近他们的船舷升起,大炮欢迎声盖过了教堂的钟声。彼得如箭一般冲了出来,踩着桨手们的脚冲到那门小炮旁边,伸手夺过炮手手中的引火线。小炮响了,但和海军大炮的轰鸣声相比,更像蚊子的嗡嗡声,细小得几乎听不见,彼得脸立刻就红透了。作为对沙皇的回应,所有的外国海船都怒吼起来,浓烟一时笼罩在德维纳河上边,整个河岸都在颤抖。彼得两眼放光,目不转睛地望着这一切。童年时代从图画书上看到的那些景象,全都鲜活起来。浓烟散去之后,彼得看见万·莱顿与佩尔滕布尔格正在岸边朝他们挥动着帽子,他也摘下三角帽,高兴地挥舞着,大声向他们问好。可是当他回头看见阿普拉克辛、罗莫达诺夫斯基、维尼乌斯一脸紧张的样子,心情极为不爽,把头又扭开了……

窗外，黄昏已经降临了，浪花轻拍着河岸，远方的景物变得模糊了。彼得穿着一直湿到膝盖的裤子，坐在床上，瞅着窗外的景色发呆。其他人早已熟睡了，可彼得却无法入眠，一直在沉思：俄罗斯的库奎区住着的外国人都对他很温顺，可是在这儿，分不清谁是主人了。他那些自己造的小船和那些大海船比较起来，显得寒酸，破败不堪，这让他的脸感觉火辣辣的。真丢人！领主们，包括摸准彼得心思的勒福尔特只有一个愿望：保全他们的面子。他们目空一切地摆摆威风，只有这样才能表示全俄罗斯的皇帝对这几艘破海船并不稀罕。如果需要的话，他们也会造出来的，没什么办不到的。

彼得记得很清楚，那些胡子花白、牙齿缺落的水手、穿着西班牙丝绒衣服的商人都是微笑和客气的，但这些都是表面的，那种发自骨子里的傲慢与鄙视，让彼得极为不爽。在高高的船艄上，站着一位曾在各处海洋跟海盗搏斗过的船长，他在马达加斯加、菲律宾都下令发射炮弹，现在也是居高临下望着顾长而怪诞的年轻沙皇，眼神中充满了鄙夷与不屑。彼得凭借亚洲人的机智，很快就意识到他必须给这些不可一世、狂妄的欧洲人一点颜色看看，叫他们见识下自己的厉害，把这位不同寻常经历的沙皇的故事带回家。但他现在的身份不是全俄罗斯的沙皇，而是彼得·阿列克谢耶夫，佩列亚斯拉夫船队管理帆缆的上士，言谈举止要符合当下的身份。

彼得下令把船靠岸，他第一个跳下没膝的水里，爬上码头，和万·莱顿、佩尔滕布尔格拥抱在一起，跟别人握手，时不时还拍拍他们的肩背。他把德语与荷兰话结合起来，告诉他们一路上的见闻，笑着指指自己的船队："你们恐怕做梦都没有见过这样寒碜的小船吧。"他夸赞驾着许多大炮的大海船，言谈之中流露出想在阿尔汉格尔斯克建立一个造船厂的意思，请求他们教造船的技术，让领主们敲敲钉子。

此言一出，他从眼角的余光中看到那种虚伪的笑意瞬间消失，商人们从没想过会出现这样的情景。彼得心花怒放，提出要跟他们一起进餐，他幽默风趣地说："如果你们能请我好好吃一顿，那对我们的合作是非常有好处的。"随后便往马谢耶夫岛那座新建的房子走去，总督马特维耶夫站在那里诚惶诚恐。彼得见面之后也没客气，半个小时之后马特维耶夫鼻青脸肿地走了出来，这是对他敲诈勒索外国人所得的代价。后来，他带着阿列克萨什卡、勒福尔特登上了那些洋船参观。晚上，他们去参加宴会，彼得跟英国和汉诺威的女士们跳舞，把他的靴子根儿都弄掉了。外国人从来没见过这种景象，都呆住了……

彼得失眠了。他虽然让外国人吃了惊，赚回了面子，但俄罗斯大地还是以前的老样子：醉生梦死，贫穷困苦，残破不堪，没有一点生气。他不知道用什么办法才能唤醒愚昧无知的臣民，让他们睁开眼睛，感到羞耻，改变生活。俄罗斯人已经洒了一千年的眼泪，流了一千年的血，对幸福和正义都已经麻木，没有信心了，仿佛一棵即将烂掉的枯树。他为什么要生活在这样一个国家，还偏偏让他当了沙皇！可是最近这几年，他究竟做了些什么？瓦西里·瓦西里耶维奇还盖了几所房子，率领大军远征克里米亚，虽然结局并不光彩。凭借着索菲娅的支持，瓦西里还代表俄罗斯与波兰进行了和谈。可他，彼得·阿列克谢耶维奇除了游戏，又做过什么！他感到万箭钻心，对俄罗斯人民与国家感到深深愧疚，对这些自负的外商们感到愤懑。不管在外面飘荡多久，终究还是要回到俄罗斯的，回到贫瘠、荒凉、毫无生气的家乡。

也许，他应该下一道圣旨，鞭打一批人，绞死一批人，流放充军一批人，出出心中这口恶气。可是又去找谁呢？敌人是看不见，抓不到的，处处是敌人，敌人就在心中啊……彼得越想越气闷，一脚踹开毗邻的一间小木门："弗朗茨·勒福尔特，快过来！"勒福尔特从木炕上跳了起来，只穿着一件衬衣，急匆匆地闯入彼得的房间。"彼得，你觉得怎么样，不舒服吗？"关心的神情写满了勒福尔特的脸。

"我没事，不用担心。我是想向荷兰购买两艘大海船，还要建造几艘，用来运送我们的货物，你觉得怎么样？"勒福尔特眼睛茫然了一下，随即恢复得与往常一样，他比彼得更清楚这种心血来潮的思想的混乱。他微微一笑，说："等一下，我去穿上裤子，拿个烟斗就回来。"等他回来后，按捺不住兴奋的神情，就连嗓音都走了样："彼得，这句话我已经等了许久，你现在是应该干一番大事业的时候了。罗马的英雄们，仍然是我们的榜样。英雄们认为他们的光荣是在战争里……你明白了吗，彼得？"

"跟谁作战,再一次远征克里米亚吗?上一次你也知道的,我担心……"彼得一脸疑惑不解地问。"重点不在那儿。没有黑海和亚速海,俄罗斯就没办法生存下去。今天晚上,佩尔滕布尔格对我耳语,问俄罗斯人是否还向克里米亚汗臣服进贡。……没有波罗的海也不成,即使你不情愿,荷兰人也会逼迫你去做。他们跟我说,如果你能在波罗的海有港口,就会输出比现在多十倍不止的商品。"

"跟瑞典人打仗,你疯了吧,勒福尔特?世界上没有人能打败他们,你就别开玩笑了!"勒福尔特凝视着彼得许久,开口说道:"我也并不是让你明天就去做啊,你既然问我,我就要告诉你从大处下手,如果你从小处着眼,那只会浪费金钱和财力,弄伤你的拳头。"彼得直勾勾地瞅着勒福尔特的眼睛,仿佛这个人他从来没见过一样。两个人就这样对望着,一句话都不说,窗外的河水依旧哗哗流淌着。

十二

安德烈·安德烈耶维奇正念着从莫斯科寄来的邮件,最近他变得重要起来,尤其是那晚彼得和勒福尔特谈话后,彼得便吩咐安德烈把莫斯科的邮件每晚汇报上来。以前这种事都是由特罗耶库罗夫经手,彼得从不过问,现在却事必躬亲了。

由于各地总督、中央各政厅及各级官吏染上了种种官场陋习,使外地客商、公会商人以及所有莫斯科近郊的市民,在生意及各种业务上损失惨重,而这些官员像狮子豺狼一般,非要把他们的骨头都嚼碎为止。蒙请皇上开恩,惩治这些不法官员。

"嗯,又是控诉总督吗?"彼得坐在餐桌的另一头问。他刚从造船厂回来,身上沾着从船厂中带来的气味,让人的鼻子感觉非常难受,可彼得却安之若素地坐在桌边大快朵颐。邮件总是在吃饭的时候念给他听,其他时候彼得确实抽不出时间。他一天到晚都跟那些外国工匠待在造船厂,身体里有一种原始的渴望,他既做木工又做锻工,跟所有人拌嘴打架,这让所有的外国人都感到吃惊。工人们是从附近小镇和农村中找来的,如果他们愿意干活，彼得就给他们工钱和荣誉；反之，不仅不给他们荣誉，反而给他们戴上镣铐。

"这是控诉一个总督，又是斯坚卡·苏霍京，"安德烈·安德烈耶维奇说完，继续念着人们对他的控诉。他把一个名叫兹米耶夫的场主关在一个大箱子里，盖子上开了几个小孔，天天折磨他。他侵吞土地税和酒税，还威胁说，如果有人告他，他就把整个孔古尔毁灭。"绞死这个狗东西！拟旨！"彼得叫嚷着，把叉子狠狠地摔在桌子上。

"陛下，绞死一个人浪费不了多少时间，但并不能使他们醒悟过来。我早就和陛下说过，总督的任期不应该超过两年。一旦他们对某一地熟悉之后，就会摸到窍门，无法管理了。陛下，您现在首要的是要保护做生意的人，只要你能解除重负，他们就能给你更多的东西，让市场活跃起来。只有从商人那里才能获取财富，其他地方根本得不到。贵族那儿也弄不到钱了，因为他们把钱统统花光了；农民们早就被剥夺得一无所有了。"说着，安德烈·安德烈耶维奇在文件里又翻了一阵，检出一份文件，继续念着：

我们总是歉收，我们的田地又被霜冻毁坏，眼下我们已经没有一粒粮食，一捆劈柴，我们就要冻死饿死了。祈望陛下可怜我们的困苦与贫穷，下诏免除缴纳税费，减轻我们的负担。我们穷苦万分，无依无靠，不能以猪肉、牛肉、家禽以及其他种种食品供应我们的领主。我们现在吃野菜，吃得浑身都浮肿了。请陛下开开恩吧！

彼得一面听，一面怒气冲冲地打着火石，手指头都划破了。烟斗点燃后，深深地吸着。他脑中回荡着那天晚上勒福尔特说过的一句话："俄罗斯是一个可怕的国家，彼得，你一定要像翻皮大衣一样，从头改造。"外面，斧子铮铮响着，锯子嘎嘎地拉着，一股烟草、焦油、刨花的味儿随风飘荡。彼得沉思了会儿，忽然问道："在外国，人们既不偷盗，也不抢劫，难道他们的血统不同吗？"

"陛下，人都是一样的，只不过外国人认为偷窃并不划算，诚实对他们更为有利罢了。他们保护商人，保护贸易发展。我的父亲在阿列克谢·米哈伊洛先皇在位时来过莫斯科，在图拉开办了一个工厂，你们却用尽办法把工厂给弄垮了。在俄罗斯，如果不做强盗，那他就是一个傻瓜，光荣不在于受人尊敬，而是拥有欺负人的权力。如果我们尊重做生意的人，你保护他们的利益不受到侵犯，给他们权力，那他们就会给你更大的回报与惊喜，陛下就可以放心大胆地依靠他们了。"

类似的话，锡德尼、万·莱顿、勒福尔特都曾和彼得说过，可是并没有向今天这样引起彼得的震撼，仿佛如脚下坚实的泥土松动一样。彼得现在不再需要从几个游戏兵团中得到快乐，更需要的是稳定，是权力。彼得把胳膊肘撑在窗台上，眼睛望着外面的河水出神，一颗幸福、自信的心跳跃着。"陛下，沃格格达的商人伊万·日古林亲自送来请愿书，恳求赐见，"安德烈·安德烈耶维奇特别清晰地说。彼得点点头。安德烈便朝门口走去，招呼了一声，伊万·日古林便走了进来，先画了个十字，磕了个头，等待彼得吩咐。

彼得朝椅子指了指，"你坐下，你来找我有什么事？"彼得朝他望了一眼，又斜瞟了一眼安德烈。日古林显然有所准备，他咳嗽了一声，开口说道："我听说陛下您正在德维纳河边造船，听到消息后我们都非常高兴，英国人把我们弄垮了。我恳求您命令我们不要把货物卖给外国人，把这些货都装到您的船上，我们一定会感恩戴德，愿意为陛下效劳。"

彼得瞅着他，眼中闪烁着快乐的光芒。他伸出手拍了拍日古林的肩膀，乐呵呵地说："收获的季节，我就会建造好两条大船，还会向荷兰人买一条大船，到时候你们把货物都拿过来。你跟我一起去阿姆斯特丹，当俄罗斯的第一个商务代表。不过你要记住，不许耍滑头！不然我绝不放过你！"日古林听完后，又站起来鞠了一躬，说道："我很高兴能为陛下服务，我不懂外国话，但我还是要去阿姆斯特丹做生意，我绝不会让自己受骗。"

"好！安德烈·安德烈耶维奇，你拟一道圣旨给伊万·日古林。对了，你的父名呢？"彼得笑吟吟看着他。日古林张大了嘴，眼睛突了出来，胡子也跟着颤抖。"您要把我的父名都写下来吗？就凭这一点，陛下，不管您吩咐什么，我一定誓死效忠您！"他匍匐到彼得脚边，吻着皇帝的鞋，就好像对着基督圣像祈祷一样虔诚……

日古林流着眼泪走了，安德烈·安德烈耶维奇用鹅毛笔刷刷地写着，屋里安静了许多。彼得在屋里踱来踱去，得意地微笑着、思忖着。他似乎又想起了什么，问道："还有其他公文没有，挑一点简明扼要的念。"安德烈·安德烈耶维奇在文件中翻了几下："陛下，这有一桩拦路抢劫案。在圣三一大道上，一辆装着公款的车被打劫，两个人被杀死了。经过侦查，他们把谢苗·奥多耶夫斯基公爵家小儿子斯坚卡·奥多耶夫斯基给抓住了，他对自己打劫的事情供认不讳，被判受鞭刑，没收他在莫斯科的府邸和几百户农奴，他的父亲却把他保释出来了。斯坚卡家的农奴，有15个被绞死了。"

"这群寄生虫，大胡子领主！"彼得气愤地在屋里走来走去，偶尔还踹一脚桌子腿。"他们每个人都准备了一把刀子，以为我奈何不了他们。他们忘记了我还有一把斧子，我要挨个收拾这帮浑蛋。我现在有权力了，走着瞧！"他用力一拉桌布，餐具掉了一地，怒冲冲向门口走去。"陛下，这儿还有皇后的两封信呢，请您……"安德烈·安德烈耶维奇提醒着彼得。彼得强压怒火，走到窗前，把弄着烟斗。安德烈·安德烈耶维奇又鞠了一躬，朗声念道：

你好，我亲爱的父亲彼得·阿列克谢耶维奇沙皇陛下，祝您百年康泰。您的小儿子阿廖什卡恳求你祝福，请您不要拖延回来的日期，我们的亲人，我们的圣上。我这样恳求您，是因为我看见我的祖母纳塔利娅太后非常忧伤，担心您的身体。我这封信写得很糟糕，请您原谅，我刚学会写信。

"这是谁写的？安德烈·安德烈耶维奇，你看看笔迹是谁的？"彼得惊愕地抬起头，转过身来。"纳塔利娅·基里洛芙娜太后的笔迹，颤巍巍的，很难辨认。阿列克谢·彼得罗维奇太子还用手指在上面摁上了一个手印。"安德烈把信递给了彼得。

"给太后写点什么吧……你就说我正等着汉堡来的船，说我身体不太舒服，不适合出海，让她不必担心。另外，你还要告诉太后，就说我这边还有点事，一时半会儿回不去。"而妻子写给他的信，彼得是在船上看的。彼得坐在船边，读着那封被水花飞溅、放在膝头上的对他的思念。

我最亲爱的人，祝你百年康泰。我恳求你，捎给我你一个平安的消息，能让我在愁闷的等待中得到一丝快慰。自从你出门之后，我心爱的人，你还没有给我捎回只言片语，让我不安的心得到稍许慰藉。我现在是天底下最可怜、最不幸的人，你不肯给我一点回音，又没有关于你健康的一点消息，让我寝食不安。我最亲爱的人，恳请你写封回信。至于我和孩子，我们都还活着……

十三

纳塔利娅·基里洛芙娜太后终于盼回了日夜想念的儿子，也就是在那一天，她感觉心里被钉进了一颗钉子，一股说不出来的滋味萦绕在脑海里。她靠在天鹅绒毛的枕头上，用散了神的瞳孔望着墙，不敢移开视线，更不敢动弹一下。她大口呼吸着空气，总是觉得呼吸不畅，一双眼睛因为恐惧突出来了。列夫·基里洛维奇不时踮起脚尖走过来问候随侍的宫女："太后怎么样了，情况好点没？快说啊！"他咽下一口唾沫，跟他妹妹谈起来，希望她能够搭理他，哪怕是个眼神也好，可他连这点小小的愿望都实现不了。

"陛下回来了，回来了！"那些等候彼得的人，骑着浑身大汗的马，飞驰进克里姆林宫，禀告给列夫·基里洛维奇。教堂管事们画着十字，爬上了钟楼；大天使教堂和圣母升天大教堂的门统统打开了，司祭们急忙从衣服里面拉出了头发；朝臣们全部聚集在台阶上，宫中杂役四散到莫斯科各处通报达官贵人。列夫·基里洛维奇接到消息后，探下身子，对纳塔利娅太后说："彼得回来了，我们心爱的人！"

纳塔利娅·基里洛芙娜太后突然抽了口气，胖乎乎的手揪了一下衬衣，嘴唇发青，向后倒了下去。列夫·基里洛维奇顿时失魂落魄，张大了嘴。命妇们急忙奔出请听忏悔的神甫来，整个宫中乱成一团。可就在这会儿，"伊凡大帝"钟响了起来，教堂和修道院的钟声也一并敲响起来。差役们一片喧嚷，德国军官的声音在喧嚷中传了出来："预备！立正！稍息！"轿车和马车风驰电掣一般向宫门冲去，大家都瞪大了眼睛寻找，可是没有看见彼得陛下。

彼得终于出现了，他径直朝母亲寝宫跑去，飞也似地冲上了楼梯，砰的一声推开了房门。"妈妈，"他喊了一声，仿佛又回到了童年时光。纳塔利娅太后伸出手，极力克制心尖上的痛苦："彼得，我的宝贝，我的儿子啊！"

她亲他的额头，他的脸，把他抱在怀中，舍不得放手；直到一阵致命的疼痛逼迫她放手，她才恋恋不舍地松开了手。

彼得一骨碌跳了起来，沙哑着嗓子说了句谁都没听懂的话后迅疾扑到窗户前，拼命摇晃着。列夫·基里洛维奇直打哆嗦，浑身抖个不停。就在这个时候，纳塔利娅·基里洛芙娜太后的眉毛动了一下，彼得如箭一般蹿了起来，"到外侨区去请布卢门特罗斯特！快去！笨蛋！"彼得抓住一个宫女的肩膀，摇晃着，怒吼着，把她推出了门外。那宫女给吓个半死，扑腾腾从楼梯上跑了下去，嘴里胡乱叫嚷："皇上有命令，皇上有命令！"可是彼得到底下了什么命令，她竟然忘记了，只记得拼命摇晃她的情节了……

纳塔利娅·基里洛芙娜太后的身体恢复过来了，几天之后，她甚至可以自己一个人去做祈祷，而且胃口也很好。彼得悬着的心终于放下了，便又动身前往普列奥布拉任斯科耶，看望住在那里的叶夫多基娅和太子阿列克谢。当彼得突然出现在花园的小道上时，叶夫多基娅吃了一惊，她没有梳洗打扮，一点心理准备都没有。宫女们正在陪伴太子玩耍，唧唧嘎嘎笑个不停。

当彼得出现在眼前时，叶夫多基娅用手捂住腮帮，心跳加速，连基本的问候语都忘记了。宫女们全都识趣地跑开了，彼得一把搂住了叶夫多基娅，亲吻着她。独自坐在毯子上的太子奥列申卡抽泣起来，彼得索性把他抱在手上，向上一抛，太子便放声大哭起来。彼得的高兴并没有持续多久，这一次的重逢没有让他感受到更多的喜悦。叶夫多基娅对彼得问话回答得驴唇不对马嘴，这让彼得非常失望，他很快就到宫里去了。在那儿，工匠、将军、商人以及酒友把他围了起来，气氛很快就热闹起来，从很远就可以听到他们的哄笑声。随后，他们陪伴着彼得去巡阅雅乌扎舰队，接着动身前往库奎区狂欢。

叶夫多基娅懊悔不已，由于自己的问题，让短暂的重逢变成了一次不愉快的回忆，但沃罗比哈伊告诉她，事情并没有那么糟糕，还是能够挽回的，这使皇后又精神百倍起来。沃罗比哈伊告诉她："到了晚上，您可不能再慌张了，要沉住气。你用安息香树胶擦擦身，就会发出香喷喷的味道，不管什么男人都会为之着迷的。随后，不管他说什么话，你都要微笑，让你的身体动起来，这样就连死人都会给迷得神魂颠倒的。"叶夫多基娅明白了，便动手准备去了。

夜幕降临了，皇宫里安静下来，可叶夫多基娅却无法入睡，一直苦盼着彼得身影的出现。她在黑暗中躺着，耳边回荡着沃罗比哈伊告诉她的话，心里美滋滋的。时间一久，她支撑不住了，迷迷糊糊打起瞌睡来。不知什么时候，一股热气传导过来，她睡意蒙眬，一时竟不知道压在她身上的是谁，等明白过来之后，她便用手捂住了眼睛，心里有说不出的委屈。彼得身上一股令人呕吐的酒气和烟草味让她直反胃，但她极力克制着。她丈夫也太不懂温柔了，所有美好的幻想都让他粗鲁的行为给浇灭了。沃罗比哈伊教给她的办法，全部落空了。等彼得鼾声响起之后，她一个人偷偷地啜泣起来……

莫斯科又传来令人不安的消息：纳塔利娅太后的病情又加重了。大家急忙四散去寻找彼得。彼得这个时候正在新建成的普列奥布拉任斯科耶村郊外的一个名叫布赫沃斯托夫士兵家里参加洗礼宴。这里都是彼得的熟人：亚历山大·缅希科夫中尉，最近荣升为侍臣的阿列克谢·伊万诺维奇·布罗夫金，还有公爵教皇正在说笑打诨，一起回忆过去的岁月。阿列克萨什卡告诉彼得，他和阿廖什卡在12年前如何一起逃出家，为了生活偷窃、流浪，后来又怎样在雅乌扎河边遇见彼得，教他玩针穿腮帮子的游戏。

"原来那个人是你啊，真的是你吗？"彼得吃惊地嚷着，"我找了你半年，就是为了那根针，我真是太高兴了。"彼得说着亲了亲阿列克萨什卡的嘴。"你还记得吗，彼得，你还记得我的鞭子不？我那个时候是怎么打你，因为你玩鬼把戏？""公爵教皇"插嘴道，竖起了一根中指。说着，尼基塔·佐托夫就说起了彼得童年时候的淘气事儿，夸赞他很有智慧，经常向领主们提出各种问题，弄得领主们始终没有办法回答出来；而他呢，只是摆了摆手，就把答案说出来了。真是了不起！满座的人听着这些奇谈，都张大了嘴，惊异地望着彼得。可是彼得实在想不起这些事了，既然别人都随声附和，那他也就相信了。布赫沃斯托夫笑眯眯的，他明白自己在彼得心中的地位，只是殷勤地劝着客人们喝酒吃菜，自己一句话也不插。

"现在，"阿列克萨什卡说，"我们已经知道了皇上的侍从阿列克谢·伊万诺维奇·布罗夫金家一位漂亮的妹妹已经到了该出嫁的年龄了,这件事情,我们要过问一下的。"阿廖什卡眨了眨眼睛,立刻明白了阿列克萨什卡的意思。彼得来了兴致,一个劲儿问个不停。阿廖什卡便如实说了自己家以及妹妹桑卡的情况,并说她一直没有找到合适的对象,所以还没有出嫁。他父亲伊万·阿尔捷米奇现在对一般人家根本看不上眼,把那些前来说媒的人都撵了出去。桑卡日夜哭泣,一个豆蔻年华的少女由于父亲的娇气,戴不上新娘的礼冠,有可能还会戴上一顶修女的帽子……

"为什么没有对象?亚历山大·丹尼洛维奇·缅希科夫中尉,你娶了她吧。"彼得火了。"我不行,陛下,我还太年轻,我对付不了女人。您还是另选别人吧。"阿列克萨什卡求饶说道。彼得又把头转向了"公爵教皇"尼基塔·佐托夫:"你怎么样,你要娶亲吗?"彼得一脸热切地看着他。"陛下,我也不行,我年纪太大了,我的孩子。"

"好吧,你们这些酒鬼。阿廖什卡,你写封信告诉你父亲,你妹妹的婚事由我亲自做媒,也顺便告诉你妹妹,不用伤心难过了。"彼得说完,正想立刻动身到布罗夫金家的村子里去,克里姆林宫的急使跑了进来,呈上了列夫·基里洛维奇的信,纳塔利娅太后去世了。彼得嘴唇哆嗦着,眼泪从腮帮上大颗大颗地滚落下来。大家都默默站了起来,摘下了假发。彼得大步跑了出去,鞋子带起了尘土。半路上,马车赶来接他了,彼得抓过鞭子,用尽平生力气抽了一鞭子,奔着克里姆林宫方向疾驰而去。

十四

彼得赶到之前,纳塔利娅·基里洛芙娜太后的遗体谁都没有碰过一下,静静地等着她最心爱的儿子回来。她躺在那里,脸上呈现一种惊骇神色,感觉像被闷死一样,眼皮紧紧闭着,双手捧着一本圣经,安静地躺在那里,再也不能抚摸她可爱的小彼得的身体了。彼得望着母亲的脸,童年的点滴记忆如同飞驰的马车一样闪回,泪珠默默从眼角滑落,这个世上最关爱他的人,最疼他的人走了,临终之前都没能再看上一眼她最割舍不下的儿子的面孔。彼得难过得想死,他觉得自己被抛弃了,周围瞬间都变成了陌生人。

彼得大帝的母亲——纳塔利娅·基里洛芙娜

皇宫中,除了那些奉命守灵的宫女之外,还有新任的总主教阿德里安和比彼得大三岁的姐姐纳塔利娅·阿列克谢耶芙娜。彼得走到姐姐跟前,纳塔利娅·阿列克谢耶芙娜把彼得搂入怀里,两个人抽泣痛哭起来。列夫·基里洛维奇步履蹒跚地走了进来,胡子早已湿透了,眼睛肿得如同水蜜桃一般大,他仆倒在遗体前面的地上,一动也不动,他已经哭不出来了,泪水早已流干。

傍晚时分,纳塔利娅·基里洛芙娜太后的遗体穿上了金袍,陈尸在多棱宫里,彼得站在灵柩的读经台边,用沙哑的声音读着经文。两个穿白衣服的宫廷侍卫,肩头扛着斧子,站在宫门口守卫。列夫·基里洛维奇跪在灵柩脚边。半夜时分,索菲娅进来了,披着一件黑色的长袍,戴着一顶高筒帽。她没看任何人,径直走到太后遗体旁,吻了下太后的额头,跪了下去。当窗户上开始透着光的时候,她站了起来,走到读经台前,悄声说:"让我来换你,你先休息下吧。"索菲娅接着彼得念到一半的句子继续往下念,没有任何声调和嗓音的变化。彼得往墙上一靠,双手捂着脸,可是脑海里有个声音一直在提醒他:"不管怎样,不能饶恕她。"就这样,克里姆林宫遵守礼法的最后一夜过去了。

而在另一边,当阿列克萨什卡得知太后去世的消息后,立即飞奔去通知勒福尔特。两个人讨论着将来:彼得已经成为大权独揽的主宰了,下一步的动作至关重要。他们密谈了一阵,认为彼得以后不应该再规避国家大事,要把国库和军队牢牢抓在自己的手里，除了亲信之外，任何人都不能左右他的意志。朝廷应该尽快迁移到普列奥布拉任斯科耶去，以免那帮老臣成天唠唠叨叨。还要通知安娜·蒙斯，不要再扭扭捏捏了，应该不顾一切地委身于彼得了……

三天的丧事完毕之后，彼得直接回到普列奥布拉任斯科耶，倒头就睡。叶夫多基娅与彼得的亲信也都过来了，大家都累透了，急需休息。叶夫多基娅现在是名正言顺的皇后了，所有的人都开始巴结讨好她，希望她能帮助自己在彼得面前美言几句。叶夫多基娅好不容易摆脱了这群人，一个人坐在寝宫里沉思："现在是有权有势的皇后了，首先要把安娜·蒙斯那个德国女人流放到西伯利亚去，这是最紧要的事，要不然彼得的心永远不能放在我这里。以前总是受到婆婆的训斥，还经常怂恿彼得对付自己，现在一切羁绊都没有了，可以放开手脚了。彼得不经常回宫，那我就拥有生杀予夺的大权。以前索菲娅也当过政，年纪也不比我大几岁，她能我就能。"

正当叶夫多基娅陷入沉思之际，一个声音刺破了她的耳朵。"叶夫多基娅！"彼得躺在她旁边，眼睛直勾勾看着她："太后去世了，我突然感觉整个世界都空虚了，所以倒头就睡，你和我多说说关于太后的事情吧。"彼得眼中流露出指望从她那里得到更多的消息，忧伤的神色始终挥之不去。可是叶夫多基娅脑中都是幻想，说话也没了分寸，变得十分大胆："这是上帝的旨意，我们没有办法违抗的，彼得。算了，我们还有别的事情需要处理，不要太过于忧思了。还有一点我要提醒你，你穿着衣服躺在这里是不成体统的，要改正。还有，你一直跟商人、士兵们混在一起，现在也应该分开了……"

"什么，你说什么？"彼得打断了她的话，眼睛瞪得很大，"你是不是吃错药了，竟胡言乱语，叶夫多基娅？"他的眼神让她变得胆寒，但她还是像被魔鬼控制了心一样，继续说下去，表达着自己的不满："从我们结婚的那一天开始，太后就一直恨我，我不知流了多少眼泪，受了多少委屈。"

她犯了一个不可弥补的错误，太自不量力了。彼得龇牙咧嘴，恶狠狠地盯着她："够了！你这个恶毒的女人！我这次决不能宽恕你的行为，太后去世了，我这一生只有这么一次央求你，可是你……我不会忘记的！"彼得穿上鞋子，门"砰"的一声关上了，叶夫多基娅的心也跟着颤抖了下，她久久坐在镜子面前发呆。上帝啊，这是怎么了，她刚才都说了什么啊，为什么要说那么多冒犯他的话啊？她用手捂着脸，低下了头……

勒福尔特一直等在寝宫外面，举行葬礼的时候，他只能远远望着彼得。当他看见彼得出来后，上前抓住他的手："彼得，这真是一个令人难过的噩耗！请允许我表达我的悲痛与同情，我知道现在安慰也是枉然，如果用我的生命能让你缓解痛苦的话，你尽管拿去好了，只要你别痛苦就好。"彼得紧紧抱住他，泪水再一次滑落下来，这才是他真正的知己，真正的关心他、体贴他。勒福尔特小声地说："彼得，你去我家吧，排遣下你的忧愁。如果可能的话，我们想让你微笑，不能总沉浸在伤痛中啊，要坚强起来。"

勒福尔特家里，一切东西都准备好了，就等着彼得的到来。一群人在桌子旁边坐下了：彼得、勒福尔特、尼基塔、缅希科夫。两个侏儒——托莫萨和谢卡穿着罗马人的衣服，高高地举着金色的托盘，里面没有以往的伏特加和下酒菜，而是送上了馅饼。"第五份是给谁的？"彼得问。勒福尔特嘴角露出微笑："今天我们要举行罗马式的晚宴，祝贺谷物女神贺拉斯，女神和她女儿普罗泽尔皮恩那个富有启发性的故事而为我们所熟知。"阿列克萨什卡来了兴致，让他给自己详细讲讲。

"普罗泽尔皮恩被冥王普路托抢进了地府，贺拉斯非常伤心，也没有心思照料大地的谷物了。可不幸的普罗泽尔皮恩顽强地穿透大地，长了出来，成了一种奇异的水果——石榴，出现在她母亲面前，作为对她的安慰。她并没有死，而是得到了永生。"彼得沉默着，从敞开的门望着天上的星星。屋外，不时有几片枯叶掉落，又到了一年季节交替时。

"那一份餐具是给谁预留的？"彼得又问。勒福尔特竖起一个手指。安娜走了进来，头发绾成一个髻，她的脸在烛光中显得十分迷人，左手臂上挎着一个篮子，里面装满了胡萝卜、莴苣、苹果等食物。

彼得抓着椅子的把手，挺直了身体。安娜走到他面前，行了一个礼。勒福尔特教给她的话都忘记了，她不敢盯着彼得看，可是这样却显得她更加妩媚、迷人了。勒福尔特拉过一把椅子，坐到了彼得旁边。香槟酒斟满了，可彼得的视线一直没有离开过她。安娜把手放在彼得手上："彼得，我什么都愿意给你，只要能够安慰你受伤的心灵就好了。"一股暖流传遍了彼得的全身，他摆脱了心灵的悲伤，喊着阿列克萨什卡："香槟酒，香槟酒！"众人都松了一口气，眉宇之间都舒展开了，露出了笑容。

十五

在奥卡河对岸的密林里，奥夫多基姆整整一个夏天可谓如鱼得水，逍遥自在。他把营垒扎在沼泽地里的一个孤岛上，人也好，野兽也罢，除了一条小道，别无他法。他让人把所有财物统统送到这里，住在一个个用树枝遮挡起来的坑里。他还在一棵松树上设了一个瞭望哨，尤达可以爬到上面，观察监视周围的情况。孤岛上一共有9个强盗，奥夫多基姆让两个最不怕死的人充当探子，在酒店和大路上窜来窜去，刺探情况。不管是商人从莫斯科运送到图拉的货物；还是哪个领主想去乡下的庄园；再或是哪个喝多了酒的人吹嘘他的财富，马上就会有个小孩子飞奔到沼泽地，把情况报告给奥夫多基姆。在大路附近的村子里，奥夫多基姆都有这种人。即便他们被抓住，哪怕被剁成肉酱，也不会透露一个字的。奥夫多基姆对这帮小孩子很好，给他们东西，送他们戈比，还问候他们的父母，一副和蔼的表情。即便这样，孩子或是他们的父母，依旧很害怕。

沼泽地的生活很沉闷，夜里，奥夫多基姆不准大家点灯，怕引起外面的注意，这让大家感到很不舒服。有一回，一个强盗抱怨这里的黑夜简直就像待在地窖里一样，于是他点燃了一堆篝火。奥夫多基姆温和地朝他走过去，把两根拐杖插入了那个人的喉咙里，那个人舌头伸了出来，眼珠子也凸了出来，然后便把他扔进了沼泽里。

他们并没有真正的活要干，如果没有通风报信的人，他们就一天到晚睡大觉，无聊之极。为了排解苦闷，他们也讲讲神仙故事，唱唱歌曲，实在没话题就谈谈自己的过去，不过这种情况非常少。除了尤达和热莫夫，其他都是从地主庄园逃出来的奴隶，曾经被逮捕，又从监牢里逃了出来。至于奥夫多基姆，他常常坐在一块长满苔藓的大石头上，开始讲故事。大家闷闷不乐地听着，弄不懂他到底要表达什么意思。

"从前，我总是穿着呢子长襟衣，腰里挎着一柄宝剑，帽子里藏着令人激动的信件。那样的时候还是会回来的，小伙子们，正是这个原因我才一直把你们留在树林里。穷人、受苦的人很快就回来了，他们带着斯坚卡·拉辛的意愿，给我们带来一封血书，激励我们不要气馁，要把领主、贵族，连同城市和郊区都毁灭掉。在这片自由的土地上建立一个哥萨克集团，不过以前没有做成。小伙子们，我们一定会干成的，因为预言诗是这么指引我们的。"

奥夫多基姆把自己蓄起来的胡子贴在拐杖上，望着沼泽满是污泥的水面，拍了拍一个小孩子的腮帮子，继续说着："咱们在这可以舒舒服服待到圣母节，反正这里的食物多得是，根本吃不完。我们现在不打算回莫斯科了，因为那里的日子不容易过了。罗莫达诺夫斯基现在执掌着刑事政厅，他向来是以心狠手辣而闻名。我现在要带领你们去维戈河边的密林，那里是分裂派教徒的聚集地。那里有干净的卧室，还有高板床，在窗户边就可以看到沙皇派来的人马，并依靠窗洞抵御进攻，他们已经为我们准备好了火绳枪和火药。我要带你们走一条秘密小道，到那夜色苍茫的葡萄园去，等到了那里，咱们就可以安心休息了，再也不干坏事了。"

一听是到维戈河去，强盗们都叹了口气，知道他是在胡说八道，因为他们不可能活着到那儿，只不过是自欺欺人。图拉大道上打劫一事后来传到了莫斯科的耳中，好几次派出士兵去清剿这帮土匪，可是没有一个人能活着回来，知道他们下落的，只有把他们引诱进去的沼泽地。

就这样，他们几个人生活得还算可以，并没有出现窘况。夏末之际，奥夫多基姆打发吉普赛人、尤达和热莫夫到图拉大集市去变卖物品，换取所需的东西。他关照几个人说："你们还是把钱带回来比较好，不要让自己的良心背上沉重的包袱。再说，即使你们拿不回来钱，我也会找到你们的，你们活不了多久。"结果却让他失望了，一个星期后，只有尤达一个人回来了，头上还被打伤了，东西没了，钱也没了。

孤岛上的人都走光了。尤达等了几天，一个鬼影都没有，只有篝火的灰烬和残破的衣服。他来到奥夫多基姆藏金银的地方，可一无所获。尤达心里很难过，便走出了密林，离开了这个地方……

十六

正当克里姆林宫的贵族们考虑如何平稳过日子,彼得在普列奥布拉任斯科耶与众人把国库的钱漫无目的、频繁地用于军事和其他游戏时,俄罗斯仍像一辆陷入沼泽的大车,沉没是早晚的事,而威尼斯、罗马帝国、波兰发生了一系列令欧洲咂舌的变化:瑞典人成了北海的王子,奥斯曼土耳其在法兰西的暗中支援下成了地中海的新主人,土耳其拦截了威尼斯的商船,出兵蹂躏了匈牙利。附庸苏丹的克里米亚人在波兰的南方草原上寻衅滋事。根据与波兰签订的条约,俄罗斯有出兵攻打鞑靼人和土耳其人的义务,但他们一味闪烁其词,竭力搪塞,并以两次出兵克里米亚都没有得到支援、粮食歉收等作为借口,逃避战争。

克里米亚汗的使节,向莫斯科的领主们分送礼物时出手阔绰,并劝说领主们与克里米亚缔结永久和约,发誓不再侵犯俄罗斯,也不再要求那种屈辱的贡礼了。列夫·基里洛维奇提醒俄罗斯驻维也纳、克拉科夫、威尼斯的使节,不能相信元首的诺言,许诺也要模棱两可。土耳其人放出话来,要在维也纳和威尼斯升起月牙旗,还要用战火烧遍整个波兰大地。这种情况持续了两年余,直到奥皇的使节约翰·库尔奇来到莫斯科,领主们才意识到必须要做出明确答复了,不能再虚与委蛇了。约翰·库尔奇逼迫领主们参加战争,还让他们吻十字架为誓。罗马皇帝和波兰国王写信到莫斯科,尊称彼得为陛下,用了他的全部头衔,甚至还加上了"伊比利亚、格鲁吉亚和卡巴尔达各地以及杰季奇和奥特奇奇区的君主"等字眼儿。莫斯科又设法拖延了一段时间,但大家心里都很清楚,战争是早晚的事,无法避免。

谢肉节周刚过,宣告大斋期的钟声在莫斯科的晨光中回荡之际,市场、郊区,以及村镇的人们便纷纷议论起即将到来的战争了,抒发着自己的快乐、忧伤、惶恐等情绪。库奎区关于战争的争论比任何地方都要热闹。很多人反对出兵,他们认为黑海是可有可无的,当前最主要的任务是征服北方海洋,顺利地把木材、焦油、鲸鱼等物品转运到西欧。可是青年军官却热血沸腾,在那里摩拳擦掌,跃跃欲试。为了应付即将到来的战争,他们把两支军队开拔到克茹霍夫村，在那里用军事科学的原则进行了一场战斗，向外界表明他们的战斗力。

现在，外国人普遍认为勒福尔特和布特尔斯基两个团的战斗力，以及称为御林军的普列奥布拉任斯科耶和谢苗诺沃两个游戏兵团，一点都不比瑞典或法国军队的战斗力差，可这毕竟和真正的战斗相差太远。只有跟彼得最亲近的人：罗莫达诺夫斯基、阿尔塔蒙·戈洛温、阿普拉克辛、戈登、安德烈·安德烈耶维奇、阿列克萨什卡，依旧拿不定主意。战争万一打输了怎么办？那个时候俄罗斯愤怒的民众会把他们通通套上绞索，谁都逃脱不了毁灭的命运。如果不打，情况会更加糟糕，他们会说皇上让外国人哄骗了，把钱都花在了胡闹上面，百姓却在吃苦，沙皇是个中看不中用的家伙。

关于是否出兵的问题，彼得的表情显得很尴尬，他勉强挤出一丝笑容，含糊其词地回道："好吧，在克茹霍夫大家已经进行过一次演习了，那我们现在就去跟鞑靼人玩玩吧。"只有最了解彼得的勒福尔特和阿列克萨什卡知道，彼得心中仍有深深的恐惧，这与那夜逃到圣三一修道院的心情是一样的，满心惶恐。不过他们也知道，沙皇最终还是会出兵的。

领主、杜马贵族在克里姆林宫召开了一次会议，讨论出兵的利与弊。领主们还是按官阶和出身挨个站起来，发表自己的意见，用白皙的手指配合自己。他们严峻的眼神，保养得很好的胡子，以及那些空洞的词语，让彼得心里厌倦极了。他们没有一个人敢说出"战争"这个词，害怕打破平静的生活。他们等待沙皇最后的决定，不管彼得怎么说，他们都会随声附和。一想到自己要一个人做出如此重大的决定，彼得也很害怕，内心的恐惧一直挥之不去。他还年轻，执政经验也不多，对处理这个棘手的问题也拿不定主意。

后来，那些亲信发言了，但语气明显不一样，单刀直入地提到了战争这个事情。吉洪·斯特列什涅夫开了口："陛下，最后是否出兵需要您来裁定。可是作为领主，我们理应奉献出自己的一切，保护皇上的荣誉。各位领主，做出决议吧！"列夫·基里洛维奇也站了出来，开始陈述他的意见："其实，我们并没有什么可怕的。瓦西里·瓦西里耶维奇虽然在克里米亚吃了亏，但他的武器只是棍棒，所以才有那样的结果。现在，我们已经有足够多的火器了，大炮和火枪也不比土耳其人的差。只要皇上下旨，到五月的时候就可以供应十万军队的武器装备。我们不能一听到'战争'这个词就畏缩不前。"

罗莫达诺夫斯基清了清喉咙，说道："如果我们与世隔绝生活的话，那我们可以对这件事置若罔闻。可是欧洲都在密切关注着我们，如果我们停滞不前，那就会遭到不可避免的毁灭。摆在我们面前的头等大事就是要打败鞑靼人，只有这样我们才能赢得尊重。"说完，他朝四周望了望，希望能得到赞许肯定的目光。

宫内一时陷入了沉寂，没有人再发言了，彼得咬着指甲发呆。鲍里斯·阿列克谢耶维奇·戈利岑公爵兴高采烈走进来，递给彼得一份奏折。这是一份商人们的请愿书，恳求彼得出兵肃清南方的鞑靼人，如果可以的话，还希望在黑海建造几个城市。彼得听完后站了起来，狠狠地瞪着他们："各位大臣，你们还有什么意见？"就这样，莫斯科决定出兵征讨鞑靼人了。

十七

"你听我说，吉普赛人，你就说是我铁匠铺里的帮工好了。列夫·基里洛维奇的总管从莫斯科带回了一道赦令，要在牢里找些有用的人，带到工厂干活。这种事我最擅长了，库兹马·热莫夫是不会被人们忘记的。我们还要活下去的，要不然他们会剐掉你的鼻子，随后送你去西伯利亚。现在，我们有了个机会，可以去工厂做工。到了那里，他们会给我们喝牛肉白菜汤，会很客气对待我们。记住，等他们喊你名字的时候，你就说你是在我铁匠铺里抡大锤的！"热莫夫一再叮嘱吉普赛人。

吉普赛人和热莫夫已经在图拉监狱底层牢房待了一个月了。让他们感到奇怪的是，他们这个月只挨过一次打，他们把抢来的衣服拿到市场卖的时候，尤达趁乱溜走了。不过他们不知道，图拉总督以及他的秘书、录事正在接受审查，囚犯们也就无人顾及了。早晨，他们戴着木枷，跟随狱卒去市场上祈求施舍，以获得一天的粮食。就这样，他们不但养活了自己，也养活了狱卒。他们的心一直悬着，等待着判处。但出乎意料的是，他们不是被流放西伯利亚，而是去了列夫·基里洛维奇的兵工厂。

在提审时，吉普赛人按照热莫夫教给他的话说了。他们戴着镣铐，被带到了城外的乌帕河边，列夫·基里洛维奇的兵工厂。兵工厂四周有一群手执月牙斧的士兵守卫，他们被带到一个乌黑的院子，里面堆满了各式各样的铁。铁锤敲击声、钢锯吱吱声钻进了吉普赛人的耳朵。从一扇没有关严的门里，他们可以清晰地看到火星从熔炉飞溅出来，几个赤膊汉子正抡着铁锤，不停地砸着铁条；钳工们在工作台边干着活。还有一些人推着独轮车在里面跑来跑去，一派繁忙的景象。

卫兵把他们带到工厂的经理、德国人克莱斯特的面前，听候他分配任务。克莱斯特坐在一张干净的桌子后面，用一双冷冰冰的眼睛直刺两个人的心底，然后才慢吞吞地开口说："骗人的家伙在我这里不会有好结果。你要是个真正的铁匠，那倒还好，如果你敢欺骗我，我就把你给绞死，沙皇已经允许我这样做了。记住我说的话！卫兵，把这两个人带出去吧。"

路上，卫兵告诫他们："你们千万要小心，他不会放过任何一个错误。你们到底是干什么的？听说你们是小偷和强盗，你们是因为这个原因被抓进来的吗？"

"我们是上帝的仆人，正要跟独眼汉到分裂派教徒那里去过圣洁的生活，可是魔鬼却诅咒我们，让我们跟着受到了连累。"热莫夫回复道。卫兵就没有再说什么，带着他们走进了底层，他们休息的地方。借着油灯发出的光亮，他们看清了屋里的简陋陈设：板床、木头桌子、一个熏黑的炉子，以及搭在绳子上的破衣服。"这就是你们住的地方，规矩是这样的，你们给我记住了：每天早晨四点钟我会打第一遍鼓，那是做祈祷，然后去上工。七点钟我还会打一遍，那是早餐，给你们半个小时的时间。随后就开工。中午有一个小时的午睡时间，晚上七点晚餐，仍旧是半个小时，十点正式收工。"

"这不是要把我们给累死吗？"吉普赛人问。"当然会。可是你们是犯人，这是在服苦役，朋友。我们这里有十五个雇工，他们晚上七点就下班了，遇到年节，还可以回家休息。"吉普赛人坐在板床上，嗓音越发沙哑了，"难道我们一辈子就这样过了吗？"热莫夫则没有说话，只是呆呆望着提灯中发出的光。卫兵转身出去了，把最后的一丝光明也带走了。

十八

伊万·阿尔捷米奇·布罗夫金坐在长凳上,双手放在屁股下面,眼睛一眨不眨,目光凌厉地看着那帮庄稼人,他让那些庄稼人站在门口一条新蒲席上,免得让他们的树皮鞋在干干净净的地板上留下脏脚印。他扫视了一下众人后说:"我不是你们的冤家,并且我还特别重视秩序,可是你们的牲口闯进了我的草场,我必须扣下。你们再想想,我借给你们多少钱了,但没有从你们那里得到多少好处,对不对?"

"我们一定会让给全村放牲口的那个家伙吃鞭子,让他长长记性。伊万,你对我们的好处,我们一直都记得,你还是把牲口还给我们吧。"众人苦苦哀求他。伊万·阿尔捷米奇看着众人的表情,心里有说不出的满足感与自豪感,伊万·阿尔捷米奇顿了顿又说:"我也是这片土地上生长起来的人,为了旧时的情谊,我总是会给你们一点恩惠的。可是你们呢,却让牲口糟蹋我的草场,还蛮不讲理,这太让我失望了。不过看在上帝的分儿上,这次我还是会放过你们的,母牛每头赔偿三个戈比,每头羊半个戈比,然后你们就可以把牲口牵回去了。"那些庄稼汉鞠了一躬,说了些感谢的话,便转身交钱去了。

伊万·阿尔捷米奇今天的心情很好。通过儿子阿廖什卡的关系,他终于见到了亚历山大·缅希科夫中尉,送给他200卢布作为见面礼,表达敬意。缅希科夫介绍他去见勒福尔特。当勒福尔特得知站在他面前的是阿廖什卡的父亲,而且还揣着缅希科夫的引荐信之后,便热情地笑了笑,拍了拍他的肩膀。就这样,伊万·阿尔捷米奇顺利地拿到了一张为军队采办燕麦和干草的执照。

那些庄稼汉走了后,桑卡进来了,"哼,他们的树皮鞋带进来这么多泥土!"说着,她抓着蒲席的一角,把它扔了出去。伊万·阿尔捷米奇看着女儿,心里十分得意,这样的姑娘,就是嫁给国王也不为过啊。"我要在莫斯科建一所石头房子,"伊万·阿尔捷米奇说,"我们就要成为第一等商人,让我欣慰的是,我并没有着急办你的婚事,我们就要攀上好亲戚了。你没听到我的话嘛，桑卡？要是你生我的气，我就把你嫁给一个猪倌，让你一辈子都吃苦。"

"我宁可去放猪，也不愿意因为你而弄得憔悴下去，"桑卡和她父亲赌气。伊万·阿尔捷米奇抓起手边的一个木罐朝她扔了过去，桑卡蹲在地上号啕大哭，不过是干打雷不下雨，没有一点眼泪。正在这时，有人在外面用力敲门，"开门！"狂暴的嗓音让人胆战心惊。伊万·阿尔捷米奇顺手从门廊抄起笤帚给自己壮胆，走到门前拔掉了门闩。

大门打开之后，一群人骑着马冲进了院里，跟着就是一辆华丽的马车跑了进来。马车上的彼得和勒福尔特头戴三角帽，身穿粗糙的长外衣，溅满了泥点，一看就是疾驰而来的结果。接着，脚步声、吆喝声、哄笑声闹成了一片。布罗夫金的腿都不听使唤了，他跪在地上，"公爵教皇"走下了马车，后面跟着一位年轻的领主。彼得呼喊着："这家主人在哪呢？不管是死是活，把他给带到这儿来！"

伊万·阿尔捷米奇吓得屁滚尿流，感觉两条腿都不是自己的了。这时候，阿廖什卡和阿列克萨什卡看见了他，便架着他见彼得。彼得笑了笑，并没有怪罪伊万·阿尔捷米奇，反而是摘下了帽子，向他鞠了一躬："你好，听说你有一批最好的货物，为此我特意带来一个商人，价钱上是绝不亏待你的。"说完，他和勒福尔特哈哈大笑起来，其余人也都笑得喘不上气。阿廖什卡找了个机会，告诉父亲沙皇彼得是给妹妹桑卡做媒的，让他不要害怕。伊万·阿尔捷米奇心终于放下了，但他决定还是佯装什么都不知道，跟着众人进了客厅。他们拉着他坐在圣像底下，彼得皇上坐在他右手边，"公爵教皇"坐在左手边。

直到这个时候，伊万·阿尔捷米奇才有时间眯缝起眼睛，偷偷打量到底哪一位是求婚者。突然，他看见儿子阿廖什卡和阿列克萨什卡两个人中间坐着他从前的主人，身穿长襟衣的瓦西里·沃尔科夫，一看就是今天向桑卡求婚的人。这让伊万·阿尔捷米奇浑身恐惧，这种恐惧胜过他以前挨过鞭打的感觉。

"你喜欢这位求婚人吗？"彼得突然问他，人群随即又响起了哄笑声。所有的眼睛都盯在他身上。伊万·阿尔捷米奇偷偷在底下画了个十字，朝沃尔科夫望了一眼，向彼得行了一个礼，开口说道："谢谢你们的赏光，媒人老爷们。我是个买卖人，一个庄稼汉，不懂什么规矩，如果有什么地方得罪你们，请看在基督的分儿上，宽恕我吧。即使我女儿嫁给一个酒鬼，我也很乐意。可是我不明白，为什么未婚青年从我家走过，都没有进来求婚呢？现在没有什么了，把我这个爱女取走吧。"伊万·阿尔捷米奇对自己的这番话非常满意，他朝阿廖什卡说："快去把你妹妹桑卡找来，她这会儿可能正在茅房里，她肚子有毛病。这一点我忘记说了，请原谅。"

沃尔科夫一下子跳了起来，想要跑出去，被缅希科夫给拦住了，没有人再笑了。彼得用手托着下巴沉思着。伊万·阿尔捷米奇见时机差不多了，便继续说道："谢谢媒人老爷们，你们介绍的这位姑爷我十分满意，他做好事我会疼他，做坏事我要教训他，也让他尝尝鞭子的滋味。姑爷，你不要见怪，你攀的这门亲原来是个种田人。"

在座之人一听立马明白了，全都捧腹大笑。沃尔科夫羞愧得脸上通红，眼泪也涌了出来，真恨不得找个地缝钻进去。这时，阿廖什卡拉着妹妹桑卡出来了，大家笑声马上停止了：一个出落得非常漂亮的姑娘出现在他们视野中，脸红红的，如同一个熟透的苹果，美艳极了。彼得亲吻了她，搂住她的肩膀，带到瓦西里·沃尔科夫面前，指着沃尔科夫说："快看看，你对我们给你带来的这位求婚者满意不满意？"

桑卡完全呆住了，直盯着上门的求婚者。随即她就反应过来，把脸埋进了衣服里，阿廖什卡笑着把妹妹带走了。沃尔科夫露出了微笑，他终于可以放心了。"公爵教皇"喊道："让我们一起相爱、庆祝吧，亲爱的主人，我们恳请您备好酒和下酒菜……"

伊万·阿尔捷米奇立即醒悟过来，急忙让仆人们着手准备，开始语无伦次起来。彼得冲着沃尔科夫叫嚷："沃尔科夫，你得到了这个美丽漂亮的姑娘，你该怎么感谢我？"沃尔科夫鞠了一躬，亲吻了沙皇的手。彼得又冲伊万·阿尔捷米奇说道："结婚的事不能拖延，新郎很快就要出征了。你快去库奎区请一位会跳舞的姑娘来，让她教教你女儿。等我们回来，我就把桑卡召进宫去。"

第六章

一

1695年2月,杜马秘书官安德烈·安德烈耶维奇·维尼乌斯站在克里姆林宫的台阶上,向全体侍臣、亲随、莫斯科和其他城市的贵族宣告:彼得沙皇命令他们率领自己的军士和随从,前往别尔戈罗德和谢夫斯克集合,向领主鲍里斯·彼得罗维奇·舍列梅季耶夫报到,参加远征克里米亚的战斗,为俄罗斯争光。

17世纪末的克里姆林宫

鲍里斯·彼得罗维奇是位经验丰富、做事谨慎的总督。四月，他集合起一支12万人的队伍，跟小俄罗斯的哥萨克会合之后，便向第聂伯河下游进发。那里有古代要塞奥切科夫和土耳其的设防小城基济克尔曼、阿尔斯兰—奥尔杰克和沙赫克尔曼，在第聂伯河口外的一个岛上，还有一个鹰堡，用铁索把河两岸连起来，封锁住出海的水路。

莫斯科的大军靠近这些城市之后，整个夏天也没有停止对这些城市的进攻。彼得的愿望是美好的，可莫斯科并没有优势：钱很少，缺乏武器，如遇要事还要和莫斯科沟通，需要很长的时间，这都会影响战争的进程。经过几个月的奋战，8月的时候，基济克尔曼和另外两个小城终于被攻下来了。为了庆祝这件大事，彼得在营地里举行了盛大的宴会。捷报传到莫斯科，众人都松了口气，兴高采烈地说："感谢上帝，真是个好消息，虽然只从克里米亚手中夺到了一点儿地方，但这就足够了，终于能有交代了！"

与莫斯科大军公开出行不同，还有一支没有公开宣布的两万人的精锐部队——普列奥布拉任斯科耶团、谢苗诺沃团和勒福尔特团——秘密登上了各种船只，首尾相连达几俄里，在音乐和大炮声中向奥卡河进发，从那里再取道伏尔加河前往察里津。戈登将军则率领12000人，穿过草原腹地，向切尔克斯克移动。

两支军队都朝亚速海边的土耳其要塞亚速进军。土耳其在这里控制了所有跟东方的商业贸易和通往库班、捷尔斯克草原富饶产粮区的航路。为了避免过于张扬和保护彼得的安全，军事会议经过讨论，决定让彼得担任炮手一职，对外的名字则是彼得·阿列克谢耶夫。众人还讨论了让谁留在莫斯科代替彼得执政的问题，大家都知道，这也不是一个轻松的活儿。俄罗斯盗匪横行，行旅常常被打劫，就连莫斯科附近都不得安生，人人惶恐不安。更让人忧虑的是，心腹之敌索菲娅一直在新圣母修道院里忍而不发，这会儿虽是平静无事，一言不发。但谁又能保证她会一直安分下去呢？

人选只有一个，那就是"公爵皇帝"费多尔·尤里耶维奇·罗莫达诺夫斯基，他赤胆忠心，不会耍心眼，而且他还能使人们产生足够的畏惧心理。大家商议之后，决定把莫斯科托付给他，并正式敕封他为"公爵皇帝"。这让领主们想起了一百年前的伊凡雷帝来，那个时候他要去亚历山大皇村，事前把鞑靼大公西梅翁·布拉托维奇留在了莫斯科,立为"全俄罗斯皇帝"。既然此前已有先例,他们也就无话可说了。至于老百姓,谁来执政都一样,他们只知道罗莫达诺夫斯基是个杀人不眨眼的魔鬼。

彼得·阿列克谢耶夫炮手坐在勒福尔特那艘大船上,率先航行。等来到下诺夫戈罗德后,他们迷路了,不得不改乘伏尔加河里的平底小船,彼得把这些情况都告诉了罗莫达诺夫斯基。船队没有停靠,他们通过了喀山,过了地势险峻的辛比尔斯克,绕过游牧民族统治下的萨马拉小城,继续向目的地航行。

彼得、勒福尔特、阿列克萨什卡,以及为游乐而来的"公爵教皇",一行人整天都在船艄上抽烟,望着绵亘几俄里的船队,看着被木浆飞溅起来的浪花,和作战演习的感觉没什么两样。亚速是个什么样子的要塞,有什么防御装备,应该用什么办法攻打下来,再成功地守住要塞?大家对这些问题都一无所知,一切都等到了那里再说吧,现在重要的是航行的愉悦。

勒福尔特看着无边无际的大河和沿岸壮丽雄伟的景色,赞叹着:"法兰西国王和奥地利皇帝又算什么。彼得,你要是有更多的钱就好了,你就可以从欧洲多雇一些工程师、军官、技术人员,开发这片广袤的无人居住的土地。"

船队到察里津停下了,困难接踵而至。士兵们只有500匹马,只能自己拉曳大炮和辎重大车,面包、油脂等食物也开始逐渐短缺,莫斯科的后勤保障无法保证军队的日常供给。就这样,又累又饿的部队连续行军三天,许多人还没有走到潘申就倒下了,再也没有起来。正当大家满怀希望,准备到潘申好好休整下之际,掌管军队给养的领主吉洪·斯特列什涅夫捎来了一封信,给彼得等人当头浇了一盆冷水:

炮手先生!承担军需的商人给我们带来了一个极其痛心的消息。商人沃罗宁、乌沙科夫、戈列津几人本来应该供应15000桶蜜水,45000桶香醋和同量的伏特加,200条腌鲟鱼和相同的鳊鱼、刺鱼和梭鱼,10000普特火腿,5000普特牛油和兽脂,800普特食盐。内务府已经为此拨付了33000卢布,可是他们却把这笔款子的一半给鲸吞了。没有盐的鱼类都臭了,已经无法吃了。所有的麦子已经发霉、万幸的是,燕麦和干草是好的,那是商人伊万·阿尔捷米奇·布罗夫金置办的。这种盗窃行为，让人感到痛心，也让士兵们陷入缺衣少食的困境。现在要使您的军事行动不受影响，我们只能祈祷上帝了……

彼得和勒福尔特立刻翻身上马，飞驰电掣般赶到了潘申。他们到达之时正值午休，看不见一个人影。彼得一声狂喊，一个睡眼惺忪的农民走了出来，带着他们来到一所农舍，吉洪·斯特列什涅夫就住在里面。彼得一脚踹开门，斯特列什涅夫正蒙着脑袋午睡。彼得一把揪住他的头发，啐了一口，把他按倒在地，对着身体一顿猛踢，发泄心中的怒火。彼得打累了，坐在椅子上气喘吁吁，指着吉洪·斯特列什涅夫的鼻子问："你为什么不把那些人统统绞死？留着他们干什么？"斯特列什涅夫忍着痛，好半天才爬了起来，哆嗦着说："陛下！现在把他们杀死根本不解决问题，要先让他们把东西交出来，从死人那里，我们是得不到任何东西的。"

"你在撒谎！为什么伊万·布罗夫金没有盗窃，他提供的都是上好的物品，我的人没有盗窃。下旨，把所有的承包合同都交给他，让他全权负责采购军需物资。还有，把乌沙科夫和沃罗宁给抓起来，押解到莫斯科交罗莫达诺夫斯基处理。……对了，船只准备好没有？"彼得气咻咻地看着斯特列什涅夫。"准备好了，炮手先生，刚才最后一条船也开到沃罗涅什了。"彼得又踹了他一脚，便和勒福尔特去河边察看船只了。斯特列什涅夫爬了起来，赶紧跟了上去。

顿河平静的港湾里，停靠着数不清的小船、驳船、大帆船，这些都是刚刚从造船厂开出来的，在水中随着微风摇晃着。勒福尔特从望远镜看着船队，道出了他的心事："战争即将开始。"彼得望了他一眼，对正在抽泣的斯特列什涅夫说："你不要生气，刚才我是气昏了头，部队必须直接上船，这不允许有任何耽误，我们要一鼓作气拿下亚速城，避免夜长梦多。"

第六天拂晓，在斯特列什涅夫那间农舍里，彼得给"公爵皇帝"写了一封信：

我王陛下，普列什堡的大主教和全雅乌扎、全库奎区的总主教，最神圣的教皇尼基塔，以及你的奴才阿尔塔蒙·米哈伊洛维奇和弗朗茨·雅科夫列维奇将军以及连同他们的僚属，身体都很好，今天就要动身离开潘申，我们正在为战神效劳。我们恭祝您身体健康,用伏特加、啤酒为您祝福。

后面是一排人的署名:

弗朗齐什卡·勒福尔特　阿列克萨什卡·缅希科夫　费特卡·特洛耶克罗夫

彼得鲁什卡·阿列克谢耶夫　阿夫塔莫什卡·戈洛温　瓦列诺伊·马达姆金

在一个星期的航程中,他们途经了戈卢博伊、济莫维伊斯塔、齐姆梁斯基、马内奇等地,当望见切尔卡斯克城垣时,他们便抛下锚,等待落在后面的船只。船队集结完毕之后,彼得命令开足马力向亚速进发。越接近亚速,彼得的心情就越发沉重,身体中充斥着一种灾难临头的恐惧,远远超出了他那晚飞奔到圣三一修道院时的感受。黑暗中,鞑靼人的弓箭随时会飞过来!一想到这儿,彼得就不寒而栗。遥远的南方,这时也配合着彼得的心情,传来阵阵雷声,暴风雨即将来临了。勒福尔特对彼得说:"到了早晨,我们就能听见戈登将军的枪声了,我们去休息吧。"

早晨,顿河喝足了雨水,河面上涨了许多。在河岸的斜坡上,他们看见飘扬的军旗,大批的营房、大车、马匹和跑来跑去的士兵,戈登将军正在扎营,清点人马和装备。这里是离亚速15俄里的米季舍码头,事先商量好的集结地点。彼得亲手点燃了大炮的引信,整个船队也都跟着开炮,士兵们用力划着桨。

部队上岸了。没多大会儿,白色的帐房就搭起来了,士兵点燃了篝火,烟向河对岸飘去,疲乏的士兵急需一顿饱饭补充体力。彼得、勒福尔特、戈洛温带着三个哥萨克骑兵连,向戈登设防的营地疾驰而去。戈登站在自己的营帐旁边,全副武装,拿着望远镜正关注着他们几个。号角吹响了,大炮轰鸣起来,欢迎彼得一行人。

站在高坡上,彼得等人可以清晰地看到亚速城清真寺细长的高塔和灰黄色的城墙,俄军逼近时土耳其人烧掉的市郊建筑物的瓦砾,以及要塞前低矮山岗上的战壕和碉堡。海湾深处,还停泊着许多装着大炮的海船。戈登指着它们对彼得说:"上个星期,土耳其人从海上调来1500名精兵,今天又运来一批士兵。据我们捉到的'舌头'说,他们的要塞里有6000名士兵，草原上还有鞑靼人的部队。他们粮食充足，武器也不缺，用围困的办法根本行不通。"

彼得悠然神往地望着亚速海的苍茫辽阔，望着月牙形的高塔、清真寺、大海船、落日余晖：童年时代所向往的画面出现了，一切都是这么真实，这么不可思议！勒福尔特看出了彼得的心思，他说："要攻下亚速，我觉得用突击的办法最好。你怎么看，彼得？"戈洛温也随声附和："我们的人只要呐喊就可以拿下它，没什么了不起的。"彼得皱起了眉头，严肃而认真地说："一定要打下亚速，这是我们必须做到的事情。"

戈登从营帐中拿出一张地图，在桌子上展开，大家围拢过去。彼得将需要配置军队的地方标了出来：戈登在中央，离要塞大概500步的距离，勒福尔特在他的左手边，戈洛温在右手边。"这儿，放置攻城炮，那儿，放臼炮。在这个地方，我们要构筑好工事。你们觉得是不是应该这样部署？"彼得抬起头，征求几个人的意见。

"有个问题，按照这个意图部署，鞑靼骑兵就会跑到我们后方，容易受到前后夹击。"戈登阐述着自己的意见。"我们要消灭它，调哥萨克骑兵对付他们，决不能让他们牵制我们的兵力。"彼得狠狠砸了下桌子。"是的，我们能够消灭它，还有一个问题就是如何把军需品运过来。这不是件容易的事，每个辎重车队都需要很多的兵力护送，顿河已经被链子封锁起来了，出海口处还有两个瞭望台，架有大炮，这会给我们攻城带来很大的困难。"

"那我们就把瞭望台拿下来！怎么样，将军们？"戈洛温笑了，眯缝着眼睛，望着远处的瞭望台："好大的雄心壮志啊，两座瞭望台！"戈登低头沉思了下，答道："为什么不能呢？我们有能力把它攻下来。"彼得捧着戈登的脸，一阵狂吻。"我们明天逼近要塞，把全部军队都开上去，一刻也不能耽搁。先用大炮轰击一两天，然后再实施攻击，愿上帝保佑我们！"

从土耳其的船上传来隐约的号角声，归营号吹响了。彼得率先走进了营帐，众人也跟了进去，围坐在一桌丰盛的酒菜吃喝着，商议着明天攻打要塞的事情，互相吹着牛……

二

　　清晨,戈登在给两个射击团补充完给养之后,便朝亚速海移动。哥萨克骑兵连充当先锋,在要塞前的高地上勒住了马。几个哥萨克骑兵飞驰回来报告:"鞑靼人!快把大炮弄上去!"鞑靼骑兵大约有一万人,在高地的左面摆开了一个半圆形阵势,静候俄罗斯人。鞑靼人越来越快,激起了漫天的尘土。乱箭跟着尘土也飞过来了,哥萨克骑兵连乱成了一团,有的拨转马头就跑了。哥萨克的马刀还没出鞘,便被撂了下去。鞑靼人的另一部分从右面包抄过来,圆月形状的军刀在头顶盘旋着,砍向哥萨克。双方混战到了一起,搅起了漫天烟尘,让人的视线受到极大影响。这个时候,步兵冲上来了,射击军拉来了一门门大炮,冲着鞑靼人的阵地开了火。接着,军官们也冲了上去,攻城炮的怒吼声盖住了其他声音,一时让人无法判断哪方占据了上风。

　　硝烟散去了,视线又变得清晰起来。战场上只留下为数不多的站立的马,更多的则是躺在地上,再也起不来了。戈登将军站在高处,用望远镜观察着战场的情形。他的头盔在刚才的冲锋中不知滚落在哪里去了。他慢慢地拔出了宝剑,挥了挥,大步从土岗上冲下,队伍中立即发出一片呐喊声:"前进!前进!勇敢!"

　　戈登让部队在挖好的壕沟里隐蔽,壕沟前还设置了障碍,用来防止土耳其的骑兵偷袭。土耳其人还不时地从城墙上向营地开炮,弄得俄罗斯人提心吊胆。只有戈登一个人,对炮弹熟视无睹,不时向士兵喊话,激励着士兵,不要被土耳其人的阵势吓唬住:"只有懦弱的人才会低头,这是耻辱!我们是俄罗斯的战士!神圣罗马帝国的后裔,我们是战无不胜的!"

　　勒福尔特和戈洛温的大部队,直到第四天才军旗高扬,奏着军乐,敲着军鼓,大摇大摆地来到阵地。彼得傲慢地走在炮手连的前头,以此激励战士的士气。在这些战士中,还有阿列克萨什卡、阿廖什卡·布罗夫金、沃尔科夫及最近新入伍的以打击精准而文明的荷兰炮手雅科夫·扬森。在彼得前面,是他新交的一个酒鬼朋友——瓦列诺伊·马达姆金,他敲着军鼓,大踏步地走在队伍最前面。

彼得带着炮手来到戈登的阵地上,左翼的勒福尔特和右翼的戈洛温正挖战壕,构筑工事,以防备鞑靼骑兵的攻击与偷袭。彼得跳出了工事,戈登急忙把他抓住:"小心!"一股硝烟在彼得周遭散开,望远镜被打碎了,他又跳进了战壕,呲着牙,一脸奸笑:"这群魔鬼!把导火索给我,我要轰死这群恶狗!"

大炮推上来了,彼得熟练地装填弹药,掂了掂二十磅重的炮弹,校正了下雷管,然后蹲下身,点燃了引线,嘴里说着:"愿上帝保佑,让开!"炮弹喷出一股白烟,直奔亚速城飞去,但却落在了离城墙很远的地方。土耳其人从工事中探出头,用他们听不懂的语言大叫大嚷,彼得的脸刷地就红了。第二门大炮这时也推了过来……

面对高大坚固的亚速城墙,想起前段时间曾豪情万丈地用突击的办法攻下它,大家都觉得脸红。围攻部队把炮兵阵地和堡垒建成之后,向要塞的预定目标轰击了半个月,一个瞭望台被轰坍了,城里燃起了火光。俄罗斯的高兴并没持续多久,土耳其人通过海上给要塞运来了援军,修复了瞭望台,扑灭了大火。夜里,土耳其士兵便摸进战壕,用匕首杀死哨兵,发动突袭。

双方形成了拉锯战。城墙岿然不动,让人绝望。土耳其人冷嘲热讽地看着俄罗斯人。这些还不是最糟糕的,最可怕的是军需品的匮乏。众人商议后决定征集志愿兵,攻下瞭望台就给每人10卢布的奖赏,以此激励士气。重赏之下必有勇夫,大约200名哥萨克兵应征了,作为他们的后援,彼得派一团士兵跟在他们后面。夜里,哥萨克志愿兵爬上了瞭望台,准备炸毁大门,可是没成功,但他们突破了围墙,守在那里的土耳其士兵绝大多数都成了俘虏。土耳其人撤退了,这是一个令俄罗斯沸腾的消息:顿河得到了自由,营地举行了盛大的庆祝仪式,感谢上帝的仁慈。

正当俄罗斯人沉浸在胜利的喜悦中时,一个意想不到的灾难发生了。一天中午,雅科夫·扬森在营地里失踪了,按照俄罗斯故老传下的习惯,从将军到士兵,大家这时都在午睡,就连哨兵都在打盹。彼得最先发现雅科夫不见了，他从土窑中爬出来，眯缝着眼睛寻找着雅科夫。雅科夫曾夸下海口，说一定能拿下要塞。

全营搜索一遍之后，仍然没发现雅科夫的踪迹。有个士兵报告，他曾看见一个影影绰绰的人影朝要塞跑去。众人大惊失色，难道该死的雅科夫·扬森投奔了土耳其人不成？戈登被这件事弄得心烦意乱，他要求将戈洛温和勒福尔特营地之间的防御工事进一步加固，挖通两个营地之间的战壕，不然，万一土耳其人偷袭得手，将给这支军队带来灭顶之灾。

"战争不是儿戏，先生们，我们要对士兵的生命负责，可是，有的人好像在玩耍，在胡闹……"勒福尔特和戈洛温气得七窍生烟，恶狠狠地瞪着戈登。其他将军则没这么好的脾气，纷纷咒骂戈登是懦夫，是恶狗，要是彼得在场，这帮人一定会让戈登体无完肤的。就在那一天，土耳其人在俄罗斯人午睡正香甜的时候，打开城门冲了过来，目标正是两个营地之间尚未连通的战壕。灾难降临了。

俄罗斯半数以上的士兵还没有反应过来，就在睡梦中见上帝去了，一部分人扔下了长柄斧和火枪，向大炮阵地跑去，更多的人则四处寻找藏身之处，豕突狼奔。他们还没来得及开炮，土耳其人就追上了奔跑的士兵，随之而来的就是挥舞着弯刀的无数手臂。在拥挤不堪的炮手中间，戈登的儿子雅科夫上校挥舞着宝剑……

阵地上一片混乱。吆喝也好，命令也罢，全然不起作用。士兵们根本不听约束，到处狂奔乱窜。戈登高举着手枪，冲向炮兵阵地，想去解救他的儿子，身后跟着一群营救之人。勒福尔特的营地上，有人不顾死活地挥舞着团旗，有许多人也冲到那边去救人。土耳其人推着大炮，一边射击，一边沿着斜坡向要塞撤退。四散在战场上的俄罗斯人，这会儿集结成一条参差不齐的战线，跟在土耳其人后面向要塞移动。

"士兵们，冲啊！"彼得觉得己方占了上风，立马来了兴致，大吵大嚷起来。他跺着脚，可惜没有人听他的。阿列克萨什卡面无表情地从他面前飞驰过去，挥舞着宝剑，跳过了城墙。随后，土耳其那边有个新情况，城门开了，一队土耳其士兵冲了出来，中间有个人骑着一匹白马，一身红衣服，扬起了双手。战场形势瞬间逆转，俄罗斯人被土耳其人追赶着，又向自己的阵地折返,一个又一个人在奔跑的过程中倒了下去。彼得看得直抓狂,跳着脚大骂。他看到阿列克萨什卡朝一个红衣人扑了过去,两个人厮杀在一起。溃败的身影越来越清晰,恐惧的表情把彼得的脸都弄歪了。俄罗斯败了,败了……

三

这次偷袭事件,俄罗斯方面折损了五百名士兵、一个上校、十个军官及整个炮兵连。彼得连续几天都不敢朝要塞眺望。勒福尔特和戈洛温连面都不敢露了,只是拼命督促士兵用铁锹翻泥土;阿列克萨什卡则到处宣扬他的勇敢事迹,夸耀他的宝剑。这次失败让彼得震惊了,他闷闷不乐,默默无语地走来走去。他现在只有一个想法:一定要把亚速攻下来,不管用什么办法,无论有多大的牺牲,为了俄罗斯,这一切都是值得的!

傍晚,他坐在星星底下,抽着烟,向戈登请教关于战争、命运、将领方面的事。戈登说:"幸运的将领都是既顽强又谨慎,遇事果敢,善于抓住战机之人,而且要让士兵信任将领,还得吃饱穿暖,这样士兵打起仗才会勇猛无敌。"彼得陷入了沉思。从那晚谈话之后,彼得不再玩炮击要塞的游戏了,把时间都用在了构筑攻城坑道的工事上,一点一点地向要塞推进。为了加快进度,他也跳下了战壕,掘着泥土。

戈登建议,在面对要塞的一个岛上构筑战壕和大炮,为将来夺取亚速做准备。这是个危险的活儿,凶狠而执拗的雅科夫·多尔戈鲁塞自告奋勇,即使丢了脑袋也要在战场上立功。夜半,雅科夫率领两个团士兵挖好了壕沟,架上了大炮,驻扎了下来。等土耳其人发现之后,便派出一支鞑靼骑兵主力,想把俄罗斯人从岛上撵走。戈登让两位将军尽力抵抗,他带着大炮和骑兵去驰援雅科夫·多尔戈鲁塞。

土耳其人害怕了,停止了进攻,双方开始对峙起来。彼得紧张地从望远镜中观察着战场的形势,心都提到了嗓子眼。鞑靼骑兵突然冲到河边,土耳其的士兵开始慌乱地撤退。鞑靼人在草原上消失了,土耳其人退回了要塞。戈登没发一枪,敲着胜利的军鼓回来了。这场战役就这样胜利了。

站在岛上通过望远镜看要塞，可以清晰地看到亚速城的模样，就连守城士兵脸上的痦子都看得清清楚楚，俄罗斯军营一片欢腾的景象。众人的头脑又开始发热了，再一次讨论如何突击亚速，可是戈登头脑却很清醒，制止了众人的不理智想法。他建议先派一个人去亚速城，给要塞司令穆尔塔扎送去一封劝降信，看看对方的反应。两个哥萨克带着劝降书走进了亚速城，不一会儿的工夫，两个人就鼻青脸肿地回来了。他们带回来的诏书上，写着几句拙劣的俄文，是雅科夫·扬森的笔迹。

攻城一事又被提到议事日程上来，戈登主张用坑道掘进的方式，一直挖到亚速城墙下，然后用炸药在城墙上炸开一个缺口。他费了一番唇舌，可是没有人听他的。彼得似乎听到了城墙上胜利的号角声，他坚持马上进攻，最后决定在8月5日发动突袭，夺取亚速。

又开始招募志愿兵了，这次的价码更高：缴获一门大炮，军官赏25卢布，士兵10卢布。无论士兵部队也好，还是射击军团也好，这次没有一个人愿意站出来，谁都不想去拿花不到的钱。最后，还是哥萨克解决了难题。几个哥萨克大尉告诉彼得，他们有2500名勇士，如果不够的话还可以多些，他们只提出一个条件，攻下亚速城后，听任他们劫掠一昼夜。彼得很爽快地答应了，还调了5000名射击军团和普通士兵作为他们强有力的后援。

当地平线刚泛出一片青光之际，几百名哥萨克悄悄爬过战壕，朝着对面要塞城墙的方向，如猫一般在草原上消失了。还有些人登上了船，带着登城用的绳索和云梯。一切准备就绪之后，一门大炮开始轰鸣起来，戈登率领的布特尔斯基团和唐波夫团开始进攻了。

但具有讽刺意味的是，只有布特尔斯基团和唐波夫团的士兵爬上了城墙。那些跟在后面的射击军士兵，听到疯狂的喊杀声和兵器撞击声之后，一部分人直接趴在地上，另外一部分人掉头就跑。哥萨克仍然非常勇敢，但他们的云梯太短，无法爬上城墙，土耳其人抓住机会，从城墙上滚落大石块招呼他们。哥萨克被迫撤退，突击失败了，1500具尸体永远留在了要塞城墙下。

将军们围在戈洛温的营帐里，商量着如何攻打要塞。彼得怒气冲冲，冲他们发着脾气："你们有什么话说，将军们？脸都让你们给丢尽了，现在怎么办，难道我们要撤退吗？"众人都没有吱声，空气也变得压抑起来。阿列克萨什卡朝桌边走了过去，敲了敲桌子，开口说道："陛下，请允许我说几句吧。按照官职，我是没有资格发表意见的，但我曾经爬上城墙，还亲手杀死一名土耳其军官，我想说说他们的战斗能力。我们五个士兵才能抵得上人家一个士兵。就说我刺死的那个军官吧，当我用宝剑刺穿他胸部之际，他还抓住我的武器不放，想为他的同伙争取时间。他们的武器也比我们的灵活，而且还很锋利。我们要想打败他们，就必须在城墙上炸开一个缺口，要不然我们攻不下亚速。"说完，他便退回了阴影中。

戈登对他的想法十分欣赏，他说："这个年轻人给我们一个很好的建议。如果要炸开一个缺口，那必须把地道挖到城墙底下，这是一个十分艰巨的任务，而且还非常费时。"彼得跳了起来，满脸通红，怒声斥责："你们这帮该死的家伙！我亲自指挥攻城！今夜必须动手挖地道，明天就开始作战。一个月之内，完成埋雷工作。还有，必须要找到足够的粮食，如果办不到的话，我就让他上绞刑架！"说完，他便点燃烟斗，走出营房去看星星去了。阿列克萨什卡立即跟了出去。将军们开始忙碌起来了。

土耳其人从俄罗斯突击失败中得到了鼓舞，日夜不停地骚扰，破坏工事冲进战壕。鞑靼人的骑兵在营地边缘驰骋，毁掉辎重大车。俄罗斯的给养更加困难了，经常是缺这少那，军需官则倒了霉，彼得经常让他吃鞭子。一场大雷雨之后，秋天那种阴冷的天气竟然提前到来了，军队也没准备预寒的衣服，许多士兵都倒了下去，战斗力急剧下降。而在土耳其那边，天天都有大海船的出现，源源不断地运送着生力军。

本来大家认为一个月完成埋雷工作是不可能的，但不可能发生了。9月中旬，坑道已经挖到了城墙底下，但同时也汇报了一个令人不安的消息，在坑道工作的人可以听到响声，会不会是土耳其人在挖反坑道呢？如果是那样，一切都白费了。彼得当机立断，马上动手，点燃地雷，炸开城墙，让士兵做好攻城的准备后，他亲自点燃了导火线。

一声沉闷的巨响之后，浓烟、火焰、泥土、石头都飞了起来，不过是朝着莫斯科人的阵地飞过来的。燃烧的木块飞到了阵地中央，离彼得三步远的瓦列诺伊·马达姆金脑袋被砸漏了，倒了下去。军队都忽然感到一种无法形容的恐惧。硝烟散去之后，他们看到城墙仍岿然不动，土耳其人朝他们又吵又嚷，哈哈大笑。俄罗斯人偷鸡不成蚀把米。

没有一个人愿意靠近彼得，都不想在这个时候成为他的出气筒。彼得亲自写了一道诏书，要求在月底之前发动水陆两路总攻，让军队每个人都做忏悔，去领圣餐，做好战死的准备。彼得则骑着一匹马，带着他那标志性的三角帽子，在营地里四处巡查，跟在他后面的总是两个人：阿列克萨什卡，还有阿列克谢·布罗夫金。士兵们不敢说一句反对的话，或是让他们看出你有不愉快的神情，那几个魔鬼就会把你抓起来，至少挨一顿鞭子。

8月24日，战士们都没有睡觉，神甫们奉命坐在篝火旁，到处可见士兵们在搔动。军队开到战场上去了，爆炸声响起了，俄罗斯人又一次发动了进攻。布特尔斯基团从城墙的缺口中冲了进去，和土耳其人厮杀在了一起。普列奥布拉任斯科耶团和谢苗诺夫团架好云梯，也开始了攻城。土耳其人用弓箭、矛枪对付俄罗斯人。成百的人从云梯上翻了下来，但更多的人就像发了疯一样，不顾一切地爬上城墙。穆尔塔扎司令闻讯，亲自率领精兵赶过来支援。

其余几个团也开到了城墙下，但他们没有必死的决心和勇气，一直在城墙下徘徊。布特尔斯基团只有一半人活着回来了，普列奥布拉任斯科耶和谢苗诺夫两个团和土耳其进行了惨烈的战斗，但后面没有援军冲上来，一个人也没有。士兵走到城墙边，随后就往回退了。许多人扔掉武器，坐在地上，用双手捂住脸：我们不走了，你们过来杀死我们吧。戈登无奈，只能下令撤退。彼得抓狂了。

第三天傍晚，围攻解除了，要塞里和硬地上没有一点声息。俄罗斯人套上牲口拉动大炮，沿着顿河左岸出发了，最前面的是辎重大车，接着是残余部队，殿后的是戈登的两个团。3000名士兵和哥萨克留在了设防的瞭望台。他们沿着河岸开拔，一路上都处于鞑靼人的视野之内，要应付他们随时可能发动的突袭。斯维尔特的步兵团在鞑靼人马刀下全军覆没，没死的人则成了俘虏。

过了切尔卡斯克，总算把鞑靼人甩在了后面。这支几乎溃散的军队在人迹罕至的草原上行军，吃着最后的一点面包，抱着一线希望朝家园步履蹒跚地走去。北风带来了寒气，大地结冰了，雪花纷飞，冬天到来了。穿着夏装的士兵，只要人一倒下，就再也起不来了。每天军队的后面都跟着大量的狼群，咬噬倒下的尸体。

三个星期之后，他们终于到达了瓦卢耶基，这时只剩下三分之一的兵力了。彼得带着他的亲信，骑马赶到了列夫·基里洛维奇的兵工厂。他还给"公爵皇帝"写了一封信：

我王陛下，从没有攻克的亚速城回来，将军向我们提出，未来的战争需要建造海船、兵船以及其他各种舰船。今后我们要专心从事这项工作。至于这里所发生的一切，我会向陛下详细汇报的。我的身体很好，这全是托上帝的福。

就这样，第一次远征亚速结束了，彼得又回到了莫斯科。

亚述古城遗址

第七章

一

又过了两年,在这段时光里,西方的生活方式已经防不胜防地深入俄罗斯人的骨子里,两种不可调和的势力分歧越来越大,渐行渐远。领主和拥有土地的贵族、僧侣等都害怕变革,害怕失去现有的一切。而另外一些出身卑微、头脑机灵之人,他们希望变革,想从西方国家那里得到更大的利益,巩固自己来之不易的势力和地位。

彼得回来后,在莫斯科露了一面,便马上动身前往沃罗涅什去了。亚速的灾难和屈辱,让年轻的沙皇一下子成熟了,长大了,失败让他变得凶悍、顽强、讲究实际,感觉他好像脱胎换骨一般,就连他的近亲也暗暗吃惊。彼得发了一道诏书,把全国的工匠和手艺人全部赶到了沃罗涅什,开始日夜不停地造船。

那年冬天,气候出奇地冷。物资奇缺,工匠们饥寒交迫,成百成百地死去。他们开始了大规模的逃跑,被抓住后戴上镣铐押回来,送上绞刑架。亡命之徒在沃罗涅什周围的森林放上一把火,赶辎重大车的农民杀死押运的士兵，便往密林深处逃去。村子里，人们宁可变成残疾，弄断手指，也不愿意被送到沃罗涅什去做工。整个俄罗斯都在抗争——反基督的时代到来了，从前的各种赋役负担与现在强加在他们头上莫名其妙的劳役相比，就像是天堂和地狱的区别。地主们面对空荡荡的谷仓唉声叹气，僧侣们对权力的失去非常痛惜，那些外国和本国的暴发户、出身卑贱的人一夜飞升，成为了国家权力的掌握者。

新世纪就在这种艰难困苦的局面中降临了。春天，舰队终于建成了，从荷兰招来了一批工程师和军队指挥官。潘申和切尔卡斯克储备了大量的军用物资，兵员也完成了补给，一雪前耻的机会摆在眼前。1700年5月，彼得乘着新造的"普林基皮乌姆"大船，率领舰队浩浩荡荡地又一次出现在亚速城下。土耳其人受到水陆两路围攻，但他们仍顽强地打退了俄罗斯人的多次进攻。可是当全部弹药和粮食耗光之后，他们便无条件投降了，3000名土耳其精兵与总督哈桑·阿拉斯拉离开了亚速。

胜利来得太及时了。这是彼得对反对他的俄罗斯人的胜利，库奎区对莫斯科的胜利。彼得马上派出信使，把这一消息向奥地利皇帝、威尼斯元首和普鲁士国王通报。为了铭记这一历史时刻，在安德烈·安德烈耶维奇·维尼乌斯的努力下，在莫斯科河的石桥上建了一座凯旋门，门上立着一只双头鹰，四周围被旗帜和武器围绕，底座上题刻着：上帝与我们同在，谁也无法反对我们。史无前例的时代。在赫拉克勒斯和战神阿瑞斯金黄色雕像的下面，是戴着枷锁的亚速司令和鞑靼小王公的木刻像，下面提着：以前我们在草原上作战，现在我们好不容易从莫斯科人手下逃生了。

9月底，远征亚速的军队从莫斯科河南岸开过石桥，穿过凯旋门，迎接他们的是人山人海的民众。走在最前面的是"公爵皇帝"费多尔·尤里耶维奇·罗莫达诺夫斯基，他手执宝剑，举着盾牌，乘着一辆套着六匹马的轿车，跟着他后面的是歌手、书记官、众领主以及部队。后面的勒福尔特浑身甲胄，手托亚速地图，站在一辆御用的镀金雪橇上。再后面又是领主、书记官、士兵、水手以及新任命的海军中将利马和德·洛奇耶尔。战车后面，十六面土耳其旗幡在地上拖着，还有被绑着的鞑靼战俘阿拉特克。普列奥布拉任斯科耶团后面，一辆大车上站着叛徒雅科夫·扬森，脖子上套着绞索，左右两边各有两名刽子手。射击军后面是戈登将军，再后面是穿着白布的土耳其俘虏。彼得在战车前面走着，一身海军长襟衣，戴着一顶三角毡帽。人们惊讶地看着沙皇那圆圆的脸蛋和超出常人的身材，让他们想起了关于他可怕而又神秘的谣言。

部队穿过了莫斯科，来到普列奥布拉任斯科耶休整。没过几天，领主们便奉命去那里召开杜马会议。这次会议打破了一切传统，外国人、将军、海军上将和工程师们都参加了。彼得刚毅的声音响了起来："幸运女神以前从没抛弃我们,现在她正从我们身边跑过去,谁抓住她,谁就是幸福的。因此，我请你们做出决定，把战后的亚速重新建设起来，驻扎军队，完成塔甘罗格要塞的修建，并派军队驻守。我们还要建造40艘舰船，因为海上作战比陆地上方便得多。我准备让你们为舰船的修建都出点儿力：总主教和拥有八千户以上的修道院建造一艘，领主以及拥有一万农户的人建一艘，各行各业的商人建12艘，领主、教会人士、商人可以组建公司，或是成立联合机构，一共建造35艘。"

彼得要求所有的公司在12月之前必须组建好，要不就没收他们的领地和府邸，两条路任选其一。此外，彼得还准备开凿一条沟通伏尔加河与顿河的运河，而且这项工程立即开始。领主们的皮大衣都被汗水浸透了，但他们别无选择，只能让这些决议通过。这样仓促做出决定，本来是件容易的事，但领主们知道争论也没有用，彼得事先都决定好了，他们只剩下支持决议的权力。普列奥布拉任斯科耶已经变成了一个军营，一切都围绕着彼得的意志运转。

没过多久，一个没经过领主商议的大事就发布了：彼得让"公爵教皇"写了一道圣旨，挑选出五十个优秀的贵族子弟,命令他们做好出国学习数学、筑城学、造船学和其他科学的准备。贵族子弟的家人惊慌失措起来，他们舍不得孩子背井离乡，但又不敢站出来央求彼得收回成命。年轻人的父母为他们祝福，跟他们诀别，感觉更像是去战场，不是出国学习知识。为了伺候他们方便以及传递书信，每人还可以配备一名勤务兵。当大地开化后，50个贵族子弟就踏上了泥泞的道路，向着遥远、迷人的国度进发了。

在这群人中间，有一个人是特罗耶库罗夫的女婿彼得·安德烈耶维奇·托尔斯泰，他是为了洗刷参加射击军叛乱的污点而出国的，只要能重新开始，付出任何代价他都愿意。

二

占领亚速，彼得并未高兴多久，问题接踵而至，亚速之战引发了俄罗斯跟整个土耳其帝国之间一场规模更大的战争。俄罗斯几乎倾尽全力才占领亚速，现有的军事实力不足以和土耳其相对抗。俄罗斯人的豪迈气概不复存在，只求自保。彼得和将军们都意识到，必须寻找盟国改善俄罗斯的状况，按照新的、欧洲的形式改造已经完全锈死的国家机器，装备陆军和舰队，这一切都需要钱，钱，钱……

只有欧洲才能提供足够的钱，解决俄罗斯的问题。彼得用亚洲人的思维把这个问题解决了。他们派出一个人数众多的出访团，彼得亲自参加，不过他的身份是普列奥布拉任斯科耶团的彼得·米哈伊洛夫下士。这等于是向外界宣布："我们虽然是沙皇的使团人员，但我们简单淳朴，平易近人，我们能够睡地板，跟农民一起吃饭劳作。我们这次只有一个心愿，那就是要消除我们的蒙昧和野蛮，为此特意向你们学习来的！"

勒福尔特、精通外语的西伯利亚总督费多尔·阿列克谢耶维奇·戈洛温，头脑敏捷，还有杜马秘书官普罗科菲·沃兹尼岑，这些人被彼得任命为出访使团的全权大使，随行的有20个莫斯科贵族和35名志愿人员，其中就有阿列克萨什卡·缅希科夫和彼得本人。

一件不愉快的事情发生了，耽误了出访的行期。当年彼得逃到圣三一修道院时，齐克列尔上校是第一个投奔彼得的射击军团人员。彼得一直忘不了此人是索菲娅的亲信，因此对他怀有很深的芥蒂。攻下亚速之后，彼得派他去修筑塔甘罗格要塞，这对自尊心极强的他来说，和流放没有什么区别。他上任之后，发现哥萨克人对强制劳动极为反感，悄悄地对他们说："现在国内形势非常乱，但皇上还要去海外出访，让该死的外国人勒福尔特充当大使，为此还带去很大一笔公款。皇上刚愎自用，一心贪图享乐，国库的钱都让他白白浪费了。如果我们能干掉他，那就没有人能妨碍你们了，可以去斯坚卡·拉辛曾做过的事情了。"

那些哥萨克人便都嚷嚷起来，准备效仿斯坚卡·拉辛起事。射击军五十人长叶利扎里耶夫急忙赶到莫斯科，检举了这个阴谋。经过审讯，他们发现齐克列尔和贵族索科夫宁、普什金有联系，贵族则跟新圣母修道院一直暗中通气。彼得亲自拷问齐克列尔，又从他嘴里得知了三年前去世的伊万·米哈伊洛维奇·米洛斯拉夫斯基以前种种恶毒的阴谋。童年时代的阴影又在彼得的记忆中复活了……

米洛斯拉夫斯基家族的祖坟被掘开了，伊万·米哈伊洛维奇的灵柩被起出来放在雪橇上，穿过莫斯科街道，拉到普列奥布拉任斯科耶兵营的广场上。广场中央搭起一座平台，上面放着一副绞刑架，三个射击军士兵将打得皮开肉绽的齐克列尔、索科夫宁和普什金押解上来。"公爵皇帝"宣读了判词。伊万·米哈伊洛维奇被判处了鞭刑。接下来就轮到齐克列尔了，他被人揪着头发，拖到了绞刑架下。一个刽子手把他按到断头台上，一斧子就砍掉了他的胳膊，接着就砍掉了他的首级，往绞刑架下面一扔。

彼得把俄罗斯交给列夫·基里洛维奇、斯特列什涅夫、阿普拉克辛、鲍里斯·阿列克谢耶维奇和安德烈·安德烈耶维奇几个人全权处理。莫斯科的一切都交给罗莫达诺夫斯基管理。3月中旬，包括彼得·米哈伊洛夫在内的使团出发了。4月1日，彼得用隐显墨水给莫斯科写了一封信：

维尼乌斯先生，我们昨天到达了里加，感谢上帝，大家的身体都很好，大使们受到了极其隆重的接待。他们走进城堡和离开的时候，二十四门礼炮一齐响起来了。维德纳河还冻着冰，因此我们在这里要拖延些时日。以后我将继续用隐显墨水写信，为了外表上好看，我会在合适的地方写上这样的话：请向我的将军问候，恳求他照顾我的家里人。其余的话都用隐显墨水书写。

维尼乌斯很快就回了信：

第一封信已经收到，我参加了一个盛大的宴会，为大使们以及勇敢的骑士的健康，我们喝了很多的酒。将军们、士兵们、全体指挥官以及所有的士兵也向您致敬。第一连鼓手卢卡已经死了，黑人汉尼拔现在总算驯服了，正在学习俄文，祝您阖府安好。

一星期后，维尼乌斯发来了第二封信：

我今天要动身去米塔乌。复活节那天，河水开始解冻，我们可以顺河而下了。这里的商人都穿着长袍，看样子十分老实，当我们的商人卖雪橇时，他们却为一个戈比讨价还价。当我们买物品时，他们要比平常高两倍的价钱。

我们穿过城市和城堡，离开里加的时候，至少有二千士兵站在城墙上。全城都修筑了坚固的防御工事，不过还没有完成。这里的人给人的感觉是不太友好，因为歉收，国内发生了严重的饥荒。

三个星期后，维尼乌斯又发来一封信：

我们今天打算从海路前往哥尼斯堡。我们在利巴瓦看到一件怪事：一个药师把一条火蛇放在酒精瓶子里，在我的印象中，火蛇是生活在火里。我们把所有的车夫都遣散了，至于开小差的车夫，我们要把他们抓回来，狠狠抽一顿鞭子，在市场上巡游，让他们把钱交出来，以后不敢再欺诈。

三

"圣格奥尔吉号"披着阳光、在辽阔的海面上行驶着，两个三角风帆都给吹得鼓起来了。船艄上飘扬着勃兰登堡的旗帜，欢乐的浪花拍打着海神的雕像。彼得、阿列克萨什卡·缅希科夫、阿廖什卡·布罗夫金、沃尔科夫等人在甲板上吸着烟。彼得把胳膊肘放在膝盖上，高兴地说道："我们一到哥尼斯堡就去拜访勃兰登堡选帝侯腓特烈三世，看看他是如何欢迎我们的。他一方面害怕瑞典，另一方面又害怕波兰人。这一点我们早就察觉了，等着瞧吧，他会和我们建立一个军事同盟。"彼得往海里吐了口唾沫。继续说道："但是，这样的同盟对我们并没有什么好处。普鲁士不会和土耳其人打仗。但你们不能在哥尼斯堡胡闹，不能做有损我们名声的事，如果让我发现，我就砸烂他的脑袋。"

太阳西沉了，"圣格奥尔吉号"乘风破浪，欢快地朝被封锁的皮拉乌要塞驶去。当他们到达之后，放了一响礼炮，便抛下了锚。船长和这些莫斯科人共进了晚餐。

第二天早晨，彼得一行人上了岸。这里没有什么特殊的，门口打扫得很干净，女人们在料理家务，男人则在修补渔网及渔船。他们都很亲切，没有任何胆怯的样子。彼得找到了一个小酒馆，在这里他给腓特烈三世写了一封求见信，让沃尔科夫送往哥尼斯堡。

中午，一辆镀金马车停在了小酒馆的门口，侍从冯·普林茨麻利地跳下车，推开渔民，朝那些正在喝啤酒的俄罗斯人走去。在离桌子三步远的地方，他摘下帽子，行了一个礼，开口说道："我的主人，选帝侯腓特烈三世非常荣幸，邀请他盼望已久的贵宾们离开这个破烂的小酒馆，屈驾去已经准备好的宾馆休息。"

彼得跟着冯·普林茨上了马车，其余的人则搭乘一辆简陋的车跟在后面。在哥尼斯堡最好的住宅区，已经为他们准备好了一处干净舒适的住处。一路上，彼得望着整洁的路面、柔和的灯光、没有防御栅栏保护的房屋、随意出入的大门，让他感到极为诧异："这些人为什么不怕被抢劫，难道这里没强盗吗？"等他们安顿好之后，彼得把大家召集起来，对众人说："我警告你们，如果有谁拿走了这里的任何东西，不管出于什么原因，我都会把他绞死。"

冯·普林茨又回来了，彼得便跟他到腓特烈的宫里去了。一走进宫中的花园，彼得便用心观察着周围的一切。那有座正在喷水的喷泉，修剪得整整齐齐的灌木丛，经草地一映衬，显得黑黝黝的。腓特烈三世正在花园通往玻璃门口的走廊上迎接他们："哦，我的兄弟，"他先用法国话说了一遍，然后又用德语重复了一遍。彼得不知道是称呼他为老兄，还是叔叔好，一时愣在了当场。

腓特烈三世拉着彼得的手，带他走进一间铺着地毯的屋子。彼得的头开始发晕，眼前的一切都是他童年时喜爱的画面，现在都真实地出现了。壁炉燃烧着，散发出温暖的光芒，大理石的台架上，一座精巧的时钟正在晃动着钟摆。烛光照亮了墙上的挂毯、椅子和凳子，这一切都令彼得心醉神迷。选帝侯腓特烈三世用手转动着鼻烟壶，一双锐利的眼睛半睁半闭看着彼得。他们谈了许久，最后才提起军事同盟这件事。彼得这才开始醒悟，这是国家大事，不能随便承诺，大使们必须进行谈判。

在等待大使团到达的一个星期里，彼得都在郊外用大炮打靶。他从炮兵总工程师施泰特纳·冯·施特恩菲尔德那里得到一份证书，以此证明他发射大炮的技术以及军事科学理论方面的知识都已精通，是一位火器射击的专家。

大使们受到了热烈的接待。队伍前头是那些装饰漂亮的各种马匹，跟在后面的是普鲁士的禁卫军、少年侍卫、骑士和武士。走在他们后面的是俄罗斯的30名志愿人员，一辆宽敞的轿车里坐着三位大使：勒福尔特、戈洛温、沃兹尼岑。轿车后面是那些莫斯科贵族，俄罗斯使团的每个人都穿着华丽的衣服。

当使团成员与选帝侯的臣子谈判时，彼得乘着快艇前往弗里什加夫去了，他待在那里也不起作用。对彼得来说，只要选帝侯腓特烈不跟波兰缔结同盟就可以，至于他们之间是否缔结同盟倒是其次。基于这一点，他们所建议的同盟不是军事性质的，而是友好性质的，在这一点上他们是毫不动摇的。选帝侯则想尽办法说服他们。那些大使同意缔结军事同盟，但首先要求先得跟那些从反对土耳其的战争中退出来的国家作战。这不符合选帝侯腓特烈的心愿，他看谈不出结果，便去拜访彼得，谈了一个通宵。但彼得一直在听他说，最后才说道："好吧，选帝侯陛下，我们不必把这个写在纸上。如果你有需要，我们就来支援你，这里是十字架，你信任我们吗？"

最终，这个口头上缔结的军事同盟还是用书面形式固定下来了，大使团完成了任务，准备动身了。可是这个时候，他们得到了一个重要的消息：波兰开始了新王的大选，他们不得不又在皮拉乌滞留了三个星期。波兰贵族为了支持自己的竞选者，开始用宝剑、手枪互相厮杀。在这些候选人当中最有实力的是两个人：萨克森选帝侯奥古斯特和波兰国王的弟弟德·孔季亲王。

法兰西人登上了波兰的王座，这意味着波兰从反对土耳其人的同盟中退了出去，意味着要对俄罗斯人发动战争。这个时候，彼得才意识到政治手腕的重要性。他派了一个使者到维尼乌斯那里去，叫他写一封信给波兰人，要尽可能使法兰西亲王的人感到恐惧。他们还给格涅兹廷的枢机主教送去一个公文："如果法兰西人做了波兰的国王，那不仅要对付圣十字的同盟，而且跟波兰的永久条约都受到了严峻的挑战。鉴于跟贵国历代君王,波兰国王,以及贵族、议会始终不渝的友谊,我们不希望出现一位倾向于法兰西和土耳其的国王……"

爱好面子的波兰人同时选出了两个国王:奥古斯特和孔季,混战开始了。他们武装了各自的奴仆和农民,互相攻击残杀。彼得慌了,立即派出大军开往立陶宛边境,去支援奥古斯特。可奥古斯特本人率领12万大军在波兰出现,法兰西一派失败了。奥古斯特对彼得十分感激,他向驻节在华沙的俄罗斯大公起誓,他将和彼得完全保持一致。

危机消失了,使团以及彼得一行人马离开了皮拉乌,赶往下一处。

四

彼得并没有跟大使团一起出发,而是先走一步,继续欧洲之旅。7月的一个晚上,彼得和阿列克萨什卡坐在旅行马车里,赶到了汉诺威附近的科本布吕格小镇。从窗户里射出暖暖的灯光,洒落在街道上。有个系着围裙的汉子,正冲车夫嚷嚷着什么。车夫勒住了马,回头对彼得说:"大人,客店老板杀了头猪,今天有肉肠馅饼,您找不到比这里更好的地方了。"彼得和阿列克萨什卡跳下马车,伸了一个懒腰,呼吸着新鲜的空气。

"怎么样,阿列克萨什卡,这样的生活好吧。你听,就连狗都不凶,真是个乐园,总有一天,我要把这种生活带到莫斯科。"彼得惬意地望着四周,一副陶醉的模样。一想到莫斯科,彼得的牙就直痒痒:"俄罗斯人总是墨守成规,因循守旧。一千年过去了,他们还没学会种地。我们必须打通到波罗的海的路,在那儿建设一座新的城市,一个真正的乐园。等着吧,阿列克萨什卡,等我回去之后,一定要让莫斯科吓一跳。"

他们走进了这家旅馆,要了啤酒,正要刀叉时,科本施泰因骑士从外面走进来了。他向老板使了个眼色,让他回避,然后疾步上前,除下帽子行了个礼,柔声细语地说:"汉诺威选帝侯夫人索菲娅殿下,率她的小姐勃兰登堡选帝侯夫人索菲娅·夏洛特,她的公子、英国王位继承人格奥尔格一路德维希储君,以及她殿下朝廷中的夫人和骑士,已经从汉诺威赶来迎接陛下,唯一目的就是想补偿您旅途的劳累,以结好朋友而驰名的莫斯科沙皇,希望您能和她以及她的女儿共进晚餐。"

彼得急忙摆手,结结巴巴地说:"我现在急着赶路,再说时间也很晚了……等我从荷兰回来,我再去拜访吧。"科本施泰因坚决要求彼得前往,不然他就不离开。彼得没有办法,只好同意。但他提出了一个条件,他要从后门进去,而且共进晚餐的只能是选帝侯夫人,最多加上她的女儿。

一辆考究的马车早已在街上迎接着彼得。

选帝侯夫人索菲娅和女儿夏洛特正坐在备好晚餐的桌子边闲聊。这座中世纪城堡是当地一个地主让给她们的,母女俩勇敢地克服了种种不便,坚持住了下来。母女俩都认为在短暂的人生中,只有绘画、音乐、诗歌才是优雅美妙且有意义的东西。她们是德国最有教养的女人,和莱布尼茨通信,讨论各种问题。关于母女俩,莱布尼茨这样评价:"这两位女士的头脑极为灵活,她们喜欢钻研,有时候你不得不在她们面前甘拜下风。"她们都热爱和保护艺术和文学。夏洛特在柏林创办了一所科学院,鼓励人们从事科学探索。就在前几天,选帝侯腓特烈三世来了封信,描述了他对这位乔装成木匠的年轻沙皇的印象。母女俩产生了好奇心,便专程赶到了科本布吕格。

"到底盼来了,他们到了!"侍女跑进来通报。母女俩从椅子里站了起来,整理着衣服。一个颀长的身影,急匆匆大步走上花园小径,后面还跟着一个身影,披着斗篷,戴着三角毡帽,再后面又是一个身影。科本施泰因推门进来了,说道:"沙皇陛下驾到!"

彼得穿着满是灰尘的鞋子,侧身进来了。他看见两个雍容华贵的夫人后,嘴里嘟囔说着德语,问候着她们。索菲娅上前三步,走了上来,行了个屈膝礼。夏洛特随后走过来请了个安,优雅地说:"陛下会宽恕我们的无礼,怀着这样的情感,我们迫切地想拜见您,第一个破坏俄罗斯传统偏见的沙皇。"

彼得慌乱到了极点,"我不太会说话,"他压低了嗓音,双手也不知道放在哪里才合适。索菲娅嫣然一笑,挽着他的手,来到了桌边。选帝侯夫人索菲娅问了不下上百个问题,关于气候、旅程、战争、游历的印象等,一切都等待着他来回答。彼得望着母女俩美丽的面容,听着柔美的声音,闻着她们身上散发出来的香味,心情开始放松下来。他整理了下思绪,回答她们提出的问题。两位仕女跟他谈著名画家、剧作家、哲学以及美学等方面，有许多东西彼得并不懂，便要求她们一讲再讲，有许多问题彼得都现出惊奇的表情。

"科学和艺术在莫斯科！"彼得说着，把桌子底下的脚伸了伸。"在我们那里，人们见了这些东西都害怕，领主和贵族都是笨头笨脑的庄稼人，只是睡觉，填饱肚子，做做祷告就可以了。整个国家死气沉沉，盗匪横行，光是莫斯科一地，据说就有3000土匪。"

"我最喜欢的是造船。普林基皮乌姆号帆桨大船，从桅杆到龙骨，每一个部件，都有我这双手的参与。我还爱好，喜欢放烟火。我懂十四门手艺，但不精通，正因如此，我才想到这儿学习。在俄罗斯，有人说我残暴，说我爱流血，这是胡诌。俄罗斯要想富强起来，必须要彻底改造，打破一切传统才有希望。"

他身上的一切，从他残暴的印象到对种种人情世故的无知，既让人感到可怕，但也让人为之着迷。他身上散发出一种原始的清新之感，这是最吸引两位贵妇人的地方。她们希望把自己的亲属，以及腓特烈三世的大臣们介绍给彼得。彼得这会儿完全放松下来了，变得快活起来，微笑着点点头。正当彼得挨个跟腓特烈的王公贵族见面的时候，勒福尔特、戈洛温等大使急急忙忙赶过来了。他们在科本布吕格追上了彼得的御车，打听到彼得的下落，便十分惶恐地赶到城堡来了。

彼得仿佛又回到了库奎区，他建议大家先喝喝酒，然后再开个舞会，好好放松下。勒福尔特站了出来，负责安排跳舞事宜。乐队奏起了音乐，裙子飞扬起来，假发也乱了，女人们身上香汗涔涔，男人们满脸红光⋯⋯

五

众人在科本布吕格分手了：大使们绕道前往阿姆斯特丹，彼得则带着一些人去莱茵河，还没走到克桑滕，便坐船向下游驶去。彼得向往已久的荷兰马上就要到了。他们向右转入莱茵河的支流，到了福尔特村，通过一个水闸，进入运河。

运河穿过平原，呈直线伸展出去，平原则被一块块菜园、牧场、花圃以及沟渠划分开了。四周全是住宅、田庄和带着陡直瓦的小房子，运河两旁栽着一行行的柳树。在干干净净的小院里，种满了各种果树，家禽悠闲地吃着食。俄罗斯人惊叹荷兰人用填海造田的方法建成了国家，仿佛就是一个活生生的梦境。跟俄罗斯的大草原相比，完全不一样。彼得坐在船头，吸着烟，跟那些志愿人员说道："在莫斯科，许多院子都比这宽敞，可是没有人愿意去打扫，栽种果树和蔬菜。我们有大片辽阔的土地，但很贫穷落后，荷兰则从海里弄到了土地，建成了一个真正的乐园。"

木船从运河驶进了几条小运河，越来越多的帆篷出现了，人也逐渐清晰起来。傍晚时分，船驶入了阿姆斯特丹，他们在岸上一家小饭馆吃晚餐。在这里，彼得把所有的志愿人员都打发到阿姆斯特丹去，他本人则与阿列克萨什卡、阿廖什卡、比特卡神甫搭乘一条小船，绕过阿姆斯特丹，前往赞丹村。

从童年时代，彼得就爱上了赞丹，当时就决定有机会一定要去看看这个地方。他的老朋友，在佩列亚斯拉夫造游戏海船的铁匠赫里特·基斯特和他提起过这个村子。赚了一笔外快之后，基斯特便回国了。后来又有铁匠和造船工匠陆续从赞丹赶来，最初是阿尔汉格尔斯克，后来是沃罗涅什，他们跟彼得说："世界上造船最好的地方在赞丹，那里造的船又轻又快，还很坚固，什么地方的船都不如它。"

阿姆斯特丹以北十公里的赞丹、科格、东扎涅恩、西扎涅恩和扎恩季克村，至少有50家造船厂，人们夜以继日地工作，一条船就下水也就需要五六个星期。周边有无数的小作坊为之提供服务：零件、钩链、钉子、缆索、帆篷以及其他用具。这些私营造船厂只负责中型商船和捕鲸船，至于大商船和战舰都是在阿姆斯特丹的两个海军造船台造的。

整整一夜，小船在又深又窄的运河里行驶，看着岸上的灯光，听着斧子的叮当声，铁器的铮铮声，木头的吱吱声。四个健硕的荷兰水手用力划着船。第二天早晨，天色灰蒙蒙的，房舍、风车、平底船，夜里显得很巨大的物体，仿佛如变戏法一般缩小了，垂柳挂到了迷茫的水面上。彼得四处张望着，赞丹到底在哪儿呢？

"就在那边啊，那就是赞丹！"一个桨手说道，朝那些木头造的，已经被风雨吹打得发黑的房子指了指。彼得让小船赶紧划到那排小房子前面。人们已经醒来了,一些人家已经炊烟袅袅,女人们正在弯腰洗涤衣物。一个戴便帽的人,正坐在一条小船上钓鱼,彼得瞧了他一眼,随即跳了起来:"赫里特·基斯特,是你吗?"那人收起鱼竿,回头瞅了一眼,他看见一条划过来的小船上站着年轻的俄罗斯沙皇彼得,揉了揉眼睛,确信自己没有看错之后,基斯特便热情地招呼着:"嗨,是你啊,彼得?"说着,他跳上了彼得的船,用粗大有力的手紧握着彼得,随后,他也看见了阿列克萨什卡:"小伙子,你也来了啊,你们能到荷兰,真是太好了!"

"我打算去造船厂干一冬天的木匠活,我现在还没有找到住的地方,先住在你家吧,顺便再帮我买一些木匠做活用的工具,怎么样?"基斯特看着彼得笑吟吟的表情,心里也非常高兴,他动了感情:"没开玩笑吧,彼得,您能来我家,那是我的荣幸。不过我家有点挤,我是个穷人,只要你不嫌弃就好。我认识个人,她那里就有很好的工具卖,价格也很合理。"彼得也微笑着说:"不,我现在没有心思开玩笑。我要在二年之内组建一支舰队,俄罗斯不能再做傻瓜,我不允许我们国内有一个人还有一双白嫩的手。"

彼得十分喜爱这所住宅,他租下了一间屋子,一间给自己和阿列克萨什卡住,另一间给阿廖什卡和神甫比特卡住。就在那一天,在买工具回来的路上,彼得碰上了曾经在沃罗涅什干活的木匠连先。彼得停了下来,伸出一只手:"连先,你日子过得怎么样?当初你不应该从沃罗涅什逃跑啊。我呢,星期一就要去林格斯特·罗格造船厂做工了。这件事你可不能告诉任何人,好不好?我在这里的名字是彼得·米哈伊洛夫,记住,别叫错了!"

彼得大帝在荷兰

六

1月，彼得动身前往英国，住在离伦敦郊区的德特福小镇的一个造船厂中。在那里，他发现了在荷兰一直没有找到的东西：根据科学的法则或是船舶上的几何学进行造船的技术。他花了两个半月的时间，学习了数学和船舶设计制图知识。为了能在莫斯科创办一所航海学校，他聘请了学识渊博的数学教授安德鲁·法夸尔森。彼得还聘请水闸专家约翰·佩列上尉去指导开凿连通伏尔加河—顿河之间的运河。可悲的是，英国的水手要求太高，大使团所带的钱却太少：黑貂皮、织锦缎、项链，加上不断从莫斯科运来的中国瓷器，即使这样，还不够支付大批订货和雇佣人员的费用。

一位英国人出面解决了这个难题。卡马森的佩列格林爵士，伸出了援助之手：他愿意预付2万英镑，换取在莫斯科全国推销烟草的专利权，每年输入3000桶，每桶500磅的权利。他们请到了一位有名的荷兰船长克尔涅利·克莱斯，此人刚强固执，有丰富的航海经验，是一个老练的水手。给他很高的待遇：海军中将的头衔，3600银币，莫斯科的一座府邸，伙食全部供应，此外还有分摊3%战利品的权利；如果不幸被俘，由国库出钱赎回。

俄罗斯招来的指挥官、领航员、水手长、医生、水手、造船专家和炮术专家们，绕道阿尔汉格尔斯克和诺夫戈罗德前往莫斯科，开始他们为俄罗斯服务的历程。遵照上谕，他们一行人被安排在贵族和商人们的府邸里。莫斯科变得拥挤极了，领主们全都傻眼了，不知道如何招待这一大批外国人。一辆又一辆的辎重大车，装载着武器、木材和钢铁的加工工具、软木、铁锚等物品源源不断地进入莫斯科。俄罗斯的老百姓则过着饥一顿饱一顿的生活，莫斯科充斥着乞丐。那些蛮横无理的外国人还在不断涌入，分食着俄罗斯人最后的食物。百姓们不禁要问：皇上还有没有头脑，是不是被异端控制了大脑？

莫斯科开始流传彼得已经在海外淹死了，勒福尔特找了一个面貌相似的人来冒充他，假借他的名义来压迫人们，铲除异教。罗莫达诺夫斯基下令把造谣者抓起来，亲自审问，却没有找出谣言的制造者。为了防止这些人与索菲娅有任何联系，新圣母修道院的警卫力量加强了。罗莫达诺夫斯基还把领主和有势力的人请到他那里喝酒，还在门口布置了大量的火枪兵。侏儒们趴在桌子底下，窃听他们的谈话。尽管这些客人喝得烂醉如泥，却一句废话也不说，他们中的很多人就等着彼得及其追随者脚底下的土地动摇的机会。

没多久，敌人开始蠢蠢欲动了。大约150名射击军从立陶宛的边境开小差，跑回了莫斯科。洪德特马克、丘巴罗夫、科尔扎科夫和切尔姆内四个团长率领的四个射击军团，当初被调往增援总督米哈伊尔·罗莫达诺夫斯基，在占领亚速之后被留在亚速和塔甘罗格构筑工事，他们对繁重的徭役厌烦得要死，都想回莫斯科，回到妻子的身边。去年秋天，这些人就发生过哗变，威胁说要效仿斯坚卡·拉辛起事。结果，他们不仅没有回来，反而被赶到了立陶宛边境的沼泽地区，过着吃不饱穿不暖的日子。

有人在莫斯科正等待着射击军。通过宫中一个女仆，射击军把请愿书带给了索菲娅的妹妹马尔法公主。看完请愿书之后，公主通过女仆把消息传了出来：让射击军火速赶到莫斯科，现在彼得生死不明，宫中人心惶惶，小人掌握了权力，正准备对射击军下手。

射击军跑到广场上，拿着这封信大声嚷嚷起来："索菲娅公主执政的时候，每年会犒赏八次，每次300人，公主们在肉食节期间也会给百姓分发肉冻、煮鸡、牛肉鸡蛋馅饼、咸鱼、伏特加酒和蜂蜜等食物，让我们感受到皇恩浩荡。眼下，只有外国人吃得好，我们却食不果腹，犒赏大家的酒钱都花在海外了。"一时间，群情激愤，大家挤在射击军政厅里嘈杂着，甚至就连以心狠手辣而出名的伊万·鲍里索维奇也不予理睬。军政厅抓了几个闹得最凶的人，在押到通往监狱的路上，被人给揍了一顿，把这些人救走了。

"公爵皇帝"请来戈登和阿尔塔蒙·戈洛温，商议把逃回来的射击军全部驱逐出莫斯科。费多尔·尤里耶维奇惊恐万分，亲自去检查近卫军和其他部队，结果让他十分满意：各处都很平静，秩序井然。他从谢苗诺沃团挑选出100多人，悄无声息地溜进射击军驻地，把射击军全部赶了出去。射击军没有任何反抗，个个喜笑颜开，收拾好物品之后便离开了，仿佛完成了他们来莫斯科的任务。

那些射击军把索菲娅的信带回立陶宛边境，给射击军一个正式的答复：

射击军士兵们！我知道你们已经有一部分人来到了莫斯科，这让我很高兴。你们四个团应该都开到莫斯科，在新圣母修道院下面安营扎寨，让我回到克里姆林宫，像从前一样执政。如果守卫修道院的士兵不让你们进来，你们就用子弹和军刀对付他们，让我们一起进入莫斯科。等胜利之后，你们的要求我都会满足的，让我们一起统治俄罗斯吧！

这是一道用武力夺取莫斯科的命令，当逃兵们带着这封信回到立陶宛边境时，士兵哗变了。

七

彼得和大使们都不了解欧洲政治。对莫斯科来说，欧洲的政治有些暧昧。俄罗斯打这一仗的目的是要保护大草原，驱逐鞑靼人，保障与东方水陆交通的安全，获得出海口。他们认为法兰西国王和土耳其苏丹是一致的，英国和荷兰的统治者威廉答应彼得在跟土耳其作战时候给予援助。不料一个晴天霹雳传来，奥地利皇帝利奥波德已经跟土耳其和谈，而威廉既没有跟俄罗斯人，也没有跟荷兰人商量，把他们都出卖了。

彼得和大使们很难理解，英国和荷兰的工商业者为何担忧摧毁法兰西在大西洋和地中海上商业和军事霸权的战争，很难理解西班牙的王位继承人并不是意味着这个或者那个的儿子登上宝座，并不意味着能戴上王冠；而是意味着装运着钢铁、丝绸、木材和香料的船舶的自由航路，繁荣的市场和开放的港口；更让人难以理解的是，英国人和荷兰人由于想使奥地利皇帝摆脱束缚，以便对法兰西进行战争，并坚决要求俄罗斯人继续与苏丹作战，这就是暧昧的欧洲政治。

彼得回到了阿姆斯特丹，来自维也纳不愉快的消息让他很抑郁，那些市长也是支吾搪塞，顾左右而言他，他们对莫斯科认为的另一件大事也避而不谈。那一年，有个叫杰米拉夫的铁匠在乌拉尔发现了一个磁铁矿。维尼乌斯把这一好消息告诉给彼得。英国人和荷兰人对有关乌拉尔磁铁矿的谈话十分上心，可是提出要物色熟练工匠，他们便迟疑不决，一会儿说俄罗斯人承担不了这个任务，一会儿又说要实地考察，他们可以去开采。这样一来，不论是在英国，还是在荷兰，俄罗斯都没有雇到熟练的铁匠。

除了以上提到的麻烦，彼得又听到了射击军在莫斯科哗变的消息，这让他更加心烦意乱。维也纳一个密使写信告诉他，有个波兰教士在城镇东奔西走，散步谣言，说是莫斯科发生了暴动，瓦西里·瓦西里耶维奇已经从流放地回来，索菲娅公主也重登宝座，百姓们开始效忠她。

降灵节那天，莫斯科的街道打扫干净，街上只有拿着粗棍或是矛枪、站在街道巡逻的士兵，其余的莫斯科人都做祈祷去了。整个城市安静极了，只有鸟儿在欢快地歌唱。宁静的局面忽然被一阵车轮声打破了，一辆漂亮的小马车顺着尼科利斯基城墙那边发疯一般地疾驰着，大家认出他是伊万·阿尔捷米奇·布罗夫金。到了红场，他跳下马，浑身大汗地冲进了喀山大教堂，那里最上层的领主正在做祈祷。伊万·阿尔捷米奇一推开门，就看见"公爵皇帝"罗莫达诺夫斯基站在古老的祭坛屏门前面的一块地毯上，其余的人站在他的后面。伊万·阿尔捷米奇朝"公爵皇帝"鞠了一躬，开口说道："大人，我是连夜从瑟切夫赶来的，我带来了一个可怕的消息。"说着，他凑到了罗莫达诺夫斯基的耳边："四个射击军团正开往莫斯科，大约还有两天的路程。他们走得很慢，还带着辎重车队。"

罗莫达诺夫斯基抓住伊万·阿尔捷米奇的一只手，频频亲吻。过了好一会儿，他才抬起头，招呼鲍里斯·阿列克谢耶维奇过去："祷告完事后，你告诉阿尔塔蒙和维尼乌斯立刻来见我。"说完，他转过身，继续祷告。

八

射击军的四个团，驻扎在被称为"新耶路撒冷"的复活修道院墙外一片潮湿的低地上。那天夜里，射击军打算带着辎重部队渡过狭窄的伊斯特拉河，走上通往莫斯科的大道。射击军的侦察兵回来报告，领主和商人们正在乱窜，城里人都急切地盼望射击军回去，只要射击军一到，他们便杀死城门口哨兵，开门欢迎。射击军的女眷们早就磨快了长矛和斧子，等待着跟她们的丈夫、儿子、兄弟见面。

整整一天，射击军的几个首领都在争论下一步的行动。有的人想直接冲进莫斯科，快速解决战斗；有的人主张绕过莫斯科，到谢尔普霍夫或是图拉去挖战壕固守，然后派人去顿河和乌克兰城市，号召哥萨克和其他射击军支援。

奥夫谢·勒若夫现在已经被选为五百人长了。射击军哗变那天，他们就把军官和上校撵走了，然后召开了大会，选出了射击军首领。奥夫谢喊破了嗓子："现在哪个人身上还有干净的衬衫？自从去年起，我就没有理过胡子，洗过澡。我们不干了，我们要回老家，回到莫斯科！索菲娅公主告诉咱们要赶快行动，晚了就来不及了，要不然大家会一起完蛋。勒福尔特一帮人到时就会骑在咱们脖子上，直到把咱们勒死才罢休。与其等到那时坐以待毙，不如现在就攻打克里姆林宫，把彼得赶下台，拥护索菲娅重掌政权。只要帮她实现愿望，她什么都会答应的。弟兄们，开始渡河吧！"

射击军的几个主谋：图马、普罗斯库里亚科夫、佐林、叶尔什都站在奥夫谢旁边，高声叫嚷着，挥舞着军刀。许多人跑向一辆辆大车，疯狂地抽打着牲口，辎重车队和士兵们开始涌向雾蒙蒙的河边。可是他们隐约感觉对岸模模糊糊的灌木丛中，有个小旗一样的东西在晃动，一个嘶哑的嗓音喊着："站住！站住！"

射击军仔细一看，认出那个人就是戈登，人群喧闹的场面不见了，安静下来了。戈登继续喊着："弟兄们！我带来了4000名效忠皇上的军队，还占据了有利的地形，可我并不愿意叫弟兄们流血。告诉我，你们有什么要求和打算！"

"我们要回家！我们饿死了，我们要吃饭！"

"为什么把我们弄到偏远的地方去？成天修筑工事，我们都要累死了。让我们回家待上三天，我们就投诚！"

……

戈登挥舞着双手，大声回复着："弟兄们，你们说的话我都记下了！不过现在是黑夜，只有傻瓜才会渡过很深的伊斯特拉河，你们不如在那边等一下，等天亮再说。"戈登跨上了战马，向黑暗中疾驰。射击军迟疑了一下，吵闹了一阵，随后便动手点起篝火，准备晚饭了。

清晨，射击军士兵看见伊斯特拉河对岸列着普列奥布拉任斯科耶团整齐的队伍，火枪和军刀在阳光照射下刺得人睁不开眼，还有已装上炮弹的12门大炮蓄势待发。左岸五百名龙骑兵守护，右岸则是其他部队，守住了通往莫斯科的道路。射击军一阵喧哗，随即跑向辎重大车，按照哥萨克的传统，将大车摆成一个方阵。

戈登带着六名龙骑兵，骑着马来到河边站住，举起了一只手："听着！你们都是善良而有理智的人，为什么要动武？只要你们把主谋者交出来，其余的人都既往不咎。我不会让你们进入莫斯科的，听我这个老战士的话吧，这样干，对你们没有任何好处。"射击军士兵越听越激动，开始用下流话谩骂起来了。图马爬上一门大炮，手里挥舞着一张纸："我们的委屈和要求都写在上面，让我们过去，我们要向弟兄们宣读请愿书！"

戈登看到劝说的办法无法让射击军放弃，他便勒着马，慢慢地退回阵地。12门大炮一齐发射，炮弹从大车头顶飞过，在修道院墙边炸开，带起大片的泥土。奥夫谢、图马、佐林等人挥舞着军刀："弟兄们，冲啊，咱们要用武力攻下莫斯科！"射击军士兵杂乱无章地列着队，疯狂地喊着事先约定好的口令："谢尔吉耶夫！谢尔吉耶夫！"

克拉格上校命令大炮调整准星，炮兵就将目标对准了射击军的辎重大车。一阵炮弹过后，惨叫不断，木片纷飞，牲口跟着倒了下去。一发炮弹在人群密集之处爆炸，射击军犹如开水中的青蛙，到处寻找活命之处。射击军乱成了一团，有人想冲过河的右岸奔向莫斯科，可是却遭到了布特尔斯基团和勒福尔特团的强烈阻击；更多的人则是四散逃跑，武器、帽子、矛枪全都丢弃了。龙骑兵和普列奥布拉任斯科耶团趁机渡河追击，如同赶羊进圈一般，把逃命的人全部赶回了他们的营房。

沙因统帅将营垒移过了河，开始审讯射击军士兵。让他感到失望的是，没有一个人出卖索菲娅，提到她写的信。他们只是不断哭泣，露出自己的伤口，可怜兮兮地求情：他们进军莫斯科是出于一时的糊涂，现在明白过来，是自己错了。图拉则被吊在拷问架上，鞭子把他抽得皮开肉绽，浑身没有一处好地方。可是他一句话也没说,只是用恶毒的眼神看着拷问他的人。图马、普罗斯库亚科夫及 56 名带头闹事的人被吊死在莫斯科大道上,其余的人都给押解到监狱和修道院去了。

九

彼得对维也纳之行非常失望,作为他个人,受到了尊敬的接待和照顾,在和奥地利首相私下交流时,首相答应了一切条件。可是在正式谈判之际,当俄罗斯要求奥皇跟土耳其签订和约的时候,为莫斯科要回刻赤这个地方时,首相便说有极大的困难,顾左右而言他,根本不接彼得的话。总之一句话,维也纳的访问一无所获。

维也纳之行,彼得等人比在荷兰更深刻地认清了欧洲政治的本质。正当他们准备动身前往威尼斯之际,却接到了从莫斯科寄来的信,罗莫达诺夫斯基和维尼乌斯报告了射击军叛乱的事情,彼得不得不改变行程,连夜赶回莫斯科。

在圣母升天大教堂祈祷的时候,"公爵皇帝"罗莫达诺夫斯基把彼得即将回国的消息告诉了领主们,让他们准备好接驾的一切事宜。领主们大吃一惊,一年多的时间,他们已经习惯了平静的生活,可那只凶狠的鹰即将飞回来了!谁来承担射击军哗变的责任?谁来承担与鞑靼人作战时行动迟缓的责任?国库空虚的责任又由谁负责?一想到这些,领主们的脑袋都大了,他们不能休息了。克里姆林宫打起了十二分的精神,上上下下开始忙碌起来,大国家杜马会议一天开两次会,商议着各种令人头疼的事情。

9月4日,两辆风尘仆仆的马车在"公爵皇帝"的府邸前停下了。彼得、勒福尔特、戈洛温和阿列克萨什卡跳下马车,把罗莫达诺夫斯基叫出来,直奔克里姆林宫。

克里姆林宫得到了消息,皇后叶夫多基娅已经打扮齐整,安静地等待彼得的出现。沃罗比哈伊慌慌张张跑了进来:"皇上来了!可是他径直到纳塔利娅公主那里去了。"叶夫多基娅的脑袋立刻变得空荡荡。在分离的一年多时间里,彼得连一封信都没给她写。现在他回来了,可是却跑到纳塔利娅那里去了。到底发生什么了？

她忽然想到，要带着太子阿列克谢去见彼得，让父子团聚下。她刚走到门口，就被从外面跑进来的沃罗比哈伊撞了下，差点跌倒。沃罗比哈伊大声嚷嚷："皇上走进了纳塔利娅的房间，姐弟两人都哭了。后来，彼得告诉纳塔利娅公主，他要把太子带到普列奥布拉任斯科耶去。"叶夫多基娅听后，用双手捂住了脸，抽泣呜咽起来。

第二天清晨，将军、领主、杜马秘书官、世袭贵族便络绎不绝地赶往普列奥布拉任斯科耶觐见刚回来的彼得皇上。他们从挤满了人的门厅里推搡着穿过，还不时地问："皇上怎么样？有没有什么消息传出来？"人们怪笑了下，并没有透露任何消息。

朝臣们穿着长长的皮大衣，翘着胡子，依照官阶大小走过去，向彼得行礼。今天彼得穿得像一个外国人：上身穿一件细呢子衣服，像个女人，脖颈周围镶着一圈花边，蓄着深色的短唇髭，戴着假发，一只脚伸到椅子下，就连姿势和俄罗斯人也不一样了。众人还注意到，彼得脚边那两个丑陋的侏儒托莫萨和谢卡手里正拿着剪羊毛的剪子。

彼得等众人都觐见之后，扶起了一些人，拍拍一些人的肩头，微笑着开了口："瞧，你们的胡子都很长啊！在欧洲，他们就笑话这种胡子。来，把你们的胡子借给我，纪念这件快乐的事吧！"领主、总督、公爵，年轻的和年老的都慌乱起来，呆呆地站在那里，不知怎么办才好。

托莫萨和谢卡踮起脚，用羊毛剪子把这些人胡子一一剪掉，古老的美髯飘落在彼得脚边。被剪掉胡子的领主，用手捂住了脸，浑身哆嗦，可沙皇却亲自捧了一大杯酒给他："来，为我们的健康和长寿干一杯。……为什么要剪掉胡子呢？因为这样会让女人更喜欢，这是巴黎最新的花样。如果你们惋惜你们的胡子，那不妨把它放进你们的棺材里，在阴间它还会贴在你们脸上的。"要是彼得暴跳如雷，或是大声呵斥，要是他揪住他们的胡子，用威胁的言语逼迫，都不会让朝臣们感到可怕。可是他讳莫如深，彻底变了一个样，他的微笑都能让你不寒而栗。

桌子的一头，一个波兰理发师正手忙脚乱给剪掉胡子的人涂抹肥皂泡，给那些人刮啊、剃啊。领主们拿起镜子，照见自己那张光光的、丢人的脸，就像孩子似的，咧开了嘴。现在，只有从衣服上才能分辨出统帅沙因、领主特洛耶克罗夫、多尔戈鲁基公爵、别洛谢利斯基公爵。彼得用手卡摸了下他们剃得光光的下巴，微笑着说："现在好了，即使你们在朝廷上露脸，也用不着害臊了。"

彼得剪完了朝臣的胡子之后，便一个人到勒福尔特家里吃饭去了。这位亲爱的朋友直到中午才醒来，对着镜子打哈欠。彼得走了进来，一边按住他的肩头，一边瞅着他在镜子里的脸："刚才沙因已经告诉我了，那个傻瓜自己还不知道线索已经抓在自己手里了。有个叫法拉列耶夫的射击军士兵被押上绞刑架时，还不断嚷嚷。今天，我把领主的胡子都剃掉了，我的内心澎湃起来。他们全都知道，可就是瞒着我。这不是一次寻常的暴动，可怕的事情还在酝酿着。我必须要用血来约束领主，约束那些大胡子，米洛斯拉夫斯基的余孽们！弗朗茨，我已经发布了诏书，把那些射击军从监狱和修道院押解到普列奥布拉任斯科耶去……"

射击军被从各地解到了普列奥布拉任斯科耶，全都关押在村舍和地窖里。审查开始了。彼得、罗莫达诺夫斯基、斯特列什涅夫和列夫·基里洛维奇都亲临审讯室。在14个刑讯的地方，彻夜点着篝火，射击军士兵被吊在拷问架上，轮流接受着鞭刑与火刑的洗礼，逼他们招出主谋者的名字。这里，惨叫声日夜不断，令人毛骨悚然。

半个月后，他们终于找到了一点线索。奥夫谢·勒若夫实在受不了这种无休止的折磨，便供出了索菲娅的那封信，说他们奉了她的命令才赶到新圣母修道院，拥戴她登上皇位的。参加密谋的马尔法公主、阿夫多季和索菲娅的两个侏儒亲信，这些人都被揭发出来了。但在严刑拷打之下招供的，人数很少。射击军只承认暴动，不承认阴谋活动，这使得彼得感到了他们身上蕴藏一种怀恨他的力量。

皇家大使馆有位秘书，把那些日子所看到的以及别人告诉他的事都记在了日记里。他写道：

丹麦大使的随员，访问了普列奥布拉任斯科耶。他们每经过一处牢房，就能听到那里发出的凄厉的喊声，这表明那边有最可怕的悲剧，有着血腥恐怖的场面。

刚一进入牢房，他们便吓得连忙冲了出来，因为撞见了沙皇和那些领主。沙皇站在一个被吊在天花板上的、赤裸身子的汉子面前。看见有人进来，他转过头，眉宇之间流露出不快的神色。纳雷什金跑过来质问，为什么要来这里，有什么事情。他们一句话也没说，彼得吩咐他们到罗莫达诺夫斯基府邸里去。随后，一个军官便一直尾随着他们。后来，他们打听出了这个军官的名字——阿列克萨什卡，沙皇的宠臣，一个极其危险的人物。

10月10日，开始执行死刑的日子。沙皇邀请所有的外国使节出席观看。普列奥布拉任斯科耶广场立了一排行刑柱，全副武装的近卫军包围了这片场地。许多莫斯科人爬到屋顶和大门上瞭望。夹杂在普通观众中的外国人，不允许靠近刑场。

断头台早已准备好，那些不幸的人依次走上去接受死刑。这些死刑犯的脸上看不出悲伤，更看不出临死前的恐惧。这种近乎毫无畏惧的勇敢精神，我认为绝不是他们的刚毅，而是由于他们记起了惨无人道的拷打，他们不再珍惜自己，只想尽快了结自己的生命。因为有人告诉过我，即使在斧子下面，他们也不肯承认自己的罪行。事实上，俄罗斯人是十二分顽固的。

新圣母修道院前面立着三十个绞刑架，排成了一个方形，230名射击军士兵就在那上面被绞死了，正对着索菲娅修道室的窗口，吊在中间的那个人，手里还拿着那份请愿书。绞死参加暴动的神甫的时候，沙皇也到场了。刽子手把两个神甫的手脚都给打折了，随后放在车轮上活活碾死；第三个神甫则被砍了头。

10月27日。今天执行死刑的方式与前几天不同了。执行的时候，用了种种不同的方式，很多都令人匪夷所思。这种大规模执行死刑之所以能够做到，是因为所有的领主、杜马成员、秘书官都担任了刽子手的工作。沙皇则坐在一把椅子上，冷眼瞅着血腥的屠杀。领主们是那么不习惯干刽子手的活儿，许多人双手发抖，沙皇勃然大怒，厉声呵斥。看得出来，沙皇的疑心病到了极点，他是想要用血的方式约束所有的领主。

勒福尔特将军也被邀请去担任刽子手，可是他以国内没有这种事为由，推掉了这个令人恐怖的活儿。差不多有330人被同时送上了断头台，给砍掉了脑袋。也有进行不顺利的。鲍里斯·阿列克谢耶维奇·戈利岑第一刀没有砍到受害者的脖颈上,而是砍在了后背上。要不是亚历山大斧子一挥,那个被砍成两节的身体还要经受一段时间的煎熬。有些领主杀完人之后,脸色惨白,软弱无力,被人给架了下去。

严刑审问和执行死刑持续了一个冬天。作为对暴动事件的响应,阿尔汉格尔斯克和阿斯特拉罕、顿河和亚速,都发生了大规模的暴动。监狱塞满了人,莫斯科城墙上挂起了几千具尸体,俄罗斯处于一片血腥之中。古老的秩序早已躲到阴暗的角落里去了,拜占庭的俄罗斯末日穷途。3月,波罗的海沿岸,一些商船的幻影出现了。

彼得大帝画像(1698年)

第二卷

第一章

一

　　2月的曙光终于出现了，太阳徐徐跃出了地平线，莫斯科极不情愿地苏醒了。敲钟人发着牢骚，爬出暖烘烘的被窝，爬上了钟楼。凛冽的寒风让他们裹紧了衣服，跺着脚，等待着"伊凡大帝"钟声的敲响。大斋节的钟声懒懒散散、心不在焉地在莫斯科上空回荡。教堂的大门打开了，教堂管事走了出来，揉着眼睛，摘掉了长明灯。教堂新的一天开始了。乞丐、残疾人、流浪者，从莫斯科各个方向汇集到了教堂门前的台阶上，寻找着自己的位置。他们画着十字，朝教堂里面望着，咒骂着，发泄着，也不知道什么时候才能让他们饥饿的肚子鼓起来。一队骑着马的巡逻兵走过，例行公事地询问守夜人城市夜里有没有发生抢劫、偷盗等事情。守夜人的回答是肯定的，全城处处都有抢劫发生，小巷、僻静之处、桥下更是重灾区。

　　一个装疯卖傻的假先知，光着脊背，赤着脚，朝着教堂的方向蹦跳着。教堂前门的台阶上，人们发出了惊讶的声音：这位"神人"手里抓着一大块生肉——这就意味着他又要讲所谓的先知预言，弄得全莫斯科的人都会窃窃私议。假先知往地上一坐,把脸伏在膝盖上,静静等着更多的人聚拢过来。教堂门口的那些乞丐互相警告着:"战争和瘟疫马上就要降临俄罗斯了。彼得已经被恶魔控制了心灵,成为一个傀儡,这个王朝只有三年半的寿命了。"

往年这个时辰,基塔城人流如织,市集上空回荡着各色人等的喧闹、叫嚷声,久久不散。运输车队从莫斯科河对岸运来大批粮食,雅罗斯拉夫大道上运家禽和运劈柴的大车拥挤得无法前进,商人们往返的频率非常高,莫扎伊斯克大道上半夜仍有马车飞驰。现在的情况完全是另外一个模样,简直不敢让人相信:你就只能看到两三辆小车,食品都已经发臭,但仍在叫卖着。郊区和莫斯科河沿岸,已经长时间没有炊烟升起了,人们都跑了。那些射击军的房子更惨,连屋顶也都被揭掉了。

教堂也变得空荡荡的。很多人都不愿意做祷告了。大家对钟声也不理不睬,熟视无睹地走过去了。教徒们都不愿意用三个指头画十字,分裂派教徒趁机警告他们说:"做祷告时把三个指头撮起来画十字,这和把大拇指塞在另外两个手指中间这种侮辱人的手势是一回事。我们心里都很清楚,教大家用这种侮辱人的手势来画十字的教唆者是谁。"

领主家的奴仆,游手好闲的懒汉,无所事事的人都挤在小酒馆的四周,等着这些小铺子开门,因为大蒜素馅饼的香味顺着门缝溜了出来,钻进了他们的鼻孔里。小酒馆终于开门了,老板走了出来,站在台阶上看着大家。忽然,这些人没有像往常一样一拥而入,而是全待在了那里,谁也没有笑,大家都明白老板倒霉了:他的脸上十分光滑,肯定是昨天在地方自治局里,遵令被剃掉了胡子。他微笑的表情比哭都难看,朝教堂圆屋顶画了个十字,招呼一声之后,愁眉不展地走了进去。

教堂门口那个假先知嘴里叼着那块肉,摇晃着,不管动作还是神情都和小狗没什么区别。他的行为引得路人纷纷围观,都想看他下一步到底有什么动作。大家都说假先知挨着哪个教堂住,就会给哪个教堂带来好运,十分灵验。但是俄罗斯现在的局势不容乐观,存在着很大的风险。有个教堂曾经养过一个这样的装疯卖傻的假先知,有一次他走到了布道台上,用手指做成号角状,让人们膜拜他。当局得到消息后,命士兵们把这个假先知连同司祭和辅祭抓了起来,押解到普列奥布拉任斯科耶政厅"公爵皇帝"罗莫达诺夫斯基那儿去了,两人的结局用脚指头都能想出来。

正当大家静等假先知下步行动的时候,街道上忽然传来叫喊声:"让开!让开!"老百姓立即闪避到篱栅旁边和雪堆上去了,一辆装有玻璃窗的镀金轿式雪车疾驰而过。里面坐着一个涂脂抹粉的少女,人们认出了这个下贱货,她就是库奎外侨区的安娜·蒙斯,彼得的姘头。有的人冲着马车过去的方向吐了口唾沫。车子转过街角,停在了百货商场门前,商人们早已毕恭毕敬等候在那里,他们捧着绸缎、丝绒陆续进了雪车。与安娜·蒙斯的荣耀截然相反的是,合法的皇后,叶夫多基娅·费多罗芙娜,在秋天下第一场雪的时候,乘一辆普通雪橇到苏兹达尔修道院,终身孤独去了……

"弟兄们,好人们,可怜可怜我,给我点儿东西喝吧。我是个圣像画师,可我现在丢了饭碗,饿得一点力气都没了,昨天,我把十字架也拿去换酒喝了。"他一面说,一面用期盼的眼光看着小酒馆中的众人。这个人没戴帽子,身上的衬衫也是破烂不堪。他脸庞瘦长,彬彬有礼地走到喝酒的桌子边,等待着答案。对这样一个人,要拒绝也不是一件容易的事。

"来吧,过来一起坐。"酒客们给他斟了酒,便又闹哄哄地谈论着。一个脖子细长、眼睛深度近视的庄稼汉举起一根微微弯曲的手指,继续刚才的话题:"他们把射击军判处了死刑,整个莫斯科城都挂满了尸体。虽然这是皇上的事情,但这么做也太恐怖了,小孩子都不敢出来玩了。"

一个微微发福的城里人,穿着射击军的长襟衣、戴射击军的帽子的人,用指甲敲敲他的锡酒杯,说道:"就是这样,但是我却很不幸。我没参加叛乱,按道理来说我应该得到奖赏,可是,现在也和他们一样。唉!"

那个庄稼汉朝他比画着手指:"我们才是真正的本分人,从不招惹事端。都是你们干的好事,在莫斯科借着一点小事就敲钟闹起来了。因此,把射击军吊死在城墙上,震慑老百姓一下,也是必要的。你们关心的不是射击军,而是要知道为什么没有吃的东西运到莫斯科。我告诉你们,已经没希望了,情况只会越来越糟糕。就拿我今天的事来说,现在想起来都是既可笑又可悲。我今天早上运来了一桶腌鱼,最初是想腌着自己吃的,可没有保管好,它坏了。我就想把它拿到市场上,但又担心把这种发臭的东西卖出去,人家准会揍我的。哪知道不大一会儿，我带来的那点臭东西就被一抢而空了。真不敢想象，莫斯科变成什么样子了，真是个活地狱！"

"是啊，你说得太对了！"那个衣着破烂的射击军附和着。那个庄稼汉朝他瞟了一眼，收起了微笑的表情，一本正经地说："皇上的圣旨下来了，要在谢肉节以前把射击军的全部尸体收起来，运到城外去，不能让这些人扫了兴。你们想想看，八千具尸体在城墙上挂着呢。就算我们愿意干这个活，可是又去哪里找这些大车呢？依我看，又要我们这些庄稼人来当差受罪了，让我们出人出车，帮助运输下葬尸体。"那个射击军带着责备的眼神朝庄稼汉点了点头："唉，你这个种田人，你要是在冬天顺城墙走一趟就知道了。暴风雪把尸体刮得摇摇晃晃，太可怕了。现在一想起来，我都感到心寒。"

"四旬大斋前的最后一个礼拜天，我们赶了十八辆大车进城，车篷还没打开，那些士兵就跑过来了，把我们的货物都弄翻了。他们拔剑威胁我们，把我们弄到了瓦尔瓦尔斯基门，我们看见三百来个射击军把尸体垛成了一大堆。士兵命令我们把尸体装上车，抓紧拉出城。就这样，我们一整天水米未进，牲口也没喂，运这些死尸一直运到夜里。等回到村子时，天都快亮了，我们都不好意思正眼看人。"

一个陌生人挤到了桌子跟前，"砰"的一声，撂下了酒瓶。他给大家斟着酒，随后他挤了挤眼睛，开口说道："为我们的健康干一杯！"说完，也没等大家反应过来，就拿起一个蒜头嚼了起来。他的举动把喝酒人的目光都吸引过去了。这个人的皮肤非常粗糙，鬈曲的络腮胡子都已经花白，眼神中却闪着亢奋的光。

那个高度近视的庄稼汉，小心翼翼地从陌生人手里接过了酒杯，看了络腮胡子一眼，说："庄稼人确实是傻瓜，我也承认。可是要知道，庄稼人也有明白事理的。今天早晨，不知道你们有没有看见一支大车队开往沃罗涅什？他们已经剥了我们两层皮了，现在准备剥第三层皮了。交代役租，交徭役费，为领主供应伙食用品，交给国库种种捐税，我们现在只剩下一点只够糊口的粮食，要是再交税的话，我们真是走投无路了，只能离开家园了。"

络腮胡子听到他说的话，哈哈大笑起来。庄稼汉突然意识到了什么，马上收住话头，来回走动着。过了一会儿，他才继续开口："马上要为皇上运牲口了，这帮人连我们的面包都拿走了，可让我们怎么活啊！村子里也没剩下几个人，眼下差不多每个人都打算逃跑了。只要肚子吃得饱，庄稼人是不愿意抛家舍业的，可是如果把我们最后一点吃的东西都拿走了，那我们就别无选择，只能穿着树皮鞋，奔向能吃饱的地方，再也不回来了。"

城里人向四周望了望，确定没有暗探之后，把胸部压在桌面上，轻轻地说："小伙子们，庄稼汉说的倒是事实，许多人都被无休无止的税赋吓坏了，他们成群结队地跑到白湖、沃尔湖、马特卡河、维格湖等地去了，那边很清静，没人打扰，他们在那里过得很快活。如果现在的情况不能改变的话，那只有跑到那边才能活下去，这是千真万确的事实！"

庄稼汉眨巴着眼睛，拿不准城里人说的话到底是应该相信还是不该相信，这太让他犯难了。城里人说的确实有道理，但一想到离开家乡，四处漂泊，居无定所，心中还是有一丝忐忑。络腮胡子那个人一面嚼着大蒜，一面冲着众人微笑着。城里人也回了一个微笑，随后他忽然向四周扫了一眼，压低了声音："朝廷为了四万八千卢布，竟把西伯利亚和所有的城市烟草的经销权都承包给英国人卡尔马顿。为了能让他顺利推广烟草，朝廷还颁布了一道圣旨，要老百姓吸这该死的尼古丁野草。为什么朝廷中没有一个人站出来说句公道话？另外，茶叶、咖啡、土豆，所有这些毒药，全是从外国运来的，都是路德教徒和天主教徒向我们推销，这帮该死的异教徒！大家都在私下议论，如果谁喝了茶，谁就会伤心绝望；谁喝了咖啡，谁的灵魂就会落进圈套；谁吃了土豆，谁就不能上天堂。呸！要真是这样的话，我宁可饿死，也不愿意把这种东西批进我的铺子里，让它们荼毒我们的心灵！"

城里人越说越慷慨激昂，语速也越来越快，还顺手用拳头狠狠砸了一下桌子。"你是做什么买卖的？"络腮胡子对他来了兴致。"我还能做什么啊，再说，眼下还有什么买卖好做啊？外国人在做买卖，我们只有痛哭。你认识奥夫谢·勒若夫和他的哥哥康斯坦丁吗？他们都是洪德特马克团里的射击军，我的铺子就开在他们那家澡堂的旁边。现在他们兄弟也没有了，他们是被绑在车轮子上给碾死的。奥夫谢临死前还告诉众人，我们现在之所以吃不饱穿不暖，遭受苦难，都是因为1862年的克里姆林宫没有听从长老们的话。那个时候，射击军应当团结起来，一起维护旧教的地位。如果那样做的话，现在的莫斯科就不会有一个外国人了，我们信仰的宗教一定会普济众生的，老百姓也不会吃不饱，人人都会过上称心如意的日子。可是现在，我们连怎么样拯救自己的灵魂都不知道。比这更让人寒心的是，这种公道正直的人，被吊在城墙上一个冬天，只能说现在的莫斯科根本没道理可讲。眼下射击军的威胁已经解除了，他们可以任意摆布我们了。你们等着瞧吧，他们会把每个人的嘴脸都刮光，还会强迫我们喝咖啡！"

二

小酒馆里还在不断涌入各种各样的人，门砰砰地响个不停，里面也越来越热，越来越吵了。醉鬼们在吵架，有个人在柜台旁边晃晃荡荡地站着，颈脖上连个十字架也没有，正在央求酒保赊一杯酒给他。还有一个人被揪着头发，拉到外面门廊里，在那儿挨打，嘴里没命地号叫着……

一个弯腰曲背的乞丐，身体差不多折成了两段，靠在桌子旁边，冷眼看着周围的一切。他挂着两根拐杖，脸上布满了皱纹，一脸和善的表情。络腮胡子朝他瞟了一眼，就把眉头拧紧了。"你是打哪飞来的啊，雄鹰？是从顿河密林深处来的吗？"弯腰曲背的人压低了声音，急促地问。"一边儿去，我们在这儿是公开的，你不要胡说八道，一边儿去！"络腮胡子不耐烦了。弯腰曲背的人一看他发了火，也不再追问，挂着拐杖，走到小酒馆僻静之处去了。城里人走了过来，吃惊地问："那个人是谁？"络腮胡子斜了一眼，没好气地说："你问这个干什么？一个孤寂道路上的旅客，也让你这么感兴趣？"

"他跟你都说什么了？我看，他好像认识你，小伙子。"城里人望着络腮胡子，笑着说。"你不要总问，这样对你没什么好处。好吧，你听我说，我们确实是从顿河来做买卖的。"城里人急忙靠了过去，眨巴着眼睛问："你打算买什么，需要我帮忙不？"络腮胡子上下瞅了他半响，最后才似乎下定决心："我们需要十桶火药，五十普特左右的铅弹，做短上衣的细呢子，马蹄铁，钉子一类的东西。不用担心，我们有钱。"

城里人听到他开出的单子之后，面露难色："细呢子和铁还没问题，要多少都能满足要求；铅弹和火药可就难办了，这是官府严格控制的，太难搞了。"他想了想又说："我认识一个录事。需要送一点礼，或许能搞到一些。"络腮胡子一听，凑到他耳边说："钱不是问题，由我们来出，你只是负责把东西交给我们。"

城里人一听大喜，用手在羊皮短袄上搔了搔，说他愿意试一试，现在就把那个录事带来。说完，他就跑出去了。庄稼汉也听到了这笔买卖，他也想插一手，给自己赚几个钱。他看了看周围，确定没人注意自己后，皱了皱额头，冲络腮胡子咳嗽了几声："请问，你要不要制毡子用的羔毛或是皮革，朋友？我还听说你需要五十普特铅，如果你信任我的话，我也许能帮上你。你是不是要去打仗啊……"

络腮胡子听了之后，不动声色地扭过脸去，没有搭理庄稼汉。那个弯腰曲背、拄着拐杖的人又走过来了。他手里抓着一顶帽子，里面盛着他向人家要来的小钱，径自在络腮胡子旁边坐下了，连看都没看一眼便开口说道："你好啊，伊万老朋友。"

"你好，奥夫多基姆，好久不见了，你现在是靠要饭为生吗？"络腮胡子说道，同样也没抬起眼睛。"唉，我现在身体不行了，年纪不饶人了。夏天，我在林子里稍微逛了一下，就坚持不住了，我想我快要死了。"伊万透过烟雾，笑眯眯地望着那些醉鬼，眼色变得冷淡了。他悄悄地对奥夫多基姆说："咱们要动员这些人加入我们的队伍，首领。"奥夫多基姆拿着帽子，摆弄着里面的铜币。"我不确定能说服他们，不过，我听说顿河哥萨克现在很驯顺，他们被安顿在农庄上，置办了不少产业，日子过得很滋润。"

"这些外乡人都是些流浪汉，无家可归，也没什么负担。如果我们把他们动员起来，哥萨克肯定会支援的。退一步说，即便哥萨克不支援，对我们也没有坏处，他们如果不跑到土耳其去，便是让莫斯科抓住，做一辈子的奴隶。以前他们曾经在亚速帮助皇上攻打土耳其，但现在皇上却把整个顿河都抓在手里，而且还下令让大家把所有的外乡人全交出去。一批神甫已经从莫斯科派到了那儿，旧教要被铲除殆尽了。静静的顿河的末日马上就来到了。"奥夫多基姆听了之后，想了会儿才说："伊万，你也知道的，要做这样的事,我们需要一个巨人领导,要不,最后的下场会和斯坚卡·拉辛一样,等待我们的只有断头台。"

伊万继续给他打气:"咱们已经有人了,他跟斯坚卡不一样,斯坚卡是因为愚蠢,所以才丢了脑袋。但他是一个真正的首领,一个能领导我们胜利的人,所有的分裂派教徒都会站在他一边,我们有强大的后援支持。你来吧,队伍需要你,老首领。用不了多久,咱们就能比斯坚卡更加强大,没有人会是我们对手的,我向上帝起誓。"

"你把我的心给搅乱啦,伊万。咱们那批老人还剩下几个?恐怕只有你我两个了,不过,你这个引诱太厉害了,我几乎控制不住自己了。我原本是打算平稳安度余生就好了,没有什么其他追求了。"奥夫多基姆表达着自己的观点。他正要继续陈述,城里人气喘吁吁回来了,上气不接下气的,还一个劲儿冲他们挤眉弄眼。在他身后,跟着一个秃顶的录事,派头十足,一副贪婪相,身穿一件棕褐色长襟衣,胸前纽扣洞里插着一支鹅毛笔。他跟谁都没打招呼,眼中流露出厌恶之情,皱皱眉,在桌边坐下了。城里人没有坐下去,而是趴在他的肩膀,凑到他耳边说:"库兹马·叶戈雷奇,这位就是我和您说的那个人。"

"薄饼,"录事用含糊不清的嗓音说道,没有理睬他,"腌鱼薄饼……"

三

鲍里斯·布伊诺索夫公爵的儿子罗曼·鲍里索维奇公爵穿着内衣坐在床沿上,一个劲儿唉声叹气,无所事事。他像往常一样,习惯性地用手去摸自己的胡子,但马上又把手缩了回来:他的胡子已经遵照沙皇命令,前天就被刮光了。一想到自己没有胡子的形象,他感觉浑身都不自在,羞愧万分。想了一会儿,他感觉累了,活动了下身体,打了个哈欠,从小窗子里向外望去。天已经亮了,但是云层很厚,阳光还没有射出来,让人感觉特别压抑。

往年这个时候,罗曼·鲍里索维奇肯定是把手插进貂皮大衣的袖筒里,拄着那根傲气的手杖,走过过廊,站在外面的台阶上指使着下人:他有

150名家奴，有的站在那轿式雪车旁边拉着马，等待着主人；有的摘下帽子，毕恭毕敬地脱帽行礼；有的则搀着他的手，将他扶上雪车；有的忙着跑去开大门。每天清晨，不管什么样的天气，罗曼·鲍里索维奇总是风雨无阻地赶到皇宫去报到，等候着皇上那双眼睛转到他这一边来，在此之前是长公主那双明净的眼睛。而这种美好的期待，他总是不会落空的，那一刻总是会让他心潮澎湃，充满希望和无穷的力量。

　　现在，所有的美好回忆都成为过往云烟了。当他醒来，简直不敢相信眼前所发生的一切，难道真的已经消失了不成？从前的荣耀一去不复返了，板壁上挂着一幅魔鬼诱惑善良人们的画：一个荷兰的下流女人，撩起了裙子。当初拿到画之际，罗曼·鲍里索维奇差一点就精神分裂了，要不是皇上下过敕令，让他把这幅画挂到卧室里，不挂的话就要惩罚他，剥夺其领地和家奴，打死他也不会挂的。他没有办法，只好默默忍受，但心中隐隐作痛，一股莫名的火气不知道如何发泄。

　　罗曼·鲍里索维奇沮丧地看着头天晚上扔在一旁的衣服：像女人家穿的那种横条纹的长统羊毛袜，紧窄的、短短的裤子，钉着金银饰纽的绿色长襟衣。一顶乌黑的假发耷拉在钉子上。皇上不知从哪里弄来这么多外国人的服饰，让朝臣们必须穿上。这些东西让人一看就闹心，把好心情全都被赶走了。"米什卡！"罗曼·鲍里索维奇暴躁地喝道。一个看起来很机灵的小伙子，穿着一件俄罗斯的传统衬衫，从外面一溜小跑进来了。他先弯一弯腰鞠了个躬，随后伺候他的主人洗漱。

　　罗曼·鲍里索维奇在洗脸，当他碰到那些被刮光的、短髭拉碴的皮肤，心里别提多厌烦了。洗完脸之后，他嘴里嘟囔着，发着牢骚，坐在床边穿裤子。穿好衣裤后，罗曼·鲍里索维奇感觉不大对劲，想把身子扭动一下，可衣服又紧又硬，让他觉得十分不舒服，他真想把它们撕碎扔掉，可是皇上的敕令很严厉，领主觐见一律要穿西式衣服，戴假发，不然都没有机会进入克里姆林宫。因此，他必须忍受衣服带来的不便与痛楚。想到这里，他从钉子上拿下那顶假发，十分嫌恶地把它戴上了。他整理下仪容，走到过廊来到厨房。厨房里正散发着一股又苦又焦的味儿。罗曼·鲍里索维奇扭过头问："米什卡，那股臭味是什么？他们是不是在煮咖啡？"

米什卡低眉顺眼地回道："是的，老爷，皇上已经颁下圣旨，领主老爷和夫人们早晨都要喝咖啡，所以我们就煮了。"罗曼·鲍里索维奇狠狠地瞪了他一眼，并没有说什么，画了个十字，走上读经台。他打开一本被弄得斑斑点点的《日课经》，摊放在一块丝绒上。他思忖了下，接着舔了舔手指，翻过一页，眼睛瞅着圣像，扶了扶眼镜，开始按照礼节，用鼻音念着经文。可是，他的思想开始漫游了：

"我的50个家奴被拉去参加军队，拿出五百卢布支援沃罗涅什舰队的建设。现在，在沃罗涅什的领地上，沙皇彼得的亲信把粮食统统搬进国库，但基本上没有出什么代价，所有的谷仓全部给腾空了。三年来收的麦子都存放在那里，他们是想囤积粮食，等价钱往上涨时抛售。现在，他们还准备把修道院的领地拿走，将所有的收益全部归入国库。朝廷还命令我准备10桶腌牛肉、20桶咸鱼、100桶面包……唉，我的天哪，他们要这么多干什么啊？"

罗曼·鲍里索维奇眯缝着眼睛，瞅着云母窗户，像是若有所思。许久之后，他收回了目光，摇了摇头，又捧起书本，接着念下去了，可是他始终无法集中精神，思绪纷乱，整理不出来头绪：

"谢肉节的时候，许多出身显赫的人都受到了侮辱，名望越大，受到的侮辱调戏越大。大约有300个化了装的人，深更半夜，冲到了那些人家里。他们每个人的脸都用煤烟涂黑了，和魔鬼没什么两样，可怕极了。他们喝得醉醺醺的，你根本无法辨认出哪个是皇上，哪个是大臣。他们把吃的东西一扫而空，还四处嚷嚷地要找酒，弄得人家鸡犬不宁。更为可怕的是，他们还耍酒疯，想掀起女佣人的裙子，看人家裙底下的风光。万能的主啊，请您告诉我，他们是不是让魔鬼上了身，控制了心灵，不然为什么做出种种不可思议的事情来呢？"

罗曼·鲍里索维奇的眼前又浮出了令他不堪回首的日子。他终生都不会忘记，在谢肉节的最后一天，一帮人把他灌得大醉，随后便脱掉他的裤子，叫他坐在一个盛满鸡蛋的箩筐里。如果没有人看见，这件事也就过去了，可是，他的妻子看见了他的狼狈相，米什卡也看见了，他羞愧万分，当时恨不得找一条地缝钻进去。罗曼·鲍里索维奇一直都想不通，为什么皇上会带着一大帮人胡作非为，恣意妄为？在莫斯科，大家私下里都在谈论皇上的种种荒诞行为，说是一个"阿谀奉承的人"来到了莫斯科，天主教徒和路德教徒都是他的仆人，世界末日即将到来，人们都应该及时行乐，一切都不用遵守了。

罗曼·鲍里索维奇做完祈祷，来到窗前拱顶下，在一张铺着毡毯的桌子边坐下了。他打开一本厚厚的簿册，日常财物的往来都记在这上面：谁借去了东西，谁在哪天还了债款，从什么村子里给拿走了金钱、粮食或是物品。他慢慢地、一页一页地翻过去，紧皱的眉头逐渐舒展开，脸上浮现出笑容来了。大管事先卡这时走进来了，这个人是从签订卖身契的奴仆中挑选出来的，罗曼·鲍里索维奇看中了他诡计多端、毒辣透顶的性格，并且他是一头十足道地的看家狗，对自己忠心耿耿，还想尽一切办法让自己的财物获得最大的收益。

自然，大管事也有让自己不满意的地方：他也时不时地偷盗，但适可而止，并没有给自己带来多大的损失，因此，罗曼·鲍里索维奇也就睁一只眼闭一只眼了。罗曼·鲍里索维奇有好几次揪着管家浓密的胡子，把他的脑袋往墙上撞，大声吼道："我都看见你偷东西了，你快拿出来，省得我费事，要不然我就把你送到官府，让你尝尝鞭子的滋味！"可先卡呢，眼睛一眨也不眨地望着他的主子，一脸无辜的表情，好像望着上帝似的。一直等到主人停下手来，他才整理了下长襟衣的后襟，擤把鼻涕，哭着说："老爷，你这样打诚实可靠的仆人是没有道理的。不过，我还是要祈求上帝宽恕你不理智的行为，因为我对你忠心耿耿，从不偷盗，为什么要冤枉我呢？"

先卡侧着身子从半开着的门里溜进来，在圣像面前画个十字，跪下去报告了昨天的情况——从谁那里收到了多少租金，从谁家拿走了什么东西，哪些人还欠着账没有归还。为了给那些欠债不还的农户一个下马威，他特意还从伊万科沃村带来了两个农民——费季卡和科西卡两个刺头，从头天晚上就已关押在院子里，拷打他们，让他们赶紧还清债务。罗曼·鲍里索维奇听完汇报后大吃一惊，嘴张得很大，一时不知道该说什么好。怎么还有这种人，难道他们真的是不愿意还吗？他翻看着账簿，很快就找到了两个人的名字：费季卡去年借了60卢布，用途是盖一间新木房，买一副挽具、一柄犁头和一些种子，为农耕做准备；科西卡借了 37 卢布 50 戈比，说是为了农务，现在看来他也是在撒谎，从他这里骗走了钱。

想到这里，罗曼·鲍里索维奇很气愤，大吼大叫："流氓！骗子！先卡，你有没有吩咐用棍子狠狠地揍他们？"先卡仍是一副毕恭毕敬的神情，可嘴角却扬起了一丝不易察觉的恶毒的笑："老爷，你放心吧，从昨天晚上起我就让人不停地揍他们，他们每一个人，我都派了两个人去对付，轮流、毫不留情地拷打，让他们赶紧还钱。罗曼·鲍里索维奇老爷，这件事您犯不上担忧，如果费季卡和科西卡还是不肯还钱的话，那么抵偿他们债务的卖身契在我手里，我们就叫他们两个人当十年奴隶，慢慢折磨他们。"

"我不需要奴隶，需要钱！"罗曼·鲍里索维奇把鹅毛笔往桌子上一扔，瞪着先卡。"你给我记住了，奴隶是要给他们饭吃的，而且说不定什么时候，皇上就会把他们招去当兵。"先卡望着主人的眼睛，似笑非笑地说："老爷，如果您需要钱，那不妨学学伊万·阿尔捷米奇·布罗夫金，按照他的办法去做：他在莫斯科河对岸办了个帆布工场，专门为国库供应做风篷的帆布。现在，他的钱如雪片一般飞来，钱包都胀破了。"

罗曼·鲍里索维奇早就听管家说过布罗夫金的帆布工场，这让他感到坐立不安。先卡几乎天天都要提起这件事，言下之意很明显，他觉得可以从中捞到很多油水。列夫·基里洛维奇·纳雷什金的做法更为高明：他并不亲自出面打理生意，而是找了一个名叫万·杰尔·菲克的荷兰人，让他到阿姆斯特丹交易所去生钱，列夫·基里洛维奇只要投进一万卢布，每年就可以拿到六百卢布的利钱。

罗曼·鲍里索维奇在阴冷的过廊里走着，他推开了一扇受潮发胀的门，一股酸溜溜、热腾腾的水汽味儿立刻填满了他的鼻子，在蜡烛的光线中，隐隐约约可以看见四个人正把羊毛擀成毡，为下一道工序做准备。"继续干活吧，不要忘了上帝！"罗曼·鲍里索维奇很满意，继续往前走，又打开一个手工针绣间的门。20 个少妇与姑娘从桌子和刺绣架旁边站起来，深深地鞠躬。"继续干活，继续干活，不要忘了上帝！"罗曼·鲍里索维奇又去察看缝纫工场与制革作坊，一切都让他很满意。

罗曼·鲍里索维奇来到了开阔宽敞的场院。天早就亮了，可是阴云密布，让人心情无法畅快。一排装干草的大车从大门一直停到干草棚边,有两个没戴帽子的农民面对墙壁,垂头丧气,不停地搓着手跺着脚。"嗨,你们这些乡下懒鬼,就知道偷懒,干草装得太少,重装!"罗曼·鲍里索维奇刚好转的脸色又阴沉了下来,咆哮着。几个魁梧的仆人,一看主人出现在台阶上,便从马厩里跑出来,急忙从地上捡起棍子,动手卖力地朝那两个农民的屁股和大腿打去。

"啊,老天爷!干吗打我们啊?"费季卡和科西卡躲避着,嘴里还不停嘟囔着。费季卡,一个红脸膛的高个儿农民跑了过来,对罗曼·鲍里索维奇说:"恩人老爷,您发发慈悲吧,我们什么都没有了,还没到圣诞节,我们的粮食就已经都吃光了,根本没有办法偿还您的债务。如果您需要,就把我的牲口牵走吧,这种折磨我实在受不了。"

先卡对罗曼·鲍里索维奇低语:"他的牲口又小又瘦,不值几个钱。他在胡说八道,根本没有还钱的意思。老爷,不妨拿他的女儿来抵他一半的债务,另外一半让他自己来偿还吧。"罗曼·鲍里索维奇皱了皱眉:"让我考虑一下,今晚再谈。唉,我们的罪孽太深重,愿上帝能够宽恕。"罗曼·鲍里索维奇喃喃自语着,画了个十字,朝场院瞅了最后一眼,走向餐厅喝咖啡去了。

四

罗曼·鲍里索维奇公爵夫人阿夫多基娅和三位小郡主此时正围坐在桌子边聊天。公爵夫人穿一件俄罗斯传统的宽袖薄衫,头上戴着一顶外国式的帽子。几位小郡主穿的都是德国式长袍,只不过是颜色略有差异:纳塔利娅的是桃红色,奥莉加的是绿条纹,大姐安东妮达的袍子是金黄色。她们的头发梳得很蓬松,腮帮涂上了胭脂,眉毛画得乌黑。

要是在几个月前,不管是阿夫多基娅也好,三个小郡主也罢,从来都没有资格到这间餐厅里来,她们只能坐在自己房里中做女红,或是在花园里荡荡秋千。就在那一天,皇上带着一群人闯了进来,彼得用那双可怕的眼睛望着罗曼·鲍里索维奇:"你们家小姐在哪儿呢?叫她们出来啊,陪我们聊天啊。"罗曼·鲍里索维奇闻讯之后,急忙派人去找她们。她们进来了,惶恐,慌乱,眼泪全都呈现在脸上,这就是她们当时最真实的写照。彼得笑了笑,问道:"你们会跳舞吗?谢肉节以前,她们一定要学会跳各种舞蹈!"他抓着罗曼公爵的长襟衣,告诉他种种注意事宜,命令他必须完成任务。彼得说完后,叫公爵夫人和郡主们坐在桌子旁边,陪他们吃饭,还逼着她们喝酒。说来也奇怪,她们把酒都喝了,竟然没有醉意,而且一点也不感到害羞。没过多久,她们就全放开了,和彼得一帮人有说有笑,就像多年没见面的老朋友。

就这样,有关西方的礼仪就介绍到罗曼·鲍里索维奇家里来了。阿夫多基娅公爵夫人对样样事情都很惊奇,但她没有尝试,仍保留着原有的传统;可她的女儿却不在老老实实待在屋里,而是每天都打扮得漂漂亮亮,四处游逛,喝茶品咖啡聊天。

罗曼·鲍里索维奇走进屋里,朝女儿们瞅了一眼,她们只跟他点了点头,不再主动请安了。阿夫多基娅还是和以前一样,站起来鞠了一躬。罗曼·鲍里索维奇从外面走进来,真想喝一杯伏特加,嚼嚼大蒜头,祛除身体里的寒气。伏特加倒是没什么问题,可是蒜头却一去不复返,再也不会有这种场景了。"我刚才在台阶上着了凉了,身体有点儿不大舒服,咖啡就不喝了。

阿夫多基娅，给我来一杯伏特加吧。"

"父亲，您早餐总是喝伏特加，从来不换其他东西，什么时候您才能够学会喝咖啡啊，"女儿安东妮达噘着嘴，不满地说。"闭嘴！你再说一句，我就用鞭子抽你！"罗曼·鲍里索维奇喝道。几个小郡主仰起了头，不再看她们的父亲。阿夫多基娅给他拿来了一杯酒，他喝了一大口，嚼着腌黄瓜，惬意极了。他环顾了下，并没有看到自己的儿子，便问她们："米什卡呢，他在哪儿，怎么不下来？"

奥莉加噘起嘴，说道："他在学算术，我怀疑他脑袋能否装下那么多的知识。米什卡还老是跟庄稼人在一起，根本没有顾及他自己的身份。就在昨天，他还拿着三弦琴，在马棚里和下人们玩纸牌。"大家沉默了一会儿。年纪最小、活泼好动的纳塔利娅朝窗外看了过去，脸上浮现了惊喜的表情："快看，你们快看，她来啦！"

姑娘们立刻慌乱起来，赶紧补妆，希望让自己显得更好看些。侍女们则跑进来收拾桌子，换铺台布，清扫地面。大管事进来了，一个胡子刮得精光的老用人，用拐杖在地板上杵了杵，进来禀告阿夫多基娅，沃尔科夫的夫人亚历山德拉驾到。罗曼·鲍里索维奇极不情愿地站起来，向亚历山德拉行了一个礼，但他从心里并没有看得起他们，尤其是沃尔科夫的这位夫人。七年前大家还管她叫桑卡，出身于一个寒酸的农户人家，地位极为低下。她父亲伊万·阿尔捷米奇·布罗夫金从前是沃尔科夫家的农奴，为他运送各种东西。正常来讲，桑卡本该一辈子在炉灶周围打转，为家里生计奔忙。可三十年河东，三十年河西，现在她乘着镀金的马车，八面威风，还由大管事亲自进来通报。她丈夫是罗曼公爵的表侄，得到了皇上的宠幸，借由这种信任，他帮助桑卡的父亲布罗夫金拿到了诸多宫中的采购单子，一夜暴富，跻身为最富有的大商人，生意也越做越大，军队里的一切供应，据说都要由他一手包办了。

大管事打开了门，领主夫人亚历山德拉·蒙斯·布罗夫金娜走进来了。她在屋子中央停了步，让戒指闪烁一下，用标准的法国姿势行了个礼。随后她扬起那双蓝漾漾的眼睛，微微一笑，轻启朱唇："你们好，郡主们！"罗曼·鲍里索维奇抓起帽子，挥了一下，还了一个礼。布伊诺索夫的几个女儿依次行了屈膝礼,目不转睛地盯着这位客人。领主夫人被请到桌子边喝咖啡。他们开始互相问候亲属和家里人的健康。姑娘们端详着她的装扮和发式,口中不时发出啧啧的赞许声。

"请代我问候您父亲,受人尊敬的伊万·阿尔捷米奇问候,向他表达我的敬意。对了,帆布工场现在经营得怎么样?我对此非常感兴趣,想找个时间去那里看看。听别人说,那是一种新颖、有趣的企业,我很想开开眼界。"罗曼·鲍里索维奇公爵说。

"我爸爸和沃尔科夫眼下都在沃罗涅什,跟皇上在一起呢。您要是想找他们,就去那里吧。沃尔科夫昨天刚寄来一封信,说不定会派他到巴黎去。"桑卡掏出一封放在腰带中的信,一脸幸福与炫耀的表情。费了不少工夫,桑卡才拆开了那封信。打开一看,她的腮帮和脖子立刻涨红了,面露羞腆之色。罗曼·鲍里索维奇眨了眨眼睛,咳了一声,问道:"信上是怎么写的?关于彼得皇上,他都说了些什么?"桑卡用蚊子一样的声音回答:"对不起,我学会认字没有多久,有些地方我还不大懂。"顺着那写得很潦草的字迹逐行辨析,她轻声地念出来了,每个词儿都念得很慢:

亚历山德拉,你好,我最亲爱的,愿上帝保佑你长命百岁!我们在沃罗涅什进展很顺利,我们的舰队不久之后就会开进顿河,到那个时候,我们就不会再待在这儿了。我现在内心有一点点忐忑,因为别人告诉我,皇上要派我跟安德烈·阿尔塔莫诺维奇·马特维耶夫取道海牙再到巴黎。我从来没有走过这么远的路途,路上充满了极大的变数,不知是否会有意想不到的事情等待着我们。我们的身体您不用担心,大家都很健康。彼得皇上让我向您表达他对您的致意,前不久我们还在晚餐时候谈论您呢。我告诉你一点皇上的行踪吧,他每天都在造船厂里干活,和其他工人没什么两样,平常得不能再平常。他亲手锻造钉子和铁箍,亲手填充船缝。我们每个人连睡觉的时间都不能保证,剃胡子这种奢侈的事情只能是在梦中:他把我们大家逼迫得很紧,根本不给我们喘息的时间,把大家弄得精疲力竭了。不过令我们骄傲的是,舰队却建成啦,即将下水了。

罗曼·鲍里索维奇眯缝着眼,边听边用指头在桌子上轻轻地敲着:"嗯,舰队,沙皇陛下亲手锻造,身体力行。换句话说,他精力充沛,都不知道该把多余的精力用到哪里好，陛下还没意识到什么事情更重要。"桑卡念完后，喝了口咖啡润了润嗓子，随后她把信折起来，重新塞回腰带那儿："圣上在复活节时就能回来了，我要跪在他面前恳求，让他允许我到巴黎去看看，听说那里是女人的天堂。"安东妮达、奥莉加和纳塔利娅发出了吃惊的声音，齐刷刷把头扭向了她。公爵夫人阿夫多基娅在胸前画了个十字："亲爱的，你的话把我给吓坏了，这太可怕啊，你要到巴黎去！我劝你还是别去，那边肯定是很糟糕的！"

桑卡那双蓝盈盈的眼睛暗淡下来了，她画了个十字，把手放在胸口上："我在莫斯科待得快要闷死了，我巴不得现在就飞到外国去喘口气。伊凡皇后普拉斯科维娅·费多罗芙娜皇后在宫里请了个法国人教她礼节，也顺便教我。自从听她讲了法国的各种故事后，每天夜里，我都会梦到自己穿着一身紫红色的衣裳，活力四射地跳着妞艾舞；这时，那些男舞伴纷纷为一个人让路，原来那是法兰西国王路易，他走到我面前，送给我一枝玫瑰花。这些在莫斯科是不可想象的，莫斯科一直都很沉闷压抑。谢天谢地，他们总算把射击军收拾了，那些尸体把我吓得要死。"

领主夫人亚历山德拉·蒙斯走了。罗曼·鲍里索维奇在桌子旁边又思忖了会儿，才吩咐下人把轿式雪车套好牲口，他要去大度支政厅办公。现在，莫斯科每个人都奉旨当差去了，彼得似乎还嫌莫斯科的官员不够多，他把贵族们也都找去办公了。可是皇上他自己呢，天天被木焦油和烟草弄得浑身都是味儿，还整天用斧子砍啊劈的，跟那些下等人一块儿喝酒打牌，根本没有全俄罗斯沙皇的样子。想到这儿，罗曼·鲍里索维奇公爵无可奈何地摇了摇头，爬进了雪车……

五

莫斯科的天空是灰蒙蒙的。雪也是灰蒙蒙的。在救主门旁的深沟里，冰面上似乎有些腐烂的东西，罗曼·鲍里索维奇透过车窗，发现那里停着二十来辆盖着蒲席的雪橇。一个农民正在用铁锹懒洋洋地撬开一个被冻住的射击军尸体。钟楼上的钟敲响了，发出嘶哑的声音，不再像以前那个响亮，这让罗曼·鲍里索维奇觉得更郁闷，内心更为压抑。

雪车驶进了救主门，停在了克里姆林宫大门前的台阶。没有一个人来搀扶公爵下车，他只好独自走出来，爬上通往克里姆林宫的台阶。有几个人从上面跑下来，差一点跟公爵撞个满怀，最后那个人转动眼睛瞅了他一眼。罗曼·鲍里索维奇在梯级上停住脚步，愤怒地用手杖杵着地："站住！脱帽，你应当脱帽行礼！"可是喊了也是白喊，克里姆林宫里眼下流行的就是这一类规矩。

罗曼·鲍里索维奇穿过长长的政厅走廊，来到一间低矮的办公室，里面散发着混合的味道，让人直作呕。在一张张长桌子旁边，录事们正在用羽毛笔潦草地写着什么，不时地还有臂肘碰臂肘的小插曲。在一张张小桌子旁边，精通官场规则的秘书官助手们正仔细翻看着全国各地的呈文，顺着手指一行行读下去。鼻子上架着副眼镜的大秘书官，在那些桌子中间来回地踱着，催促着他们。

罗曼·鲍里索维奇威风凛凛地从一个房间走到另一个房间，他是这里的主人，只要发号施令就可以了。大度支政厅里的日常事务非常多，而且很琐碎：既要经管国库、储藏室、金银器皿；又要征收关税、哥萨克捐和射击军捐，征收城市和乡村的驿站税和代役租。这些分头杂乱的琐碎事儿，只有秘书和大秘书官才能梳理得清楚。新来的领主们一天到晚只能穿着别扭的外国式样的衣服，坐在暖烘烘的小屋子里，从模糊不清的窗子里眺望着凄清的宫院。而从前，他们却穿着黑貂皮大衣，在领主广场上悠闲地踱步，三三两两地聚在一起，谈论重大的事务。

许多可怕的事都在这个广场发生。据传说，伊凡雷帝带着禁卫兵从克里姆林宫冲了出来，穿过广场那边一条破败的、现在已经钉起来的走廊前往亚历山德罗夫村去，向领主世家展示他的狂暴和残酷。他让他们坐木桩，砍下领主们的脑袋，没收他们的领地，让他们遍尝各种刑罚。目的只有一个，他就是要给反对伊凡雷帝的人一个血的教训，让他们知道谁才是俄罗斯大地的真正主人。即使这样，上帝也没有让名门望族消失，痛苦过后，它们又蓬勃地生长起来了。

该死的格里什卡·奥特列皮耶夫，光荣的俄罗斯领主的另一个毁灭者，他让莫斯科大地荒无人烟，附近村镇一片荒凉，路上随处可见死人的白骨，吓得人们晚上都不敢出门。可是上帝并没有纵容他们，给他一个毁灭的下场，名门望族历经曲折又发展起来了。

现在，暴风雨又一次袭来了。彼得和他们不一样，他没有用流血暴力的方法解决问题，而是很温柔地把每个人的胡子都刮掉了，又下旨让大家办公，将名门贵族的子弟分派到各个团队里去，或是派到外国去学习。领主们心怀不满，但也徒呼奈何，只能在心里默默祈祷："唉，这一次上帝也不会容许的，时间会证明一切的。"

一走进办公厅，罗曼·鲍里索维奇就从里面人的表情中看出了端倪，肯定是又有什么倒霉事了。老公爵马丁·雷科夫的腮帮正在不停地哆嗦，杜马贵族伊万·延多古罗夫和御前大臣拉夫连季·斯温因正结结巴巴地念着一份诏书，还不时地扬起脑袋，叹着气，发着牢骚。"罗曼公爵，坐下来听听这个吧，"马丁公爵说道，眼泪差一点流出来了，"以后还不知道会发生什么事情，现在，人人都可以咒骂和污辱我们了。我们本来还有一个申诉的机会，眼下就连这个机会也被剥夺了。"

延多古罗夫和斯温因继续读彼得皇上的诏书。诏书上说，公爵、领主、杜马贵族和莫斯科贵族申诉他们所受到的污辱，使全俄皇帝与大公感到厌烦，认为他们是在无理取闹。事情的起因是这样的：某一天，格里戈里公爵的儿子马丁公爵向彼得陛下呈上一张状子，申诉他在寝宫的台阶上受到普列奥布拉任斯科耶团的中尉阿廖什卡·布罗夫金的咒骂和污辱，当他在台阶上画十字的时候，布罗夫金向马丁公爵嚷嚷："你为什么用野兽的眼神瞅着我？现今我可不是任由你摆布的农奴，你要明白这一点。你原本是一位受人尊敬爱戴的公爵，现在你不过是个普通人，没什么了不起的。"

"一个农民的儿子，一个乡巴佬，缺少教养的小杂种，"马丁公爵说道，嘴唇哆嗦着，"我当时气愤极了，没有记住他所有的话，不过他还有更难听的话，侮辱我是猴子脸、秃脑瓜！当时很多人都听见了，我都快被他给气疯了。"罗曼·鲍里索维奇听了之后晃了晃脑袋："唉，的确气人，他太没有教养了。带便问一句，这个阿廖什卡，是不是伊万·阿尔捷米奇的儿子？"延多古罗夫和斯温因则自顾自地继续往下念："全俄罗斯的皇帝与大公彼得陛下，鉴于国家正处于多事之秋，为了避免以后发生类似的情况，兹令马丁公爵拿出十卢布分发给乞丐，并禁止今后对于这种污辱的申诉。"

为了缓和气氛，杜马贵族延多古罗夫跟大家讲起领主们在国家杜马里所做的事，现在俄罗斯已经没有钱了，可彼得皇上和他那些谋士的脑中只有钱这个概念，把能搜刮到的钱财全部投到沃罗涅什的造船厂。彼得现在只听本国的和外国的商人，一些出身微贱的人给他出的馊主意，其余人的意见概不接受。现在，真正的国家杜马实际在沃罗涅什，各个城市的商业区住户和商人闻风而动，全部涌向那边，他们已经找到了一个能为自己说话的政权。可笑的是，彼得皇上竟然想用这些败类去征服土耳其苏丹，这真的让人很无语。普罗科菲·沃兹尼岑的大使馆里传来消息，有一个人从卡尔洛维茨写信到莫斯科来，说是土耳其人都在嘲笑沃罗涅什舰队，他们认为舰队能航行到顿河口已经是万幸了，所有的舰只最终会在沙滩上搁浅。

"老天爷，我们应该安安静静地待着，为什么要劳师远征，去激怒土耳其人呢？"温顺的拉夫连季·斯温因插话道，他的四个儿子都给抓进了军队，老头儿现在身边没有一个人陪他说话，感到寂寞极了。"安安静静，你这是什么意思？"罗曼·鲍里索维奇说道，瞪着他。"首先，拉夫连季，依照你卑微的身份，你没有资格在人家谈话的时候抢白。对于土耳其人和鞑靼人，我们曾两次派瓦西里·戈利岑到克里米亚去，你懂不懂这是为什么啊？"马丁公爵接过了罗曼·鲍里索维奇的话茬："在沃罗涅什和梁赞，我们不是每个人都有领地在那边的。"

罗曼·鲍里索维奇朝他冷笑了一下，没理会他的话，继续说道："在阿姆斯特丹，一普特波兰小麦的价钱是一盾，如果运到法国，价钱还要贵些。波兰的地主们简直在黄金里打滚。我建议你去跟伊万·阿尔捷米奇·布罗夫金谈一谈，他会告诉你如何赚钱的。可让我最难过的是，莫斯科的旁边就是沃罗纳河和顿河，如果航路畅通，我的小麦就可以全部从海上运出去。这是一笔利润惊人的大生意：但愿上帝保佑我们战胜土耳其。而你居然还在信口开河，谈什么安安静静，这太让我感到诧异了。其实，我们只要有一个小小的海港可以通往欧洲就可以了，我们就变成第三罗马啦，难道我们对于圣墓就不应当关心一下吗？难道我们的天良都已经泯灭了吗？"

"我们无法战胜强大的苏丹，我们所做的一切努力都是白搭，最终的结果就是浪费了大量的钱财，"马丁公爵耸了耸肩膀，轻松地说，"不过，我们要感谢上帝，国库所需要的粮食也都如数到手了。我们饿不死了，只要我们不急于把长裙子穿到女儿们身上，把外国那套风气弄到我们家里就可以了。"众人都不说话了，沉默了约一盏茶的工夫，罗曼·鲍里索维奇打破了僵局，他问道："这倒是个好主意，可是你们想过没有，到底是谁把长裙子穿到女儿们身上去的啊？"

领主们又一次陷入了沉默之中。正在这时，门突然被推开了。外面的寒气肆无忌惮地闯进了闷热的屋子，一个圆脸膛、面色红润的军官冲了进来。他假发蓬乱，小小的三角帽直扣在耳朵上，沉甸甸的靴子上沾满了雪花。很显然，他是穿过莫斯科没命地飞驰而来的。一看见这个人，马丁公爵立马就呆住了：真是冤家路窄，这正是那个污辱过他的人，普列奥布拉任斯科耶团的中尉阿廖什卡·布罗夫金，彼得皇上最为信任的宠臣之一。

"领主们，快放下手头上的工作！弗朗茨·勒福尔特快要去世了！"阿廖什卡急匆匆地说。说完，不等众人反应过来，他就踩着政厅办公室那腐烂的地板冲了出去，马刺和靴跟发出令人不舒服的响声。那些大秘书官朝他的背影翻着白眼，好像是说："别那么大声，你这个天不怕地不怕的家伙，勒福尔特快要去世关我们什么事。"

六

时光回到一星期前，弗朗茨·雅科夫列维奇·勒福尔特在寓邸宴请了丹麦和勃兰登堡的使节。窗外的冰雪刚开始融化，水珠滴答滴答地从房檐上落下来。弗朗茨·勒尔福特背对着壁炉里坐着，身上暖烘烘的。他精神振奋地谈论着那些伟大的计划，不时地举起酒杯，为彼得皇上跟丹麦国王和勃兰登堡选帝侯结盟而开怀畅饮。屋子前面那十二门大炮轰隆隆地作响，为之平添了几分喜悦的氛围。

勒福尔特往镀金椅背上靠着，眼睛圆睁，发出慷慨激昂的声音："伏尔加河沿岸有大量优质的桅杆木原材料，还有大量的鱼，供应所有的基督教国家几百年还绰绰有余。等我们把鞑靼人赶走以后，广袤无垠的南方大草原会是我们最优质的草场，我们就会蓄养跟天上的星星一样多的牲畜。你们不是还需要大量的铁吗？矿砂就在我们的脚下，乌拉尔山蕴藏着丰富的铁矿资源。欧洲的那些国家，有什么地方值得我们羡慕的，工场手工业吗？我们会招许多英国人和荷兰人来俄罗斯，帮助我们加速实现强大的进程。我想，你们还没来得及仔细观察俄罗斯，现在的俄罗斯和以前截然不同了，各种工场手工业都已经办起来了。我们要让更多的城市居民了解科学和艺术，我们要把商人和工业家提高到一个他们梦想不到的高度。"

　　酒兴正浓的勒福尔特就这样跟那些使节们交谈着，客厅里的空气让他们感觉很憋闷，勒福尔特就吩咐大管事把窗子都打开，让外面潮湿的、寒冷的空气吹进来，畅快地呼吸。他一次又一次地提议为伟大的计划干杯，直到夕阳西下为止。晚上，他意犹未尽，又赶到波兰大使馆，在那里继续喝酒跳舞，一直闹到天亮。第二天，弗朗茨·勒福尔特起床之后，他感到身体里有种异样的疲乏。他吩咐不要让任何人打扰，本想亲自动手给彼得写信，可是还没等动笔，他就裹着皮袄蜷缩在壁炉旁边发抖了。大管事请来意大利医生波利科洛，他给这位海军上将吃了一剂泻药，还放了一点血，可是没起任何作用。夜里，弗朗茨·勒福尔特发起高烧，神志昏迷了。

　　施特罗姆普弗牧师把圣餐高高地举在头顶上，好不容易挤进了大厅。勒福尔特的府邸里人声嘈杂，全莫斯科权贵都让彼得给聚集在这儿了。门砰砰地响着，仆人们忙里忙外，招呼着不断涌入的朝臣。勒福尔特的妻子伊丽莎白·弗兰采芙娜在她丈夫卧室的门口等待着牧师，她那憔悴的脸上写满了焦急与悲伤，鼻子哭得发肿了。看见来了那么多朝廷重臣，这位海军上将夫人紧张得要命，磕磕巴巴地回复着众人的安慰。她不会讲俄语，一直在府邸里生活，很少与外人接触。她看见牧师之后，把手伸到牧师的胸口，用德语含混不清地说："施特罗姆普弗牧师先生，请你教教我怎么办呢？来了这么多的客人，我是不是要请他们吃点儿点心，先让他们安静下来？所有的用人都好像发了疯似的，谁都不听我的话了。储藏室的钥匙放在可怜的弗朗茨的枕头底下。牧师先生，我现在不敢到大厅里去，我的举止总是张皇失措，根本就不知道如何处理眼下的局面。请你告诉我，会发生什么事啊，施特罗姆普弗牧师先生？"

牧师用低沉的嗓音对海军上将夫人讲了几句安慰的话，随后他摸了摸刮得青青的脸，抛开一切世俗的杂念，走进了卧房。勒福尔特躺在床上，背后还垫着几个枕头。他呼吸非常急促，嘴里发出嘘嘘的声音，张开着的嘴给高热烧得发焦，只有一双眼睛还能捕捉到生命的迹象，表明他依然活着。

波利科洛医生把施特罗姆普弗牧师带到一旁，意味深长地朝他点点头，然后又皱了皱眉："从海军上将先生的病情来看，浓痰已经塞满了他的筋脉，如果没有奇迹发生，他身体的经脉马上就会被浓痰完全堵住。愿上帝保佑他上天堂。"施特罗姆普弗牧师听完，便在垂死者旁边悄悄地坐下了，准备为他祈祷。就在牧师到来之前，勒福尔特曾从昏迷中醒来，显然是有什么事情使他割舍不下，一定要交代清楚才行。一听到提起他的名字，勒福尔特费力地把眼神转向牧师，施特罗姆普弗设法把海军上将的注意力引到十字架上，宣讲着永生的希望，这种希望每一个世俗的人都不会被拒绝，勒福尔特嘟囔着，可是谁也听不清他到底在说什么。施特罗姆普弗朝他发紫的嘴唇探下身去，听到勒福尔特急促喘着气，费力地说："简短些……"

牧师终究还是完成了自己的任务：给垂死者作了临终忏悔，让他领了圣餐。等他走后，勒福尔特眼睛突然焕发出神采，他用臂肘撑起身来。他们明白他是想招呼大管事，便赶紧把他找了进来。弗朗茨·勒福尔特跟他说："去招呼乐师们……我的那些朋友……酒杯……"乐师们走进来了，一杯杯酒也给送进来了。乐师们站在床的周围，把号角放到了嘴上，一起吹奏出一支小步舞曲。勒福尔特的脸色如纸一般苍白，肩膀陷到了枕头里，只是那双眼睛却还没有熄灭，继续燃烧着希望。有人递过来一杯酒，可是他已经举不起手来，他又人事不省，眼睛也看不见了。

勒福尔特死了。莫斯科的权贵们高兴得都不知道该怎么庆祝才好，要不是怕彼得惩罚他们，早就聚餐庆祝了。库奎外侨区的统治，就这样结束了。大家心里都很清楚，彼得最重要的谋士已经翘辫子了。他曾给彼得皇上喝过一种迷幻药，让彼得做出种种离经叛道的事，并且不许任何人有任何质疑的声音，让俄罗斯大地陷入恐慌之中。现在，射击军士兵们的眼泪总算没有白流，死难者终于能够安心地闭上眼睛了。反基督者的老巢——

勒福尔特的府邸将要永远荒芜了,俄罗斯取得了对反基督的外国人的决定性胜利。

勒福尔特死后七天里,领主和各级官员遵照彼得的旨意,走进那间有两层窗子的大厅,向这位海军上将的灵柩致最后的敬礼。他们表面上是一副悲哀的模样,可是心头的喜悦却无法掩藏住,不断地用眼神交流着。大厅中央的木板台上停着一口棺材,四个手执宝剑的军官站在棺材的四周,还有四个站在木板台周围的地上。勒福尔特的妻子伊丽莎白·弗兰采芙娜穿着丧服,表情麻木地坐在木板台前面的一张折椅里。领主们走上木板台,用腮帮碰碰海军上将的手,随后他们走到寡妇跟前,弯下腰去拜了一拜,用手指碰一碰地板,然后退了出去。

一辆皮篷雪车飞也似的穿过莫斯科,一直驶进了勒福尔特寓邸的庭院里。那几匹毛色不同的马,浑身出汗,不停地喘着粗气。一只手从车里探出来,摸索着皮捆带,想解开那上面的钩子。亚历山德拉·蒙斯从里面走出来,而且正巧只有她一个人在台阶上。一看那几匹马,桑卡心想来者准是一个出身微贱的人。她很生气,这辆雪车竟挡住了她的轿车,让她感到很没面子。"把你的蹩脚马赶走,快点,不要挡住我的路!"她对车夫吼道。

一个戴着有耳遮的丝绒便帽、穿着毡靴和灰呢羊皮袄的人从雪车里爬出来。一张圆圆的、憔悴的脸,一双浮肿的眼睛,标志性的小唇髭出现在桑卡的视线里。上帝啊,是彼得皇上!彼得把发麻的腿伸了伸,他认出来这是自己曾经为她主过婚的年轻女人,便皱了皱眉,并没有说什么,沙着嗓子说道:"不幸啊,不幸啊!"随即跳下马车,往屋子里走去,桑卡一步不离地跟在他后面,回到了勒福尔特的府邸。

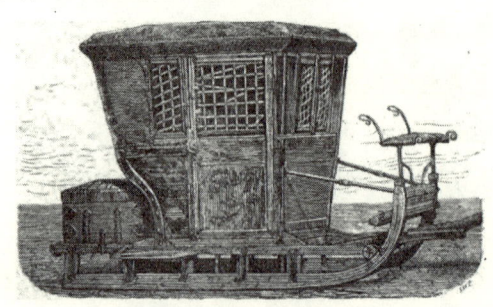

彼得一世华贵的雪橇

当看见沙皇彼得出现在她面前时，勒福尔特的妻子伊丽莎白·弗兰采芙娜呆住了。她从椅子里跳起来，想要往他脚边扑下去。彼得一把将她扶住，紧紧地搂着她。安慰了她之后，彼得穿着毡靴，脚步沉重地走到棺材边，去做最后的告别。他一只手搭在棺材边上，站了很久，泪水在眼圈中滚动，随后俯下身吻了吻他最亲爱好友的额头和手。桑卡站在彼得背后，眼睛里噙着泪水，用尖细的嗓音轻轻地哀号起来。彼得从木板台上走了下来，仍在抽泣，如同一个受了委屈的小孩子。他在桑卡面前站定了："这样的朋友，我今生恐怕再也不会有了，我们曾经同甘共苦。我们曾经同心同德，共同战胜困难。"他忽然意识到了什么，向四周扫了一眼，十几个领主这会儿快步走进大厅，急匆匆画着十字。

领主们按照官职的大小，毕恭毕敬地先后走到彼得·阿列克谢耶维奇面前，双膝跪下，把额头实实在在地磕在地板上。彼得并没有像平常一样，把他们扶起来，也没跟他们拥抱，甚至都没有冲他们点点头，他不可一世地站着，鼻孔喘着粗气，气愤地吼着："这回你们高兴啦，我看得出来，你们巴不得勒福尔特早点死，这下称你们心愿了，你们很高兴吧！"随后他不等众人反应过来，便走出了院子，回到雪车上去了。

七

那年秋天，库奎区路德教堂的旁边，由大度支政厅承建，不到两个月，一幢荷兰式的砖瓦房子便竣工了，安娜·蒙斯跟她的母亲和弟弟威廉搬进去住了。沙皇成了这里的常客，经常在这里留宿。安娜·蒙斯所住的这所房子十分气派，不论是房子的规格，还是管事和仆役人员的选择，全部参照皇宫的标准，马厩里还有多匹骏马，以及适合各种场合乘用的马车。在库奎外侨区，甚至在莫斯科，大家私下里都管这所房子叫皇后的别殿。

蒙斯这个新居，再也不能像从前的小酒馆那样随意进出，大声吵嚷，喝酒取闹了。去过小酒馆的人们都在追忆着往事："不久前，安娜的腰上还系着条干净的小围裙，穿梭于客人中间，忙着把一杯杯酒送到指定的桌子上；要是有哪一个好心的人拍拍这个小妞儿的屁股，调戏她几句，她的脸就会红得像牡丹花，好看极了。"

现在，库奎区里只有那些受人尊敬的商人和工业家才有资格去拜访蒙斯，而且时间也不自由，只有在逢年过节才被邀去吃饭。自然，他们在一起也说笑，却很有分寸，还合乎礼节，不像从前在勒福尔特家里那样胡闹。每次宴请客人的时候，施特罗姆普弗牧师总是坐在安娜的右手边，讲些罗马历史中有趣味或是有教育意义的故事，那些倾听的客人若有所思地转动着酒杯，感叹人生短暂，世事无常。

经过几年的礼仪修炼，安娜步态端庄，眉宇间流露出宁静、优雅，出落成典型的贵夫人形象。不过她的内心还是很忧愁，当她马车经过的时候，人们为了表达敬意而躬身下拜，可是她只不过是依仗沙皇彼得的权势，她只不过是陪他睡觉罢了，自己并没有什么权力。除此之外，她还拥有什么呢？领地政厅遵照沙皇的敕令，封给安娜·蒙斯几个村子。她要什么也从来没有被拒绝过，可是事情也就到此为止了。

彼得越来越长久地住在沃罗涅什，或是从南海远行到北海。安娜·蒙斯为了缓解相思之苦，给彼得写了许多信，而且每一次总是随信捎去半打柠檬和橘子，还有豆蔻香肠和浸了药草的酒。可是靠这些书信和东西，能把彼得长久地拴住吗？万一哪一天，另外一个女人跟他亲热了，慢慢地钻进他的心里，那可如何是好？她每天晚上都在羽绒褥子上翻来覆去，度过了一个又一个不眠之夜。当安娜和彼得躺在床上闲聊，安娜转弯抹角问他这种散漫的独身生活还要过多久时，彼得每次都是含糊地笑一笑，在她的腮帮上温柔地拧一把，让她再等一阵，等时机成熟的时候就把接她进克里姆林宫。安娜很伤心，彼得并没有明白她的心意，她要的甚至不是皇后的位置，更不是权势，她要的只是一种安稳体面的生活罢了……

只剩下一个办法了——用媚药，使妖法。遵照母亲的劝告，有一次安娜·蒙斯从彼得熟睡的床上蹑手蹑脚地下来，把一小块浸了自己血水的布缝进了彼得的坎肩里。可是让安娜失望的是，彼得临行之际，把那件坎肩留在了普列奥布拉任斯科耶，再也没有穿过。安娜和她母亲不甘心，又把几个会卜卦的女人带到了后院，可是母女俩不敢向她们透露到底要替谁算命。如果让别人知道她们搞巫术，"公爵皇帝"罗莫达诺夫斯基就要把她们送上拷问台。

安娜·蒙斯有时甚至想,如果现在有一个平民百姓爱上了她,那她情愿放弃眼前的一切,换取宁静安稳的生活。只要有一所干干净净的小房子,窗台下有好闻的茉莉花香,厨房里飘着煎咖啡的味儿,每天聆听着教堂的钟声,她可以坐在窗前做针线活,欣赏着这美妙的一切,就心满意足了。不过这终究是幻想,现实却是残酷的。自从勒福尔特去世以后,一片乌云开始笼罩在安娜·蒙斯的头顶上,挥之不去。一想到就这样和老朋友永远分别了,她极为伤心,身体也受到了影响,她母亲派人把波利科洛医生请来了。医生给她灌了肠,开了一剂泻药,清理了因为悲伤而郁积在她血里的过多的分泌物。

安娜想起了那天彼得残酷地处决射击军后,来到勒福尔特家时那张没有血色的脸,以及他那双瞪大一直处于发愣的眼睛。他默默坐在餐桌旁,没有吃任何东西,对大家讲的笑话也置若罔闻。他没有与任何人交流过,却莫名其妙地冒出一句话:"我需要的不是四个团,而是许多团,更多支持我的士兵!我一直忘不了他们躺在断头台上的情景,每个人都用两个手指画十字,做最后的祈祷。他们仍在怀念过去贫穷困苦的生活,根本没有任何悔改之意。我们不该从亚速下手,应当先对莫斯科开刀才对!"

只要一想起彼得在餐桌旁说话时恶狠狠的表情,安娜·蒙斯就会浑身发抖。她觉得彼得现在是在折磨她,把她从安稳的生活中强行推到一个变数极大的未知世界里,使她坐卧不安,常常在夜里哭泣。彼得现在也没有从前的那种温存了,每次来这儿都很不耐烦,只希望尽快结束,浑身冷冰冰的,没有一丝暖意。她真想和弗朗茨·勒福尔特一样,安安静静地躺在棺材里,没有烦恼与忧愁,那样的话说不定反而会好过些。

有天早晨,安娜刚醒来,还没有梳洗打扮,下意识地朝窗外望了一眼,看见彼得的雪车已经停在外面坎坷不平的路上了。要是在以前,她早就惊慌失措了,忙不迭地梳洗迎接彼得。可是现在一切都无所谓了,就让他看到自己现在的模样吧。穿过花园的时候,彼得也看见她站在窗口,便向她点了点头,但却没有露出一丝笑意。走进门厅,他把脚在地毯上擦了擦。"早安,亲爱的,"他柔和地说,吻了吻她的额头,"我们现在变成孤儿了。"随后他用低沉的嗓音说道："弗朗茨，弗朗茨啊，他不是一位了不起的海军上将，可是他却抵得上整整一个舰队，甚至作用更大，这真是一个灾难。死神一定是抓错了人，再也没有弗朗茨·勒福尔特这个人了。这对我的打击太大了，我现在都迷失了方向，都不知道下一步该朝哪个方向走了。"

安娜·蒙斯静静地倾听着，她没有想到彼得还是伤心，仍然没有从勒福尔特逝世中恢复过来，也不知道该说些什么言语才能让彼得受伤的心灵得到些许安慰。一想到这些年和勒福尔特度过的美好时光。她的眼睛里噙满泪水，极力控制不让眼泪滑落。安娜勉强挤出了一丝笑容："彼得，旅途中还没吃东西吧，留在我这里吃点儿吧。今天正巧有您爱吃的煎香肠。"彼得并没有理他，独自坐在桌旁发呆。安娜看到连香肠也引诱不了他了，感到非常懊恼，她坐到他身边，不停吻着他的手。"好吧，已经够了，我的手都被你的眼泪弄湿了。去吧，亲爱的，给我拿香肠和伏特加来，我最多能待一个小时，今天我还有很多事情要处理。"

勒福尔特的葬礼，排场大极了。三个团下了半旗，灵车的座垫上放着这位海军上将的帽子、宝剑和马刺。一个骑士穿着黑铠甲，插着黑羽毛，倒持着一个火把，紧紧跟在灵车后面。大使和公使们穿着丧服走在送殡的行列中，领主、朝臣、杜马贵族和莫斯科贵族跟在他们后面缓慢地行进。军号吹着，战鼓缓慢地擂着。彼得亲自带着普列奥布拉任斯科耶团的第一连走在前面。

由于没有看见皇上的踪影，有几个领主便加快步伐，超过前面的外国使节，想走到队伍的前头。外国使节看到这种情形，全都耸了耸肩膀，让开了道路，窃窃私语起来。临近墓地之时，他们都被挤到队伍后面去了。罗曼·鲍里索维奇·布伊诺索夫和那个极其愚蠢的斯坚卡·别洛谢利斯基公爵依次抓住灵车，慢慢地走着。棺材被安放在从墓穴里挖出来的一堆冰冻的泥土上，彼得急忙赶到那边。他朝领主们那些刮得光光的脸瞅了一眼，忽然目露凶光，龇着牙，吓得一些人急忙躲到别人的背后去。他摆了摆手，把胖胖的列夫·基里洛维奇招呼到跟前："为什么他们都挤到外国使节们的前面去了？是谁让他们这么做的？"

"我已经骂过他们了，可是他们根本不听我的劝告，"列夫·基里洛维奇轻轻地答道。"狗东西们！他们是狗，不是人！"彼得提高了嗓门，大声吼叫着。那些挤过来的领主识趣地让开了路,大使和公使们从人缝里挤过去,走到了坟上。彼得穿着一件长襟衣,孤零零一个人站在没有盖好的棺材旁边。人们都惶恐地看着他,不知道他又会做出什么特别的举动。彼得把宝剑往泥土里一插，跪了下去,将脸贴在他那最信任的伙伴的遗体上。许久后他站了起来,擦拭了眼角的泪,冲着众人咆哮："把棺材盖上,放进墓穴里去！"

战鼓擂响了，大炮发出阵阵轰鸣声。令人意想不到的事情发生了：有一个炮手站在那里发呆，听到炮声竟然没有躲避，让炮火把脑袋给炸掉了。那一天,莫斯科街头巷尾都在议论着这件事："一个魔鬼给埋葬了,可是另一个却还活着,看来他害人还没有害够呢。"

八

工商民们把雪橇停在普列奥布拉任斯科耶宫外面,摘下帽子,小心翼翼地登上从宫院中央一直通向宫里的台阶,推开那扇神秘的大门。客商和商会的商人们也赶来了,他们穿着狐皮大衣,肆无忌惮地走进了皇宫。他们穿过年久失修的殿堂,一路上抬头望着腐朽开裂的天花板,交流着："普列奥布拉任斯科耶宫原来是这个样子啊,这也太寒酸了,和我们想象得大相径庭。看来领主们只能经管成这样,可惜啊,可惜！"

商人们都是按名单仓促之间地聚集到这里来的。几天以前,一个杜马书记官站在红场的刑台上,面朝众人,宣读了彼得的一道圣旨："全俄罗斯的君主,彼得皇帝陛下对政府商务经纪人与商业公会,以及一切城郊居民、工商民等,各地总督、中央各政厅官员之种种官僚习气深感失望,对于俄罗斯在商业和各种工业上所蒙受的损失极为不安。圣上慈悲为怀,为解决此事殚精竭虑,现特诏告天下：一切有关诉讼、申请、商务以及国家税收等事宜,今后概由市政院管理,市政院成员由众人选举产生,每年遴选出若干贤明正直之人担任此职,推举时依据各自心愿。然后,再从市政院全体成员中选出一个人,担任主席职务,负责市政院日常具体事宜,任期一月。"

克里姆林宫在城市、郊区和各个村镇分别设置一些地方分院,负责审讯、裁判和税收等事务；至于关税和酒税的征收事宜，他们则推举一些精通业务的成员来负责。这些成员，将在市政院里举行会议，处理贸易与税收事宜，他们做出的决定不用报送各中央政厅，可由市政院直接上奏沙皇陛下。为显示其特殊性，克里姆林宫里把圣施洗约翰教堂附近的一处宫殿划拨给市政院专用。商人们长出了一口气，他们这下终于扬眉吐气了，可以不再理会军政长官的勒索和各政厅官员的欺诈。为了庆祝这一胜利，莫斯科商人花钱毫不吝惜：他们给宫殿换了个新屋顶，漆成银子一样的颜色，里外粉刷一新，还装上了玻璃窗，为保证安全，他们还出钱雇用了警卫。他们为此付出的代价是，需要缴纳比从前多两倍的税款，充实国库的收入。商人比以前交得更多了，他们这样做是否划算呢？

  这个决议对商人是有利的。从前，军政长官和各政厅的官员们把他们压榨得无法再做生意了，这帮吸血鬼恨不得扒下商人身上最后一层皮；而且他们还会把你从法庭上拖过去，让你受尽折磨，拷打逼债，直到你答应交钱为止。自然，总有些狡猾的商人，总是能把自己保护得很好，日子过得还很滋润：这是他们因为经常孝敬官员，为其生意财源打开了方便之门。有几个还发了财，更别说剥削他们的军政长官和各政厅官员，没有人能知道他们有多少钱，不过可以肯定的是，国库空虚了。如果你做的买卖足够大，后台足够硬，比如商会领袖米特罗凡·绍林或是阿列克谢·斯韦什尼科夫之流的大人物，那就没有人敢动，就连大主教也会不时地去他们家里去走动走动。对广大的商人来说，即使要他们缴纳三倍的税款给市政院，他们也会很乐意，因为市政院的设置给他们带来了荣誉、权力与安宁。

  市政院得到了绝大多数商人的拥护，但有的人不高兴了，开始忧心忡忡。瓦西卡·列维亚金老头儿就是其中的代表人物。他开了一个铁匠铺，铺子里常年摆放着一排铁器，可是全加起来总共也不值三阿尔丁，他自己则一天到晚坐在那里，靠抹着眼泪来博取人们的同情。可是，了解内情的人都说他至少有3000个农奴，他的钱都差不多能买下半个莫斯科城了。农民、城市居民，抑或商人中间也很少有不欠他债的。列维亚金在俄罗斯的各个城市或是郊区都有仓库或是店铺，只不过上面写的名字要么是他的亲戚，要么是他手下伙计的名字。他活像一条又光又滑的鲇鱼，根本抓不住他的尾巴。他感觉大难临头了，市政院的成立意味着他无法隐藏，离破产的边缘不远了，对于自己人，什么东西也隐瞒不了啦。

一部分年老的商人坐在普列奥布拉任斯科耶宫的长凳上恭候圣驾，年少一些的则四处随意站着。他们清醒地知道在自己身上有沙皇彼得最急需的东西——钱，彼得身上也有他们所盼望的权力。他们都需要开诚布公地谈谈，这对双方来说都是件有利可图的事情。那些第一次进宫的人，四处打量着宫里的建筑物，三五成群地低声交流自己对皇宫的印象，借以打发这无聊的等待。

彼得并没有从正门处进来，而是出乎意外地从边门里闪出，他脸上红通通的，一看就是喝了不少的酒。他亲切地和众人打着招呼，握握一些人的手，拍拍另一些人的后背，如熟识的老朋友一样。十来个人跟着他一起进入了众人的视线：米特罗凡·绍林和阿列克谢·斯韦什尼科夫，奥西普·巴热宁和费多尔·巴热宁兄弟，脸刮得精光的伊万·阿尔捷米奇·布罗夫金，杜马秘书官柳比姆·多姆宁，还有和一个谁也不认识的人，他蓄着胡子，穿着一身普通城里人的衣服。一看就知道他非常胆怯，低着头，紧紧跟在众人后面，寸步不离。

彼得在一张长凳上坐下了，招呼那些向他靠拢过来的商人们坐下，大家好好交流下。年老的商人很有经验了，陆续坐下了，一些胆子比较大的年轻商人也坐下了。杜马秘书官柳比姆·多姆宁依旧站着，他从口袋里掏出一卷公文，随时听候彼得的召唤。彼得朝奥西普和费多尔·巴热宁兄弟俩那个方向点了点头，开口说道："我们需要更多巴热宁兄弟这样的人，我要在大家面前表扬他们兄弟。对于卓越的商业活动和优异的工业制造，我都要给予赏赐，以表彰他们为俄罗斯所做出的贡献。我们一定要采纳这种办法。我说得对不对？你们还在犹豫什么，怕我会向你们要钱吗？我们要开始一种与以往不同的生活方式。"

"陛下，一种不同的生活方式，您要表达什么？"富有的呢绒商人莫蒙诺夫鞠了一躬，大着胆子问道。"我想要说的是，我们要抛弃以前那种与世隔绝的生活方式。我们的领主常年把自己关在府邸里，不愿意走出去，更不愿与外面的世界交流。你们都是买卖人，要学会与别人沟通，要学会做生意，不过不是作为个体，而是要联合起来，成立一个个贸易公司。你们听说过荷兰东印度公司嘛，它就是一个典范：荷兰的商人们联合起来造船，联合起来做买卖，获得了极大的利润，我们应当向他们学习。如果你们愿意起来的话，我建议你们不妨在阿姆斯特丹建立一个交易所，把你们的公司创立起来，提倡工业生产。可是你们现在只信仰一句格言：不欺诈，货难销。"

一个以敬慕的神情凝视着沙皇的年轻商人，仿佛想通了什么似的，站了出来，忍不住插了一句话："对啊，我们以前的确就是这样的，您说得真对。"有人动手扯了扯他的衣襟，想把他拉回人丛里去。可是他却没有理会拉他的那个人，耸了耸肩膀，继续说道："怎么啦？难道我说的不是实话吗？我们一直靠欺诈过日子，我们用假秤，我们用假尺，根本就没有诚信可言。"

彼得笑了笑，那些站在他近旁的人，也都笑了。彼得突然收敛了笑容，凌厉地说："你们做生意也快两百年了，可到现在你们还没有学会做生意。你们不诚实的行为让财富都从手边溜走了。你们做生意挣到一戈比，立刻就把它送到小酒馆里去。对不对？"

"不全是，陛下，"莫蒙诺夫说。

彼得瞪着眼珠子，瞅了莫蒙诺夫一眼："不，全是这样的！你们去国外看看人家的商人吧，他们简直就是国王！来到俄罗斯的外国商人让我坐卧不安，无法入睡。他们来俄罗斯运走了大量的木材、矿砂、渔猎……你们扪心自问，为什么我们自己人就干不了？我一直希望俄罗斯人来开发自己的国土，可现在我已经等不及了，没有时间让你们自己教会自己了。有一个人到了沃罗涅什，他对我说，俄罗斯大地黄金遍地，可让他惊讶的是，那里的人们却很穷困。他的话让我无言以对，我不知道如何跟他解释。现在我来问问你们：是不是我们的国家跟人家的不一样？上帝没有给我们另外什么人。我们只能依靠现在这些人来办事，是不是？有时候，俄罗斯人让我感到羞耻，脸红！"

这时，坐在彼得旁边的伊万·阿尔捷米奇拖长着声调和悦地说道："俄罗斯人老是挨打，而且都是无缘无故挨的，因此才会出现这种荒唐的局面。"

彼得用臂肘碰了碰伊万的肋骨，给他一个暗示。伊万·阿尔捷米奇越发装痴作傻，说道："诸位，我刚才都说了什么啊？"但是，彼得自己也清楚，当着商人们的面训斥发脾气是解决不了问题的，弄不好会适得其反。商人和领主的差别很大：领主们面对压力无法逃避，他们不可能把领地、奴仆都装在口袋里带走；可是商人却不一样，他们的神经极为敏感，只要稍微碰触下，他们就把资本藏起来，不肯出来经商投资。如果那样的话，事情就搞砸了，市政院的设置也没有任何意义了。现在，屋子里正弥漫着这种氛围，彼得感到商人们的沉寂和疏远，他必须要阻止危险发生。

"宣读诏书吧，让他们了解下我的心思，"彼得对秘书官柳比姆·多姆宁说。柳比姆·多姆宁清了清嗓子，缓慢地念着：

为彰显全俄罗斯的君主之皇恩浩荡，特赐此特权书状，旨在奖赏在造船方面做出特别贡献之人。去年，奥西普·巴热宁与费多尔·巴热宁从国外带回来一套模型，没有聘请一名外国工匠，凭借自己的能力，在沃夫丘格村建成一所水力锯木厂，他们准备将木材锯成木板，卖给阿尔汉格尔斯克的外国商人，以及俄罗斯商人。他们还要将木材运往阿尔汉格尔斯克，继尔销往海外。他们还另有宏图，准备在该厂建造大舰小艇，以便将木板及我国其他货物运往海外。为此，我大皇帝特给予以下奖励——兹已下令该厂建造舰艇，以及为建造舰艇所需之任何外国材料，一律准予免税进口，并准许雇用外国工匠与本国工匠。此项舰艇建成以后，并准其在船上装置大炮，储备弹药，以防御海盗及其他外国商船。

秘书官柳比姆·多姆宁念完之后，把那份盖着玺印的诏书收好，授给奥西普和费多尔。那两兄弟把它接过来了，走到彼得面前，一躬到地，态度庄重。彼得伸手把他们扶了起来，跟他们亲吻，完全不是沙皇惯常做法，只用腮帮碰一碰腮帮，而是热烈地亲吻他们的嘴唇。"这只不过是开始，"他跟商人们说，随后他转动着双眼，望向那个大家都不认识的城里人，"尼基塔·德米多夫·安图菲耶夫！到我身边来，向商人们鞠个躬。我特意带来了这个人，他是个图拉的铁匠，他擅长制作手枪和火枪，质量一点也不比英国的差。他还会锻生铁，找矿砂，他想扩大生产，但最大的难题就是缺少足够的资金。跟他谈谈吧，你们大家好好考虑下，是否要对他进行投资。

我是他的朋友，在时机合适之际，我们会赐给他封地和奴仆。尼基塔·德米多夫，你给大家鞠一个躬，让商人们信任你。如果你们不放心的话，我可以替他担保，消除你们的疑虑。"

九

"你是什么人？你来这里干什么？你找谁？"一个宽肩膀的女人恶狠狠地盯着在小酒馆向人讨酒喝的圣像画师安德烈·戈利科夫，她的眼神让画师极为不舒服，身体打了个寒颤，起了一层鸡皮疙瘩。作为对她质问的回应。商人瓦西里·列维亚金家的难以逾越的栅栏，顺着莫斯科坍塌的城墙在这里形成一个折角伸展出去。这里很偏僻，周围净是又狭窄又荒凉的街巷。

"我是从阿夫拉姆长老那来的，"安德烈·戈利科夫介绍着自己，把两个指头放在了自己的额头上。在那女人背后，院里的仓库边，几条拴在链子上的看门狗冲他狂吠不止。那女人犹豫了半天，终于把门给打开了，让他走进院子，带他走进了一幢没有台阶的建筑物，他们穿过黑洞洞的弄堂，推开一扇低矮的门，来到了建筑物的底层。这儿很热，借助炉子里的火炭发出的光亮，安德烈看到一个古老的圣像挂在对面的墙上，圣像的眼睛让人感到恐惧，画像师一遍又一遍地画着十字。那女人找个地方坐下了，隔着墙壁传过来许多人在唱歌的声音。

"长老派你到这里干什么，有什么事？"女人继续追问。安德烈·戈利科夫把目光从圣像上移开，小心翼翼地回道："他让我到涅克塔里长老那儿修炼三年。他让我到您这儿来，想请你指点一下上他那边去的路程。我的肉体在挨饿，我的灵魂充满了恐怖。我不想在俗世生活了，我要找一个隐修处。求求你，告诉我如何去吧。"女人意味深长地望了安德烈·戈利科夫一眼，眯缝起眼睛，给他打了一个谶语："涅克塔里长老会替你开一个隐修院的。"

安德烈开始唠唠叨叨地叙述他这半年多的境遇：从小酒馆出来后，他一直在莫斯科沿街乞讨游荡，饥寒交迫，差一点连命都没了。那年冬天，雪花纷飞，射击军的尸体吊挂在城墙上，寒风一起便砰砰的闷响。那些夜里，他渴望着一个幽静的安身的地方，过着安稳的生活。经历了诸多磨难后，才找到这里。女人静静听完安德烈表述后，又详细地询问了有关阿夫拉姆长老的情况，叹一口气，站起来说："跟我走吧。"她又带着安德烈穿过那弄堂，这次往下面走了几个台阶，她放他走进传来歌声的地下室去了，三十多个人跪在擦得锃亮的地板上。一个穿着黑法衣，戴着一个尖顶帽的长老，正在铺着丝绒的读经台后面读经。他翻着陈旧的手抄经卷，其他人则正按照反东正教派的仪式做法事，用鼻音忧郁地唱着。长老的右边，在那些祈祷的人前面，跪着矮小的、蓄着山羊胡子的瓦西里·列维亚金。他不时扬起眼睛望望那些祈祷的人，在他的瞥视之下，这些人越发虔诚地磕着头，有的人甚至把额角都磕破了。

那个长老合上了经卷，把它举到头顶上，然后张开嘴，大声喊道："让我们回想一下罗马教皇、虔诚正直的伊波利塔的话：'反基督者降世的时候，上帝的教堂就要坍倒，诱惑就要侵入城市和乡村各个角落。而且除了极少数的人，谁都无法获救。'"他的嗓音听起来很可怕，那些祈祷的人都把脸仆在地上，肩膀颤抖着。长老站在那儿，举着经卷，直到所有的人都放声大哭了才罢。

祈祷结束以后，长老抓着胸前的十字架，鼓动起来："弟兄们，我要和你们分享一件事情，我蒙受上帝的恩宠，主把我带到了沃尔湖边涅克塔里长老的隐修院。我向长老拜了一拜，希望长老能够拯救我的灵魂，抑制我的肉欲。长老非常大度，帮我实现了这个愿望。在隐修院的日子里，我们不吃面包，只吃羊齿草、松树皮、酢浆草和橡实，这就是我们的粮食。上帝是仁慈的，他并没有让我们死。还有，在隐修院那两年里，我一共挨了1430次打，涅克塔里长老随意拿起来能抓到的东西打我，长老希望通过损伤我的肉体，让我内心黑暗的灵魂发出光来。在那些日子里，我的手指脱臼了，我的骨头折断了。现在，我的肉体固然很虚弱，但我的灵魂却闪闪发光。弟兄们，对待自己的灵魂可千万不能懒怠啊！"

"对待自己的灵魂可千万不能懒怠啊！"长老一连喊了三遍，面无表情地直盯着那群诚惶诚恐的信徒。这儿有瓦西里·列维亚金的亲属、姻亲，还有他的管事、仓库管理人和店里的伙计。听了这些话，他们都伤心地叹气。

安德烈·戈利科夫号啕痛哭,透过泪花,他看见蜡烛火苗发出来的光在礼拜堂里到处摇曳,如同天使们的翅膀。

长老朝他的信徒们深深地鞠了个躬,然后便退到了一旁。瓦西里·列维亚金站到了长老的位置上,一面拨着皮念珠,一面柔声地说道:"我亲爱的朋友们,我心爱的人们,可怕的事情马上就要来了!天空本来是晴朗的,但现今一片乌云升起来了,使我们的整个生活都陷入了黑暗之中。反基督者早已来到了这儿,你们听到他的声音没有?他就在尼康派教堂的圆屋顶上,用三个指头画十字的人全不会得救:他们早已被吞食干净了,跟那些用三个指头画十字的人一块儿吃喝,那种人也不会得救。从教士那儿领圣饼的人也不会得救:他们的圣饼上打着印记,他们的圣职是冒充的。那我们怎么才能使自己得救呢?我们曾经听人说过怎么样拯救自己。我决不拖任何人的后腿,我要把我的仓库和店铺都关起来,把我的货物和财产散给穷人们。

我们怎样才能得救呢?反基督者告诉我们,得救的办法只有一条:遵守祖辈的信仰,服从和畏惧。能够领会这个道理的人有福了,可是不能领会的人也不用绝望,长老们会用祈祷拯救他。如果恶魔把你诱入迷途,那比死还要可怕。现在不比从前,要是你造了孽,要是你违背了良心,要是你隐藏了你主人的一个戈比,那他们会扑到你身上,你就会受到永世的苦难,而且长老们不再替你祈祷。你们瞧,现在就有一个诱惑:市政院!那里是地狱,真正的地狱!自古以来,商人们一直向国库缴捐纳税,至于做什么生意,怎么个做法,那都是个人的私事,这是上帝赐给我们的智慧,现在,市政会的成立会干涉我的仓库,干涉我的钱柜,以及我的一切他所需要的东西。我们不需要市政委员,我们也不需要交纳加倍的税款,或是跟外国人和尼康派信徒一块儿吸那种烟草。我说不下去了,我们去吃晚饭吧。"

小礼拜堂里的人,往隔壁一间地下室,他们吃饭的地方走去。到了那里,他们在一张铺着染色土布的木桌子旁边坐下,瓦西里·列维亚金和他的三个老管事,以及他的堂兄弟在一个犄角里,他们邀请长老跟他们共进晚餐。安德烈坐在乞丐中间,静静地等待。那个长相严峻的女人从黑地里进进出出,端着一碗碗盛得满满的东西。众人一声不响地吃着，慢慢地咀嚼，生怕发出大的声响受到长老的惩罚。吃完东西、做过祈祷以后，长老把手往肚子上一搁。靠在墙上闭目养神，神情也放松下来了。

安德烈走了过去，小声跟他说："仁慈的长老，我是安德烈·戈利科夫，要到涅克塔里长老那边去。请你指点我如何过去吧。"长老呼吸变得急促了，可是他的眼睛却变得困倦无神了："等他们都睡下后，你到小礼拜堂里来。我要拷问你，看看你说的是不是真话。"安德烈不由得打了一个寒噤，一股在劫难逃的感觉从内心升腾起来，身体开始不安地蹭着墙……

十

南方草原吹来了一阵暖洋洋的风，春回大地了。不到一个星期，雪都融化了。天空更加蓝了，河里都涨了水，顿河里的冰开始移动了。一夜之间，沃罗涅什河水跑到了岸上，淹没了一些船坞。从沃罗涅什到顿河，停泊着大大小小的大海船、两桅帆船、帆桨大船、驳船，阵风袭来，船身摇曳着。在沃罗涅什的对岸，升起一团一团的硝烟，随即被风吹散了。炮声打水面上滚过去，激起层层水花，宛如美丽的睡莲在开放。

造船厂里，人们不分白天黑夜地工作着。舰队已经下水，只剩下那艘"要塞号"战舰，还在做着特别仔细的最后的修饰。三天以后，海军上将的旗帜就要在这艘战舰上升起了。运送火药、腌肉和干粮的船只，不间断地驶向那艘战舰，把物资系在它的乌黑的船舷上。潘布尔格船长站在船艄的舰桥上，眼睛活像一只狂暴的公羊，长靴溅满了泥浆。他用俄罗斯语和葡萄牙语咆哮、叱骂着船员，让他们加快干活的速度。他的声音令人胆颤，盖过了甲板上滚大桶的隆隆声和扯滑轮的吱吱声，水手们用尽力气把一袋袋干粮、一个个大桶、一只只板箱搬到了船上，滚进了货舱。

靠近河边有一些用圆木新建不久的房子，里面住着新任命的海军上将戈洛温、亚历山大·丹尼洛维奇·缅希科夫、海军部大臣阿普拉克辛和海军中将科尔涅利·克赖斯。屋门不时被推开，进来的人越来越多，屋里变得拥挤起来。这些人进来之后既不脱掉外衣，也不把靴子擦干净，就一屁股坐在长凳上大嚼起来，那些身份地位比较高的人在桌子边坐下，等着别人把食物端上来。这些人天天都在皇上的房子里大吃大喝，插在空酒瓶里的蜡烛一直没有熄灭。吃饱喝足之后，他们的烟斗里便喷出尼古丁的味道，整个房间都弥漫着烟草的味道。

海军中将科尔涅利·克赖斯困意来了，他趴在桌子上，把脸埋在衣袖里，抓紧时间休息。俄罗斯舰队的海军少将、荷兰人尤利乌斯·列兹正喝着茴香酒，造船工匠奥西普·纳伊和约翰·杰伊，正在从烟斗里喷着烟，朝俄罗斯造船工匠费多谢伊·斯克利亚耶夫直挤眉弄眼。费多谢伊刚从外面进来，连皮袄都不解，就一屁股坐下狼吞虎咽地吃起猪肉面来了。"费多谢伊，"奥西普·纳伊跟他嚷嚷，一脸的坏笑，"告诉我们，你在莫斯科是怎样大吃大喝的？"

弗多谢伊没有搭理他，自顾自地吃着。关于这个问题，他已经受够了他们的嘲笑，不想再提了。二月，他刚从外国回来，正常来讲，他要遵照彼得·阿列克谢耶维奇沙皇在一封信里给他的指示，马上动身赶到沃罗涅什。可他当时却鬼迷心窍，没有把彼得的命令当回事，连着三天在莫斯科转来转去，到处结交朋友，寻欢作乐。他只过了三天放荡不羁的生活，就遭到了报应，他落入普列奥布拉任斯科耶政厅的手里了。

彼得一直也没等到弗多谢伊的消息，直到"公爵皇帝"上书告诉他逮捕了弗多谢伊，他才得知宠臣的下落。为此，彼得大为光火，特意派了一名专使到莫斯科，带去了给罗莫达诺夫斯基的一封信：

请给我一个理由，你出于什么原因，把我们的伙伴，费多谢伊·斯克利亚耶夫和另外一些人全都抓起来了？我听到这个消息后非常伤心。我在这里望眼欲穿地盼望斯克利亚耶夫的到来，他在造船方面是一个不可多得的优秀人才，而你居然把他扣押起来了，上帝是不会宽恕你的罪行的。我还要告诉你，我这里一个帮手也没有。我希望你看在上帝的面上，把他放出来了，让他到我这儿来，为我建造舰队出力。

大概过了十天，斯克利亚耶夫亲自带来了"公爵皇帝"的回信：

尊敬的彼得陛下，您问我为什么扣押他，我现在把他的罪过告诉您，事情是这样的：他同几个朋友喝醉了酒，出来之后跟普列奥布拉任斯科耶团的士兵们起了冲突，话不投机，双方混战厮打在一起。经过调查审问，证实双方都有错误。审问以后，我判斯克利亚耶夫挨一顿鞭子，以惩罚他的愚蠢，同时也把发生争吵的提出申诉的士兵鞭打了一顿。如果我哪里做得不对，请不要为这件小事生我的气，我不能放纵这种愚蠢行为的蔓延，不管他的身份有多显赫，有什么样的官职。

　　这件事罗莫达诺夫斯基处理得很公正，按说到这里就该结束了。彼得·阿列克谢耶维奇一见到斯克利亚耶夫，便热情地拥抱他，安慰他，让他不必把事情记挂在心上，并对他的到来表示了十二分的欢喜。有一次，他们在一起共进晚餐的时候，彼得把"公爵皇帝"给他的那封信大声地念出来了，让众人知道了事情的经过。众人望着费多谢伊哈哈大笑，有的眼泪都出来了。

　　那个时候，费多谢伊刚吃完面条，把面碗一推，伸手就去拿奥西普·纳伊的烟草。"哦，你们笑也已经笑够啦，你们这些魔鬼，船艄那儿的货舱，你们今天有没有进去检查，看看船体是否有问题？"奥西普·纳伊点了点头，算是对他问题的答复。"不，你们没有进去过。"费多谢伊厉声说道，冷冷地看着奥西普·纳伊。约翰·杰伊脸上挂不住了，他把烟斗从嘴巴中拿下来，从咬紧着的牙齿缝里挤出一句话："你这样问是什么意思，好像我们不曾去过货舱似的，费多谢伊·斯克利亚耶夫？"

　　"货舱里有漏洞。船艄那儿的肋材不结实，腌肉的桶一装上去，船的肋骨就会裂开，水就从下面涌起来。"奥西普·纳伊和约翰·杰伊两个人你瞅瞅我，我看看你，交换了下眼神，点了点头。随后不慌不忙地站起来，戴上帽子，拿起风灯出去了。费多谢伊也站起来，气呼呼地把围巾往脖子上一缠，跟着他们二人出去了……

　　军官、水手和工匠陆续收工了，他们走到桌子旁边坐下了，他们个个都很疲倦，身上到处是焦油和泥浆。他们如同饿狼一般，快速地吃掉桌子上的一切食物：烤肉，乳猪，腌牛肉……吃完以后，很多人又出去了，既不画一个十字，也不说一句感谢的话。在板壁的后面，睡觉的地方，一些朝廷大员这会儿正在开会：海军上将费多尔·阿列克谢耶维奇·戈洛温、列夫·基里洛维奇·纳雷什金，费多尔·马特维耶维奇·阿普拉克辛和亚历山大·丹尼洛维奇·缅希科夫。自从勒福尔特逝世后，缅希科夫马上被彼得晋升为少将，同时还担任普斯科夫的总督。据说彼得在送别勒福尔特，回到沃罗涅什之后，对身边人说过这样的话："我以前有两个得力的干将，现在只剩下一个了，亚历山大·丹尼洛维奇·缅希科夫虽然看起来有点狡猾，可还不失为一个忠实可靠、可以信任的人。"

阿列克萨什卡穿着一件整洁的普列奥布拉任斯科耶团的长襟衣，头上戴着一顶假发，站在热烘烘的壁炉旁，阿普拉克辛和戈洛温坐在没有收拾的床上，纳雷什金坐在桌子旁边，他们正在听杜马秘书官兼大使普罗科菲·沃兹尼岑报告带回来的情况。他刚从多瑙河边的卡尔洛维茨回国，奥地利、波兰、威尼斯和俄罗斯的大使们一直在那儿跟土耳其人进行和谈。

普罗科菲·沃兹尼岑来到沃罗涅什，请求觐见彼得，汇报他从国外带回来的信息。彼得正忙着建造舰船，便吩咐大臣们先听一下，他本人等会儿再过来。沃兹尼岑把记着数字的本子放在膝头上，清了清嗓子，说道："我已经跟土耳其的使节们达成了休战协议，不过只是暂时的停火，没有办法有更大的进展。大臣先生们，你们看看眼下的欧洲，许多国家都卷入西班牙王位继承的事情中去了：西班牙国王没有几天日子了，他很快就会死去，可怕的却是他没有后嗣，无人继承王位；法兰西国王竭力想把自己的孙子菲利普推上西班牙的王位，已经给他娶了亲，把他留在了巴黎，指望着随时为他加冕；另一方面，奥地利皇帝却想把他的儿子查理立为西班牙的国王……"

"这些事我们全知道，你挑重点说，"阿列克萨什卡不耐烦地打断了他的话。沃兹尼岑从眼镜上端朝他狠狠地瞪了一下，继续说道："请耐心听我说，亚历山大·丹尼洛维奇。法国和英国之间的一场大争论，正在寻求解答。如果西班牙归属法兰西国王，那么法兰西和西班牙的舰队就要联合起来，称霸地中海和大西洋；如果西班牙归属奥地利皇帝，那么英国就可以单独对付法兰西舰队。英国人把整个欧洲都给搅乱了，他们把奥地利人和土耳其人一起带到了卡尔洛维茨。为了同法兰西国王作战，奥地利皇帝必须使自己解除束缚，土耳其人也十分乐意议和，以便休养生息，而且奥地利军队正在觊觎君士坦丁堡。现在，土耳其人首要的事情就是收复失地。眼下让他们到远方去作战，跟波兰人或者跟我们作战，对他们来说是根本不会考虑的。攻打亚速是不值得的，说不定他们在那边会吃败仗呢。这对俄罗斯来说，是一个利好的消息。"

"难道土耳其苏丹当真像你说的那样软弱吗？我有点怀疑，"阿列克萨什卡翘着二郎腿，将马刺弄出铮铮的响声，说道："要是苏丹软弱，那你为什么不趁机和他签订一份永久的和约？我想，也许你忘记了告诉他，我们有四万射击军正在乌克兰过冬，沙因强大的骑兵团在阿赫特尔卡集结，我们的船舶已经在布良斯克附近准备好了？朝廷派你出访，不是让你空手回来啊，你应该为俄罗斯争取权益！"

普罗科菲·沃兹尼岑摘下眼镜，直盯着阿列克萨什卡，并没有立即反击。世道真是变了，一个出身低微的黄毛小子居然可以用蛮横的态度跟他说话。普罗科菲用一个干枯的手掌往那愤怒得发抖的脸上抹了一抹，以便集中一下心智，因为吵闹是解决不了问题的。

"亚历山大·丹尼洛维奇，你听我说完，你就明白原因了。我们之所以没有签订和约，仅仅达成休战，这是因为奥皇的使节，既没有征得我们的同意，也没有同波兰人或是威尼斯人商量，瞒着我们单独跟土耳其人单方面进行了接触；而波兰人也效仿奥地利，暗中与土耳其人达成了协议。就这样，我们被无情地抛弃了。若不是我的老朋友亚历山大·马夫罗科尔达特在那儿，把这些消息告诉我，我们恐怕连休战也捞不到。你们坐在这儿，以为全欧洲正在注视我们，那就大错特错了。在他们眼里，我们只是个无足轻重的国家，或者根本不拿俄罗斯当回事。"

"我说这话你们可能不相信，那我就举个例子吧。在各国使节下榻的宾馆里，他们把最差的地方给我们住，还派了警卫来监视我们的一举一动；他们还特别通知我们，不准出去与其他大使交流，更不许跟土耳其人见面，就连通信都不让。万幸的是，在维也纳的时候，我聘请了一位医生，那是一个富有经验的波兰人。我让他去土耳其宾馆找马夫罗科尔达特，商谈我们见面的时间和地点。医生不辱使命，见到了马夫罗科尔达特，商定好了细节。马夫罗科尔达特让我务必绕过大使们的宾馆，前往土耳其宾馆。那天深夜，我偷偷溜出宾馆，穿着便服，赶到了土耳其宾馆。也就在那一天，土耳其人跟奥皇签订了和约。"

"啊！"阿列克萨什卡跺了跺装着马刺的皮靴。

"马夫罗科尔达特让我们交还亚速，把第聂伯河沿岸的一些城市归还给土耳其，他们要封锁第聂伯河，切断我们通往黑海的出路。他还有更无理的要求，要我们和从前一样，向克里米亚汗纳贡。亚历山大·丹尼洛维奇，这便是我们第一次和土耳其谈判的情况，土耳其人故意找碴儿，根本没有和谈的诚意。可我只有一个人，我们那些所谓的盟邦已经把事情办妥，单方面和土耳其签订和约，他们都达到目的了。我为了俄罗斯的利益，便拿沃罗涅什的舰队来吓唬他们，却招来土耳其人的嘲笑，他们说我们的船只能在顿河里面航行，根本就出不了河口，更别提出海了。我又拿乌克兰的军队来威胁土耳其大使，可是他们却拿鞑靼人来吓唬我，说我们如果敢攻打他们，他们就用杰夫列特—基烈的办法，烧杀掳掠俄罗斯，企图让我们放弃与他们作战的念头。要是那些土耳其人没有一点顾虑，他们早已向我们宣战了，亚历山大·丹尼洛维奇，也许由于我才疏识浅，不堪重任，没能为俄罗斯争取到更大的成就利益，不过，休战到底不是作战啊，我已经尽力了。"

十一

彼得穿着脏兮兮的白衬衫，系着帆布围裙，瘦削的脸上沾满了油烟的污斑，他正在用长铁钳小心翼翼地翻动熔炉里的锚爪。这是一项责任重大、手艺高强的工作，不能出半点差错。

总工头库兹马·热莫夫一只手受伤了，他是列夫·基里洛维奇从图拉的监狱里给提出来的，要不然他就是干苦力的命，直到离开人世为止。此时，他带领一帮工人为"要塞号"焊接那大铁锚的锚爪。鼓风工人抹着汗水，喘着粗气，拼命拉动那六只风箱的杠杆。两个锤工站在那儿，已经作好准备，热莫夫看着炉火的温度，一遍又一遍地说："不要偷懒，不要偷懒，温度不够，再给我拉几下……"

热莫夫朝那些站在滑车缆绳旁边的人们喝道："当心！做好准备！拉起

来,赶快拉起来!要不它就要烧过头了,快点!"彼得则目不转睛地盯着炭火,点了点头,挪动着铁钳。大家急忙拉着缆绳,那只四十普特重的铁锚从熔炉里缓缓升起来。火花如同柳絮一般四处飘扬,飞溅到四周的工人身上。现在得把这个通红的铁家伙放下来,还要把它放稳。热莫夫这一次改变了腔调,柔声细气地说:"慢点,把它放稳,把铁鳞刮掉。看准位置,手不要抖!彼得,快过来!"

彼得把那大铁钳从熔炉里迅速拽出来,龇着牙,手臂上青筋暴露,终于把它安放在铁砧上了。锤工们喘着粗气,抡起铁锤,轮流锤打起来。彼得钳着锚爪,热莫夫用小铁锤锤打着:大铁锤紧紧跟着小铁锤的落点,炽热的铁鳞溅到了他们的围裙上,可他们毫无感觉,只想着尽快完成任务。焊接的工作完成了。锤工们呼哧呼哧地喘着气,走到一边喝水休息去了。彼得把铁钳往桶里一撂,用衣袖抹了抹脸上的汗水。他朝热莫夫眨了一下眼睛,热莫夫皱起了眉头:"这种情况是很正常的,彼得·阿列克谢耶维奇,不过下一次可不能那么甩铁钳,要是甩在别人身上,那麻烦就大了。你必须把烧焊的东西通过铁砧放下去。为了这样的事,我当学徒时候没少挨过打。"

女仆为彼得大帝收拾工作间

彼得没吱声,洗了洗手,往围裙上抹了抹,穿上了长襟衣,随后走出了铁工场。一股春天的刺鼻的潮湿气息毫无忌惮地闯入了鼻孔,疾奔肺部而去。他贪婪地大口呼吸室外的空气,欣赏着春天的景色,身体也放松下来了。"要塞号"的桅灯在微微晃动,彼得双手插在衣袋里,想着自己为舰船所做的工作,心里十分得意。他吹着口哨,脚步轻快地朝住处走去。板壁旁边的水手一看见皇上进来,便冲进门里,通知那些开会的大臣。可是彼得没有马上进去，他却朝桌子弯下腰去，打量桌上的菜肴。

"米什卡，把那个菜递给我，"他指指桌子对面的红烧牛肉，吩咐造船木工阿拉杜什金。他在打瞌睡的海军中将对面的长凳上坐下后，慢慢地啜着一小杯伏特加，缓解着一天的疲乏，酒在他的身体里流淌。他抓起一个苹果，嚼了一会儿，把一颗核吐在科尔涅利·克赖斯的脑袋上："怎么啦，将军，是不是喝醉了？"海军中将眯缝着眼睛，仰起了满是皱纹的脸，低声说道："风向西南，风力一级。潘布尔格在值班指挥。我在休息。"说完，他又把脸放进绣金的衣袖里。

彼得吃饱喝足之后，望了众人一眼，说道："发生什么事了，为什么你们都闷闷不乐地待在这儿？"他把两个拳头往桌子上一搁。等了一会，他才往板壁的那一边走去，在床沿边上坐下了。他把荷兰烟草塞进烟斗，在阿列克萨什卡端给他的蜡烛上点着了。"你好，沃兹尼岑，我最卓越的大使。"沃兹尼岑听到彼得的话之后，老腿立刻弯了下去，头上的假发在皇上的泥靴边摆动。他就这么跪在那儿，指望彼得能够让他平身，或者过来个人把他扶起来。

彼得后背靠在枕头上，说道："阿列克萨什卡，你过去，把俄罗斯卓越的大使扶起来。请别见怪，普罗科菲，我都累死了。你的信我都看过了。你在信上要我不要生你的气。我没有生气。你已经光荣地完成了任务，我相信你。奥地利人！英国人！我答应你，像这样向他们卑躬屈膝，这是我们最后一次了。你快坐下来，把经过讲给我听听。"沃兹尼岑没让阿列克萨什卡扶他，自己站了起来，又把使节们会谈时候所受到的侮辱和遇到的极大困难讲了一遍。

这些情况，彼得早已经从沃兹尼岑的信里知道了，便漫不经心地抽着烟，静静地听着普罗科菲的陈述。"陛下，你的奴才，以我浅陋的见识做这样的理解，如果我们不去挑惹土耳其人，那么我们可以把休战期拖延一些时日。我们不妨派一位聪明而机智的人到土耳其人那里去谈判，拖延时间，还不妨做出一点让步：本来嘛，陛下，欺骗伊斯兰教徒也算不得是什么罪孽，上帝会宽恕我们的。"

彼得微微一笑，随即他从嘴里拔出烟斗，严肃地瞪着众人："你们还有什么要说的，列位公卿？"阿普拉克辛和戈洛温互望了一眼，让他们现在提出建议，肯定是有困难的。如果说那些华而不实、转弯抹角的话，彼得又不喜欢。"你怎么看，有什么想法？"彼得问阿列克萨什卡。阿列克萨什卡清了清嗓子，整理了下思绪："陛下，普罗科菲解决问题还是按照俄罗斯的老办法：拖时间，混日子！这种办法，对今天的俄罗斯已经不合适了，我们要有新的方法来解决问题。"

列夫·基里洛维奇听了之后，浑身如坐针毡，他马上反击："上帝不让我们跟土耳其人签订和约。耶路撒冷总主教流着眼泪写信给我们，要我们保护圣墓。摩尔达维亚和瓦拉几亚的王公差一点向我们伏地哀求，让我们把他们从土耳其人的奴役下拯救出来。陛下，没有黑海，我们不可能生存！谢天谢地，现在我们是强大的，土耳其人是弱小的，我们完全有能力打败他们。我们现在决不能像瓦西卡·戈利岑那样，进兵克里米亚，而是应当渡过多瑙河，向帝都进发，把十字架树立在圣索菲娅的土地上。"

彼得的眼睛里依旧闪烁着不可思议的光芒，他的烟斗发着轻微的咻咻声。温厚的阿普拉克辛柔声地说："和总比战好。列夫·基里洛维奇公爵，战争是要付很大的代价的。如果我们能够跟土耳其人和平相处，比方说二十五年，哪怕是十年，而不用割让亚速或是第聂伯河沿岸的城市，那就再好没有了。"

彼得站起身来，可是没有地方供他来回踱步，他只好坐在桌子上。"难道我非得要看你们这帮领主和地主的神色行事不成！那些贵族的民军的家伙们跨上了马背，竟都不知道该用哪只手去抓他们的马刀。真是一群贪吃懒做的家伙！你们最好跟商人们谈一谈！阿尔汉格尔斯克不过是欧洲的一个偏僻地方，可是英国人和荷兰人却在那边随便出几个钱就非常便宜地把东西收去了。米特罗凡·绍林告诉我，他有八千普特大麻放在仓库里烂掉了，为卖出一个好价钱等了三个航期。还有木材！外国需要大量的木材，我们的木材多得是，本应该是他们求我们，可实际却是我们打躬作揖，恳求他们收买。俄罗斯再也不能这样下去了！我们现在主要的精力应该放在黑海，为实现这一目标，我们需要在波罗的海上有自己的船舰。"

他把自己内心真实的想法说出来了，他正观察着大臣们的反应。他们听到彼得这么说，全都眉头紧锁。跟鞑靼人打仗，或者即使跟土耳其人打仗，固然很艰难，他们倒也已经习惯了。可是要打波罗的海呢？打波兰人，打瑞典人呢？难道非要卷进欧洲的纠纷中去吗？列夫·基里洛维奇那只胖乎乎的手掏出一条栗壳色的绸手绢，擦了擦脑袋；沃兹尼岑面色惨白，额头上渗出了汗。彼得继续说道："我们现在要跟土耳其人求和，可不能用普罗科菲的办法，而是要用新的办法。"

"这就对啦！"阿列克萨什卡突然说道，眼睛炯炯发光。

十二

舰队沿着涨水的顿河顺流而下，风如同调皮的孩子，把船帆吹得满满的。几十艘有两层甲板的大海船正在航行，还有数目众多的侦察船、快艇和帆桨大船跟在后面：总计八十六艘战船和五百条驳船，远远地在弯弯曲曲的河面上伸展开来，蔚为大观。

从高高的甲板上，可以看到刚刚返青的草原，河水中泛起的涟漪。成群结队的鸟儿正往北飞翔。经过极大的努力，舰队终于开到了顿河向西拐弯的地方，船长们给舰队发出了这样的命令："任何人不得远离旗舰，必须紧紧地跟上。凡落后三小时航程者，扣发三个月薪饷；落后六小时者，扣发八个月的俸禄；落后十二小时者，扣发全年薪俸。"

往西南拐弯以后，航行就毫不费力了。晚霞布满了草原的上空，鸟儿开始回巢了，片刻工夫全都消失不见了。旗舰上的大炮在轰鸣，主桅上的灯升起来了。风篷收起来，铁锚哗啦啦地抛下去。岸坡上燃起了篝火，哥萨克拉得长长的嗓音喊起来了。彼得这次担任"使徒彼得号"的舰长，军官们聚集在餐厅里吃晚饭。海军将领、船长、御前大臣们也都从附近的船舰上过来参加痛饮，尽管他们这时已经醉得可以了。

帆篷又一次接到了风的信息，把帆鼓得满满的。庞大的船队驶过高高的岸坡，驶过给篱笆和土墙环绕起来的小城镇，驶过新领主和修道院的世袭领地和渔场，一路上接受着人们的赞叹。快近潘申镇时，他们看见左岸是一群群骑在马上的卡尔梅克人，手执长长的标枪，右岸是哥萨克人，待在由辎重大车围成的阵形里，还在外面布置了两门大炮。这些卡尔梅克人和哥萨克人在分配马群和鲟鱼产区的时候发生了争执，互不相让，便打算用殴斗来解决争端。

沙因将军坐了小船划到卡尔梅克人那里，鲍里斯·阿列克谢耶维奇·戈利岑划到哥萨克人那里。他们费了半天唇舌，总算把双方劝和了。为了庆祝这件喜事，他们又宴饮了一顿，每个人都再一次酩酊大醉。科尔涅利·克赖斯酒后不太舒服，便吩咐捕些甲鱼，还亲手把它们烧成了汤。彼得也吩咐捕些甲鱼来，当作一道名菜请那些领主们吃；大家吃完之后，他才把甲鱼的头拿给他们看。沙因将军立刻有种说不出的恶心，捂着嘴跑出去了，引得众人哈哈大笑。

5月24日正午，舰队从南边的海雾中已经能看见亚速的棱堡的轮廓了。顿河是开阔了，可是要让这些装着四十门大炮的战舰通过河口，却并非易事。

海军中将在测量顿河的支流库丘尔玛的情况，彼得乘了一条小艇去亚速和塔甘罗格视察要塞和炮台，鞑靼可汗一行使节却从克里米亚的首都巴赫奇萨拉伊到了，他们骑着漂亮的马，带着驮载的车队，随后派来一个翻译，打听沙皇会不会接受可汗的致敬和礼物。得到的答复却是说皇上在莫斯科，可沙皇的全权代表戈洛温海军上将和领主们都在这儿。俄罗斯炫耀了三天之后，才让鞑靼人前来拜访。第四天，鞑靼使节来到了海军上将的船上。他们把礼物放在上面：一副精锻的马鞍，一把小小的马刀，几支手枪，一柄小刀，还有挽具，镶的是银子，嵌的是便宜的宝石，质地都不怎么好。戈洛温威风凛凛地坐在一张折椅里，鞑靼人都盘膝坐在地毯上。

他们谈到了沃兹尼岑签订的休战协定，随后便东拉西扯起来，鞑靼人还是不忘炫耀："莫斯科人好得很，舰队也非常有气势。不过那么大的海船，你们开不进库丘尔玛；前不久苏丹的舰队试图开进顿河，但最后不得不退回刻赤去了。"一番测量之后，证实了鞑靼人所言非虚——库丘尔玛的水位果然太浅。俄罗斯人只有盼望刮起一阵强烈的西南风，把海水倒灌进河口来，一举解决水位太浅的困扰。

彼得从塔甘罗格回来了。他一听说水浅，便满面愁云。命令传下来，叫把压舱物都抛到河里去。一桶桶火药和腌牛肉从底舱里搬出来，装上驳船，运往塔甘罗格。船身轻了，可是库丘尔玛的水也在不断地往下落。俄罗斯人一筹莫展，唯有天天祈祷。

7月22日午饭后，尤利乌斯·列兹海军少将，来到船上打发无聊的时光。他下意识地往四下里扫了一眼，发现西南方向有一片正在迅速扩大的灰云。他仔细观察着那片灰云，脸上突然露出了欣喜的表情，大步跑回餐厅，抓起帽子和宝剑，大声说道："快出来看看，暴风雨快要来了。"彼得、海军将领和船长们马上从饭桌旁跳起来，冲了出去。破碎的云块在高空里飞驰，黑暗在白茫茫的大水后面逐渐扩大。每一条船上，水手长都吹着哨子叫所有的人到甲板上集合。船帆卷起了，暴风雨时使用的铁锚也抛下去了。

乌云遮住了半片天。河水发黑，闪电在天边闪烁，快速地推移过来。风从一片片旋转着的、破破烂烂的乌云里面刮下来，使出浑身解数扑打着船舰。风冲击着河水，拉扯着缆索，桅杆嘎嘎作响，水手们慌忙地抓住这些缆索，与狂风进行搏斗。船长们跺着脚，狂躁地发着命令，想使自己的嗓音压倒那越来越大的暴风雨。一阵阵雷鸣，一个个惊心动魄的霹雳，连绵不绝的轰隆声，把个天空都给劈开了。闪电，一个火柱一个火柱地往下撒。彼得没戴帽子，抓紧栏杆站在忽起忽落的船艄上。耳朵给震聋了，眼睛给耀花了，他像鱼一样张大了嘴。尤利乌斯·列兹往他耳朵边嚷道："这还算不了什么。真正的暴风雨马上就要来了。"

暴风雨过去了，给舰队造成了很大的损失：两名水手在河岸上被雷电击中了；锚索给扯断，有些桅杆给吹折；不少小船被刮沉了。可是一阵强烈的西南风却稳定下来了，这正是他们日夜盼望的风啊。库丘尔玛的河水急速地往上涨，船舰开始浮动了。俄罗斯狂喜，在甲板上发了疯一样跳跃着、欢呼着、拥抱着。就在那一天，那些吃水最深的船舰也终于能够下水了："使徒彼得号"、"沃罗涅什号"、"亚速号"、"古特·德拉格尔斯号"以及"魏因·德拉格尔斯号"。舰队经过一个又一个的标杆，从库丘尔玛一直到亚速海，就是一次美妙的航行。7月27日，整个舰队开到了塔甘罗格的棱堡前面。在防波堤的庇护下，他们开始修补受损的船舰。

尤利乌斯·列兹海军少将继续不断地在训练船员，那都是从普列奥布拉任斯科耶和谢苗诺沃团的兵士中挑选出来的。他们里头，有很多是贵族子弟，从来没有看见过海。尤利乌斯·列兹把对航海事业的热诚用鞭索嵌入水兵们的心里，留下终身不渝的印象。他要他们穿着齐整的衣服从船舷俯冲到水里去："谁要是淹死了，那就不是一个水手！"他两腿叉开，站在舰桥上，双手反抄在背后，密切注视着一切。要是谁在解结扣的时候磨洋工，谁把缆绳缚得不对时，他就狂叫："嗨，要弄到第二节桅的支索帆上去的啊，你这只肮脏的母牛，放松那根升降索干吗？……所有人到后甲板集合，重新来一遍！"

新任命的公使叶梅利扬·乌克兰采夫，带着书记官切列杰耶夫、翻译拉夫列茨基和博特温金从莫斯科奉诏星夜赶来了。8月14日，"要塞号"升起风篷，后面跟着整个舰队，在强烈的东北风帮助下浩浩荡荡驶入公海。8月17日，塔曼的那些细长的清真寺高塔在左舷船头上现出来了。舰队通过海峡时，放了一声礼炮，随后在完全看得清刻赤的地方下了锚。城墙十分古老，既没有炮台，也没有棱堡。四艘战舰停在岸坡近旁。土耳其人惊慌失措起来，他们没有料到，也不会想到能在海湾里看见大批的风篷和散发出一股股硝烟的大炮。

刻赤的司令官穆尔塔扎，从塔楼的破洞里一看见这支舰队，心里很惶恐。他派了几个官员到莫斯科人的旗舰上去询问情况。一个月以前，可汗手下的鞑靼人告诉他，沙皇的舰队很差，而且根本没有大炮，不用说打仗，就是通过亚速海里的浅滩都是个问题。穆尔塔扎悄悄地叹着气，他开始数那些船舰，可是不久就放弃了。"谁相信那些鞑靼狗？"他朝官员们喝道。

载着土耳其官员的小帆船离开了旗舰，穆尔塔扎派一个部下到岸边催促他们快点回来，他又开始细数那些船舰的数量。部下很快回来，报告了摸到的情况："莫斯科的海军上将让我们向您表示敬意，并且说他们已经给苏丹派来了一位公使。我们告诉那位海军上将，说你们不能让公使走海路，而应当让他和其他人一样，走陆路前往君士坦丁堡。那位海军上将回复，如果不让他们走海路，那就要用整个舰队护送公使去。"

第二天，穆尔塔扎派了几个重要官员到俄罗斯海军上将那里。他们对海军上将戈洛温说:"我们很为你们莫斯科人惋惜,你们不知道我们的黑海,因为曾经有人到了海上,心就变黑了,所以它才叫黑海。请听从我们的劝告,走陆路吧。"戈洛温海军上将只是绷着脸,一句话都没回复。一个站在他旁边穿着荷兰服的高个儿,瞪着炯炯发光的眼睛,笑了起来,其他俄罗斯人也都跟着笑起来了。穆尔塔扎自知无法用武力抵抗俄罗斯人,但又不能让他们顺利通过,只有默念阿拉,尽量拖延时间罢了。

一条小艇向土耳其的旗舰靠拢过来了。科尔涅利·克赖斯和两个穿荷兰水手服的桨手——彼得和阿列克萨什卡跟着登上了旗舰。土耳其海军上将哈桑从后船舱里神气十足地走出来,他穿着一袭白绸长袍,缠头巾上有一弯用钻石镶成的月牙儿。侍从搬来了两张椅子,两位海军将领在一顶帆布遮篷底下落座,开始寒暄起来。哈桑问候沙皇的健康。科尔涅利·克赖斯回答说,沙皇身体很好,他会把这个问候转告给沙皇的,随即他也问候了苏丹陛下的健康。哈桑也表示了感谢,一双忧郁的眼睛掠过科尔涅利·克赖斯的面部后,开口说道:"在刻赤,我们没有驻扎庞大的舰队,但我们什么也不怕。在马尔马拉海里,我们有强大的船舰,可以随时驰援我们。我们的大炮非常厉害,可以发射三普特重的石弹,足以摧毁一切。"

科尔涅利·克赖斯啜了一口咖啡,答道:"我们的船舰早就不用石弹了,那玩意儿根本不好使。我们船上的大炮可以发射18磅到30磅重的铁弹,几发炮弹就能轻而易举地把敌舰击沉,有机会给你们展示下。"哈桑微微扬起眼眉:"我们一点不觉得惊奇,英国人和荷兰人都是土耳其最要好的朋友,现在正勤勤恳恳地在苏丹的舰队里服务,不论我们遇到什么困难,他们都能帮助解决。"科尔涅利·克赖斯露出一抹爽朗的微笑:"哈桑,你的意思是谁出的钱多,他们就为谁服务?那我实话告诉你,荷兰人和英国人正在跟莫斯科人做买卖,一笔能让他们发财的买卖,对他们来说,跟沙皇和平相处要比作战有利得多。莫斯科比世界上任何一个国家都更富裕,任何一个国家都不会抛弃俄罗斯的。"

哈桑用手指敲打着桌面,沉思了片刻,扬起了头,若有所思地问:"海军中将先生,这么多的船舰,沙皇是打哪里弄来的呢?"科尔涅利·克赖斯十分得意:"哈桑将军,这是我们遵照沙皇的命令,用两年的时间造的。"

两位海军将领会谈的时候，彼得和阿列克萨什卡四处参观，请土耳其的水手们吸烟草，跟他们打听世界各处的见闻，开着笑话。哈桑不时朝这两个身量高大的小伙子瞅一眼，他们一个爬进了桅杆顶上的樯楼，另一个仔细打量着一门英国的速射炮。哈桑很想阻止两人，可是碍于礼貌，并没有发作。

科尔涅利·克赖斯请求允许他上岸去买些水果、甜食和咖啡，补充给养。哈桑考虑了一下，告诉海军中将先生，自己也许可以卖些咖啡给他。

"您是不是需要很多的咖啡？"

"大约七十个金币的数量。"

"那您不用上岸也能买到。来人，快把咖啡豆拿过来！"哈桑喊道，跺了跺脚后跟。几个水手拖着几袋咖啡走了过来。他吩咐把袋子解开，说："这种咖啡是爪哇最好的产品。你有口福了，海军中将先生。我看你是一个好人，我觉得你回去之后要劝劝莫斯科人，让他们放弃在这个海里航行的念头，海岸有很多的暗礁和险滩，弄不好就要触礁。有些地方，连我们自己也都害怕呢。"科尔涅利·克赖斯先表达了谢意，然后说道："我们为什么要沿着海岸航行啊，如果风向顺利，我们就径直穿过海面，前往目的地。"哈桑听了之后，挤出一丝象征性的微笑，未置可否。

哈桑数了七十个金币，他们便分手了。科尔涅利·克赖斯厉声叫喊："彼得·阿列克谢耶夫，快出来！"彼得听到召唤之后，急忙从舱口里跳出来，后面跟着阿列克萨什卡，跑到科尔涅利·克赖斯将军的面前。海军中将挥了挥帽子，小艇便向岸边飞快地驶去。彼得和阿列克萨什卡划着小艇，吹着口哨，龇牙咧嘴地笑着。

警察署长和海军中将身边的官员慌慌张张地从要塞城门里走出来，关照他们千万不要进城去，如果有需要的物品告诉他们，他们会让商人们把各种货物送到小艇上。彼得的眼珠子快要瞪出来了，腮帮涨得通红。阿列克萨什卡紧紧抓着桨板，朝彼得说道："陛下，你跟他们说，我们要把整个舰队开进射程里来，我们完全有能力打败苏丹。"科尔涅利·克赖斯耐心解释："他们有权不让我们进城，毕竟这是苏丹的要塞，我们没有合适的理由否决。其实我们不必进入要塞，只要沿着海岸、傍着城墙转一圈，要看的东西就都会看到。"

十三

穆尔塔扎再也想不出什么借口来阻止俄罗斯人,万般无奈之下,只好放舰队通过要塞,继续航行。就这样,彼得跟舰队一起回到了塔甘罗格。8月28日,"要塞号"载着公使、书记官和翻译,由四艘土耳其战舰护送着,绕过刻赤岬角,在微风吹送之下,沿着克里米亚的南部海岸扬帆前进了。几艘土耳其战舰紧跟在他们后面,时刻监视着舰队的一举一动。领头的那条船上坐的是警察署长,哈桑留在刻赤,他请求俄罗斯人给他出一个书面材料,说沙皇公使的航行完全出于本人的主意,还要特别指出,哈桑曾经劝阻过公使绕道而行。哈桑此举的目的就是为了将来推卸责任,可是就连这件事也被拒绝了。

当他们望得见巴拉克拉瓦的时候,那个警察署长乘坐一条小船,划到"要塞号"旁边,随后请他们在巴拉克拉瓦停靠一下,补充一点淡水。警察署长甩了甩长袍的袖管:"那是一个很好的城市,非常适合休息,你们在那边停靠一下吧,缓解下你们连续航行的疲劳。"潘布尔格船长扶着栏杆,用深沉的嗓音向下面嚷道:"我们知道警察署长要我们在巴拉克拉瓦停船补给的目的,你是为了想借公使的名义从当地人那里好好地捞一笔外快,满足你们贪婪的欲望。不过让你们失望了,我们的水桶都装得很满,足够用到君士坦丁堡的。"

风变得凉爽了。潘布尔格看了看天空,吩咐增添帆篷,土耳其战舰明显后劲不足，很快就落到了后面。潘布尔格从望远镜里望了望，看见土耳其人向他们发出了收篷的命令，便咒骂了一句，转身跑到下面那间餐厅里。公使叶梅利扬·乌克兰采夫坐在桌子旁，脸色苍白，一看就是刚刚吐过，头无力地搭在胳膊上。潘布尔格狂暴地对他说："那些狡猾的土耳其人竟然命令我收篷。我没有理睬，我要驶进公海里去。"乌克兰采夫朝他有气无力地甩了甩假发："你爱到哪里就到哪里去吧！"

潘布尔格爬到船艄的舰桥上，对众人发号施令："全体人员到甲板上集合！听候号令！扬起前桅第三层帆，后桅第三层帆，第二节前桅支索帆！往左舷转弯，保持这个航向前进！船员们让"要塞号"掉转了方向，船身倾斜着，扯直的风篷鼓满了风，把那几艘监视他们的土耳其船舰抛在后面，穿过叶夫克辛深海，向帝都君士坦丁堡驶去。

迎着强烈的东北风，"要塞号"穿过了暗蓝色的海面，飞也似的疾行着。俄罗斯聘请16名荷兰人、瑞典人和丹麦人担任船员，这些人常年在海上漂泊，对大海的熟悉程度超过了陆地。这会儿，他们悠闲地坐在甲板上，抽着烟，说着笑话：这样的航行对他们来说真是既轻松，又愉快。可是半数的士兵和炮手却躺在船舱里那些水桶和腌肉桶中间。潘布尔格下令，每天三次把伏特加发给那些晕船的人，让他们必须适应海上的生活。航行了一昼夜，到了第二天，船依旧颠簸得很厉害，几位使节晕船晕得厉害，就差把绿胆吐出来了。乌克兰采夫和书记官切列杰耶夫躺在船艄上一间小房舱里，忍受着晕船的痛楚，闭上了眼睛。

9月2日早晨，天气晴朗，一个卡尔梅克少年见习水手，惊喜地嚷道："陆地！陆地！"博斯普鲁斯海岸丘陵起伏般的轮廓越来越近了。潘布尔格吩咐吹集合哨子，把所有的人员召集到了甲板上："大家抓紧时间梳洗，换上干净的衣服，把假发都戴上，整理好个人仪表！"

中午，"要塞号"掠过一座座古老的望楼，驶进了博斯普鲁斯。要塞城墙的旗杆上发来了旗语，询问他们是哪里来的船舰。潘布尔格吩咐用旗语回应，受人尊敬的莫斯科舰队到来了，需要进入要塞休整。岸上让他们雇一个领航人。潘布尔格微微一笑，他们根本不需要领航人，舰船就可以自由出入。

乌克兰采夫和书记官切列杰耶夫穿上了象征他们身份和地位的长襟衣，戴上了插着羽毛的帽子。炮手们站在大炮旁边，士兵们扛着火枪排列在后甲板上。一座城堡的废墟，灌木丛生。树林上面矗立着一个圆屋顶和一座清真寺高塔。离岸坡更近的时候，他们看见树枝上结着珍奇的鲜果。橄榄和玫瑰的香味，越过水面向他们飘来。对于土耳其土地的富饶，让这些俄罗斯人都很诧异："大家都管土耳其人叫光头异教徒，以为他们一直过着悲惨的生活，可是亲眼看了之后，才知道人家过的是怎样的生活啊！"

大地的尽头，残阳射出了万道金光，金色很快转为紫红，随后又逐渐黯淡，把博斯普鲁斯的海水都染成了鲜红色。舰队在离君士坦丁堡三英里的地方下了锚。一颗颗硕大的星星，他们在莫斯科从来没有看见过的，在蓝色的夜空中闪烁着微弱光芒。银河倒映在水中，如同一片迷茫的烟雾。船上没有一个人想睡觉。大家都朝沉寂的岸坡上眺望着，整理自己的思绪，猜测明天会看到的景象，耳中充斥着鸣蝉刺耳的叫声。士兵们坐在大炮上，互相交谈着："这是一个富饶的国家，这里的人们一定过得很轻松，跟我们听到的截然不同。"

叶梅利扬·乌克兰采夫若有所思地望着夜空，许久之后，他才把思绪收回来，小心翼翼地蘸了蘸羽毛笔，继续用密码给彼得·阿列克谢耶维奇写信：

尊敬的彼得陛下，我们在这儿已经停泊了一昼夜了。9月3日，被我们远远抛在后面的土耳其船舰终于开到了。那个警察署长责备我们为什么要抢在头里，不等他们一起到达，他担心这件事会让苏丹砍掉他的脑袋。他把我们到来的消息奏报给苏丹，恳求我们在他回来之前不要擅自行动，等候他进一步的通知。我们要求苏丹用隆重的礼节来接待我们，彰显俄罗斯舰队的威风。傍晚，那个警察署长从君士坦丁堡回来了，我们的要求苏丹已经答应了，到时会用隆重的礼节接待我们，而且会派他们的快艇接我们上岸。我们拒绝了这一要求，我们要乘自己的海船。争执一番之后，我们同意坐他们的快艇，可是得让"要塞号"在前面为我们开道。

第二天，苏丹派来了三艘快艇迎接我们，还特意铺上了地毯。这让我们非常满意，我们登上了快艇，"要塞号"在前面带路。大约划行了半个小时，我们就看见了帝都君士坦丁堡，一个令人惊讶与目不暇接的城市。城墙和望楼虽然很古老了，但是却十分坚固。全城的房屋都很整洁干净，清真寺用白石砌造，街道打扫得一尘不染，让人仿佛置身于世外桃源。在水中你就可以一览斯坦布尔和佩拉郊区的全貌，这真是一件美妙的事情。岸上放了一响礼炮后，潘布尔格船长便让所有的大炮一齐发射作为回礼。小艇最终停在王宫对面，苏丹在那边城墙上望着我们，有人在替他打扇。

一百名骑着马的近卫兵和两百名执着竹棒的帝国精兵赶到海滩上来迎接我们。我们走下快艇，近卫兵的头儿便来问候我们的健康。我们上了马，穿过许多弯弯曲曲的街道，在一家客店下榻。老百姓全都跑出来看热闹，都想一睹我们的面容。

陛下，您参与建造的海船"要塞号"在这儿引起了极大的惊奇：他们纷纷询问这艘海船是谁造的，它这么庞大，怎么会冲过浅滩，开出顿河的。他们又问起您有哪些船舰，规格种类以及舰载的火炮数量。我一一回答他们提出的问题，驳斥了他们的道听途说，告诉他们，俄罗斯建造的舰船都能在大海中任意航行，驰骋自如。成千上万的土耳其人、希腊人、阿尔米亚人和犹太人都赶来观看这艘"要塞号"，并发出了啧啧赞叹声；苏丹本人也亲自坐着小艇，绕着海船缓慢地绕行了三圈，仔细观察舰船的每一个部件。他们特别称赞风篷和缆索的结实和桅樯的木材。这艘海船让我们赚足了面子，不过我们自己的头脑要清醒，不能被赞美声冲昏了头脑。请恕我冒昧直陈：我们这次在海上遇到的只不过是股不太强烈的风，即便这样，"要塞号"也已嘎嘎作响，船身倾斜得厉害，水也涌进来了，修复了很多处才能勉强继续航行。严格来说，这艘海船根本不适合出海，更别提作战了。据我个人猜测，建造这艘海船，奥西普·纳伊和约翰·杰伊或许会得到很多好处。陛下，造一艘海船对俄罗斯可不是小事，它的造价相当于整个一座城市。土耳其人到这儿来只是观看一下，谁都没有购买的意向。请你宽恕，可我写的全是心里的话。

土耳其的海船造得很精致,船身坚固,木料拼合紧密,船没有我们的高大,可是却不会发生漏水的事情,这些都是我们的舰船所不具备的。我和一个希腊人长谈过,他告诉我,土耳其人就怕陛下封锁黑海,那是他们的命脉,如果封锁了黑海,用不了多久帝都君士坦丁堡就会陷入饥寒之中,因为供应帝都的粮食、油类、木材等都是从欧洲多瑙河沿岸的城市,通过黑海抵达的。这里的人们都在谣传,说陛下早已跟舰队一起到了特拉布松和锡诺普。他们之中的许多人都问我这件事的真实性,我回答说一点不知道,我说我跟舰队在一起的时候你并没有去。

十四

潘布尔格带着若干军官到佩拉去拜访几位欧洲的大使,荷兰和法国的大使对俄罗斯人很殷勤,向他们表示感谢,共同举杯祝愿沙皇身体健康。第三站拜访的是英国大使馆,潘布尔格等人在使馆正门前下了马。一个身材高大的仆人走了出来,问他们有什么事。潘布尔格恨不得径直进去,但他还是克制自己,说明了来意,没有立刻发作。那仆人隔了好半天才返回来,根本不顾他们还在等候,冷笑着说:"大使正在用餐,他吩咐我,他没有理由接见潘布尔格船长。"

"你去告诉大使,他会让骨头哽死的!"潘布尔格嚷道。他狂暴地跳上马,众人也纷纷上马,找了一处小酒馆,喝得烂醉如泥。他们吵吵嚷嚷,准备与一些英国水手决斗。幸好,潘布尔格以前的朋友也来到这里喝酒,好说歹说,终于把双方给拉开了。潘布尔格头脑稍稍清醒之后,便邀请各国船员到"要塞号"上去参观和宴饮。

第二天,瑞典、荷兰、法国、葡萄牙等国水手纷纷来到"要塞号"上参观,可是没过多久,他们便在露天的甲板上大吃大喝,称兄道弟了。博斯普鲁斯海峡对岸,是茂盛的丛林和果园,一个令俄罗斯人心生羡慕的地方。普列奥布拉任斯科耶团和谢苗诺沃团的士兵们吹着号角,唱着舞曲,尽情狂欢着。

潘布尔格这次又没少喝,他一只手抓着酒杯,另一只手抓着一块手帕,慷慨激昂地对客人们说:"俄罗斯的实力和信心是无与伦比的,如果我们需要一千艘海船,我们就会造出一千艘海船,我再告诉你们一个秘密,能够安放八十门大炮、一百门大炮的大海船正在建造。明年,你们在地中海上能看到我们,在波罗的海里也会看到俄罗斯的舰队,俄罗斯的舰队将无处不在。我们准备聘请所有国家的著名的海员,我们还准备去大洋里溜达一圈,散散心。"

各国海员们的情绪都被调动起来,他们的脸变得更红了,海员们高声叫嚷:"向潘布尔格船长致敬!向潘布尔格船长致敬!"不觉间夕阳已经西沉,海面逐渐暗淡下来,太阳也劳累了一天,回去休息了,星星们开始工作了,把光辉洒在这席不同寻常的酒宴上。到了半夜,有的在打鼾,有的滚到桌子底下,有的脑袋伏在杯碟中间,横七竖八地躺了一地。这时,潘布尔格冲到舰桥上,冲着俄罗斯水手下达着命令:"炮手们,瞄准手们,各就炮位!装炮弹!点燃导火线!开炮!"

六门重炮同时喷出了愤怒的火焰,为黑夜增添了许多光亮,也惊醒了沉睡着的君士坦丁堡。轰隆隆的巨响掩盖住了所有的声音,被硝烟笼罩的"要塞号",又发出了第二波炮弹……

叶梅利扬·乌克兰采夫心情舒畅,连夜用密码向彼得汇报了此事:

潘布尔格船长在船上跟水手们喝了一整天酒,喝得酩酊大醉,半夜里不止一次地发射大炮。苏丹本人以及全城居民无不惶恐万分,怨声载道,谣诼纷纭,人心不安。

苏丹陛下那天晚上听到炮声后惊慌失措,穿着睡衣就从寝宫里跑了出来,躲到他自认为安全的地方去了;许多大臣也都大吃一惊,根本不知道发生了什么事,人人都一头雾水;轰隆隆的炮声还让苏丹后宫里两位怀孕的王妃受到极大的惊吓,肚子里的孩子也都流产了。苏丹了解了事情的原委之后,大为震怒,吩咐人通知我们,让潘布尔格把舰船驶离,还叫嚷着要砍掉他的脑袋。我答复苏丹,我也不知道船长夜里发射大炮是出于什么目的,我需要亲自过问一下,把事情的前因后果了解清楚。如果发射炮弹冒犯了苏丹陛下的话,那我会命令船长今后要有节制,可是我认为无须把他从海船上调开。就这样,事情总算解决了。

苏丹会在星期二接见我们一行人,土耳其人正在等待船长梅德佐莫尔特的到来,以便决定跟我们是讲和还是作战。根据我这多日的观察,如果开战的话,我们有百分之百的把握战胜土耳其,关于这点请陛下您放心好了。

彼得大帝 传

（俄）阿·托尔斯泰 著

子木 编译

下

人民日报出版社

第二章

一

9月的太阳,南归的意图已经非常明显了,不愿意把更多的光和热洒向俄罗斯大地了。安德烈·杰尼索夫长老带领着众人向北方密林深处进发,远离温暖,奔向寒凉之地。成群结队的候鸟们和他们背道而驰,迎接长老一行人只有荒无人烟的森林与沼泽,以及在夜里出没的野狼等各种动物。偶尔能让他们感到欣喜的是看到渔民搭建的简易的棚子,或者是一条被拖上岸的小船。赶到白湖,至少还有一个星期的路程。

14个人用一根纤绳拉着一只沉甸甸的装着粮食的平底货船。他们低垂着脑袋,迈着沉重而缓慢的步伐,绳索给他们的肩膀留下了一道道紫色的勒痕,他们是一直从雅罗斯拉夫尔赶来的。太阳往云杉树梢后面沉了下去,纤夫们往地里打进一根木橛子,再把纤绳缠在一棵两人合抱的树上。篝火燃起来了,在那满是沼泽的岸坡上,视线开始模糊不清了。林子里的野兽悄悄地出没了,因为从没有人来打猎,也没有被惊吓过,三五成群地窥视着这群人,要是没有篝火阻挡,它们早就冲过来了。

货船的主人——安德烈·杰尼索夫长老,从平底船里走到岸上,他给工人们拿来了面包干,苞米,有时还会带点咸鱼过来,偶尔还能吃上一点腌肉。他把双手插在皮腰带里,伫立在篝火旁取暖,身穿一袭法衣,头戴一顶僧帽,一双明亮的眼睛盯着众人:"弟兄们,你们不都是活人吗?看在上帝的面上,拉船的时候多出一把力吧,上帝喜欢热爱劳动的人。不要悲观,你们现在的努力未来都会得到补偿的,他不会亏待每一个人。等我们到了奥涅加湖,你们就会知道那是怎样一个地方!一个真正的乐园,会让我们乐不思蜀的!"

他把双手从腰带里抽了出来,在篝火旁换了个姿势。那些纤夫累得连开口说话的力气都没有了,只顾低着头吃着面包,耳朵里飘进安德烈·杰尼索夫长老的鼓动:"有位长老住在奥涅加湖畔,他也跟你们一样,不堪忍受反基督者的种种卑劣恶行,前往乐园。他本来是个很有钱的大商人,有府邸、几家铺子和几个仓库,生活过得很殷实。他曾看见一种幻影:一堆火焰,火焰里有一个人,告诉他反基督者已经控制了俄罗斯,让他尽快离开城市,前往乐土。他接受了上帝的暗示,把所有的财产都交给了老婆和儿子,自己出走了。他在湖畔建起一间修道小木房,开始了他的新生活。他唯一的圣餐便是那火热的渴望。他开垦出一块地,全部种上了大麦。他全部的家当就是一只木碗,一柄汤匙,还有一本古版的祈祷书。让他欣喜的是,没隔多久,他就获得了一股对付魔鬼的巨大力量。在他看来,魔鬼不过是些苍蝇罢了,只消抬抬手,赶走就好了。人们闻讯后开始去找他,他听他们忏悔,给他们叶子或是野果。他教导他们:与其承受永世的苦难,不如在烈火中得到永生。一两年后,人们开始在他附近安顿下来,共同生活。他们合力把树林烧出一片空地,种上了更多的粮食。他们打猎,捕鱼,采蘑菇和野果,仓库和地窖是公有的财产,没有尘世的欺诈与不公。这个长老分配物品的原则是:女人的归女人,男人的归男人。"

一个严肃的嗓音喊了起来:"这样很好!跟女人在一起过日子,攒不下财富。"安德烈·杰尼索夫很高兴有人附和,他喜滋滋地往黑暗中那个说话的人的方向投去了赞许的目光。"多亏长老的祈祷,猎获的野兽比一般人多了好几倍，有时候他们还会捉到非常稀罕的鱼！蘑菇和野果长得盛极了。这些在以前都是不敢想象的，他们经常为此欢呼雀跃。经长老的指点，他们顺利地找到了铁矿和铜矿，创办了冶炼场，生产各种农业工具。那里已经变成了一个真正神圣的寺院，人人都过着一种宁静的生活。"

安德烈·戈利科夫站了起来，往杰尼索夫旁边蹲了下去，紧盯着杰尼索夫的脸。那一天在列维亚金家里，长老听了安德烈的忏悔，用皮念珠打他，吩咐他到雅罗斯拉夫尔去等候杰尼索夫装运粮食的平底船。戈利科夫跟纤夫们一起拉纤，就是为了履行他的誓言。他不知道的是，十四个纤夫当中，九个都跟他一样，不是为了履行誓言，就是为了接受惩罚。

杰尼索夫接着又说："长老临终的时候，为我和谢苗祈福，让我们做维戈修道院的住持，继续为人们提供人间乐园。他授给我们圣餐之后，便让我们前往修道院。没走几步，我们就看见长老居住的修道小房被大火包围了，我担心长老的安危，正要撒腿往回跑之际，谢苗却一把抓住我的手，让我先安静下来，认真倾听。我定下心神后，听到从火里发出了一阵美妙的歌声；而在上面烟雾里，魔鬼们被烧得吱吱地直叫。我哥哥跟我马上跪在地上，跟着唱起歌来了。第二天早晨，我们来到长老生前居住的地方，只见灰烬底下正在涌出一道清冽的泉水。我们感激长老的好意，在泉水上面盖了一个木屋，还做了个放圣像的笼龛。现在我们缺少一个圣像画师，我们想画一幅圣像。"

安德烈·戈利科夫哽咽了。杰尼索夫轻轻地抚慰着他，继续说着："弟兄们，我们现在还有一个困难，三年之内庄稼总要歉收一次，这似乎形成了规律。去年夏天，雨水冲毁了一切，庄稼彻底绝收了。为了解决这个困难，我们必须要去遥远的地方运粮食，维持我们的生计。不过，这是个神圣的事业，我的孩子们，你们决不会白白劳动的。"杰尼索夫又讲了一会儿，率领众人背诵了一篇普通的祷文之后，他才坐上小船，穿过那倒映在河里的一道昏暗的晚霞，往平底船划去，睡觉去了。

第二天刚蒙蒙亮的时候，杰尼索夫又走到岸上来，把大家叫醒了。他们做了祈祷，便动手煮粥。纤夫们饭后套上纤索，拉着平底货船继续前进。

一里又一里，一天又一天。他们向西转弯，朝着白湖村驶去。浪涛冲上了空荡荡的岸坡，把纤夫们打得直摇晃，平底船更难于驾驶了，给纤夫们带来了更多的困难。一天吃午饭的时候，有两个雇工因为伙食不好跟杰尼索夫对骂起来，饭后领了工钱便走了，谁也不知道他们到底去哪了。事情很快就起了连锁反应，所有的雇工都跟杰尼索夫吵翻了，领了工钱后也不见人影了。剩下的人，有的说出去找熟人，有的说出去转一转，结果也销声匿迹了。

平底船停泊在城市对面浅滩的碎浪里，在岸上一只翻转的小船上，坐着安德烈·戈利科夫、逃亡的农民伊柳什卡·杰赫佳列夫，以及一个外号叫"泥洗脸"的费季卡。费季卡有点驼背，以前曾是修道院里的农民，现在成了个流浪汉，受了不少的摧残与折磨。他们四下张望着，打量着视线能达到的范围。岸上，几张织渔网用的杆子被风摇撼着，却看不见一个人影，只有凄凉的钟声在空荡荡的四野中回荡。

"杰尼索夫真是个魔鬼，他就会用空话假话欺骗我们。如果你心存幻想，想拼命到达他口中说的那个乐园的时候，最终只有你的灵魂能够到达那里了，"费季卡说道，用钉子剔着手上的老茧。"你要相信他！"戈利科夫怒气冲冲地朝费季卡说，然后扭头望着湖水，神情看起来非常忧郁。伊柳什卡·杰赫佳列夫轻轻地慢慢地说道："在一个小镇上，那些修士在复活节期间干的那种事啊，真叫人受不了。他们赶着供奉圣像的雪橇，有的进城，有的驰往郊区或是乡村。他们随意闯进人们家里，把十字架往人们脖子上一挂，让人们用三个指头画十字，吻十字架。他们会向你要面包，要酸奶油，要鸡蛋，要鲜鱼，把能吃到的东西一扫而光。他们还让人们捐钱，如果不答应他们的要求，他们就说你是分裂派，是个反教士派。接着，他们把人带到他们的栈房，用链子锁起来，拷打他。"

"泥洗脸"费季卡把脑袋往后一仰，哈哈大笑起来。杰赫佳列夫突然用膝盖顶了他一下。一个蓄着胡子的修士，正在对着风，抓着飘舞的法衣，朝小船走过来了。他瞪着一双吓人的眼睛，望了望在波浪中吱吱作响的平底船，打量着这三个人，傲慢地问："这船是打哪里开来的？船上装的是什么?"

"船是从雅罗斯拉夫尔开来的,装的是什么我们也不清楚,神甫,"杰赫佳列夫又温和又缓慢地答道。"你撒谎,这是杰尼索夫的平底船,你们是要划到波韦涅茨去,把粮食运往分裂派教徒的隐修区,你们都是雇工!"说着,修士卷起了衣袖,蓦地里往前一扑,揪住伊柳什卡·杰赫佳列夫的胸口,拼命摇晃,向市镇方向扯着嗓门喊道:"救命!"

修士又叫了一声,忽然不喊了。原来"泥洗脸"费季卡一把揪住了修士的头发,将他从伊柳什卡那里拖开,踢翻在地。费季卡四处张望,想寻找一块合手的石头砸晕修士。修士看准机会,迅速地跳起来,从侧面向他扑过去,可是费季卡又把修士抓住,猛揍他的身体要害部位。修士再一次被打倒,抱着头,嘴里直哼哼。这个时候,四个手执木棍的人从一条巷子里朝岸坡跑过来,支援修士来了。

安德烈·戈利科夫一看他们打架,便迅速跳下船,躲在渔夫的木棚后面张望。"泥洗脸"费季卡已经跟五个人打斗起来了,他从一个人手里夺过了一根木桩,发疯了一般,呐喊着向他们扑去,吓得那几个人转身就逃。安德烈从来没见过这么疯狂的人,简直就是不要命了。杰赫佳列夫也加入了战斗,他趁机往修士的耳朵上揍了一拳,修士第三次滚落下去。这时,修士的那些帮手已经逃得没有影了。镇上的居民都从大门里走出来,称赞着:"打得好!打得好!"

伊柳什卡·杰赫佳列夫和费季卡打跑了那几个人,但还不解气,他们又撒腿去追他,但旋即又回到了岸边,大步走到戈利科夫躲藏的那间小板房。"出来!你这个胆小鬼,你也应当得到教训才对,"费季卡跟他说,"你这个傻瓜,可你居然还想进乐园!"正说着,木棚门里探出一个头发蓬松的脑袋,这人五短身材,光着脚,给煤烟熏得黑黝黝的。他朝市镇那个方向望去,一个人影也没有了。

"进来吧,"他说着,众人跟他走进了屋子。一股酸臭刺鼻的鱼腥味儿让伊柳什卡·杰赫佳列夫和费季卡的胃里翻江倒海,半间屋子都被渔具填满了。安德烈和费多尔走进去的时候,大家都用两个指头画了个十字。渔夫跟他们说:"坐下吧。你们知不知道,你们刚才打的是谁?"费季卡不以为然地说:"我管他是谁呢,有人打了我一辈子,可从来没问过我是谁。"

"你们刚才打的是十字架修道院里管理教堂用具的费奥多西。他是一个强盗,一个撒旦!一个不折不扣的疯子!"渔夫一看便知他们都是跟自己信仰一样的人,放松了戒备之心,跟他们一起在长凳上坐下了。过了一会儿,渔夫又说:"这一带的鱼的产量非常高,原本我们可以生活得很好,可现实却正好与之相反。现在的日子简直没法儿过了,这个恶魔把整个湖都霸占了,我们每次都要把捕到四分之一的鱼分给修士们。可这个恶魔还是嫌少,他每次给你留下的鱼,只够你吃一顿。要是不给,他马上会给你诬陷罪名,说你是反基督的人,把你带走,关到修道院的地窖里去,用链子锁起来。我们气愤不过,集体跑到总督那里告状。可是总督和他一样贪婪,也想找个机会捞点儿实惠。要知道,他们修道院里有着大主教给的铲除旧教信徒特权书状,这对他们来说就是尚方宝剑。弟兄们,你们应当离开这儿,越快越好。"

"啊,不,我们是跟杰尼索夫一起的,不会有事的,"戈利科夫说,怯生生地望着伊柳什卡和费季卡,征询他们二人的意见。"杰尼索夫当然会没事,他的势力非常大,而且和总督的关系也很好。他把从北方带来的兽皮、海象牙、铜等物品都用来贿赂总督等人了,到处都有他的同伙,老兄,你清醒清醒吧,别这么天真了。"费季卡冷笑着说:"杰尼索夫就是个爱说大话的浑蛋!他一路上一直欺骗我们,他出发前承诺给我们丰富的食物,可路途上只给我们少得可怜的面包,可是他那张嘴说得天花烂醉,听起来倒像我们在吃肉似的。"

大家很直率地谈论着长老时,戈利科夫却一直没舒展开眉头,脑海中回忆起杰尼索夫对他说过的话,在古代圣像画中常常画着这种坐在船上的圣徒,为了坚持自己的信仰,他们不惜在麦秸里被活活地烧死,可是现实中真的是这样吗?谈论了一会儿之后,他们坐在长凳上寻思自己的下一步:该怎么办?往哪儿逃呢?他们到底该不该上北方?要是前往北方的维戈湖,如果不坐船,光靠步行,那就要在森林生活两个月,听起来没什么,但他们心里都很清楚，结果只有死路一条，根本就不会有奇迹发生。一番争辩之后，大家还是拿不定主意，最后决定先让安德烈去找杰尼索夫，看看他的反应再说。

二

安德烈刚走到城门口，就听后面有人喊："站住！站住！"他心里一颤，战战兢兢地伫立在那里，额头上的汗立刻冒了出来。随即发现并不是叫他：几个衣衫褴褛、光着脚的人从他身边跑了过去，有的钻进了小胡同，有的翻越人家的篱栅。两个穿长襟衣的士兵在他们后面紧紧追赶，他们喘着粗气，口中咒骂着，在一条弯弯曲曲的巷子里消失不见了。一个看起来慈眉善目的小老头儿站在一扇篱栅门边对身边的人说："你们可能还不知道，他们这样子抓人，已经是第二天了，可能是皇上下了命令，要把这些人全抓起来吧。"戈利科夫也凑上前去，向他打听商人安德烈·杰尼索夫的下落，问他在哪里可以找到杰尼索夫。那老头儿低头沉思了一会儿，抬头对安德烈说："你到广场上去看看，或是到总督家里碰碰运气吧。"

在垃圾、粪便成堆的广场上，一排排商店的门都被钉起来了，只有两三家小店还开着，不过看不到顾客。古老的大教堂孤独地矗立在旁边，墙壁已经出现裂缝，四周也没有围栏。在教堂旁边，几个裹着破布的女乞丐睡在草地上，她们身上穿的衣服非常单薄，要是天气再冷点就扛不住了；一个装疯卖傻的假先知，正在晃着脑袋打哈欠，眼神中也是慵懒无比，显然，他的日子过得并不红火。广场中央，立着一根行刑柱子的地方，有个手执矛枪的卫兵，一会儿用左脚站站，一会儿用右脚站站。戈利科夫提心吊胆地走到卫兵跟前，卫兵恭恭顺顺地先鞠一个躬，小心地询问总督府的地址。射击军长襟衣上下打量了安德烈一番后，喝道："滚开！别没事找事！"

安德烈一惊，不自觉地倒退了一步，打量着周围的情况。一个腰带束得低低，穿着厚厚的毡靴的人朝他走来。柱子旁边的卫兵和那些铺子里的商人们都朝这边张望，不知广场这会儿又会发生什么事。"你是打哪来的，是不是想挨家偷东西？快说！"那人嘴里喷出一股酸臭的大蒜味儿，抓着安德烈的衣襟，用力摇晃着。戈利科夫吓得结结巴巴，舌头僵了，一句话都说不出来。

"他是杰尼索夫的人，已经烧死了9个人，"一个尖细的嗓音从一家铺子里传了过来。那人更加用力摇晃着安德烈·戈利科夫："你的胆子太大了，简直是目无王法。你看到柱子上皇上那道诏书没有？现在正通缉你们呢！跟我走，你这个狗崽子！"他不由分说地把安德烈·戈利科夫拖向广场的尽头，总督的府邸里。

安德烈·杰尼索夫穿得华丽的衣服，头发梳得整整齐齐，此刻正坐在总督府御膳房总管马克西姆·卢潘金的房间里。总督闷闷不乐地瞅着安德烈·杰尼索夫那细洁的山羊皮靴，以及镶着紫红缎边的灰色长襟衣。他自己却穿着一件破旧的灰鼠皮短大衣，在先皇费多尔·阿列克谢耶维奇当政的时候，他曾经官列御前大臣，可是在彼得·阿列克谢耶维奇当政后，只能勉强弄个封地糊口。他们不着边际地谈论了半天，杰尼索夫既没有催促总督，总督也没有催促杰尼索夫，就这么耗着。"他穿的长襟衣真漂亮，要是他肯送给我，那该有多好啊！"总督心里思忖着，他已经暗中派人到十字架修道院去找费奥多西神甫；杰尼索夫望着总督的眼睛，心里也有数了。"马克西姆·马克西梅奇总督，我请您开恩，不要难为我的船和我的人，让我们顺利通过您控制的区域。"杰尼索夫首先开口说出了此行的真正目的。

"你来得真不凑巧，圣旨刚下来，要不然不会有问题的。"总督从口袋里摸出诏书，凑到眼前读了起来："奉全俄罗斯大公与皇帝之命，修道院供养的食客等人，以及修道院雇用的差役人员；领主家之马夫与仆役，以及一切流浪汉、乞丐与逃亡农奴现均须应征入伍，为沙皇陛下服务。"马克西姆·马克西梅奇一字一句地念着。杰尼索夫沉不住气了："总督大人，你想想办法，我觉得您肯定会有办法的。"

"唉，这道圣旨要是别人送来的也就算了，可是它是由普列奥布拉任斯科耶团的中尉阿列克谢·布罗夫金带来的。他是彼得皇上的亲信，你现在该明白，跟中尉打交道将意味着什么吧？"杰尼索夫并没有说什么，他以为总督要开更高的价。他把衣襟撩开，把口袋里的银币弄得很响，让总督再开出个价格。这时，门外传来了动静。两个人伸长了脖子朝房门那儿瞅着，看看是不是费奥多西来了。要等的人并没有来，却进来了一个巡警，推着走在前面的安德烈·戈利科夫。巡警摘下了帽子，深深地鞠了个躬："马克西姆·马克西梅奇总督，我又抓来了一个……"

说着，巡警往戈利科夫肩膀上一按，戈利科夫"咚"的一声就在地板上跪下了。"你是哪儿人，从哪里逃出来的？万卡，给我把墨水和笔拿来。"杰尼索夫一眼就认出了戈利科夫，他马上凑到总督的耳边，轻轻耳语："让他走吧，马克西姆·马克西梅奇大人。他是我的伙计，请您高抬贵手。"

总督的眼睛更亮了，把一个铜墨水壶的盖子硬是扳开了，呼哧呼哧地喘着粗气。这时，穿堂里的地板又响起来了。万卡转身开了门，戈利科夫刚才看见的那个蓄着吉普赛式胡子的修士怒气冲冲地闯了进来，他一只眼睛已经肿了。他看到跪在地上的安德烈，然后再看看杰尼索夫，立刻就明白了。他就用拐杖杵了杵地板，愤愤地嚷嚷着："总督大人，请您评评理，杰尼索夫的人殴打我，差一点把我打死，"他大声狂叫着，"马克西姆总督，可你却让他坐着！你知道他是谁吗？他是一个该死的分裂派教徒！你要把他交给我，交给我，总督大人，我跟你说过三次了！"那修士用一只充满野性的眼睛瞪着杰尼索夫和马克西姆·马克西梅奇，等待着结果。戈利科夫失魂落魄地躲在犄角里。

"修士，我不知道你是什么人，也不愿意知道你为什么跑到这里来辱骂人，"杰尼索夫说着，站了起来。他解开衬衫的纽扣，从挂在脖颈上的十字架里拿出一只小袋。"我愿意对你诚心诚意，马克西姆·马克西梅奇总督，从我微薄的收益里分出一点来孝敬你。不过让我失望的是，我们的谈话好像一点结果也没有。"说着，杰尼索夫从小袋里拿出一个公文，小心翼翼地把它展开了："修士，请你看仔细了，这个执照是市政院给安德烈和谢苗·杰尼索夫出具的证明，有了它，我们爱在哪儿做生意就在那儿做生意，任何人都不得干涉我们的自由，也不允许我们的财产蒙受损失。这个执照是由市政院主席米特罗凡亲笔签署的，而市政院是皇上为鼓励我们商人做生意而下令成立的。"

"米特罗凡跟我有什么相干！"费奥多西用力杵了杵地板，愤愤不平地把拇指从食指和中指中间伸出来，做了个侮蔑的手势，杰尼索夫下不来台了，脸刷地红了，他指着费奥多西的鼻子："你胆敢对我们的主席——莫斯科最杰出的商人做出这种侮蔑的手势？你要知道，这是犯罪行为，是不可宽恕的！"

费奥多西也狂躁起来，他一把揪住杰尼索夫胸前的十字架，胡子碰到了杰尼索夫的脸，恶狠狠地说："我告诉你，你是个分裂派教士，我要把你活活地烧死。你那张执照根本就没用，我手里的诏书才有效力，你看好了！"总督走过来拉开了两个人："唉，你们不要动怒，讲和吧！给这位修士二十卢布，他就不会来纠缠了，这样皆大欢喜。"可是修士也好，杰尼索夫也好，都没听总督的话，仍然瞪着对方。巡警侧着身子朝他们走过来。杰尼索夫突然扑到窗子前面，推起窗户，对院子的方向叫喊："中尉先生，我要皇上帮我主持公道！"屋子里一片沉寂，大家不再言语了，而是静静地等待。马刺铮铮地响着，阿廖沙·布罗夫金走了进来，扫视了众人一眼，厉声喝道："吵什么？"

"中尉先生，费奥多西和总督诬蔑市政院主席签发的执照，他们还扯着我的衣服，威胁着说要烧死我。我走投无路，只有把您请来主持公道！"阿廖什卡的眼睛立刻睁得滚圆，目光跟彼得·阿列克谢耶维奇的一模一样，让人感觉害怕。他先瞅了眼修士，接着又瞅了瞅总督，用手杖杵了几下地面，一个士兵闻声跑了进来。阿廖什卡吩咐道："把他们两个都抓起来，我要好好审审他们……"

三

库奎外侨区的人逐步适应了安娜·蒙斯现在的角色，每当茶余饭后谈到她的时候总是不吝溢美之词："她的人品真好，而且还通情达理！要是换了别人，早就受不了这种折磨了，弄不好还会疯掉的。在这点上，安娜的性格可真像她已故的父亲。"

彼得自从黑海回来以后，心情大好，对安娜的态度也变得温存起来，这让安娜打心眼里高兴，以前的抑郁与不快一扫而光。安娜趁热打铁，不止一次地跟彼得说："亲爱的，您正在让我养成一种习惯，把钱都浪费在没有多大意义的服饰方面，我觉得不能只是这样的生活；要是您准许我写一封信到列维尔去的话，那会更明智的。我听说在那边能买到新鲜充足的牛奶，价钱也很公道合理。你设想一下，当您有空闲时，不妨到我那整洁漂亮的庄园里采摘些蔬果，吃点奶油制品，这是多么美妙的一件事啊！"

每天天刚蒙蒙亮，安娜便开始了一天的工作。她顺着沙土小道走到园子，经营着她引以为豪的小园。她监督仆人们挤牛奶、喂家禽、拣鸡蛋，她对每一件事都一丝不苟。她有时还亲自摘些莴苣作为早餐。她对人很严厉，还特别细心，每当看到浪费食物的情况发生，她就特别生气，经常处罚仆人。安娜种的白菜远近闻名，即使在施特罗姆普弗牧师家的菜园里也没见过，引来啧啧赞叹。有的人认为这样的白菜或是萝卜简直可以送到汉堡陈列馆去，让全世界的人们都来欣赏安娜的成果。他们经常开玩笑地说："安娜一定会念可以让蔬菜加速生长的经文，让这些荒地变得肥沃，所以果实才会长得那样好。"

俄罗斯姑娘们一面唱歌，一面把切好的白菜放进新的椴树木盆。安娜把封给缅希科夫和戈洛温海军上将的村子里那些最健康、最欢乐的姑娘都雇来了。菜刀啪啪地响着，姑娘们身上发出一股新鲜的白菜味儿，这让安娜陶醉在幸福中。她真希望这种场面永不消失。可是她一到家里，这种幸福感就消失了，彼得·阿列克谢耶维奇每天都能想出点儿新花样来折腾她，这让她很气恼。有时候，彼得会带来一批喝得醉醺醺的俄罗斯人，留下许多靴印子，满屋子烟雾缭绕，所到之处一片狼藉，收拾起来特别麻烦；有时候，不管安娜是否愿意，彼得让她打扮得漂漂亮亮，跟他去参加舞会。

在深秋的晚间或是冬天的假日偶尔来一次酒宴和舞会本来是个很美妙的安排，安娜也愿意召集或参加这样的聚会，给大家一个交流的平台。但令他感到苦恼的是那些俄罗斯的达官贵人天天在家里大吃大喝，这可就不是什么令人愉悦的事情了。不过安娜·蒙斯最无法忍受的是彼得本人恣意任性的行为：他总是任由自己的性子胡来，从不告诉她来的时间和人数等基本信息。有时候，彼得带一大帮人深更半夜地闯入安娜家里，要她必须事先准备好，来了之后就要吃喝。为此，安娜要把饭菜事先煮好或是煎好，以防不时之需。这件事叫她很痛心，而所有这些东西，绝大部分的下场是被倒入猪槽，倒把猪养得肥胖滚圆。

有一次，安娜趁彼得心情好，小心翼翼地恳求他："我的小天使宝贝，以后您什么时候要来，请提前告诉我，我就可以知道什么时候准备食物，避免不必要的浪费。"彼得惊奇地瞅着她，皱了皱眉头，一句话也没说，过后还是像以前一样。

安娜正在窗下沉思之际，一辆马车已经停在门前。大管事急忙跑过来通报："安娜小姐，萨克森大使柯尼泽克先生前来拜访。"安娜微微一笑，撩起裙子，顺着狭窄的楼梯跑上楼换衣服去了。柯尼泽克左手拿着鼻烟壶，右手不时挥着优雅的手势；德国话里夹着一些法国词儿，东拉西扯，所聊的内容也是五花八门：艳遇啦，女人啦，政治啦，本国的元首萨克森选帝侯和波兰国王奥古斯特的逸事啦，都是令人开心的话题。说笑话的时候，柯尼泽克大使那双大胆、色咪咪的眼睛一直停留在安娜身上，舍不得离开。安娜坐在他对面，沉下眼睛倾听着，淘气地把嘴角往上牵，外国的礼节就是这样要求的。

柯尼泽克大使继续开着玩笑："……波兰的人们极为崇拜他们的国王。国王非常帅气，人又很殷勤，作战还勇敢，这使女人为之着迷，深陷其中而不能自拔。奥古斯特国王是一个半人半神，他是上天派来的守护者。国王还经常沉溺于情色之中，放纵自己的欲望。华沙住腻了，他便到克拉科夫寻求刺激，一路狩猎，在大地主的城堡里宴饮，或是黑夜在干草棚里，给张皇失措的平民妇女以阿波罗式的亲吻。他还别出心裁，用温特尔骑士的名字为自己填了张护照，乔装成冒险家，出现在巴黎的大街上。在巴黎的十字路口发生的夜间殴斗当中，我不止一次地用这把宝剑打退对我的偷袭。

"一天夜里，我们飞驰到了凡尔赛，奥古斯特国王穿着军官的衣服。蒙斯小姐，您真该看看凡尔赛这个人间的乐园！几百万支蜡烛照亮了整个园子，亮如白昼。无数的男女在亭园小树林旁边悠闲地溜达聊天，轻声低语。树上挂着一盏盏从中国买来的灯笼，远远望去如同天堂里的果子。火箭掠过湖面，蹿入高空，火星落在水里，激起层层涟漪。基督教的路易国王坐在一张安乐椅里，旁边斜倚着一位贵妇人，她就是德·梅特农夫人；国王右边椅子里坐着菲利普——他是西班牙未来的国王，路易的孙子，一个患有抑郁症的人，尽管如此，也无法阻止他登上王位。四周则是戴着几千张半截面具的人，不停地跳着舞，整个园子都被涂满了神奇的色彩，让人百看不厌。"

安娜的纤细的手指颤抖着，胸脯也轻微起伏，但她还是控制着自己，继续欣赏着柯尼泽克的侃侃而谈："啊，简直不敢让我相信，这不是一个梦。可是站在国王椅子后面的这位梅特农夫人，你知道她嘛，她是国王最宠爱的女人，大臣和大使们在她面前都会发抖。不过，我们受人尊敬的奥古斯特国王陛下只是在梅特农夫人旁边走过几次，就开始关注夫人了。"

"大使先生，为什么国王路易不跟梅特农夫人结婚呢？"安娜·蒙斯突然抛出了这个尖锐的话题。柯尼泽克有点儿吃惊了，他犹豫了一下才说："啊，蒙斯小姐，您想想，一位王后的重要性难道能够跟一个国王深爱的女人的权势相比吗？王后是王朝关系的牺牲品，她与国王之间根本不存在爱情关系。人们在王后面前躬身下拜，随后便急忙赶到梅特农夫人那里，因为生命就是政治，而政治就是黄金和名誉。夜里，国王要去梅特农夫人那里过夜，而不是王后的寝宫。所有的消息都能从梅特农夫人那里传出，她才是无冕的王后啊。"

安娜扬起那双水汪汪、蓝漾漾的眼睛，望着柯尼泽克："大使先生，我想最宝贵的是如何能让幸福永远保持。如果我得不到幸福，宽敞的房子，华丽的衣服，漂亮的镜子对我又有什么用呢？它们只不过是身外之物，并不能给我带来幸福。如果我能得到幸福，那我宁可少一些财富和荣誉，也要竭力维护我的幸福。不知您是否知道，我是坐在一条豪华可是并不结实的小船上漂流，没有丝毫安全感。大使先生，您懂我的意思吗？"安娜说着，掏出一方手绢，捂在脸上，泪水顺着脸颊流了下来。

柯尼泽克抓住安娜的臂肘，温柔地捏了一下，他终于有机会进一步接近安娜了："安娜小姐，您现在最需要的是一个忠实的朋友，您感觉身旁没有一个人可以信任，能把您的秘密讲给我听。我很高兴听候您使唤，凭我所有的经验，欧洲都盼望着您……"

安娜感觉到了大使眼中热辣辣的目光，急忙把手绢挪开，闪避了大使先生那太危险的亲近。她突然觉得很惶恐，怕他会跪在她脚边祈求。她像受惊的兔子一样跳了起来，差一点被衣服给绊倒。"大使先生，您说的话我听不懂，还是请您说些我能听懂的话吧。"安娜心慌意乱地走到窗前，看着窗外的景色。安娜尽力想集中心神，不让自己情绪紧张，可是她的心却兀自惊惶地跳着，不敢回过头去。

安娜没有回头，不过却避免了令她更加尴尬的事情，柯尼泽克的眼睛正炯炯发光，全神贯注盯着她，好像这会儿才发现这个姑娘的动人之处：蓬松的裙子，瘦细的腰肢，柔润的肩膀，诱人的浅灰色头发，这一切都让大使的呼吸更加急促，体温迅速升高。大使毕竟没有失去理性，他急忙把目光移开，定了定心神，心里想道："要是这位仙女的智慧和功名心非常强烈的话，说不定她会改变欧洲的面貌，创造新的历史。"

安娜突然从窗前退了回来，那双明眸张皇失措地停在柯尼泽克身上："大使先生，彼得陛下来了！"柯尼泽克大使彻底从梦幻中清醒过来，他迅疾捡起掉在地上的帽子和手套，整理好自己的衣服。彼得从车上跳了下来，因为有尘沙，他眯缝着眼睛。跟着，一辆笨重不灵的皮篷大马车也停住了。

彼得朝大马车的方向嚷嚷了一句，便朝房子走来了。两个人从大马车里爬出来，用斗篷挡着飞扬的尘沙，急匆匆地在花园里穿行着。这两个人，安娜·蒙斯还是第一次看见，彼得这回带来了两个新朋友。他们落落大方地鞠了一躬，彼得把两只手搭在那个高个儿的肩膀上，还轻轻地拍了一拍，说道："这就是我的家，约翰·帕特库尔先生，请您稍等一会儿，我们很快就开饭啦。"

彼得很清醒，而且十分高兴。他扭头跟安娜说："安娜，你去拿个梳子来，把这个假发整理好。吃饭的时候我要戴这顶假发，我是特地派士兵取来的。"随后他对另一位客人——卡尔洛维茨将军——说："不管我戴什么样的假发，我总是比不上奥古斯特国王，他气宇轩昂，富有魅力，可我却在铁工场和养马房里过日子，差距真是太大了。"现实也正如彼得所说，他的靴子上净是尘土，长襟衣上发出一股臭味，让人的鼻子十分不舒服。他去盥洗之前，朝柯尼泽克挤了挤眼："大使先生，你近来似乎常常来看望安娜，你是不是有什么事情啊……"

彼得在里面盥洗的时候，安娜·蒙斯正尽着主妇的职责。她吩咐用人招呼客人，准备伏尔加和食物，还问客人对莫斯科的印象。等一切准备就绪后，安娜柔声说道："从欧洲来的人，起初总觉得我们这儿很沉闷，一点情调都没有。可是我要告诉你们一个好消息，我们就要跟土耳其人讲和了，等条约签订后，皇上就会命令俄罗斯人穿匈牙利服装和德国服装，用石子重新铺砌街道，肃清莫斯科周边的强盗，整顿俄罗斯的秩序，向欧洲国家学习，建造舰船，鼓励商业，与外国进行贸易。"

约翰·帕特库尔用冷冰冰的话应付着，脸上也看不到一丝笑容。大约在一星期以前，他从里加来到莫斯科。他住在科尔涅利·克赖斯海军中将的家里，跟比他早几天从华沙来的卡尔洛维茨少将在一起。眼下他们还没感到缺少什么东西。莫斯科给他的印象很糟糕，街道满是尘土，垃圾遍地，老百姓穿得很破烂。

约翰·帕特库尔带着冷笑朝卡尔洛维茨瞅了一眼，卡尔洛维茨血气旺盛，正发着牢骚："我已经看到了莫斯科的平民为了弄几个钱买酒喝而采用的卑劣办法。你在市集上买东西，找钱的时候，他会故意少找几个，却请你点一下。

如果你告诉他说找得不对,那他会数一遍,告诉你并没有错。你两遍三遍地重数,可他总说你不对,他自己又重新数。这样连续十来次,直到你厌烦了,走了,吃点亏你也不管了。"

彼得进来了,容光焕发,戴着一顶梳得很好的假发,安娜急忙递给他一杯伏特加。他喝了以后,冲着屋顶吐出一口气,身体也不再紧绷了。大管事把众人请入餐厅,在这里拱形的天花板上,爱神们在云间戏耍,抹着灰泥的墙上挂满了挂毯,壁炉上挂着施奈德斯的画,这与传统的俄罗斯的家居风格截然相反,这是按照欧洲的理念布置的。

彼得背朝着融融地燃烧的壁炉坐下了,右边是帕特库尔,左边是卡尔洛维茨和柯尼泽克,安娜坐在他对面。彼得举起酒杯,说了几句开场白之后,客人们便放松了下来,大家开始一面吃喝,一面交流起来了。

"陛下,我们想和您单独谈一谈,因为事情十二分机密,不能让其他人知道,"约翰·帕特库尔说道。彼得点点头。他也很好奇,约翰·帕特库尔和卡尔洛维茨为什么火急火燎地赶到莫斯科来。直到现在为止,他们仅在海军中将家里见过一次面。彼得很殷勤,可就是回避严肃的话题。今天他自己邀请他们到这儿来吃便饭,帕特库尔用一种冷淡可是恭敬的眼神注视着这个让欧洲感到神秘的沙皇。跟彼得的谈话不能再拖延了,现在已经火烧眉毛了:瑞典国王查理十二世派来的使节已经待在莫斯科许久了,跟列夫·基里洛维奇和领主们正在谈判,瑞典希望和俄罗斯能够实现永久的和平,万幸的是,这些瑞典人也没有见过沙皇,事情还有些许余地。他们要抓紧时间,在最短的时间内可以在克里姆林宫受到彼得的接见,递交他们的国书。

帕特库尔按捺住心头的怒火,清晰而又缓慢地表达他的想法,试图说服彼得:"卡尔洛维茨先生和大使先生都能保证,我所说的话是跟奥古斯特国王陛下的想法完全一致的,我是作为国王的全权特使出访莫斯科的。所有里夫兰的骑士和里加的著名商人都恳求陛下倾听一下我们的意见。我们曾经是波兰国家的一部分。我们保全了自由,里加城的名声也响彻了整个波罗的海。可是有些人的心却黑了。波兰想夺走我们辛辛苦苦积累的财富,耶稣会教徒开始排斥我们的信仰、语言和风俗习惯。在那倒霉的一年里,上帝把我们的头脑都弄糊涂了。里夫兰的骑士们竟然自愿接受瑞典国王的保护,他们逃出了波兰的魔爪,又主动投进狮子的嘴里。"

彼得叹了口气:"你们太没警惕性了,瑞典是世界闻名的强盗啊,你们脑袋真是让上帝给弄糊涂了。"说着,他从口袋里摸出一个烟斗,柯尼泽克急忙站起来用火石打火,约翰·帕特库尔恭恭敬敬地等着沙皇把烟斗点着了。

"陛下,您一定听说过查理十一世当政时代批准的土地收回法。20年过去了,大家相安无事,过得很好。可是那些瑞典的议员们和居心叵测的人,我不知道他们给国王吃了什么迷幻药,让他从贵族那里收回历代帝王赐予的全部土地,这是史无前例的罪恶行为。子爵和男爵被迫放弃他们的城堡,佃农开始在贵族的土地上耕种。我们里夫兰骑士获得了神圣的许诺,不受土地收回法的约束。可是八年以后,国王还是命令土地收回委员会将历代帝王赐给我们的土地加以没收,收归国库。骑士、骑士团首领和主教们必须拿出古老的文书证明他们占有了几世纪的土地的主权,如果拿不出文书,这些土地就得充公。

"从伊凡雷帝和斯特凡·巴托利的时代起,里夫兰就遭受战争的蹂躏,我们的文书都早已丢失了,这就无法证明我们久已拥有的主权。我写了一张状子,可只等来了议院将我定罪的消息,还说要斩断我写状子的右手,砍下我的脑袋。陛下,里夫兰的骑士是毁了,可是我们的商人也未能幸免。瑞典人对一切从里加港口进出的货物都课以重税,外国的船只现在都要经过里加,才能驶往哥尼斯堡,他们贪得无厌,弄得民怨沸腾。这样一来,所有的波兰粮食全装到勃兰登堡选帝侯那里去了。港口空荡荡的,城市活像一片墓地,毫无生机。我们的出路只有一条:不是最后的毁灭,便是战争。机不可失,时不再来。陛下,奥古斯特国王已经起誓要把我们放在那大权在握的波兰人手上……"

帕特库尔紧紧盯着卡尔洛维茨将军,随后转向柯尼泽克。彼得咬着烟斗,手指敲着桌面,沉思了许久才抬头答道:"我现在还是很担心你们,奥古斯特国王的手是柔弱的,波兰地主们的爪子却很有力。你们正在把里加和列维尔送给波兰人,这样做太危险了。"

"今天的波兰已经不是斯特凡·巴托利时代的波兰了。波兰并不想毁灭我们,我们有一个共同的敌人,波兰不会侵犯我们的自由和信仰,关于这一点,请沙皇陛下放心。"彼得微微一笑,优游自在地喷着烟雾,一脸轻松地望着帕特库尔,不怀好意地说:"既然这样的话,愿上帝保佑你们!议会今天会做出这样的决定,明天又会做出那样的决定,一切都取决于地主老爷的临时决定,根本就没有任何信誉可言。如果奥古斯特国王独揽大权的话,那倒是一件好事,你们可以信赖他,不过那些地主就很难说了……对了,我很好奇,那些地主老爷是不是愿意为奥古斯特国王打仗呢?"

帕特库尔气得脑袋直冒烟,他恨不得跳起来和彼得进行决斗,但为了完成任务,他不得不强压火气,放缓自己的语气:"沙皇陛下,奥古斯特国王已经命令一万两千名精选的萨克森部队开拨到利沃尼亚边境附近的沙弗利和比尔津去扎营过冬了,以应付突发的战事。同样数目的利沃尼亚骑士在里加附近集合,做好了战斗的准备。反观瑞典这边,卫戍部队的人数不是很多,而且战斗力也不强。战事一开,我们就可以一举攻占里加。我还可以向您保证,战争一旦爆发,那些地主就会拔出他们的军刀,加入反击瑞典的战斗中去。我们的另一个同盟者是丹麦国王赫里斯季安。陛下,您知道他对瑞典人怀有多大的仇恨吧。我们已经和丹麦达成了协议,到时候他们的舰队会保护我们不受海上的攻击。"

帕特库尔眼神中充满了渴望,期待着彼得同意或赞许的目光。沙皇面临着艰难的抉择。他一只手耷拉着,轻轻叩着桌子,另一只手托着腮帮子,盯着餐厅的窗户出神。彼得脸上既没有表现出希望,也没有流露出反对的神色。宾主就这样坐着,沉寂的气氛让人非常压抑。黄昏降临了,窗外的风刮得更紧了,窗户发出咯吱咯吱的响声。屋里的光线暗淡下来,安娜正想起身再点几支蜡烛,可是彼得却制止了她,含含糊糊地说:"用不着!"

"陛下,您只要在波罗的海建立一个据点,阻止瑞典人的进犯,就可以收回英格利亚和卡累利阿,再没有比这更适当的时机了,这原本就是俄罗斯的领土啊。等把瑞典人打败,在海边站稳了脚跟,您就可以跟荷兰、英国、西班牙和葡萄牙,以及所有北方、西方和南方的国家通商了,这是您梦寐以求的事情啊，俄罗斯的贸易也会有极大的发展。您还可以做一件欧洲其他国家国王做不到的事——打败瑞典，您就能开辟一条经过莫斯科、贯通东西方的商业道路。在欧洲事务中您就拥有发言权，这不正是您希望的吗？如果俄罗斯在波罗的海有一支强大的舰队，您就可以成为第三个海上强国。我还可以保证，您这样做，比起征服土耳其人和鞑靼人来，会获得更大的荣耀和称赞。沙皇陛下，时机不可错过啊！三思啊！"

帕特库尔举起一只手，仿佛要请上帝来做证似的。柯尼泽克连声地嘟囔着"时机不可错过啊"。卡尔洛维茨将军用期待的目光看着彼得。

"为什么要和瑞典开战呢？难道真的是火上房了？打瑞典人是一件大事，"彼得说道，一面咬着烟斗，"一万两千萨克森人是个相当大的力量。丹麦舰队，骑士和地主那都不过是凭空推测罢了，这不保险。如果开战后他们不声援我们就麻烦了。瑞典人他们有欧洲最好的军队，我很难向你们做出什么承诺，对此我非常抱歉。"他又用指甲在桌子轻轻地叩着。

帕特库尔按捺着满腔的怒火，继续试图说服彼得："陛下，今天的形势与以前不一样了。现在，只要我们联合起来，赤手空拳就可以把瑞典人打败。查理十二世既年轻，又愚蠢，还没有经验，根本就不配当国王！他只知道开筵闹饮，在林子里追逐兔子！国库的钱都给他花到化装舞会上去了，瑞典的国库已经空虚了，百姓们怨声载道，希望能有一个更开明的国王上台，让他们的日子好过一点。陛下，您还不知道吧，那些瑞典使节打春天起就待在莫斯科，请求缔结永久和约了，把他们称作使节，其实也很可笑。全欧洲都知道，他们把钱都花光了，国内还不给他们钱，现在只能靠豌豆过日子。陛下，卡尔洛维茨将军去年住在斯德哥尔摩，对查理十二世他更有发言权。将军先生，把你所看到的跟我们说说吧，好让陛下打消顾虑。"

卡尔洛维茨抻了抻腿，清了清喉咙，开腔说话了："帕特库尔说得没错，我在那里待过一段时间。城市并不大，可是地理位置非常特殊，从海上和陆上都不容易攻破，是个易守难攻之地。我用的是化名，穿的是便服，悄悄来到斯德哥尔摩。可是当我来到市场，马上就感受到不同寻常的氛围，商店和住户正忙在关门，女人们正在四处抓她们的孩子。所有人都害怕得要死，像是躲避瘟神似的。我抓住一个过路人，询问这是怎么回事。他摆了摆手，告诉我说国王要来了，还没等我反应过来，他撒腿就跑了。

"我在几次行军中以及许多驻扎过的城市里，类似的情况看得也多了，可那都是当地的百姓躲避外来的军队。我还从没有见到过这样的光景，老百姓竟会像逃避瘟神一样逃避自己的国王，他们脸上的表情都无法用言语来形容了。我站在街角望着，不一会儿就看到一群猎人装束的马队从小山上冲下来了。他们穿过石桥，驰进城里。广场上早已连一个鬼影都找不到了。打头的一匹黑色公马上骑着一个17岁左右的青年，脚穿一双过膝长统靴，身上则是一件衬衫。他放松了缰绳，纵马飞驰。后来我才知道，这就是国王查理十二世！跟在他背后的是那些猎人哈哈大笑。他们纵马奔驰，如同魔鬼一样让人恐怖。幸亏大家早都逃避了，要是晚点的话，准会有人被踩倒。等马队过去，人们告诉我，如果被马踩了，只能自认倒霉。

瑞典国王查理十二世

"我想追根究底，看看国王查理十二世到底是怎样一个人，就恳求一个熟人把我带到王宫里去。我乔装成一个贩卖阿拉伯香料的商人，清晨来到王宫，可是他们已经大吃大喝了。国王和一些人正在砍着绵羊和牛犊的头，一刀一个，用十个瑞典克朗作为赌注。我走过去，恭恭敬敬地鞠了个躬，国王把马刀往桌子上一撂，知道我是一个商人后，他让我在桌子边坐下了，而且逼着我喝了许多酒，我差一点就要吐出来了。后来，我实在坚持不了了，就假装酒醉钻到桌子底下去了。朝臣们酒醒后又是大吃大喝，大声地唱歌，把盘子撂在仆役们的头上，任其滚落到地上。到了晚上，国王带着手下去吓唬睡着的公民。我趁黑暗溜走了。"

卡尔洛维茨将军抽出一条手帕，擦了擦脸。彼得把胳膊搁在桌子上，笑个不停。出乎意料的是，安娜·蒙斯鄙夷地说："真有这样的国王！将军如果说的是真的，那我们只需一个普列奥布拉任斯科耶团就可以抓到查理，无须大动干戈。"话音一落，屋里立刻安静下来了，大家都朝她扭过头去。彼得轻轻地说："安娜，这件事你现在还无法理解，没有那么简单。你快去吩咐他们点蜡烛吧。"

四

每逢星期日，伊万·阿尔捷米奇·布罗夫金的女儿亚历山德拉和她的丈夫总要到布罗夫金在伊里英卡河边新建的房子里来吃饭。伊万·阿尔捷米奇现在成了鳏夫。他的长子阿廖什卡接受了彼得的新指令，正在外面为团队招募新兵。彼得刚刚下过一道圣旨，说这样的团队要招募三十个。明眼人都知道，马上就要打仗了，彼得正忙着扩充军队。为了维持军队日渐庞大的开销，彼得又成立了一个新的政厅——粮秣署，负责给军队供应燕麦、干草、面包干和其他给养。布罗夫金由于以往的出色表现，这次仍是一个主要的承办者，他现在缺少的是沙皇下发的任命状。由于他掌握了采购的实权，很多有名望的商人都主动巴结他，跟他合作，或是做他的经纪人。

伊万·阿尔捷米奇另外几个儿子也都为沙皇效力：雅科夫在沃罗涅什舰队里服役，加夫里尔在荷兰造船厂学习。只有最小的那个阿尔塔蒙，跟父亲在一起，帮着父亲写写信记记账，处理往来的各种文书。他的德语已经很熟练了，时常为父亲翻译一些商业方面的书籍，还翻译过普芬道夫的历史著作。伊万·阿尔捷米奇这几年的经历使他开阔了视野。为此，他常常叹息着说："咱们生活的这儿地方太闭塞了，仿佛是在世界的边缘，我们的日子跟猪的生活没什么两样。"

伊万·阿尔捷米奇现在非常自豪，他所有的孩子都很出色，每个人都是真金一块，阿廖什卡更是他们当中的翘楚。他们已故的母亲，为了使孩子们幸福，准是让自己的心血一滴一滴地流出来，让自己的灵魂一片一片地撕碎的。她没有看见他们现在的风光，真是一大遗憾。以前，伊万·阿尔捷米奇不曾怜惜过她，他那个时候也没有那种工夫，他要为家庭的生计奔波。可是现在，到了老年，他便常常想起他的妻子临死的时候，恳求他的话："不要给孩子们找后娘。"就这样，他遵守承诺，一直没有再娶。

布罗夫金的家是照外国式样布置的，而这些都是亚历山德拉给他出的主意，并指挥用人亲自监督完成的。她还叮嘱父亲，要穿得体面，经常刮胡子，换假发。伊万·阿尔捷米奇心里明白，在这些事情上他应当听他女儿的话。可是从内心来讲，他觉得现在的生活很枯燥无聊。有时候，他真想上瓦尔瓦尔卡河边的小酒馆去，跟老板们坐在一起，闲扯一阵，开着各种玩笑。可是他不能上那里去，他现在的身份变了，再去那里已经不合适了。至于枯燥嘛，他也只好忍受了。

每到晚上，桑卡出去以后，伊万·阿尔捷米奇就摘下假发，脱掉长襟衣，走到底层厨房里去，跟那些伙计和庄稼汉一块儿吃晚饭。他喝着白菜汤，跟大家说笑打诨。这让他感到很惬意，仿佛又回到了从前。有些同村的老乡有时也顺便拜访下伊瓦什卡·布罗夫金，这时他就特别高兴，让人把他们领进厨房。老乡一走进厨房，看见伊万·阿尔捷米奇，浑身就不自在，不知道是该跪下来，还是该回避，结果只能是怯生生地站在那里，不敢坐到桌子边去，静候吩咐。等适应后，老乡的话就多了，转弯抹角地说明了来意："啊，伊万·阿尔捷米奇，要不是你说话的口音没变，我现在都不敢认你了。我们在乡下聊天的时候，经常谈起你，大家回忆那些过去的时光，你那时只有一匹马，一直在债务圈子里打转。即便这样，当年的你也是一头雄鹰！"

"我是靠三个卢布起家的，就这么简单，康斯坦丁。"伊万·阿尔捷米奇严肃地睁大了眼睛，晃了晃脑袋："这就是说，上帝看中一个人，就给他打上了记号。那个乡下人又清了清喉咙："伊万·阿尔捷米奇，你想起的是康斯坦丁，可我不叫康斯坦丁啊。他住在你家对面；我住的稍微偏这么一点儿,靠左边。那是一间破房子,现在已经破得没法住了,"乡下人噙着眼泪,声音哽咽了,"房子随时都会倒下来。前几天牛棚坍了,压死了一头小母牛。我不知道该怎么办,想来想去,我只好来求你了,希望你能帮助我……"

伊万·阿尔捷米奇心里很清楚,也知道如何处理这个问题,可是他不马上就表态,一直等到接二连三地打着哈欠的时候,他才会问起乡下日子过得怎么样,谁故世了,谁添了孙儿女。直到最后才答应借钱给乡下人。伊万·阿尔捷米奇还打趣地跟他说:"你们等着吧,过了复活节我就回去,我还要给自个儿找个新娘呢。"处理完事情之后,伊万·阿尔捷米奇就上楼了,走到炉火生得很暖的卧室休憩。临睡前他总会长叹一声:"又过了一天。"剩下的日子不多了。于是,他开始想他的孩子、他的事业,直到睡梦袭来,把他的思路搅乱。

那天祈祷过后,伊万·阿尔捷米奇正盼着几个重要的客人。先来的是桑卡和她的丈夫。瓦西里·沃尔科夫一脸心事,也没顾得上礼节,便在桌子边闷闷不乐地坐下了。桑卡跑到镜子前面,扭动着肩膀,打量着这套新衣服。伊万·阿尔捷米奇一看两个人的举止都十分反常,便追问缘由。犹豫了半天,沃尔科夫才愁眉不展地说:"您女儿简直是疯了。她脑子里成天就只有巴黎,巴黎,其他事都不想,好像有人在那边等她似的,这太让我伤心了。我们为这个事吵闹好几回了,现在已经分居了。"

"这样啊,那你应当打她啊。"伊万·阿尔捷米奇笑着说。"岳父,您是不知道,你只要有打她的想法,她就会哇哇地直叫,稍不遂心,她就威胁我,要到彼得·阿列克谢耶维奇那儿去申诉。我现在也看出来了,如果不带她到欧洲去,她一准会疯疯癫癫的。"桑卡听到丈夫的话,视线离开了镜子,眯缝着眼睛,举起一根手指冲沃尔科夫说:"你一定得带我去。彼得·阿列克谢耶维奇亲口吩咐的,你必须服从皇上的命令。"

"父亲,"桑卡转头又对伊万·阿尔捷米奇说,"昨天我跟布伊诺索夫家最小的女儿纳塔利娅谈了一下。那个姑娘现在很苦恼,她的大姐都还没有嫁出去,不知道什么时候才能轮到她。纳塔莎已经到了该出嫁的年纪了,又是一个美人儿。礼节和宫中应对的本领,她也并不比我差,她希望找日出嫁,不想成为明日黄花。我当时就在想,如果能把这样一位郡主娶进家里来,对我们家来说是种荣耀。要是我们不太追求陪嫁的话,布伊诺索夫家准会让她下嫁的。我想让她嫁给我的老弟阿尔塔蒙·伊万诺维奇。更重要的是,在我动身去巴黎之前,就让阿尔塔蒙和纳塔利娅结婚。纳塔利娅现在极为苦恼。这件事,我跟彼得·阿列克谢耶维奇也讲过了。"

"你讲过了?"伊万·阿尔捷米奇立刻来了精神,开始关注起女儿来了。"嗯,他说这是一件好事。昨天晚上,我跟他在缅希科夫家跳舞。他让我尽快给阿尔塔蒙·伊万诺维奇举行婚礼,不久之后就要开战了。"伊万·阿尔捷米奇一惊,猛地站了起来,直愣愣瞪着他的女儿:"跟谁打?"桑卡耸耸肩,摊开了双手。她也不知道确切的消息。伊万·阿尔捷米奇正想追问女婿之际,一辆轿式马车停在了门前,有客人来了。

罗曼·布伊诺索夫公爵乘了一辆轿式马车到来,安东妮达、奥莉加和纳塔利娅跟在罗曼公爵后面,撩起裙子,跑了上来。当纳塔利娅走过之际,伊万·阿尔捷米奇打量了一眼,这姑娘果然已经成熟得可以结婚了。布伊诺索夫家的几个姑娘在会客室中央那张桌子旁边坐下了,她们打量着会客室的装饰,抓着桑卡手问长问短,絮絮叨叨地谈起各种琐细事儿来了。米特罗凡·绍林主席、斯韦什尼科夫、莫蒙诺夫为了避免踩着这些姑娘们的衣裙,都退到了火炉旁,斜眼觑着这群年轻人。

阿尔塔蒙·伊万诺维奇温温顺顺、恭恭敬敬地走进会客室来了,他穿着一套德国式的衣服,瘦弱的模样儿很像桑卡,只不过眉毛比较浓密,嘴唇上长着些茸毛,眼睛带着阴暗的色调。桑卡轻轻推了纳塔利娅一把,要她看一看阿尔塔蒙。纳塔利娅立刻羞红了脸,双手捂着脸,低下了脑袋,不敢朝阿尔塔蒙·伊万诺维奇的方向看。

阿尔塔蒙向年长的贵宾们深深地鞠了个躬,随后走到姐姐桑卡那里。桑卡抿着嘴唇,高兴地说道:"尊敬的客人们,让我来介绍一下,这是我最小的弟弟阿尔塔蒙·伊万诺维奇。"

桑卡又把姑娘们介绍给阿尔塔蒙:"这是安东妮达郡主,奥莉加郡主,纳塔利娅郡主。"姑娘们挨个站起来,行一个屈膝礼,阿尔塔蒙一一答礼。

然后，他小心翼翼地在桌子边坐下，把双手夹在两个膝头中间，看了姐姐一眼。"您平常有什么爱好，经常出来玩吗？"他结结巴巴地问纳塔利娅。纳塔利娅嘟囔了几句，可他却一点也听不清。奥莉加却大胆地答道："前天我们在纳雷什金家跳舞，换了三次衣服。可是为什么我们从没看过您呢？"

桑卡替弟弟说道："爸爸觉得他年纪还小，不定性，就没有让他去参加舞会。等我们替他娶了亲，他就可以去玩了。我还要告诉你，我弟弟跳起舞来才灵活呢，还有，他的法语、德语都非常好，他为我父亲翻译过许多国外的资料，为我父亲打理生意。"

那些客人们听了桑卡的介绍后，都好奇地看着这个年轻人。米特罗凡·绍林问布罗夫金道："布罗夫金，你的儿子是在哪里接受这些训练的？"

"请先生教的，米特罗凡先生。我们现在身份显赫了，也经常抛头露面，不这样不行呀。我们没有靠山，只能靠自己的努力去赢得别人的尊重。"

阿列克谢·斯韦什尼科夫，一个脸色严峻、眼眉浓密的商人，等着市政院主席和布罗夫金停止闲扯。"米特罗凡·伊里奇，"他用低音说道，"我又要说那个事了，我们一定要把它办好。我听到一些谣言，有人可能会抢在我们前头下手。"市政院主席米特罗凡一脸奸笑："这好办，让伊万·阿尔捷米奇来决定好啦。你应当问他啊……"

布罗夫金在身背后迅速地扭动着手指，看着绍林和斯韦什尼科夫脸上的表情，马上心领神会。这两个残暴的家伙非常着急，他们一定已经发现什么特殊情况了。他把双手从身背后抽出来，开口说道："哦，大家都在谣传，说呢子就要涨价了，如果你们感兴趣的话，我们不妨谈谈这个。"斯韦什尼科夫立刻来了精神，盯着布罗夫金："这么说，伊万·阿尔捷米奇，你也知道昨天发生的事了？"

"稍微知道一点。我们的事既然你们都知道了，那我也就不再说了。"伊万·阿尔捷米奇嘴上这么说，脑中却在快速转动："真是活见鬼！他们到底发现了什么啊？"他朝另外几个客人斜觑了一眼，他们站在那里，彼此靠得很紧，开始转弯抹角、小心翼翼地谈论那个问题。

"伊万·阿尔捷米奇，全莫斯科都在沸沸扬扬地议论着，说马上就会跟瑞典人打仗，可是谁都拿不准这个消息是不是真的。眼下正是我们办工厂的最佳时机。彼得皇上的心思全都放在战争上去了，不会管呢子是不是比汉堡的便宜，他要的只是便宜的呢子。这是一个黄金事业，许多人已经盯上这块肥肉了，马谛森就是其中的一个。"斯韦什尼科夫眼中放光，仿佛面前有一大堆金币在他眼前一样。

伊万·阿尔捷米奇听到这里，暗暗舒了口气，悬着的心也放下了，脸上浮现出了笑意。

几天前，这个叫马谛森的外国人和翻译官彼得·帕夫洛维奇·沙菲罗夫一起来到布罗夫金家，向他建议开一个呢织厂，工厂由皇上和布罗夫金共同投资，而他自己负责去采购机器和聘请熟练技工，并且经营企业，将来分得三分之一的收益。至于斯韦什尼科夫和绍林，早已经向布罗夫金建议，要他加入他们的公司，一同开办一个呢织厂。可是到目前为止，这件事还只是空谈罢了。

"这么重要的企业，难道让外国人去办吗？"斯韦什尼科夫打断了布罗夫金的回忆，眼中闪烁着光芒。市政院主席绍林眯缝着眼，叹了口气："这件事情我还是有点犹豫，我们要不要牺牲我们的生命，直至掏出我们的最后一个子儿？"

"这个问题先放放，我们明天再谈，"伊万·阿尔捷米奇说罢，便急匆匆离开火炉，走向一个身材矮矮、脸刮得青青的、胖乎乎的人。没有一个人认识他，大家都面面相觑。他一看见布罗夫金，便张开了双臂，拥抱起布罗夫金："最可敬的伊万·阿尔捷米耶维奇先生！"他像唱歌似的把每一个字音拖得很长，仿佛过复活节的时候那样。他嘟嘟嚷嚷地说："眼下什么事也没有发生。不过我要告诉您一个消息，亚历山大·丹尼洛维奇一会儿就要到这里来了。"

这个人是使节政厅的翻译官、犹太人沙菲罗夫。他曾经跟随沙皇一起出国，为沙皇当翻译。在今年秋天以前，他一直被无声无息地埋没着。不过现在他在瑞典大使馆里服务。由于要对瑞典开战，他天天都跟彼得见面，为他翻译有关瑞典方面的资料。彼得对他的工作十分满意，常常夸奖他，大家现在已经把他看作一个有权有势的人物了。

"明天，伊万·阿尔捷米耶维奇，请到克里姆林宫里去一趟。皇上吩咐市政院出十个代表去参加会议。瑞典人来递交国书，但皇上不肯为瑞典国王吻福音书……"听了他说的话后，布罗夫金深深地抽了一口气，急忙画了个十字："这样说，彼得·帕夫洛维奇，那些谣言是真的了？"彼得·帕夫洛维奇扫视了众人一眼，谨慎地说："伊万·阿尔捷米奇，这是一件重大的事情，在沙皇没有做出最后决定之前，我们还是静观其变吧。"说完，他便转身走到布伊诺索夫家那几个姑娘面前，和她们打着招呼。

罗曼·鲍里索维奇公爵听着商人们的谈话，一句也插不上，此刻正闷闷不乐地坐在墙边一张椅子上。到这样的人家来做客真不是件光彩的事儿。他愁眉不展地朝女儿们瞅了一眼："这帮傻丫头！谁愿意娶她们啊？老天爷，世道变化太快了！金钱！现在的人只认识钱，每个人醒来后第一件事就是绞尽脑汁地想方设法赚钱，怎么样把日子打发过去。而且就是金钱，金钱！还有那些什么工厂、什么公司。"

一个年纪很大的商人，叶夫斯特拉特·莫蒙诺夫，坐在罗曼公爵旁边，悄声儿地说道："事情可不能老是这样子，罗曼·鲍里索维奇爵爷。那些外国人不要买我们的货；他们先发一封信到汉堡，寄到那儿是十八天，再过十八天，回信就收到了，带来了汉堡交易所的行情。而我们的傻瓜还是一年甚至两年地坚守着老价钱。那些外国人老早就在我们的国土上打开了一个窗口，我们却还在老窝里坐着。爵爷，战争是避免不了的，我们哪怕仅仅弄到一个城市也好，只要打通通往欧洲的窗口，我们的贸易额就会有几十倍，甚至是上百倍的增长。"

"你们这班商人的钱已经多得不能再多了，可是你们总是不知足！"罗曼·鲍里索维奇厌恶地说。"战争是国家的大事，不是你们这班出身微贱的商人能够插手的！"罗曼·鲍里索维奇公爵斜着充血的眼睛，朝他瞟了一下：这个商人衣服朴素，相貌平庸，可一坛坛金钱却埋藏在他的地窖里。

又有客人来了，伊万·阿尔捷米奇来到门前台阶上迎接。几位客人走到窗前，谈话停止了。普斯科夫的总督亚历山大·丹尼洛维奇·缅希科夫少将走了进来，主人跟在他后面。他那双冷漠的眼睛官气十足，凌厉地朝客人们扫视了一下。他走到桑卡面前，亲一亲她的额角，随后转过身来，对客人们草草地点了点头。亚历山大·丹尼洛维奇拍拍布罗夫金的肩头，对他轻声耳语:"别跟斯韦什尼科夫和绍林谈了,那样做没什么好处。我们不会给马谛森任何承诺的。我们必须自己亲自动手,你回头跟沙菲罗夫讲吧。"

五

瑞典使节从大使馆里出来了。马车沿着伊里英卡河,经过广场一直驶到了克里姆林宫,瑞典人透过车窗,看见脸色严肃的俄罗斯哨兵站岗。穿过救主门,他们看到一堆堆炮弹落满了积雪,一门门铜炮的炮口朝天,每一门炮旁边站着四个身材高大的炮手,手里拿着引火线。老将军戈登骑着马四处巡视,不断地向炮手们发号施令。当使节们的一长列马车停下来的时候,将军把一只手往上一举,大炮一齐怒吼,硝烟弥漫,给教堂和周围的建筑物都披上了一层厚厚的烟妆。

瑞典人走在通往大门的台阶上,后面是谢苗诺沃团的兵士,他们抬着瑞典国王的礼物和贡品,高举着瑞典青年国王查理十二世的全身像。使节们迈着庄重的脚步走进了大殿。瑞典人环顾周围的情景:领主、莫斯科的贵族、外地客商和重要的买卖人,坐在四周的长凳上。殿堂最里面,一张象牙镶银的宝座上,彼得纹丝儿不动地坐着,眼睛直直地瞪着,穿着一件山猫皮、灰色呢子的长襟衣。他左手边站着拉夫连季·斯温因,捧着一只金钵;右手边站着瓦西里·沃尔科夫,手里托着一条毛巾。

使节们走向彼得,在宝座前面的地毯上跪下,深深施了一礼。斯温因把钵子捧过来,彼得把手指往水里浸了浸;沃尔科夫把浸水的手指擦干,使节们按照礼节,吻了皇帝这只粗糙的手。礼毕后,彼得便站起身来,扬起嗓门,按照古礼用俄国话说道:"瑞典查理国王身体健康否?"大使首先感谢彼得对查理十二世的关心,并告诉彼得国王的身体很康健,接着便问候整个大俄罗斯、小俄罗斯、白俄罗斯沙皇等人的健康。翻译官沙菲罗夫把大使的回答大声地翻译出来,好让所有人都能完整地领会瑞典人的话。领主们聚精会神地听着,警惕地扬起眼眉,听着瑞典人的言语中有没有侮辱俄罗斯的意味。大使说完之后,从秘书手中接过国书,跪着递呈给彼得。

沙皇接受了国书，连翻开的力气都舍不得用，直接把它塞给首席大臣列夫·基里洛维奇·纳雷什金。纳雷什金也没把那一卷东西打开，直接宣布接见典礼结束。

沙皇和纳雷什金的举动让瑞典使节很气恼，但他们又无可奈何。瑞典人原本指望在克林姆林宫觐见彼得的时候，能够让沙皇保证同瑞典签订和平条约，为了这个事情，他们已经在莫斯科熬了半年之久。一个星期之前，瑞典使节接到了莫斯科的大臣们的邀请，让他们前往使节政厅参加会谈。在会谈过程中，普罗科菲·沃兹尼岑答复瑞典人说，彼得皇上诚心诚意地承认以前同瑞典国王签订的各项和约，并且表示会一直遵守，但他不打算再吻福音书了，因为他早已向当今瑞典国王查理十二世的父亲起过誓了。另一方面，沙皇需要提醒年轻的国王查理十二世倒是有必要亲吻一下福音书，因为查理还从来没有向彼得皇上起过誓。这就是皇上的旨意，现在向使节们声明，将来也决不会改变。

使节们着急了，这和他们想要的结果大相径庭。他们开始据理力争强调自己是对的，可是他们的话全被目空一切、不可一世的俄国人顶了回来。使节们强调，不经过他们国王的批准，他们不可能接受这么一个关于永久和平的最后条约，他们说要写信到斯德哥尔摩去。普罗科菲·沃兹尼岑冷笑着答道："你们想写信就写吧，我们不阻止你们。不过你们也知道，从莫斯科到斯德哥尔摩的距离，恐怕等四个月也不会接到一封回信，在这段时间内，你们只好在莫斯科虚度，你们自己去负担这笔生活费用吧。"

在第二次和第三次会议上，情况仍没有改观。瑞典人的生活更为拮据了，连他们喂牲口用的草料，使节政厅也停止供应了。使节们最终屈服了。在克里姆林宫，彼得皇上穿着那件山猫皮长襟衣，坐在宝座上，把那份没有吻福音书起誓的条约交给了瑞典使节。莫斯科取得了胜利。

11月的一个早晨，普列奥布拉任斯科耶宫的后门台阶上，亚历山大·丹尼洛维奇正不耐烦地跺着脚，搓着手，眼睛不时望向远方。一辆满是泥水的马车出现在亚历山大·丹尼洛维奇的视野里，不久就停在了门前。从马车上走下来的是波兰将军卡尔洛维茨和里夫兰骑士帕特库尔。亚历山大·丹尼洛维奇脸上露出了笑容，迎了过去："啊，你们终于来了，谢天谢地！"

缅希科夫说道,招呼着两个人。他们几个人顺着没人的过道走了一会儿后,在一扇低矮的门旁,亚历山大·丹尼洛维奇小心翼翼地敲了几下。彼得开门出来,脸上没有一丝笑意,随后把客人带进那间烟雾弥漫的小小的寝宫,寝宫只有一扇窗户,屋内的光线很差,有种说不出来的感觉。

"嗯,我很高兴看见你们,"彼得自言自语地嘟囔着,回到了桌前。沉思了片刻,他似乎忘记了客人的存在,对亚历山大·丹尼洛维奇说:"阿列克萨什卡,我要撕烂那个录事的鼻孔,你就这样告诉他!他唯一的工作就是睡懒觉,他是个不折不扣的魔鬼!我们非得从头开始不可,这样的蠢货在莫斯科成长起来,你要他们学点东西,必须拿着一根粗木棍才可以……"彼得眼光一扫,发现帕特库尔和卡尔洛维茨仍然站在那儿,他马上就意识到自己的失礼。"阿列克萨什卡,搬几张椅子来,让客人们坐下。帕特库尔先生,你说的那两个英国人,弗格森和格兰特,都是知名的学者吧?"

"我在伦敦的时候听人说起过他们,他们的名声不是很大,他们不是哲学家,而是研究实用科学的,这样的人对俄罗斯更有用处。"帕特库尔回复了彼得的问题。彼得听完之后,脸上洋溢着阳光般的微笑:"这就好。神学已经把莫斯科弄得疲惫不堪了,我们所剩的精力不多了。我们要把精力放到航海术、采矿业、数学、医学等方面,这些才是我们现在最迫切需要的。这些事情要赶快办,我们再也耽搁不起了。"

彼得坐下后把胳膊肘搁在桌子上,接着便抽起烟,气氛又开始沉闷起来。亚历山大·丹尼洛维奇为了打破令人尴尬的局面,小心谨慎地咳了两声。彼得抓着烟头的那只手抖了下,首先打破了沉闷的局面:"嗯,你们写好了没,有没有把它带来?"

"我们拟好了一份密约,已经把它带来了,"帕特库尔仰起发白的脸,"叫卡尔洛维茨先生念吧。"卡尔洛维茨掏出一小张淡蓝色的纸,开始念道:"为协助俄罗斯国君从瑞典收复其被非法占领之领土,以及巩固俄罗斯国家对波罗的海之主权,波兰国王承诺率领部队攻入里夫兰与爱斯特兰,向瑞典国王开战,并与瑞典方面决裂。沙皇方面,在与土耳其缔结和约以后,应立即在英格利亚和卡累利阿开始军事行动,时间不迟于1700年4月,与此同时,如有必要,还需派遣援军支援波兰国王。缔约国双方一致决定,决不单独与敌人谈判，也不允许擅自行动，双方应相互配合，直至打败瑞典，取得胜利为止。本条约将保守绝对秘密。"

彼得润了润干燥的嘴唇，问道："就是这几点吗？"帕特库尔说道："就是这几点，陛下。如果您同意，我明天就动身去华沙，希望在12月中旬能把奥古斯特国王的亲笔签名带给您。"

彼得出神地望着帕特库尔许久，脑中在飞快地旋转。最后，他的嘴角挂着一丝微笑："这是一件伟大的事业，到华沙去吧，约翰·帕特库尔先生，祝你好运。"

波兰国王奥古斯特二世

六

大教堂钟楼上的钟当当地敲了十二下。议员离开了议事厅的椅子，商人关上了店门，行会师傅放下了工具，老贵族摘下了眼镜，该吃午饭了。一群群士兵和水手愉快地冲向了小酒馆，在这些酒店里，香肠或熏腿正散发着香味，等待着顾客的到来。

城里似乎只有一个人不受这种声音的制约，他就是国王查理十二世。此时，在他床边的一张小桌上，摆满了金黄色的莱茵酒。查理十二世将胳臂肘支在枕头上，正朗诵拉辛的作品。念完一段，他总要喝口莱茵酒润润嗓子。他身边睡着一个黑头发的女人，鬈曲的头发散乱着，腮帮上的胭脂已经给擦掉了，脸蛋的颜色几乎跟杯子里的酒一个样。这个女人，便是以猎奇冒险、大胆轻佻而闻名的阿塔莉·台斯芒伯爵夫人。她的人生经历迂回曲折，给人以无限的遐想空间。伯爵夫人在维也纳演过歌剧，可是不知什么原因，嗓子突然沙哑了，再也不能演出了。她在演莫里哀的一出幻梦剧里，在法兰西国王路易十四面前跳过舞。她曾经乔装成一个火枪手，在围攻佛兰德省诸城的时候跟随卢森堡元帅，胜利后她的口袋里装满了珠宝。她只身前往伦敦，显然是由于法国宫廷的再三恳请；不少英国贵族，就连豪气万千的马尔波罗公爵，也沉迷于她的美色而无法自拔。现在，猎奇冒险的风又把她吹到瑞典国王查理十二世的床上来了。

"恋爱，又是恋爱，"查理说道，一边伸手去拿酒瓶，"这种玩意儿总是腻烦的。我对拉辛已经厌倦了。迈密登的国王皮洛斯大概也是一个不错的剑客，可是在五幕戏中间他要么胡说八道，要么就都是废话。我宁可念点普卢塔克的传记和恺撒的论文。宝贝，你要喝点儿酒吗？"伯爵夫人闭着眼睛答道："别理我，陛下。我的头裂开了，我活不过今天。"查理笑了笑，又喝了一口酒，然后全神贯注在拉辛的著作上。门外响起了敲门声，查理懒洋洋地说道："进来。"

寝宫侍从贝尔根海尔姆男爵从门外笑吟吟地进来了，他先朝国王鞠了个躬，后用一种叫人听着愉悦的声音奏报："今天，小商店老板们又向议会呈递了一份请愿书，要求重新审查皇室费用。这些市民越来越得寸进尺了，陛下，您该制止他们这种胡闹的行为。刚才我看见法国大使，他正要到雪地里去打兔子。我把请愿书的事告诉了他，大使耸了耸肩膀。他认为这是胡格诺教派的阴谋，这些人四散在欧洲各地，只要有可能，他们就想尽一切办法破坏君主政体的原则。他们不放过任何机会，激起市民对贵族、对国王的仇恨，实现他们所谓的民主政治。今天的请愿书，仅仅是各种借口中的一种罢了。我跟几位议员在走廊里交谈了一阵。他们正准备起草一条法律，以此限制国王的宣战权。"

查理合上了拉辛的《安德洛玛克》，坐了起来，怒气冲冲地呵斥贝尔根海尔姆："废话！我要问的是你今天到底探听到些什么内容。这儿又没有外人，你不用跟我说些冠冕堂皇的话，把你所知道的讲出来好啦。"贝尔根海尔姆看了眼仍闭着眼睛的台斯芒伯爵夫人，咳嗽了一声，继续说道："昨天，有位贵族从里加乘商船来到这儿，他说帕特库尔突然在莫斯科出现了……"查理咬了咬嘴唇，打断了贝尔根海尔姆："去把皮佩尔伯爵请到我这儿来，就说我有事要和他商量。"

贝尔根海尔姆飞出去了。查理望着窗外飘扬的雪花，脸色也变得和雪花一样惨白，毫无颜色。但查理并没有注意到，伯爵夫人那双眼睛正在一绺头发后面闪烁着。查理望着窗外飘落的雪花，内心深处升腾的怒火燃烧着，盘算着如何解决这个难题。当他听到门外一阵沉甸甸的脚步声响起后，便抓起一个枕头，扔在伯爵夫人的头上。

"赶快找个地方躲起来，我必须一个人在这里！"他整了整衣衫，坐在椅子上，冲门外高喊："进来。"最近被查理赐封为伯爵的三级文官卡尔·皮佩尔的身影闪进来了。查理冷冷地朝他上下打量了一阵，说："我从宫中那些搬弄是非的人口中听到一些消息，说是帕特库尔前段时间出现在莫斯科的街头，你听说过这件事吗？"

皮佩尔是一个不会微笑的人，但也不会失去镇静，他平淡地说："国王陛下，他们是从我这里探听到的。可是我告诉他们的只是些无关紧要的事儿。帕特库尔是去了莫斯科，还有那个有名的冒险家卡尔洛维茨将军也跟他在一起。"

"我们的使节也在莫斯科啊，他们在那儿干什么？"

"使节们是在议会坚决要求之下被派出去的。议员们为了得到东方的和平，任何代价都在所不惜；不过这样也好，让他们试试用自己的钱财去谋求和平吧。我们并没有损失什么，这个事还没花费您的一个子儿呢，让他们胡闹去吧。陛下，您不必为这事儿操心。"

"我倒很想把那一个子儿也弄到我库房！皮佩尔，那份新的请愿书的事情听说了没有？您听到议员们准备拿什么东西来送给我吗？我再也不愿意扮演一个驯服的傻瓜了！不过您尽可以放心，我不会用骑兵冲锋的办法去袭击我们最受人尊敬的议会。在欧洲，有很多地方可以让我们荣光。如果卡尔洛维茨在莫斯科，那就是说，我们必须要对付奥古斯特国王了？"

"要是我没猜错的话，有一个联盟在对付我们……"

"好极了。如果没有别的事报告，那我就不想再让您留在这儿了。"皮佩尔告退了，心里充满惊奇：查理的思想转变得太突然了，让他感到惶恐不安。皮佩尔小心谨慎地为向议会展开斗争做着准备，对战争费用，议会的神经比对任何人敏感。经过一个短时期的休息，从莱茵河到波罗的海沿岸，大炮和马刀即将成为主角。战争确实是获得权力的唯一途径，可查理一心想要去作战，性子未免太火爆了，也不合时宜，毕竟战争不是光靠热情就能取胜的。

在寝宫门口的走廊里，皮佩尔伯爵对贝尔根海尔姆心事重重地说："你要想办法让查理开心，缓解他心中的烦闷。如果可以的话，安排一次大规模的狩猎，让他离开斯德哥尔摩几天，发泄下心中的愤恨……"

查理仍然坐在床上，出神地想着事情。阿塔莉·台斯芒伯爵夫人坐了起来，扭动着柔软的腰肢，靠在查理的身上。一股麝香味儿终于引起了国王的注意。"您认识奥古斯特国王吗？大家说他是欧洲最杰出的情种，为了所爱的女人，他毫不吝惜自己的钱财。皮佩尔向我说，奥古斯特有一次提起我，说我……"阿塔莉·台斯芒伯爵夫人欢乐地、无忧无虑地笑着。

查理的眼皮颤动了："我记得以前就和你说过，奥古斯特这个人既风趣又杰出。他拥有一万名萨克森私人步兵，而且还有宏伟的计划。"查理从被窝里跳出来，光着脚，跑到办公桌前，从抽屉里拿出一只盒子，里面放着一个钻石的头饰。他坐在床沿边，把头饰往阿塔莉的乌黑的头发上一扣，说道："你会对我忠诚吗？"

"大概会的，您差不多只有我一半的年纪，有时候我真觉得像您母亲一般。"她吻了吻查理的鼻子，脸上微笑着，用手指转动着那个头饰。"阿塔莉，我要你到华沙去一趟，奥拉夫号海船过几天就要出航了。你不妨在里加上岸。我会为你准备好一切所需之物品。你每到一处驿站，你都必须给我写信，让我知道你的一举一动。"

阿塔莉·台斯芒伯爵夫人用好奇的目光盯着查理十二世，心中暗想：这小子前途远大，真是不可小觑。出于多年的习惯，阿塔莉·台斯芒伯爵夫人轻轻地吹了个口哨："陛下，您是不是不放心，怕我和奥古斯特国王上床？"查理的眼睛半睁半闭，表情显得很复杂："你做任何背叛我的行为都不会得到宽恕的，如果真发生了那样的事，那我对圣福音书起誓，不管你躲到什么地方，不论我花费多少时间，我都会把你找到，将你杀死。"

七

布罗夫金一家人如今成为人们茶余饭后的焦点，这缘于布罗夫金家小儿子的婚事，大家都急迫地关注着事情的进展，以证实自己的猜测究竟对了几分。彼得·阿列克谢耶维奇跟往常一样，心血来潮，要把布伊诺索夫家最小的郡主许配给阿尔塔蒙·布罗夫金。为了阿尔塔蒙的婚事，彼得把所有的大事都抛开了，暴露了他贪玩、爱凑热闹的本性。到宫里去觐见彼得大臣和领主们全都扑了个空，只得到这样一个令人啼笑皆非的答复："我们也不知道皇上现在在哪儿。"

一天晚上，彼得兴致高涨，赶着马车闯进了布罗夫金的家。伊万·阿尔捷米奇跟一些庄稼人待在底层厨房里玩牌，打发睡前的无聊时间。正在大家玩得高兴之际，彼得戴着三角帽，从那扇低矮的门里钻了进来。伊万·阿尔捷米奇起初还以为他是一个看守储藏室的士兵，想进来烤火取暖的，也就没搭理他。当他认出面前的这个人就是彼得时，一下子都呆住了，感觉自己的手都是多余的，没给它留下合适的位置。彼得·阿列克谢耶维奇笑着，向主人要了些克瓦斯。他坐在一张长凳上，当着那些庄稼人和伙计的面说："伊万·阿尔捷米奇先生，我以前替你们家做过一次媒了，不知道你满意不。我现在还想再做一次，如果你不介意的话，那快给我行个礼吧。"

伊万·阿尔捷米奇一声不吱，扑到泥地上，在彼得的脚边磕起头来。"伊万，"彼得·阿列克谢耶维奇微笑着说，"去把你的儿子叫来，今天的主角是他。"阿尔塔蒙早已站在那儿，毕恭毕敬地等候着彼得的指令。彼得·阿列克谢耶维奇借着蜡烛发出的光亮，仔细瞅着阿尔塔蒙："伊万·阿尔捷米奇,怎么回事啊,你为什么要把这么好的小伙子藏起来,难道是怕我嫉妒吗？我现在事情已经焦头烂额了，可我还是很高兴为你的小儿子主办婚事。阿尔塔蒙，你走近些，让我看仔细点。对了，阿尔塔蒙，我差点忘问了，你识字吗？"

阿尔塔蒙脸色有点发白，但他还是非常流畅地把法国话像倒竹筒倒豆子一样倒了出来："陛下，我会法语和德语，读写都没有问题。"彼得·阿列克谢耶维奇惊讶地张大了嘴："啊！阿尔塔蒙，你再说几句！"阿尔塔蒙又用德语把刚才的内容重复了一遍。随后他又用荷兰话说了几句，这次不如德语和法语一般流利了，稍微有点儿结巴。

彼得·阿列克谢耶维奇从椅子上跳了起来，抓着阿尔塔蒙的手，把他拉到了眼前，高兴地说："嘿，好小子！你真行，伊万·阿尔捷米奇先生，谢谢你的礼物！你不会遗憾的。等着吧，用不了多久，我就会把伯爵的勋位封给聪明的人。先说到这儿吧，我饿了，你赶紧让仆人们给我弄点吃的来。"

伊万·阿尔捷米奇又扑倒在地，恳求彼得到楼上正房里去，他的身份并不适合在这里用餐。彼得·阿列克谢耶维奇只是笑着说："这儿很好，比上面暖和多了。我不到楼上去，炉子上有什么，直接端上来好了。"他要阿尔塔蒙坐在旁边，跟他用德国话交谈着。当知道彼得陛下来到布罗夫金家后，村里的全挤在门口，每个人的脸上都露出既紧张又兴奋的表情。蓦然间，桑卡闯进了厨房，给彼得请安来了。彼得抓住她的手，让她坐在阿尔塔蒙的旁边。桑卡这种事情见得多了，一点也不害臊，她把蜡烛朝脸移近了点儿，向彼得调皮地眨着眼睛。这顿饭他们一直吃到了后半夜，彼得才恋恋不舍地离开了。

第二天早晨，彼得·阿列克谢耶维奇和好友们赶到布伊诺索夫公爵府邸，去为阿尔塔蒙说亲。彼得为婚事整整奔走了一个星期，后面跟着五十来个人，一会儿是布罗夫金家，一会儿上布伊诺索夫府邸讲条件。婚礼在圣母节热热闹闹地举行了。桑卡的心愿终于实现了。两星期后，她和她丈夫动身到巴黎去了。

沃尔科夫夫妇的速度始终快不起来。为了喂马，他们要在驿站上等很久。这让桑卡很恼火。她想尽快赶到目的地，实现自己的梦想，享受巴黎的美妙。

在维亚济玛一家客店里，亚历山德拉·伊万诺芙娜再也按捺不住了，跟丈夫大吵了一架。瓦西里是打算先住一个晚上，第二天做过祈祷以后，拜访他的一位远房亲戚，顺便在那里吃一顿饭。另外，他还准备增加一些补给，以备不时之需。

"我们要抓紧了。这条路快把我累死了，"亚历山德拉·伊万诺芙娜对她丈夫说，"到了里加再休息吧。"

"桑卡！我早已跟你说过了，过了维亚济玛就有强盗，他们聚在林子里，专门打劫过路的人。为了安全起见，要有五百辆雪橇结成一大队，才能安全穿过这一带。"瓦西里正用刀叉吃着火腿，头也不抬地说。桑卡的脸拉长了，她什么也没吃，只是在捏碎她的面包。沃尔科夫看出了桑卡的不满，可他仍继续说："告诉我，你到底是个什么样的人？你既不休息，也不安静，我真不明白，你干吗要到天涯海角去？要去跟国王们跳舞吗？万一他们不愿意呢？"

"仅仅因为这儿是一家小客店，所以我才对你说。"

瓦西里把叉子放下了，久久地瞅着他妻子那双深蓝色的眼睛，鬼才知道这双眼睛盯着什么东西。瓦西里摇摇头。这件事使他很没面子，因为她似乎不应当这样做，可是他爱他的妻子。每逢争吵，她都会把各种难听的话向他一个劲儿倾泻出来。这会儿也一样：他知道自己是要让步的，虽然只有疯子才会做出这种荒谬的决定，没有可靠的旅伴就去穿越从维亚济玛到斯摩棱斯克一带的森林是不可能的。这个地方流传着很多可怕的故事：旅客们会受到以叶斯梅尼·索科尔为首的强盗袭击。譬如说你白天赶路，看见前方路的中间站着一个彪形大汉，头戴尖顶帽，穿着树皮鞋，腰带里插着一把小刀；他打一声呼哨，牲口就会跪下来。此时除了默念，别无他法。

"如果我怕强盗的话，那就不如待在莫斯科了，"亚历山德拉说，"我们有的是骏马，它们会驮着我们冲过去。况且万一碰上那样的事，那就更好，以后有炫耀的资本了。我才不愿意在小客店里等待。"桑卡把盘子推开，吩咐侍女把被褥铺好，她准备休息了。瓦西里仍坐在左边，一只手托着腮帮，瞅着桑卡出神。这个世界变化太快了，让他觉得简直是在做梦一样。几年前，他的老婆还在乡下割野草，种庄稼，成天围着锅台转悠。可眼下，她居然毫不顾忌地要闯进巴黎，跟国王讲无聊的琐事。真不知道是谁让她变成这样的，太不可思议了。唉，只要你能够安顿下来，给我生一个孩子，只要我们能够一块儿待在家里，平平安安地过日子就好了！瓦西里知道无法改变桑卡的主意，他摇摇头，戴上帽子，转身到庭院里去看牲口了。

朦朦胧胧的月亮高高地挂在积雪的板棚房顶的上空。夜空里一颗星星也没有，寒冷的空气差一点把他的鼻毛都给冻住了。牲口在黑糊糊的阴影里咀嚼着。隔壁一所小教堂附近，有个哨兵在敲着梆子。瓦西里突然觉得不想离开这种故乡的宁静，远游巴黎了。他愁闷地转过身子，楼上那间木板房的小窗里透出来一抹柔和的光亮，一定是桑卡又在读普芬道夫的著作了，这就是天意，非人力所能改变。

八

晚霞在森林的树梢上面散发出最后的光和热，显然是要把最后的温暖留给人间，让人们享受白天的最后一点温暖。瓦西里却没有心情欣赏，他把半个身子探出来，抓着缰绳，抽打着马，用几近疯狂的嗓音吆喝着。马车夫已经从座位上被打下来，远远地倒在后面那个拐弯的地方，再也起不来了。四匹健壮的马受到主人的鞭打，不停地飞驰。轿式雪车在坑洼地上颠簸摆动，如同小船在波涛汹涌的海面上和巨浪搏斗一般。他们后面，一伙强盗正紧追不舍，整个树林都回荡着他们的喊叫声。

大约五分钟以前，就在那儿拐弯处的前面，一条乡间土道和大道相交的地方，从路旁跳出十个拿着斧子和木桩的彪形大汉，拦住了马车的去路。马车夫大吃一惊，由于一时糊涂，竟把缰绳勒住了。他们中间有四个人冲到牲口面前，其中一个人往他头上打了一棍，马车夫立刻栽倒在雪地里。这一切都发生在转眼之间，眼看沃尔科夫夫妇大难临头，关键时刻是那匹拉前套的牝马搭救了他们：它把后蹄直立起来，把正准备抓缰绳的那两个人踢了出去。桑卡对愣神的沃尔科夫喝道："抓住缰绳！快！"随后，她从丈夫怀里摸出一支手枪，对准其中一个人扣动了扳机。听到枪声，那些人不由自主地往后跳了几步，沃尔科夫趁机抓起缰绳，策马狂奔。

没有人追赶了。沃尔科夫的心终于平复下来了。他用力呼出了一口气，终于逃脱了虎口。前面已经能看到一长列车队在行进，沃尔科夫的神经终于松弛下来了，他把手中的缰绳松了松，让牲口恢复刚才消耗的体力。他朝四下打量，恰巧看见桑卡那双瞪圆的眼睛和两个张开的鼻孔，便气不打一处来，大声呵斥："怎么样，这下你该满足了吧？看到那个强盗头子叶斯梅尼·索科尔吧，你个笨蛋，马车夫死了，我们怎么办？疯婆子！"

桑卡并没有在意沃尔科夫的话。啊，这才是她所希望的生活……

车队每天从各个城门涌进莫斯科，长达几十里。这种情景以前是从未有过的。莫斯科各处广场的柱子上都钉着告示，彼得下令要招募正规军的志愿兵。志愿兵的待遇非常好，每人每年十一个卢布，免费供应面包和其他食品，以及一份伏特加酒。在领主们的府邸中过着饥一顿饱一顿生活的农奴和有卖身契的仆役，或是与大总管吵了嘴，把帽子撂在领主本人脚边，便都投到普列奥布拉任斯科耶去了。这段时间，每天总有千余人报名参加志愿军。

由于人数太多，人们有时候得要从严寒的清晨等到黄昏，台阶上的那些军官才能点完册上的名字。随后，他们被带到了皇宫的底层。普列奥布拉任斯科耶团里一些蓄着唇髭的人负责给这些人做检查，看他们是否符合征兵的要求。新建的士兵营房，在宫院后积雪的田野里排成一排。检查通过的人被一批批送到小木房里，等待着分派到各个射击团。这些人每天吃喝不愁，可就是不给一点儿自由，这一点完全不像在射击军团里那样。这是当兵嘛！鼓声把他们惊醒了。还没吃东西，他们就被赶到了田野里，排成四列纵队。第一件事是教他们分辨哪只是左手，哪只是右手。不少农民刚开始怎么也分不清左右，可笞杖让他们把左右手牢牢刻在头脑里了。之后会出现一个军官，他用外国话大声嚷嚷。他逼迫大家要听懂他的话，如果做错了，那就笞杖伺候。

吃了不少苦头后，他们逐渐学会了"立定"、"稍息"、"齐步走"等基本队列动作。早餐过后，他们又到了外面田野里。吃过午饭，他们第三次出操，他们学习排成密集的队形，像在萨沃伊公爵的军队里那样接受训练，学习如何迈着整齐的步子，学习放排枪，学习用装好的刺刀冲锋。谁要是做错了，当场就被拉到队伍前面，剥掉裤子，遭受无情的鞭打。

军事训练由一个奥地利人亚当·伊万诺维奇·魏德准将负责，他跟阿尔塔蒙·米哈伊洛维奇·戈洛温将军和阿尼基塔·伊万诺维奇·列普宁公爵一起，奉旨组建三个师，每个师有九个团。战争的硝烟味越来越浓了，可彼得还缺很多人，他需要更多的人参军。

九

阿列克谢·布罗夫金中尉在北方募集了五百个合格的准士兵，有些交给了总督，有些交给了当地的行政长官，由他们转送到莫斯科去。这会儿，他正在前往波韦涅茨郊区密林的路上。阿列克谢·布罗夫金得到情报，密林里面有不少隐修区，在其周围藏匿着很多逃亡的农奴和浪荡汉。这个情况让他眼前一亮，可熟悉那边情况的人竭力劝他不要去："谣言已经传到隐修区，分裂派教徒都在小心戒备了。他们人数很多，可你们只有三辆雪橇，十来个人。弄不好，你们会下落不明的，再也出不来了。"

这些人的话是对的。波韦涅茨郊区的猎户和森林居民都以冷酷而出名，他们住在特别坚实的巨大的木房子里，屋下面是牲栏和谷仓。这里的人们管那些村子叫教区。从一个居民点到另一个居民点，要在荒凉阴冷的林子里赶上几天的路。阿列克谢知道这个任务艰巨，可是他也没有办法，这就是生活。如果你转身回去，向彼得·阿列克谢耶维奇报告，说你到了北方就害怕了，没敢进入密林深处，那彼得准会直直地瞪着你，然后一言不发，扭头就走；那才是真正的恐惧，你的末日来临了，哪怕你把头磕碎了也无济于事。阿列克谢没有忘记自己是如何一步步升迁并获得彼得的信任的，他那根军官的白肩带全靠咬紧牙关，从命运女神那里夺来的。

在波韦涅茨的市集上，阿列克谢雇了一个名叫亚基姆·克里沃帕洛夫的猎人做他的向导。亚基姆跑在雪橇前头带路，奔向密林深处。到了夜里，他们就躲进避风之处，或是小溪旁边森林中清理出来的一片耕地。亚基姆跑来跑去，直到他弄到一杯伏特加才算安定下来。随后他靠近篝火，开始讲述他的故事:"告诉你们,维戈河边所有的地方我都到过了,我还在维戈静修区住过几个星期。我知道那儿只有一条小道能通往小修道院,走那种小道让人心里会产生恐惧。不过,我也找不到涅克塔里长老的藏身之处,他们为了保护他,把嘴闭得紧紧的。你跟任何一个分裂派教徒提起长老的名字,他们便一声不吭,哪怕你把他切开剁烂。不过对您来说,或许是件好事,如果您能说服长老,至少会有两百来个年轻人让您带走。"阿列克谢皱了皱眉,问亚基姆:"他在这群人里头是什么角色?是不是像大主教一类的人物?"

"他是一个长老,大司祭阿瓦库姆在普斯托泽尔斯克被处死刑之前为他祝福过。大约12年前,他在帕列奥斯特罗夫修道院烧死了2500名分裂派教徒。他们在夜里偷袭修道院,捣毁了大门,把修士们和修道院长关在地窖里,将储藏室打开,让众人豪饮了一顿。把修道院的财物给分了。总督得知消息后,星夜带领射击军从波韦涅茨出发,驰援修道院。那些庄稼人用决一死战相威胁,他们把大量的麦秸、焦油和硝石搬进了教堂,在圣诞节前一天,放了一把火,把自己给烧死了。可是涅克塔里却逃了出来,除他之外还有几个人也跑了出来。三年后,这个魔鬼在普多热斯克又烧死了1500人。前不久,在沃尔湖附近的林子里又发生同样的事情,大家都说那也是他干的。现在流传着战争的谣言,按照以往的经验来看,一次大规模的焚化又即将开始了,现在大批的人正投奔他。"

阿列克谢和那些士兵听了,面面相觑,都不敢相信自己的耳朵,这些人为什么心甘情愿地把自己烧死。亚基姆看出了他们狐疑的目光,接着说:"这很简单,农奴、佃农和立有卖身契的奴隶,抛家舍业,从诺夫戈罗德和特维尔,从莫斯科和沃洛格达逃到他那儿。成千上万的人来到了这个荒无人烟的地方。这里又不出产粮食,为了不让他们犯下罪孽,涅克塔里索性把他们送上天堂。"

"亚基姆·克里沃帕洛夫,你别胡诌了!夜里讲这种故事……"阿列克谢用羊皮袄裹了裹身子,靠着篝火侧身躺下了。过了一会儿,他又说:"亚基姆,你明天抓紧带路,我们一定要抓到这个可恶的涅克塔里长老,把他押到莫斯科去……"

两个站在滑雪板上的人从森林里走出来,悄悄地靠近了小木房。一个值岗的哨兵,靠着雪橇睡熟了,一支火枪搂在羊皮短袄的两个衣袖中间,如同一个被冻僵了的人。这两个站在滑雪板上的人,绕着小木房转了一圈。随后他们站定了,屏住呼吸听着小木房传出的细微的声音。月亮的周围有一圈白茫茫的光晕,森林里一点儿声息也没有。小木房里有人在瓮气闷声地嘟囔。一个声音开了口:"咱们要不要先把他绑起来?过后咱们做个祷告,再把他扔进火里去。"另一个警惕地张望了一阵,悄声回复:"绑起来肯定会有响声,弄不好他会嚷起来,屋里有十个人,要是惊动了别人,咱们的麻烦就大了。"两个人都不吱声了。小木房的门忽然响了一下,亚基姆的头从里面探出来,他大概是想出来小解,一看见有两个人,他立刻惊叫起来,马上跳回了屋子。那两个人溜到积雪的树枝后面,逃跑了。"砰"的一响枪声,打破了森林中的沉寂。

他们跑了很久,拐了不少弯,以便弄乱他们的足迹,让追赶他们的人迷失方向。他们穿过一个枞树的密林,到了一条小溪的河床那儿,天快要破晓了。从一个不远的地方,传来一阵敲铁板的缓慢而凄凉的声响。

十

安德烈·戈利科夫正在为早祷敲着铁板。他光着双脚,在雪地里蹦来跳去,拖长声调重复着阿瓦库姆的话:"来参加殉教圣徒的行列,来参加使徒的军团,来参加圣者的合唱队吧!"这是长老给他的惩罚:头一天斋戒,他觉得渴了,喝了一点克瓦斯。

一听到铁板声,同道们朝隐修院聚拢来了。用板墙围起来的隐修院,地方并不大。大多数人都住在外面:有的在小溪旁边,有的在沼泽的边缘。他们从各个方向赶往隐修院,那些住的比较远的人,基本都是跑过来的。要是到晚了,会遭到长老严厉的惩罚。

隐修院的麦秸垛中间,耸立着一间矮矮的小木房,那就是他们的祈祷所。一座八角形的木架上孤零零地矗起一个帐篷形的圆顶。跨进大门,大家都怯生生地走着,没敢发出任何声音,只有树皮鞋踩着积雪的吱吱嘎嘎的响声。

人们在门前用两个手指画了个十字,随后恭敬地踏进了木板墙上盖着霜花的祈祷所。人们都跪了下去,男的在右边,女的在左边。那两个站在滑雪板上的人,喘着粗气,跑进了隐修院的大门,向安德烈大声喊道:"别敲了,不好啦!赶快报告长老,请他出来见我们!"

安德烈紧张得如同弓弦一样,手里的木槌也掉在了地上。魔鬼简直多得数不胜数,可是涅克塔里并没有教给他制胜魔鬼的办法。安德烈捡起木槌,一边敲着屋檐底的铁板,一边摇了摇脑袋。

"安德烈,我们要告诉你,那个带着士兵的军官离这儿只有五俄里了。你要把铁板敲得轻些,他们会听到的。亚基姆也跟他们在一起,给他们带路呢。听到声音,他准会带他们径直赶到这儿,把我们全都带走……"安德烈从不住地打抖的牙缝里答道:"愿上帝保佑,长老还在禅房里,你们快去把这个消息告诉他吧。"

两个人卸下滑雪板,奔向了长老的禅房。他们两个叫斯坚卡·巴尔明和彼得鲁什卡·科热夫尼科夫,都是波韦涅茨人,一直靠捕鱼和打猎维持生计。因为他们用两个手指画十字,波韦涅茨的总督曾经不止一次地教训拷打他们,还随意牵走他们的牲畜。几年下来,把他们逼得无路可走。这两年,他们的妻子和儿女秘密地住在维戈隐修区,而他们自己经常是打一枪换一个地方,居无定所;哪里适合他们生存,离居民点最远,他们就会出现在哪里。前几天谣诼四起,说是有个带着士兵的军官正赶往隐修院,涅克塔里就吩咐斯坚卡和彼得鲁什卡去监视他们,把他们引入歧途,如果可能,把这些反基督者的人统统干掉。

涅克塔里长老轻易是不让众人走进禅房的。长老一共有两个:安德烈·涅克塔里和瘸腿的波尔菲里,一个眼睛翻起、面容憔悴的少年。两个人把经过的情况说了。波尔菲里叹了口气,让他们进来了。涅克塔里站在读经台旁边,乜斜着眼睛朝斯坚卡和彼得鲁什卡瞅了一下,开口问道:"哦,你们有什么事啊?"涅克塔里问,朝两个来人转过脸来,摆动了一下花白的胡子。

斯坚卡不太连贯地讲述着刚才的事:"长老,我们已经跟踪他们有半个月了。亚基姆那个该死的家伙带他们进入密林的,他对这一带很熟悉,他会找到隐修院的。我们都已经琢磨过了:把那座小木房的门顶住,放一把火烧死他们。但他们很谨慎，我们一直没有机会下手。"

"难道我给你们祝福，是让你们去干这种焚化的事吗？看来你的祈祷并不虔诚，斯坚卡，你想把十个人一起搁在火里行洗礼？谁给了你这种权力？你瞧，魔鬼怂恿了彼得鲁什卡，可你却战胜了魔鬼！"斯坚卡拧紧了眉头，彼得鲁什卡朝长老眨巴着眼睛，不太明白他这些话是什么意思。"波尔菲里，我亲爱的孩子，放一块火炭在香炉里，吹一吹，做一次祷告，"长老说道。瘸腿的波尔菲里把香炉从木钉上拿下来，一步一拐地走到暖炕那儿，将一块火炭放在松树脂上吹着；随后他把香炉递给长老，吻了另一只手。涅克塔里开始将烟吹在那两个人的脸上，接着又从侧面吹过去，后来又打他们的身背后绕了一转，鞠着躬，嘴里念叨着。

涅克塔里把香炉递给波尔菲里，从皮腰带上扯下念珠，往斯坚卡的脸上狠狠地抽打过去，回头又对彼得鲁什卡的脸上抽打了一通。两个人跪了下去。涅克塔里火气越来越大，抽打着他们的腮帮。打了一阵之后，长老有点累了，火气也消了，只是吃力地喘着气："你们过后就会知道这是为了什么，出去吧。"斯坚卡·巴尔明和彼得鲁什卡·科热夫尼科夫小心翼翼地走出了禅房，两个人惘然地用手比画着：他们到底错在哪里？现在他们该怎么办？

"咱们这几天赶了很多路，可吃的东西却少得可怜，"彼得鲁什卡低声耳语。

"这会儿咱们怎么能问他要呢？"

"也许他会给咱们一点儿面包吧？"

"咱们还是不要让他看见的好。不如就这么走了，再去别人那儿。咱们去树林里打一只松鼠，烤着吃好了。"

十一

安德烈·戈利科夫做完事后，吃力地爬上了暖炕，浑身的关节从里往外冒着寒气，牙齿也不停地打颤。一接触到热气后，他那双挨冻的脚就疼痛难忍；由于饥饿，他的头也在发晕。安德烈趴在暖炕上，用牙齿咬着褥子。

为了不让自己叫出声来,他在心里不住地默念着阿瓦库姆的经文,希望减轻自己的疼痛。那个身上附了鬼的农民,把束缚住他的链子弄得哗啦啦直响,说道:"昨天夜里,涅克塔里老头儿又一个劲儿吃蜂蜜……"

这一次,安德烈没有像以前一样呵斥他,只是把褥子咬得更紧了。他再也没有力气来压制心里那个可怕的魔鬼。这个魔鬼是在一件不太重要的事情发生以后,钻到安德烈心里来的。涅克塔里和他的两个见习修道士斋戒了四十天,什么东西也不吃,只喝一点儿水,而且每次也只喝这么一小口。为了不让安德烈和波尔菲里动摇,他让两个人用克瓦斯润润嘴唇,用热水敷敷胸口。至于他自己,他说:"这我可不需要,天使会照顾我的。"说也奇怪:安德烈和波尔菲里已经虚弱不堪,只有转动的双眼表明他们还活着,长老却仍然如正常人一样,生机勃勃。

一天夜晚,安德烈看见长老偷偷地从暖炕上爬下来,从瓦罐里舀了一匙蜂蜜,跟没有供过神的圣饼一块儿吃了。安德烈的身体里立刻冒出一股寒意:他宁可看见一个人在他面前被杀死,也比看到现在这个情景好得多。安德烈辗转反侧了一夜,第二天早晨,他还是没忍住,流着眼泪说了。涅克塔里暴跳如雷,歇斯底里地号叫:"你这只恶狗,你这个傻瓜!那不是我,是魔鬼!可你倒高兴起来了!为了一匙蜂蜜,你会把天国都出卖的!"

长老的手也没闲着,他拿起棍子照着安德烈的身体狠命地下手,还把他从禅房里赶到外面雪地上,只允许穿一件衬衫。这次经历之后,安德烈的思想总算平静下来了。可是禅房里那个身上附着鬼的农民还是不放过他。趁着没人的时候,就会跟安德烈说:"嘿,你快去看看,匙子里粘着蜂蜜,昨天晚上你已经洗干净了。你快去舔舔,看看我说得对不对。"

安德烈骂了那个农民一顿。第二天晚上,长老又把蜂蜜偷偷地吃了。趁大家都在熟睡之际,安德烈偷偷爬下暖炕,将那个匙子察看了一下,果然有蜂蜜的痕迹!让他更吃惊的是,一根花白髭须也粘在上面!

安德烈被弄糊涂了。是谁在撒谎?是他自己的眼睛欺骗了他,还是长老在撒谎?到底该相信谁呢?那个时候,他差一点要发疯了,脑中充满了混乱与绝望!他的信仰一瞬间轰然倒塌了。涅克塔里经常反复对他说:"反基督者已经来到了世界的大门口,全俄罗斯都充斥着他的爪牙,他们都在为非作歹。俄罗斯大地上住着一个巨大的魔鬼，他的极限就是那最深的地狱。"如果长老的话是真的,那怎么能相信涅克塔里他自己不是那个魔鬼呢？可是如果他不能相信呢？这样说起来,难道这也是从反基督者那里来的吗？难道思想就是反基督者的闪电的反光吗？一时间，安德烈的五脏六腑忽然都停止活动了：接下来该怎么办，该往哪儿走呢？他最初到这个隐修院的目的是要寻找一种宁静的生活，而他却找到了怀疑，看见了只有魔鬼才会干得出来的事。

后来，安德烈的身体虚弱得完全没有了力气，思想也变得迟钝而且平静了。长老对待他,一天比一天残酷,目的显而易见,就是逼迫他离开这里。安德烈每天清闲下来之后也经常思考，可是往哪儿去呢？一点不错，在他来这儿之前，杰尼索夫跟安德烈讲过这样的话："跟我们一块儿生活吧，你帮我们装饰布置教堂，我们正缺一个这样的人。等冰雪融化后，我派你到莫斯科去送货。我信任你。"安德烈拒绝了杰尼索夫的好意，这不是他所企求的宁静。他的内心是这样设想的：森林里一间禅房，溪边岩石上坐着一个矮小年迈的长老，对着见习修道士，对着那些从林子里走出来听他说法的野兽，对着那些停在树枝上的鸟儿，对着小溪那平静的水面上，谈着天国的光明……这才是他要找的宁静！即使是那些暴风雪的夜晚，他在基塔城的墙缝里发抖，听着射击军的冻结的尸体在互相碰撞，听着绞刑架发出吱吱嘎嘎的响声，都没有动摇他的信念。可他现在的心几乎破碎了，支撑他留下来的信念越来越模糊，他的神经快要断了！

那个附了鬼的农民朝安德烈瞅了一眼，又开腔了："你为什么还在这儿坚持，你身体太虚弱了。你要是再不离开的话，就不会有多少日子好活了，那个老头儿会把你打到坟墓里去,他是一个喜欢权力的人,决不会放过你的。他是个行为古怪的人，要不是为了那难受的冬天，他会在一株松树里待上十年。而他把人们烧死，也是这个道理！他是森林中的皇帝！老兄，我比他聪明，我看透了他。我比你们任何一个人都聪明。一点不错，我身上附着三个魔鬼：第一个是癫痫病，这是一个折磨人的魔鬼；第二个魔鬼是我懒惰，要不是懒惰，我会给锁在这儿吗？第三个魔鬼是我聪明得过头了，这才是最可怕的！我故意胡言乱语,满地乱滚。说来可笑,他们居然都相信。

在他下一次焚化的时候,你将是第一个被烧死的人,你不要再傻了!"

"住嘴,别说了!"安德烈猛地直起腰来,从暖炕上爬了下来,洗了洗手,打开了那只盖着的发酵面桶。那个附了鬼的农民挺起身子来瞅了一眼,随后他扭着链子,连同铁钉一起从墙上拉出来了。安德烈大吃一惊,可是那个人却卷着袖管说:"没关系,那个老头儿不知道我能动弹。等他回来的时候,我再把铁钉塞进去,他一直都没有察觉,他就是个笨蛋!"说着,两个人一起动手把面团搓成一个个圣饼,放进了炉灶。那个人望了安德烈一眼,眼中起了变化,不怀好意地说:"这里真是太闷了,安德烈,要是有个女人就好了……"

"住嘴!你要是再说,我马上告诉长老!"

"安德烈,你真是个不折不扣的傻瓜,你以为隐修区那些女人的肚子都是被风给吹大的吗?在维戈隐修院里,有三十来个女人怀孕,别看那儿表面上管理很严格,其实乱得很。这时候如果有个丰满漂亮的女人进来,那该有多好啊!"安德烈听不下去了,急忙把手指上的面团擦掉,走出禅房,到了外面的寒气里透口气。朝霞抹红了森林背后的大片天空,太阳眼看就要升起来了。斯坚卡和彼得鲁什卡又打安德烈面前跑了过去,嚷嚷着:"他们到这儿来了!快把大门关上!"

彼得大帝时期的圆形电池

十二

阿列克谢·布罗夫金来到了隐修院门前。他并没有急着进去,而是先派亚基姆去打探一下,看看有多少分裂派教徒,问问他们都是些什么人,为什么拒绝为皇上的一位军官打开大门。亚基姆在门边上敲了一会儿后,见没人出来开门,便爬上木栅栏,跳进了里院。一会儿的工夫,亚基姆又跳了出来:"阿列克谢·伊万诺维奇,我们很走运:涅克塔里也在里面。不过他们都在祈祷所里。你瞧,我遇见一个叫诺夫戈罗德的农民,他被链子锁上了。他告诉我,这批信徒一共有两百人,很多人都适合当兵,可是要抓到他们很难,长老正准备烧死他们呢。"

阿列克谢凌厉地瞪着亚基姆:"烧死他们,你这是什么意思?谁准许他那么做的?我们不让他这样做。人又不是他的,是皇上的啊。"阿列克谢皱了皱眉头,招呼那些士兵过来。"我们不能再等待了。小伙子们,把大门给我撞开,救人!"亚基姆急忙制止了他:"阿列克谢·伊万诺维奇,先别冲动,还是小心点好。祈祷所的周围净是草垛,里边还有麦秸、焦油和火药等东西。要是我们能把长老引到外面来,那就好办了。他自己一定也明白,劝说两百人去干那样一件事情可不是闹着玩儿的。对他表示一点敬意吧,阿列克谢·伊万诺维奇,说不定我们不用武力就能达到目的。"

阿列克谢把他推到了一边,径直走到了大门前,扭头冲士兵们喊道:"小伙子们,快去找根大圆木来,我们撞开它。"亚基姆闪到了旁边。他眨巴着眼睛,好奇地瞅着,看看会有什么事。那些士兵把大圆木晃了几晃,便朝大门撞了过去。几下之后,分裂派教徒那遥远的歌声就停止了。

"我不去,我已经跟你说过了,别管我!"那个身上附着鬼的农民喊着。涅克塔里刚从庭院里跑进来,上气不接下气,逼紧着嗓子叫道:"叶夫多基姆,叶夫多基姆,最后的审判已经来到了,拯救你的灵魂吧!只剩下一个小时了,你心里的魔鬼正在欢欣鼓舞呢!拯救你自己吧!"

"你死在沼泽里吧!"叶夫多基姆嚷道,怒气冲冲地摇着头。"什么魔鬼?我心里从来也没有过魔鬼。你到傻瓜们面前去装腔作势好了!"片刻之间,两个人都安静下来了。涅克塔里首先从撞门声中清醒过来："你看到安德烈没有，他在哪儿？"还没等叶夫多基姆说话，撞击和坼裂的声音就从外面庭院传了过来。"他们在砸大门啦，我看你怎么办。"叶夫多基姆龇牙咧嘴，一脸幸灾乐祸的表情。

涅克塔里没有搭理他，冲出了房间，直奔庭院，房门也顾不上关了，大敞四开。"安德烈，安德烈，"叶夫多基姆喊道，"快把门关上，外面太冷了。"没有人搭理他。他只好把铁钉从墙上拔出来，一路咒骂着走过去，把门"砰"的一声关上了。

耶夫多基姆朝暖炕的后面瞅了一眼。安德烈·戈利科夫正站在墙壁和暖炕之间的一条狭缝里，脸色煞白，看样子他被吓得失魂落魄了。叶夫多基姆一把拉住他的手："你总不会是想死吧，是不是？如果你不愿意，那就用不着去死。你快告诉我，老头儿把钥匙藏到哪里去了？我要解开身上的链子。安德烈！你醒醒吧！"安德烈被他摇晃着，一点反应都没有，他的灵魂已经出窍了……

女人们在轻声抽泣，紧紧地搂着她们的孩子；男人们捂着脸和脑袋；还有一些人出神地瞪着蜡烛的火苗。长老出去了，其他人正在休息，那个可怕的嗓音似乎仍在布道坛上回响："那种温和的人，我要把他们从嘴里吐出去！我要那种热烈的人！我要赶到天堂里去的不是绵羊，而是燃烧着的灌木！"

要做到长老所要求的那样着实很困难：在这儿的全是受伤害的人，他们摆脱了乡村中做不完的苦活，为了不受地主老爷们的欺负，才跑到这儿来寻求清静。沼泽的湿气让他们浑身发肿，吃的是掺着碎树皮的面包。不过这些他们都不是特别在意，毕竟他们是这里的主人。但现实是残酷的，没有人会白给他们清静。他们更像是一群待宰的绵羊，涅克塔里则是他们灵魂的凶悍的牧人。命令他们干什么，他们就得干什么，庄稼人服从惯了。如果长老吩咐把你的灵魂燃烧起来，那也没有办法，他们只能服从，燃烧自己的灵魂。

涅克塔里长老很快就回来了，出乎大家的意料。"你们听！"他在门口高叫着，"你们听到反基督者的仆人的声音了吗？"大家都听到撞击大门那沉闷的响声。涅克塔里急速地大踏步穿过祈祷所，朝圣像那熏黑了的脸鞠了三个躬。回过头来看着那些信徒，目光中喷出了丝丝火星："灵魂，灵魂，你为什么还在睡觉？快点醒来！世界末日已经来临，这个世界上，我们只剩下屋里这一块地方了。让我们在火焰里往上飞吧，孩子们。我刚才看见天空中出现了一个大窟窿。那些天使正在向我们降落下来，迎接着我们。孩子们，天使们正面带笑容迎接着我们，我亲爱的兄弟姐妹们，咱们快去吧。你们听，魔鬼的军队已经把这个普渡众生的小岛包围起来。在这些墙壁外面，只有黑暗和腥臭的旋风。"说着，他举起抓在手里的铁锤和钉子，大踏步走到了门口，亲自动手把几块木板交叉地钉在门上。大家惶恐地望着他。一个白衣人叫了起来："你要干什么？好心的人，别这样干啊！"

"必须这么做！"长老高声喊道，又转身回到高高的布道台前。"一个基督徒怎能不愿意走进火焰里去？我们虽被烧毁，可是会得到永生。我们一向怜悯你们这些愚蠢的人，不过现在不行了，敌人已经来到门口了，我们没有退路了。反基督者骑着猩红色的野兽站在门外，他手里拿着一只杯子，里面净是秽物。可他却把它当作圣餐来送给你们！可怕啊！"那女人倒了下去，哆嗦着，拼命喊叫的嗓音越来越大了。其余的人把手指塞在耳朵里，抓着喉咙，不敢哭出来。他们更害怕涅克塔里长老的惩罚。

"走，到门外去！听哪！沙皇彼得就是反基督者的肉身，他的仆人就要闯进来了。你们知道什么是地狱吗？深不可测之处，黑暗和冥府！行星在它周围打转，那儿有扑不灭的火焰！那是反基督者的王国！你们愿意到那里去吗？"涅克塔里长老动手点燃了蜡烛，黄澄澄的光芒照亮了整个祈祷所。"兄弟们！我们就要出发了，马上就到天国了！兄弟们，姐妹们，快让我们跟圣徒一块儿安息吧。"说完，他便开始吟唱起来，唱的是正教徒举行葬礼时吟唱的歌。众人相互瞅了瞅，也跪着往布道台那里挪动，跟着长老吟唱。

祈祷所的墙壁在剧烈震颤，有人正在外面砸门。"不要过来，我们誓死不投降，你们不要枉费心机了。"涅克塔里长老爬上一张小凳，将脸贴在门顶那扇小小的天窗上。阿列克谢·布罗夫金他们已经撞开院门，这会儿正砸着祈祷所的门。阿列克谢十分恼火地跟他说："你是不是涅克塔里长老？你们这些人是不是都疯了？"

涅克塔里的一只手费力地从小窗里伸了出来，用两根指头朝阿列克谢画了个十字。里面上百个嗓音在吟叹着："愿上帝复活！"阿列克谢便越发愤怒地说："不要对我挥动手指，我不是你想象中的魔鬼，你让所有的人都出来，要不我就把门砸碎。"

"你们是什么人？为什么要到森林里这个荒凉的地方来？"涅克塔里用略带讽刺的口气问。"我们是奉了彼得沙皇的圣旨，来这里征集士兵。要是你们不服从命令，我就把你们统统绑起来，押解到波韦涅茨去，交给总督发落，让他好好收拾你们。"阿列克谢的话音刚落，涅克塔里不见了，也没有了回音，只有里面吟唱《跟圣徒一块儿安息吧》的声音。该怎么办呢？阿列克谢一时也没了主意。亚基姆绝望地叫喊："阿列克谢·伊万诺维奇，快想想办法啊，他们会把自己烧死的！"

阿列克谢在门前踱来踱去，气得直跺脚。他现在必须解决这个棘手的事，要不用不了几天，消息就会传遍所有的隐修区，说沙皇的一个军官被赶走了，那他的麻烦就更大了。他往上一蹿，抓住小窗的边缘，只见里面无数支蜡烛照亮的屋子里，无数张惶恐的脸正瞅着他，手不停地在胸前画着十字。阿列克谢又跳了下来，让士兵们继续撞门。这时，从窗子里爬出来三个人，亚基姆认识其中的两个人——斯坚卡·巴尔明和彼得鲁什卡·科热夫尼科夫，两个人手里拿着弓箭，第三个人拿着一支火绳枪。他们迅速爬上了屋顶，和士兵们对峙着。拿火绳枪的那个农民严肃地说道："走开，不然我们就开枪了，我们的人可多呢。"

这种粗鲁的举动让阿列克谢·布罗夫金不知如何是好了，他的后背马上袭来一股寒意。他们要是城里人，那倒没有什么可怕的。偏偏这些都是土生土长的庄稼人，和他们根本就没道理可讲，他们都太固执了。那个拿火绳枪的人两腿粗壮，腰带束得很低，身材好似一头熊。阿列克谢仅仅向他做了个威胁的手势，亚基姆就让那个人转移了视线，插进来一句："你叫什么名字？"

"我叫奥西普，你们是来这里抓我们的，对不对？"拿火绳枪的人很不乐意地答道。"那么，奥西普，难道你没看见这位军官先生他本人也是不由自主的吗？为什么你们不跟他好好谈谈，想出解决问题的办法呢？军官先生只要十个或是十五个人去参军就可以了，他不会为难你们。再有就是让士兵们烤一会儿火，他们已经冻得直打哆嗦了。事情解决了，我们自然就会离开的。"彼得鲁什卡和斯坚卡蹲在屋顶的边上听着，静候事态的发展。

奥西普寻思了许久，才答道："我们不能答应你们的条件，你们一定会把我们统统送回原来的村子里去，让我们继续受奴役之苦。我们好不容易才逃到这里的，不会再离开这里，你们别枉费心机了。我们要为古老的祈祷，为两根指头画十字的仪式而死。"他举起火绳枪，往火药池上吹了下，从牛角里倒出一些火药，瞄着众人。怎么办呢？亚基姆劝大家干脆放弃算了，涅克塔里是不会屈服的。

"他倔，我也倔，弄不到人，我不走。把他们包围起来再抓人。"阿列克谢告诉亚基姆。

他派两个士兵去把牲口卸下来，四个兵士到禅房里去烤火，其余的人担任警戒，不允许祈祷所的人出来找食物和水。白天很快就过去了，寒气越来越重，让人浑身都不自在。那些分裂派信徒在唱着安魂曲。彼得鲁什卡和斯坚卡在屋顶上坐了一阵，耳语了一阵，然后冲下面喊道："我们要下来走动下，让我们跳下来吧。"阿列克谢仰起头说："跳吧，我以上帝的名义保证，决不会碰你们一下的。"奥西普眼中射出一道凌厉的寒光，彼得鲁什卡和斯坚卡打了个寒颤。两个人稍微迟疑了一下，最终还是跳下了屋顶。

涅克塔里长老两次把脸探到天窗那儿，向外面张望，观察着外面的情况。阿列克谢试着跟他商谈，可他吐了口唾沫，便又把头缩了回去。后来从祈祷所里又一次传出来他那嘶哑的嗓音，压倒了唱歌声、祈祷声和孩子们的哭叫声。

在残晖完全消失后，十个农民从天窗里爬出来，来到屋顶。他们每个人浑身都是赤条条的，冻得发紫，直打哆嗦。阿列克谢急忙让士兵脱下大衣、毡靴、衣服、裤子……意想不到的事情发生了。这些人捡起扔在他们旁边的衣服，又给扔了回来，从天窗又爬了回去。奥西普仍待着屋顶上，枪口对准下面。

一阵哀号从祈祷所传了出来，声音并不大，可是能感觉出来是人在绝望之中所发出的声音。士兵们神色严肃地走到阿列克谢面前说："中尉先生，他们可能要烧死自己了,让奥西普朝我们开枪好了,我们一定要把门撞开。"阿列克谢咬紧了牙关,冲他们挥了挥手。士兵们抬起那根大圆木,又向祈祷所的门撞了过去。就在这时,地面猛然摇晃了一下,里面发出爆炸的轰响,夹杂着浓烟的空气钻进了外面人的鼻子里,紧接着是越来越大的火苗。这群家伙开始烧死自己了。

门被撞开了,一个浑身着火的人从里面冲了出来,开始在雪地里胡乱打滚,声嘶力竭地号叫着。四周的麦秸秆也冒烟了。里面的温度太高了,士兵们冲不进去,只能退回来。他们摘下帽子,画着十字,有几个人的脸上还挂着泪珠。阿列克谢的身体在发抖,心里难受得想呕吐。他看不下去了,他靠着一棵树,无力地瘫倒在地。他抓起一把雪,往自己脑袋上扬,好让自己清醒些。

等他睁开眼睛的时候,忽然看到眼前有三个人,有一个落在后面,另一个仿佛身上附着鬼的人,抓着涅克塔里长老的胳膊,出现在他的面前。"他要逃,这个兔崽子!"那个仿佛身上附着鬼的人把涅克塔里押到阿列克谢面前,"要把他撕个粉碎!他把众人关在祈祷所,可他却从地下室另一个出口爬出来了,他还要把安德烈和我一起烧死,这个该死的魔鬼!"

十三

沙皇昭告:

按照所有基督教国家之惯例,年代从基督降生八日后开始计算,因此新年不始于每年9月1日,而是始于1700年1月1日。作为新世纪开始,新年来临时应互相祝贺道喜。主干街道、店铺和衙门两畔,均应用松树、云杉等或其树枝加以点缀;家境清贫之人,亦应在其大门放置一截小树枝;至于公职、商人,则须在庭院挂灯点烛;市政院门前,诸商人不妨斟酌情形,发射礼炮或是燃放烟火⋯⋯

这样的钟声,莫斯科已经好久没有听到了,以前的莫斯科过得是苦难的日子。与阵阵悦耳的钟声相伴的是,整个莫斯科都听得到持续不断的枪响和大炮低沉的吼声。几十辆雪橇飞也似的疾驰过去了,雪橇上面的人跷起腿，挥舞着酒瓶，吆喝着，发疯似的乱转，成堆地跌倒在那些被钟声和烟雾弄得发愣的老百姓的脚边。直到主显节为止，整整一个星期，莫斯科都沉浸在喧哗吵闹声中，有些地方还失火了，幸好损失不大。

许多强盗从邻近的森林里赶到了莫斯科。他们戴着面具，砸开大门，闯进燃烧的房子，把里面的东西或是抢走，或是捣毁。有些人给抓走了，有些人被踩死了。有谣言说，强盗头子叶斯梅尼·索科尔本人也在莫斯科寻欢作乐。

彼得带领他的亲信，带领"公爵教皇"尼基塔·佐托夫等人，走遍了显贵们的府邸。他们把主人灌醉扔到一边后，接着又赶往另一家。当他们感到疲倦之时，就随便找个地方躺下来休息。他们在全莫斯科城寻欢作乐，从这一头闹到那一头，向每一个人祝贺新年和新世纪的开始。

敬畏上帝的莫斯科人在愁闷中熬过了祝贺新年的日子，大家不敢出门了。人们不了解沙皇这种疯狂的行为到底意味着什么，是不是魔鬼暗中唆使皇上，把古老的习惯统统打破？从前的日子虽然穷困潦倒，但是大家都老老实实，珍惜每一分钱，不浪费任何东西，能够分清是非曲直，知道什么是对的，什么是错的。可现在他们仅有的一点幻想也被打破了，一切都不合时宜了，仿佛置身于一个陌生的世界。

那些用两个指头画十字的人又开始活跃起来，聚集在某家的地窖里，通宵祈祷。大家又窃窃私语起来，说是只要熬到谢肉节就好，最后审判的号角自然会吹响。还未等他们有所行动之际，皇上的第二道圣旨在基塔城和白城的城门口贴出来了："领主、朝臣、官吏、录事与商人，今后一律穿戴匈牙利服饰，当春回大地，寒意减退以后，应穿萨克森长襟衣，概无例外。"

这些长襟衣和帽子都挂在衣帽钩上。守卫这些东西的士兵，都说要不了多久，所有商人们的妻子、射击军的妻子、市郊妇女、牧师太太和教堂管事的妻子，都将奉命不戴帽子，穿外国式的短裙……成群的人站在圣旨旁边，低声耳语，心里怀着莫名的恐惧。莫斯科的大小酒馆以惊人的速度传播着一个消息：罗马教和路德教的牧师们就要来给俄罗斯人进行一次新的洗礼。城里人将被交给外国人，成为终身的奴隶。莫斯科将改用一个新的名字——魔鬼城。古书上已经透露出来：彼得皇帝是这个支系的犹太人。

谣言传播的速度以几何增长，人心惶惶。主显节前夜，人人都听说了商人列维亚金的伙计看到一个可怕景象的消息：在维戈湖附近，数百名分裂派信徒把自己困在屋子里，活活地烧死了。天空在大火上空裂开，显现出一个宝座，宝座上坐着天主，左边和右边各有十二个长老，周围有许多小天使，围绕着宝座起舞，一只鸽子在宝座边飞来飞去，大火熄灭了，燃烧的地方散发出一股香气，久久不散。

圣彼得堡海洋博物馆收藏的彼得大帝的椅子

另一个消息据说也是真实的事情。驿务政厅里，一个未卜先知的人扔下了一封信，这封信上写着："彼得圣上亲启。"秘书官帕维尔·瓦西里耶维奇·苏斯洛夫不敢怠慢，哆哆嗦嗦地拿着信，飞也似的送往普列奥布拉任斯科耶驰，给彼得皇上报信。

在皇宫门厅里守卫的军官，鄙夷不屑地打量着这个秘书官，拦住了他。帕维尔·瓦西里耶维奇心急如焚，但也没有别的办法，只能坐在一张长凳等待。

"公爵教皇"尼基塔·佐托夫喝得醉醺醺的，带着一个身材肥胖的人，踉踉跄跄地从外面走进了门厅，拉着这个大胖子往皇上的寝宫方向走去。帕维尔·瓦西里耶维奇满腔履行职务的热忱被尼基塔的酒气弄得激愤起来，他走到那个守卫的军官面前，高声叫喊："有人造反！"门厅里马上安静下来了。那个军官挺直了身子，拔出了宝剑，冲他喊："跟我走。"

帕维尔·瓦西里耶维奇亲手把信递到了沙皇手里。彼得当时还没有完全从醉酒中醒过来，但头仍极为疼痛。他不耐烦地皱着眉头，接见了秘书官，当面拆开了信。这封信是由彼得·彼得罗维奇·舍列梅季耶夫公爵的一个家奴阿廖什卡·库尔巴托夫署名的。把这封信匆匆地看了一遍，彼得托着下巴沉思了会儿，随后他又把信念了一遍，脑袋往后一仰，他的酒全醒了。性急的彼得把帕维尔·瓦西里耶维奇给忘了，大踏步走进了餐厅，亲信们正在那儿等着开饭。

彼得满脸红光，扯着嗓子叫嚷着："大臣先生们！我养活了你们，给你们喝那么多的伏特加，可是你们对我有多少帮助啊？看看这封信！一个穷人，一个奴隶，倒出了个了不起的好主意！费多尔·尤里耶维奇，下道命令，马上去把库尔巴托夫找来。他不来，我们决不坐下来吃饭，我们一定要等到他。大臣先生们：我们应当发售印着鹰徽的纸，供人们订契约用，印着纹章的纸，供写状子用，售价从一戈比起到十卢布为止。明白吗？没有钱能打仗吗？这就是钱，这就是钱啊！"

第三章

一

　　天还没有亮,屋子的门就不停地开关,往日安静的景象不见了。婢女们正忙着把篮子、包裹和旅行箱等物品拖到外面庭院里,装上马车。罗曼·鲍里索维奇公爵借助蜡烛的光,在桌子边吃上早餐了。他每喝一口白菜汤,总要扭过头去喊:"阿夫多基娅!安东妮达!奥莉加!你们在干什么呢?"

　　安东妮达穿着她母亲的旧皮大衣,匆匆忙忙地从楼梯上跑下来,蓬头垢面,一看就是还没有梳洗。她似乎没听到父亲让她吃饭,顺手抓起一条绒毛围巾,往脖子上一绕,就又冲到外面门厅去了。女儿们不知在楼上地板上拖着什么东西,一声闷响之后,一阵尘灰便从楼板缝里扑簌簌地飘了下来,餐桌上满是灰尘。她们究竟在搞什么?是在拆房子吗?罗曼·鲍里索维奇公爵苦笑着,摇了摇头,继续吃着早餐。

　　阿夫多基娅公爵夫人穿着厚厚的皮大衣,戴着御寒的围巾从外面走进来,没有跟丈夫打招呼,就一屁股坐在了墙边的一把椅子上。她的神情有点沮丧和担忧:有生以来她离开莫斯科只有过两次:一次是去圣三一修道院,一次是去新耶路撒冷。而现在,突然要来一次长途旅行,而且准备时间又是这么仓促。她还是不敢相信自己:"罗曼·鲍里索维奇,我们是不是要出远门啊?"

"我们去沃罗涅什,我亲爱的夫人。"阿夫多基娅确认自己没有听错后,沮丧到了极点,瘫在椅子上,连站起来的力气都没有了。罗曼·鲍里索维奇公爵的话音未落,奥莉加的尖利的嗓音就从楼上传了下来:"妈妈,您把假发放到哪里去啦?"阿夫多基娅仿佛被打了一针强心剂,从椅子里跳起来,跑到门外去了。

唯一使罗曼·鲍里索维奇得到安慰的是:这样的骚动,眼下的莫斯科到处都是。前天,"公爵皇帝"费多尔·尤里耶维奇宣读了皇上的圣旨:市政院官员带领他们的妻子儿女,重要商人以及外侨区的知名人士,都必须前往沃罗涅什参加"命定号"的下水典礼。据知情人透露,这条战舰之大,即便在国外也十分少见,这让彼得非常自豪,决定向所有的俄罗斯达官显贵炫耀一下。圣旨上还说,要达官显贵们趁着积雪还没融化抓紧动身,才能赶得上典礼,要是等到春天,大地一片泥泞之时,雪橇道就无法通行了。

经过这几年的磨砺,罗曼·鲍里索维奇渐渐地懂得了一点政治。正月里,叶梅利扬·乌克兰采夫大使从君士坦丁堡捎来了几封信,告诉他一个最新的消息。土耳其人原则上已经同意同俄罗斯签订永久和约,不过要求俄罗斯人做一点小小的让步,以满足他们的虚荣心和平息激愤的人心。叶梅利扬·乌克兰采夫遵照彼得的旨意,已经做好了接受他们提出各种要求的准备。原则只有一个,那就是必须坚持卡尔洛维茨会议确定的基本准则:承认双方既有的一切,并让其保持下去。可是后来,帝都君士坦丁堡方面忽然变了卦,土耳其人竟然提出更为毒辣的要求:俄罗斯必须归还亚速和卡兹克尔马城,连同第聂伯河沿岸的市镇,恢复莫斯科对克里米亚汗的进贡。至于圣墓,他们甚至都没有提。

一听到这个消息,彼得火冒三丈,他决定动用武力,星夜动身赶往沃罗涅什。亚历山大·丹尼洛维奇乘着一辆豪华的马车,逐一拜访那些有名望的商人家,跟他们恳切地说:"你们一定要把我们搭救出来。春天来临之时,我们如果不能用一支强大的舰队去震慑一下土耳其人,大家就无法再过太平日子。你们之前开创的所有事业都会化为乌有,你们的贸易无法开展,生意无法进行下去。"

列夫·基里洛维奇则负责劝说克里姆林宫里的高级官员。为了完成彼得交给他的任务，他噙着眼泪跟朝中显贵们说："土耳其提出的条件让我们感到耻辱！难道我们还要像从前那样，每年向克里米亚汗纳贡，任凭鞑靼军队侵入我们最肥沃的土地，过着没有尊严的日子吗？我们不能再忍受土耳其人和天主教徒对圣墓的污辱了，必须起来反抗！正如在米宁和波扎尔斯基的时代一样，我们必须把一切东西都拿出来，为了建造一支伟大的沃罗涅什舰队。只有这样，最终的胜利才属于我们！"

战争即将到来的消息在莫斯科传开了：人们都说莫斯科已经不再是从前那个真正基督教徒安静的住处了，而是挤满了士兵和大炮；年轻的沙皇骄矜狂妄，根本不顾及俄罗斯的实力，他的那些谋士又是胆大妄为，鼓动沙皇做出错误的决定。他们认为莫斯科是在铤而走险，被魔鬼控制了心灵而导致头脑发热。

在克里姆林宫里，罗曼·鲍里索维奇听完列夫·基里洛维奇的鼓动后，头脑一热，便答应为大海船"命定号"供应一年的军需。他激愤地拍着桌子，脸色涨得通红，当着列夫·基里洛维奇的面夸下海口："必要的时候，我一定会亲自跨上战马，可不能让皇上蒙受这样的耻辱。这是我们当大臣的本分。"那天夜里，他手举一支蜡烛。走到那间秘密的地窖里，挖出一个瓦罐，数出了一百五十卢布。即使在那个时候，他独自一个人在地窖里，心里也没有过叛逆的念头。布伊诺索夫公爵已经不是从前的那个人了，在索菲娅当政的时代，这是不可想象的。

正是因为朝臣们有了这样的念头，雷科夫公爵失宠被黜，眼下只能老老实实地待在自己的村子里，没有任何非分之想。那个傻头傻脑的公爵斯坚卡·别洛谢利斯基，一次在"公爵皇帝"的筵席上喝醉了酒，把拇指夹在食指和中指中间，做了个侮蔑的手势。"公爵皇帝"只是冷冷地笑了笑。第二天，斯坚卡公爵就接到圣旨，让他去斯托泽尔斯克当总督。罗曼·鲍里索维奇呻吟了一下，喝了一杯酒，麻醉他那颗极其痛苦的心。他还是有足够的头脑的，可就是不知道到底需要什么样的头脑才跟得上彼得皇上那些怪念头。

二

罗曼·鲍里索维奇一家人乘着两辆轿式雪车出发了。虽然通往沃罗涅什的路已经给轧出来了，但路况并不好，一路都是坑坑洼洼。每一俄里都立着一根红色的柱子，柱子和柱子之间是新栽的白桦。安东妮达和奥莉加闲着无聊，数着柱子和桦树来消磨时光，姑娘们还拿停在路边树上的乌鸦来占卜她们情场的命运。在第二辆雪车里，罗曼·鲍里索维奇把肩膀压在阿夫多基娅公爵夫人身上，呼呼地打着鼾。

他们在离莫斯科五十俄里的乌里扬尼诺村停下来喂马的时候，一乘高大的皮篷马车，由两名骑马的侍从护卫着，从罗曼·鲍里索维奇家的车队旁边疾驰过去了。一个懒洋洋的美人，裹着黑貂皮，从玻璃窗里漫不经心地望着罗曼·鲍里索维奇家那几个好奇活泼的姑娘。"蒙斯家的女人，蒙斯家的女人！"安东妮达震惊地嚷道，"奥莉加，你瞧，还有一个男人家跟她在一起！"

村子里，几乎每一家场院上都停着一个车队，从敞开的大门里可以看见领主们的轿式雪车。罗曼·鲍里索维奇正在生阿夫多基娅的气："看你做的那种傻事，天没亮我就让做好上路前的准备，可你却磨磨蹭蹭。现在地方都满了，就连歇歇脚也找不到地方了。"生气归生气，地方还是要找的，他吩咐把雪橇赶到皇上的驿馆里。那一年，从莫斯科到沃罗涅什，每隔一段路就修建一间驿馆，驿馆的管理人员奉命供应食物和饮料。管理人员佩着宝剑，冲到门前的台阶上，对刚到的人直摆手："人满了，人满了，你们不能停在这儿了。"

罗曼·鲍里索维奇威风凛凛地把他往旁边一推，径直走进了门厅，后面跟着公爵夫人和两个姑娘。管理人员跟在他们身后，发着牢骚，小声嘀咕着。他说的的确是实情，那两间上房已经挤不进去了。皮大衣、毡靴、帽子和宝剑，全都堆在地板上，婢女们忙着端茶倒水上菜，伺候着两间上房的人。"爸爸，这儿是供更上层的人歇息的，"奥莉加一看没地方了，脸上立刻浮现了不满的神情。罗曼·鲍里索维奇一下子泄了气，他的身份确实不够资格，应当不声不响地退出去。忽然，从右边厢那间上房里，有个德国腔调的女人用俄国话说道："奥莉加郡主，安东妮达郡主，请过来跟我们一块儿用餐吧。"

听到上房传出了声音，前面的人自动地闪开了一条路，让罗曼·鲍里索维奇一家走了进去。坐在摆满酒菜的桌子旁边的原来是安娜·蒙斯，她穿着红衣裙，举起一只小巧的玻璃酒杯，转过头来，笑眯眯地邀请他们过去。萨克森大使柯尼泽克、瑞典驻莫斯科公使克尼佩尔克龙的侄子卡尔·克尼佩尔克龙，还有这两个姑娘不认识的一位法国人，都跑过来献殷勤，帮两位郡主脱大衣。两个郡主顿觉脸上一红，拒绝了他们的好意，但是她们让男客们挽着手走进去，给众人行了礼，打量着屋子里的人。

一个十岁左右、头发深色、眼睛挺大的小孩子，坐在一张长凳上，脑袋往一边肩膀上耷拉着，他穿着普列奥布拉任斯科耶团的翠绿色长襟衣，腰带上挂着一把小军刀。罗曼·鲍里索维奇刚跨进门槛就呆住了，他立刻虔诚地走到那个小孩子面前，双膝跪下，让额头触着地板，恳求皇储阿列克谢·彼得罗维奇太子殿下准许吻吻他的手。"彼得罗维奇太子，把手伸给他啊，"长公主纳塔利娅·阿列克谢耶芙娜用清脆悦耳的嗓音提示他。自从叶夫多基娅皇后被送到苏兹达尔去清修后，姑母纳塔利娅就代替他母亲抚养他。

阿列克谢·彼得罗维奇太子抬起头，听话地把手向罗曼公爵伸了过去。罗曼·鲍里索维奇激动万分，眼睛里噙满了泪水，把两片厚厚的嘴唇贴在这只手上。奥莉加和安东妮达按照俄罗斯传统礼仪把裙子在他面前抖开。太子想要把手缩回来，可罗曼·鲍里索维奇太激动了，竟然抓着太子的手不肯松开。"来，到我这儿来，太子殿下！你肯定受不了这么多人，"纳塔利娅把孩子拉到了身边，拿绒毛围巾的一端将他遮了起来，为他解了围。"没关系，等你长大了，你自己也会叫人家害怕的。是不是啊？"长公主从盘子里拿起一块蜜糖饼干，递给了太子。"郡主们，你们坐下来吃吧。还有你，罗曼·鲍里索维奇公爵，暂时跟那些男宾们站一会儿，等我们吃好了再请你们吃。"

桌子旁边，除了纳塔利娅长公主和安娜·蒙斯以外，还坐着一个身材顾长有着一张聪慧的、略带黄色的脸，还有跟皮肤一样颜色的眼眉和睫毛的少妇。她带着微笑，正在把彩色的绒线用钩针急匆匆地编结着什么。她是沙皇彼得的朋友——阿马利娅·克尼佩尔克龙，瑞典公使的女儿。"阿列克谢·彼得罗维奇，请把您那甜蜜的小脸儿转过来，"她用俄语温柔地说道，把正在钩织的东西放在太子的颈脖上比了一下，露出了欣喜的表情。"太子殿下，您很快就可以戴上这条围巾了！"

阿列克谢·彼得罗维奇太子没有笑，眼睛急速着望着众人，身体却更加紧贴着长公主。安娜·蒙斯娇媚地动了动嘴角，也用俄语说道："太子殿下在雪车上给颠簸得有些头晕。可是我们大家都相信，太子是一个勇敢的士兵。瞧瞧，他佩着那把小军刀，多威武啊！"太子从姑母的臂肘和绒毛围巾底下探出头来，恶狠狠地瞅着这个白净脸儿的德国女人。

"亲爱的太子，我们的小皇爷，"罗曼·鲍里索维奇突然叫了起来，他挺直了身体，瞅着那个小孩子的脸。"太子殿下，骑上你的骏马，拔出你的利剑，把我们的敌人统统打败，我想只有您和皇上才能保卫我们正教的俄罗斯，神圣的罗马帝国的后裔们！"当罗曼·鲍里索维奇的视线落在长公主身上的时候，他看见纳塔利娅·阿列克谢耶芙娜正惶恐地瞅着他。安娜·蒙斯耸了耸肩膀，倨傲地笑了笑，说道："罗曼公爵，谁把您惹得这样怒气冲冲的？照我看来，除了土耳其人，我们什么仇敌也没有，即便跟他们，我们也还在寻求和平。战争迹象一点也看不出来啊。"说话间，她圆滑地朝阿马利娅·克尼佩尔克龙瞟了一眼。

"瞧你说的，安娜·蒙斯小姐，我们就要发动一次大规模的远征。我们招募兵员，而且用火枪来装备他们，决不是闹着玩儿的。"阿马利娅·克尼佩尔克龙手一颤，放下了钩织的东西，愕然地睁大眼睛，脸也拉长了。男客们的脸色都很难看，听着罗曼·鲍里索维奇公爵添油加醋地描摹着正在进行的军事部署。萨克森大使柯尼泽克大惊失色，掏出一个鼻烟壶，递给罗曼·鲍里索维奇，可是公爵不耐烦地推开了。

"不，安娜·蒙斯小姐，全莫斯科都在谈论这件事呢。我们正在准备挺起胸膛，为我们利沃尼亚那些古老的领地而战斗，胜利一定是属于光荣而伟大的俄罗斯的！"听到这里，柯尼泽克往罗曼公爵的脚上踩了一下。纳塔利娅长公主气得满脸红涨，向他喝道："不要胡说八道！什么战争，你准是在做梦。你昨夜的酒还没有醒吧……"

长公主扶着阿列克谢·彼得罗维奇太子的肩膀，走到花粗布的帏幕后面，安娜·蒙斯也跟着长公主从容不迫地走了出去，奥莉加和安东妮达也跟了过去。隔了一会儿，阿马利娅·克尼佩尔克龙也走了。男客们便在桌子边坐下去，也不看罗曼·鲍里索维奇，好像根本没有他这个人在场似的。他知道自己让他们不高兴了，没有人请他用餐。像傻瓜一样等着人家来请他，这才丢人呢。公爵扭头走了出去，看见阿夫多基娅公爵夫人安安静静地坐在一堆皮大衣旁边的椅子里，立刻火冒三丈："你干吗像一个侍女似的干等啊？你这个蠢女人，你忘了自己的身份啦。走，到另外那间客厅里去！"

酒足饭饱以后，罗曼·鲍里索维奇才平静下来。也许他在太子和长公主面前，他的话确实太冒失了。上层的人总是小心眼儿，特别是当着外国人的面。下午，罗曼·鲍里索维奇斜倚在雪车里，打着哈欠，靠着柔软暖和的枕头，就这样无忧无虑地睡熟了。他的良心也许会不安吧，可是在皇上驿馆里发生了一件明明是微不足道的小事，公爵没有料到他的漫天乱说，在不久的将来会给他带来不愉快和不寻常的后果呢？

三

在到达沃罗涅什以前，罗曼·鲍里索维奇公爵一家吃了不少苦头。要不是刮起一阵寒风，带来一场暴雪，他们恐怕早已在哪一个渡口给淹死了。因为着急赶路，他们抛下了自己的牲口，雇了一些驿马。越是逼近顿河，他们发现沿路村子里的农民越是桀骜不驯，为了向驿站要马，罗曼·鲍里索维奇把嗓子也喊哑了。他亲自走到农民家里，一把揪住农民的衣服，恶狠狠地说道："你知道我是什么人！你要不给我马，我让你们倾家荡产！"那个农民怒气冲冲地咬紧牙关，眼睛中喷射出怒火，他的妻子恶狠狠地抓起一根炉叉说道："你没法儿再叫我们倾家荡产了，老爷，我们早就这样了，我们家没有马，你还是去别人家看看吧。"

另一个村子里，只有十来所房子，而且还都残破不堪，罗曼·鲍里索维奇一家人找了半天，最后才找到在一间没有烟囱的农舍，勉强过夜。那个村子坐落在小溪旁边一个山坡上，那里只有女人，没有男人，也没有牲口。罗曼·鲍里索维奇半夜醒来，听到外面街上有人说话，似乎有人坐车到了大门口。他忍着困意和寒冷，从皮大衣底下爬出来，朝大门口走去。外面，有人正在压低着嗓子交谈："到了春天，茹科夫的庄稼人统统都要逃跑了，伊万·瓦西里耶维奇，你听说了没有？"

"在干这种烂泥活儿以前，谢天谢地，咱们的日子过得还不错。自从那个阿兹穆斯，那个反基督分子一来，他们逼我们从沼泽里挖出烂泥，做成砖头，放在干燥棚里晾干。咱们庄稼人从早到晚就弄烂泥这玩意儿，叫你耕不成地，播不了种！咱们躲在山沟里，伊万·瓦西里耶维奇夜里才能拿回来一块面包。难道这也是生活吗？首领，咱们是不是该暴动啊？"

"皇上要来了，他吩咐造一座风车，把烂泥从深处挖起来。这种徭役咱们可受不了。咱们只好头也不回地逃走了，让他们自己去挖吧。"

罗曼·鲍里索维奇一点没觉察到风刺骨地钻进他的身体，这时他也顾不上这些了。借着星星发出来微弱的光，他看见几个农民垂头丧气地站在一辆雪橇旁边，雪橇里面有个花白胡子，他正抓着缰绳，穿着一件短袄，戴着一顶哥萨克帽子。"罗曼·鲍里索维奇看着这个花白胡子眼熟，可一时又想不起这个人在什么地方看见过，不觉害怕起来了。

有一个农民朝雪橇后部弯下身去，问道："顿河一带有什么消息，首领？不管怎么样，只要快点结束这种生活就好。"花白胡子拨弄着缰绳，深沉的嗓音里带着几分威胁，威风凛凛地答道："等到夏天就知道结果了。咱们又不是好惹的。小伙子们，我的马该放到哪儿？"

"伊万·瓦西里耶维奇，你本来可以把马放到我们家去，可是昨天却来了一个贵族大老爷，还有几个女眷。他们那个胡闹啊！说出来也许你不相信：他们竟给每一匹马喂一桶燕麦。可我得到了什么？他连一个戈比也没给我。"那个花白胡子张大了嘴："哈哈，我有一把刀放在座位底下的一个袋子里，你拿着，去把那个戈比弄到手。就这样干，你们这些失去了自由的农民。哦，我该住哪家啊？"另一个人接上了话："到我那儿去吧，伊万·瓦西里耶维奇，我那儿宽敞。"

直到这时候,罗曼·鲍里索维奇才感觉到身上的寒意。他牙齿咯咯地响着,急忙回到黑洞洞的农舍里。"阿夫多基娅,你把我的手枪放到哪儿去了?快起来!奥莉加,安东妮达,把灯点上!米什卡,万卡,快收拾东西,出去套马,我们赶紧走!"

四

新建的皇宫坐落在对岸老河床和新河床之间的半岛上。彼得难得住在那儿,他一直都是在天黑时走到什么地方,就住在那里。新皇宫里住的是纳塔利娅·阿列克谢耶夫娜和太子阿列克谢·彼得罗维奇,还有沙皇伊凡的寡后普拉斯科维娅和她的三个女儿:安娜·蒙斯、叶卡捷琳娜·蒙斯和普拉斯科维娅·蒙斯。那些赶来参加大船下水典礼的领主夫人和小姐们也都挤在那儿。皇宫外面没有什么地方好走动,周围净是沼泽和溪流。从窗子里只看得见船库的木板房顶,老沃罗涅什对面的河岸,满是积雪的峡谷和小丘。

罗曼·鲍里索维奇家的两位郡主焦急地等待着舞会和放烟火,她们再也找不到一个比这儿更糟糕的地方了!周围没有散心的地方,到处都是烂泥、垃圾、木片。不分白天黑夜,岸边的船上不停地传来敲击声和吆喝声。男客们常常骑着马到那边去,可是姑娘们只能远远地望着他们,只有羡慕的份儿。谁也不知道娱乐活动会在什么时候开始。这会儿,篝火在船边又点燃了,他们要开通宵的夜工。这两个姑娘便把裙子挂在小卧室的窗上,免得被火光惊扰得无法入睡。

等院子里的烂泥稍微干一点的时候,女眷们便走到台阶上,三五成群地闲聊,消磨无聊的时光,排遣着心中的愁闷:跟那个糊涂女人雷科娃郡主,或是跟多尔戈鲁科娃郡主,或是跟沙霍夫斯基公爵家的八位郡主聚在一起叽叽喳喳地扯淡,不过奥莉加和安东妮达不喜欢跟这帮女人们聊天,因此无事可做。

一天,几个农民被带到了院子里,用一个早晨的时间搭起了几架秋千和一座装着木马和小船的旋转器。奥利加和安东尼却不能直接走过去玩,因为一会儿太子要玩，一会儿又是那几个小公主要玩。陪伴着的是一个家庭教师，她叫约翰·奥斯特曼，是个德国人，戴着一副圆圆的眼镜。她让公主们坐在小船里，自己骑在一只五彩的木马上，吩咐那些推动旋转器的农民："开始，慢点，慢点。"

有时候，一群穿戴得五光十色的人从正门台阶上走下来：反穿着长襟衣的丑角，黑得像油烟的埃塞俄比亚人，两个穿女人衣服的老年弄臣，随后是寡后普拉斯科维娅，她穿着黑天鹅绒的肥大衣服，被人扶着走下了台阶。那些侏儒、丑角和弄臣都鼓起了腮帮，坐在她的脚边。侍婢们站在背后，谄媚地笑着。"坐吧，坐吧，"寡后懒洋洋地对领主小姐们说，她望着秋千和旋转器，随后把脑袋歪在一边，轻轻地哼哼起来。那些女人便惊慌地走拢去："娘娘，您又哪儿疼痛啦？"

"没什么，别管我。约翰，别转了，公主们会昏头的。快带她们过来！"约翰·奥斯特曼带着那几个小女孩走到她们的母亲面前。大的是叶卡捷琳娜，今年八岁，脸上有麻瘢，因此寡后很怜悯她。寡后最喜欢的是小女儿普拉斯科维娅，摸摸她的头发，吻吻她的额头。中间的那一个叫安娜·蒙斯，是个皮肤淡褐、脸色阴沉的小女孩，嘴唇苍白，怯生生地走到母亲面前。

寡后把奥斯特曼叫到跟前来："你这个德国人，今天有没有念书给她们听？有没有教她们德文和数学？"约翰·奥斯特曼扶了扶眼镜，开始又冗长又空洞地报告。寡后点了点头，其实他说的话她根本就听不懂。但有一点她是清楚的，再也不能按照过去那种方式生活了，她要适应新的生活方式。1698年的事她记得很清楚，就是因为死抱着老传统不放，所有的高官显宦被克里姆林宫统统赶了出来，索菲娅长公主和她的姐妹们好不容易才逃过一顿鞭打，叶夫多基娅皇后虽然丈夫还活着，却做了修女，只能终生在苏兹达尔修道院里流泪。

为了和彼得·阿列克谢耶维奇提倡的新生活方式保持一致，普拉斯科维娅把外国那一套礼节带回了家里，接待那些外国大使、旅行者和外国来的重要商人。她内心的那一套老习惯只能在后院里保留，必要的时候还得掩藏起来，以免让人家看见向彼得告密。因此，彼得·阿列克谢耶维奇对普拉斯科维娅皇后倒是很喜欢，而且尊敬。普拉斯科维娅·费多罗芙娜在太阳底下坐得厌烦以后，便带着女儿和仆从们离开了。奥莉加和安东妮达这才有机会坐上旋转器，吩咐下人们转动它，能转多快就转多快。她们不断地尖叫着。午饭的时间很快就到了。吃过午饭，她们就在有股树脂味儿的房间里睡觉。从罗曼·鲍里索维奇那边也传来了消息，公爵住的地方太挤了，一间小小的屋子里住了四个人，更让人沮丧的是，究竟要在沃罗涅什待到什么时候，谁也不知道……

一天中午，彼得骑着马走进了院子。微笑地朝旋转器看了一眼，又抬起头来朝房间的方向望了一眼，那些女眷便开始忙乱起来了。彼得跳下马，跑到楼上普拉斯科维娅寡后那儿去了。不久，整个皇宫里的人就全都知道大船第二天一早就要下水，庆祝活动即将开始了。

太阳在沃罗涅什的古塔后面升起来了。这一天很凉爽，万里无云。给人以快感的和煦的春风吹皱了水面，引得人有张起风帆的欲望，随着涨水的河流漂进春天的深处。有着两层甲板、装着五十门大炮的大海船"命定号"，两边乌黑的船舷上漆着两条雪白的线，装着铜铰链的大炮升降口都给打开了。这艘大海船是按照彼得设计的图样，在他以及费多谢伊·斯克利亚耶夫和阿拉杜什金的监督之下建造的。船边一座木板台上，放着几张摆满酒菜的桌子。围坐在桌子旁边的是：普拉斯科维娅寡后、纳塔利娅长公主和几个孩子，各国大使和公使，荷兰和英国的商人，波兰人，德国人，从巴黎来的耶稣会教士，阿马利娅·克尼佩尔克龙，萨克森军事工程师哈拉尔特以及怀着萨克森和波兰国王奥古斯特的书信刚刚赶到的卡尔·欧根·冯·克罗伊公爵。其余的客人虽然出身都很高贵，可是和坐在桌边的这些人相比，地位还是低了些，只能站在桌子后面。水手们跑来跑去，给众人分发木桶里的伏特加。

冯·克罗伊公爵坐在寡后与长公主之间，神情自然，胳膊搁在桌子上，心不在焉地望着水面。他是个常胜英雄，神圣罗马帝国的公爵，历经十五次著名的战役，在俄罗斯军人中享有崇高的声望和显赫的地位。寡后和长公主也非常钦佩这位英雄，且对他有几分敬畏。公爵虽战功赫赫，但现在的口袋却空空如也，要不然就是打死他也不会赶到沃罗涅什来参观军舰的下水仪式。翻译官彼得·帕夫洛维奇·沙菲罗夫站在他身后，随时为他提供服务。

公爵眯缝着有点微微发红的眼睛，说道："俄罗斯是个美妙的国家，是上帝的宠儿。俄罗斯人都是热爱劳动、敬畏上帝的人民，而俄罗斯的女人又都叫人心醉。上帝亲自授意俄罗斯人把眼光转向亚洲。如果把无数的亚洲人都引到沙皇宝座的脚下，打通一条通往波斯和中国的自由之路，那将是一件绝顶的好事，对全欧洲和整个基督教世界都有利。我坚信，只有俄罗斯才能做到。"

公爵还没有发表完见解，客人中间就有了低语声和脚步声。公爵抬头看了一眼，原来是沙皇彼得从船上大踏步地走过来了，他那条荷兰款式的丝绒短裤只遮到膝盖，一件帆布衬衫卷起着袖管，一顶圆圆的漆布帽推在后脑勺上。他在木板台前面立定了，朝戈洛温海军上将恭恭敬敬地摘下了帽子："海军上将先生，您好！船准备妥当，可以下水了。我过来请示您，要不要现在就把撑柱打掉？"戈洛温威风凛凛地回复着沙皇："你好，彼得·阿列克谢耶维奇师傅，上帝会保佑你的，动手吧。我们都在关注大船。"公爵吃惊地盯着彼得，这时的沙皇和克里姆林宫所看见的完全不同，此时的沙皇更像是一个普通的木匠，一个出身低微的人。彼得向海军上将鞠一个躬，戴上帽子，急匆匆跑回船上去了。

客人们站了起来，高高地举起了酒杯。桅樯摇晃了，船稍微沉下了一点，开始倾斜起来，船往河里滑了下去，速度越来越快。转眼船头便碰到了水面，涌起了两股大的浪花，在水面上摇晃着，舵手们用力地划着船。接着，大炮开始隆隆地响了起来，火焰从两舷喷射出去。"走啦！船走啦！"木板台上的客人都兴奋地欢呼起来。

对这次庆祝典礼，参加观礼的外国人十分满意。彼得·帕夫洛维奇·沙菲罗夫毫不吝惜自己的溢美之词，还把自己珍藏多年的最好的匈牙利酒和香槟酒拿了出来，把稍差一些的酒留给了本国人。这个狡猾的翻译官费了不少口舌，终于说动了几位使节，他们答应把在沃罗涅什看到的种种情况写信告诉他们在君士坦丁堡的朋友，说是在"命定号"下水之后的一个星期里，又有五艘大海船和十四艘帆桨大船陆续下了水，还有数目不详的船舰日夜赶着工期，在奇若夫卡村都能望得见它们有棱角的骨架。如果这些船舰全部加入了亚速舰队，驶向苏丹守卫的黑海，那土耳其人就没法儿在和平谈判中骄矜自大，只能接受俄罗斯提出的条件。要是帝都方面一意孤行的话，那结果只有一个：输得体无完肤，与其失败，还不如现在选择体面地签订和约。

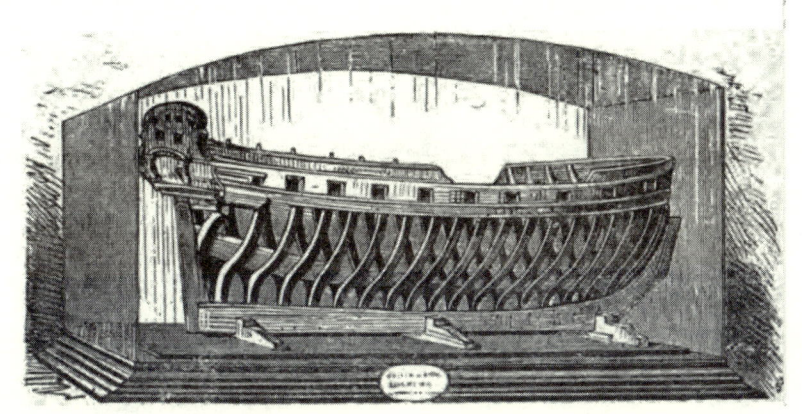

彼得大帝做的船模，收藏于圣彼得堡海洋博物馆

五

安东妮达穿着一袭娇嫩的天蓝色裙衣，奥莉加穿着一袭鲜艳的柠檬色裙衣，正在餐厅里吃饭。150位客人坐在摆成马蹄形的桌子外围。"公爵教皇"尼基塔·佐托夫戴着一顶铁皮的法冠，坐在华盖下，每敬一次酒，这老头儿就向窗外的炮手们挥一下手帕，引来阵阵轰鸣。年老的弄臣雅科夫·屠格涅夫穿着鞑靼人的长袍，脚蹬土耳其人的便靴，骑在一只肮脏的猪的背上，来到了大厅，引得大家哈哈大笑。雅科夫·屠格涅夫晃动着脑袋，冲着众人喊道："走近来啊，走近来啊，亲亲苏丹陛下的脚后跟吧！一会儿就没有机会了！"

水手合唱队的嗓子都唱哑了，角笛乐师们也累得不行了，胡乱吹奏着。大家全等着舞会的开始。奥莉加旁边坐着普列奥布拉任斯科耶团的准尉利奥波尔杜斯·米尔巴赫，再旁边是安东妮达和海军中尉巴塞洛缪·布拉姆。奥莉加的舞伴勉强会讲几句叫人听不懂的俄语，可他老是用双手拍打着脸，想让自己清醒过来；丹麦人布拉姆，那个脸红得像生牛肉，却只管喝酒，朝着发呆的安东妮达抛媚眼。两个姑娘心里有说不出的激动，就像雷雨时候森林中的一泓湖水一般，内心无法平静下来。

罗曼·鲍里索维奇公爵跟阿夫多基娅公爵夫人坐在桌子的另一头。公爵同皇上离得很远，这让他心里不太舒坦。那些外国人把彼得皇上包围起来了：一边是冯·克罗伊公爵，另一边是阿马利娅·克尼佩尔克龙。彼得的兴致很高，和他们有说有笑。可是意外发生了。客人们看见缅希科夫跟彼得耳语了几句，笑容便从彼得的脸上消失了。明眼人一眼就看出，彼得正在竭力克制着自己，不想把宴会搞砸。下一道菜上来之后，彼得捏着刀叉的手便抖动起来，阿马利娅·克尼佩尔克龙看出了彼得的窘迫，微笑着把一只手搭到他的肩膀上："彼得先生，您应当镇静一点，不要太激动，要不然是使不好刀叉的。"

彼得放下了刀叉，勉强挤出一丝笑容："我的手是我的仇敌，我和它一直斗争。为什么你要那样看着我，你这个聪明的姑娘？今晚上我们要尽情地跳舞，跳得让我们的脚跟都飞掉才对。"她皱了皱眉头，带着几分责备的意思，轻轻地说："彼得先生，我有一种不好的预感，难道我不再值得您信任了吗？我父亲也十二分不安，今天我接到一封信……"彼得不等她说完，便打断了她的话，瞪圆了眼睛，像猛兽一般瞪着那个姑娘焦急的脸："一封信？克尼佩尔克龙在信上写了些什么？快告诉我！"

"彼得先生，我们本来也不想考虑那些事，也不想听。可是这件事大家早已在各种公开场合谈论了，我们被迫参与其中。您知道，俄罗斯这么做是完全违背理性的，说得更严重一些，这简直就是一个阴谋诡计。您说一句话吧，彼得先生，我需要您的证明。"阿马利娅·克尼佩尔克龙半闭着嘴，眼中噙满了泪水，仿佛要深深地吸一口气似的。彼得坐在那里，不知如何回答她的责问。气氛变得尴尬起来了。瓦西里·沃尔科夫步履匆匆、脸色阴沉地来到了彼得的身后，打断了这种尴尬的局面。沃尔科夫一定是风尘仆仆地从外面刚赶回来，脸都没有刮过，长襟衣上满是褶皱，一看就知道他是刚刚从旅行包里拿出来的。阿马利娅忽然面无人色，眼珠飞快地从沙皇转到了沃尔科夫身上。她知道瓦西里跟他妻子一起出国去了，正常来讲，他在这个时候是应该在巴黎街头的，但他提前回来了，显然是他获知了重要的消息，马不停蹄地赶回来报信。

彼得向沃尔科夫指了指旁边一把椅子，示意他坐下来。缅希科夫见来了机会，也似笑非笑地走了过来。彼得伸出一只手，沃尔科夫连忙把信呈给皇上。"是奥古斯特国王写来的，"彼得看完信说道，"这是一个坏消息。利沃尼亚局势不稳，有人在闹事。不过，我们现在不用担心，利沃尼亚离我们还很远，对俄罗斯暂时够不上威胁。我们还可以尽情欢乐，沃尔科夫，你口头向我报告吧。"沃尔科夫刚要起身，亚历山大·丹尼洛维奇却按住他的肩膀，让他坐在椅子上汇报，自己站在沃尔科夫的后面。

"奥古斯特国王的萨克森军队没有宣战就侵入了瑞典的里夫兰，"沃尔科夫结结巴巴地说，"这太出人意料了，国王的举动让所有的人都措手不及。他们把大军开到了离里加很近的地方，以期达到突袭的效果。但奥古斯特国王军队的战斗力一般，只是攻下一个小小的科别尔尚茨堡垒。他们现在还不敢攻打城市，因为瑞典守军的火力强大，防守严密。他们这次声东击西的攻势没有得手，卡尔洛维茨将军便开到了海边，一顿猛攻，终于拿下了季纳米扬德堡垒。可惜的是，就在那次突击要结束的时候，他中了一颗火枪的子弹，当场就死了。"

"可惜，真是可惜，卡尔洛维茨，"彼得喃喃自语，半天才从沉思中清醒过来，"沃尔科夫，你的消息还有没有？"彼得看到阿马利娅浑身颤抖，呼吸急促，便投桃报李，把一只冰冷的手搁在她的手上，平复她慌乱的心情。沃尔科夫一声也不响，等着沙皇开口。还是亚历山大·丹尼洛维奇打破了这种沉闷的气氛，他用漫不经心的语气说："陛下，我已经问过了，他别的消息一点也不知道，这个消息从里加传来的时候，他还在华沙呢。当时，奥古斯特国王正准备前去拜访。我得到的消息是，萨克森军队没有占领里加，而且也不会去占领，瑞典人的牙齿可结实呢，他们没有实力打败瑞典人，再说了，那也是一件没有意思的事。"

阿马利娅整理下思绪，开口说道："这就是战争，彼得先生，你们不要瞒我了。在来这儿的路上我就已经明白了。唉，多么倒霉啊……"彼得沉默了片刻。随后他嗓音嘶哑地问道："你明白了什么，阿马利娅小姐？有人向你谈起这件事了吗？是谁？请告诉我。"

阿马利娅前言不搭后语地告诉彼得，罗曼·鲍里索维奇公爵在驿馆里说的那些使她吃惊的话。"什么？罗曼·鲍里索维奇，你确定是他吗？"阿马利娅点了点头，擦了擦脸上的泪水。"你怎么能相信那个傻瓜的话呢？阿马利娅，我以前还当你是个聪明的姑娘呢，看来你真是太好欺骗了。这样吧，你写一封信给你父亲，说我不会同意发动一次非正义的战争，我不会破坏跟查理国王缔结的永久和约。万一波兰国王占领了里加，他也保不住那座城市，我会从他的手里夺下来，我在上帝面前起誓，请您放心。"

彼得睁圆了眼睛，一脸诚实的模样，看着阿马利娅的眼睛。亚历山大·丹尼洛维奇对阿马利娅点了点头，以证明沙皇的话是真实可靠的，不管怎么样，在这种场合微笑总是不恰当的，他必须和彼得保持一致。

阿马利娅不好意思地笑了笑，顺手把脸上残留的泪水擦干净。她相信彼得的话，心里很后悔。她本不该发脾气的。彼得哄好了阿马利娅，高高兴兴地坐了下去。"罗曼公爵，"他喊道，"到这儿来！"罗曼·鲍里索维奇正在看一群宫廷小丑的表演，没有马上听清楚皇上的声音，他被小丑们逗得哈哈大笑，眼泪都出来了。安东妮达和奥莉加用可怕的眼色示意沙皇再召唤他，阿夫多基娅公爵夫人拉拉他的裤子："快去领受皇上的恩典吧，我们终于等到这个机会了，老爷。"

罗曼·鲍里索维奇从容不迫地走了过来，跪在地上，给彼得行礼："圣上，您有什么吩咐，微臣都会照办。您最忠实的臣子罗曼·鲍里索维奇。"彼得连看都没有看他一眼，却扭头跟阿马利娅说道："公爵是个了不起的、有胆略的政治家。我还不太知道是不是要他当大元帅，我担心他的安危，怕他会流很多的血，因此一直让他待在家里，没有起用他。"

说完，彼得向罗曼·鲍里索维奇望去。公爵的眼中立刻充满了红色。彼得轻轻咳嗽了一声："罗曼·鲍里索维奇，我听说你准备去打仗，打算夺回我们古老的利沃尼亚的领地。俄罗斯现在正需要你这样有胆气又勇敢的将军。因为你有大无畏精神，我指派你担任全体弄臣大军的大元帅。"

彼得一骨碌跳了起来，抓住罗曼·鲍里索维奇的一只手，把他拉到木板台前面，"公爵教皇"正在那里垂着手臂，进入梦乡了。彼得摇醒了他。

客人们马上察觉到要有新鲜玩意儿了,便都挤到了木板台周围,等着看热闹。那些丑角从客人们中间的空隙里爬了过来,他们把一个用两支烟斗缚成的十字架放在"公爵教皇"的手里,又把一个鲜鸡蛋放在他的另一只手里。罗曼·鲍里索维奇被迫跪在地上。已经被摇醒的"公爵教皇"睁开了眼睛,打量着四周。

"赏识他?"尼基塔·佐托夫用惊疑的口吻问道。"好,我赏识这个老家伙!"说着,"公爵教皇"用那个鲜鸡蛋砸着罗曼·鲍里索维奇的头顶,蛋黄顺着罗曼公爵的脸流了下来;他又把那两支烟斗戳在罗曼公爵的脸上,还用脚把他踢开。丑角们也没有闲着,他们让罗曼公爵骑在一张椅子上,把一根骨头塞在他手里,把他拖到一堆桌子的中间。罗曼·鲍里索维奇变得像块顽石,紧紧抓着那根骨头,张大了嘴。客人们朝他指指点点,笑得东摇西摆。阿马利娅·克尼佩尔克龙也响亮地笑着:她内心所有的恐惧,所有的疑惑都在这场笑闹中消除了。

就这样,彼得用戏弄罗曼·鲍里索维奇的办法取得了瑞典对他的信任,放松了对俄罗斯的警惕与防备。

六

那年冬天,瓦西里·沃尔科夫夫妇最终还是没有能赶到里加。那条宽阔的冬季道路从斯摩棱斯克开始,穿过奥尔沙通到克赖茨堡。一进入波兰边境,情况跟在俄国大不相同了。在俄国,从一个村子到另一个村子,得在荒无人烟的森林里赶一天路程。波兰的情况正好相反。村子之间离得都很近,高地上往往有一座修道院,或是一所天主教堂和一幢豪华的府邸,有些地方甚至还有一个围着石墙和壕沟的城堡。在俄罗斯,只有那些当公差的小地主才住在乡下庄园里,要不就是那种失宠的领主才会躲在高高的院墙里。波兰地主生活得既愉快又阔绰,让他们大开眼界。

亚历山德拉·伊万诺芙娜兴致上来了,一心要离开大路,去美妙的城堡住一个晚上,完成她的心愿。沃尔科夫听了之后,生气地说:"桑卡,我们是皇上的使臣,身上还带着国书,死乞白赖地去央求别人是不相宜的,你得明白这一点,我们还是抓紧赶路吧,早点到达里加,完成皇上交给我们的任务后再说其他的事情。"

其实,沃尔科夫错了,他还是用俄罗斯的思维来看待波兰人。有一天,天很晚了,他们的马车进入了一个很大的村子,村里静悄悄的,没有一丝声响。马车在一家小旅店门前停住了。老板是个犹太人,背已经驼了,正吃力地打开大门。亚历山德拉·伊万诺芙娜从轿式雪车里走了出来,想在雪地上伸一伸腿。不远处有一座教堂。教堂的门边,有一个穿着白色的长外衣的女人,用双手捂着脸。听到踩着雪地的嚓嚓声,那女人也没扭过头来看一看;桑卡伫立了一会儿,叹了口气,走开了。

沃尔科夫叫住她,两人一起走进小旅店,老板用一支油脂蜡烛给他们照路。他用白俄罗斯话殷勤地介绍着自己的小旅馆:"两位贵客,我这里非常干净,没有臭虫,包管你们会睡得香甜,和在家里没什么区别。"顿了顿后,老板叹了口气,继续说道:"只要马拉霍夫斯基老爷不心血来潮到这儿来就好了。愿上帝保佑你们。"

热烘烘的小客店里弥漫着一股酸味儿,帷幔后面,一个小孩在摇篮里哭闹着。桑卡脱掉皮大衣,半闭着眼,感到心中有种难以忍受的惶乱。她也说不清自己的这种感觉。小旅店很热闹,老板和投宿的客人进出个不停。沃尔科夫不慌不忙地喝着汤。房门响了一下,有人进来后轻轻地叹了口气。一个女人的嗓音在房门口说:"好心的老爷,愿圣母保佑你!我们已经三天没吃东西了。求你了,给我们一点儿面包吧。"桑卡看见有个女人跪在房门口,穿着白色长外衣,怀里还偎依着一个可怜的小脸。桑卡一骨碌跳起来,抓起一盘烤鹅递给了那个女人,还不知不觉地按照乡下女人的样子跟她点了点头。"你这就走吧,走吧!"

那个女人走了。桑卡坐到桌子旁边,心跳得那么厉害,连牛奶都咽不下去了。沃尔科夫转向那个犹太老板,问道:"这是怎么回事?你们这里是不是歉收了?"

"不,上帝倒还没有让那样的事情发生。收成很好,可都让马拉霍夫斯基老爷给拿走了,他把我们的收成都运到哥尼斯堡去了。"沃尔科夫一惊,汤匙从手中滑落了,结结巴巴地问:"他们把粮食都运到哥尼斯堡去卖?是不是那里的价钱很高啊？"老板的脸憋得通红，极力压制着咳嗽声。他把蜡烛往长凳上一放，没有沃尔科夫的吩咐，他不敢坐下去。"眼下，哥尼斯堡的商人都很明白，除了他们，还能把小麦运到哪去啊；也不能把小麦运到里加，因为没人愿意向瑞典人付关税，他们的价钱是一盾，我们根本无法接受……"

"一盾！换一普特小麦？"沃尔科夫不相信，瞪大了一双蓝幽幽的眼睛。"你准是在胡说，这价格也太离谱了！"

"我说的都是实话，不是在胡诌，我干吗要跟您胡说呢？我年轻的时候，粮食都是运到里加去的，那里他们出的价钱是一盾半，甚至是两盾；可现在就是一盾，这都是马拉霍夫斯基老爷开的一个小小的玩笑。他在巴多夫斯基老爷的村子上，用马刀砍死了我们一个名叫阿尔特的犹太人。矛盾升级了，巴多夫斯基老爷带着那些小贵族去找马拉霍夫斯基老爷算账。他们用手枪射击，子弹乱飞！也不知到底死了多少人。后来，马拉霍夫斯基老爷也带着他的小贵族去攻打巴多夫斯基老爷。他们用了多少火药啊！而这一切，仅仅是因为一个犹太人被杀死了。后来，他们讲和了。马拉霍夫斯基老爷手下的小贵族突然冲到我们村子里，把我抓起来，另外还抓了我们五个犹太人，往大车上一摞，用杆子压住，把我们送到巴多夫斯基老爷家的院子里。马拉霍夫斯基老爷双手捧着肚子，笑着告诉巴多夫斯基，他又抓住了五个犹太人，就是那次，我们几个人都受了伤：扬克尔·卡甘的一根肋骨给压断了，莫伊谢·列维德的肝脏受了伤，我的两条腿也萎缩下去了，变成了现在这个样子了。"

"那么，假如你不是在胡诌，那你们的村子为什么这样穷呢？"沃尔科夫一边说着话，一边把牛奶倒在一个陶瓷碟子里。"我们这儿的生活，还不如畜生，看样子你们那里根本没有缴代役租的农民吧，老爷？您不知道吧，我们这儿的人一星期要为地主老爷干六天活。"

沃尔科夫又吃了一惊，他张大了嘴："天啊，太不可思议了。在我们那里，皇上决不容许这种做法，我们都知道，从这么穷的农民身上是半个子儿也榨不出来的。对了，你们这儿向国库纳税的都是些什么人？是不是那些地主老爷？"

"老爷，您真会开玩笑，地主老爷还交什么税啊。倒是我们要定期向地主老爷缴税，看来您真是不了解波兰。"

两个人谈话之际，桑卡把眼睛睁得大大的，一眨也不眨，没有插一句话。这个时候，外面街头的音乐声、铃铛声和人声越来越响了。客店老板变得局促不安起来，他抓起那支蜡烛，蹑手蹑脚地朝门口走去："我不是跟您说了吗，马拉霍夫斯基老爷不会让您睡觉的，您听，他们马上就到了。"

十多辆雪橇在小客店前面停下了。犹太人正在胡乱拉着小提琴，吹着芦管。波兰小贵族们横七竖八地躺在地毯上，翘着腿，哈哈大笑，大叫着，煽动着。举着火把的骑士下了马，站在了一辆敞篷的雪橇的周围。这辆雪橇里坐着几个仕女，她们全穿着紧窄的丝绒短皮袄，镶的是皮领子，头上斜扣着小小的帽子。一个矮胖的地主老爷从雪橇上爬下来，摇摇晃晃地朝小客店走着，看见了模模糊糊的玻璃窗里面桑卡的脸。"来啊！"他向那些随行的小贵族招着手。这个地主老爷率领着一批小贵族，个个都佩着马刀和手枪，吆五喝六地闯进了小旅馆。地主老爷们把马刀弄着铮铮响，眼睛盯着桑卡，他清了清嗓子，用嘶哑的声音冠冕堂皇地说道："仁慈的公爵夫人，该死的旅馆老板没有把您到来的消息及时地告诉我们。您这样一位美丽的、出身高贵的夫人，怎么能在肮脏不堪的小客店里宿夜？我们不允许有这样的事。我恳求公爵夫人移驾到城堡里去！"

他手下的小贵族们，嘴里喷出一股股的酒气，这会儿开始陆续跪在桑卡面前说道："仁慈的公爵夫人，您的心一定是善良柔软的。如果您不接受马拉霍夫斯基老爷的邀请，我不打算从您美妙的脚边站起来，我就跪死在这儿。"亚历山德拉·伊万诺芙娜看见黑压压的人跪了一地，猛地从桌子边跳起来，站在跪着的小贵族们面前，脸色煞白，眉毛扬起了，嘴唇哆嗦着。客店老板高高地举着蜡烛，给他们照亮。马拉霍夫斯基老爷借着蜡烛的光亮，瞅着这个美丽的女人，他从后面走了过来，把那些小贵族一个个推开，走到桑卡跟前，屈下一个膝盖，笨重地跪下了："公爵夫人，我恳求您到我的城堡住几天！"

桑卡心慌意乱，她急忙用求救的眼神回过头来看她的丈夫。沃尔科夫这时已经吓得魂都丢了，正在用一只颤抖的手解开衬衫扣子，想从怀里掏出一个小包，因为里面有一份证明他人身不受侵犯的文件。桑卡一看指望不上她丈夫了，稳定了下情绪，用颤抖的嗓音说道："能够认识您我感到很荣幸，马拉霍夫斯基老爷，您这样诚心邀请我们，我们也不好拒绝了。"

马拉霍夫斯基老爷大吃大喝了一个多星期，轰动了整个奥尔沙省。他的妻子奥古斯塔夫人非常喜欢娱乐和舞会，跳起舞来什么都不管不顾，把她的舞伴都跳昏了，可她还是意犹未尽。形容憔悴、长襟衣上打着补丁的乐师们，正在乐队里拼命地吹打。在隔壁那些屋子里，筋疲力尽的小贵族们则在兴高采烈地喝酒和叫嚷。

到了半夜，奥古斯塔夫人突然想出一个新花样，一拍手说："我们走！"他们便一窝蜂拥进了雪橇，冲到了街坊邻居那里，畅饮一桶桶匈牙利酒，还有给出身高贵的客人们准备的整只烤绵羊。大家为美丽的夫人们、为波兰的荣誉、为波兰国家的伟大自由一次次干杯。有时，奥古斯塔夫人忽发奇想地叫客人们打扮成土耳其人、希腊人和印度人的模样，让那些小贵族用煤烟把脸涂黑。欢度了一夜以后，天刚透亮，他们又化了妆赶到附近修道院里，做了祷告，随后便走进那间雪白的大食堂，大圆木在火炉里熊熊地燃烧着，让整个屋子变得暖洋洋的，他们就在那儿又喝起了百年陈酿的蜜酒。

桑卡用她全身心的火热劲儿投到这种玩乐之中，她沉浸在音乐里，在小步舞曲中矜持地行着礼，在波尔卡舞曲中发疯似的旋转着。瓦西里起初小心谨慎，可是后来看到那两个会吃会喝的老饕，全波兰闻名的勇士——霍德科夫斯基先生和多莫拉茨基先生挨到他身边来了。这两个小贵族一口气可以喝下四夸脱的一大杯啤酒，吃一只用李子煮的鹅，还能吃一大碗甜馅饺子，喝五瓶匈牙利酒。瓦西里也跟着夜以继日地纵情欢乐。神志清醒的时候，他便闷闷不乐地去找他的妻子："桑卡，我的宝贝儿，我们应当走了，不能再耽误时间。"可是桑卡却没瞅他。霍德科夫斯基先生一把搂住他的肩膀，两个人又摇摇荡荡地继续大喝大吃去了……

七

有人在摇瓦西里的肩膀,他睡意正浓,不耐烦地把别人的手拨弄开。这段时间基本没有怎么休息,瓦西里缺觉缺得厉害,他的头沉得像铅一样,怎么也抬不起来。可是不知是谁,一个劲儿地摇着,还用指甲掐他的肉。瓦西里用尽力气,终于睁开了眼睛,妻子桑卡的形象渐渐从模糊变得清晰起来。"去跟我跳舞吧,沃尔科夫,快去啊,跟我去跳舞!"桑卡急促地说着,嗓音变得特别古怪,瓦西里费了半天劲儿,终于用一个臂肘把身子撑起来了,脑子还是迷迷糊糊的。桑卡站在床边,朝他一个劲儿地暗示。看她那副眼神,倒像是屋子着了火,或是什么灾难已经临头了。沃尔科夫还是没有明白妻子的意思,把她的手又给拨弄开了。

"你疯了,桑卡,现在是早晨,昨天晚上不是刚刚跳过嘛,你是不是记错时间了?"沃尔科夫用责备的眼神盯着妻子。桑卡的脸色一瞬间就变了,沐浴着从又大又干净的窗子里透进来的晨光,她那袒露着的肩头显得特别性感。桑卡生气地往一把高高的椅子里一坐,让一双赤裸着的手臂垂落下来。她直瞪瞪瞅着她丈夫,眼睛一眨也不眨,在她喉咙里冒出了这样一句话:"瓦西里,你爱我吗?"

这句话,她只要问得温柔一点,像平常那样就好了,可她现在好像带着一种威胁的口气。瓦西里用拳头往枕头上捶了一下。这叫他怎么说呢?她真是在胡说八道!要不是瓦西里醉后头痛得像裂开一样,他准会跳起来痛骂桑卡一顿。可他现在没有这个力气,也没有这样的想法。他就那么闷声不响的,带着责备的眼神看着他的妻子。桑卡悄悄地把双手一扬:"你不肯保护我,那是你的过错,不要怪我。"她站起身来,走出去了。"你至少得把房门关上啊,桑卡!"

瓦西里清醒了。他睡不着了,叹着气,在床上翻来覆去,听着楼底下大厅的音乐声。他禁不住想道:"糟了,事情不妙啦。"他穿好衣服,打后门走出去,到了停车房,想看看他们的轿式雪车是不是拾掇好了。走进马车棚时，他看见了马车夫安季普正在收拾着雪车，一看见自己的人，瓦西里心里很高兴，人也清醒了："安季普，收拾好东西，我们明天就要动身了，我们还得完成皇上交代给我们的任务。你快到老板那儿去问问牲口的事。"

瓦西里吩咐完马车夫后，一个人慢慢地穿过停车场，向城堡走去。洁净的雪花在打滚，许多农夫和农妇在池塘边干活，看来全村的人都被赶到了这儿清除积雪。瓦西里的头脑被冷风一吹，突然立定下来，仿佛有人抓住他的肩膀似的。他的心扑通扑通地跳着。终于明白妻子的言外之意了：原来是他！这个人，瓦西里在醉后的狂态中不知看过多少次了，可是直到这会儿他才明白这个人就是弗拉基斯拉夫·特克林斯基先生，一个身量高大的美男子，让所有女眷为之着迷的人。亚历山德拉也不例外，她老是找机会跟他在一起跳小步舞、跳乡间舞，还有马祖尔卡舞。

瓦西里打了个冷战。雪花落在他的腮帮上、脖颈上很快化成了水，钻进了里面。可是这种敏锐的清醒仅仅是刹那间的事情，随后一切又都消失在醉后的昏迷中了。他开始拿不定主意了。这时候，他非常讨厌那两个朋友——霍德科夫斯墓和多莫拉茨基，那两个大腹便便的吹牛家和撒谎者——正哈哈大笑地抓住他的臂肘："他们端上来一道红烧肉，瓦西里先生，我们快去品尝下吧。"走进餐厅，瓦西里发现他的夫人亚历山德拉没在餐桌上，那个可恶的家伙也不在。瓦西里喝了许多强烈的伏特加，可是却没有效果，他的头脑还是清醒的……

瓦西里索性不喝了。他从桌子边站了起来，走进舞厅，那里一个人也没有，乐队的人都在打着瞌睡。瓦西里把通往装着镜子的走廊的双扇门小心翼翼地推开了：弗拉基斯拉夫先生跟亚历山德拉在一起踱来踱去，他的宝剑厚颜无耻地撩起了长襟衣的下摆。他热情地向桑卡说着什么，桑卡耷拉着脑袋，心不在焉地听着。她那低垂着的颈脖里，显露出一种少女天真柔弱的模样：人们把一个毫无经验的小傻瓜带到了这里，撇下她一个人，如果有人欺侮她，她也只能把眼泪往肚子里咽，默默忍受着。

瓦西里本应愤怒地走过去，同傲慢的波兰人来一次决斗，可是他没有那样做，仅仅从门缝里望了望，心里就觉得很痛苦。这时候，弗拉基斯拉夫先生用一个漂亮的手势朝一扇边门指了一指，桑卡微微耸了耸肩膀,摇了摇头。他们转身走到花园里去了。瓦西里不由自主地伸了伸身子,想把袖子卷起来,可他没袖子,宝剑也在楼上。唉,活见鬼!他在心里咒骂着自己,一个声音命令他冲上去决斗,而另一个声音把他死死地按在了原地……

瓦西里琢磨了半天,嘴里嘟嘟囔囔地诅咒着。这时,霍德科夫斯基和多莫拉茨基从他背后走过来了:"瓦西里先生,我们找您半天了,想请您去尝尝加酸奶油的甜点。大家都在等您,快跟我们走吧。"

瓦西里又一次坐在桌子旁边,可他的心里乱得如同打翻了五味瓶一般,什么滋味都有。他对自己的行为感到羞惭万分,又对弗拉基斯拉夫一帮人卑劣的行径感到愤怒。他现在终于明白了,这群人早就串通好了,狼狈为奸。他们故意让霍德科夫斯基和多莫拉茨基陪瓦西里喝酒,好达到不可告人的目的。他是不是应当跑去把宝剑拿来,和弗拉基斯拉夫进行决斗呢?唉,算了吧!他现在还是沙皇的使节,如果消息传了出去对谁都没有好处。可他实在咽不下这口气。对,必须要决斗!

想到这里,瓦西里把酒杯推开了,急匆匆走出餐厅,跑上了楼,来到自己的房间。他咬牙切齿地找到了宝剑,用尽力气将宝剑紧紧地束在腰里,随后跑下了楼。他在花园里绕了一周,一个人也没有找到。他拉住一个侍女,询问两个人的下落。侍女深深地朝他鞠了一躬,尖着嗓子说道:"瓦西里先生,您好,公爵夫人、马拉霍夫斯基太太和特克林斯基老爷赶着马车出去玩儿了,临走之前吩咐我们,他们最早也要晚上才能回来。"

彼得一世时期的武器与防护装备

瓦西里一下子泄了气。他回到楼上，坐在窗边，望着外面的大路，一直到黄昏。他甚至想给彼得·阿列克谢耶维奇写一封忏悔的信。可是他却没有找到纸和笔，这又让他哭笑不得。后来，他才发现桑卡早就回来了，只是没有回屋，在奥古斯塔夫人的卧室里休息。晚饭过后，瓦西里走到马车棚里，吩咐安季普偷偷地把牲口准备好，将有些物品搬上雪车去，做好动身的准备。等把这些事情处理好后，他才又闷闷不乐地回到了城堡。

刚走近花园里，沃尔科夫便听到不远之处传来嘶哑的叫喊声、急促的喘息声和兵刃的碰撞声。他觉得很好奇，便顺着声音的方向，走过去看个究竟。一拐过那个爱神雕像，瓦西里就看到有个女人站在那儿，他朝她仔细瞧了一眼，认出来是亚历山德拉，自己的妻子。他急忙跑到她跟前。在那边拐角的后面，弗拉基斯拉夫先生和马拉霍夫斯基先生正在月光里用马刀殴斗。他们两人跳来跳去，互相刺着，狂暴地喘着粗气，用自己的马刀劈着对方的马刀。

桑卡看到瓦西里来了，惊喜万分，急忙扑到他的身上，搂住他，把头往后一仰，闭上了眼睛，从咬紧的牙缝里蹦出一句话："带我离开吧，带我离开吧！"

一看见沃尔科夫，马拉霍夫斯基便高叫一声，隔开弗拉基斯拉夫的马刀，冲到瓦西里面前，厉声喝道："她不是你的，我们不能让你把她带走！"他们手下的小贵族，纷纷拔出马刀，从停车场那边跑过来，把两个决斗的地主劝开了。

趁着混乱，瓦西里带着妻子桑卡跑到了停车场，驾着马车火速离开了。他们离开马拉霍夫斯基那个城堡大约五十俄里之外时，瓦西里这才定下心来，长长地呼出了一口气。终于安全了。他跟桑卡一句话也没有说，什么事也没有问，一路上一直紧绷着脸，脸色阴沉得吓人。桑卡也是一声不响地坐在雪车里，脸色惨白，紧闭着眼。遇到波兰地主的庄园，他们就吩咐车夫绕道过去，说是为了追回耽误的时间，完成沙皇交给他们的差事。

这一天，向导安季普勒住了缰绳，回过头来，指指路边一座小教堂的屋顶，把脑袋探到雪车里："瓦西里·沃尔科夫先生，不能再绕过去了，咱们免不了要在这儿停下来了。"这座小教堂是当地一个有名的地主博列伊科兴建的，他的肥胖、贪食和好客已经成为大家闲谈的资料。这个地主的庄宅离大路很远，为了便于招呼狂饮的酒友，他就在大路上造了这座小教堂，里面住着一个肥胖且欢乐的神父。他主持祈祷仪式，无聊的时候跟博列伊科玩玩纸牌，两个人一起悄悄地守候着过路的旅客。

不管是谁打这儿经过，无论是大地主，还是小贵族，或是从小城镇里来的小市民商人，都不可能直接通过。博列伊科命令仆人拿一根绳索当路拦住马车，然后他便晃晃悠悠地走进来，给他敬一杯酒。仆人们迅速地将牲口卸下，将惊慌失措的旅客拉进小教堂，神父念了祷文后，酒宴便正式开始了。这个博列伊科老爷决不伤害什么人，可是离开他的时候，却没有一个人不是酩酊大醉的，被人抬上雪橇的；可是也有的人神志还没有清醒过来，就去见上帝了。安季普讲完了原委后，用征询的眼光望着瓦西里·沃尔科夫。瓦西里沉思了许久，吩咐道："拐个弯儿，打田野里穿过去，不要惊动他们，尽量快点。"

离边境越近，他们经过的小城镇就越多。风车在小山上转动着。乡村里，阴暗的天空中回荡着一股春天的气息。桑卡的眼睛里又闪出了亮光，他们已经赶到克赖茨堡了。可是就在这儿，却发生了一件意料不到的事。御前大臣彼得·安德烈耶维奇·托尔斯泰正要从国外赶回到莫斯科，也在那家客店的隔壁房间里休息。当他听到俄国人说话的声音后，就急忙走出来想看个究竟。"恕我老头儿唐突，"他向亚历山德拉·伊万诺芙娜恭恭敬敬地鞠一个躬，"真是太好了，在异国他乡还能遇到同胞，这次愉快的相逢让我非常高兴。"

桑卡脱外衣的时候，彼得·安德烈耶维奇·托尔斯泰一直聚精会神地、温柔地望着她。这让桑卡十分不舒服，甚至有一点恶心。在莫斯科，没人愿意理睬他，因为彼得不肯宽恕他的过去，他当年曾经和霍万斯基一起鼓动射击军，让他们支持索菲娅。但彼得·安德烈耶维奇并没有灰心，他知道自己需要耐心等待时机。他为了扭转彼得对他的印象，主动承担国外的一些艰难任务，而且把任务完成得很出色。他还会用便宜的价钱买进精美的画或是图书送给缅希科夫，还能雇用干练的人办事。他自己可并不想往上爬，但很多人开始有点儿怕他了。

"你们要到里加去吗?"他问亚历山德拉·伊万诺芙娜。桑卡出于礼貌答道:"不,我们要到巴黎去。"彼得·安德烈耶维奇听了之后,善意地提醒着沃尔科夫夫妇:"你们将会碰到无穷的麻烦,还不如取道华沙好。利沃尼亚发生了战争,瓦西里·沃尔科夫先生。里加已经被包围了。你们现在肯定过不去了。"

桑卡吃惊地望着彼得·安德烈耶维奇,沃尔科夫也是一脸愕然,他不解地问:"战争已经开始了吗?什么时候开始的?是奥古斯特国王一个人,还是……"彼得·安德烈耶维奇用一种冰冷的、警告的眼色暗示了一下沃尔科夫。沃尔科夫的话被堵住了。彼得·安德烈耶维奇继续说着:"我劝您,亲爱的瓦西里·沃尔科夫先生,里加很危险,还是绕道前往米塔乌吧。奥古斯特国王现在也在那儿,他一定很高兴看见您,特别是您的夫人。"

彼得·安德烈耶维奇把有关这次刚发生的战争的一些情况告诉了他们。秋天,奥古斯特国王的几个萨克森营就已开始在里夫兰边境附近的亚尼什基和米塔乌地区集结。里加的总督达利别尔格非常狂妄自大,忽视了这些军队的调动。里加本来可以一攻而下,没有一鼓作气拿下的原因却让人啼笑皆非:萨克森的总司令,年轻的弗莱明将军,忙着和贵族地主萨佩格的侄女谈情说爱,根本没去攻打里加。他用了一个冬天的时间,在城堡里大吃大喝,追求他的心上人。上行下效,那些士兵也是纵酒狂欢,而且还去抢劫库尔良德的一些村庄,庄稼人都被迫逃到里夫兰去避难,总督达利别尔格知道危险正在临近,开始在城市里设防,防止波兰人的偷袭。

"卡尔洛维茨将军来到部队以后,谢天谢地,军事行动总算得以开始了,"彼得·安德烈耶维奇说道,"可是弗莱明将军却喜欢追求更炽烈的战斗。他不去攻打瑞典人,却做出了一个荒唐透顶的决定:包围了那位漂亮的波兰小姐住的城堡,把那位小姐带到了德累斯顿,婚礼不久就要在那边举行了。"

听完彼得·安德烈耶维奇的讲述后,沃尔科夫马上感到奥古斯特国王的情况并不太妙。为了避免犯这样那样的错误,他和妻子商量后决定还是绕道去米塔乌为好。

八

"您的骑士在哪里,先生?您的一万副护身铠甲在哪里?您的誓言呢,您是不是在撒谎!"奥古斯特在寝宫的地毯上来回地踱着步,怒目圆睁,感觉随时要喷火一般。约翰·帕特库尔站在他面前,脸色苍白阴沉,手里抓着帽子,不敢直视国王的目光。

凡是力所能及的事他统统都做了:整整一个冬天,他一直在写着鼓动的信,暗中分送给住在里夫兰领地和里加的骑士。他还乔装成一个商人,亲自到冯·本肯多夫、冯·西韦尔斯和冯·帕连的城堡里去拜访他们。那些骑士看了他的信,想起从前骑士团的荣誉与声望,全都哭了,他们抱怨粮食税;那些由于土地收回法案而丧失了一部分土地的人,起誓说他们决不吝惜自己的生命。可是当萨克森军队终于攻入里夫兰之际,奥古斯特国王宣告要摆脱瑞典奴役的时候,这帮骑士全都违背了当初的誓言,没有一个人跨上战马;还有比这更糟糕的消息:他们竟然跟市民联合起来,加强了里加城的防御,因为它不想受国王手下那些渴望洗劫城市的雇佣兵的侵扰。帕特库尔得知这些消息后,星夜赶到了米塔乌,国王奥古斯特连晚餐也吃不下去了,拉着帕特库尔急匆匆地走进了寝宫。

"是您怂恿我发动战争的,帕特库尔先生,一切都是您的主意!我遵守了誓约,拔出了宝剑,全力进攻里加。可现在,您居然告诉我,里夫兰的骑士不仅没有帮我们,反而成为我们的敌人,这到底是怎么回事?请您解释一下。"奥古斯特身材魁梧,仪表堂堂,攥紧着拳头向帕特库尔走去,抓着帕特库尔的衣领:"你告诉我,丹麦的援军在哪里?沙皇彼得的五十个团的兵力在哪里?您的二十万金币在哪里?波兰人都在等着这笔钱呢!波兰人都在等我的消息:如果我取胜了,他们会拔出军刀支援我;要是我失败了,会爆发一场前所未有的内战,后果是无法想象的。"

帕特库尔没有直视奥古斯特的视线,他不想现在和他发生冲突,抑制着上升的怒火,答道:"陛下,骑士们还有顾虑,他们希望得到一个承诺,如果帮我们推翻了瑞典人的统治,要保证不受莫斯科的侵犯。据我和他们会谈之分析，他们之所以犹豫，就是不想赶走瑞典狼，又迎接俄罗斯熊的骚扰……"

"胡说！沙皇彼得亲吻十字架起过誓，他说俄罗斯人要的是英格利亚和卡累利阿，等大军到了扬堡就不再往前走了，他们连纳尔瓦都不想染指。骑士们完全是在杞人忧天。"

"陛下，我怕的是背信弃义行为。我要提醒您，莫斯科派出许多间谍到纳尔瓦和列维尔，这些人伪装成商人，表面上是到处采购货物，实际上都奉了命令，暗中测绘那些要塞的地形图。"奥古斯特吸了一口冷气，往后退了几步。他的内心开始不安起来，但仍故作镇静，傲慢地扬起来下巴："冯·帕特库尔先生，我以国王的身份向您保证：纳尔瓦也好，列维尔也好，或者是里加，决不会见到一个俄罗斯人的影子。如果发生了您所担心的事情，我向上帝起誓，一定要把这些城市从俄罗斯熊的爪子里夺过来。"

奥古斯特国王在米塔乌的公爵府邸里待得厌烦透了。他住到军队附近，本想激励士兵，加速攻城的进展，可却让他大失所望。这段时间唯一值得炫耀的就是攻下了科别尔尚茨要塞，国王原想一鼓作气，对里加一顿炮轰，顺利地摘下这个苹果。他没有料到，里加这个苹果这么难摘。援军也迟迟未来，里夫兰的骑士还在犹豫之中，是否要集结士兵，跨上坐骑，帮助奥古斯特。波兰的地主豪绅们都在等待着奥古斯特的消息，如果军队不能取胜，那他们就在下一次会议中准备向国王提出质询，为什么把波兰拖进这场危险的、毫无意义的战争。

米塔乌的天气很恶劣，这给生性风流的奥古斯特更增添了许多愁闷。他本想趁着战事胶着期间好好娱乐下，放松心情。当他和库尔良德的地主接触后，心情低落到了极点。这些人全都是大老粗，年轻的库尔良德公爵弗里德里希·威廉是个典型的酒鬼，就喜欢酒后吹牛，搂着人的肩膀说个不停，令人极度生厌。如果没有新朋友阿塔莉·台斯芒为奥古斯特安排了舞会和狩猎，他那充满热情的性格准有陷入忧郁的危险。

那一天，国王正在用晚餐。他背对着炉火，慢慢地嚼着兔肉，闷闷不乐地望着那几位夫人。男爵和男爵夫人们一动也不动，生怕发出有失体统的响声，破坏国王吃饭的心情。沉寂的屋子让人窒闷。热情奔放的奥古斯特实在无法忍受了,他擦了擦嘴唇,把餐巾往桌子上一撂:"女士们,先生们,我不厌其烦地再说一次,到你们这个美妙的城市来做客,我感到非常荣幸与愉悦。库尔良德贵族的崇高道德品质值得大家学习,你们把处理实际问题的能力跟高尚的思想方法结合起来了,这让我为你们感到自豪。"

男爵们站了起来,恭恭敬敬地鞠了个躬,感谢国王对他们的夸奖。男爵夫人们听不太懂法语,等她们的丈夫行礼完毕之后,也跟着表示了感激。

奥古斯特神情复杂地看了一眼他的属下,叹了口气,继续说着:"有时候,国王为了某地臣民的最高利益,也不莅临这片土地。在波兰,一些骄傲自满的地主目光短浅,不思进取,只知道把他的黄金挥霍在宴饮和狩猎上,成天和一群酒鬼厮混在一起,纸醉金迷。国王像个士兵,拔出宝剑去袭击敌人的要塞,为国家的荣誉和未来而战。这种情况太令人痛心了,除了痛心之外,我们还能做什么呢?"

"质问国王,按照习惯是不应当,也是不可思议的。可国王却从臣民的眼睛里看出了大家迫切的愿望。为实现臣民的心愿,我亲自率领一万名近卫军,独自发动了这次战争。我发动这次战争,是为了一个伟大的原则。现在的波兰被内战搞得四分五裂,勃兰登堡选帝侯,那只野狼正在啃食我们的肝脏。瑞典人是波罗的海的主子。国王查理已经成年了,他不再是那个不懂世事的毛孩子了。要不是我先在里夫兰下手,说不定瑞典人明天就会到这儿来,在库尔良德征收五倍于过去的粮食税,把你们的领土全部没收。"

奥古斯特的眼睛瞪得溜圆,观察着男爵及夫人们的反应。男爵们呼吸变得急促了;夫人们都低下了头,不敢与国王的眼睛对视。奥古斯特从鼻孔中哼了一声,继续发表他的高见:

"上帝让我完成一个使命,让我在从易北河到第聂伯河、从波美拉尼亚到芬兰海岸的地域里建立一个充满和平、伟大、繁荣的国家,让我气愤的是,有人却想坐享其成,不劳而获。瑞典、勃兰登堡和阿姆斯特丹的商人们把他们罪恶的手都伸过来了。我是一个贵族,我不能容忍别人插手波兰的内部事务。昨天,我下命令绞死了两个草料采购员,因为他们劫掠了伊克斯库尔男爵领地上的几个农场。军队的牲口需要大量的燕麦和干草,他们却干出这样的勾当，真是该死。"

男爵们的脸色变得铁青，他们现在终于听懂了奥古斯特的言外之意。男爵们十分尴尬，但又不能反驳，他毕竟是国王啊。他们只能一言不发地坐着，用无声的沉默抗议。奥古斯特看见他们集体失语，更加生气了，对他们冷嘲热讽，极尽挖苦之能事。这时候，阿塔莉·台斯芒进来了，打破了令人窒息的空气。她用一种优雅的、自然的姿态鞠了一躬，说道："陛下，请原谅我的唐突和冒昧，请允许我向您引见莫斯科的维纳斯女神，亚历山德拉·伊万诺芙娜小姐。"

说着，阿塔莉·台斯芒挽着亚历山德拉·伊万诺芙娜的一只手，把她带到奥古斯特国王的面前。这是非常高明的一招。在她所有能想出来的办法中，也许只有这招才最有效，避免国王和男爵们的矛盾进一步激化，致使局面失控。当她得知沃尔科夫夫妇到来的消息后，便第一个到客店里去拜访他们，而且一下就看透了亚历山德拉的性格；她把她接到了自己的寝宫里，叮嘱亚历山德拉不要把莫斯科的任何东西穿在身上："我的朋友，这些衣服并不适合你！凡尔赛在过了山林水泽女神节后，就没人戴假发了，那是上个世纪的事情，离我们太遥远了。走近点，让我帮你打扮一下吧。"亚历山德拉吓得只是眨眨眼睛，便任由她摆布。阿塔莉吩咐侍女把所有的假发统统扔在壁炉里，然后打开了几只大箱子，把亚历山德拉打扮成一个穿着晚礼服的贵夫人。

奥古斯特欣喜地看着眼前的这个莫斯科的维纳斯女神：一绺秀发直垂到袒露得很低的胸前，几朵鲜花簪在她头发和衣服上。衣服很朴素，搭着一袭金线织的斗篷，一直拖到了地毯上。奥古斯特握住她的指尖，俯身亲吻。这是一个期待已久的时刻。国王像是从一个非常遥远的地方走来，像纸牌中的那个样子：魁梧，堂堂，殷勤，有着一张红红的嘴，两道高高的眉毛。桑卡如同中了魔法一样，内心不停地呼喊："我完蛋啦。"

瓦西里待在客店一个星期了。自从桑卡被阿塔莉带走那天起，他似乎被忘记了，成了一个没人搭理的客人。为了完成彼得交给他的任务，瓦西里亲自到宫里去打听，国王的侍从官每次总是殷勤地保证，国王明天一定会接见他，让他安心回去等待消息。结果仍是一样，瓦西里一直也没等到奥古斯特接见他。为了解闷，瓦西里白天在城里的街上散心，顺便体味下波兰的风土人情。一幢幢低矮阴沉的房子，简陋的屋顶，装着铁门，仿佛人都走空了，只是偶尔有那么一张脸贴在玻璃窗上张望。集市广场上，差不多所有的铺子都关了门，不时见到几匹马正拖着大炮，打大圆石子路上轰隆隆地滚过去。愁眉不展的骑兵把羊毛斗篷紧紧裹在身上，抵御刺骨的寒风。那些要饭的庄稼汉，满面泪痕的女人和衣衫破烂的孩子成群地在城里流浪，浑身脏兮兮的，手里抓着帽子，凝视着各家的门口和窗户。

吃过晚饭后，瓦西里总是一个人坐在蜡烛旁边，出神地想着他的妻子桑卡，想念莫斯科，想起这种麻烦的差事。他的眼神也总是由光彩变得暗淡，神情由亢奋转成萎靡。父亲和祖父在他童年时经常这样教诲他：做人要谦逊，要敬畏上帝，要尊重长辈，要与人和睦相处。这些话或许过去还对，可眼下没有多大用处了。世道已经变了，飞黄腾达只属于那些有势力、会讨皇上欢心的人。亚历山大·缅希科夫就是这样一个人。他既大胆又骄横，前几年还只是一个侍从，现在却成为地位显赫的总督，一个获得勋章的人，如果他再有表现的机会，他还想升得比任何人都高出两个头。阿列克谢·布罗夫金从前只是他的一个农奴的儿子，现在刚刚被擢升为招募新兵的近卫军上尉，便胆敢抓住总督的假发问个究竟，要是搁在前几年，打死他也不敢这么猖狂。世道彻底变了。雅科夫·伊万诺维奇·布罗夫金是阿列克萨什卡的兄弟，原本是个愚蠢、粗野的农民，现在也独当一面，成为一艘战船的舰长了。而桑卡呢，她的举止言谈常常让他下不来台，换了别人的丈夫，准会把她抽得全身伤痕累累，绝不能允许桑卡这么狂妄，目无夫君。

俄罗斯这几年变化太大了，他明白了一个道理：不声不响的人现在不适合在俄罗斯生活，他是不受欢迎的。不管你愿意不愿意，形式逼迫你必须要向上爬。沃尔科夫想到这里，神色又黯淡下来，忧郁地瞅着那支蜡烛的火苗发呆。坐在幽静的庄园里，享受周围一切的心境一去不复返了，他再也找不到从前的感觉了！现在，他是不是应当念念普芬道夫的著作，或者做做生意，像亚历山大·缅希科夫或是沙菲罗夫那样，赚取大量的钱财？他很快就打消了做生意的念头，从小接受的教育不允许他这么做，而且也没有这方面的天资。他现在只有祈求战争快点爆发，和这些人进行公平的竞争。瓦西里不服气，他准备和布罗夫金家的雅夫卡或是阿列克萨什卡在战场上一较高下。

苦思冥想了一个晚上之后，国王的侍卫官出现了。侍卫官再三地对瓦西里表示歉意，请瓦西里马上到宫里去，说奥古斯特国王要接见他。瓦西里听到消息后很激动，急忙穿好衣服，整理好装束，坐上侍卫官的马车，疾驰而去。奥古斯特在寝宫里接见了瓦西里，国王显得很热情，不让瓦西里下跪，还跟他拥抱，让沃尔科夫坐在自己身边："我也是刚得知您来到这里的消息，我年轻的朋友。我在这里向您表示深深的歉意，因为我的朝廷里是毫无秩序与威严的，这让消息传递很缓慢。在吃午饭的时候，我才知道您来了。阿塔莉伯爵夫人，她是个轻率的女子，被尊夫人的容貌迷住了，竟把她从丈夫的怀抱里拉出来，到如今已经有整整一个星期，藏起来不让任何人看见，独自一个人享受，这太让人气愤了。"

沃尔科夫竭力想要站起来回礼，可奥古斯特用一只手把他按下了。过了一阵，沃尔科夫放松下来了，和奥古斯特国王谈论得非常开心。愉快总是不能持久的，沃尔科夫的热情很快就被奥古斯特的一番话给浇灭了："我听说您要到巴黎。我想请您，我的朋友，送一封密信给我的兄弟彼得。如果您不介意的话，亚历山德拉·伊万诺芙娜不妨待在这儿等您，在阿塔莉伯爵夫人的庇护之下，她一定会过得很开心。不知您听说没有最近发生的事？"

笑容一下子就从他的脸上消失了，取而代之的是愤怒……

"里加的局势很糟糕：里夫兰骑士并没有出兵，他们把我出卖了。我那位最优秀的将军卡尔洛维茨，三天以前英勇地阵亡了。"奥古斯特用一只手掩住脸，为悼念不幸的卡尔洛维茨，静默了片刻。"明天我要到华沙去参加议会召开的会议，现在人心浮动，这个时候可不能让他们趁机闹事，我要去制止他们。等到了华沙，我会捎给您信札和文件，您要说服沙皇，让他明白俄罗斯军队马上出动的必要性，以打败我们共同的敌人。"

九

每天夜里,阿塔莉都会被侍女唤醒,点上蜡烛,搬来一张桌子,上面摆满了水果、酥皮大馅饼、野味和酒。阿塔莉和桑卡从大床上爬起来,穿着睡衣,开始她们的晚饭。桑卡不敢有片刻的放松,一直紧绷着神经,时刻都在戒备着,这消耗了她大量的体力。这会儿她困得要死,可是她总是揉揉那发肿的眼睛,微微翘起嘴角,嫣然一笑。她到外国不是来睡觉,而是来学习优雅的风度的。

阿塔莉告诉她,这种优雅即使在宫廷里也不是人人都懂,即使是在凡尔赛,粗鲁话和下流事也很普遍:"亲爱的,你要了解,潮湿的晚上是没法儿打开窗户的,因为宫院四周有一股臭味,灌木丛里,阳台上的臭味令人作呕。为了避免被传染,我们要在身上喷满香水,掩盖那种臭味。唉,我们要是在意大利就好了,那里才是梦中的天堂,那是各个方面都很风雅的国家:诗歌、音乐、舞会、感情,样样都让人赏心悦目,流连忘返。"

阿塔莉正倚靠在床头,用一柄小刀削着一只苹果。她晃动着两条腿,半闭着眼,喝了一口酒,悠悠地说:"风雅的人才是真正的生活之王,其他人跟他比都是相形见绌。桑卡,常言说得好:'好的农夫不会丢下他的犁,勤恳的织工一定会坐在织布机旁,有胆量的商人会扬起船帆,甘冒生命的危险出航。'人们为什么要辛勤劳动呢?你想过没有?因为神道已经死了,我们只能靠自己。我在奥林普斯山上的云端里看见的是另外一些神灵。"

桑卡仿佛像一只被施了魔法的兔子,安静认真地听着阿塔莉的话,虔诚地如同膜拜上帝一样。阿塔莉泯了一口酒,润了润喉咙,继续说道:"我亲爱的朋友,桑卡,我还是不能理解,您为什么不敢接受奥古斯特的爱,他一直不知道您拒绝的原因,正为此事伤心难过呢。美德只是缺少理智的一标志。您聪明漂亮,热爱您的丈夫。什么都不能阻碍您向他表示热烈的情感,只是您别做得很公开。您别让人家笑话,我的朋友。一个善良的城里人星期天带着他的太太一块儿去郊游,搂着她的腰,没有人敢从他手里夺走这件宝贝。可是我们是风雅的女人,这就有相当大的责任了……"

桑卡的心被弄乱了，她该怎么办呢？她可以连续跳一昼夜的舞，可以扮演随便哪一个希腊女神；可以在一个夜里读完一本书，熟记一些逗人发笑的诗。她对娱乐的事情得心应手，没有任何问题。可是对于感情，亚历山德拉心里还有一些东西没法儿克服：她毕竟是人家的妻子，如果做了之后会羞惭得要死，事后还会痛苦。要是她听信了阿塔莉的劝诱而给国王以女性的情爱，那该如何解释呢？她毕竟生活在现实中，而不是生活在云端；她也不能承认自己准备抛开美德，并且目前还没有人能让她下定决心冲破最后一道心理防线，仿佛她母亲临终前可怕的眼神守护着这个神圣的，她生命中一个重要的东西。

桑卡脸上变化不定的神情并没有瞒过阿塔莉那双锐利的眼睛。这个时候不能太逼迫她。阿塔莉在桑卡的腮帮拧了一把，转移了话题："我昼思夜想，希望能有机会觐见下彼得沙皇。现在你来了，我终于可以实现我的心愿了。我要怀着什么样的敬意，去亲吻那只既会使大锤又会使宝剑的手啊！一提起沙皇彼得，我就把他和希腊神话中的大英雄赫拉克勒斯联系在一起，感觉他就像神话中的大英雄。在过去的几年中，沙皇彼得创立了一支强大的舰队和一支无敌的陆军，这让我们刮目相看，如果在波兰，这是不可想象和实现的。我真想知道所有的元帅和将军们的名字。你们的沙皇现在是查理十二世国王的劲敌。欧洲正在期待着那么一天，莫斯科的鹰把它强悍有力的爪子插入瑞典狮子的内脏。您一定要满足我的好奇心，不要让我的梦想等得太久，桑卡。"

阿塔莉把话题扯到莫斯科的事务上头来，这让桑卡怦怦乱跳的心平复下来了，她暗暗松了口气，尽她所回答着。后来在床上，她把被子拉到鼻子上，却一直无法入睡，她的神经被那一席谈话扰乱了，无法抑制。唉，这种风雅真是太考验人了，恐怕她没法做到了！

陛下，我很高兴地告诉您，反抗我们的联盟现在只是一张废纸，它或许可以吓唬一下那些受人尊敬的议员，却吓唬不住您那充满热情的大无畏精神。丹麦人没有胆量破坏和平，请相信丹麦那个女人的眼力和魄力。沙皇彼得最初倒是想攻打我们，可他现在被和平谈判束缚住了手脚，他现在无法进攻，因为要等到土耳其人解开捆住他双手的绳索，才能没后顾之忧。

不过他期望的事是不会发生的。秘书官乌克兰采夫把所有的黑貂皮大衣统统分送给大臣们了，没谈任何具体问题。沙皇彼得企图用新建成的沃罗涅什舰队的下水典礼来震慑土耳其人，结果却适得其反：他的舰队引起了英国人和荷兰人的高度警惕与不安。他们那些驻君士坦丁堡的大使不愿意看到俄罗斯的舰船驶进黑海。其中最难说服的是波兰大使列辛斯基，他是奥古斯特国王的死敌，两个人一直水火不容。他用波兰国家的名义，恳求苏丹协助波兰人从俄罗斯人手里夺取乌克兰，连同基辅和波尔塔瓦等地。这些都是最新的消息，或者，如果您喜欢，说它是谣言也可以。华沙到处在传播着奥古斯特和我把大量的金钱都花费在舞会等娱乐活动上面，他们对国王的信心正在一点点消失，国王的威望一天天低落下去。他性情狂暴，为追逐一个俄罗斯的有夫之妇，使出了浑身解数，弄得贻笑大方。因此，历史的顺风吹鼓了您的帆篷，在您那即将到来的荣誉的缆索间呼啸。机不可失！忠于您的阿塔莉。

查理是在孔格肖尔的森林里，倚在一株树上读着信。周遭的松树发出飒飒的响声，低低的云朵在三月的天空中飘荡。下面的峡谷里，猎狗正在狂吠，它们那不耐烦的叫声表明大规模的狩猎活动已经开始了。国王把那封信念了一遍又一遍，低头沉思着。送信的急使依旧站在那儿没走，他在等待着国王的命令或口信，给阿塔莉带回去。

突然，大概离查理五十步开外，法国大使蹲守的地方传来一声枪响。查理没有转过身，仍然盯着交给他这封信的那个人。这个年轻人有个小小的脑袋，瘦瘦的脸盘，活像一根杆子，穿着一件驼鹿皮长襟衣。"谁交给你这封信的？"查理问。那个军官闻声向前走了一步："查理陛下，是皮佩尔伯爵。他还吩咐我向您面奏几件事，这些事就连议会也不知道，是极其重要的消息。"

查理转过身来。瑞典的那些贵族老爷们都在等待时机，他一刻也不敢懈怠,所有的近卫军全像一群饥饿的猎狗,盯着他这块令人馋涎欲滴的肥肉。"是这样啊，那你说说，你奉命要向我面奏什么事？"

"情况非常紧急。有十五个或是二十个营的丹麦军队已经越过了边境荷尔斯泰因，他们的目的很明显，皮佩尔伯爵让我提醒您一定要小心，大意不得。"查理没有说话，慢慢地把阿塔莉的信揉成一团。查理抓起火枪，回过头来对那个军官说："你快去换一匹马，连夜赶回斯德哥尔摩去。告诉皮佩尔伯爵，我们在这儿打猎，大家都在兴头上，暂时还不能离开。我们已经围住了三头大熊，以及一些数目不详的小熊，马上就要收网了。我邀请皮佩尔伯爵、雷恩舍尔德将军、勒文豪普特将军和施利本巴赫将军一起来参加围猎。去。赶快！"

查理一直以来苍白的脸红润起来，他扛着猎枪。大踏步地向下面的峡谷走去。他要去猎熊了。那军官意味深长地望着查理的背影笑了笑，随后跳上马鞍，踏着深深的积雪，飞驰而去，很快就消失了。

十四头熊不是给打死就是被捉住了，查理的狩猎活动大获全胜。他们把落进网里的小熊捆绑起来，准备装到斯德哥尔摩去，查理听着它们绝望的吼声，觉得很开心。那天拂晓时分，皮佩尔、雷恩舍尔德、勒文豪普特和施利本巴赫也都奉诏疾驰过来，每个人也用猎矛刺死了一头野兽。法国大使吉斯卡尔还亲手打死了一只七英尺高的怪兽。

晚上，疲惫的猎人们回到了用大圆木造的城堡里，坐在暖暖的餐室里，大家虽然都很疲劳，但兴致都很高。吉斯卡尔已经喝得满脸通红，兴奋地讲述那头熊怎样风驰电掣般扬起一阵雪花，从洞窟里跳出来，攻击他的经过："我早就闻到它那股腥臭的气息，要不是我当时躲闪得快，它就会贴上我的脸！我手疾眼快，跳开的同时把枪举了起来，可惜没有打中！我当时的心瞬间凉了，往事如电影镜头一般，在我的脑海里闪回。我下意识地抓起备用的火枪……"那几个不爱说话的瑞典人一面听，一面喝酒，一面微笑。

晚餐时，查理一改往日的作风，一口酒也没有喝。瑞典人都看得出来，国王心事重重，脸上的笑容都是硬挤出来的。好不容易把那位法国大使给送到卧室去了，查理叹了口气，吩咐在门口布上岗哨，自己径直走到火炉边，坐下了。皮佩尔和几位将军围拢过来。"我很想听听你们的意见，诸位先生，"查理见到人已经到齐，便开口直奔主题。

将军们都垂下了脑袋。所有的事，特别是战争这种事，需要深思熟虑，这关系到国家的安危，儿戏不得。皮佩尔托着下巴思索了许久才开口："陛下，议会害怕战争，也不想要战争。在我们动身来这儿的头一天，他们开了一个特别会议。波兰国王入侵利沃尼亚,特别是丹麦人也对采取敌对行动的谣言,在斯德哥尔摩引起了极大的恐慌。船主、木材商人和粮食商人派了一个代表团到议会,发出了不要战争的声音。议员之中也没有一个人赞成战争。议会最终决定派几个使节到华沙和哥本哈根,不惜任何代价,寻求和平的解决方法。"

"太好了!这真是让人兴奋的消息!"查理精神为之一振,把头转向了雷恩舍尔德。雷恩舍尔德温厚地笑了笑,沉吟了一下才说:"陛下,我相信军队里有不少年轻的贵族,有那么一些志愿兵,他们愿意用宝剑去争取荣誉。如果国王带领我们去到天涯海角,我们一定就会到天涯海角去。对我们瑞典人来说,这也不是第一次,每次我们都取得了最后的胜利。"将军们都点头同意他的见解:"离开祖国的土地,前往异邦寻求黄金和荣誉,对我们来说,已经不是第一次了,没什么可担心的。"

皮佩尔插进了一句话:"陛下,我在这里要善意地提醒您,议会不会为这场战争出一个子儿的。现在国库已然空了,这才是我们面对的最大敌人。我们只要把这个问题解决就可以了。"将军们不吱声了,查理也紧咬着嘴唇。皇帝不差饿兵啊,没有钱一切都是白扯。但他不能说出丧气的话,必须鼓励众人:"我们只是在头几天里需要钱,把军队送上海船,运到丹麦去就没问题了。这笔钱,法国大使一定会帮我想办法解决的。要是他不给,我会到英国人那儿去拿。我们以后的军事行动所需要的费用由丹麦国王支付,他是会支付的。"将军们全都赞许地点点头。皮佩尔耸了耸肩膀,他又被这个年轻人震住了。

"即使我们自己不发动这场战争,那些强国也会把战争强加在我们头上的,我希望大家了解这点,"查理继续说着,"因此我们还是采取上策:先下手为强。奥古斯特梦想建立一个伟大的帝国。不过他跟我一样也没有钱,他虽然从沙皇彼得那里得到了一些金币,却把钱都花在女人与喝酒上头了。从他的行为来看,我觉得他更适合当一个江湖艺人。莫斯科的沙皇彼得我就更不怕了,还没等他教会农民团队放火枪,他早把他的盟国失掉了。诸位先生,我有一个计划,请你们帮助我讨论下可行性。"

他们把松树根往火炉里丢,将哨岗从门口撤去了。三位将军朝一张摊在查理膝盖上的地图弯下了腰。为了取得胜利,他们考虑了一套作战方案:纳尔瓦总督韦林担任爱斯特兰和里夫兰的瑞典军队的最高指挥官,即刻启程前去增援里加;勒文豪普特和施利本巴赫调集近卫军和陆军,在祖恩德的军港兰茨克罗纳等处集结,对外声称演习,迷惑敌人;皮佩尔到斯德哥尔摩去做一切必要的工作,转移议会的视线,分散他们的注意力。

等几人商议好之后不久,晚餐已在餐桌上静候主人。吉斯卡尔大使小憩了一会,这会儿精神抖擞地搓着手走进了餐室。查理让他坐在火炉旁边,随后咳嗽了几声,清了清喉咙,说道:"我亲爱的朋友,我对我的兄长,您的国君,是那样热烈忠诚与爱慕。瑞典将是北方海洋中法兰西王国利益的最忠实的捍卫者。您应该记得,在西班牙王位继承的争端中,我把宝剑交给了路易,一直追随着法兰西。可是我现在得到了一个坏消息,我不能向您隐瞒,英国人正在千方百计想把瑞典拉到他们那一边去,对付法兰西王国。我这里您放心好了,我会永远和法兰西站在一起的。可是在瑞典,除了国王还有议会,我猜不透他们的心意,不知他们是否会做出一些令人意想不到的事情。唉,眼下这个世界就是充满着矛盾,充满了变数。今天我收到了一个消息,英国舰队已经出现在祖恩德海上了。为了避免犯下严重的错误,我需要一种实物来证明你们的友谊,吉斯卡尔先生……"

那些吼叫着的小熊被装进一辆大车,从斯德哥尔摩的街上经过。查理和参加狩猎以及看守猎场的人都骑着马,跟在它们后面。善良的人们走到窗前,看到窗外的景象都直摇头,纷纷议论:"国王这个时候寻欢作乐,时机不太适当啊。"

谣言迅速传播,让多年来过惯了和平日子的城市骚动起来了。英国和荷兰的舰队已经出现在祖恩德海面上:他们为的是什么呢,想要达到什么目的?是不是为了要跟丹麦人联合起来,结束瑞典在北方海洋上霸主的地位?从波兰那边也传来了消息,说是要把瑞典的卫戍军从波罗的海沿岸消灭。东方,千里之外的俄罗斯,除了靠近涅瓦河口的尼恩尚茨小堡垒和拉多加湖出口处的诺捷堡要塞以外,其余各处基本没有防御。以一支拥有两万士兵的军队和一个狂妄的国王跟几乎整个东欧作战,这在常人眼中,想想都觉得可怕,但查理却不怕。议会需要的是和平,只要能保持和平,即使稍微牺牲一点也是值得的。

查理在议会里出现了,连猎装也没有换,他用一种目空一切、漫不经心低听着那些发言,他要熬过那段时间,才能轮到自己发表见解。在经历了度日如年的等待之后,查理抚弄着短剑的剑柄,口中搪塞着议会。查理说正忙于安排孔格肖尔城堡里的春季狂欢会,节日之后才有时间思考如何解决外交方面的问题。年纪最大的议员站起身,深深地鞠了个躬,祝福查理无忧无虑地娱乐。

查理耸了耸肩膀,表达了谢意之后便走了。几天之后,正如他在议会承诺的那样,动身去孔格肖尔了。议会一直悬在半空的心终于放下了,他们做出了错误的判断,认为查理国王没有战争的打算。可现实却恰恰相反,给了他们一记响亮的耳光。查埋到了孔格肖尔之后便换了马,由雷恩舍尔德和十来个近卫军官护卫着,星夜赶往兰茨克罗纳。查理一路上都不给众人足够的休息时间,马也好,人也好,他都毫不顾惜。查理仿佛变了一个人,心中的念头支配了他的情欲和意志。

一个万里无云的春天的早晨,瑞典舰队载着15000名精锐士兵,浩浩荡荡地驶进了祖恩德海。快到中午时,瑞典人已经能看见海面上的战船、双桅帆船和帆桨大船那黑糊糊的轮廓,这是没有下锚却而停泊在海面上的英国和荷兰的舰队。领头的那艘瑞典巡洋舰迅速地在桅杆上升起了国王的御旗,隆隆的炮声紧接着从打水面上滚过,直奔敌方的舰船而去。英国和荷兰的海军将官们,乘着舢板向这艘领头的瑞典巡洋舰驶过来了。

查理站在后甲板上等候他们,他穿着一件青灰呢的长襟衣,一只手搁在一柄长长的宝剑上。一双擦过油的骑兵长靴,有个宽宽的喇叭口,足以适应任何意外。就这样,查理踏上了征服欧洲的漫长的道路。那些海军将官们听过很多关于这个年轻人荒唐堕落的传言,都以为他是个典型的花花公子。当看到查理那异乎寻常的坚毅和沉着,以及不符合年龄的成熟,让众人觉得很惊异。查理谈到波兰国王和丹麦国王给予他的无法忍受的侮辱,而且慷慨地同意接受英国和荷兰舰队的支援,去惩罚丹麦人的背信行为。

就在那一天,这三支联合在一起的舰队便启程向哥本哈根进发,它们的帆篷把海面都给遮蔽起来了。

十

大雨终于过去了，云彩飘走了，空气新鲜了。夜晚暖洋洋的，花香与青草味扑鼻而来，让出来散心的人们心情愉悦，享受着雨后的美妙时光。远远地从外侨区传来了新教教堂的钟声。彼得此时坐在一扇开着的小窗旁边，正借着余晖看奏本。在寝宫最里头的门边，从图拉来的锻工尼基塔·德米多夫一动不动地站着，等待着彼得的召见。

这是税务官阿列克谢·库尔巴托夫写来的奏本：……陛下，请宽恕我的坦率，老百姓现在越来越不奉公尽职了，只要稍微放松一点，他们便又会恢复从前的老样子，有些人还非常欣喜。商业公会的马特维·舒斯托夫送来一份他的买卖和财产的清单，上面写明他所有的家私只值两千卢布，他向我哭泣，说他已经彻底破产了，自己一个子儿都没有了。可是据我所知，马特维在他扎里亚季耶的寓所里，在茅房的地板底下，埋藏着他祖父留下来的四万金币。而马特维还是个反复无常的小人，他不是想办法如何增加财富，而是把钱都花在喝酒上面，如果不去约束他，那他准会把这笔财富吃尽用光。我请陛下下一道敕令，派一个书记官率领二十名士兵到扎里亚季耶那边马特维的寓所里去，把他那些金币挖出来。

彼得摇了摇头，把这个奏本放到窗台的左手边，这是准备批准执行的奏本。下一个奏本是法官米什卡·别克列米舍夫呈递的，他用发抖的手写下的字，彼得只能辨别出这样一些词句："我曾经在你父亲和你哥哥手下担任过许多职务，后来被派往莫斯科司法政厅里任法官。我大公无私，担任这个官职，一直到今天。由于一直奉公守法，我已经背上债务，穷困到了极点。请求陛下开恩，为了褒奖我的奉公守法，请准我到波尔塔瓦去当总督，或是其他地方亦可以……"

彼得打了个哈欠，把这个奏本撂在右手边的一堆文件上，这边是放不同意的奏本。另外还有一些从别尔戈罗德和谢夫斯克送来的报告，说是编在团里的城市居民、各级官员以及农奴和农民都不愿意为皇上当差，不愿意建造海船和砍伐木材，大部分人都开了小差，从各处逃往顿河哥萨克地区的密林深处，销声匿迹了。彼得怒不可遏，提笔在这件报告的角上批示了一行字："迅即将别尔戈罗德与谢夫斯克的总督召来，严加拷问。"

还有一份由农民送上来的血泪斑斑的呈文，控诉孔古尔地方的总督苏霍京，说在种种税赋之外，他又向每户人家征收八阿尔丁的捐税，多收的钱归他自己挥霍，而且下令把房子和澡堂的门封闭起来，也不管天气多么寒冷，这让许多孕妇只能在畜栏里生孩子，而那些婴孩无一例外地都夭折了；在法院里，那总督竟抓住有些女人的乳房，将奶头挤得出血，还用别的方法折磨她们，把她们弄成残废。总督苏霍京的罪行罄竹难书，令人发指。

彼得的眉头拧得更紧了，不停地搔着后脑瓜，思索着应对之策。一片哀号声从全国各地如雪片般飞了过来。撤换一个总督倒不是什么难事，可问题会接踵而至，接任的总督还是会继续胡作非为，闹得越发厉害。叫他到哪儿去找合适的人呢？官员们全是些窃贼，为了自己的私利，什么事情都干得出来。彼得抓起一支羽毛笔，批示了几个字："派人到孔古尔去。"但派谁去成了一个难题。"尼基塔，"他转过身来说道，"要是派你去当总督，你会不会偷盗，继续横征暴敛？"

尼基塔·德米多夫察看着彼得脸上的表情，小心翼翼地叹了口气："不会有什么差别，彼得·阿列克谢耶维奇，当了官总会是那样的嘛。我也无法幸免。"

"那你的意思就是没有人胜任了，是吗？"

尼基塔耸耸肩膀，做出一副无可奈何的样子，思忖了片刻后说道："尝到甜头的人偷盗起来更加厉害，胆子更大，手法更加隐蔽。陛下。"

"是啊，这些人真可恶，你胆子也不小啊……"

"我都要哭了，陛下。你心里忧伤，是因为没有人能够胜任。可我的十一个最优秀的锻工，正在紧张地干活，却被抓去当兵了……"

"是谁抓的？"彼得立刻扬起了警惕的眉毛，追问道。

"是切莫达诺夫老爷，他带了几个录事到图拉来办理登记，顺手就把我的人给抓走了。在图拉，凡是花得起钱的人，都花了钱赎免了。他派了一个录事来到我工厂里，要是我当时待在图拉，如果交五百卢布为这些出色的工匠们赎免，我是决不会吝惜的。陛下，我请您开个恩，帮助我把这些工匠都要回来吧，他们还有更重要的工作要干。他们全是制造枪炮的工匠，手艺精湛，不比英国人差，俄罗斯现在更急需这样的人……"

彼得从牙齿缝里说道："好吧，我答应你。你谈谈情况吧。"

尼基塔小心翼翼地走过去。事情关系重大。冬天，他去过一趟乌拉尔，带着他的儿子阿金菲和三个从丹尼尔小修道院里来的富有学识的分裂派农民，他们都是靠采矿过活的。他们把乌拉尔山脉，从涅维扬斯克到丘索瓦雅河沿岸各个城市做了详细的勘探，发现了许多含有铁矿的山，还发现了铜、银矿石和石棉等矿藏。财富埋藏在那儿，等待着前来开采的人。唯一的缺点就是那里的四周是一片荒漠，缺少必要的开采配套设施。涅瓦河边只有一所炼铁厂，那还是两年以前奉彼得的敕令兴建的，产铁只有可怜的五十普特。因为道路不通，就连这么一点产品也得绞尽脑汁才能用船运出去。铁厂的经理是一个领主的儿子，名叫达什科夫，他每天都是无所事事，只知道喝酒，涅维扬斯克的总督普罗塔西耶夫也和他一样，用喝酒来打发无聊的时间。工厂里身强力壮的工人全都逃跑了，只有一些羸弱的人还留在那里。矿井荒废了，周围全是古老的森林。这跟图拉那边尼基塔·德米多夫的工厂形成了鲜明的对比。尼基塔·德米多夫的工厂的周边矿砂不多，缺少冶炼矿石的木材，还有故意刁难的录事经常到工厂找麻烦。乌拉尔是个辽阔自由的天地，荒无人烟，可现在不容易进去，需要把沿途的道路修好，这需要很多很多的钱，眼下的俄罗斯恰恰是缺钱。

"彼得·阿列克谢耶维奇，我们虽然探明了乌拉尔有丰富的铁矿石储备，但我们这件事没有一点儿办法，想不出解决之道。我已经去跟斯韦什尼科夫、布罗夫金，以及另外几个人谈过，希望他们能参与开发。费了半天唇舌，可他们对投资这样一个艰难且充满极大风险的事业，心里一直迟疑不决，无法下定决心。要是我给他们当伙计，被他们吆五喝六，我也无法忍受。再就是我们还缺少劳动力，开发乌拉尔，我们需要大量的劳动力，但现在我们把人都投入战争中去了。"

彼得脸色立即变得特别难看，跺着脚发着脾气："那你到底需要什么？钱吗？人吗？你告诉我！坐下！不管你用什么办法，今年夏天，我需要十万普特的铁炮弹和五万普特的铁。我现在没有工夫和你们这班人闲扯，然后浪费大量的时间琢磨出一个办法，那样什么都来不及了！把涅维扬斯克工厂拿去，把整个乌拉尔拿去！我会给你下一道赦令的！我没有钱，可是为了这件事，我会想尽办法把钱拨给你。至于劳动力的问题，连同那所工厂，我还附带拨几个附近的乡区给你。你可以到领主的领地上去购买人手，人员随你挑。可是你要留神：一普特铁，我给瑞典人是一卢布，可你必须用三十戈比一普特的价钱供应给我，记住了！"

"这个价钱不合适，"尼基塔急忙插话，"这个价钱我可办不到。要是50戈比还有可能。陛下。"他小心地呼吸着，时刻关注着彼得的表情。

彼得瞪了他半天，紧绷的脸终于缓和下来了。他叹了口气说："好吧。这个我们以后再谈。可还有一点，你要记住，这一切你得在三年里头用生铁和铁器来偿还。如果你到时候不守诺言，我要把你弄在车轮上，让你尝尝滋味的。"尼基塔轻轻地嗽了嗽喉咙，沙着嗓子低沉地说："这笔钱，用不了多久我就还给您的，您不用担心，陛下。"

十一

又是一个不知道该做什么的夜晚。彼得的心很烦乱，想叫人把蜡烛点上，可是朝那些还没看过的文件斜瞟了一下，便往窗台上一靠，向窗外眺望了。

夜幕早已降临，天气似乎比白天更暖和了。水从树叶上往下滴。一片薄雾从草地里往上升。一颗水珠滴在彼得的后颈，他浑身打了一阵哆嗦，慢慢地把水滴擦掉。整整一天，他什么事都没有做，只是静静地坐着。缅希科夫听说了彼得的反常举止后，便请他去吃晚饭，想让他出去散散心。可他没有去。他现在不喜欢大吃大喝，喝酒后胡闹的行为了。处境从来不曾有过这样的困难，他的力量这会儿全都放在等待上头，而且也只能是等待，一股有力发不出的感觉让他如坐针毡，但还得坐着，真是太痛苦了。奥古斯特国王并没有等到时机成熟，只凭一时的冲动便轻率地发动了战争，要是能取得胜利也罢，可他在里加陷住了，无法抽身。丹麦的克里斯蒂安没有等到头，那也只好怪他自己，怨不得别人。

"只好怪他自己，只好怪他自己，"彼得喃喃自语着，望着雨后的窗外，神情落寞。远处，有人正在那儿胡搞，说不准是一个侍从跟一个什么姑娘在亲热。那一天，朗根上校从奥古斯特国王那里带着惊人的消息赶来了：那只瑞典狮崽子，查理十二世出人意外地露出了獠牙，准备撕咬敌人。他带着一支庞大的舰队出现在哥本哈根要塞前，要求和丹麦人谈判。丹麦被吓唬住了，克里斯蒂安不敢冒战争的危险，开始了谈判。与此同时，查理已经让一万五千步兵在丹麦军队的后方登陆，瑞典人如同暴风雨般迅猛地冲进丹麦。无论是瑞典国内的人民，还是国外的敌人，都惊讶地合不拢嘴，谁都没想到这个淘气的孩子，娇生惯养的年轻人，如脱胎换骨重生一般，在这么短的时间里显示出一个真正的军事统帅的智慧和胆略。

朗根也转达了奥古斯特国王委婉的要求：请求彼得赞助他一笔钱，最好能给大主教和统帅提供两万金币的支持，让他们分发给贵族，波兰就可以进行战争了。朗根含着眼泪恳求彼得，不要等到跟土耳其人达成和议，现在马上派兵出征吧！

听了这些报告后，彼得浑身皮肤都发痒了。可现在却不行！只要克里米亚的问题一天不解决，俄罗斯就不能卷入战争。他必须要耐得住性子，等待时机成熟，不能意气用事。刚才伊万·布罗夫金禀告说，市政院经过激烈的争论，斯韦什尼科夫和绍林动手在暗中收购粮食，从水陆两路装运到诺夫戈罗德和普斯科夫去，囤积居奇。小麦马上猛涨了三戈比。列维亚金向他们嚷道："你们是不是疯了？英格利亚还没落到我们手里，什么时候它才会是我们的呢？你们的粮食将会在诺夫戈罗德和普斯科夫白白地烂掉，你们会赔得精光的。"可是他们却这样回答："一到秋天英格利亚就会是我们的，雨季过后，道路很快就干了，我们就把粮食运到纳尔瓦去。"

彼得命侍卫米什卡点上了蜡烛与烟斗。屋里马上飘起了蜡油和烟草的混合味道，彼得在屋里不停地踱着步。他从桌子上拿起一张纸，把它挪近蜡烛看了看，随后又扔到一边。从他烟斗里喷出来的烟雾飘向窗口，绕过窗框转弯，给吹送到窗外那寒夜中去了。"米什卡！让他们去把我的马车赶过来，你回头跟我一起走。"

月亮升到了平原上空。彼得用缰绳抽打着马，马受到刺激，放开四蹄奋力地向前疾驰。马车在库奎外侨区沉睡的街道上飞驰。灯光从安娜·蒙斯家一扇扇窗户的心形孔眼里透出来，安娜·蒙斯、施特罗姆普弗牧师、柯尼泽克和冯·克罗伊公爵围坐在桌子旁边，悠闲地玩着纸牌。施特罗姆普弗牧师不时吸着鼻烟，打着喷嚏。冯·克罗伊公爵聚精会神地看着手里的纸牌，没有什么事能打扰他。安娜·蒙斯穿着一件天蓝色的家常衣服，抓牌的时候微微皱着额头。柯尼泽克外表整洁，神态端正，一忽儿朝她温柔地微笑，一忽儿微微颤动着嘴唇，竭力想不露痕迹地帮助她。挂在墙上的时钟慢慢地嘀嗒嘀嗒地响着。

"梅花，"施特罗姆普弗牧师叹一口气，朝天花板扬起了眼睛。"黑桃，"冯·克罗伊公爵说。柯尼泽克起身从安娜·蒙斯的背后瞅了下她手里的牌，柔声媚气地说："我们还是叫红心好了，安娜。"

彼得急匆匆地从后门走了进来，一把推开了房门。安娜·蒙斯一惊，纸牌从手中滑落。几个男人都急急忙忙站起来，给沙皇行礼。安娜·蒙斯发出了喜悦的叫声，满面春风地行了个屈膝礼，亲吻彼得的手。彼得没有说什么，直接朝长沙发走了过去，坐在那里，用略显疲态的嗓音说："你们玩吧，我坐在这儿抽抽烟。"

安娜·蒙斯立刻跑到桌子边，把纸牌弄乱了："我们玩牌只是为了消遣，打发无聊的时间罢了，彼得，只要您一来，总是会把欢乐和愉快带到这里来的，我们都热忱地期盼您的到来。您一定没吃饭吧，我们现在开饭吧。"

"我不饿，你们吃吧，"彼得喃喃自语。也不知道为什么，愤恨一下子涌上了咽喉。他忽然发现安娜的额头上有一道小小的皱纹，他以前可没有注意过她有皱纹。岁月不饶人啊,彼得心里暗暗叹息,但他并没有吱声。施特罗姆普弗牧师望了望墙上的时钟,随后又看了看自己的表:"啊,都快三点钟了。太晚了,我们该告辞了。"说着,他从窗台上拿起他的祈祷书。冯·克罗伊公爵和柯尼泽克也抓起了各自的帽子,准备离去。安娜忽然喊了一嗓子:"等等,不要马上走!"

彼得从鼻子里发出哼响,火星随即从烟斗里飞出来。他从长沙发上跳了起来,故意迈着大步,还随手把门"砰"的一声碰上了。安娜用围巾掩着脸,轻声抽泣着。柯尼泽克踮起脚,急忙拿了一杯水,安慰着安娜。施特罗姆普弗牧师摇了摇头,冯·克罗伊公爵把丢在地上的纸牌捡了起来,随即又把它们摞在桌子上。

十二

水汽从木头的房顶、从正在干燥的街道上升腾起来,教堂的钟敲响了:这是个礼拜天,复活节后的第一个礼拜天,小贩们沿街在叫卖着馅饼和热蜜水。游手好闲的人喝得醉醺醺的。扶着剥蚀了的城墙,踉踉跄跄地走着。彼得乘坐马车在街上不急不缓地赶着。他眼睛凹了下去,脸色也不太好。侍卫官米什卡已经在马车上等了他一夜,都有些睁不开眼睛,但他还是强打精神,免得让自己瞌睡过去。人们为牲口让路,几个路人认出了是沙皇的马车,便摘下帽子,朝他的背影拜一拜。

那天夜里,彼得从安娜·蒙斯家赌气出来,转身便往缅希科夫家驰去。可是当他听到那里传出来的音乐声和呼喝声后,便把缰绳一抖,调转方向,径直前往郊区。当他们出了莫斯科,来到绿油油的田野里,屋顶后面雪云正在从大地的边沿升起来。他们赶过了半个连队的兵士,这些人都穿着棕褐色的、不合身的长襟衣,队伍散漫地行进着,刺刀碰撞着刺刀,发出刺耳的噪声。军士见到了彼得,没命地喊道:"立正!"彼得从马车上跳了下来,抓住一个士兵的肩膀,随后又抓住另一个士兵的肩膀,把他们的身子转过来,摸着那粗劣的呢子。

"废品!"他叫了起来,眼睛直愣愣瞪着那个满脸粉刺的军士。"这些长襟衣是谁供应的？快说！"军士孱弱地说："炮手先生，这些长襟衣是苏哈列夫被服厂出产的。"

"把你的衣服脱下来！"彼得抓住了第三个人，那个士兵好像已经吓得气也喘不上来了。跟他靠得最近的一些伙伴看他没有反应，聚拢过来，从他手里抓过来了火枪，把长襟衣从他肩膀上脱下来。彼得夺过了长襟衣，把它撂在马车里，二话没说，便坐上马车，朝缅希科夫的寓邸飞也似的驰去了。

那个给剥掉了衣服的士兵，全身关节都在发抖，迷惘地瞅着那辆疾驶而去的马车。军士用手杖杵了他一下："戈利科夫，离开行列，向后转，立定！左脚是干草，右脚是麦秸。记住我的话，开步走！干草——麦秸，干草——麦秸……"

十三

苏哈列夫被服厂里的呢子是由伊万·布罗夫金的新厂供应的，这个新厂开在涅格林纳雅河边的铁匠桥下。缅希科夫和沙菲罗夫都投了资。为了这批做制服的呢子，普列奥布拉任斯科耶政厅预付了十万卢布。缅希科夫更是向彼得夸下海口，说他们供应的呢子质地只能比汉堡的好，不会出任何问题。要不是彼得亲眼所见，一直会被蒙在鼓里。其实他们供应的是掺着一半棉花的粗麻布。阿列克萨什卡·缅希科夫天生是个贼，长大了还是个贼，他的习性还是没改掉。"嗯,你等着瞧吧！我会让你记住做贼的下场！"彼得暗自想道，便不耐烦地抖了抖缰绳。

亚历山大·丹尼洛维奇·缅希科夫坐在床上喝着腌黄瓜卤，想解他隔夜的酒意。他们一直闹到早晨六点多钟，每个人都喝得太多了，而且还没有休息。只要一打嗝，肚里的酒气立刻奔着鼻孔和嘴巴冲了过去，要不是拦住了它，肯定会迅速地冲出来。彼得·帕夫洛维奇·沙菲罗夫坐在那张豪华富丽的大床面前，手里拿着一鼻烟壶，他劝缅希科夫放一点血，这样会很快消除酒意的："啊，亲爱的亚历山大·丹尼洛维奇先生，您这样漫无节制地喝烈性酒，简直在毁灭您自己了，您要注意身体啊。"

"去你的……"

亚历山大·丹尼洛维奇的手下首先从窗子里看见了彼得，提醒着他们："看样子陛下好像在生气，小心啊。"大家还没来得及整理好装束，彼得就已大踏步地跨进了卧室，招呼也不打一个，就径直走到亚历山大·丹尼洛维奇面前，把那件士兵长襟衣砸向了他的面部："这玩意儿比汉堡的呢子好吗？你这个贼，别狡辩。"

他揪住亚历山大·丹尼洛维奇的前胸，把他拉到墙壁跟前，让它身体重重地撞击了几下；亚历山大·丹尼洛维奇张大着嘴，还没反应过来，彼得的拳头便如疾风骤雨一般落在他的面门、鼻子、下巴、耳朵上，打得他眼前金星直冒，脑袋嗡嗡直响。彼得还是不解气，他又抓过一根搁在壁炉旁边的拐杖，照着阿列克萨什卡身上一顿乱打，亚历山大·丹尼洛维奇的身上出现多处充血的地方，最后连拐杖都打折了。彼得终于打累了，放开了亚历山大·丹尼洛维奇，坐在沙发上呼哧呼哧地喘着粗气。他又转向沙菲罗夫——这个人驯顺地跪在他的脚下，大气都不敢喘。彼得只是朝他哼了一声："起来！你得把这些破呢子统统卖给波兰国王奥古斯特，你还得给我和伊万·布罗夫金换回好呢子来。我只给你一个星期的时间，要是还剩一件，就剥掉你的衬衫，把你放到绞刑架上去。听明白没有？"

"您放心，比您规定的限期还会短得多，陛下。"沙菲罗夫战战兢兢地说道。"陛下，"阿列克萨什卡终于得到了说话的机会，他抹掉了脸上的眼泪和血水，"我们什么时候欺骗过您呢？这种呢子本来……"

"闭嘴！这件事不要再说了，快吃早饭吧……"

第四章

一

天气热极了。一丝风也不光临这个城市。君士坦丁堡的上空,热气盘旋不散,呼吸都不让人顺畅。即使在苏丹王宫的花园里,也没有一丝儿阴影。城里静悄悄的。只有拖长的嗓音,从清真寺高塔上喊出来,声音让人很不舒服,似乎有种悲凉的感觉;但一到夜里,狗便狂吠不止。

叶梅利扬·乌克兰采夫,俄罗斯驻君士坦丁堡大使和文书切列杰耶夫已经在佩拉的客栈住了一年多了,没有取得任何进展。会议开了二十三次,可不管是俄罗斯人,还是土耳其人,双方都维持现状,考验着对方的耐心。几天前,彼得沉不住气了,他派来急使,带着诏书,指示叶梅利扬·乌克兰采夫马上与土耳其达成和议,除了亚速以外,适当对土耳其人做出让步,不再纠结从前的条件;至于圣墓,最好一字不提,免得冒犯那些天主教徒,引出不必要的麻烦;不过,做了这种让步之后,就得站稳脚跟,坚持不变了。

在第二十三次会议上,乌克兰采夫说:"这是我们最后的条件了,我们再在帝都住两个星期,如果和谈不成,那一切后果你们自己承担。我们皇上的舰队跟去年已经大不相同了，今非昔比。这一点你们想必都听说过了，我在这里只是善意地提醒你们，不要总玩火。"为了威胁他们，乌克兰采夫大使和一行随员还从客栈里搬到了军舰上，做出准备撤走的样子。"要塞号"在港口停泊了一年多。由于无所事事，官兵们三五成群地打着纸牌，潘布尔格舰长每天除了喝酒就是睡觉，身体发福得厉害。

乌克兰采夫和切列杰耶夫总是天没亮就醒来，在闷热的船舱里叹着气。他们吃的是有臭味的食物，喝的水一点味道也没有。太阳徐徐升起来了。闲来无聊，望一望那流动的河水，望一望那些载满西瓜和香瓜、在岸边懒洋洋地轻轻摆动的小船，望一望清真寺的圆屋顶，望一望映衬着蓝天的耀眼的月牙旗，不大一会儿就让人受不了。嘈杂的人声、喊声和各种小贩的叫卖声，此起彼伏地从加拉塔狭窄的巷子里传到舰船上。

"叶梅利扬·乌克兰采夫，我对你有什么用处呢？放我走吧，我可以步行回去，不花费克里姆林宫的钱。"文书切列杰耶夫总是这样说。"我们很快就要启程了，伊万·伊万诺维奇，耐心点儿，再过几天就可以了。"乌克兰采夫大使总是这样回答，然后闭上眼睛，不让自己看见那座已经叫他非常厌烦的城市。

"叶梅利扬·乌克兰采夫，我现在别无所求，只想到我们家花园中的草丛里找个阴凉的地方躺上一会儿。可在土耳其，我的老天爷！他们都是十足的异教徒。他们的思维和行为方式根本无法理解，我已经忍了一年多了，实在坚持不下去了，请您让我回莫斯科吧。您放心，我偷偷回去，不会让别人看见的，不会连累您……"切列杰耶夫还不死心，对叶梅利扬·乌克兰采夫大使软磨硬泡。

一条上面遮着一块毯子的舢板船，正离开海岸，朝军舰奋力划来。潘布尔格舰长像是明白了什么似的，突然嘶哑地大声叫喊："水手长，吹哨子！叫全舰人员赶紧收拾，全部到甲板上集合！来几个人，快把舷梯放下去。"舢板船很快就划到军舰边，土耳其宰相手下的一个官员所罗门急促地爬上了舷梯。这个人往军舰里飞快地打量着，一只手朝额角、嘴唇和心口飞快地碰了一下，用俄语说道："苏丹陛下的宰相大人谨问候你身体健康，叶梅利扬·乌克兰采夫大使先生，他担心您在船上住不习惯，会给您的身体带来隐患的,特派我前来接您回驿馆。他还很关心,到底是什么事儿让您跟我们生气啦?"

"你好,所罗门,"乌克兰采夫尽可能从容不迫地答道,"请代我向宰相大人问好,我们在这儿挺好的,没有什么不适应。我们就是想家,想尽快完成使命,回到家中享受乐趣。"

"大使先生,我能不能跟你私下里谈谈?"

"好啊,我也正想和你交流一下呢,现在正好有机会,求之不得。"乌克兰采夫咳嗽了一声,朝切列杰耶夫和潘布尔格转过脸去:"对不起,请你们先回避一下,我和所罗门先生有话要说。"他首先退到帆篷的阴影里去了。所罗门随后跟了过去,微微一笑:"叶梅利扬大使先生,我是您最忠实的朋友,我可以搬指头说出你们所有的敌人。要是没有我,议会早就停止跟你们的谈判了。我费了九牛二虎之力,总算把事情给扭转了过来,宰相大人已经答应了沙皇的条件,准备明天签订和约。不过我要提醒您,有几个人得送点儿礼,这事才能顺利办成。"

乌克兰采夫恍然大悟,一切都明白了。他雇用的希腊人昨天向他报告说,法国大使从巴黎回到了君士坦丁堡,苏丹的大臣们开了一次会,大家都得到了一份丰厚的礼物。夜里,乌克兰采夫翻来覆去,一直无法入睡,心里不停地琢磨:"这到底是什么意思呢?他们正煽动土耳其人跟奥地利皇帝作战,法国坐收渔人之利?那也不对啊,土耳其现在首要的是解决与莫斯科的问题,这才是现在最大的问题。"

所罗门的一席话让他茅塞顿开,他表面上仍故作镇静地问道:"哦,要送礼吗?这也没有什么。请你告诉宰相大人:如果和议成功,那对我们双方固然很好;要是不成功,对我们来说还会更好些。和议必须按照我们事先谈好的条件签订。和约签定后,我们将遵守诺言,放弃第聂伯河上那些已经设防的小城,马上撤走军队。可是作为交换条件,亚速周围骑着马十天可以跑到的地方都将要划给俄罗斯。这一点是坚定不移的,望你们周知。"所罗门生怕自己的那点礼物不保,便开始跟乌克兰采夫争辩。他们为了不让其他人知道,先后走进了船舱。潘布尔格明白有许多双眼睛正在从望远镜里观察着"要塞号",他吩咐水手们爬上桅樯,做出准备出航的姿态。

叶梅利扬很快就从船舱里伸出了脑袋，对他说道："潘布尔格船长，穿上正式场合的衣服，我们马上要进城，去和土耳其人商量和约签订的最后细节了。"没多大会儿，大使自己也戴上了假发，佩着宝剑，走了出来。所罗门抓着他的臂肘，一路扶他走下舷梯，到了舢板船里。

第二天，和约签订了。

15世纪的君士坦丁堡。君士坦丁堡就是现在的土耳其城市伊斯坦布尔

二

"伊凡大帝"钟在莫斯科上空响着，大家都在为俄罗斯的军舰能战胜敌人而祈祷，彼此奔走相告。那一天祈祷过后，杜马秘书官普罗科菲·沃兹尼岑身穿俄罗斯传统服饰，按照古礼出现在沙皇寝宫的台阶上，向集合在那边的一大群人清晰而缓慢地宣读皇上的圣旨：所有军人，全部编入队伍，前去同瑞典人作战。所有侍臣，诉讼代理人，莫斯科贵族，宫廷侍从人员，以及登记参加军事训练的各级人等都可以乘马。沙皇还对自愿参加对瑞典作战之人员给予奖励。

对瑞典作战一事，大家早已料到了，可是莫斯科仍然受到了极大的冲击。从早晨起，部队和辎重车队一批批开出城去，沿途扬起了一团团尘烟，眼睛都睁不开了。城市居民一窝蜂地把身子紧贴到栅栏上，数着军队的人数和武器装备，还时不时地发表下见解；士兵们的妻子在旁边绝望地跑着，不停地抹着眼泪。从古老的小教堂开着的门里，可以听到辅祭们在大声地祈祷胜利的声音。领主府邸的大门都敞开着，骑着马的人冲进了人群，用鞭子胡乱抽打。大车互相碰撞，车轴嘎嘎直响，牲口嘶叫着。

圣母升天大教堂里，在无数支蜡烛的火光里，身体虚弱的阿德里安总主教举起双手在哭泣，领主及其身后那一大群有名的商贾和最优秀的商业公会成员都跪在地上。允许这么多的商人走进圣母升天大教堂，进入象征领主们身份地位的堡垒里来，这还是俄罗斯历史上的第一次。为了能够进入这个地方，市政院中许多高贵的大商人毫不吝惜地捐献了蜡烛，他们这次不再是唯利是图的商人嘴脸，反而请求辅祭们不要舍不得。大家都在哭泣，望着总主教脸上淌下来的眼泪。

伊万·阿尔捷米奇·布罗夫金哭得非常伤心，一遍又一遍地重复着："光荣，光荣……"在他的左手边，市政院主席米特罗凡·绍林脸色通红，用极端激动的嗓音附和着合唱队；另一边，阿列克谢·斯韦什尼科夫一双贪婪的眼睛正瞅着教堂的黄金器物，仿佛所有这一切财富都是他双手创造出来的。

"愿主赐给我们胜利！"服饰奢华的大辅祭高声吼着。大家轮流走过去亲吻十字架。第一个是头发花白的"公爵皇帝"费多尔·尤里耶维奇，他足足亲吻了一分钟多才松口，然后蹒跚地走了下来。接下来是那些上了年纪的公爵和领主，无法出征之人，按照身份和地位排好了队。商人们恭恭敬敬地走过去，朝着教会长老捧着一只很大的托盘，投进去一个个金币、一只只戒指和一串串珍珠，以及其他贵重之物。祈祷仪式结束后，商人们全都昂起了脑袋，大踏步地从大教堂里走了出来。他们把头发往后一甩，挺起胸膛，穿过刚刚泛青的广场，朝市政院走去，漫不经心地望着众多的老百姓和各政厅的一扇扇窗子。

商人们终于扬眉吐气了。伊万·阿尔捷米奇走出大教堂，几十只乌黑而粗糙的手全都伸了过来："爵爷，爵爷！求求你，给一个戈比，给点吃的东西吧，我们要饿死了！"那些披头散发、光着身子的乞丐号叫着，他们抖着破烂衣服，希望得到伊万·阿尔捷米奇的怜悯，哪怕是一个铜币。伊万·阿尔捷米奇神色慌张，向周遭瞅了一眼，训斥道："你们这些傻瓜，你们这些乞丐，别胡说，我不是什么爵爷！"他嘴上虽这么说，但心里很高兴，他把口袋翻出来，里面的铜币散落了，众人一哄而上，争抢掉在地上的铜币。

瓦西里·列维亚金这时站在旁边，眯缝着眼睛微笑着。伊万·阿尔捷米奇好容易脱了身，跟他说道："这难道就是你的军队吗，商人？在这样一个日子，你最好还是画画十字吧。"

"我们是跟大众在一起的，伊万·阿尔捷米奇先生，"列维亚金鞠了个躬，回复着伊万的疑问，"跟大众在一起，我们就定心了……世界那么贫困，我们却跟上帝在一道……"

三

士兵们不得不多拿出些力气，才能把大车和大炮从污泥里拉拽出来。西风刮了许多天，魏德和阿尔塔蒙·戈洛温将军的部队慢慢地向西方移动，绵亘达一百俄里。45000名步兵和骑兵、一万辆大车正在移动着。连日来的雨水把白桦和白杨的最后一批树叶也击落了。车轮及车轴都陷了下去，牲口的腿折了。士兵们在水沟边沿一声不响地坐下来，无声地抗议，即便用死来威胁也没法儿叫他们前进。那些外国军官更是娇弱，他们连一点雨水都受不了，更别提让他们吃苦了。

军队从莫斯科出发的时候，每个人都穿戴得整整齐齐，戴着插有羽毛的帽子，穿着绿色的长襟衣和绿色的长袜子，雄姿英发。当军队到达瑞典边境时，士兵基本都没有鞋穿了，身上满是泥浆，队伍十分凌乱。他们绕着伊尔门湖前进，许多辎重大车都给湖水冲走了，一些士兵也随之一起消失了。

由于要打捞、拖拽大车，辎重车队没有跟上大部队，迷失了方向。头顶上是雨，脚下是泥泞不堪的道路，就算他们停下来也没法儿生火，只好忍受着寒冷与饥饿，浑身打着哆嗦。贵族后备军的骑兵连比最凶恶的敌人还要狠毒，他们像蝗虫一样把可以吃的东西统统从周围的村子里抢走了，好像他们与俄罗斯步兵有不共戴天之仇。从步兵身边驰过的时候，他们吆喝着："让开，你们这群笨蛋！"阿列克谢·布罗夫金这次担任冯·施韦登的先遣团的上尉，他气愤不过，过去和这些骑着马的地主们争吵，发生了一些肢体上的冲突，但无济于事。困难和麻烦很多，就是没有秩序。

直到俄罗斯的先头部队走到边境附近的卢卡河边，才从污泥里拔出来，扎下了营帐，等候辎重车队与之会合。他们搭好帐篷，把身上擦洗干净，升起了篝火取暖。士兵们追忆着亚速战役，几个年老的后备军战士还记起了瓦西里·戈利岑的克里米亚远征。跟那次在空旷的草原上向温暖的南方进军相比，这次所选择的路线简直无法想象。一路上沼泽遍布，陷阱很多，稍不留神就有性命之虞。要想征服这片贫瘠的土地，他们还得战胜各种困难，漫长的路仍在前方等待着他们。

士兵们围着篝火取暖补衣，晚到的士兵去河边洗东西了。军队发的鞋全成了破烂，没法再穿，树皮鞋又成了主角。军中人心不稳，牢骚满腹，还没等与瑞典人开战，俄罗斯的战斗力就所剩无几了。如果这种情况持续下去，即使不打仗，一半的人也活不到11月。骑兵们出去侦查时，用套马索抓了一个芬兰"舌头"。大家把他团团围住，用俄语或是鞑靼话询问当地的各种情况。芬兰人拒绝回答任何问题，他们便把"舌头"带到阿列克谢·布罗夫金的营帐里去审问。这种"舌头"是不能释放的，询问完之后捆绑起来，送到辎重车队去，以最低75戈比的价格卖给随军商贩，而这些商贩又把他们转卖到诺夫戈罗德，一些承办军需的人都有机关设在那里。

阿列克谢·布罗夫金对团里的一切事务管理得非常严格，他不会让士兵忍饥挨饿，也不无端责罚他们，一切都按照军法处理。他还以身作则，跟士兵们在一个锅里吃饭；可是对于胡作非为和疏忽大意，他从不姑息，打得那些违反军规的人嗷嗷直叫。夜里，他都要起一次床，亲自查岗。一天晚上，他悄无声息地走到树林边沿，仔细听着各种可疑的声音。忽然，他隐隐约约地看见一个士兵蹲在树桩上，抱着火枪，把脑袋贴着铁枪筒，轻声抽泣着。阿列克谢走过去问道："谁在巡逻？"那个士兵一骨碌跳起来，嗓音中透着恐惧："是我，长官。"

"你是谁？听见哭泣声没有？"阿列克谢大声地吆喝着。

"长官，我是安德烈·戈利科夫。我没有听见哭声。"

按照军规，他本来是要挨一顿打，即使打了他，他也无话可说。阿列克谢忽然想起了在那所坍塌的小教堂中被活活烧死的人们，想起了在被火焰照亮的雪地上被反绑双手的人。当时，阿列克谢吩咐把他抓起来，连同那个农民和涅克塔里长老，准备带回莫斯科让彼得发落。有天夜里他们在云杉树底下宿营，涅克塔里趁机逃走了。明明绑得很牢固，涅克塔里无法逃走。只有鬼知道是怎么回事，安德烈·戈利科夫躺在雪橇下面，人事不知，东西也不吃，一句话也不说。到了波韦涅茨，他们在办公室里审问他，用鞭子威胁他，他才突然脱口而出："你们为什么还要折磨我？我已经受尽了折磨。你们看！"他开始抽泣着讲述自己的身世，当场扯开衣服，露出被打的创口。阿列克谢一看这个人不同寻常，而且还能读能写，便让人把他的头发剪掉，带他到澡房里去洗澡，随后将他编入了队伍。

想到这里，阿列克谢缓和了口气："当兵的人可不应当哭啊，这会动摇军心的。你是身体不舒服了，还是有其他原因？"戈利科夫并没有回答问题，只是规规矩矩地立正了。阿列克谢见问不出什么，便用手杖做了个吓唬人的动作，扭头儿走了。戈利科夫绝望地喊道："上尉先生，我一个人在黑夜里害怕，我害怕暗夜的空虚。这种感觉比死还要难受，为什么要把我们赶到这里来了？"

阿列克谢觉得很惊奇，于是又朝戈利科夫走了过去："你怎么可以这样说，你这个流浪汉？你知道你说这种话会有什么后果吗？你这是传播谣言，弄不好要被送上绞刑架的！"戈利科夫继续哭泣："阿列克谢·伊万诺维奇上尉，请你马上把我杀了吧，我是我自己的最凶恶的敌人。如果让我一直过这样的生活，那还不如早点死了好。我都已经试过了这个世界不会接纳我，请你拿走我的火枪，用枪刺把我刺死吧！"

阿列克谢咬紧牙齿，往安德烈的耳朵上揍了一拳，作为他的答复。戈利科夫的脑袋晃了一晃，可是他一声也没哼。"把帽子捡起来，戴上！我最后一次提醒你，你现在是个士兵，必须无条件服从命令。叫你前进，你就得前进。叫你死，你就得死。知道为什么吗？因为需要。待在这儿，一直到天亮。要是我再听到你哭泣，我可不会这么客气了。"阿列克谢头也不回地走进了营帐。离天亮还早着呢。天气让人很憋闷,既没有雨,也没有风。他把被子拉到头顶上,叹了口气。"虽然他们每个人都不吭声,可是人人心里都有自己的打算。哎,人啊!"

那个背有点驼的士兵,"泥洗脸"费季卡正闷闷不乐地把水倒在阿列克谢的手里,服侍他洗脸。被冷水一激,阿列克谢浑身的毛孔立刻紧绷起来,人也精神起来。秋天的早晨,寒气很重,营地的篝火一直没有熄灭。睡眼惺忪的利奥波尔杜斯·米尔巴赫准尉正训斥着两个士兵:"你们要挨一顿鞭子!"他沙哑着嗓子,气愤地说着。打了那两个人几鞭子,他便转身向阿列克谢的营帐走去。他的脸绷得紧紧的,眼皮有点发肿,看见阿列克谢便发起了牢骚:"热水没有,吃的东西也没有,军事装备也不全。这哪是战争啊,士兵和军官们都不满意,这场仗可怎么打啊?"

阿列克谢没有反应,只是用毛巾擦着腮帮。正在这时候,一辆沉甸甸的帆布篷马车从树林里冲出来。六匹毛色不同的马都在冒着热气,后面跟着十来个骑士,车上溅满了泥浆。马车慢步驰近了营地。阿列克谢看见马车,急忙抓起长襟衣,匆忙中来不及把手伸进袖管去,抓过宝剑,朝着一个个营帐跑去:"鼓手们,击鼓报警!"

四

马车停住了。彼得探出身来,跳到了地上,后面跟着缅希科夫。他跳下来的时候被马刺绊了一下,骑士们也都下马了。彼得望着四周的营地,拧紧了眉头。在清新的空气里,喇叭呜呜地吹着,军鼓咚咚地擂着。士兵们有的从大车上跳下来,有的从帐篷里奔出来,把纽子扣好,把腰带系好,迅速排成一个方阵。阿列克谢·布罗夫金左手按着佩剑,右手抓着帽子,立定在彼得面前。

彼得望着阿列克谢乱发蓬松的脑袋:"把帽子戴上!行军的时候不能摘下帽子,难道你不知道吗?你个傻瓜!火药辎重在哪儿,快带我去!"阿列克谢望着彼得,谨慎地说:"都留在伊尔门湖了,当时正逢湖水上涨,所有的火药都湿了,炮手先生。"彼得的脸沉了下去,朝缅希科夫转过头去。

缅希科夫的表情不自然了，他轻咳了一声，眼睛望着阿列克谢，开口问道："那请你告诉我们，上尉先生，这个团的另外几个连在哪里？冯·施韦登上校在哪里？"

"他们都分散驻扎在河的下游，将军先生。"

缅希科夫似笑非笑地摇了摇头，彼得皱了皱眉。两个人向排着方阵的地方走去。彼得双手依旧插在口袋里，似乎漫不经心地望着士兵们那一张张灰色的、憔悴的脸，望着那一件件破烂的长襟衣和一条条裹脚的烂布。他们在队伍前面站了许久，彼得猛地把头往上一抬："你们好，弟兄们！"

队伍里传出了一阵杂乱的声音："我们祝愿您身体健康，炮手先生。"

"有没有人要申诉？"彼得问。士兵们都不吱声了。彼得提高了嗓音，更加刺耳地说道："谁要有申诉，可以站出来，不用害怕！"戈利科夫突然深深地叹了口气，捂着嘴抽泣着，但并没有让彼得听到或看到他，他站的位置离彼得太远了。

"我们明天就要开拔，前往纳尔瓦。前面的困难或许会更多，弟兄们。瑞典国王查理会亲自率领军队前来与我们作战。我们是光荣的罗马帝国的后裔，一定要打败查理。我们不能放弃我们的国土。亚姆戈罗德，伊凡戈罗德，纳尔瓦，一直到海边，这些土地本来都是我们的，我们现在收回来再正常不过了。请相信我，我们很快就可以把他打败，然后就可以在冬季宿营地休息，恢复我们疲惫的身体。等大地解冻之后，我们就可以高高兴兴地回家和亲人团聚。听明白没有，弟兄们？"

他的眼睛凌厉地突出着。士兵们一声不响地瞅着他。气氛让人不舒服。这时，一个嘶哑的嗓音喊了出来："我们一定会打败瑞典人，我们这边的人更多，胜利一定是属于我们的。"缅希科夫为之一喜，马上向前走了一步，想看看说这句话的到底是谁。阿列克谢的心却往下一沉，他开始有点担心了：说话的原来是"泥洗脸"费季卡，是士兵里一个最靠不住的人。

"上尉先生，你的连队秩序很好，我要感谢你。你没有什么过失，请你把三倍于定量的伏特加发给士兵们。"

说完，彼得朝马车走了过去。缅希科夫向阿列克谢挤了挤眼，伸出一只保养得很好的手，拍了拍阿列克谢，凑到他的耳朵边说道："彼得·阿列克谢耶维奇陛下很高兴。你的部队比别的要好得多。你现在就是缺少机会,在纳尔瓦露一手吧,那你就可以顺理成章地升为上校的。我在诺夫戈罗德看见你的父亲伊万·阿尔捷米奇,他要我向你问好。"缅希科夫说完,小跑着赶上了彼得。他们坐上了马车,顺着岸坡,向云杉林深处驰去。

离纳尔瓦不到两俄里的地方,俄罗斯人在纳罗瓦河的两条支流的河面上架起了一座浮桥,以保证军队顺利渡河。舍列梅季耶夫的骑兵团快速通过浮桥,朝列维尔大道移动,准备拦袭瑞典军队。特鲁别茨科伊师的一部分军队追随他们到了河的左岸,在跟纳尔瓦的那些石头棱堡相距一俄里的地方,把辎重车队掩蔽起来。纳尔瓦的瑞典卫戍军没有阻止他们渡河,双方的兵力对比过于明显,瑞典人力量单薄,在开阔地上作战意味着一场冒险的赌博。

9月23日,俄罗斯先头部队离开了亚姆戈罗德大道,踏上高低起伏的丘陵地带。伊凡戈罗德那些碉楼从前是伊凡雷帝的要塞,河对岸的教堂尖塔和砖瓦房顶,俄罗斯的风情清晰可见,一切仿佛都是昨天的事情,只不过是这些地方换了主人罢了。部队没有心思欣赏景色,继续向坎佩霍尔姆岛方向行进,纳尔瓦和伊凡戈罗德的砖砌的教堂都在不停地敲着警钟。

俯瞰纳尔瓦城(16世纪)

士兵们顺着一条踩出来的、宽阔的沙土路向桥头蜂拥而去,军官们不停地咒骂着,让士兵们排好队列。整个场面乱哄哄的。感谢上帝,队伍顺利通过了桥头后,大家都把头转向一座光秃秃的小丘,沙皇穿着铁胸铠甲,骑着一匹灰色马,在小丘上用望远镜向这里张望着。缅希科夫紧挨着沙皇,骑着一匹黑马，左顾右盼，满面春风。

军队在要塞前面炮弹射程之内构筑了一个半圆形工事，两翼紧邻纳罗瓦河；魏德的几个师配置在河流旁边，城市的上方；阿尔塔蒙·戈洛温的部队据守中央，格尔曼斯堡小山脚下；谢苗诺沃和普列奥布拉任斯特耶两个团控制着右翼，特鲁别茨科伊的射击军团驻扎在左翼，把手着通往坎佩霍尔姆岛桥的道路。冯·克罗伊公爵的营帐也扎在这儿，他这次是以高级顾问的身份随军出征；彼得和亚历山大·缅希科夫住在岛上一个渔民的小木屋里。

沿着半圆形的前线，将军们催促士兵，动手挖出一条很深的战壕，防止瑞典人从列维尔大道开过来偷袭，事先做好准备。他们为了对付纳尔瓦的那些棱堡，又给攻城炮构筑了一座座多面堡。这种攻城工事是由哈拉尔特工程师主持完成的。战斗开始了。大炮在秋天的潮湿空气中凶悍地呼吼，炸弹划出一道优美的弧线，随即又落到地面，在大车和营帐旁边，或是在壕沟里头爆炸，吓得士兵们发疯一般地从壕沟里往外跳。在花园和菜圃中间，几所郊外的别墅也中弹着火了，燃起了熊熊大火。俄罗斯人忘记了一点：纳尔瓦的要塞司令是一位有经验的、骁勇的战士，霍恩上校。

彼得和哈拉尔特工程师常常骑马出去视察"多玛"、"荣耀"、"克里斯捷瓦尔"和"凯旋"几座棱堡，顺带观察对面要塞的情况。有时候，他们会走得很近，就连瑞典炮手们的脸也清晰可见。瑞典人毫不慌忙，熟练地装着炮弹，瞄准目标，炮弹毫不客气地划破了空气，从头顶上飞了过去，作为迎接他们的"礼物"。彼得瞪大了眼睛，面部的肌肉极为僵硬，可是他并不畏缩，仍继续视察工事。工程师哈拉尔特是个饱经世故的人，他麻利地用马刺撞了下马肚子，避开了炮弹。瑞典人每次都把服饰豪华的缅希科夫当作目标，50个高大的龙骑兵一动不动地等在那儿，想看看这颗黑球会把哪一个打死。

要塞的围墙很高，全部用大圆石砌成，十分坚固，铁弹打上去没有多大破坏力，最多脱落一些碎石。要塞里至少有300门重炮，两千卫戍军，还不包括步兵、骑兵和武装起来的市民。防御工事修筑得非常合理，武器人员配置也成熟老练。这和侦察兵们送回的情报截然相反：他们说纳尔瓦可以一攻而下,没什么抵抗力,现在看来那是他们在信口开河。彼得下了马,在膝盖上摊开了一张纸,亚历山大·缅希科夫在列队半圆形的龙骑兵前面踱来踱去。

"攻打每一座棱堡至少需要十五门攻城炮,要是想打开一个缺口,我们至少需要六十门四十八磅的铜质大炮,"哈拉尔特用一种平稳、几乎枯燥的嗓音说着,"为了攻下要塞,至少需要12万发炮弹,还有……"

"好家伙!"彼得插了一嘴。

"为了收到突袭的效果,至少需要四十门臼炮,每门臼炮得有一千发炮弹。"彼得仔细地听着他的分析,又把这些数字记了下来。

"为了要冷却那些大炮,得备十大桶香醋,还有五千颗手榴弹。一千架12俄尺高的攻城云梯,此外还需要五千包羊毛。"

"羊毛有什么用啊,难道打仗还需要羊毛?"彼得感觉很诧异。"为了保护士兵。陛下。沃班元帅在围攻敦刻尔克的时候,就用了这种办法,尽管地方火力非常猛烈,但还能够攻进那些城门,因为子弹打进羊毛,不容易穿透,降低了受伤死亡的风险。"

"好吧,"彼得说道,心里还不大相信,但还是记下来了。"亚历山大·丹尼洛维奇,我们需要五千包羊毛!"亚历山大·丹尼洛维奇·缅希科夫撅起了嘴唇:"这是在浪费,陛下。再说,羊毛也根本弄不到。在亚速,士兵们仅仅带了宝剑,就爬上了城墙,把那座城市攻下来了,并没有用羊毛。"话音刚落,龙骑兵的队伍中间有匹牲口跳起来,有人嘶哑地叫了。一匹灰色马正在蹬着腿,一股黑糊糊的血水从伤口里涌了出来。龙骑兵全都缩着头,斜着眼睛朝一百步开外的灌木丛张望。一小团的硝烟正在那儿往上冒。

大炮的轰鸣扰乱了俄罗斯人的视线,他们没看见从要塞碉楼的大门里冲出来一小队骑兵,一共有50个雇佣兵,全都骑着红色的马,穿着铁胸甲,手举宝剑,向俄罗斯阵地疾驰过来,准备从左面来包抄。亚历山大·丹尼洛维奇睁大了眼睛,盯着敌人这种声东击西的行动,随后他清醒过来,冲到那匹黑马跟前,跳上了马鞍。"拔出剑来!"他吼道,然后双脚一撞马刺,一溜烟飞驰起来。俄罗斯人全都翻身上了马,冲过去拦截雇佣骑兵。可这时那些骑兵已经勒住缰绳,奔向要塞了……

哈拉尔特紧咬着嘴唇，心砰砰直跳，他慌慌张张地把彼得的马牵了过去，说道："这里太危险了，请您离开火线，陛下。"彼得跨上了马，望着龙骑兵和那些雇佣骑兵正在渐渐接近。双方的人厮打在一起，阿列克萨什卡第一个冲了进去。瑞典人远远地散开了，倏尔，两翼的士兵猛地调转马头，用马刺撞着牲口，还用宝剑抽打。还没等他们来聚集到一块儿，阿列克萨什卡的黑公马便跟一个雇佣骑兵的马撞到了一起，龙骑兵迅速跟进，以狂涛巨浪般的势头向他们扑过去，挥舞着宝剑，厮杀起来。倒在地上的人越来越多，几匹没有主人的马吃惊地到处乱跑。

哈拉尔特一个劲儿提醒着彼得："陛下，这儿很危险！快离开！"彼得用脚跟踢了一下马刺。等他们走过一程之后，彼得回过头，密切关注着战场形势的变化。要塞城墙一座木头工事里，火枪正不停地发射。瑞典的雇佣骑兵这会没命地从俄罗斯人身边逃走，可却有一群五光十色的骑士，挡住他们通往要塞的必经之路，这是几百个贵族的非正规军，他们拿出了鞑靼人的蛮勇气概，挥舞着弯刀朝敌人身上招呼过去。

他们来到一处小白桦林，彼得这才长长地舒了一口气："嗯，真不容易，太悬了。"他在心里默念着。哈拉尔特也长出一口气，奉承着说："我要向您祝贺，陛下，您的骑兵作战十分勇敢，他们是俄罗斯的骄傲。"

彼得心里清楚，离攻下要塞还早呢，俄罗斯还没做好准备，不过这时也不便反驳。他驱马来到一座小丘上，勒住牲口，拧紧眉头，朝那绵亘达七俄里的军队和辎重车望着，久久一言不发。一块块泥巴正在从壕沟里有气无力地抛出来，伴随着吆喝和咒骂。另外一些人待在篝火和卸了套马的大车旁边，懒洋洋地休息着，看不出有任何战斗力。"十一月之前没有办法攻下要塞，"彼得说道，"冰冻得还不够结实，我们没法儿把攻城炮顺利地运过来。理论是一回事，实际做起来又是一回事。我们只能等待。"

于是，他又迈着常步，向哈拉尔特了解著名的沃班元帅和卢森堡元帅的情况，想知道他们关于进军和攻城的方案，又询问了法国的枪械厂和大炮厂。缅希科夫跳过一条条壕沟，飞也似的赶过来了，他还是红涨着脸，乐呵呵地露出了牙齿，勒住喘着粗气的马："炮手先生，敌人已然受了重创，逃脱的瑞典人不到一半；我们这边仅有两个人阵亡，几个人受了一点轻伤，陛下。"

那天晚上,将军们都聚集在冯·克罗伊公爵的营帐里:有骄傲自大、态度严厉的阿尔塔蒙·戈洛温,有射击军团爱戴的人,特鲁别茨科伊公爵,有近卫军指挥官布图尔林,还有秃顶的魏德,不过他生病了,浑身发抖。彼得、缅希科夫和哈拉尔特进去坐下后,公爵便吩咐开餐,一些少见,甚至叫不出名来的菜肴端了上来,法国酒和莱茵酒供应得也很丰富。公爵吩咐把许多蜡烛都点起来。他非常兴奋,讲起一些著名的战役,说到高兴处手舞足蹈。其他人闷闷不乐地沉下了眼睛,各自吃着面前的菜肴,心不在焉地听着冯·克罗伊公爵过去的辉煌战果。

"纳尔瓦!"公爵扬声说道,"纳尔瓦!用大炮好好地轰上一天,朝南面那些棱堡重点突击,纳尔瓦的钥匙就会呈献给陛下了。胜利之后,一小部分卫戍军留在这儿就可以,随后在两翼展开骑兵,用全部兵力合围国王查理,争取活捉他。计划实现的话,我们可以在列维尔欢度圣诞前夜,我敢保证!"

彼得觉得应该说点什么了。他离开了桌子,在营房里踱着步,几个来回之后终于开口了:"哈拉尔特给了我一份清单,如果清单上的东西,我们样样都有了,那我们就可以顺利地把纳尔瓦攻下来。我们需要六十门攻城炮,听起来不多,但我们的工事里,连一门像样的大炮也没有。列普宁正在特维尔附近的污泥中跟那些攻城炮搏斗。直到今天我才知道,我们的臼炮都滞留在瓦尔代,火药车至今还在伊尔门湖边潮湿。我们还没有完全做好攻打要塞的准备,你们怎么看这件事,诸位将军?"将军们把蜡烛移近了一点,看着那份清单。

"这不是一个军营,这是一个游牧民族的栖息地,"彼得停了下,等将军们看完清单之后,便凌厉而又慢条斯理地说道,"我们为攻打瑞典的要塞已经准备了两年,但让我失望的是,一样东西也没准备好。现在的情况比在亚速的时候还要糟,比在瓦西里·戈利岑的军队里还要坏。这简直不能叫作军营!士兵们在辎重大车中晃来晃去,只是被迫留在那里,根本没有作战的想法。更让人气愤的是,辎重车里还装满了芬兰女人,是谁允许他们这么做的?食物供应也出现了大问题,面包全都发了霉,根本无法下咽,有几个团里只剩下够吃两天的腌肉。那么多腌肉都到哪里去了？在诺夫戈罗德吗？为什么不放在这里？雨季马上要来了，可士兵们还没有遮风挡雨的地方，难道让他们全都在外面淋雨？要是再不弄好的话，我的士兵还未等到攻城之日，便会倒下去一大半了。"

"我们从莫斯科出征都已经两个月了，可是还没按照计划到达目的地。这是出征吗？简直是蜗牛在爬行！你们还不知道吧，查理国王已经运用武力，强迫克里斯季安接受一项屈辱的和约，逼着他付出一笔二十五万金币的军费赔偿。查理现在已经统率全军在佩尔诺登陆，正在向里加进军了。如果他再把奥古斯特国王打败，那我们闭着眼睛都能想象得到，他会在11月里，集中精力和兵力对付我们，我们现在有什么好办法，请你们告诉我。"

阿尔塔蒙·戈洛温打破了沉闷，他以重臣的身份站起来，鞠了个躬，说道："彼得·阿列克谢耶维奇陛下，不用担心，俄罗斯有上帝的保佑，最后的胜利一定属于我们。"彼得听了之后，肺都差点气炸了，指着他的鼻子，恶狠狠地说道："我们需要的是大炮！炸弹！12万发攻城炮的炮弹！腌肉！你这个老糊涂！"

五

要塞又下了半个月的雨，海面上飘来阵阵浓雾，视线受到了影响。士兵们住的土窑都被淹了，营帐也漏水了，没有几个地方可以逃脱潮气和寒气的侵扰。军队的许多人都生病了，而且病情日益严重，每天夜里总有几十辆大车把病死的人运到野地里掩埋。

要塞也不让俄罗斯人消停，他们天天不间断地用大炮和火枪向俄罗斯人轰击，弄得人人疲惫不堪。那些瑞典人多半会在拂晓时分发动突袭，干掉哨兵，爬到土窑旁边，将手榴弹掷向熟睡的士兵。彼得每天都会骑着马，沉默又严肃地巡视每一个防御工事。

辎重车队也没有多大起色，仍然走得很慢。据打听情况的人回来报告，毛病全出在运输工具上：农民家的牲口和大车都征发一空，他们只好去向地主家和修道院要车要马。可是那些牲口拉车根本不行，饲料全被踩坏了。

那么大的雨，那么坏的路，情况一天比一天困难。俄罗斯的指挥官们行动缓慢，因循守旧，头脑不清醒；国外的指挥官们只知道喝伏特加酒，说是抵御潮气，或者毫无理由地惩罚士兵。唯一令人感到些许安慰的是，士兵的伙食似乎有了些改善，营里的秩序也好了一点。

消息得到了进一步的证实：国王查理已经在佩尔诺登陆，现正率领大军向里加挺进。瑞典军队让利沃尼亚的骑士们变得很驯顺，而且查理还主动进攻，把奥古斯特国王的军队赶进了库尔良德。奥古斯特本人在华沙，被内讧弄得惶惶不安的波兰贵族，接二连三地向彼得发出求救信息：要钱，要大炮，要士兵。彼得也是焦头烂额，自顾不暇。围着纳尔瓦的俄罗斯人心里非常清楚，只要初霜一过，瑞典人就会到达，与俄罗斯熊一较高下。

舍列梅季耶夫奉派带领四个非正规骑兵团去阻击敌人，他们在韦津贝格顺利地把瑞典的阻截部队打败了，但不知出于什么原因，舍列梅季耶夫却突然撤到离纳尔瓦还有四十俄里之处，皮加伊奥基沿海的狭窄通路上。在那儿，他给彼得写了一封信，陈述了他的理由：

陛下，我已经下令撤退了，倒不是因为害怕，而是要更好地保存实力。韦津贝格周边遍布沼泽，还有成片的森林。邻近的地区，所有的青草都已被踏光了。我最担心我们在去纳尔瓦的路上被两翼包抄。如果你恼怒我，烧毁了村子、驱散芬兰人的话，那么我需要解释下：烧掉的只是几个村子，目的是不让敌人有容身之地。为了防止士兵胡作非为，我现在已经下了命令，没有圣旨，任何地区均不得破坏，违令者斩。我现在率领大军驻扎在皮加伊奥基方，严密布防，敌人想神不知鬼不觉地走过去是办不到的，我决不再后退一步，哪怕牺牲生命也要死守在这儿，这一点你尽可以放心。

凛冽的北风吹来了寒冷的空气，一夜之间，地面全部冻实了。载着军火的辎重车队陆续开到了。两门著名的长炮，"狮"和"熊"也一同到达要塞城下，这是一百年前由安德烈·乔霍夫和谢苗·杜宾卡在诺夫戈罗德铸造的，每门炮重320普特，由20头健壮的公牛拉过来的。所有的部队全部处于临战状态，所有的骑兵都跨上战马，让宝剑出鞘，防备瑞典人的突然袭击，打乱攻城部署。200个人把那两门"狮"和"熊"用绳索缚好，对准要塞南边的那些棱堡。一夜工夫，榴弹炮和臼炮都在炮兵阵地上部署停当。

敌方要塞里，也没有一个人睡觉，岗哨互相打着招呼。

11月5日拂晓，彼得带着公爵和将军们骑马来到格尔曼斯堡小山上。营帐仍然笼罩在昏暗里，太阳只露出一个边，城里的屋顶和碉楼刚沐浴上红光。进攻的时间到了。火苗从平原上不停地蹿起，大地摇晃着，大炮呼吼着、轰响着，炮弹划出一道漂亮的弧线，落到了城里。营地和城墙并没有多大破坏，只是让硝烟给遮蔽起来了。彼得放下了望远镜，向哈拉尔特招了招手，询问炮击的效果。哈拉尔特随即小跑过去，咂了咂舌头："糟啦。炮弹打得太近。要多装火药，才能取得效果。"

彼得快步从小山上下来，来到中央炮垒，炮手们正在用醋和水冷却"狮"和"熊"两门大炮。炮队指挥官，荷兰人雅各布·温特尔希韦尔克走到彼得跟前，面无表情地说："这个东西看起来很大，可是却没什么用，这种火药光是硝烟和煤烟大，用来打鸟雀还凑合，攻城根本不行。"

"装火药！"彼得把斗篷和长襟衣一脱，卷起袖管，亲自上阵了。彼得接过炮手递过来的一包火药，用力一扯，往手掌心里倒了一点火药，从鼻孔中哼了一下，熟练地把六包火药都捶进了炮筒。"这样可危险啊，炮手先生。"雅各布·温特尔希韦尔克提醒道。彼得没有搭理他，把那个有一普特重的、圆圆的炮弹往上一抛，滚进了炮筒，嘴里喊着："导火线！大家快离开大炮。"震耳欲聋地一声怒吼，"熊"喷出一团火焰，炮弹飞了出去，只见那大圆球越来越小，一块石头从棱堡上飞了出来，塔楼崩塌了一大片。

"就这样发射！"彼得拍了拍手，穿上长襟衣，然后赶往榴弹炮垒那边了。命令下达了，各个炮兵连要多装一倍半的火药。一百三十门大炮轰鸣着，大地震颤着。一股股浓烟消散以后，他们看见城里有两所房子正在燃烧。第二阵排炮发射成功了。可是不久就有坏消息传来，西边炮垒上有两门榴弹炮已经炸膛了，这两门炮是前不久在列夫·基里洛维奇的图拉工厂铸造的，还有好几门大炮的炮架轴已经无法使用。彼得闻听此事后说："现在攻城要紧，这件事先放一放，战事结束后一定要查清楚，谁应该为此事负责。现在攻城要紧。"

炮轰纳尔瓦就这样开始了，一直没有停歇，持续到了11月15日，事情突然起了变化。

六

  御厨费尔滕在门前火炉台上煎着鸡蛋，他不停地翻动着，嘴里不知嘀咕着什么。彼得坐在热烘烘的炉子旁边。只有这个地方暖和，他和阿列克萨什卡住的那间小屋里，冷风能从墙缝中钻进来，深入人的骨髓。没几天，他们就感到身上的关节都僵硬了，无法自如舒展。疲倦、无力的感受传遍了身体。

  连续几天，攻城并无多大进展，彼得也不天天巡视工事了。闲着无聊，他和御厨谈论起来："嗨，要是哪天瑞典人把你俘虏了，你到时候怎么办，费尔滕？"

  "我没想过这个问题，陛下。"

  "我想，他们要是知道你是御厨，会把你倒挂起来的。"

  费尔滕为彼得做好了饭菜，开始收拾桌子，把食物一一摆上餐桌，还有必不可少的烈性酒。彼得斯斯文文地喷着烟，瞅着费尔滕灵巧、熟练的动作，心中涌起了一种莫名的感觉，正色说道："我提到瑞典人的事，倒不是开什么玩笑。你还是把随身的东西拾掇一下，做好准备吧。"费尔滕斜眼瞅了他一下，心里明白皇上的确不是在开玩笑。

  阿列克萨什卡从外面走进来了，抱怨着："这种鬼天气真让人受不了，快点结束这场战争吧，陛下。"阿列克萨什卡在彼得对面坐下了，他先试了试桌子是不是结实，随后斟了点酒，喝着，摇了摇头。他们闷声不响地吃了一会儿。彼得这才小声说道："太晚啦，现在一点办法也没有了，我们只能等待结果。"阿列克萨什卡好不容易把食物咽了下去，答道："如果敌方离我们不到一百俄里，舍列梅季耶夫没有成功阻截住，那么后天查理一定会来到这儿。如果我们冲到空旷地带，用骑兵就没有办法打垮敌人？他手下总共只有一万人，难道我们真是愚笨的吗？这让人无法接受！"

  "确实让人难以接受，"彼得同意阿列克谢萨什卡的话。"只剩下两天了，我们不能指望迅速提升士兵的战斗力。要是不能拿下纳尔瓦，那我们不妨试一试在普斯科夫和诺夫戈罗德拦击他，你觉得如何？"

"陛下,这个念头哪怕只是想想也是不对的。"他们都不吱声了。

纳尔瓦的情况糟糕透了。俄罗斯人炮轰了半个月,引爆了大量地雷,构筑了许多近敌工事,可就是没办法在城墙上打开一个缺口,也没有使城市燃烧起来,分散要塞的兵力。将军们一直在犹豫,是否应该发动冲锋。攻城所用的130门大炮,已经有一半炸裂或是毁损了。更要命的是,弹药快消耗殆尽了。昨天,他们计算了一下,结果令人吃惊:弹药库里剩下的火药和炮弹,按照现在的样子轰击,只够再维持一天,运送火药的队伍却还在诺夫戈罗德附近的什么地方慢慢地赶着路。

查理正率领瑞典军队在列维尔大道上急行军,这会儿说不定已经在皮加伊奥基跟舍列梅季耶夫交锋了。俄军好像被夹在一把钳子里,一边是要塞的大炮,一边是查理国王正在挺进的部队。要是钳子合拢了,那将是灾难性的后果。

"我们叫嚷得厉害,但我们还没有学会战争。我们一开始就错了,只是凭借着热情和冲动战斗,没有过通盘的考虑。如果我们要在这儿发射一门大炮,那我们就得在莫斯科把炮弹装上,你懂我的意思吗?"阿列克萨什卡说:"陛下,我明白。刚才到这里来的路上,听到第一连的士兵在篝火旁边谈话。他们料定瑞典人会来,整个营地都闹哄哄的。他们还准备把第一颗子弹留给将军,太恐怖了!

"将军都是一群废物!他们只会扛着教会的旗绕着城墙转悠,一群老糊涂!"彼得捶了一下桌子。这时候,阿列克萨什卡斜瞟了一眼彼得,小心翼翼地说:"彼得·阿列克谢耶维奇,请把军队交给我指挥三天,好吗?"

彼得好像没有听到似的,在口袋里摸索着,咽了一口唾沫继续说着:"从明天起,冯·克罗伊公爵要担任总司令了。他固然是一个十足的糊涂蛋,可是在军事方面却明晓欧洲人的那一套,而且又是个出色的战士。在他的指挥之下,俄罗斯军队会攻下要塞的。天亮以前你必须准备好,我们马上要出发了,听懂没有?"

"彼得·阿列克谢耶维奇,我们上哪去?"

"诺夫戈罗德。"

阿列克萨什卡沉默了。彼得终于朝阿列克萨什卡那双由于过度惊愕而睁大了的眼睛望了过去。彼得气得脸色发紫,可还是抑住了怒火:"那个瑞典小崽子查理没有多大的损失,可对我来说却不是这样。你以为纳尔瓦既是开始又是结束吗?战争还只是刚刚开始,我们一定要取得胜利。可是靠这支军队我们是不会得到胜利的,你懂吗?我们应当从后方着手,从辎重车队着手。你这个傻瓜,你要想比查理更勇敢吗?我不准你朝着我看!"

阿列克萨什卡这次没有服从命令,他没有把眼睛沉下去,而是噙满了泪水。彼得眯缝了眼睛瞪着他。两个人都屏住呼吸。彼得忽然大笑一声,往后面墙上一靠,把双手插进了口袋。他学着阿列克萨什卡的口气说:"陛下,你为我害臊了吗?等着吧,还有更多的事情会发生呢,我被查理吓倒了。我像好久以前奔往圣三一修道院那样,逃到诺夫戈罗德去了。好了!把你的脸擦干,出去迎接那些将军,他们来了。"

1704年夏季的纳尔瓦城

七

哨兵在喝问口令。冻冰的地上传来马蹄声,马刺铮铮地响着,公爵和将军们进来了。他们露出惊愕的神色,都这么晚了,还会发生什么事情呢?彼得朝大家点点头,走到了公爵跟前,打着招呼。随后向缅希科夫做了个手势,走到木头隔板后面那间小屋去。缅希科夫把蜡烛放在一张小桌上,众人围拢过去。彼得坐了下去,抓起一张纸,蠕动着嘴唇,严肃地默念着:"凭上帝之名,兹因沙皇彼得现有要事须离开军队一段时间,为此,特将军队托付于冯·克罗伊公爵阁下,并提出以下诸嘱托:一、任命公爵阁下为总司令,命令即时生效;二、所有将军、军官乃至士兵均须听从其指挥,不得对其命令推诿，不得有误，一如听从沙皇陛下本人；三、将军应竭尽全力立即攻下纳尔瓦与伊凡戈罗德等处，为战争胜利贡献力量；四、冯·克罗伊公爵有权惩治抗命之将军、军官与士兵，一如惩治其所属之臣民，甚至可以将其处死，任何人必须无条件服从。"

念道这里，他扫了一眼公爵和那几位将军的表情：魏德赞同地点着头，特鲁别茨科伊公爵的脸变红了，布图尔林若有所思，阿尔塔蒙·戈洛温垂下了头，屈辱和灾难已压得他喘不上来气。

"冯·克罗伊公爵必须密切注意有关瑞典援军的情报，即时向沙皇彼得汇报。一旦接获查理国王逼近的消息，冯·克罗伊公爵务必拼死守卫，不论敌军如何强大，绝不能让查理进入纳尔瓦城，如有可能，要设法将其击败；如果没有可能，则坚守阵地，等候援军到来一举消灭他们。"彼得把那张纸放下了，转向冯·克罗伊公爵，凝视着他的眼神说道："列普宁和带着哥萨克的统领以及载着军火的辎重车队，离这里只有几天的路程了。您只要再耐心等上几天，就可以高枕无忧了。戈洛温，你坐下来，把这个誊清一份，然后盖上印玺……"

有人闯进来了，伴着呼呼的风声。"出了什么事？快说！"彼得把一个人往旁边一推，用可怕的嗓音嚷着。"陛下，这是保罗·亚古任斯基、鲍里斯·彼得罗维奇·舍列梅季耶夫手下的一位中尉，"缅希科夫认出了来人，急忙说道。年轻人衣衫不整，身上还溅有许多血迹，抽搐着。他抬起头，定了定神，向彼得汇报："鲍里斯·彼得罗维奇将军派我来请示陛下，他的军队该驻扎在哪儿。我们已经……"

彼得一下子没了声音，将军们全都为之一惊，惶恐地挤在小屋子的门口，大气也不敢出。缅希科夫匆匆忙忙拉了拉身上的皮短袄，说道："真是丢人，他们竟然从皮加伊奥基一直逃到这儿来了，那些贵族真是俄罗斯的耻辱！"

11月17日清晨，那些非正规的贵族民军团队从哨兵那里得知瑞典军侦察班已经在夜里插入他们的后方，到了列维尔大道后，他们的阵脚立刻大乱，不听鲍里斯·彼得罗维奇·舍列梅季耶夫的指挥，一窝蜂地从皮加伊奥基往后退，生怕被切断跟主力部队的联系。舍列梅季耶夫骑马赶到乱成一团的骑兵连里，用马鞭抽打牲口和士兵，可是无法阻止撤退的洪流，最多也就是多抽几鞭子出出气。费了九牛二虎之力,他好不容易集合起来几个连的骑兵来掩护部队,从瑞典人手里抢救出一部分军需辎重车。贵族们的团队拍马奔逃,连夜赶到了纳尔瓦营垒。夜里,负责瞭望观察敌情的哨兵错把他们当作敌人,向他们开了火。全营都被惊醒了,大家嘟嘟囔囔地谈论着。保罗·亚古任斯基中尉受鲍里斯·彼得罗维奇指派,飞也似的驰来见沙皇。

贵族民军官兵都下了马,在吊桥旁边的壕沟对面等候着彼得指令。有人取笑他们:"地主老爷们,你们为什么跑得这样快?想找掩蔽的地方,你们这些可怜人儿?"彼得气愤极了,但这个时候处分和惩罚将领是不明智的。他给贵族民军下了一道圣旨:军队的指挥权即刻转交给帝国里声名卓著、所向无敌的冯·克罗伊公爵。军队摸不着头脑,大家都感到惊奇与恐惧,不知道到底发生了什么。谣言不久就飞快地传开了,说是皇上已经不在营地上,又说是瑞典人的全部兵力离这儿只有五俄里了。

谁也没有睡觉。第二天清晨,鲍里斯·彼得罗维奇的骑兵被调到了右翼,总算给他们找了一个地方。他们靠岸边驻扎下来,那里的地势比城市高。天亮了,可是一个瑞典人也没看见。派出去的侦察兵回来报告,附近未发现一个敌人。舍列梅季耶夫的部队对天发誓说,从皮加伊奥基起,瑞典人就一直紧跟在他们后面,这是千真万确的。

冯·克罗伊公爵穿着一件华丽的斗篷,手握元帅的手杖,后面跟着一批将军:戈洛温、特鲁别茨科伊、布图尔林、伊梅列季亚王子和雅科夫·多尔戈鲁基公爵,骑着马在营地上绕了一转。公爵向士兵们大声嚷道:"你们好,好小子!让我们为皇帝献出我们的生命吧!"他向所有的团队宣读了这样一道命令:夜里,一半的部队必须处于战备状态。拂晓以前,每人领取二十四个弹筒和子弹。日出时分,全军排列齐整,以三发大炮为信号,奏起军乐,擂起军鼓。敌人要走到三十步以内,才可以开枪射击。公爵下达的命令还没有来得及实施。当天夜里,瑞典的里宾少将带着两个雇佣骑兵,偷偷地跑到俄罗斯人的阵地,测量了壕沟的深度和高度。

八

阿列克谢·布罗夫金饿得要死,凛冽的北风又带走了身上本已不多的热量,可他还是在土城那儿巡逻。那土城有七俄里长,每隔一段路驻守着一些士兵。号角在吹,军鼓在擂。大炮和火枪在装弹药,导火线在冒烟。风拂动着防御墙上的军旗。这是中午11点钟……

阿列克谢用力紧了紧腰带。新任总司令什么事都考虑到了,似乎就是忘记了军队的给养。几天以来,士兵们如同一个个稻草人,矗立在土城上。布罗夫金那个连队里只有80个人看上去精神不错,眼睛里有光彩。刚到土城的时候,阿列克谢曾经多么渴望着厮杀,在大炮的硝烟里率领他的士兵去抢夺敌人的军旗。可是今天,他只渴望钻进一个温暖的土窑里,喝点稀粥,填饱肚子就满足了。

阿列克谢心里虽然抱怨,但表面上还得强作镇静,不能让他的士兵看出自己的心思。他眯缝着眼睛,向最近的士兵戈利科夫喝道:"打起精神来!别给我丢脸!"戈利科夫似乎没有听到这句话,依旧无精打采,仿佛看见了死神似的。别的士兵也都眯着眼睛,朝格尔曼斯堡小山的方向瞅着。

小山上,一群负重的士兵向树桩和摇曳着的、光秃秃的白桦树移动,越聚越多。他们从肩上卸下了袋子,列成一个个宽阔的、密集的纵队。一门门大炮也随之显现出来,有的人径直奔向中央那座多面堡,有的人则小跑着穿过溪流,冲向魏德将军构筑起来的工事,也有的人往右边在平原上疾驰。六个步兵纵队在格尔曼斯堡小山上排成队列。

阿列克谢疯狂地喊道:"鼓手们,快发战斗警报!"军鼓擂响了。利奥波尔杜斯·米尔巴赫看起来非常高兴,他指着一个人向阿列克谢喊道:"长官,骑在马上的那个人就是查理国王!"在一个高地上,站着五六个骑士,最前面有个瘦高个儿,只见他摆了摆手,瑞典军队便排着整齐的队列,从小山上涌了下来,冲向俄罗斯人的壕沟。

瑞典的炮车由四匹马拉着,飞驰到离壕沟有两百步的地方,停在了布罗夫金连队驻扎的据点对面,绿色的弹药车随后也赶到了。一看见查理国王亮闪闪的宝剑出鞘后，瑞典队列便排成双行，散开在炮垒两边，仆倒下去。泥土飞溅起来了。

阿列克谢把双手罩在嘴边，用压倒风声的嗓音嚷道："准尉先生们……传话给军士们……传话给士兵们……没有命令，不准射击，否则处以死刑……"利奥波尔杜斯·米尔巴赫穿着长长的骑兵马靴，在土城上跑着，用德语叫喊，拿手杖威胁着。"泥洗脸"费季卡胡子拉碴，脸都被泥糊住了，只能看到一双眼睛，十足是个吓人的怪物。他刚恶狠狠地龇了下牙，利奥波尔杜斯便在他的脑袋上揍了一下……风吹起了长襟衣的后裾，不知是谁的帽子被高高地卷上了天空……

阿列克谢不断地催促炮兵迅速还击，希望能挽回溃败的局面。可祸不单行，一阵剧烈的爆炸在他的耳边响起来了，己方的一门炮炸膛了。像是商量好了似的，瑞典军队那四门大炮同时发出怒吼，直奔阵地而来。半俄里开外，那两门"狮"和"熊"威风凛凛地轰隆隆响了一阵，算是给了阿列克谢一个心里上的安慰。查理国王把宝剑一扬，几门大炮一齐响了起来。四颗炮弹落进了战壕，木片儿往四面八方乱舞乱飞。阿列克谢向后一退，倒了下去。可他又跳起身来。他看到了一生都无法忘记的情景。一个青年人骑着一匹灰色的马，紧挨着壕沟，径直地疾驰而来。他戴着一顶小小的三角帽，一张狭小的脸带着讥笑的意味，两条腿伸在前面，不像是俄罗斯人骑马的姿势；在他后面，二十来个胸甲骑兵排着整齐的，骑着精瘦精瘦的马，头并头地驰骋着。这时，戈利科夫绝望的喊声也传入了阿列克谢的耳中。

雪花扑打着人们的脸，糊住了人们的眼睛。大炮在风的哀号中怒吼，泥土翻飞，震耳的响声刺得人鼓膜生疼。炮弹在人们头顶上凶恶地响着。壕沟的那一边发生了什么事，他们根本看不见，他们也没有时间去看；一刻钟以前营地上发生了什么事，他们也一点不明白。

一个没头没脑地奔跑着的士兵撞到阿列克谢的身上，他不是阿列克谢连队里的士兵。阿列克谢抓住了他，他一面挣脱，一面拼命地喊道："我们被出卖了！"直到这时候，阿列克谢才注意到在一片旋转着的雪花中，一捆捆干树枝正往壕沟里扔。瑞典人动手把束柴填在壕沟里，为后面的进攻清除障碍。

阿列克谢看见戈利科夫发了一枪，随后退回来，一个满身是雪的大个子用双手抓住那把火枪。阿列克谢一声尖叫，用宝剑向他刺去，如同向一只猪刺去一样。越来越多的人摇摇晃晃地走过来了，仿佛给暴风雪赶了过来似的。阿列克谢有时候没有刺中，有时候把宝剑刺在软绵绵的东西上。他的脑瓜、他的身体，好像全都给打扁了……

戈利科夫根本不记得自己是怎么样滚进壕沟里去的。戈利科夫直挺挺趴在地下，一动也不敢动。两个瑞典人跑过去了，杀气腾腾，手里擎着刺刀。他偷偷地抬起头，看见两个扭在一起的人："泥洗脸"费季卡骑在利奥波尔杜斯·米尔巴赫的身上，正在用手指掐他的喉咙，利奥波尔杜斯正在扯费季卡的胡子。戈利科夫撒腿就跑，不敢再看下去了，恐惧把他的内心填满了。

九

瑞军中央纵队的四千名士兵，气势汹汹地扑向阿尔塔蒙·戈洛温的那个师。战斗持续了一刻钟左右。俄罗斯人被暴风雪迷住了眼睛，不听任何人的指挥，一窝蜂地从土城往后撤退了。他们胡乱地放着枪，在营地上跑来跑去，在满是积雪的壕沟里和炮垒上挤轧。他们冲散了特鲁别茨科伊前来支援的那些团队，把他们一起带走了。他们集体向桥头、向渡口奔逃，溃不成军。

瑞典人没有远追他们，也怕自己迷失在暴风雪里。召唤他们退回到土城去的命令下达了，可是有一部分瑞典掷弹兵无意中却找到了俄罗斯人的辎重车。他们一阵猛攻，把辎重车掳到手了，还发现了大量的腌肉和伏特加。一千多个掷弹兵索性不追了，就待在打开的小桶旁边，一直到战斗结束才离开。那些在大车中间跑来跑去的俄罗斯人，有的被他们刺死了，有的被他们赶跑了。

骑兵跟在步兵后面，如潮水一般闯进俄罗斯人的营地，径直冲向那座主要的多面堡。"狮"和"熊"两门大炮已经被掳走，炮手们都死了，指挥官雅各布·温特尔希韦尔克头上受了伤，他的宝剑也交出去了。瑞典人给两门大炮转了个身，面朝东方，开始向魏德将军的防御工事轰击。瑞典人遇到了顽强的抵抗，魏德把整整一个师都布防在这里，他本人抓着一支军官用的长矛，不停地刺着那些往板墙上爬的瑞典人。后面的士兵在给火枪装填弹药，前面的士兵在急速射击。整个战壕都被阵亡的或是受伤的人填满了。当多面堡里发出来的炮弹飞到他们身边，他们又辨认出那是"狮"和"熊"的发射出来炮弹时，魏德跨上了坐骑，在土城上来回穿梭指挥，鼓舞着士兵的斗志。一颗炮弹在他的马肚子底下爆炸了，大家看见在飘舞着的雪花与硝烟中间，那匹马的后蹄直立起来，仰面朝天，倒了下去……

舍列梅季耶夫的骑兵团一直被逼到了河边，前面是魏德的防御工事，后面是纳罗瓦河在咆哮。他们站在那儿，什么也没看见，什么也不知道。鲍里斯·彼得罗维奇待在自己的部队中间，收起了望远镜，因为他什么都看不清，那玩意儿不起作用了。他弄不清楚自己的营地到底出了什么事。总司令的命令既然没有等到，他就以为贵族的骑兵不是已经被忘记，便是没有找到，再不然准是倒了什么霉了，只能等战斗结束再说了。

射击的声音从左翼传了过来，应该是树林的方向。鲍里斯·彼得罗维奇仔细听着，招呼年轻的罗斯托夫斯基公爵过来，对他说道："罗斯托夫斯基，你带四个骑兵连到林子里去查明情况，把那边的敌人赶走，愿上帝保佑你！"

罗斯托夫斯基公爵穿着铠甲，戴着铁盔，含混不清地回了一句，便从小岗上飞驰下去了。这时，从树林里，一门大炮轰隆地吼了一声。一会儿工夫，火枪的射击声从四面八方砰砰地响起来了。鲍里斯·彼得罗维奇环顾四周，想让士兵拔出马刀，迎着敌人冲上去，可是已经晚了，没有人听他的命令了。他们集体调转马头，一股脑儿地退却了。"完蛋了，完蛋了，过河逃命去吧！"几千个嗓音这样叫嚷着。成百上千的骑兵一批又一批地投进了纳罗瓦河里，在急流里挣扎着，沉没了……

鲍里斯·彼得罗维奇的骏马爬上了河中心的一个小岛，抖落着身上的水珠，片刻工夫之后，又跳进水里，把主人驮到了对岸。

漫天飞舞的暴风雪，对瑞典人也许比对俄罗斯人更危险。查理想用神速的突袭击退敌人的两翼，把俄罗斯的军队包围起来，再用棱堡的火力把他们逼往要塞，可这个大胆的计划并没有实现。俄罗斯的中路军一下子就被突破了，阿尔塔蒙·戈洛温的部队狼狈地溃退，消失在暴风雪中了。可是两翼出人意料地顽强抵御着，特别是右翼，那边驻守着两个俄罗斯军队中最优秀的团——谢苗诺沃团和普列奥布拉任斯科耶团。

即将黄昏了，雪花仍在漫天飞舞，射击也没有沉寂下去。天黑以前，战斗一定要在胜利中结束，否则瑞典人那四个已经插入中路阵地的营，就会面临反包围的危险，甚至有被全部消灭的可能，俄罗斯人要是大胆地从栅寨后面冲出来，那就是瑞军的灾难。保守估计，俄罗斯还有15000名生力军配置在两翼。

战斗开始的时候，查理带着三个胸甲骑兵连待在施滕博克和梅伊杰尔的纵队中间，以便清楚地观看中路和右翼的战况。查理昂起脑袋，紧咬牙齿，听着使人陶醉的战斗的响声。雷恩舍尔德将军的一个副官飞驰过来，报告说掷弹兵已经突破了中路，眼下正在把俄罗斯人赶进营地的深处。查理一把抓住那个军官的肩膀，冲他耳朵里嚷道："跟将军说，让他们停止追击，占领中央那座多面堡，准备防御，等候命令！"

他派出一个又一个传令兵到右翼，施利本巴赫正向魏德的防御工事做着毫无成效的攻击。查理看到右翼没有进展，便传令从后备队里抽出两个连作为增援部队，可是戏剧性的是，这两个连的人没有找到，自然也无法支援。瑞典人狂暴地袭击着那已经毁坏了的工事，魏德将军给炮弹片打伤了，俄罗斯人可还继续抵御着，用手中可利用的一切东西还击。

危险越来越近了。头一天在作战会议上，查理麾下所有的将军都反对这个计划：以一万名又饥饿且疲乏的士兵，去进攻一支有坚固防御工事的五万人的军队，认为这样做太轻率了。可是查理却力排众议，他鼓动着："进攻者最终会取得胜利的，危险是敌人的；我在这里可以向你们保证，你们明天就可以把沙皇彼得押到我的营帐里来。"他把自己的作战部署对将军们和盘托出。什么事预先都想好了解决方案，除了暴风雪这个不速之客。

查理浑身是雪，但仍旧昂着头，在马鞍上挺直了身子，陶醉在战斗的响声中。勒文豪普特将军的两营掷弹兵正在那边猛攻谢苗诺沃团和普列奥布拉任斯科耶团的阵地。在那个最最重要的地区，他们难道还没有取得胜利吗？查理回过头，命令后面一个人从后备队里抽出四个连去支援勒文豪普特。那匹马提起前蹄，消失不见了。左边的炮声越来越猛烈了。前面突然出现一个满身是雪的骑士："国王陛下，勒文豪普特将军请求派兵去支援，要快！"

"我已经派了四个连给他了，难道他没看见吗？"

"陛下，壕沟里现在尽是束柴和尸体，但俄罗斯人没有退却，他们都发起野来，杀红了眼，大声咒骂着，端着刺刀冲了过来，完全是疯子的打法。勒文豪普特将军身上多处受伤，可还身先士卒，徒步战斗。我们的损失很大，快要坚持不住了！"

查理撞了下牲口，朝发出枪声的左翼方向疾驰而去。那个军官指了指前面，告诉国王准确的方位。查理用马刺一扎，就朝那离得很近的射击声和野性的吆喝声驰去。一门大炮喷出一股火焰，轰隆隆地响起来了。忽然间，他看见他手下乱成一团的掷弹兵，一个个愁眉不展地站在那儿，倚着火枪，瞅着那被踩烂的、染着血迹的积雪和那蜷缩在一起的阵亡者的尸体后面，斜斜地矗立着发呆。俄罗斯人如同一道活的城墙，他们凄厉地叫嚷着，用拳头和火枪威胁着。很显然，又一次进攻刚刚被打退了。

查理骑着马走到掷弹兵中间。"宝剑！"他嚷道，那些士兵听到声音，转过了头，立刻就认出他来了。查理伸出一条胳臂，张开手指："士兵们！你们的国王在这儿，就在这儿！你们要打起精神来，把那些肮脏的野蛮人抛倒纳罗瓦河里去！士兵们！上帝和你们的国王与你们在一起！我要走在你们前面，大家跟我冲吧！"他在血迹斑斑的雪地上拍马疾驰。一些嘶哑的嗓音在他后面叫吼："以上帝的名义！"他注意到一个身材高大的俄罗斯人，站在被炮弹轰塌的一个缺口里。

查理笑了笑，让坐骑用后腿直立起来，那个满脸杀气的俄罗斯人，便把刺刀戳进牲口的肚子里。查理滑下去的时候，用尽力气挺直了身子，把宝剑刺进那个巨人的胸口。可是，当查理从马背上跳下来后，人已经站不稳了。周围都是呐喊声，有人推了他一下，他便直接倒地了。一只沉甸甸的靴子踩在他的身上，查理昏迷了。看到国王倒了下去，立刻过来几个人把他扶住，搀起来，带走了。醒来的时候，查理身上盖着一件臭气熏天的军大衣。他把军大衣扔到了一边,坐了起来:"给我拿一双靴子,我还光着脚呢,还有一匹马……"

十

戈洛温和特鲁别茨科伊的团队乱糟糟地混杂在一起,全都冲到岸边,密密麻麻地挤在桥头上。呐喊着的人们还在不断地从岸上往前涌。摇摇晃晃的浮桥嘎嘎地响着,粗麻绳断了,挣脱了束缚。正在桥上的人,全都掉进了急流中。叫喊声、诅咒声、救命声混杂在一起,让人无法分辨清楚,可是后面的人还在继续往前涌。

靠近河流处,冯·克罗伊公爵的营帐旁,那是普列奥布拉任斯科耶团和谢苗诺沃团的驻地。营地南面和西面,你死我活的战斗已经延续了快三小时,可还没有结束。在这个雪的地狱里,简直没法儿指挥作战,场面混乱不堪。营帐里一张桌子旁坐着普列奥布拉任斯科耶团的上校布卢姆贝格,双手深深插入头发里。在他对面,苦闷无聊的哈拉尔特正平心静气地等待着向瑞典军官交出他的宝剑,然后鞠一个躬。

冯·克罗伊公爵走进营帐,"让魔鬼带领这批俄罗斯猪作战去吧!"公爵嚷道,"库宁汉少校和加斯特少校已经被勒死在土窑里,瓦尔布雷赫特上尉给切断了喉咙,倒在离营帐仅十二步的地方。沙皇塞给我的是些什么人,充其量是一帮恶棍,一伙匪徒!"哈拉尔特急忙站起来,一阵夹杂着雪的旋风卷进了营帐,几千人的怒吼压倒了射击的声响。公爵冲了出去。他看见人们在桥上呼喊,无数的人群正在疯狂地骚动,拼命地想挤过桥。士兵们正一群群地向营帐这边跑过来。

"瑞典人已经突破我们中路防御了,"哈拉尔特面如死灰地喊着,"那是戈洛温的部队,公爵……"

"唉,真见鬼!"公爵嚷道。"上马,先生们!"公爵、哈拉尔特和布卢姆贝格都上了马,赶到下面河水边,顺着满是沼地的岸边向西走去,迎着瑞军的炮火驰去,他们不是去作战,而是打算去投降,为了保全自己的生命,免得给那些狂暴的士兵弄死。

天黑了。风雪渐渐停下来，偶尔传来一下孤单的枪声。俄罗斯营地上，静悄悄的，如同一片坟地，而且一点火光也没有。只是在中央，在那些缴获来的辎重大车里，喝得醉醺醺的瑞典掷弹兵在沙哑地唱着歌。

阿尔塔蒙·戈洛温、特鲁别茨科伊、布图尔林、伊梅列季亚王子、雅科夫·多尔戈鲁基，名将戈登的儿子和弗朗茨·勒福尔特的儿子，将军、上校、中校、少校、上尉、中尉正在营帐里商议着对策。科兹洛夫斯基公爵和皮尔少校刚才被派出去跟查理国王谈判，可是被自己的士兵认出来，杀死了。

阿尔塔蒙·戈洛温正在发言："防御工事被突破了，总司令逃跑了，桥梁已被破坏，火药车全落到了瑞典人的手里。明天，我们无法战斗了，这场战争我们失败了。不过在夜里，瑞典人还看不出我们的虚实，我们还能从国王那里得到宽大的条件，保全我们的武器和部队。伊万·伊万诺维奇，你亲自去见查理国王，告诉他，我们还是和谈吧：我们要回老家了，让他也回到自己的家里去。"没有人说话，众人都低头不语。雅科夫·多尔戈鲁基紧锁着双眉，说道："这种无聊的空话有什么意思？我们要向敌人乞降吗？"

伊万·伊万诺维奇把两支手枪往腰带里一插，将帽子拉了拉，走出了土窑。军官们围拢过来："伊万·伊万诺维奇，我们要投降了吗？"

"我们是准备死的，伊万·伊万诺维奇。可真正想杀死我们的，不是敌人，而是自己人，这太可怕了。"

在一座郊外别墅里，查理和他的将军们接见了伊万·伊万诺维奇。跟俄罗斯人一样，瑞典人也很害怕那第二天，那时他们的实力会完全暴露的。为了顾全面子而装腔作势一阵以后，他们同意让全部俄罗斯军队穿过纳罗瓦河，只许携带武器和军旗，不许携带大炮和辎重车辆。他们要求所有的俄罗斯将军和军官必须作为人质，来到郊外别墅，这样军队才可以平安无事地回家。伊万·伊万诺维奇还想争辩，查理却冷笑一声，对他说道："出于对我兄弟彼得沙皇的爱，我要把他那些心爱的将军从士兵们的狂暴中救出来。你们在纳尔瓦，比在自己部队里要安静舒服得多。"

伊万·伊万诺维奇没有任何筹码，只得接受瑞典人所有的条件。瑞典工兵在河岸上燃起篝火,动手架桥,以便把俄罗斯军队尽快地打发过河。第一批离开营地的是谢苗诺沃团和普列奥布拉任斯科耶团扛着军旗,带着武器,在军鼓声中开过桥去;那些受伤的士兵则由别人背着过河。当魏德的一个师开始渡河的时候,瑞典的骑兵威胁他们放下武器。士兵们一面咒骂,一面扔掉了火枪。其余的团队,干脆让炮火赶过河去了。

天亮的时候,俄罗斯的残余部队,大约有45000人,全都光着脚,空着肚子,没有一点秩序,在撤回的路上移动着。伊凡戈罗德要塞的那些棱堡,在他们后面还发射了几枚炮弹,算是给他们送行了。

位于纳尔瓦城的前市政厅和彼得大帝纪念碑

十一

纳尔瓦惨败的消息传来的那天,彼得正巧赶到诺夫戈罗德,进入总督的府邸。保罗·亚古任斯基跟在沙皇后面,风驰电掣一般冲进了院子,从马背上跳下来,气喘吁吁地站在彼得面前。

"你是打哪儿来的?"彼得眉头皱了起来。

"那边出了丢人的事了,炮手先生。"

彼得的心一惊。缅希科夫听闻声音便警觉地走了过来。"来吧,讲给我听听。"彼得突然盯着诺夫戈罗德的最高行政长官——总督拉德任斯基,说:"有关防御的事宜,你做好准备没有?"

"陛下，我夙夜在公，不敢耽搁您交代给我的任务，时时刻刻在思忖如何能让您感到满意。"拉德任斯基总督往地下一跪，不停地眨着眼睛，紧盯着彼得的目光。"这里怎么能防守呢？城墙坍塌了，沃尔霍夫河上的那座桥已经烂掉，无法使用。再说，所有的马全被抓去运东西了，即使再宽限几天，我也完不成任务。请您开恩！"拉德任斯基总督苦苦哀求，声泪俱下，牢牢地抓住皇上的脚。彼得不耐烦地一脚把他踢开，径直走进了门厅。修士、修女、教士以及长老看见彼得进来，便如同安了弹簧一般，立刻从座位上跳了起来。有一个人在长凳底下爬着，赤裸着上半身，锒铛的镣链哗哗直响。

"这些人都是干什么的？"

那些穿黑袍的修士和教士站不稳了。一个修士司祭开言道："不要让修道院和上帝的神殿荒废不堪，接到您的圣旨，每一所修道院都要供应十套或者十套以上的车马，连同他们使用的铁锹和需要的粮食。陛下，我们全靠布施来生活，恐怕完成不了您交代下来的任务。"彼得站在那听着，手搭在门拉手上，打量着那些正在鞠躬的人。

"缅希科夫，别让一个人出去，派哨兵把他们看住。"

彼得说完，奔着餐厅走去，听亚古任斯基报告俄军所发生的丢人事儿。他在屋子里大步踱来踱去，不时从桌上捡起一块黄瓜，一面咀嚼，一面性急地追问。保罗·亚古任斯基如实地汇报着：炮兵是如何牺牲的；舍列梅季耶夫骑兵部队的一千名骑兵如何葬身在纳罗瓦河里；五千名士兵在浮桥崩断时如何覆没，还有比这更多的士兵在作战中阵亡；将军和军官们都投降了。他又讲到军队狼狈溃退时的情况——既没有指挥者，又没有辎重车，像是难民逃荒，看不出一点军队的影子。

"公爵是第一个投降的吗？那个奥地利人，狗崽子！布卢姆贝格也跟他一起去了？阿列克萨什卡，这件事你怎么看，他们是不是背叛？跟我像亲兄弟一样的布卢姆贝格，居然跑到瑞典人那儿去了！七十九个叛徒！戈洛温、多尔戈鲁基、特鲁别茨科伊，一群浑蛋！"彼得走到一扇云母小窗前面站住了，跨开两腿，紧握着拳头，狠狠地朝墙上打去，那神情感觉像是在揍他的敌人，那帮投降的将军和军官，而不是一面墙。

"唉，这次的丢人事儿也是一个很好的教训，我们不是去追求光环的，他们可能还会打败我们十次,但最后的胜利一定是属于我们的。缅希科夫,我把这个城市托付给你。你今天就着手准备掘战壕,装栅寨,不管你用什么办法,就是不能让瑞典人冲过诺夫戈罗德,哪怕大家都战死了!你去起草命令,让布罗夫金和斯韦什尼科夫火速赶到这儿来,还有诺夫戈罗德那些主要的商人。至于那位总督,撤了他,把他从这所房子里撵出去。亚古任斯基,你去找三百辆大车,装满烤面包,在天黑以前赶上去,迎接溃散的军队。"

缅希科夫听清了彼得的命令后,转身就出去准备了。亚古任斯基两腿一并,高声答道:"一定办到,炮手先生,您放心!"

"传那些修道士进来!"彼得说完,脸上的肌肉缓和了些,在一张长凳上坐下了,神情冷淡,十足是一副反基督者的气派。那些修道士走进来了。屋子里本来很窒闷,这会儿简直叫人透不过气来。

"你们这些上帝的辩护者,"彼得说道,"现在你们马上返回到你们的修道院和教区去,每个人都得出来挖战壕,构筑工事。大家都得带着铁锹和牲口出来,不光是见习修道士,而且是所有的修道士,哪怕是教阶很高的,以及所有的修女,所有的教士、教堂管事,连同他们的妻子。为上帝的荣耀出点力吧。别开口,修士司祭,我会为你们每一个人祈祷的,君士坦丁堡的总主教为了这件事已经替我举行了涂油式。我要派一个中尉到各个修道院和教区去,只要发现谁闲着没有事做,就把谁送到广场上,绑在柱子上,打五十棍。战壕还没掘好、栅寨还没筑好之前,除了圣索菲娅大教堂,不准举行祈祷仪式,去吧。"

那些修士看着彼得凶恶的眼神,知道这次要是不遵守规定,肯定会遭到报复。他们行礼后,急忙从门里挤了出去。彼得嚷道:"把那边门厅哨岗撤去!"没过多久,临街的门砰一声响,门厅里传来一个低沉的嗓音:"他在哪儿?是不是生气了?"

彼得的脸上立刻由阴转晴,云开雾散。他起身搂着这些人,跟他们有说有笑,把这些商人迎进了餐厅。他环视后开了口:"你好,伊万·阿尔捷米奇;你好,阿列克谢·伊万诺维奇!老成持重的人。你们看,桌子上有酒有肉,可是这里的主人却被我赶出去了。拉德任斯基总督真叫我痛心,我本来以为你们这边的战壕和攻不破的栅寨都早已准备好了，可来了才知道，竟连一柄铁锹都没有插进土里，要是在平时，我也不会罢免他。可是现在情况有了点变化，瑞典国王查理十二世给了我们一点小小的打击，不过对我们来说或许是件好事，一个吃过败仗的人，抵得上两个没吃过败仗的，对不对？"

那几个商人早就听说了战事，便都一声不吭，听任彼得说。伊万·阿尔捷米奇朝桌子瞅着，也不知他能从桌上看出什么；斯韦什尼科夫的眉毛快拧成一团了，为了不让彼得看见，他把眼睛转向了别处。几个诺夫戈罗德商人轻轻地叹着气。

"我们估计这个星期瑞典人就会到这儿来，我们不能让诺夫戈罗德失陷了，这是战略要地，如果它一丢，整个莫斯科也会丢掉，到那个时候，我们就彻底完蛋了。要是能够在诺夫戈罗德挡住瑞典人的进攻，那么在夏季以前就可以招募和训练一支比过去更强大的军队。我们将要铸造比以前大两倍的大炮。纳尔瓦的大炮，让他们尽管拿去好了，那些大炮只是一堆废铁，根本就起不了作用。将军们都做了战俘，我倒很高兴，以前他们就像是绑在我脚上的秤砣，让我负担沉重，现在终于没有负担了，对我反而轻松了。我决定启用新人，必须让年轻的、有朝气的人来当将军。我们吃了一次败仗没什么，这场战争现在仅仅是开始，胜负为时尚早。如果这次你们给我一个卢布，伊万·阿尔捷米奇，还有你，阿列克谢·伊万诺维奇，那么两年以后我还你们十个卢布，我决不食言。怎么样，商人们？"

"彼得·阿列克谢耶维奇陛下，"斯韦什尼科夫说，"您说的话我非常赞同，可我们的情况您或许还不太清楚，我们没有钱了。您让我们去哪里找卢布呢？"

"一点也不错，"那几个诺夫戈罗德商人附和着。

彼得朝他们瞥了一眼，他这个时候需要冷静，更需要支持者。他把一只手掌沉甸甸地搭在伊万·阿尔捷米奇的肩上，柔声地问道："伊万，你能帮我吗？"

"上帝已经把我们跟你用绳子拴在一起了，彼得·阿列克谢耶维奇陛下，你走到哪里，我们也跟到哪里。"伊万·阿尔捷米奇给了彼得一个最想听到的答案，而且他的脸上写满了真诚。斯韦什尼科夫等人呆住了，刚才大家明明商量好，不要太爽快地拿出钱，要给自己留些回旋的余地。现在可倒好，伊万·阿尔捷米奇这个见风使舵的人自己跳出来了，赢得了彼得的欢心，出卖了他们。彼得大喜，搂住布罗夫金的肩头，把他汗涔涔的脸尽往自己胸前那些铜纽扣上压："伊万·阿尔捷米奇，我料定你是不会让我失望的，你又聪明又大胆，就凭这一点，你将来就会得到很大的回报。商人们，钱是马上就需要的。在一星期之内，我们必须筑好诺夫戈罗德的防御工事，我已下令派阿尼基塔·列普宁的那个师来驻防。"

战壕开掘了，教堂拆毁了，筑起了带枪眼的栅寨，栅寨附近两边都用草伪装起来。参加这些工作的有龙骑兵和普通士兵，有各种地位的人，包括神甫以及各级神职人员，无论男女，全都让彼得赶进了战壕，日夜修筑着工事，为即将到来的战事准备。

彼得这次真发狠了，手段让人不寒而栗。申欣中校被彼得派往佩切尔斯克修道院督促工事。可是当彼得亲临修道院巡视的时候，却没看见申欣在场，便下诏将他抓起来，当着众人的面，狠狠地鞭打了一顿，随后遣回团队，降为士兵。在诺夫戈罗德，一位叫阿列克谢·波斯科钦的长官被处绞刑，因为他征发大车时索贿，他私下答应只要交纳五卢布的补偿费，就可以使大车免服徭役，结果撞到了枪口。

十二

普列奥布拉任斯科耶宫的台阶上守卫的军官，回答所有人都是千篇一律的词儿："皇上下了命令，任何人不准进去。你们得不到任何消息，快走吧。"

许多马车在宫院里等着。大臣和领主们一直待在马车里，从早晨起已经等了整整一天了。12月的天气寒风刺骨，即使待在车里也冻得瑟瑟发抖，可他们不敢走，害怕彼得突然召见。缅希科夫坐着一辆套着六匹马的轿车赶来，满以为能进去，结果也碰了个钉子。晚上十点刚过，"公爵皇帝"罗莫达诺夫斯基来了。守卫的军官一看见"公爵皇帝"摇摇晃晃地登上了台阶，两条腿不由自主地颤抖起来。让他进去，就是违抗了皇上的圣旨；如果不让他进去，公爵便直接让人狠狠地抽自己一顿鞭子。守卫的军官脑中快速地盘算着，最终还是选择了装聋作哑。罗莫达诺夫斯基走进皇宫，每一扇门边的卫士听到他那笨重的脚步声，都躲了起来。罗莫达诺夫斯基走到沙皇的寝宫门口，礼节性地敲了敲门，走进屋子，按照古礼拜了一下。

"你怎么到这儿来啦，叔叔？"彼得正在屋子里踱着，嘴里衔着烟斗，很不高兴地扭过头来，也不向他回礼。"我下过命令，任何人都不让进来。"

"是没有让任何人进来嘛，彼得·阿列克谢耶维奇。至于我，你父亲曾经下过圣旨，不需通报我就可以直接进来。到底发生了什么事情，彼得·阿列克谢耶维奇，让你这样昼思夜想，寝食不安啊？你父亲和母亲嘱咐你听听我的意见。我们还是商量下吧，说不定我们会想出办法，解决你的难题。"费多尔·尤里耶维奇说完便坐下了，撩开大衣，用一方花手帕抹了抹脸。

彼得不自觉地扬起嗓子，大声吼叫起来，可怕的声音穿透了整个房间："那些大财主在市政院里散布谣言，说我们在纳尔瓦打了败仗，已经没法跟瑞典人作战了，再战斗下去，俄罗斯的损失会更大。他们说我们应当议和，给自己一个体面的台阶……他们不愿意正眼看我，也不相信俄罗斯一定会取得最终胜利。他们全部哭穷，不管我如何软硬兼施，他们也不肯拿出一个子儿。我现在就是需要钱！我绞尽脑汁，想了一天一夜，一直在寻思到哪里去弄钱。你懂吗，叔叔？"

"我在听着呢，彼得·阿列克谢耶维奇陛下，等您全部说完，我会发表自己意见的。"

彼得眯缝着眼睛，又来回地踱了一会儿，向"公爵皇帝"斜觑了一眼，随后用比较温和的嗓音说道："我们需要铜，阿金菲·德米多夫从乌拉尔写信给我说，春天他就可以炼好五万普特生铁。可是，开采需要钱哪！我去哪里找啊，难道再去榨取城里人和农民吗？照眼下的情况看，他们已经喘不上气了，根本没有可能了；可是，金子银子明明遍地都是，可就白白地搁在那儿。我知道你会用什么话来回答我，叔叔。正因为这一点，我才没有派人去请你来。可是这笔钱，我一定要弄到手，不管用什么办法。"

"眼下，你千万不能去碰修道院的产业，陛下。"

彼得像鸡啼一样亮开嗓门嚷道："为什么不能？"

"还不是时候，眼下这么做有危险。莫斯科的商人，眼下都是你忠实的仆人。要是给纳尔瓦的消息吓住了，他们会怎么样？他们会谈论，随后也就不再吭声了，战争会叫他们发财嘛。因此，他们一定会拿出钱，只需要再耐心等上几天。如果你现在去碰他们的修道院的产业，他们就会四处煽风点火，处处和陛下为难，那样反而会把事情搞砸。修道院的产业一定要逐步地削弱，要不声不响地干。

"你倒很会耍滑头，叔叔。不过，我急需钱，哪怕让我去拦路打劫也行，只要能把它弄到手就可以。"

"你要的数目很大吗？"费多尔·尤里耶维奇问这句话的时候，隐约带着一丝的笑意。彼得又在小小的寝宫里踱来踱去，凑到蜡烛上点了一斗烟，喷出一团烟雾，斩钉截铁地说："两百万。"

"少一点不行吗？"

彼得立即在公爵面前蹲下身去，抓住他的膝盖，摇晃着公爵："叔叔，你别再折磨人了，就这样办吧，我听你的，眼下不去碰那些修道院。你有多少钱？"

费多尔·尤里耶维奇抓起帽子，彼得急忙扶起他，公爵望了一眼彼得，叹了一口气说："好吧，愿上帝保佑你。我只有一个要求，你不能带任何人去，只能是我们两个人去，如果你不答应这个条件，那我宁可不去。"当他抬眼再看彼得时，他的脑袋如鸡啄米一般地点着头，阴沉的脸露出喜悦之色。

救主堂的钟楼上的报时钟敲了一点，"公爵皇帝"的皮篷马车在古老的政厅中间那些幽暗、狭窄的巷子里拐来拐去，最后在一所矮小的砖瓦房前面停住了。"公爵皇帝"跟着彼得·阿列克谢耶维奇下了车，捡起那盏提灯，往那只露出在皮袄下面的树皮鞋踢了一脚。那个人睡眼蒙眬地问着："你是谁，有什么事？"当他认出站在他面前的人时，立即清醒过来，一骨碌跳起来了。

"公爵皇帝"把他从门口推开，让彼得先走，自己跟在后面。他们穿过阴冷的外厅和生着炉火的门厅，来到了一间低矮的、墙壁剥蚀的大厅。这是沙皇阿列克谢·米哈伊洛维奇创立的枢密事务政厅，不过早已废弃不用了。一扇门被推开了一点儿，那个心腹的看守人惊恐地从门缝里伸出他年老的脑袋,说:"你是谁?你们是什么人?"

"拿一支蜡烛来,米特里奇。"罗莫达诺夫斯基说。

墙边立着几口矮矮的槲木橱,上面都加着精锻的铁锁。别说碰一碰这几口木橱,便是好奇地打听一下里面藏着什么东西,也要被威胁处死刑的。看守人拿来一支插在铁烛台上的蜡烛。"公爵皇帝"指着中间的一口木橱说:"把它从墙壁那儿搬开,你不用管,一切由我负责。"

看守人把烛台往地上一放,想移开木橱。看守人的额头和手臂上青筋直跳,可那木橱纹丝不动。彼得赶忙过来帮忙。两人费尽力气,脸憋得通红,终于把那口橱挪动开了。橱背后的墙上有一扇小小的铁门。"公爵皇帝"掏出一柄两磅重的大钥匙,喘着粗气说:"米特里奇,过来给我照亮,"一边笨手笨脚地把钥匙往锁孔里插。锁头三十年没动过了,已然生锈打不开了。"我们得用铁棍来撬,快去找一根来!"

彼得捡起蜡烛,仔细打量着那扇门,眼中满是疑问。费多尔·尤里耶维奇笑了笑,说:"我的孩子,你马上就能知晓答案了,皇宫的清册,以及秘密文件都存放在里头。戈利岑公爵远征克里米亚的时候,有天夜里你姐姐索菲娅来过这里。可是正像现在一样,我也没法儿把门锁打开。"

看守人拿来一根撬棍和一柄斧子。彼得推开他,亲自动手去敲那把锁,一下又一下地敲打,空洞洞的屋子里发出很大的声响。"公爵皇帝"提心吊胆地走到窗前,观察着周围的情况。后来,彼得用尽力气一撬,终于把锁弄掉了,铁门开了。彼得急不可待地抓起蜡烛,第一个走进了那间仓库。

屋里每样东西上面都结满了蜘蛛网,布满了灰尘。沿墙那些架子上,放着伊凡雷帝和鲍里斯·戈东诺夫时代的酒器;意大利的高脚大酒杯;举行大典时沙皇洗手用的银盆;一叠叠黄金的盘子;一只用绿宝石做眼睛的纯金的大孔雀,这是拜占庭皇帝宝座两边的两只孔雀之一,它的机件已经坏了。下面那些架子上放着一只只皮袋,从里面散出来许多荷兰金币。架子底下放着一堆堆黑貂皮、丝绒和绸缎,已经腐烂了。除此之外,还有各种贵重物品,让彼得感到一双眼睛不够用了。

彼得抓起几件东西,拿来擦着:"金子!银子!"彼得欣喜若狂,激动的心情久久没有平复。费多尔·尤里耶维奇公爵害怕夜长梦多,过去拍了拍他的肩膀,给了他一点提示。彼得好容易从激动中平静下来,转过头问道:"费多尔·尤里耶维奇公爵,这里有这么多财宝,为什么你从前没有告诉我呢?"

"我有过诺言,你父亲阿列克谢·米哈伊洛维奇几次出征,总会把多余的钱币和宝物托付给我保管,除了我们之外,没有人知道这个秘密。临终的时候,先皇派人来宣召我,吩咐我说,这些东西决不能交给任何一个继承人,除非发生战争,国家陷于极端危急的困境才可使用。为了让他放心,我当着他的面,以上帝的名义发的誓。"

彼得冲了过去,抱着费多尔·尤里耶维奇一顿狂吻,恨不能把自己所能表达的感情全部释放出来。现在提出什么要求,让他做什么,他都会毫不犹豫地答应。他不停地说:"你救了我,你救了俄罗斯。这里的东西让我太惊喜了,已经足够了。那些修道士一定会感谢您的。单那只孔雀就够我装备一个团了,等我用这些东西装备军队后,一定会给查理深刻的教训。"彼得语无伦次了……

彼得大帝

第五章

一

全欧洲的人都在取笑沙皇彼得,但不久便把他忘了,虽然他差一点吓到波罗的海沿岸各国。纳尔瓦一役之后,勇敢的查理又把他们赶回了野蛮的莫斯科,让俄罗斯人一辈子都在愚昧无知中苟且过活。瑞典的国王查理一夜之间家喻户晓,成了欧洲各国人们心中的英雄。在阿姆斯特丹,市政局和交易所为了庆祝纳尔瓦的胜利,都用旗帜点缀起来;在巴黎,书店里并排放着两枚铜质纪念章:一枚纪念章上绘的是为年轻的瑞典国王加冕的图案,另一枚纪念章上绘的是仓皇逃窜的彼得沙皇的形象;在维也纳,前奥地利驻莫斯科大使伊格纳季·格瓦里恩特出版了他的秘书约翰·格奥尔格·科布的见闻录或日记,书里非常生动地描写了俄罗斯人的种种陋习,以及1698年处置射击军时的血腥场面。在维也纳宫廷里,沸沸扬扬地谈论着俄罗斯人在普斯科夫又吃了败仗,彼得带着几个亲随一起奔逃。莫斯科发生了暴动,长公主索菲娅从修道院里被释放出来,重新掌握政权。

可是，这些无足轻重的事件，很快就被再次袭来的战争风暴掩盖了。西班牙的国王死了，法兰西和奥地利都很热衷于继承王位。英国和荷兰出来干涉。那些赫赫有名的元帅，如约翰·邱吉尔、马尔波罗伯爵、萨沃伊的欧根公爵、旺多姆公爵开始蹂躏乡村，焚毁城市。在意大利，在巴伐利亚，在美丽的佛兰德，他们用暴力对待和平的居民，吃光他们储藏的粮食和酒。匈牙利和塞文山区也发生了暴动。所有大国的命运都悬而未决，关键是看哪一个国家的海军能够取得海上霸权。东方各国的事务被暂时搁置了。

纳尔瓦一役以后，查理头脑中满是趁热打铁的想法，打算把彼得赶回俄罗斯的腹地，可是他的将军们却战战兢兢，恳求他不要再次以性命为儿戏。在多尔柏特附近的拉伊萨营地里，查理给议会写了一封傲慢的信，要求补充队伍和经费。在斯德哥尔摩，本来不愿意打仗的人这会儿都一声不响了。议会决定征收一项新的捐税，春回大地之后，还准备派出了两万名步兵和骑兵前往拉伊萨，支援查理战斗。

查理现在所拥有的军队，是欧洲最为强大的军队之一。这时，他需要快速做出决定，确定打击的方向和形式：剑指东方，那里只有几个疏落的、穷困的城市，一片荒凉，不会让他有什么荣耀；兵锋如果转向西南，对付那个背信弃义的奥古斯特，攻入波兰的腹地，攻入萨克森，攻入欧洲的心脏……可是，元帅们的大炮早已经在那边轰鸣了。查理被"恺撒第二"这个称号冲昏了头脑。他的近卫军们，那些海盗的子孙，都梦想着重温当年恺撒的辉煌。

好不容易等到了夏天，查理拨出八千人组成一个军团，由施利本巴赫指挥，赶往俄罗斯的边境。他自己率领全体官兵，用急行军的方式穿过里夫兰，渡过了德维纳河，把奥古斯特国王的萨克森部队彻底打垮了。在7月8日一次战役中，约翰·赖因霍尔德·帕特库尔受了伤，他总算骑着马从瑞典骑兵那里逃出来，没有被俘虏或被处死刑。

光荣似乎在查理的头顶上展开了翅膀。在里加，查理专心致志地追逐着奥古斯特，也不考虑后勤补给和士兵的感受，意识不到危险正悄悄逼近。波兰的地主之间发生了争执，一场流血的内战爆发了：他们当中有一批人拥护奥古斯特，反对瑞典人，主张把瑞典人赶出国土；还有一批人极力叫嚷，四处宣传，说只有瑞典人才会给波兰人带来秩序，会帮助夺回河右岸的乌克兰地区和基辅，他们还认为波兰需要一个新的国王，这个人非斯坦尼斯拉夫·列辛斯基莫属。奥古斯特没有办法控制局势，仓皇逃出华沙，在克拉科夫匆匆忙忙招募了一支新的军队，继续抗击查理。查理则率领大军，在没有任何有效抵抗的情况下进入了波兰首都。

　　欧洲历史上一场罕见的"狩猎"活动开始了，这次的主角是两位国王，一个追逐另外一个。欧洲的宫廷里，为这个少年英雄击掌叫好，他的名字也跟欧根公爵和马尔波罗的名字并列在一起。据说查理不让任何一个女人接近他，夜里睡觉时他连骑兵长靴也不脱。又据说一个战役开始之际，他出现在部队的前面，心里默念着上帝的名字，身先士卒，给部队做表率。至于收拾阴暗的东方沙皇彼得的事，他已经交给施利本巴赫将军了，根本不用操心。

　　那年冬天，彼得一直往来于莫斯科、诺夫戈罗德与沃罗涅什之间，为黑海舰队建造军舰的事紧张地忙碌着。9万普特的铜原料已经运到了莫斯科，大炮雏形也已初显。年老的杜马秘书官维尼乌斯以前是个采矿行家，这次被指派去主持铸造新炮的工作。彼得还在莫斯科铸造厂旁边成立一所学校，吸纳了250名年轻的贵族、城市平民以及出身低微之人，选拔的标准是这些人的头脑要灵活，让他们学习铸造、数学、筑城术和历史，为将来的俄罗斯培养人才。需要跟钟铜搀合起来的紫铜还不够，彼得便派维尼乌斯到西伯利亚去找矿石。领主马特维耶夫的儿子安德烈·阿尔塔莫诺维奇·马特维耶夫在列日购置了15000支最新式的火枪、速射炮、望远镜等军事物资。彼得还从欧洲各地用重金招聘了许多技师，弥补俄罗斯的不足。从日出到日落，训练士兵的工作一直在进行。

　　纳尔瓦战役失败之后，大概半个月，彼得给鲍里斯·彼得罗维奇·舍列梅季耶夫写了一封信，当时舍列梅季耶夫正在诺夫戈罗德收拢骑兵团那散乱的残余士卒，整顿军队。

　　遭遇了不幸并不可怕，可怕的是不幸之后一蹶不振，那才是致命的。

因此，我命令你把已经承担且开了头的事业进行下去，也就是说，你要将骑兵部队组织起来，让他们继续守卫本土，或者开往远方，以便下一次更好地重创敌人。我再一次提醒你：你不能推托，哪怕是生病，或躺在床上动不了。这次逃回来的人，很多都得了恐惧症，其中有个洛巴诺夫少校，就因为这样已经被绞死了。愿上帝保佑你。

贵族的非正规骑兵部队肯定是靠不住的，为了代替这支部队，就必须重新选拔组建部队。彼得为此在农民和奴隶中间招募了十个龙骑兵团，他们都是自愿应征，每年11卢布的饷银，还供给膳食。这太有诱惑力了，他们想靠参加骑兵团来摆脱卖身奴与农奴地位，因此选拔标准极为严格，只有身体最健壮、容貌俊朗的才能入选。训练好的龙骑兵连赶往诺夫戈罗德，阿尼基塔·列普宁将军正在那里整编和训练曾经参加纳尔瓦战役的师团。

临近新年之际，诺夫戈罗德、普斯科夫和佩切尔斯克修道院的防御工事顺利完成；霍尔莫戈利和阿尔汉格尔斯克的防御工事正在日夜修建，不日即可完工；离阿尔汉格尔斯克十五俄里，在别列佐夫斯克河口，还在赶修诺沃—德温卡一线的要塞。到了夏天，许多商船从英国和荷兰开到阿尔汉格尔斯克来参加六月集市。6月20日那天，一支瑞典舰队冲进了北德维纳河口。看见那座新建的要塞，它不敢忽视，从所有的舷边对准诺沃—德温卡的要塞开火。在这场声东击西的佯攻中，四艘瑞典巡航舰这次没有好运气了，有一艘在要塞前面搁浅了，紧接着是一条快艇。俄罗斯人跳上舰船，一番激战之后，那两艘舰艇归了俄罗斯，剩余二艘船灰溜溜地驶回白海去了。

舍列梅季耶夫统帅的俄罗斯先头部队跟施利本巴赫的瑞典先头部队频繁交火，整个夏天一直没有停止，不过规模一直不太大。瑞典人冲到佩切尔斯克修道院，只不过烧毁了周围的村子，没有攻下那座堡垒。施利本巴赫对俄罗斯人日益勇猛的战斗精神感到惊惶失措，他写信给查理国王，要求再派八千士兵，稳定这里的形势。在他看来，俄罗斯从纳尔瓦的惨败中恢复得比预料得更快，半年左右的时间，不光是军队的战斗力，还有作战艺术和军事装备，也今非昔比，提升了不止一个档次。现在，只靠两个旅的兵力，或者再来一次偷袭，可不轻易把俄罗斯军队打败了。查理那边则进展顺利，已经攻下了克拉科夫，正在把奥古斯特赶回萨克森，他对施利本巴赫呼声都置若罔闻，根本不相信他的正确分析。

这就是 1701 年 12 月的局势。

仲冬时节，鲍里斯·彼得罗维奇·舍列梅季耶夫捕获了一个"舌头"，从他口中知道了施利本巴赫将军已经在多尔柏特附近的埃列斯特费尔农庄扎下了冬营。听到这个消息后，鲍里斯·彼得罗维奇就冒出一个那么大胆、连他自己也感到吃惊的想法：快速渗透到敌军境内，出其不意地把敌人抓来，这是一个千载难逢的机会。要是在从前，鲍里斯·彼得罗维奇一定不会去做，因为这纯属碰运气，而他坚持打仗不是靠运气取胜的。可是今年，彼得·阿列克谢耶维奇逼迫得实在太紧了，根本不给任何人喘息的机会，常常为了能做而没有做好的事训斥众人。

鲍里斯·彼得罗维奇思前想后，最终决定去碰碰运气。他把十万名刚受过训练的新兵，以及十五门野战炮装上了雪橇。他以善于作战的切尔卡斯人、卡尔梅克人和鞑靼人的轻骑兵团为前锋，三天之内必须开拔到埃列斯特费尔。等瑞典人看见这支俄罗斯的军队出现在阿雅河岸坡上的时候，瑞典人已经来不及了。利文中校慌乱之中，带了两连人和一门炮来到河边抵挡俄罗斯人，想为己方争取时间。那些鞑靼人提着弯刀，切尔卡斯人执着矛枪和套索，扬起雪尘，从右翼和左翼疾驰过来，呐喊着卡尔梅克人又从正面向他们猛扑，人群犹如涨潮的海水一般涌了过来。三百个埃斯特兰射击手和利文中校本人，不是被砍倒，就是被刺穿，身上的衣服都被剥光了。

瑞典营地惊慌起来。俄罗斯的一支生力部队，携带着六门大炮，把瑞军的侦察兵从河边赶了回去。施利本巴赫带集合队伍，用大炮痛击正在逼近的俄军。鲍里斯·彼得罗维奇穿着一件呢制的长襟衣，在方阵中央驰骋着。瑞典人的炮火取得了一定效果，把冲锋的龙骑兵连弄得乱成一团，这些士兵以前没有任何战斗经验，被大炮一轰更是晕头转向。瑞典人趁着这个机会，一拥而上，想冲乱敌方的阵脚。俄罗斯这次不再慌乱了。他们针锋相对，用运来的那十五门装在雪橇上的野战炮，急速地射击着，这让瑞典人大吃一惊，队伍在一片混乱中停住了。这时候，克罗波托夫、济宾和古利察的龙骑兵团收缩队伍,从两翼疾驰着合围过来。"弟兄们！狠狠地揍瑞典人！"舍列梅季耶夫从方阵中央声嘶力竭地喊着。俄罗斯人托着枪刺向前挺进。暮色很快降临了,施利本巴赫命令大家到建筑物那边掩蔽起来。可是刚刚吹响退却号,俄罗斯的龙骑兵、鞑靼人、卡尔梅克人和切尔卡斯人又以新的凶悍劲头从四面八方扑向正在撤退的瑞典方阵,一下子就突破防线,冲散了他们的队伍。一场残杀开始了。趁着夜色昏暗,施利本巴赫将军本人和三名参谋好不容易才逃了出来,骑马向列维尔败走。

莫斯科为了庆祝这次胜利,又是放烟火,又是挂灯彩,人们肆意疯闹着。数不清的大桶伏特加和啤酒在红场上一字摆开,整只整只的羊放在篝火上烧烤,雪白的面包分发给老百姓。缅希科夫奉彼得的命令,专程赶到诺夫戈罗德去,授给鲍里斯·彼得罗维奇一幅嵌满钻石的沙皇肖像画和一个从来没过的大元帅的头衔。每一个参加此次战役的士兵都得到了一枚银卢布。这些卢布是新近由莫斯科造币厂铸造,代替旧币。

鲍里斯·彼得罗维奇对彼得的赏赐感激涕零,决心为俄罗斯战斗到底。他还托缅希科夫给彼得带回一封信,说是有一点急事,请求皇上准许他回一趟莫斯科。他在信中说:"直到现在,我妻子还住在一家陌生的客店里,我必须要替她找一所房子,让她有个安身的地方。请陛下恩准我回去。"彼得给他回信说:"您没有必要到莫斯科来,大元帅阁下。不过,此事您不妨自己斟酌。如果您决定回莫斯科,我认为最好的时间是在复活节,您可以在复活节前的星期天回来。"

半年后,鲍里斯·彼得罗维奇在胡梅尔斯霍夫附近又跟施利本巴赫将军相遇了。双方是仇人见面,分外眼红,根本不用战前动员,双方迅速地扭杀起来。在这次血战中,七千瑞典兵留下了五千五百具尸首后,狼狈逃窜,瑞典人无力再保卫利沃尼亚了,俄罗斯梦寐以求的通往海港的路打通了。整个俄罗斯都疯狂起来了。到了秋天,鲍里斯·彼得罗维奇写信给彼得：

陛下,我很荣幸地告诉您,全能的上帝和圣母已经实现了您的愿望,在这片敌人的土地上,所有的东西都被毁尽和抢光了,只剩下马林贝格、纳尔瓦、列维尔和里加几个地方还完整,这还是我吩咐士兵们不要破坏的结果。现在最让我头疼的是如何处理那些俘虏。营房里、牢狱里,以及其他许多地方,已经塞满了芬兰人,多一个也装不下了;再说这样做也很危险,因为那些人都怀着极大的敌意,如果哪一天冲出来,必然会出现灾难性的后果。在这里,我请求陛下下一个敕令:从这些芬兰人当中挑一批优秀的人,懂得使用斧子,或是当过工匠的,派他们到沃罗涅什或是亚速去从事劳动,帮助俄罗斯建造军舰。

二

炮弹落在马林贝格的古老要塞上,溅起了大量的泥土,这样的情况已经持续十二天了。俄罗斯人想尽了办法,但不论从哪一面都没法攻进它,因为要塞矗立在波伊普湖里一个小岛屿上,它的石墙又是直接从水里筑起来的。桥口有一座堡寨防护着,早被瑞典人破坏了。要塞里贮藏着大量的裸麦。俄罗斯人在被彻底破坏了的里夫兰饿得要死,所以他们觉得那里的存粮非常吸引人。鲍里斯·彼得罗维奇叫人喊来了志愿兵,鼓动着他们:"要塞里面有粮食和酒,还有女人、小伙子们卖点力气,只要你们能攻下要塞,我一定给你们一天一夜的时间去寻欢作乐,绝不干涉。"大约有一千名志愿兵,他们麻利地编成了若干个木筏,用篙子撑着,划到要塞的石墙下。瑞典人的炮弹打下来,在木筏中间炸开了。

鲍里斯·彼得罗维奇用望远镜望着。瑞典兵既狂暴,又凶顽,难道他们会把进攻打退吗?用围困的办法来逼迫他们投降,那就得浪费很多天,会把他羁留到晚秋,他还有更重要的事情要去做。忽然,他看见要塞城门附近城楼上用木头接建的部分摇晃起来了,部分城墙坍塌了。那些木筏早已撑到了裂口那儿。正在这时,一大幅白布从堡寨的一个窗子里伸出来,吊在外面。鲍里斯·彼得罗维奇收起望远镜,摘下帽子,画了一个十字,感谢上帝。

要塞里的居民,从拆毁了的木桥残桩上开始渡到对岸去。他们抱着孩子,带着包裹。女人们哭着，回过头去望着被她们抛下的既熟悉又陌生的住所，用恐惧的眼神去看俄罗斯人，那群人正打量即将到手的战利品。可是当最后一批逃命的人走出要塞，包着铁皮的城门忽然一下子关上了，紧接着一股股硝烟喷射出来。第一个丧命的是一位中尉，他正坐着一条小船向要塞方向划着，想把俄罗斯旗帜升起在要塞上。人们在桥上狂奔乱窜，场面混乱了。巨大的火焰把要塞里的东西都卷到了空中，爆炸震撼着湖面，落下来的石头打在人们的身上。要塞和仓库都被烈火笼罩了起来。后来才查明，准尉武尔夫和炮兵准尉戈奇利希冲进了要塞储藏火药的地窖，点上了引火线。武尔夫没有来得及在爆炸前逃脱。那个炮兵准尉遍体烧伤，浑身是血，后来被一只小船救了上来。

要塞司令和手下的军官们依次走了进来，舍列梅季耶夫大元帅威风凛凛地坐在桌子旁边，背对着窗子。司令摘下帽子，恭恭敬敬地鞠了个躬，交出他的宝剑。军官们也照着他的样子做了。鲍里斯·彼得罗维奇把宝剑往长凳上一撂，开始凶暴地责备那些瑞典人，为什么他们不早一点投降，非要让士兵及其家人遭受那么多苦难与死亡，而且还要阴险地炸毁要塞？屋子里的人也都怒气冲冲地盯着那几个瑞典人。要塞司令还是勇敢地回答大元帅的问题："我们的百姓里有许多女人和孩子，而且还有教区长，那位受人尊敬的牧师恩斯特·格吕克以及他的夫人和女儿们。我想请您放他们过去，不要让士兵阻挠他们，欺负女人和孩子可不是什么光彩的事。"

"我一句话也不愿意听！"鲍里斯·彼得罗维奇高声叫喊着。他把肚子往里一缩，从桌子后面站起来。"把司令和军官们看押起来！"他将一件斗篷往身上一披，由上校们簇拥着，走到外面部队里去了。三百来个瑞典俘虏耷拉着头，杂乱地站在岸坡上。俄罗斯兵还不清楚如何发落这些俘虏，看着元帅怒气冲冲地在踱来踱去，有些恐惧。军号吹起来了，大元帅昂首挺胸地走了过去。

在一群下了马的龙骑兵后面，鲍里斯·彼得罗维奇察觉到有双眼睛在瞅着他，如同两个小小的火苗在烧着他的心。女人的眼睛有时比刀锋还锐利。鲍里斯·彼得罗维奇傲慢地咳了一声，便慢慢转过头。在满是灰尘的士兵长襟衣后面,他又看到了那双闪烁着泪花,流露出恳求的神色。一个十七岁光景的少女正踮起脚,从士兵们的背后望着元帅。她一声不响地伸长了颈脖,那张被恐惧折磨着鲜嫩的脸,竭力想装出一点笑容,结果却连嘴唇也都皱了起来。鲍里斯·彼得罗维奇下意识地咳嗽了一声,又走去察看俘虏了。

三

鲍里斯·彼得罗维奇在饭后小憩了一会儿,醒来后便在苍茫暮色中坐在长凳上叹气。只有亚古任斯基一个人跟他一起在农舍里,伏在桌子角上用笔不停地写着。"小心,你要把眼睛弄坏啦,"鲍里斯·彼得罗维奇轻轻地说。

"我快要写好了,元帅阁下。"

"写好后,你把这个命令拿去交给上校,"鲍里斯·彼得罗维奇说,"顺便到第二龙骑兵团去看一看,看你能不能找到那个军士,一个叫奥西卡·杰明的。跟他一起在辎重车里的还有一个少女。如果那个少女要是被糟蹋死了,那就可惜了。如果没有,你去把她带到我这儿来。这里有一个卢布,你交给奥西卡,就说是我赏给他的,算是一点补偿吧。"

屋子里只剩下鲍里斯·彼得罗维奇一个人了,他叹了口气,摇了摇头。本来嘛,这是毫无办法的:不管你如何努力,活着总不能一点罪孽都没有。1697年,在那不勒斯也有个黑头发的小姑娘拴着他的心。他曾经想把她带到莫斯科,也曾经向这个少女跪着哀求过。可惜啊,可惜!

亚古任斯基跟往常一样,一会儿就回来了,他把鲍里斯·彼得罗维奇刚才看见的那个姑娘轻轻地推进了农舍。她穿着一身天蓝色的衣裳,一双整洁的白袜,头发里有几根稻草,明眼人一看就知道发生什么事了。在门槛旁边,那姑娘就跪了下来,低低地垂着头,显出一副任命和哀求的样子。亚古任斯基笑了笑,转身出去了。鲍里斯·彼得罗维奇把那姑娘仔细打量了一阵,她长得很不错,看起来很机灵,脖子和双手又细腻又白净。他用德语跟她交谈："你叫什么名字，你父亲是做什么的？"

那姑娘轻声地、短促地叹了一口气："埃列娜·埃卡捷琳娜。我是一个孤儿，在恩斯特·格吕克牧师家里做用人。"

"做用人？哦，你没结婚吧？"

卡捷琳娜哽咽起来了，没抬起头："不，前不久我已经跟一个胸甲骑兵约翰·拉贝结婚了。"

鲍里斯·彼得罗维奇皱了皱眉头。他冷淡地问起那个胸甲骑兵的情况：他是被俘虏了，还是阵亡了？

"我看见约翰跟另外两个弟兄动身泅过湖去，后来我就再没看见他。"

"不要哭，卡捷琳娜，你还年轻，你可以另外找一个。你饿吗？"

"很饿，"她答道，扬起那张消瘦的脸，微微地笑了一笑。鲍里斯·彼得罗维奇走到她面前，抓住她的肩膀，把她扶了起来，亲了亲她那纤细的、温暖的头发。她的肩膀也是温暖而且细嫩的，这让鲍里斯·彼得罗维奇十分陶醉。

"卡捷琳娜，你到桌子边来坐下吧。我让他们去弄点东西给你吃。我不会难为你的，你不用害怕。"

鲍里斯·彼得罗维奇把勤务兵喊来了，吩咐他端整晚餐。吃饭的时候，与其说是他在吃，还不如说是在瞅着卡捷琳娜吃。卡捷琳娜好几天没吃东西了，不一会儿工夫，她就把桌上的食物都吃干净了，一双眼睛水汪汪地朝鲍里斯·彼得罗维奇看了看，表示感激地微微露出她那洁白细小的牙齿。由于喝了酒，她两边腮帮都显得红彤彤的。

"这个星期，我们就要到诺大戈罗德去，到了那边，你会过得更舒服了。今天夜里，我们就按照行军时候的办法，在暖炕上睡吧。"卡捷琳娜从睫毛底下暧昧地瞅了他一眼，飞起一阵红晕，便扭过脸去用一只手遮住了脸。鲍里斯·彼得罗维奇被这个小女人迷昏了。他隔着桌子抓住了她的小手。她仍然掩着脸，可是一只眼睛从手指缝里迷人地闪烁着。

四

在纳尔瓦吃了败仗的军队逃回诺夫戈罗德的时候，许多士兵都逃跑了：有的人往北方，来到了分裂派教徒的村子里；有的人跑到了顿河或伏尔加河附近，或是第聂伯河下游。"泥洗脸"费季卡，这个愁眉苦脸、受尽苦难的农民，也趁乱逃跑了。他杀死了米尔巴赫中尉，如果不跑的话，性命早就难保了。他极力劝安德烈·戈利科夫跟他一块儿逃跑，他们毕竟在舍克斯纳河一起拉过纤，很长的一段时间都是在一个锅里吃饭。经历了纳尔瓦的恐怖以后，戈利科夫觉得到哪里都无所谓，只要不再扛火枪就可以。

一天夜里，他们牵走了团里的一匹老爷马，离开了宿营的地方。他们把马卖给一家修道院，得了50戈比，两个人把钱一分，就这样上路了，他们不敢走大道，一路乞讨着，有时还偷人家一点东西，一路上就靠这种勾当维持。有两次，他们居然把教堂里的捐款箱都给扯下来了，可是一只箱子里空无所有，另一只箱子里也只有一个戈比。他们最终走到了瓦尔代山。他们在一户没有烟囱的农舍里度过了冬天，孩子们在里面给烟熏得发昏，婴儿们伴着夜风的呼吼，在摇篮里哭叫。安德烈·戈利科夫睡到半夜就醒了，于是便坐起来，把一双光脚掌抓在手里。躺在暖炕上的那些孩子，在睡梦中嘟嘟囔囔。谁也不明白：为什么他会被生下来？

"你干吗还没睡，安德烈？"费季卡问。

"我难过，费季卡，咱们走吧。"

"能往哪儿走呢，你这个傻瓜，又是黑夜，又是暴风雪？"

安德烈坐在那儿，紧紧地抓着冰冷的脚，摇晃着身子，低声抽泣着。他在24年中忍受的一切，对普通人来说真是够呛，可能一般人根本坚持不下去。可是他不容易死，使他富有生命力的不仅仅只是那瘦弱的身体，而是他那想从黑暗中走出去的、永不熄灭的愿望。在他心里，一直相信总有一片乐土，只要他坚持着走下去，终有一天会找到的。现在最大的问题是这块乐土在哪儿，它是什么样子，什么时间才能找到？

费季卡说的话，安德烈并没有听进去，只是睁大了眼睛，思索着过去。也许是回忆，也许是梦想：一个葱翠的小丘，一株白桦树，所有的树枝，所有的树叶都在和煦的微风中摇曳。唉，多么快乐啊！有一张脸在浮动，一张从未见过的脸浮近了，一直浮现在他面前，睁开眼睛，朝安德烈凝视着，它比活人更真实。它微笑着，浮走了。在一片蓝漾漾的雾气里，他仿佛看见一座城市。美妙、神奇，是什么样的一座城市啊！他到哪儿去找这座城市，到哪儿去找这株树叶摇动着的白桦树，这张微笑着的、十分美好的脸呢？

"明天早晨，咱们径直到那个庄园，跟贵族老爷编个理由。他爱听什么咱们就说什么，那时候他说不定会让咱们在下房里吃饭呢，"费季卡嘶哑地说道。在有钱人家里，他常常讲些有关纳尔瓦惨败的故事，他添油加醋，胡诌一通，弄得听的人眼泪都掉下来了，特别是描绘查理国王屠杀了成千上万的正教士兵之后战场上的情景：

"查理满面红光，左手拿着一个金球，右手执着一柄利剑，身上穿着金铠银甲，骑一匹浑身白毛、性子暴烈的马。国王走到我跟前来，我那时倒在地上，当然喽，当时我胸口中了一颗子弹。四周的瑞典人如同袋子一般被抛在那里，他们都已经死了。国王走到我跟前，问那些将军：'这个倒下的人是谁？'将军们回答：'这是一个勇敢的俄罗斯士兵，他为信仰而作战，亲手杀死了我们十二个掷弹兵。'国王就跟他们说：'这个人值得我们尊敬，可惜他死了。'将军们告诉他：'国王陛下，他还没有死，胸口中了一颗子弹。'于是他们把我扶起来。我抓着火枪，按照对国王的礼节举起来行了个敬礼。于是他就说了：'好小子！'一边从口袋里摸出一个金币。'这个给你，'他说，'勇敢的俄罗斯士兵，赶快安安稳稳地回家去，跟俄罗斯人说：'不要跟上帝打斗，不要跟有钱人打官司，不要跟瑞典人打仗。'"

一讲这个故事，主人肯定会好好招待费季卡以及安德烈，留他们在下房里过夜、吃饭。可是现在要进有钱人家里也不容易了，因为大家变得不信任别人了。逃避募兵、逃避军事税和地方税的人一年比一年多，他们全都躲在林子里，单独或是结伙打劫。有这么一些小城市，城里只剩老头儿、老太婆和小孩子。不管你问谁，答案总是惊人的一致：一个已经被抓进了龙骑兵,另一个从事土木工事或是给带到乌拉尔去了,还有那一个,前不久还在市集上开着一爿铺子,受人尊敬,这会儿却已经抛下了老婆和小孩,带着一柄短锤,在大路边的峡谷里打劫去了。

费季卡不止一次地寻思着,是不是要混进一个盗匪帮里去?可是他也犹豫,往后该怎么办呢?他们不能一辈子在各个村子间游荡,这样的生活总有腻烦的一天,他也需要稳定的生活。可是安德烈一句话也听不进去,只是执拗地说:"咱们去吧,到南方去,到天涯海角去,寻找梦中的乐土。"费季卡回答他说:"安德烈,你清醒吧,不管到哪里,人们都不会白白地养活你,你或者给哥萨克人当雇农,或者给地主当卖身奴,一辈子还是干活的命,最后后背脊也得累折。如果咱们在大路上玩儿一阵,从过往的路人中收取一点费用,那么我们总可以弄到一百卢布。有了那样一笔钱后,你就可以当一个衣食无忧的商人。到那个时候,不管是龙骑兵也好,录事也好,地主也好,他们再也不会欺侮你,你就成自己的主人了。"

有一次,他们坐在沐浴着夏天晚霞的田野里。微风吹弯了草,发出沙沙的响声。安德烈望着将逝的残阳,转头对费季卡说:"费季卡,你知道我要跟你说什么。我心里一直有一股力量支撑着我不断前行。当我听着风沙沙地吹响草的时候,望着晚霞、暮色的时候,我一切都明白了,所有的哀愁和欢乐,都算不了什么。"

"我们村子里有一个傻瓜,他是牧鹅的,"费季卡说着,用一根枯树枝随意扒拉着,"他也常常说你这样的话,让人一句也听不懂。他芦笛吹得特别棒,全村的人常常去听他吹。那个时候,他们正在替弗朗茨·勒福尔特找乐师。你猜怎么着?他们就把他带走了。"

"费季卡,在纳尔瓦的时候,鲍里斯·彼得罗维奇的一个农奴跟我讲起意大利这个国家,讲起那些擅长色彩的画家,他告诉我生活与绘画的样子。我不想安静下来,我哪怕替那样的一位画家当奴隶,给他调颜料也知足了。费季卡,白日的天光亮了又暗了,可是在我的画板上,阳光却永远辉煌灿烂。如果你看一看我画板上画的树,你就会明白,到时候,你就会痛哭了。"

"它在哪儿呢,安德烈?"

"我不知道，费季卡。咱们去问问别人，人家会告诉咱们的。"

五

1702年春天，安德烈·阿尔塔莫诺维奇·马特维耶夫用高薪从荷兰聘请来的十个造水闸的专家乘海船来到了阿尔汉格尔斯克，月薪极为优厚，70卢布20戈比，还供给他们膳食。他们之中的五个人被派往图拉附近的伊万诺夫斯科伊湖边，负责在顿河与奥卡河之间，经过乌帕河和沙特河，修建31座石头水闸。另外五个人到维什尼—沃洛乔克去，在特韦里查河与姆斯塔河之间修建一座水闸。维什尼—沃洛乔克间的水闸一旦建成，就可以把黑海跟拉多加湖贯通起来，而伊万诺夫斯科伊水闸又可以把拉多加湖和伏尔加河流域跟黑海联系起来。

彼得待在阿尔汉格尔斯克，德维纳河口那边正在忙着修筑防御工事，还为白海舰队建造三艘巡洋舰。当地的商人告诉他，自古以来，大家就知道从白海到拉多加湖，穿过维格湖、奥涅加湖和斯维尔河，走起来很困难，可是如果将运河开凿好，水闸筑到奥涅加湖以后，那么整个白海沿岸就可以把货物直接由水路运到拉多加了。在拉多加湖，通往三个海的三条大的水道，都顺着伏尔加河、顿河、斯维尔河连接起来了。波罗的海、拉多加湖却被那条短短的运河，由诺捷堡和尼恩尚茨这两座要塞保卫着的涅瓦河分隔着。荷兰工程师伊萨克·亚伯拉罕指着地图对彼得说："开凿了带有水闸的运河，您就会让死海变活，而您的几百条河流，全国的河水，都可以冲进涅瓦河的洪流，您的海船也可以开到大洋里去了。"

为了控制涅瓦河，把全国的河流贯通起来，从1702年秋天起彼得一直作着极大的努力。海军上将之子阿普拉克辛整个夏天都在进攻英格利亚，他一直挺进伊若拉，打败了瑞典的克龙格奥尔特将军，把他赶回杜杰尔霍夫山林里。另一方面，阿普拉克辛带着部队赶到了拉多加湖，在纳济亚河边驻扎下来了。鲍里斯·彼得罗维奇·舍列梅季耶夫也率领军队从诺夫戈罗德向着拉多加湖方向移动，携带着强大的炮队和辎重车辆。彼得率领着谢苗诺沃和普列奥布拉任斯科耶团的五营士兵，经阿尔汉格尔斯克水路到达了奥涅加海湾，在靠近纽赫恰渔村那平坦的海岸上登陆。彼得派阿列克谢·布罗夫金上尉到维戈河口分裂派教徒的村子索罗卡去，让他坐小船去维戈河流域转转，察看一下这条河道是否适合修建水闸。

18世纪涅瓦河风景

从纽赫恰，部队经过普尔湖和分裂派教徒的村子沃日莫萨尔玛，到了波韦涅茨。这条路是由谢波捷夫中士从克姆、苏姆斯克城郊、分裂派教徒的乡村教堂和隐修区赶来了一批农民和修道院的仆役，在三个月里修筑起来的。

离波韦涅茨十俄里，就是分裂派的维戈列茨克·丹尼洛夫修道院。分裂派的男女信徒穿着粗麻布衣服，通宵点着蜡烛，成天跪在地上祈祷。四扇大门都给严密地封闭起来，麦草和焦油堆放在大门守卫室和祈祷所四周，做好了一切准备。涅克塔里长老从紧闭的门里走了出来。自从上一次烧死了大批信徒趁机逃脱之后，他便住在修道院里。安德烈·杰尼索夫对他的行为不耻，不让他跟大家接近。涅克塔里一怒之下，便退隐在一个土坑里，许愿做一个缄默的人，两年内，他没说过一句话。这一天,他出现在人们面前，大声嚷道："安德烈·杰尼索夫为了一个蘑菇馅饼就把基督出卖了，你们看到了吗？反基督者已经亲自带来了两艘大船来到我们这儿，他们要对我们下手了！就要被他们抓住，他们会把你们像猪一样绑起来，往船上一装，运到地狱里去，让你们受尽折磨。现在只有你们自己能拯救自己，千万别听安德烈·杰尼索夫的鼓动，看看他那丑恶的嘴脸和卑劣的行为，你们还能相信他的话吗？彼得沙皇已经把一个带馅的包子给他送来了，他便欣喜若狂起来。"

涅克塔里的鼓动起了效果，人心开始动摇了。安德烈·杰尼索夫眼看着情况正在恶化，说不定真会有那样的人甘愿让自己活活烧死，便立刻反驳，对涅克塔里喝道："你在土坑里准是发了疯，涅克塔里，你的心太歹毒了，恨不得把全世界都烧掉。彼得皇上并不来触犯我们，他走他的路，我们过我们的桥，毫不相干。你不要以为我们不知道，谁在夜里把鸡送到你的土坑里，隐修区现在一只鸡也见不到了，可你的土坑里却满是鸡骨头。"有人为了验证安德烈·杰尼索夫的话，跳进土坑察看究竟。他说得没错，他们在一个角落里发现许多埋着的鸡骨头。骚动开始了，他们准备惩罚涅克塔里。

安德烈·杰尼索夫悄悄地离开了修道院，骑上一匹好马，穿过河流，找到了彼得的军队。彼得在营帐里接见了安德烈·杰尼索夫，一看见这个容光焕发的人，穿着黑长袍，戴着尖顶帽，彼得便嘲笑着说："你好，安德烈·杰尼索夫，你准备和我分享什么好消息？你们是不是用两个手指来防备我，还把我当成反基督者？"

杰尼索夫坐在桌子边上，他诚恳地、愉快地瞅着彼得的眼睛说道："彼得·阿列克谢耶维奇陛下，我们在荒野中过着隐居的生活，可许多愚昧无知的人听闻消息后，都到这儿来了。我们对这些人采取不同的办法：有的用抚爱来使他们驯服，有的用恐吓使他们顺从。如果想要干大事业，没法保证一点错误不犯。各种意想不到的情况都出现了，绝大多数都是令人愉悦的，但也有些事情叫人高兴不起来。我们自己种地养牛，捕鱼制革，一切都靠我们这双手来获取。我们还可以自己采矿，有经验丰富的探员和锻工，图拉那边的人都不如我们优秀。"

彼得·阿列克谢耶维奇收敛了刚才那种嘲笑的表情，关切地询问起矿区在哪里，开出来的是什么矿，能有多少开采量。当彼得听到奥涅加湖沿岸有铁矿，而且波韦涅茨附近的一个铁矿能从一普特矿砂里炼出半普特铁来，闻之大喜，追问道："那么，你们这些反教士派，对我有什么具体要求呢？"

杰尼索夫想了想回复道："陛下，我知道您的军队里需要大量的铁。你只要下一道敕令，我们就会在最合适的地方建起熔铁炉和锻铁场，开采冶炼。我们这里的铁比图拉的好，价钱更便宜。我听说，阿金菲·德米多夫在乌拉尔估的价是每普特50戈比。"

"你错了，是35戈比。"

"好吧，我们也算它35戈比吧。我们这儿还有许多铜矿石可以开采。在靠近波韦涅茨的森林里，就在熊山那儿，还有可以做桅杆的优质木材，这些都是您现在急需的东西。等你占领涅瓦河后，我们就可以顺利地把木排一直撑到荷兰。我们不需要神甫和录事，让我们按照自己的章法生活吧。如果您给我们派一个神甫，他会带着十字架，带着圣餐过去，修道院的人就会头也不回地逃走。他们对逃避抓捕很有经验，您恐怕不容易抓住他们。这批人全受过折磨和摧残，会逃到更为偏僻的地方，那我们的事业就要停滞不前了。"

"这倒奇怪啦，"彼得说，"你们修道院里有很多人吗？"

"大概有五千个工人，此外还有不再干活的老年人、小孩子……"

"哦，那我该怎么办呢？好吧，我答应你的要求。派些工匠到波韦涅茨去，帮助我们建造舰船。如果你乐意用两个手指，或者用一个手指来画十字也可以，但你们所有的企业都要加倍交税，这就是我对你的承诺。"

安德烈·杰尼索夫心花怒放，不停地点头表示同意。"哦，为我的健康干一杯，安德烈·杰尼索夫！"彼得斟了一满杯伏特加递了过去。杰尼索夫的脸刷地白了，他庄严地站起来，用两个手指宽宽地、慢慢地画了一个十字。他接过了酒杯，把酒喝得一滴也不剩。随后他摘下帽子，严肃地表达着自己的感受："谢谢你的恩典，陛下。"

"至于你在那边找到矿砂的地方，以及周围你所需要的土地，需要事先丈量一下，打些界桩。关于这件事，你应当写信到莫斯科，汇报给维尼乌斯，他全权负责此类事。"彼得喷着烟，一面思索，一面说着。"我会关照他，在今后十年内，企业和熔铁炉都决不课税。你觉得时间短了？那好，我们就十五年不课税。至于铁的价钱，我们可以再商谈。我要你马上开工，不许拖延。如果你需要人手，或是还需要其他东西，你就写信给维尼乌斯。原则只有一个，别伸手要钱，其他都能满足你。再来一杯吧，安德烈·杰尼索夫，虔诚的人。"

9月末，三支军队在纳济亚河岸上会师，一起向诺捷堡挺进。那座古老的要塞矗立在涅瓦河的一个岛上，那里是涅瓦河的发源地。船舶可以顺着两条支流驶进河去。部队在诺捷堡对面扎营，整顿队伍，为即将到来的战事做准备。透过压得低低的雨云，他们可以看见石头的碉楼，高大坚固的城墙，轮流放哨的士兵，俄罗斯士兵则开始加紧挖掘近敌工事。当年兴建这个要塞的诺夫戈罗德人，给它取了个外号叫作"核桃"，意思是说它不容易被砸开。忽然间，在城堡的圆形望楼上，一面画着狮子的王旗升上了旗杆，迎风飘荡着。重炮发出一声狂吼，一颗炮弹落在了近敌工事前面的污泥里。瑞典人出来应战了。

涅瓦河右岸，要塞的那一头，防御工事筑得十分坚固，另一面对着沼泽地，从湖那面很难接近要塞。几千名士兵用缆索把一只只大船从拉多加湖里拉起来，拖过林间小道，放在要塞下面的涅瓦河里。"再来一下！再来一下！大家一起拉！"彼得嚷嚷着。他脱掉长襟衣，颈脖上的青筋都绽了出来，脚滑进了原木的隙缝，踝骨也擦伤了。他抓住绳索，大声吼道："大家一起！用力拉！"士兵们从昨天起就没吃过东西，他们的手掌磨破了，流着血。可是那个魔鬼却不肯放松，总是不断地嚷啊，骂啊，打啊，跟他们一起拉……傍晚，沉甸甸的50艘船总算费力地放在涅瓦河里了。士兵们累得连东西也不想吃，倒下去就睡了。

天还没亮，军鼓就擂响了。准尉们摇醒了士兵，让他们准备战斗。士兵们就爬到那些摇摇晃晃的小船木板台上，摸黑渡过急流，划到了右岸。士兵们跳进了芦苇丛里，隐蔽了起来。军官们把连队集合起来的时候，还在低声咒骂。他们等待着命令。晨曦透出来了，彼得、缅希科夫和柯尼泽克从船里跳到了岸上。彼得抓住灌木丛，爬上陡峭的岸坡。他大踏步走着，士兵们急匆匆地跟在他后面。缅希科夫抓着两支手枪,走在他的左手边,柯尼泽克走在他的右手边。他们忽然停住了。彼得发出命令:"火枪准备!扳起枪机!分排齐射!"

"向前看!"彼得粗声厉气地喝道,"第一排:发射!"枪火的闪光照亮了树桩的后面,那片平原上瑞典战壕的泥土。对方还击了,但是还有些迟疑。"第二排!发射!"第二排也跟第一排一样,发射了子弹。"第三排,第三排!"一个焦急的嗓音在喊。"上刺刀!跑步——走!"

队伍散开了,彼得在高低不平的田野上奔跑着。喊声越来越大,俄罗斯人托着刺刀,向泥土筑的工事冲去。一部分瑞典人往森林方向逃跑了,另一部分从战壕里高高地举起了手。右岸的战壕被攻下来了。天一亮,臼炮立刻被运过河去。彼得趁热打铁,命令俄罗斯人开始从涅瓦河两岸炮轰诺捷堡。

六

经过半个月猛烈的炮轰,要塞里起了大火,几处火药库还发生了爆炸,东边的部分城墙崩塌了。这一天,俄罗斯人看见挂着一面白旗的船,急匆匆划向这边。俄罗斯炮垒没有发炮。一个身量高大、脸色苍白的军官,从船里爬上岸,迟疑地向四下望着,不知该找谁交谈。阿列克谢·布罗夫金跳过战壕,粗鲁地揪着他问:"尊敬的先生,您到这儿来有什么事啊?"那军官一边用瑞典话说着,一边指着从要塞里冒起来的浓烟。

"讲俄罗斯话,你是来投降的,还是有其他企图?"阿列克谢怒气冲冲地打断了他。衣着光鲜、面带笑容的柯尼泽克走过来帮忙了。他让那个军官把要说的话再讲一遍,随后翻译出来了:司令官的太太以及其他军官们的太太请求准许她们离开要塞,因为浓烟和大火,那里实在待不下去了。那个军官还带来一封写给鲍里斯·彼得罗维奇·舍列梅季耶夫的信,阿列克谢把这封信从军官那里拿过来,他愤怒得脸扭曲了,把信扔在污泥里:"我不打算把这件事传报给大元帅,这是什么意思呢?让那些女人离开要塞。

那我们又得进攻两个星期，我们的人员又得损失很多。马上投降，就是这么一句话，没有商量余地！"那个军官耸了耸肩膀，怒冲冲地回到了船上。等小船一开航，戈什卡、京特尔和彼得·阿列克谢耶维奇炮兵连里的42门炮，便一齐怒吼起来了。

大火烧了一整夜，火光照亮了河面，照亮了两岸的俄罗斯营垒，照亮了下游那一百条停在岸边随时准备出动的小船，木板台上挤满了志愿兵，船舷上横放着攻城的云梯。半夜过后，排炮轰击停止了，到处是大火猛烈燃烧的响声。拂晓前两小时，沙皇的炮兵连发了一炮。振奋人心的军鼓擂响了。大船向着要塞划去，这些船舰是由三个年轻军官指挥的：米哈伊尔·戈利岑、卡尔波尔和亚历山大·缅希科夫。彼得跟大元帅和团长们在一起，站在炮垒旁边，用望远镜观察着不断变化的战场形势。迎面飞来一颗颗炮弹，打击着俄罗斯的船舰。第一艘船冲上了岸滩，志愿兵们拖着云梯，赶过去爬城。从上面抛下来石块，浇下来熔化了的铅，受伤的人从三俄丈高的地方摔下来，凄厉地叫喊着。有几条船被炮弹击中，火熊熊地燃烧着，漂向下游。

彼得把望远镜夹在胳肢窝底下，不忍细看，开始动手拨弄长襟衣上的纽扣，他脸色发灰，嘴唇发黑，眼睛陷下去了，用略显疲倦的声音问："哦，这是怎么一回事啊？"他说着，随后转向舍列梅季耶夫。鲍里斯·彼得罗维奇叹了口气，他在过去两年里看过比这个更可怕的情景。"他们又舍不得炮弹了，想赤手空拳去攻占要塞！那样做是不行的！"

彼得又把望远镜拿起来放在左边眼睛上。许多受伤的和死亡的都倒在城墙脚下。从要塞塔楼上冒起来的烟，往云端里蹿去，可是火势已经减弱了。从西边又赶过来一批志愿兵的生力部队，冲到云梯那儿。他们嘴里全咬着已经点燃的火药线，从行军包里摸出手榴弹，点上火，扔了出去。瑞典人抵抗得很顽强。大炮的轰击，手榴弹的爆炸，人的呐喊，各种声响隐隐约约地从对河传过来，就这样一直延续着。

彼得的全部希望，所有事业的前途，这会儿似乎都寄托在这些攻打要塞的士兵身上了。他们在城墙的突出部分底下歇息一会儿，发一阵枪，在石头后面躲避瑞典人的霰弹。炮兵连被迫停止活动了，炮击对现在的他们没有任何帮助。如果有备用的小船，那么还有两千士兵可以开过去支援。可眼下既没有船只，又没有更多的云梯，也没有足够的手榴弹。俄罗斯似乎陷入了困境。

"皇上，你先到营帐里休息会儿去，吃点儿东西。干着急解决不了问题。"鲍里斯·彼得罗维奇如同老太婆似的叹了口气。彼得并没有放下望远镜，只是不耐烦地龇出了牙齿。在那边城墙上，出现一个身量高大、一身铠甲的老头儿。他指着下面的俄罗斯人，张大了嘴，拼命吆喝着。瑞典人紧紧地围着他，也在嚷嚷，显然他们正在争辩着什么。"那个老头儿就是司令官埃里克·施利本巴赫，也就是被我打败了的那个施利本巴赫将军的哥哥，"鲍里斯·彼得罗维奇向彼得解释道。

瑞典人很快地又堵住了缺口，用火枪射击志愿兵们。他们中一部分人跑下云梯，只带着宝剑向俄罗斯人扑过来，双方厮打在一起。那个穿铠甲的老头儿埃里克·施利本巴赫，跺着脚，舞动着宝剑，不断地激励瑞典士兵。瑞典人不知受了什么刺激，全都猛打猛冲起来，一副搏命的架势。俄军抵挡不住了，抛弃大量尸首后，残余部队向河边他们的小船方向退却。米什卡·戈利岑也红了眼，他跳上跳下，高声咒骂着，把士兵们从船里又赶了出来。为了让士兵专心作战，他把一条条小船都推开了，断绝了他们的念想。肉搏战就在小船周围展开，河水变红了。

彼得眼见形势不妙，便把最后一批后备军，阿列克萨什卡的部队，12艘满载志愿兵的大船派了出去，放手最后一搏。阿列克萨什卡所乘的那艘船顶着潮水疾驶到要塞前面，他本人没有穿长襟衣，只穿了一件绸衬衫，手握一把宝剑和一支手枪，没等船靠稳，便亟不可待地第一个跳上了岸。瑞典人一见敌方的生力军，立刻如战败的公鸡垂头丧气，纷纷往城墙奔去，可是只有一小部分人幸运地跑回了要塞，其余的全被打死了。石子和木头又从城墙上抛射下来，大炮射出了霰弹。俄罗斯人重新爬上云梯。彼得从望远镜里注视着阿列克萨什卡，他爬上了城墙，往年老的施利本巴赫身上撞过去，避开了他手枪里射出来的一颗子弹，两个人便用宝剑厮杀起来了。

在这种新的进攻之下,瑞典人的力量越来越弱了,他们的精神崩溃了。

北方落日的余晖在要塞后面散开了。望远镜里,战场的形势也看不清楚了。"彼得·阿列克谢耶维奇,他们好像已经把白旗挂起来了,"鲍里斯·彼得罗维奇跺着脚,兴高采烈地说。"是时候了,已经战斗了13个小时了,任谁也坚持不下去了。"彼得紧绷的脸终于松弛下来了。

七

晚上,涅瓦河两岸燃起了篝火。营地上没有一个人睡觉。汤在铜锅里沸滚,大块的羊肉串在铁钎上烧烤。伏特加随意喝,你要多少就分多少,你想喝多少就给多少。志愿兵们经过了13小时的战斗,心都还没有凉下来,围坐在篝火边上,讲述着战斗、受伤、阵亡的凄惨情况。那些没有参加战斗的士兵,在旁边张大了嘴听着。他们一面听,一面不时回头张望那黑黝黝地烧焦的碉楼。要塞已经没人,成堆的死尸躺在城墙底下。五百多个志愿兵已经阵亡了,更多的正在辎重车队的大车上和篷帐里呻吟。士兵们叹着气,一遍又一遍地说:"这个坚硬的核桃,咱们总算把它砸碎了。"

从小溪后面的小丘上沙皇那座灯火辉煌的帐篷里,不时地有喝醉了酒的军官们从帐篷里爬出来。一位上校走到小溪边,朝士兵们的篝火望了好半天,摇摆着身体,醉醺醺地高声叫嚷:"好样的,小伙子们,我为你们这回的表现感到自豪!"有几个士兵扬起脑袋,高声叫嚷:"你吵吵什么?回去继续喝酒吧,英雄。"

彼得从帐篷里走出来想清醒下。他悠悠荡荡地摇晃着,望着四周。营地上的篝火在他眼前忽远忽近、忽明忽暗:他平时很少喝醉,可今天喝得太多了,胜利使他沉醉了。缅希科夫和柯尼泽克也跟了出来。缅希科夫见彼得兴致很高,极力压制往上翻腾的酒意:"陛下,我去给你拿一支蜡烛来,好吗?你要在外头待好久呢。"柯尼泽克忽然大笑起来:撩起长襟衣,像一只母鸡般跳来跳去。

彼得转向柯尼泽克,说:"柯尼泽克,你刚才和舍列梅季耶夫胡扯了些什么？你说，'对我来说，这个小东西比我灵魂的救赎还要宝贵。'这个小东西到底指什么？"

"陛下，舍列梅季耶夫在吹嘘他的一个女奴隶，一个里夫兰人。可是我不记得我说过小东西这类的话了。"柯尼泽克说到这里停住了，突然清醒了过来。彼得冷笑一下，居高临下地瞅着他那受惊的脸。

"啊，陛下，我一定是指我的那只法国造的鼻烟盒，它就放在我的行李里，我现在就去拿来。"柯尼泽克晃晃悠悠地朝着小溪跑去，慌慌张张地解着他胸前那坎肩的纽扣。"天哪，他怎么会知道的呢？我一定要把它藏起来，不，把它扔掉。"他想把颈饰上的丝绳扯断，可是那丝绳却痛楚地嵌在他的脖子里。彼得屹立在小丘上，一直盯着他。柯尼泽克镇静地向他点了点头。柯尼泽克撒腿穿过河去，还在扯着那根丝绳。忽然他一失足，没命地挥动着胳臂，仰面跌进小溪里去了。"酒醉的傻瓜，"彼得说道。他们等了一会儿。阿列克萨什卡皱了皱眉，担心地说："陛下，我看情况有些不妙，我找些人过去看看。"

虽然溪水不深，但柯尼泽克没有立刻被找到。可能他摔下去的时候，脑袋准是碰在石块上，一下子就沉到水底里去了。士兵们把他抬到帐篷里，放在篝火旁边。柯尼泽克大使的一生就这样结束了。解开他衬衫纽扣的时候，彼得在他胸口处发现了一个颈饰，有小孩手掌那么大，从他的口袋里摸出一扎信件。他马上跟阿列克萨什卡一起回到自己的营帐里。

"军官先生们，"缅希科夫大声说道，"宴会结束了，你们请回吧。皇上要睡啦。"客人们连忙离开营帐，有几个人是被拖出去的。彼得把那些浸湿的信铺展开来，他用指甲剥开颈饰的盖子，里头是安娜·蒙斯的一张肖像，那双天真的、蓝漾漾的眼睛，还有那口匀整的、细小的牙齿，以及栩栩如生的微笑。盖子里头，用针尖刺着"爱情和忠实"几个德国字。彼得开始看信了。这些信全是安娜写给柯尼泽克的，一个痴心女子写的那种愚蠢而甜蜜的信。

"原来是这样，"彼得说道，他把胳膊撑在桌子上，望着蜡烛出了一会神。"哦，你想想看。她对我不忠实，我真不理解，她跟我撒谎。阿列克萨什卡，她怎么会和我撒谎啊。她一辈子，也许她从第一次就是那样的吧？我真的不了解，'爱情和忠实'！"

"陛下，小酒馆里的女人，我老早就想告诉你了……"

"住嘴！不准你说这种话，给我滚！"彼得瞅着那张肖像。"我翻过栅栏去你那里，你的名字经常挂在我的嘴边。我信任你，这样你还不知足，你是什么样的一个傻瓜啊。好吧，你只配去养鸡……"彼得脸色发青，扔下了烟斗。他往行军床上一躺，用羊皮袄盖住身子。

诺捷堡要塞改名为施利谢尔堡——"关键城"。破损的城墙修好了，被大火烧毁的塔楼也重新安上了木房顶，要塞清理了，一点战争的痕迹也看不出来了。留下一支卫戍军驻扎在要塞里，剩余军队都开到冬季宿营地去了。彼得简单地安排了下，便回到了莫斯科。

在米亚斯尼茨基门口，米亚斯尼茨卡街有一段路上都铺着红呢子，商业公会成员和知名商人在鼓乐声中迎接着彼得的凯旋。商人们把帽子抛到空中，高呼："万岁！"彼得首先出现在人们的视线中，他站在一辆镀金的大战车上，威风凛凛地走在队伍的最前面；瑞典的军旗在地上拖着，俘虏们耷拉着脑袋跟在后面。"公爵教皇"尼基塔·佐托夫站在一辆高高的笨重的大马车上，头戴一顶铁皮的法冠，身穿一件红布长袍，一只手里提着一柄宝剑，另一只手里拿着一瓶伏特加。

莫斯科狂欢了两星期，馅饼在红场上烤着，免费散发给郊区和城里的居民。莫斯科谣传皇上下了旨意，准备给大家分发蜜糖饼干和手巾，可是领主们欺骗了老百姓，让从很远的地方赶来的农民失望了。夜里，无数支火箭从克里姆林宫的钟楼上升起，烟火在城墙的上空绽放。狂欢一直闹到圣母节那天起了一场大火才宣告结束。火苗是从克里姆林宫冒起来的，延烧到了基塔城，风借火势，烧焦的木头都吹到了莫斯科河对岸。火焰一股又一股地蹿到了整个城市的上空。火势太大了，根本无法施救。克里姆林宫一下子都给烧光了，只留下了粮仓和科科什金殿，所有的政厅、修道院、军火弹药库全都烧毁了；伊凡大帝钟楼上的那只8000普特重的钟都掉了下来，裂开了。人们在瓦砾当中议论纷纷："彼得再统治几年，你们还会看到更倒霉的事呢……"

八

布罗夫金的儿子加夫里尔刚从荷兰归来，一家人聚到了一起：阿列克谢，由于战功卓著，新近被提升为中校；雅科夫现在是沃罗涅什的领港员，处理港口的日常事务；阿尔塔蒙和他的妻子纳塔利娅。阿尔塔蒙眼下在使节政厅总监沙菲罗夫手下当翻译，发挥着自己的才华，纳塔利娅肚子里正怀着第三胎。伊万·阿尔捷米奇对这个儿媳妇十分喜爱，百看不厌；还有是罗曼·鲍里索维奇和他的几个女儿。安东妮达已经在那年秋天美满地嫁给了一个别尔金中尉，虽然她的丈夫出身寒微，可是却很得彼得的宠幸。现在只剩奥莉加一个人，仍然在熬着烦闷的闺房生活。

近几年，罗曼·鲍里索维奇喝了太多的酒，身体衰老的速度明显加速了。每次都是还没等他酒醒时，一个士兵便给他带来了圣旨，要他即刻奉旨办事。罗曼·鲍里索维奇便急急忙忙坐着马车赶去为彼得当差了。

伊万·阿尔捷米奇那天兴致很高，他已经很久没有这么畅快了：一家人难得团聚在一起，子女们的事业都蒸蒸日上，前途无量，就连那次大火也没有波及他家。只有他那个钟爱的女儿亚历山德拉没有回来，让他稍显遗憾。关于她的情况，加夫里尔正给父亲详细讲述，他刚从阿姆斯特丹航海学校毕业，这几年的磨砺让他变得老成持重起来。

亚历山德拉和她丈夫眼下正在海牙游历，与他们在一起的还有沙皇的大使安德烈·阿尔塔莫诺维奇·马特维耶夫。他们不住在大使馆里，单独租住了一幢房子。她买了许多纯种的马和马车，甚至还有一条双桅快艇。一年多以前，当奥古斯特国王四处逃避瑞典追兵的时候，沃尔科夫夫妇就已经离开了华沙。他们到过柏林，可是没有耽搁很久，亚历山德拉不喜欢德意志：国王很吝啬，德国人言语枯燥，而且生活节俭，就连一块面包都要计算。

"在海牙，她家里总是坐满了客人，"加夫里尔继续说着他所知道的情形。"达官显贵很少，绝大多数都是些无足轻重的人：冒险家，画家，音乐家，印度魔术家……她跟他们一起扬帆出航，坐在甲板上弹着竖琴，享受着出航的种种乐趣。"

"她已经学会弹竖琴了吗？"伊万·阿尔捷米奇眼中愈发光亮了，随即骄傲地朝一家大小扫了一眼。"她出门到街上去散步，大家全向她鞠躬，可她只是礼貌地点头回礼。她不常让瓦西里出来接待客人，瓦西里也乐得清静，自己独享清净，他还学习拉丁文，参观造船厂、博物馆和交易所，不放过任何一件感兴趣的东西。"加夫里尔还说，桑卡在他回国之前曾告诉过他，她对海牙已经厌腻了，荷兰人成天就是谈生意，谈钱，对待女人没有真正的礼貌，跳舞时总是踩她们的脚尖。她要到巴黎去，那里才是天堂。

"她一定还在梦想跟法兰西国王跳小步舞呢，桑卡真是不死心！"伊万·阿尔捷米奇赞叹着，得意地眯细了眼睛。"那么，她打算什么时候回来呢？你快告诉我。"

伊万·阿尔捷米奇巴不得一天到晚都听有关他女儿亚历山德拉的事，这能给他极大的满足和陶醉。午餐刚吃到一半，彼得和缅希科夫一起到来了。彼得这几年常来布罗夫金家，已经跟他们非常熟悉了，他先跟布罗夫金的家人点点头，然后对罗曼·鲍里索维奇说："坐吧，今天没什么差事。"彼得站在窗子前面，朝火灾的遗址瞅了好半天。前不久还是热闹街道的那些地方，现在只剩下了一片瓦砾。他不禁感慨道："莫斯科真是一个糟透的地方，"国外的很多城市可以保持一千年，甚至还会更古老一些。可是看看克里姆林宫，悲哀啊！"他闷闷不乐地在桌子边坐下了，一声不吭地吃了很多东西。沉默许久之后，彼得把加夫里尔招呼过去，严格地盘问他在荷兰所学到的东西，还让人拿来纸笔，让他勾画船体的各个部分、船帆和海上堡垒的平面图。

有一次，两个人意见不一致，加夫里尔坚持自己的主张。彼得拍拍他的头，说："你没有糟蹋你父亲的钱，我看得出来。很好。"彼得点上了烟斗，又走到窗前去了。"阿尔捷米奇，"他说，"我们一定要建设一座新的城市。"

"一定会建成的,一年之后原貌就会恢复了。"

"可我不想在这儿……彼得自言自语,眼睛望着窗外。"这个城市一定要建在涅瓦河边的拉多加,你应当把伐木工人送到那边去。"

"行。"伊万把手臂反抄在背后,细声细气地说。

夜里,他们从布罗夫金家出来,坐着马车回去,缅希科夫小心翼翼地说着:"陛下,蒙斯家的那个老太婆又来找我了。她哭着恳求,至少请准许她带着女儿到教堂里去做祷告。"彼得向后靠在里头的犄角里,仿佛没有听见阿列克萨什卡说的话似的。

施利谢尔堡的事情发生以后,他吩咐阿列克萨什卡到蒙斯的家里去,向她要回那个作为颈饰用的、镶着钻石的自己的肖像,珠宝以及金钱她都可以保留,仍可以住在原来的地方,可就是不许出门,也不得在任何地方露面,更别提与人交往了。他痛心地把这个女人像拔掉一丛莠草一样,从心上连根拔掉了。安娜·蒙斯写过信给他,可是他没有回信。他已经把她忘记了。现在,他脸上毫无表情,就像听见一个陌生的名字一样。

缅希科夫看出彼得需要女性的温存。沙皇的侍卫们报告说彼得·阿列克谢耶维奇夜里睡得不踏实,总是唉声叹气。他需要的不光是一个女人,更是一个温柔的伴侣。现在阿列克萨什卡提起安娜·蒙斯,是在有意试探一下。可是彼得却一点反应也没有。他们走完了那条木头铺砌的街道,又上了一条柔软的马路。阿列克萨什卡突然笑了笑,摇了摇头。

彼得冷冷地对他说:"我真奇怪自己,怎么会容忍你这样胡说,连我自己都不清楚。

你做事总是偷偷摸摸的,现在你又在闪烁其词了,别以为我看不出来。"

阿列克萨什卡微笑着开腔了:"我跟鲍里斯·彼得罗维奇吵了一架。他一定就会向你诉说的,他一直在夸奖他的女管家,那是他花一个卢布从一个龙骑兵那儿买来的。现在让他出一万卢布,也不肯把这个管家转让给别人。他还对我说:'她是那样活泼,那样欢乐,简直跟火一样。而且这乡村姑娘样样事情都会做。'我就对他说,让我见见他的管家。他犹豫了半天,最终还是把她叫进来了。我一看就中意了,不在于她是一个美女,而是她招人喜爱的嗓子，灵活的眼睛，那鬈曲的头发。当时我什么事都不想了，我的血液在沸腾。我让鲍里斯·彼得罗维奇把这位姑娘让给我。我告诉他，如果可以的话，把我的寓邸送给他。他把这个姑娘留在家里也不合适，他是有家室的人，这样做会引起家庭纠纷的。我的一番话把那个老头儿难住了，他无奈地摆了摆手，哭起来了，然后把自己关在卧房里。我跟他的管家，很快就谈妥了，当下派人去招呼了马车，把她跟所有的包裹往上一装，带到我的客店里。第二天，我就带她到莫斯科。现在，她住在我家里，活像小鸟一样快乐。"

缅希科夫把故事讲完以后，咳了一声。缅希科夫心里有数，别看彼得·阿列克谢耶维奇表面上不在乎，但其实一直在十分用心地听着。

彼得大帝的宠臣缅希科夫

九

布罗夫金、斯韦什尼科夫、商人扎特拉佩兹尼以及政府经纪人杜布罗夫斯基、谢戈林、叶夫列伊诺夫正在为雅乌扎河和莫斯科河边筹建呢绒、麻布和丝绸织造厂、造纸作坊和搓绳厂忙碌着。那些本来属于领地政厅的村子都移交给市政院了，许多地方已经拨给这些工厂作为永久的产业。

商人们在大火以后很快就重建了市政院，新市政院更为宽敞气派。他们在新办公场所聊天之际，谈到了刚征服的英格利亚，他们认为明年夏天应当在海岸上站稳脚跟。他们的热情被调动起来了，纷纷从地窖里掘出祖辈埋藏的成罐的金币和银币，还派伙计们到集市和小酒馆去，招揽工人，扩大自己的生意。

那年冬天，伊万·阿尔捷米奇把企业扩大了好几倍。通过缅希科夫的关系，他得到一项权利，可以凭文书契据从罗莫达诺夫斯基的牢狱里提出一批罪犯，送到他的呢绒和麻布织造厂去干活，这些工厂的水轮在雅乌扎河边轰隆隆地转动着。他用七百卢布将那个有名的锻铁工匠热莫夫从刑事政厅里赎出来，热莫夫正在伊万·阿尔捷米奇在索科利尼基新建的锯木厂里，为安装一架靠蒸汽锅炉发动的奇妙的火力机努力。

到处都缺人。在那些拨给工厂的村子里，很多人刚从新的奴役下逃出来。在村子里服劳役很苦，有些牲口过得还比他们都轻松。可是在这些工厂中过的奴隶生活更加让人绝望，这里的环境比牢狱还要糟上百倍。四面围着高高的板墙，大门口守着比狗还凶悍的警卫。在村子里，每逢冬天，农民至少还可以在暖炕上睡到自然醒。可是在这儿，不论春夏秋冬，不分白昼黑夜都得干活，这真是奴役啊。可是最可怕的是关于阿金菲·德米多夫的乌拉尔工厂和矿场的莫名其妙的谣言。仅仅是出于恐惧，人们便从那些附属于工厂的地方失魂落魄地逃跑，躲入密林深处。

阿金菲·德米多夫派出招募工人的伙计，在集市和小酒馆里慷慨地请所有的人吃东西，用花言巧语描述乌拉尔的美妙生活。他们说，那边有无穷无尽的土地等待人们去开发；做一年工，你就可以安安稳稳地离开，赚的钱够你花上十年八年的，而且谁也不会来抓你。要是你乐意，还不妨在那里淘淘金，那里有大量的金子，只要找到就终生不愁了。

当招募工人的伙计把一个适合的人灌醉，或是用劝说、欺骗的手段，便拿出一张卖身文契放在他面前，让他签字画押。那个人签上字之后就完蛋了。他们把他装上大车，如果后悔想反抗的话，就把他柳起来，送到一千俄里之外，野草丛生的吉尔吉斯草原，送到林木茂盛的山野那一边——或是涅维扬斯克工厂，或是去矿场采矿。从那边回来几乎是不可能的。那些人都被锁在铁砧上，或是锁在铸造熔炉上，如果还不死心，那就用沾水的藤条抽打，直到讨饶为止。除此之外，工厂外面还有不少哥萨克人，这些人骑着马，带着绳索，守在进出工厂所有的大路和林间小道上。至于那些企图暴动的人，无一例外地被投进很深的矿井，或是被淹死在池塘里。

圣诞节后，新的军队招募工作开始了。在各个城市里，沙皇的招募人员把木工、石工和土工都征召过去了。从莫斯科到诺夫戈罗德，毫无例外。

"为什么你不把卡捷琳娜带来让我看看呢？"

"她害臊啊，陛下。她喜欢我，依恋我，现在不管什么人，她都不愿意抬起眼睛去看一下。我正想跟她结婚呢。"

缅希科夫蹲在壁炉旁边的打蜡地板上，拨弄那些燃烧着的劈柴。彼得一面抽烟，一面喝酒。他刚从图拉视察工厂回来，没先到普列奥布拉任斯科耶去，而是直接赶到了缅希科夫家。他洗了三个小时的蒸汽浴后，就坐下来吃晚饭了。他还吩咐下去，任何人都不准走进那间小小的餐室。他和缅希科夫东拉西扯了一阵琐碎的事情后，便进入了主题，让卡捷琳娜出来见他。

"陛下，像我这般出身寒微的人，娶一个女俘虏我就很知足了。曾经有人替我做媒，给我介绍阿夫多基娅·阿尔谢尼耶娃。那是一个古老的门第，家世可以追溯到金帐汗国时期。反正，她会使人家忘记我曾经叫卖过馅饼。外国人经常到我家里来，他们首先要打听我的太太是谁，我的封号是什么。我不贪心，只要给我一个伯爵之类的封号就可以了。"阿列克萨什卡把拨火钩一撂，又回到桌旁坐下了。"暴风雪很大。你别想回家了，只能在我这里住下了，陛下。"

"我根本就没打算回去。"缅希科夫手中的酒杯颤动着。他坐了下去，低下了头，不敢再瞅彼得了。"这件事不是我起头的，是你谈起的，"彼得坐在那里，翘着二郎腿说道，"把她叫来吧，让我看看她。"阿列克萨什卡的脸刷地白了。他猛然地站了起来，走出屋子去。随后传来一阵脚步声，阿列克萨什卡回来了，他站在门口，咬着嘴唇，说道："她马上就来。"

一双女性的轻盈的脚步声，在沉寂的房子中显得特别清晰，很快就到了门口。"进来，不要害怕，"阿列克萨什卡招呼着卡捷琳娜，让她走进来。卡捷琳娜从黑暗的走廊走进了明亮的屋子后，眼睛一时有些不适应，微微地眯缝着。她用眼睛询问地瞅着阿列克萨什卡一眼，接着毫不畏怯地走到彼得面前，深深地行了个屈膝礼。她把双手叉起来放在围裙里面，站在彼得的安乐椅前面，开朗地、欢愉地看着彼得的眼睛。

"你会喝酒吗？"

"会喝，谢谢您。"

"俘虏生活你不觉得苦吗？"

"不苦，谢谢您。"

阿列克萨什卡愁眉苦脸地走到桌旁，为三个人斟满了酒，发泄着心中的牢骚："难道你只会翻来覆去地说这一句'谢谢您，谢谢您'吗？跟我们讲些别的什么事吧。"卡捷琳娜冰雪聪明，马上就明白了主人的意思。她从围裙里面抽出一只手来，抓起一杯酒，对着彼得微笑："陛下想知道些什么事呢。"

彼得笑了起来，他已经好久没有这样痛快地开怀大笑了。他一改以前的火爆脾气，开始耐心地询问卡捷琳娜出生在哪里，住在哪里，怎么样被俘的？回答的时候，她往椅子里头坐了坐，一双深蓝色的眼睛发着光，如同丝绸一般耀眼。彼得仿佛觉得他又找到了在窗下苦苦等人的感觉，一种甜蜜幸福温馨的时刻。

阿列克萨什卡则没有彼得的好心情，他愁眉苦脸地一杯又一杯地斟着酒，还往壁炉里添了些劈柴。暴风雪一直呼号着，没有停歇的意思。彼得伸了个懒腰，揉了揉快睁不开的眼睛，瞅着卡捷琳娜说道："很晚了吧，该睡了，是不是？卡捷琳娜，你去拿支蜡烛，给我照个亮吧……"

十

"泥洗脸"费季卡额头上打着一个鲜红的新烙印，带着镣链，光脚跨立在支架上，手里抓着一把榭木大槌的长柄，一脸愁容地打着一根木桩。这个庄稼汉强壮有力。其余的人都暂时放下了手中的活,一齐望着那根木桩在泥泞的岸坡上被一锤一锤地打入地里。

这第一根木桩是为兔子岛这个小岛加固堤岸而打的。三个星期前,俄罗斯军队占领了涅瓦河上游两俄里地的尼恩尚茨土堡,瑞典人放弃了涅瓦河岸,一直撤退到谢斯特拉河那边去了。瑞典舰队生怕搁浅,把两艘小舰船老远地停在海湾里。瓦西里耶夫上尉指挥的一个俄罗斯炮兵连隐蔽在岛上的树林中间,这样一来那两艘小舰船就被许多帆桨大船包围起来。一番搏斗之后,瑞典人又失利了,小舰船被扣下了。

在涅瓦河沿岸的"科伊布—萨阿里"岛前面,那个叫"扬尼—萨阿里"的沼泽岛上,这是俄罗斯得到的第一个出海口,花了极大代价才得来的。流了很多血,出了很多力,俄罗斯终于打通了从拉多加湖到公海之间的路。数不尽的车辆,一群群的工人和犯人,从东方络绎不绝地涌了过来。彼得命令罗莫达诺夫斯基把各城市、各政厅和各市政院的罪犯全部集合起来,送到这里当工人。圣旨一下,成千上万的人,从几千里以外,被木筏或是小船送到了涅瓦河的右岸,送到了"科伊布—萨阿里"岛。窝棚和土窑都在那个岛的岸坡上搭起来了,斧头铮铮地响着,锯子轧轧地拉着,在大地的边缘,工人一批又一批来到,却没有一个能回去。一座由六个棱堡组成的要塞奠基以后,彼得在土窑里举行了一次庆祝酒会,在祝酒声和礼炮声中,大家决定将这个要塞命名为彼得堡。

要塞离公海只有一箭之遥。粮食出现了短缺。遭到破坏的英格利亚发生了疫情,一点东西也没运来,人们吃着草根和树皮,艰难度日。彼得写信给"公爵皇帝",要他再派些人来填补人手的不足。不久,要塞就开来了一批批的车队,一批批的工人,一批批的罪犯。

"泥洗脸"费季卡咬着牙,面目狰狞,用榆木大槌一下又一下地打着那根木桩……

第三卷

第一章

一

7月的莫斯科一片荒废的景象。正午的空气炽热干燥，只有野狗在街道上游荡，到处嗅着人们丢弃在门外的垃圾。广场上从前那种喧闹、拥挤、追逐、争吵的场面全部消失了，放眼望去，只有几个可怜的摊位在绝望地等待着。今天，射击军居住的院子空无一人，院墙全都坍塌了，野草成为院子新的主人。他们之中的许多人已经被彼得撵到了那些新建的工厂里，跟罪犯和奴隶们一块儿干活，为俄罗斯出力。生产出来的亚麻布和呢子，直接从工厂运往普列奥布拉任斯科耶政厅，随即配发给军队。莫斯科所有的铁匠也被征召去了，成天到晚忙着锻铸宝剑、枪矛、脚镫和马刺等军需武器。莫斯科现今可怜极了，就连麻绳都买不到了，所有的大麻统统被官府征发了。

从前，人们习以为常的从黎明响到第二天晨曦的钟声也不复存在了，人们也失去了用耳朵判定时间的一个重要依据。原因很简单，彼得不顾教会的反对，颁布了一道敕令，许多教堂里的大钟被龙骑兵强行拆了下来，送往铸造局熔化，作为生产大炮的原料。曾经以悦耳的钟乐闻名的莫斯科，现在变成教士不堪回首的一段记忆。

从前，每一家领主邸宅的大门口总有一些家奴，他们天天无所事事，三五成群地聚在一起，玩游戏、掷小钱、纠缠过往行人、搞一些恶作剧，以此取乐；现在，各家各户大门紧闭，宽敞的院子里悄无声息，院子里悄然多出了许多小草，领主的儿子和女婿不是被征召，在军队里效命，便是出国到海外学习去了，至于那些未成年的子弟也都被送进了学校，系统地学习航海学、数学和建筑学，作为未来俄罗斯军事人才的贮备。领主现在彻底清静清闲了，天天无事可做，只好坐在窗前打发无聊的时光。不过也是件好事，哪怕只有这么片刻的宁静，他们心里也很高兴，沙皇彼得眼下不在莫斯科，他全身心投入工厂了，最少短期内不会骚扰自己，强迫抽烟，剃胡子，穿着难看的外国服饰，在舞厅中旋转蹦跳了。

一个领主此刻闷闷不乐地坐在窗子面前，苦恼地寻思着彼得的做法。想得头都大了，也无法理解彼得的用意。"没有数学，莫斯科当年也建成了；没有数学，俄罗斯也平稳生活了五百年，而且生活得比现在还好。现在俄罗斯大地都在谣传彼得是地狱派到莫斯科的恶魔，让他专门和这里的人们作对，残酷地对待他们。这次战争更不用说，俄罗斯除了最后的毁灭之外，没有任何指望，不管有多少不神圣的尼普顿和维纳斯，装在镀金大车上，在莫斯科城不断巡游，炫耀涅瓦河上取得的微不足道的胜利。俄罗斯只是暂时取得了胜利，瑞典人最终会打败我们的军队，还有鞑靼人，他们早已磨刀霍霍，等待复仇的机会，那个时候他们一定会结为联盟，从克里米亚涌过来，窜过奥卡河，直逼俄罗斯的心脏。灾难就要来了！"

领主懒洋洋地拨弄着从圣山修道院带回来的念珠，望着窗外荒芜的庭院，不禁感伤起来！这些年一直忙于伺候皇上，为他的奇想和娱乐鞍前马后、没日没夜地忙活着，他一直没有工夫顾及自己的家。即使这样，他也没听到一句赞扬之词，得到任何一点赏赐。储藏室倒了，地窖的房顶也坍塌了，院子到处都是乱七八糟的杂草。再看院子里养得家畜和家禽，没有一个不掉膘的，无精打采地趴在窝里。领主心中非常气愤，也知道应当把饲养家畜和家禽的女工们全部唤来，就在窗子底下让她们吃一顿藤条，长长记性，以解自己的心头之气。可是这么热的天气，让他发一顿火，抽打仆人也太费事了，还是给他们攒着好了，找个机会一起发泄。

那个领主抬起眼睛，凝视着板墙外头出神。离他府邸不远的地方，矗现着克里姆林宫那年久失修的宫墙，就连灌木丛都没人管理了，长满了各种不知名的植物。这个情景真是可笑，克里姆林宫是莫斯科权力的象征之地，彼得·阿列克谢耶维奇却不闻不管，竟然弄到了这步田地！以圣三一门为起点的护城壕沟现在已被一堆堆垃圾填满了，变成了沼泽地带，就连母鸡也能过去了。老远就有一股恶臭扑面而来，要是口鼻捂得晚点的话，准会把肚里翻江倒海的东西全部吐出来。涅格林纳雅河也变浅了，河的右岸是旧货市集，开始公开叫卖各种赃物，这在以前是无法想象的；左岸墙根下，脏兮兮的孩子们坐在那儿，手里拿着钓鱼竿，也没有人去撵他们了。

终于见到人了。红场上为数不多仍在营业的铺子开始打烊了，准备回家吃饭，反正生意清淡，能饿死苍蝇，把一普特重的铁锁吊在店门上就完事大吉。教堂司事也走了出来，关上了教堂的门，不慌不忙地踱回家去，然后去树荫下继续小声打鼾。而那些乞丐，那些残废的，以及各种畸形的人也都爬着离开了教堂门前的台阶，在中午的热浪里四散了，去寻找各自的栖身之地了。

的确是到吃午饭的时间了。无聊透顶的领主感觉浑身懒洋洋的，憋闷得慌，连坐直都不愿意了。正当他准备小憩之际，忽然探出脖子和嘴唇，欠起了身子，眯缝着眼睛，仔细看着从圣三一门通往旧货市集去，跨跃涅格林纳雅河的那条砖砌的桥上，一辆镀金的玻璃马车赶了过去。这辆马车套着四匹灰马，一个穿紫红色制服的扈从紧跟着。这是沙皇彼得的爱妹纳塔利娅公主的马车，这位公主跟她哥哥一样，天生就不安分，脾气也是古怪得很，让人捉摸不透。这么热的天她不在宫里老实待着,有什么要紧的事，去什么地方啊？领主从窗口里探出身子，挥动着手绢，"格里舒特卡！"他朝一个年纪不大的小伙子喝道，小伙子穿着一件长长的粗麻布衬衫，正在井边泡他的脚，"快去追上那辆玻璃马车，打探明白，我要知道那辆车去哪儿了；要不，看我会怎么收拾你！快去！"

那辆套着四匹灰马的马车疾驰过广场的草地，最后在古老的伊兹迈洛夫宫的门前停住了。这座皇宫还是阿列克谢·米哈伊洛维奇沙皇执政时修建的，他喜欢对他伊兹迈洛夫村上的庄园做种种的想象：那儿从古时到今天，跟母牛群一起还放牧着驯顺的母驼鹿，土坑里养着许多熊孔雀在家禽场上踱来踱去，夏天就栖宿在树上。这座宫殿是用大圆木建造的，因为年代久远，圆木已然发黑了，看不出本色了。宫殿里头的正房、过道和门庑装饰豪华，倾注了阿列克谢·米哈伊洛维奇沙皇的大量心血，每个细节都饱含着沙皇的深情与梦想。皇宫随着主人的离去繁华不再，7月闷热的天气里，所有的窗子却都关着。马车风风火火地赶了过来，惊醒了宫殿的台阶上一只正在打盹的公鸡，它尖声叫着逃开了。这时候，底层有一扇不起眼儿的低矮的小门被推开了，一个年迈的看守人伸出头来，眯缝着眼睛，看看到底发生了什么事情。当他看见这辆马车时，不慌不忙地双膝下跪，磕了个头。

纳塔利娅公主从马车里探出脑袋，不耐烦地问道："我问你，那几位小姐现在在哪儿，快点告诉我！"老头儿从地上爬了起来，弯腰侧着身子回道："你好，长公主殿下，美丽的纳塔利娅·阿列克谢耶芙娜小姐，你问那几位小姐在哪儿吗？可我真不知道她们在哪儿，我没有看见她们。"

纳塔利娅杏眼圆睁，从马车里跳了下来，摘下了头上那顶沉甸甸的、镶着珍珠的冠冕，卸下了肩头那件宽袖的锦缎衣衫。她也不喜欢这些玩意儿，但没有办法，乘车出门的时候，她只能穿戴这种莫斯科传统的服饰。随侍左右的一位命妇，瓦西里萨·米亚斯纳娅，接过了公主递来的物品。纳塔利娅脱下笨重的衣物之后，身手变得敏捷起来，迅速穿过草地，径直往小树林走去。到了那边凉爽的树荫里，她就把眼睛眯缝起来，寻找着目标。

"在那里，在那里！"纳塔利娅惊喜地喊着。顺着她手指的方向，池塘边上，有个懒洋洋的女人嗓音在回应了。在靠近池塘旁边，一条小木桥的沙地上搭着一顶色彩鲜艳的篷帐，在阴影里，四个年轻女人躺在垫子上，不停地用手中的扇子驱赶着仲夏的热气，每个人脸上都写满了烦躁。当听见纳塔利娅的呼喊后，她们便顺着声音的方向望了过去，当认出来人后，急忙爬起来迎接，但大家都被袭人的热气弄得浑身懒洋洋的，没有一点劲儿。她们里头那个年纪最大的，身材矮矮、鼻子大大的是阿尼西娅·托尔斯塔娅，头一个朝公主跑过来，举起双手挥舞着："我们亲爱的纳塔利娅·阿列克谢耶芙娜，长公主殿下，你终于来了！啊，漂亮的外国打扮！好一位美丽的公主！"

另外两个少女扬起睫毛，只是朝长公主直愣愣地瞅着，都忘记了礼数，没有做出任何表示。这两个少女便是彼得最得意的亲信，亚历山大·丹尼洛维奇·缅希科夫的妹妹马尔法和安娜，两人出落得性感、丰满，但还不太熟悉文明习惯，不过也是事出有因，前不久她们才接到彼得的敕令，让她们从家中闺房走出来，来到伊兹迈洛夫宫里居住，在阿尼西娅·托尔斯塔娅的照料下学习礼节和读写。纳塔利娅穿着一套最新款式的荷兰衣服，听到赞美之词后，只是高兴了一瞬间，便又恢复了常态。纳塔利娅公主自己很有自知之明，上天并未给她一个姣好的面容，至少跟眼前的这两个女孩相比，相貌算不上出众，她只是个开朗、健谈、年轻的女孩。

"这套服装昨天才送过来，这是桑卡，就是亚历山德拉·伊万诺芙娜，从海牙寄给我的。这个款式很好看，穿在身上也舒适，没有任何束缚的感觉。当然啰，这套服装只能在丛林里、在草地上、在玩耍嬉戏的时候穿穿，等到正式的场合，还是要穿传统的服装的。"纳塔利娅不时地旋转身体，让大家仔细欣赏美丽的服装。第四个少女离她们几个人稍微有点远，此刻正用调皮的樱桃嘴微笑着，那对眼睛也如同樱桃一般，一下子就会发亮，简直妩媚极了。纳塔利娅在大家的赞叹和掌声中转过身来的时候，好几次都瞅着她，还努起了嘴唇。说起来也怪有意思的，就连她自己都不知道是喜欢还是讨厌这个女俘房，她的表示更多是天性使然吧。她还清楚记得，这个女俘房当时穿着一件长襟衣，从一辆大车底下被抓出来，送到了舍列梅季耶夫元帅的营帐里，随后被缅希科夫抢到手，后来又在某一天夜里，在暖烘烘的炉火旁边喝了几杯酒，便又恭顺地让给了他的哥哥，沙皇彼得·阿列克谢耶维奇。

纳塔利娅是一个纯真的女孩子，没有太多的心思，从这一点上看，她根本不像那两个同父异母的姊妹、眼下给囚禁在女修道院里的摄政王索菲娅和她的胞妹卡季卡和玛什卡，这两位长公主现在已经成了全莫斯科的笑柄。纳塔利娅的性格刚烈，脾气火爆且不肯妥协。她不止一次地当面大骂卡季卡和玛什卡是荡妇，是母牛，还打过她们的耳光。她还指责过她的哥哥彼得·阿列克谢耶维奇，自从把那个不要脸的安娜·蒙斯永远打发走后，有一段时间，为了缓解寂寞，轻率地选择女人。起初，纳塔利娅认为这女俘虏也会像别的女人一样，只能迷惑他一阵，过后也就忘了。可是她却想错了。彼得·阿列克谢耶维奇竟没有忘记在缅希科夫家里的那个晚上。他特意为这个女人发布了一道敕令，为缅希科夫的女管家在阿尔巴特买下一所小房子，亚历山大·丹尼洛维奇还亲自把她的行李及随身物品送到了新宅。没隔多久，她又被送进了伊兹迈洛夫宫，由阿尼西娅·托尔斯塔娅照管。

在伊兹迈洛夫宫，卡捷琳娜精神愉悦，无忧无虑地生活着，身心愉快，虽然她也曾偶尔想起在士兵的大车底下躺下的时刻。彼得·阿列克谢耶维奇时常托人捎给她信，叙述着自己的感受：有时候从斯维尔河畔，他在那里为波罗的海打造一支舰队，有时候从新建的城市彼得堡，有时候从沃罗涅什。卡捷琳娜每次接到信后，都努力地逐字念着，越发显得神采飞扬。这可引起了纳塔利娅的好奇心，她身上到底有什么魅力，把彼得迷成这样呢？

"要不要我替你也去做一套同样的衣裳，等彼得回来的时候穿给他看啊？"纳塔利娅从卡捷琳娜的眼中看出了热盼，这让她有些恼怒，凌厉地盯着卡捷琳娜。卡捷琳娜听出了长公主的话外音，羞红了脸，低下了头，用细小的音量给长公主纳塔利娅一个肯定的回答："我很想，谢谢您。"阿尼西娅·托尔斯塔娅看出了端倪，赶快过来解围："你叫她害怕啦，我亲爱的纳塔利娅长公主殿下，不要这样直愣愣地瞅着她，还是对她宽容一些吧。"

纳塔利娅也不想和她纠缠了，况且天气太热了，也懒得计较这点小事。她走进帐篷里，把紧身的裙子褪下，把那件细薄的内衣脱掉了。她赤身裸体，一点也没觉得害臊，直接走到了塘边。"你们大家都来洗澡吧！"纳塔利娅喊道，朝篷帐转过脸去。马尔法和安娜虽然也脱光了衣服，但还是忸忸怩怩的，害羞地遮住了身体的要害部位。卡捷琳娜也有点不好意思，她磨磨蹭蹭地褪下了衣服，抬头一看，发现长公主正在全神贯注地瞅着她。她的表情仿佛是在憎厌，又仿佛是在欣赏。卡捷琳娜微微地耷拉着脑袋，小心翼翼地踏上了那整理过的草地。她那浑圆的肩膀、结实的大腿、健康而丰满的身体散发着诱人的光芒，即使女人也会想入非非的。这时候纳塔利娅忽然想到，她哥哥彼得即使在北方造船，也肯定在惦记这个女人，这个让他魂牵梦绕的女俘虏。纳塔利娅一下子没了底气，不愿意再想这个让人头疼的问题了。她深深地吐了口气，随后闭上眼睛，扑进冰凉的水里。就在这个地方，从池底里涌起一股泉流，丝丝凉意传入身体，驱走了夏日正午的热意。

卡捷琳娜小心地侧着身子从踏板上走进水中，越来越大胆地浸到了水里，一阵令人愉悦的笑声从她口中跑了出来，直到这会儿，纳塔利娅才终于明白自己也被她打动，开始喜欢她了。想到这里，她泅到卡捷琳娜跟前，把双手搭在她那浅褐色的肩膀上："你长得很美，卡捷琳娜；我要告诉你，我哥哥爱上了你，已经离不开你了。"

"谢谢您，殿下……"

"你就叫我纳塔利娅好了，别那么拘束。"她吻了吻卡捷琳娜的圆润湿滑的腮帮，直瞅着她那双樱桃色、可以摄人心魄的双眼，"不要紧张，卡捷琳娜，我会和你成为好朋友的，你放松点。"

马尔法和安娜先是把一只脚浸下去，随后再把另一只脚浸下去，在踏板上畏畏缩缩地不敢走下去，阿尼西娅·托尔斯塔娅不耐烦了，把那两个胖乎乎的姑娘用力推到了水里。水花飞溅，尖叫声随之响起。

皇后卡捷琳娜一世

二

在帐篷里，纳塔利娅把湿漉漉的头发盘了起来，喝着刚从地窖里拿来的克瓦斯。她把一小片饼干送进嘴里，细细地嚼过一阵，开口说道："谢天谢地，我们并不比别的民族笨，俄罗斯的姑娘与其他国家的姑娘相比，体态更端正，姿容更俊俏，而且也有学道理和礼仪的天分。我哥哥想尽办法，用种种强迫手段把人从闺房里拉出来，从潮湿发霉的环境中拉出来。他们在那里却死气白赖，而那些人倒不是姑娘们，却是姑娘的父亲和母亲。临出征之际，我哥哥央求我说：'纳塔利娅，你不能让那些人得到片刻的安宁，那些死抱着旧习惯不放的大胡子们。如果他们不听话，那你需要叫他们的脑筋转动起来！要不然，这片沼泽会把我们都吸进去呢。'我也想尽了办法，可是我只有一个人，能力实在有限。我很感激普拉斯科维娅皇嫂，她近来帮了我不少忙，虽然让她打破旧习惯也不是件容易的事，可喜的是，她给几个女儿介绍了许多的新规矩：每逢礼拜天做过祷告以后，她们就穿上法兰西服装招待客人，喝咖啡，听八音盒，谈论天下大事。今年秋天，我还想在克里姆林宫弄点新鲜玩意儿出来呢。"

"你说的这种新鲜玩意儿到底什么样啊，亲爱的？"阿尼西娅·托尔斯塔娅把脸凑了过来，好奇地问道。"它绝对是个新鲜玩意儿。我要办一个剧院，就像在法兰西宫廷里办的那样，自然，我们是不能和他们比的。凡尔赛那里拥有世界闻名的演员、舞蹈家、艺术家和乐师，人才济济，出演的作品也是一流的。但在俄罗斯，只有我一个人。我一个人要把剧本从法文译成俄文，还要充实情节，杜撰一些内容，实在是分身乏术。"纳塔利娅一说到"剧院"这个词儿，缅希科夫家两个姑娘、阿尼西娅·托尔斯塔娅以及一直瞪着黑黝黝的眼睛的卡捷琳娜，全都吃惊地望着纳塔利娅公主，把两只手都举起来了。

"刚开始表演时，为了不叫大家过于吃惊，我们想先上演《火炉的戏剧》，吟诵一些结构简单的诗，先给大家渗透下这方面的知识。等到新年之时，皇上要回到宫里过年，人们也要从彼得堡来到这儿，我要命令所有的人都到剧院里来看戏,如果人数还是不够的话,我就派龙骑兵出去拉观众。可惜,亚历山德拉·伊万诺芙娜现在不在莫斯科,不然的话,她会帮我的。既然提到了她,就拿她来做个例子吧。她原本出生在一个愚昧无知的农民家庭里,她父亲是一个地地道道的农民,常年用树皮做腰带,她自己则是在出嫁以后才学会识字的。可你们看她这几年的变化就知道了。桑卡已经通晓了三国语言,而且说得很流利,还会做诗。眼下她正在海牙游历,驻在安德烈·阿尔塔莫诺维奇·马特维耶夫的大使馆里。拜倒在她脚下的男人们为她而比剑决斗,有人甚至还把性命也丢了。这些事要是在她出嫁之前,她恐怕连做梦都不会梦到的。她还告诉我,准备打算去一趟巴黎,到路易十四的宫廷里去露露头角,和法兰西国王跳舞。读书的好处,你们现在总该知道了吧?"

听了长公主这一大段宏论之后,阿尼西娅·托尔斯塔娅手指戳了戳马尔法和安娜的腰:"这还不是你们自找苦吃?等皇上回来的时候,如果他有机会给你们介绍一个会献殷勤的风流男子,那他一定是想看你们如何出丑的。"

"让她们去吧,阿尼西娅,天太热了!"纳塔利娅说,"我还得去一趟外侨区。又有人在控诉我那两位姐姐了。我怕这个消息会传到皇上耳朵里,要是彼得知道了,后果很严重。我要去跟她们直截了当地谈谈,让她们不要再招惹是非了。"

三

早在索菲娅被关进新圣母修道院时,长公主叶卡捷琳娜和玛丽亚就搬出了克里姆林宫,被安顿在波克罗夫卡,来一个眼不见心不烦。彼得下了赦令,让内务府供给她们生活和各种娱乐,为她们支付歌手、马夫以及所有仆役的花销,可就是不给她们一点现钱,首先因为没有这种需要,再则要是给了她们钱,那是一件很危险的事。

卡季卡现在年近四十,玛什卡只比她小一岁。莫斯科人都知道,她们住在波克罗夫卡有点饱暖思淫欲。早晨起来后,也不先梳洗,直接坐在窗边发愣,一直坐到太阳下山为止。天黑之后,带着弦乐器和笛子的歌手走进她们的房间后,这两位长公主才算复活了,开始浓装艳抹,有说有笑,蹦跳啊,舞蹈啊,一直闹到深夜。据说,这两位长公主还跟歌手们有过暧昧的关系,还生过孩子,只不过那些孩子都被送到基姆雷城抚养去了。

两位长公主为了养这些歌手需要大量的钱财,歌手们看准了她们的心思,经常向两位长公主勒索钱财,到波克罗夫斯基门附近那家小酒店去喝酒。为了弄到更多的钱,两位长公主打发一个基姆雷女人到旧货市集去卖她们穿旧的衣服,这女人名叫多姆娜·瓦赫拉梅耶娃,住在她们家楼梯底下一间小室房子里;可是这点儿钱,对她们来说为数太少了,于是长公主叶卡捷琳娜老是希望找到埋藏宝物的地方,为此,她还吩咐让多姆娜·瓦赫拉梅耶娃去托梦。多姆娜果然做到这样的梦了,长公主便终日沉浸在找到钱的梦想中。

纳塔利娅老早就想跟两位姐姐直截了当地谈一谈,可是一直抽不出工夫,等她清闲下来时,外面不是下着瓢泼似的雷阵雨,便是有其他事情干扰了她,让她无法抽身。就在昨天,有人告诉她那两位长公主又玩出了新花样:她们经常坐着一辆敞篷马车去外侨区放纵。有一次,她们突然闯进荷兰公使的寓邸,那公使非常吃惊,急忙出去迎接。卡季卡和玛什卡走进客厅,一屁股坐进椅子里,叽叽地笑着。她们坐下去之后就问:"我要向你打听个消息,那个经销糖果的德国商人住在哪儿?"据她们说,就是为了这件事才来拜访的。

那荷兰公使为了献殷勤,便亲自陪着两位长公主到那个糖果商人的店铺。一到那里,两位公主便迫不及待地动手抓抓这个,翻翻那个,最后挑了九卢布的糖果。玛丽亚说:"赶快把东西拿到马车上去。"说完,她们便转身就走。糖果店里的那个女人急忙叫住了她们:"你们还没有付钱呢,我的东西不能让你们白白拿走。"那两位长公主气冲冲地小声商量了一阵,便跟她说:"好吧,你先把东西包起来,封好。回头我们派人过来拿。"

从糖果店里出来,她们一点颜面也不顾,坐着马车赶到了安娜·蒙斯家里,眼下安娜仍然住在彼得·阿列克谢耶维奇当年为她造的那幢房子里,但已失去了彼得对她的宠爱。她们敲了好半天的门后,安娜才让人开了门,躺在床上接见了她们。看得出来,她是有意脱了衣服躺到床上去的。两位长公主对她说:"祝你百年康泰,亲爱的安娜·伊万诺芙娜,我们知道你现在靠放债生利生活,就请你借给我们一百卢布吧,虽然我们心里想要两百卢布。"蒙斯家的那个女人回答得十分无情:"没有抵押的东西,我不能借给你们。"叶卡捷琳娜简直连眼泪都要掉下来了:"真倒霉!我们没有抵押品,本来我们以为只要开口就可以得到这笔钱。"

就这样,两位长公主碰了一鼻子灰,懊恼地从安娜家出来了。这时她们饿了,想要找个地方吃点东西,便吩咐将马车停在一座房子前面。从开着的窗子里,她们能看见客人们在里头吃喝得正高兴。原来是丹尼拉·尤金中士的妻子刚生了双胞胎,她丈夫眼下在利沃尼亚作战,那一天正在为孪生儿施洗。两位长公主走进屋子去,毫无顾忌地吃起来了,还受到很恭敬的接待。

大约三小时过后,她们酒足饭饱后,才从那个中士的家里走出来,路上有个名叫威廉·皮尔的英国商人把她们认出来了。她们便停下马车,问他是不是愿意请她们吃饭。威廉·皮尔高高兴兴地说:"能与两位长公主进餐,这是我极大的荣幸!"两位长公主坐车到了他家里,又是一顿吃喝。直到将近黄昏之时,她们才从皮尔家出来,在外侨区里跑来跑去,朝灯火辉煌的窗子里张望。叶卡捷琳娜还想找个人家讨顿晚饭吃,可是玛丽亚制止了她。就这样,她们一直游荡到天黑。

四

纳塔利娅的马车在外侨区飞也似的奔驰,街上各家的店门敞开着,里面挂满各种各样的商品。纳塔利娅坐在马车里,噘起嘴,谁都不瞅。有几个吊着背带、戴着毛线便帽的胖子朝她鞠躬;有几个老成持重的女人向她们的孩子指点她的马车,听不清她们嘴里说的是什么;还有一个穿着长襟衣的士兵,从路上跳开去,用帽子挡住马车扬起的尘土。纳塔利娅羞愧得差点当场就哭出来,她心里非常清楚,卡季卡和玛什卡一定已经成了全外侨区谈论的笑柄,所有的女人一定都在说长道短,议论沙皇彼得的姐姐举止行为和野人差不多，那样两个饿慌了的死气白赖的家伙。

纳塔利娅看见两个姐姐的那辆敞篷马车停在一条小巷子里，普鲁士公使凯泽尔林家大门旁边。外侨区的人们传说他本来想跟安娜·蒙斯结婚，可就是一直害怕彼得·阿列克谢耶维奇，始终没敢表露心迹。纳塔利娅用戒指往车座前面的玻璃窗上敲了敲，马车夫便勒紧了缰绳，那几匹灰马随即也停在了公使家门口。纳塔利娅对她的亲随说道："瓦西里萨·马特维耶芙娜，你去跟普鲁士凯泽尔林公使说，我有急事，现在就要见叶卡捷琳娜·阿列克谢耶芙娜和玛丽亚·阿列克谢耶芙娜，一口东西也别让她们吃，实在不行的话不妨用强力把她们带走！"

瓦西里萨·米亚斯纳娅轻轻地叹一口气，跳下了马车。纳塔利娅往车座后面一靠，等着两位异母的姐姐出来。时间不长，凯泽尔林公使从门廊的台阶上跑下来，他先鞠一个躬，谄媚地仰起了尖尖的小鼻子，恳求纳塔利娅赏光，到他家里去喝一点凉啤酒。"我现在有事情要处理，没有工夫，"纳塔利娅生硬地答道，"我也不会在你家里喝啤酒，看你干的那种丑事啊，你快回去叫两位长公主出来，我有急事要和她们说。"

大使讨了个没趣，悻悻地走进屋。隔了一会儿，叶卡捷琳娜·阿列克谢耶芙娜和玛丽亚·阿列克谢耶芙娜出来了，两位长公主朝太阳眨着有些发肿的眼睛，站在她们背后的米亚斯纳娅说道："你们别再磨蹭了，别让更多的人看见，赶快坐到纳塔利娅的马车里去吧。"凯泽尔林连连鞠着躬，打开了车门。两位长公主爬上了马车，挤在面对纳塔利娅的那条板凳上。马车穿过荒地，驰向波克罗夫卡，左右摇摆，尘土从红色的轮子底下扬起来。

纳塔利娅一路上默不作声，两位长公主不知所措，惊异地望着她，没敢率先打破僵局。直到她们都上楼走到房里，纳塔利娅吩咐把房门关上以后，她才开了腔："你们这两个不要脸的东西，你们是丧失了理智，还是想一辈子被监禁在修道院里？你们在莫斯科的恶名难道还嫌不够吗？现在你们恬不知耻，竟跑到外侨区去大吃大喝，准备在全世界人面前丢丑吗？你们说，是谁让你们去找外国公使的？你们自己去照照镜子看，胖得都快成一头猪了，可还在贪图荷兰和德国的美味！你们是不是被魔鬼控制了头脑，竟然向那个下流女人安娜·蒙斯乞求两百卢布？你们这两个白痴被赶出来了，她才高兴呢!关于这件事,凯泽尔林肯定会写信给普鲁士国王,而国王又会把它传遍整个欧洲,让莫斯科皇室成为笑柄!你们想诈骗那个糖果商人,幸亏她精明,你们不给她钱,她就不给你们货。老天爷,皇上现在会怎么说呢?他肯定想怎么惩罚你们,把你们的头发剃光了,送你们到伯朝拉河边,到普斯托泽尔斯克去!"

纳塔利娅在房间里踱着步,激动地握着拳头,恶狠狠地盯着卡季卡和玛什卡,眼睛仿佛能喷出火,她们因为害怕而抽泣起来,但又不敢放声大哭。

"彼得皇上费尽心力,想把我们从深渊中拉出来,"纳塔利娅余怒未消,气愤地说着,"他废寝忘食,亲自动手锯木板,亲自参与建造舰船的每一道工序,在枪林弹雨中出生入死,就是要使俄罗斯成为受人景仰的国家。他的敌人一心等待着的只是让他受辱,让他毁灭。可是你们的所作所为,就连那最凶恶的敌人都没预料到。我怎么也相信不了,我一定要找出来,是谁给你们出的主意,叫你们上外侨区去丢人现眼,我决不轻饶!"

一听到纳塔利娅这样说,卡季卡和玛什卡的眼泪流出来了,朱唇开启了,"谁也没有给我们出主意,"卡季卡哽咽着说,"让我们钻进地缝里去吧,接受魔鬼的惩罚好了。"纳塔利娅向她吼道:"胡说!是谁告诉你们那个卖糖果的女人的?又是谁告诉你们那个下流女人安娜·蒙斯在放债生利的事情?"玛丽亚也哽咽着回答:"这确实有人告诉我们,是一个名叫多姆娜·瓦赫拉梅耶娃的基姆雷女人。她说在梦里看见过这个糖果商人,我们相信了她的话,我们只是想要一点杏仁软糖吃,真没其他目的……"

纳塔利娅从椅子里跳了起来,房门"砰"的一声被推开了。门廊里,一群人全都吃惊地望着她。纳塔利娅扫视了一眼。抓住一个系着黑围巾女人的手喝问:"你是不是基姆雷人?"那个女人急忙把身体低了下去,规规矩矩地鞠了一个躬:"长公主殿下,我是基姆雷人,我叫多姆娜·瓦赫拉梅耶娃。"

"是你怂恿两位长公主到外侨区去的吗?快说!"

瓦赫拉梅耶娃的脸立刻变得苍白,嘴唇哆嗦着,用颤抖的声音说着:"我是一个得了邪病的妇女,殿下,有时候就会神志不清,说出种种荒唐的话来,请您原谅我。两位长公主听到我的傻话总是发笑,可我却很高兴。一天夜里,我做了一个妙不可言的梦。至于公主是不是相信我的那些梦,这我可不知道。我一生从来没有到过外侨区,也从来没有看见过什么糖果商人,请您相信我。"寡妇瓦赫拉梅耶娃声泪俱下,又朝纳塔利娅深深地鞠了个躬,随后站在那儿,仿佛变成了一块石头,如果没人搬动,根本就不会动。

纳塔利娅神情复杂地瞅了两位姐姐一眼,叹了口气,摇了摇头。卡季卡和玛什卡还是轻轻地呜咽着,抹着眼睛。那个小老头儿弄臣从门里探进脑袋,这人没有鼻子,只有两个鼻孔,胡子蓬乱,嘴唇翻出在外面。"哎,要我们逗你们发笑吗?"玛丽亚厌烦地向他挥了挥手绢。可是早已有十来只手从外面抓住房门,那些丑角和畸形人,衣衫破烂,没戴帽子,有的穿着小丑的长坎肩,戴着树皮编的头饰,推着那个小老头儿弄臣,闯进屋里了。进屋后她们便开始蹦跳,尖叫,打架,互相揪头发,互相打嘴巴。门厅里,那些急匆匆赶来的歌手奏起舞曲。多姆娜·瓦赫拉梅耶娃走过去站在火炉后面,把围巾拉到眼眉上。

纳塔利娅又气又恼,跺着脚怒喝:"都给我滚出去!"她还冲滚到她身边的丑角踢了一脚,可是那些弄臣和丑角不仅没有听她的,反而越喊越响。对付这群妖魔鬼怪,她一个人又有什么办法啊!他们在全莫斯科每一个领主的家里,每一座教堂门前台阶周围翻滚着,用自己的丑恶取悦人们。纳塔利娅嫌恶地瞅着他们,意识到跟两个姐姐的谈话该结束了,不能再继续下去了。可是她马上就走也是不明智的,因为卡季卡和玛什卡准会从窗口探出身来,目送她的马车,一直笑到看不见为止。

突然,在吵杂打闹的间歇,从庭院里传来马蹄声,又有人来了。门厅里的歌手们安静下来了。那个小老头儿弄臣龇着牙喝道:"散开!"屋子里,一下子寂静无声。木楼梯在沉重的脚步底下发出嘎嘎的响声。一个胖乎乎的人,气喘吁吁地走进了堂屋。他一副老派莫斯科人打扮,亮晶晶的眼睛突出着。他一声不响地朝纳塔利娅·阿列克谢耶芙娜鞠一个躬,随后吃力地转过身子,向胆战心惊的叶卡捷琳娜和玛丽亚长公主也鞠了个躬。然后便往板凳上一坐,将帽子和手杖搁在旁边。"你看,我来啦。"他从怀里掏出一方有颜色的大手帕,抹了抹脸、颈脖和直梳到前额的湿润的头发。这人就是全莫斯科人都害怕的"公爵皇帝",费多尔·尤里耶维奇·罗莫达诺夫斯基。

"我听说这里发生了一件不太好的事，所以我就急急忙忙地赶来了。"费多尔·尤里耶维奇把手帕又塞进了怀里，朝叶卡捷琳娜和玛丽亚长公主不停地看着，快速转动着眼珠。"你们怎么忽然想起吃杏仁软糖来了？你们应该知道，愚蠢比欺诈更糟糕，现在已经闹得很大了，人们都传开了。"说着，他又把宽阔的脸转向了纳塔利娅。"她们被打发到外侨区去借钱，原来就是这么一回事。也就是说，她们现在需要钱用。请别见怪，我要派些卫兵驻在你姐姐的屋子附近，防止她们再出来胡闹。一个住在密室里的基姆雷女人，偷偷地用一只砂锅装了许多吃喝之物，送到菜园后面的一个没有人住的澡房里。那里住着一个逃亡的、失去圣职的修士格里什卡。这个格里什卡据说在澡房里制造春药和避孕、堕胎的药。给什么人用，我暂时还没问出来，但我也不想全都知道。可是我们知道，除此以外，这个格里什卡还在澡房里写信，夜里又到外侨区几个公使的家里去，而且还找了一个做杂役的修女，为他传递消息。这个修女经常去新圣母修道院，在那里拖地板，拖前摄政王索菲娅·阿列克谢耶芙娜住的那间禅房的地板。因此，我才来到这里，稍微耽搁片刻工夫，把事情的经过告诉你们。亲爱的纳塔利娅·阿列克谢耶芙娜长公主殿下，你还是不要让这些事弄脏你的手了，把事情交给我来处理。趁傍晚的凉爽天气回宫里去吧。"

第二章

一

布罗夫金家三兄弟阿列克谢、雅科夫和加夫里尔坐在桌子旁边闲聊着。像现在这种和瑞典一触即发的形势下,能够聚在一起,喝喝酒谈谈心,机会着实很难得。眼下的事太多了,难得有清闲的时候。今天白天你待在这儿,说不定晚上就来了一道圣旨,让你明天一早坐着雪橇,盖上羊皮袄,钻在干草里,昼夜不停、千里迢迢赶往下一处,完成彼得交代下来的新任务。即使这样拼命,彼得还是嫌人手太少,根本不够用。

雅科夫是从沃罗涅什,加夫里尔是从莫斯科赶回来的。他们俩奉诏在涅瓦河左岸、方坦卡河口上游兴建军需仓库和码头,用木桩加固整个河岸,等待波罗的海舰队第一批舰船的到来。这支舰队正在斯维尔河畔的船场村,上千的工人日夜不停地赶建。去年,亚历山大·丹尼洛维奇·缅希科夫曾经到过那儿,在复活节时为第一家造船厂奠基剪彩。奥洛涅茨克县的木工和乌斯秋日铁场的铁匠统统送到那儿去建造军舰。在阿姆斯特丹刚刚学成归来的年轻的航海能手,沃罗涅什和阿尔汉格尔斯克的熟练技工,以及荷兰和英国的著名工匠,正在斯维尔河畔建造装有二十门大炮的三桅巡洋舰、双桅侦察舰、平底帆船、两桅帆船、轻便帆船、帆桨大船和驳船。当大地尚未开化、雪橇还可以在路上顺畅通行的时候,彼得·阿列克谢耶维奇就赶到了那边,大家觉得他不久就会到彼得堡这儿来视察、督促军舰的建造进度。

阿列克谢这时显得很轻松,只穿了一件荷兰麻布衬衫,正挽着袖子,用小刀在一块木板上切着腌牛肉,随即放了一块在嘴里细细咀嚼。三兄弟面前摆着一大碗滚热的白菜汤,一瓶伏特加,三只锡杯,每个人面前还放着一块又干又硬的黑麦面包。

"在莫斯科,腌牛肉白菜汤并不希罕,"阿列克谢对两个弟弟说,"可在这儿,只有过节我们才能用腌牛肉开斋。至于酸白菜,亚历山大·丹尼洛维奇家的地窖里有一点,布留斯家有一点,我也有一点,不过都少得可怜。我们之所以现在能吃上这个东西,仅仅因为在夏天我在自己的菜园里播种了几颗种子。这里的生活很艰苦,每样东西都很贵,而且还弄不到。"阿列克谢把切好的腌牛肉从木板上拨到白菜汤碗里,又把那几个杯子都倒满了酒。三兄弟互相叹息着,喝了口酒,开始进餐了。

"大家都怕到这儿来。我们简直就是生活在一所荒凉地方的小修道院里,没有任何意思!在这儿,你要负责一切事务。"雅科夫咬着一块软骨,有些含混不清地说道:"是啊,你住的这个地方很愁闷,时间久了会让人发疯的。"跟他的哥哥和弟弟不同,雅科夫基本上不修边幅,那件深棕色的长襟衣上面净是脏点,纽扣也掉了,围在颈脖上的那条黑领带也是油腻腻的,而且他浑身还发出一股酒气和烟草混合的味道,让人闻起来不太舒服。兄弟姐妹也为此劝说过他几次,可他就是改正不了。时间一久,众人也就由他去了。

"你这就错了,弟弟,"阿列克谢答道。"我们在这个地方生活其实是十分愉快的,沿海边一直往杜杰尔霍夫斯克庄园的方向走下去,只要二十分钟的路程,你就能看到高高的白桦林,生长得很好的裸麦和各种蔬菜,我们还可以食用各种浆果。涅瓦河口周围净是沼泽和荒野,现在确实不适合居住。可是不知出于哪方面的考虑，彼得皇上却偏偏看中这个地方，要在河口处兴建一座城市。从军事方面着眼，这里是合适的。现在最大的困难，就是瑞典人不会让我们安安静静兴建城市，过太平日子。去年，他们从谢斯特拉河向我们袭击，还从海上开来了舰队，来势汹汹，弄得我们人心惶惶。可是我们终于把他们打退了。现在，他们不敢再从海上进攻了。整个冬天，我们又运来了石头，加快构筑工事，防止瑞典人下次发动更大的偷袭。趁河水没有解冻之前，我们还要准备好一座装有五十门大炮的圆形棱堡。彼得·阿列克谢耶维奇特意从沃罗涅什寄来了图样，还附带一个他自己做的模型，并且指示说把这座棱堡命名为'喀琅什洛特'。"

"这些事我都知道，"雅科夫说，"关于这个模型，我们还跟彼得·阿列克谢耶维奇争论过。我说棱堡太矮，浪涛会把大炮淹没，作战时根本发挥不了作用。应当将它抬高二十来俄寸，这样就确保无忧了。他听了后非常生气，当场就用棍棒不停地打我。第二天早晨，他派人把我找去了。他开门见山地承认了自己的错误，并期望能够得到我的原谅。说罢，他给我一杯酒和一个小甜面包。我们就这样和好了。为了表彰我的勇敢直言，他还送我一个烟斗以示奖励。"

雅科夫从塞满各种零星小玩意儿的口袋里掏出一支熏焦的小烟斗，他装满一斗烟，使劲地抽着，嘴里不时喷出阵阵烟雾。三兄弟里头最小的一个是加夫里尔，他个儿比两位哥哥高，身体比他们棒，一双挺大的眼睛，看外表很像他的姐姐桑卡。

阿列克谢将锡杯倒满了酒，几个人又开始闲扯起来了。阿列克谢酒劲上来了，他絮叨着在要塞上修建圣彼得保罗大教堂，可连锯木板必备的锯子和斧子的数量都不够；面包、黍米和食盐的供给越来越困难；用来拉雪橇的马，因为缺少草料都纷纷倒毙，这使得从芬兰海岸起运石头和木材无法按照预定时间交给他，可彼得却像一头饿狼，死死地盯着他，不容许他有一点闪失。

又一次把锡杯倒满以后，三兄弟便开始纵谈欧洲政治。三人一面感到惊奇，一面表示愤慨。印象中，他们以为这些文明国家做事和贸易一定会诚实正直，不会像俄罗斯人一样使诈，可是现实正好相反。法兰西国王正在陆地和海洋与英国、荷兰、奥地利皇帝作战，而且这场战争短期内看来还不会结束；土耳其人不肯让威尼斯和西班牙进入地中海，想要自己继续独霸此海域，为此正在互相攻击、烧毁对方的舰队；只有普鲁士国王腓特烈，如今仍是未动一兵一卒，安安静静待在宫里，密切观察着周围发生的一举一动，想坐收渔人之利；萨克森、西里西亚、立陶宛和波兰，处处都燃起了战争和内乱，烽火不断。两个月前，查理国王曾经命令波兰人推选一位新的国王，这个命令导致一个有意思的现象，波兰现在有了两个国王：萨克森的奥古斯特和斯坦尼斯瓦夫·列辛斯基。波兰贵族分成了两派，有些人拥护奥古斯特，另一些人拥护列辛斯基，大家互不相让，针尖对麦芒，在地方议会里大动肝火，各自纠集支持自己的小贵族，互相纵火焚烧对方的村子和领地。而查理国王却带着军队在波兰各处游荡，掠夺摧毁城市，还威胁着说，等整个波兰屈服以后，他就要兵锋南下，指向沙皇彼得，烧掉莫斯科，把俄罗斯夷为平地；然后他要自封为新的马其顿的亚历山大。

  三兄弟转过脸去，窗子外面一根很大的冰溜儿突然咚的一声掉了下来。看见一片无边无际的、深蓝色的天空，听到融化的雪水从屋面上滴落下来的声音。于是他们开始谈起身边琐事来了。"咱们三兄弟，"阿列克谢若有所思地说，"三个倒霉的光杆儿。虽然我的勤务兵替我洗衬衫，必要的时候还给我缝纽扣，可感觉不是那么回事儿。这是一个女人应该干的事，最关键的问题还不在这些，衬衫可以不管它。我想要的是，她站在窗口等我，盼望着夫君的身影早点出现。当你从外面回来，又累又冻，就往硬邦邦的床上一倒，让鼻子埋在枕头里，孤零零一个人在世界上，根本就没有任何情趣可言。问题是，我到哪儿去找这样一个她呢？"

  "你说的是啊，到底到哪儿才能找到呢？"雅科夫自言自语，把臂肘搁在桌子上，从烟斗里喷出三口烟，一口接一口的。"我啊，我是改不过来的了。我不能娶一个不识字的傻瓜，跟那样的女人有什么可以谈的。如果真是这样的人，那我宁可不找。我需要一位贵族小姐，你在舞会里跟她跳舞，奉彼得·阿列克谢耶维奇之命向她问候，可是像那样的女人也不会愿意嫁给我。

因此,等到必须结婚的时候,我就随随便便找一个算了。当然,这样的做法是不负责任的,会让人不齿。可是对我来说,却比天下所有的女人都可贵。"

阿列克谢小声对他说:"两者并不冲突,雅科夫。"

"可我觉得有冲突。就拿窗外灌木丛里那只麻雀来说吧,它只会从它的雌伴身上跳过去,别的事情都不干。就像上帝创造出人,还让他有了思维。"雅科夫朝他弟弟瞟了一眼,"说不定咱们的加夫留什卡在这方面倒很精明呢?"

加夫里尔的脸一直红到了脖子根,竟不知道朝哪里看才好。雅科夫用胳膊碰了他一下:"讲啊!我喜欢谈这些事。"

"去你的!有什么好讲的,我还年轻呢。"可是雅科夫和阿列克谢却不放过他:"都是自家人,你害臊什么啊?"加夫里尔脸憋得通红,许久后才叹一口气,终于把话讲给两位哥哥听了。

彼得大帝的小木屋

二

圣诞节前的一天傍晚,伊万·阿尔捷米奇家里来了一个内廷急使,传加夫里尔·伊万诺维奇·布罗夫金即刻入宫。加夫里尔起初不想马上动身,他虽然年轻,却是一个人物,在彼得那里有点儿地位,而且正忙着重描沃罗涅什造船厂一艘已经完成的大海船图纸，他打算把这份图纸拿到航海学校给他的学生们看，这也是奉了彼得·阿列克谢耶维奇的旨意，为未成年的贵族子弟讲授造船技术。伊万·阿尔捷米奇严肃地对他的儿子说："加夫里尔，这种事情可不是闹着玩的，你赶快进宫听候皇上差遣吧。"

加夫里尔穿好衣服后，坐上他父亲那辆让全莫斯科人都艳羡的马车，动身前往克里姆林宫去了。

内廷急使带着他爬上一层层的楼梯，穿过一条条昏暗不清的通道，到了在大火中保留下来的、古时修建的那所石头的后宫。到了一道门口后，急使弯下腰，向前跨上一步，请加夫里尔进去。加夫里尔进去之后打量着房间。矮矮的、黯淡的金色穹顶，桌子上点着几支蜡烛，一个年轻的女人坐在旁边，柔和的烛光照亮了她那娇嫩的鹅蛋脸。听到声音后，她把正在写字的天鹅羽毛笔一撂，朝加夫里尔抬起一双温柔的眼睛。这女人便是纳塔利娅·阿列克谢耶芙娜，长公主殿下。

长公主动了动嘴角，向他微微一笑，问道："你就是加夫里尔，伊万·阿尔捷米奇的儿子吗？"长公主扬起一双在烛光中闪烁的眼睛，自下而上地打量他，因为他个儿高，假发差一点就碰到拱顶了。"坐吧。你姐姐亚历山德拉·伊万诺芙娜从海牙给我写了封信，说你对我的事业或许会很有帮助。你以前去过巴黎，那你去没去过巴黎的剧院？"

加夫里尔坐下后，整理了下思路，把他前年跟两个航海员一起，在谢肉节从海牙去巴黎，在那里看见的剧院演出和街头狂欢的事情都详细地禀告了长公主。对于加夫里尔在巴黎遇到的事，纳塔利娅·阿列克谢耶芙娜都想详细地知道，津津乐道地听着。每逢他说不清楚的时候，她就不耐烦地跺着鞋后跟，让他说明白，更多的时候是她朝加夫里尔靠拢过去，瞪大了眸子，微微地咧开了嘴，对法国的风俗感到惊奇又兴奋。

"瞧，"她说，"那边的人懂得作乐，懂得让人快活，他们在街头跳舞，他们乐意看喜剧。这些东西，俄罗斯是不曾有的，我们一定要介绍到这儿来。他们说你是一位工程师，是吗？我想叫你把一间屋子改装成一所剧院。你拿支蜡烛，跟我走吧。"

加夫里尔抓起一支蜡烛，跟在长公主后面。纳塔利娅·阿列克谢耶芙娜迈着轻快的脚步，走在前头，穿过一间间有拱顶的屋子。房屋的拱顶上，莫斯科历代沙皇们冷酷的脸在严峻地俯视着纳塔利娅长公主。走到一座通往下面黑暗中去的、又陡又窄的楼梯口时，纳塔利娅·阿列克谢耶芙娜有点胆怯了，她在黑暗中弯下身子，小心地一步步走下去，等到了下面时，她迅疾地、仔细地看着加夫里尔的眼睛。

纳塔利娅·阿列克谢耶芙娜跨过一道高高的门槛，加夫里尔将蜡烛高高举起为长公主照亮，这时看见了一间空阔的殿堂，四根矮小结实的柱子支撑着。很久以前，这里曾经是餐厅，沙皇米哈伊尔·费多罗维奇常常跟全俄罗斯的贵族们在这里用膳，顺便讨论国家政事。殿堂深处，墙头钉子上挂着假发与长袍，以及喜剧演员演出用的其他道具与服装，一个角落里乱堆着许多铁皮的皇冠和甲胄，帝王权杖，木头宝剑和残破椅子，这些是约翰·孔斯特的德国剧院留下来的。"我打算把剧院设在这里，"纳塔利娅说，"你在这边建一座演员用的木板台，装一个帷幕和一些灯盏，这儿为观众摆上几排长凳。把它弄得像个娱乐的场所才可以。"

加夫里尔随着纳塔利娅长公主走上了楼梯，然后他亲了亲长公主的手，离开了克里姆林宫。回到家后，已经是后半夜，他什么也没脱，就往床上一倒，直瞪瞪望着天花板，仿佛仍然看见那张带着温柔的聚精会神的眼睛，以及一张漂亮的鹅蛋脸，小小的嘴发出的美妙声音，娇嫩的肩膀，珍珠色裙子……

第二天晚上，纳塔利娅长公主又派人来找他，念给他听自己还没写完的一个喜剧《火炉的戏剧》，内容是关于三个在燃烧着的火炉里的少年。一直到深夜，加夫里尔一直安静地听着，没有插一句话，享受着美好的时光。加夫里尔浑身充满了热情，费尽心思着手改建那间古老的殿堂，虽然内务府的录事们设置了许多羁绊，在木材、石灰、钉子和其他东西的发放上多方拖延，但这反而激发出他更大的决心。伊万·阿尔捷米奇已经注意到加夫里尔把设计图纸抛在一边，也不到航海学校去了，吃饭的时候也心不在焉，但他一句话也没说。夜里大家都睡了，他还点着蜡烛继续忙着什么。只有一次，伊万·阿尔捷米奇在身背后咬着嘴唇，对加夫里尔说："我只想说一句话,加夫里尔,你太靠近火了,要留神啊!"

大斋期间,沙皇彼得急匆匆从沃罗涅什赶往斯维尔河,路过莫斯科时吩咐加夫里尔同他哥哥雅科夫陪同彼得去修筑海港。关于剧院的事,就这样结束了。而加夫里尔也就在这里结束了他的故事。

阿列克谢说:"那你从那以后就无法忘记她了?"

"是啊,我无法忘记她,哪怕用断头台威胁我。"

雅科夫用指尖敲着桌子,说道:"妈妈赋予了咱们兄弟一颗狂热的心,桑卡也一样。这种毛病是遗传下来的,根本治不了。让咱们再把酒杯斟满,为纪念咱们的母亲阿夫多基娅·叶夫多基莫芙娜干杯!"正在这当口,房门猛地一下被推开了,一件溅满了泥点子的黑色斗篷,戴着一顶黑色帽子,周围饰着银绦的人进来了,他就是普列奥布拉任斯科耶团的炮兵中尉,英格利亚、卡累利阿和爱斯特兰的总督,施利谢尔堡的要塞司令亚历山大·丹尼洛维奇·缅希科夫。

"好家伙,你们把间屋子弄得和熊窝似的!坐着吧,用不着客气。你们好!"亚历山大·丹尼洛维奇高兴地说道。"我很烦闷,我们要不要到河边去看看,你们说怎么样?"他说着便在桌子边坐下来,可桌子上的东西都已经光了。"因为心里闷,我很早就吃了午饭,还睡了一个小时。可当我醒来时,屋子里一个人也没有,既没有客人,也没有用人。他们把总督给抛弃了。"他说到这里,朝阿列克谢挤了挤眼:"中校先生,给我来点酒,弄点白菜吧,我需要缓解下。还有,你们的进展如何,几位造船技师弟兄们?你们要抓紧工作了,因为我明天要去看一看你们的进度。"

阿列克谢又拿来了一点白菜和一瓶酒。亚历山大·丹尼洛维奇小心翼翼地为自己斟了一点酒,喝了一口,抓了一撮带点冰的白菜,慢慢嚼着,话说得有些含混不清:"没有比星期天更糟糕的日子了。星期天,我总是烦闷得要死,浑身酸痛得难受,而且有一种被劈开的感觉。我们都是真正的征服者!我们虽然在河口建了一座城市,可是没有女人!苍天在上,我想请求彼得·阿列克谢耶维奇准许我辞职,我不想做什么总督,我宁可在莫斯科进一家店铺做点买卖糊口度日。莫斯科的姑娘调皮的眼神,灼热的腮帮,又温柔又爱笑，令我无法忘怀。走吧，咱们到河边去，出去散散心，这儿太憋闷了。"

亚历山大·丹尼洛维奇还是和从前一样的脾气，在一个地方总是坐不长久，而且他嘴里说的是一件事，心里想的又是另外一件事。要适应他十分困难，他这个人很危险。布罗夫金三兄弟跟着他走出了泥板房，潮湿的春风马上朝他们的脸上扑来。松树飒飒地响着，河水正从无底深渊中倾泻出来，鸟儿在光溜溜、疏朗朗的白桦树顶上盘旋、鸣叫。

三

阿列克谢的泥板房矗立在圣三一广场的尽头，跟新近建成的一排排木板商店相距不远。这些铺子的主人还没来，房子的左面是要塞的土墙和棱堡，炮兵下士彼得·阿列克谢耶夫的棱堡，已经垒砌了一半的石头。远处，桅杆顶上飘动着一面蓝十字的白旗，预示着舰队要到了。

亚历山大·丹尼洛维奇朝涅瓦河斜刺里穿过去。所谓彼得堡的中心广场其实只是一个口头上的说词儿，现在仅存在于彼得·阿列克谢耶维奇所描绘的那张图样上。这儿的建筑物，只有一所木头造的圣三一大教堂，以及离这不远、靠近河边的彼得·阿列克谢耶维奇的那所房子，除此之外，一片荒芜。广场对面矗立着一所荷兰式房子，它给人以很大的快感，烟囱里经常冒着袅袅的炊烟；正门上绘着一个面目狰狞的领航员，一只手里拿着一杯啤酒，另一只手抓着一把骰子。招牌在一根木杆子上作响，上面写着几个大字："四艘巡洋舰海员宿舍"。

他们走到河边，涅瓦河上的冰看去蓝漾漾的，河面上出现了大片大片的冰窟窿，还有高高的河堤。河水开始解冻了，可是亚历山大·丹尼洛维奇突然愤怒地说道："这项工程总共只拨了两千卢布！那些书记、那些录事、那些衙门都在莫斯科看我们的笑话！他们多一文钱也舍不得给我们用！你们要记住，布罗夫金兄弟们，到这儿来可不是打盹儿的。你们要少睡一点觉，少花一点时间吃喝，5月底前，要把所有的码头、浮栅和仓库都建好；在这儿，在彼得堡地区，也要建好相应的设施，让一艘大海船能够停泊。"亚历山大·丹尼洛维奇急匆匆沿着堤岸走着，指出哪里应当打桩，哪里应当修建码头。"海战胜利以后，旗舰驶回来了，放着大炮，难道要让它停泊在方坦卡河口吗？不，它必须停泊在这儿！"亚历山大·丹尼洛维奇用骑兵长靴在水洼里跺着。"如果碰巧有个富有的商人从英国或是荷兰来到这里，那就请他到彼得·阿列克谢耶维奇的房子去参观。"

亚历山大·丹尼洛维奇的房子就是他的总督官邸，坐落在河流上游，离彼得的小木房大约有一百俄丈的距离。这是一所仓促建成的房子，涂着秸泥，抹着灰粉，盖着一个高高的荷兰式屋顶，沿河老远就望得见屋顶旗杆上飘扬着总督自己的旗帜；门廊前面摆着两门大炮。亚历山大·丹尼洛维奇眯缝着一双蓝色的眼睛，欣赏着自己的房子。随后，他转过身去，望着远远的左岸，懊恼地哼了一声："唉，真可惜！凭着一时的热劲，把那边的景致给破坏了，"他指着方坦卡河从涅瓦河分流出来的地方，"我窗子前面原来有一片松林，如同一道城墙似的，按道理来说应该造一座别墅，专门用来消暑。可这帮人却把所有的树都砍掉了，硬生生地破坏了这里的环境。算了，到我家里去吧，我们去弄点什么东西继续吧。"

"总督先生，"阿列克谢提醒着他，"你看那边，好像有许多雪橇沿着涅瓦河赶过来了，会不会是彼得来啦？"亚历山大·丹尼洛维奇只扫了一眼，便大声叫喊了起来："没错，就是他！"他命令布罗夫金三兄弟立刻回去准备，他自己也急忙赶回家叫仆人们。没多大一会儿，他又站在岸边码头上，身穿普列奥布拉任斯科耶团的制服，迎接彼得的到来。

50个龙骑兵赶着精疲力竭的马，飞也似的疾驰到岸边，一辆很沉的皮篷雪车停在码头。一条穿骑兵长靴的腿伸了出来，一个深沉的嗓音从里头传出来："丹尼洛维奇，你过来帮我一下。真见鬼，我腿麻了，不能动弹了。"亚历山大·丹尼洛维奇赶紧冲了过去，把彼得·阿列克谢耶维奇拉出来。就在这时候，彼得保罗要塞所有的棱堡都闪耀着火光，一阵轰隆隆的响声顺着涅瓦河滚了过去。沙皇的小木房旁边，御旗在旗杆上升起来了。普列奥布拉任斯科耶团和谢苗诺沃团的士兵在广场上奔跑，把水洼里的水都给溅起来了。他们穿着紧窄的绿色长襟衣，裹着白护腿套，托着火枪，火枪上装着刺刀。

彼得·阿列克谢耶维奇伸了个腰，挺了挺身子，第一眼就看到了丹尼洛维奇。他用手在他的腮帮上拧了一把："你好啊，朋友？你居然不愿意来看我了，你不知道，我一直在想着你。瞧，为了见到你，我亲自过来啦。路上太遭罪了。我们从施利谢尔堡往这里走，差一点被淹死，幸好上帝保佑我们，总算平安地度过危险了。"

彼得·阿列克谢耶维奇呼吸着清新的空气，把连日旅途的积懑全部释放出来了。他望着天上游走的春云，望着水面上渐渐融化的冰窟窿，盯着穿过云层日益升温的太阳。他的嘴角露出了笑容。"乐园！"他说，"丹尼洛维奇，这里真是个乐园，尘世的乐园，在这里你可以闻到海的气味，一股让人陶醉的气息。"

"在华沙，拉济耶夫斯基红衣主教的家里，他在餐桌上告诉我，不要让我对涅瓦河有任何幻想，莫斯科人守不住海岸。他准备消灭奥古斯特，拿下圣彼得堡，还和我吹嘘，拿下圣彼得堡就像吃樱桃核一样容易。他还吹嘘没有一条英国海船能开往阿尔汉格尔斯克，让莫斯科商人的货物会在仓库里烂掉。"

"他是个大傻瓜，狗杂种！"亚历山大·丹尼洛维奇坐在澡房里一条长凳上，往头上擦着胰子。"要是我在战场上见到他，我准定让他长长记性，为自己曾经说过的话感到后悔。陛下，我要告诉您的是，三十二条英国海船，还有四艘护航巡洋舰已经顺利开到阿尔汉格尔斯克来了，一点没有损失。他们运来了铁和钢，铸大炮用的铜，成桶的烟草，这些东西都是我们急需的，帮了我们的大忙。凭着勇敢的航行，他们也该享乐一下。陛下，你要不要洗个蒸汽浴？"亚历山大·丹尼洛维奇朝更衣室的矮门走去，"你怎么啦，被炭气熏昏了吗，纳尔托夫？去拿一罐克瓦斯来，让我们痛痛快快洗个蒸汽浴！"

彼得·阿列克谢耶维奇躺在浴架上，侍卫纳尔托夫已经给他洗过两次蒸汽浴，这会儿他正在闭目养神。彼得·阿列克谢耶维奇不愿意离开这儿，虽然客人们已经在总督府的餐室里苦候了两小时，专等皇上到后开饭。彼得·阿列克谢耶维奇转头对缅希科夫说："拉济耶夫斯基红衣主教虽然不懂军事，可人家却懂另外一些事。我们的商人都是十足地道的野蛮人，我在阿尔汉格尔斯克不知跟他们斗过多少回了！在他们看来，主要的事就是要卖出霉烂的货物，其他的事情都不足挂齿。北德维纳河里的鱼多得不得了，你把桨插到水里，都会有鱼跳上来，可你就是没法从仓库前走过去，那的臭味太难闻了，令人作呕。我在市政院里跟他们谈了不知多少回了，起初我还耐着性子跟他们讲道理，后来就不得不发脾气了。"

亚历山大·丹尼洛维奇听后叹了口气，说："的确是这样，陛下，他们是一群愚昧无知的人。要是你让这些鬼东西放手做去，整个国家都会给他们弄得颜面尽失，让我们在欧洲抬不起头来。我们还是不说让人扫兴的事了，纳尔托夫，去拿点凉啤酒来……"彼得·阿列克谢耶维奇把两条长长的腿放下来，坐起在浴架上，汗水从他身体里不断冒出来。"好，很好。情况就是这样，我亲爱的朋友。没有彼得堡，我们就像有了身体没有灵魂一样。"

四

一批新人坐在缅希科夫家的餐桌上：这些人物完全依靠个人的才能与奋斗，从没有烟囱的农舍里蹿出来，得到彼得的赏识，脱下了树皮鞋，穿上了军队的制服。就像现在这样，他们围坐在丰盛的菜肴前，考虑和谈论国家大事了。桌边这会儿有布罗夫金三兄弟；有陪同彼得·阿列克谢耶维奇从沃罗涅什到斯维尔河来的造船技师费多谢伊·斯克利亚耶夫和加夫里尔·阿夫杰耶维奇·缅希科夫；有承包商诺夫戈罗德人叶尔莫莱·涅戈莫尔斯基；有制锚师傅捷连季·布达，还有远近闻名的木刻工和镀金工叶夫列姆·塔拉卡诺夫。

坐在餐桌边的也不全是出身寒微的人。彼得·阿列克谢耶维奇的左边坐着苏格兰人罗曼·布留斯，跟他哥哥雅各布一样出身名门，都是数学家和博学之士。两兄弟都生在莫斯科外侨区，从少年时代起就跟随彼得·阿列克谢耶维奇，而且把彼得的事业当作他们自己的事业对待。还有那个眼中目空一切的近卫军上校米哈伊尔·米哈伊洛维奇·戈利岑公爵，他的名声是在袭击施利谢尔堡中赢得的；那个即将成立的波罗的海舰队的海军中将科尔涅利·克赖斯，原来是个海上流浪汉，雨打风吹的脸上满是深刻而严峻的皱纹；少将钱伯斯拥有健硕的体格，也是流浪汉一类的人物；还有那个温顺的加夫里拉·伊万诺维奇·戈洛夫金，沙皇的内廷官吏，一个富有远见、会用心计的人，缅希科夫在建设城市和要塞方面的助手。

客人们七嘴八舌地发表着自己的见解，有些人还故意扯开嗓门，目的是让彼得听到自己的声音。主要的争论和吵闹是关于粮食和草料的分发问题。给养从粮秣总政厅经由沃尔霍夫河和拉多加湖，穿过密林新辟的道路，运至被坚固的要塞城墙保卫着的施利谢尔堡的仓库。从莫斯科调来一批官员，专门经管这些物资。接到命令后，他们就把东西拨到彼得堡，给驻扎在维堡区土城里的军队，给负责建设事宜的各部门，还包括在那里干活的工匠与农民。从诺夫戈罗德到这里的路很难走，由于还没从战争的残败中恢复过来，什么东西都没剩下，供应经常缺乏，而布留斯、钱伯斯、克赖斯以及其他贪心的人物都卯足了劲儿，都想从中多捞一点。这会儿在餐桌上，他们全很激动，争论得脸红脖子粗。

一碗滚热的面条汤给彼得·阿列克谢耶维奇端上了餐桌。吃完以后，彼得·阿列克谢耶维奇把两条长长的胳臂连同一双大手往桌子上一搁，他基本没说话，只是细心地听着，眼睛中透着一贯的凌厉，甚至有几分吓人；如果你大着胆子走到他面前，跟他碰碰杯，说："祝你身体健康，炮手先生！"那彼得要看你是什么人，或者给你一个微笑，或者盯着你，一句话也不说。

彼得·阿列克谢耶维奇这一天过得很满意，一则丹尼洛维奇盖了一所漂亮的房子，屋顶上又塑了尼普顿海神和女河神像来气瑞典人；再则坐在餐桌上的全是自己人，他们为了一个伟大的事业正在展开争论，心情激动，却毫不考虑一下这个事业有多大危险，或者会不会成功；而让他最高兴的是，远大计划和艰难创举的努力开始变成现实了。一个真正的城市已经出现了，虽然还不太大，可是已经具有了一个城市应有的迹象。这里是彼得·阿列克谢耶维奇向往的、心爱的地方。亚速海又明亮又温暖，花了大力气才把它弄到手；白海是好的，冰冷的浪涛让人清醒；可是它们都比不上波罗的海，它是通往美妙城市的康庄大道，通向富庶国家的必经之路。他的心跳得不同寻常，他思想的翅膀展开了，他的力量陡然增强了。

亚历山大·丹尼洛维奇时不时瞅着彼得，看到他的鼻孔越张越大，从他烟斗里腾出来的烟雾越来越浓。他知道彼得的心思不在这上面。"够啦！"他突然向客人们嚷道，"你们翻来覆去总是那点内容——燕麦、小米、燕麦、小米！炮手先生不是为了听什么燕麦、小米才到这儿来的，你们说点有价值的内容。"缅希科夫朝肥胖的、温柔地微笑着的费尔滕使了个眼色，"费尔滕，你去拿点莱茵酒来，"随后又转向了彼得·阿列克谢耶维奇，期待地望着。跟往常一样，缅希科夫已经猜到，从彼得那双发暗的眼睛里看得出那样的时刻已经到来，一切正在逐渐明晰，变成一种不可动摇的意志。这个时候，你不要跟他争论，不要违背他的旨意，要不然后果是很可怕的。

餐桌上一片静寂。彼得·阿列克谢耶维奇往镀金椅子的背上靠了下去，闭着眼睛说道："查理国王作战确实很勇敢，但是并不聪明，只是一味地狂妄自大，"彼得一字一顿，讲得很慢，让众人听清楚自己所要表达的思想，"查理在1700年错过了机会。要是他足够幸运，我们就不会在这里喝莱茵酒了。纳尔瓦的耻辱对我们未必就是一件坏事，铁只有经过击打才会变得更加坚实，人只有经历失败才会变得更加强壮。我们从失败中学到了很多东西，有不少是我们以前不曾预想到的。我们的将军，跟鲍里斯·彼得罗维奇·舍列梅季耶夫和阿尼基塔·伊万诺维奇·列普宁一起，已经向全世界证明了瑞典人没什么了不起，他们是可以在平原、在要塞城墙上被打垮的。我们已经得到并且建设了彼得堡这个神圣的地方，为了这些海船，我们大家日夜辛勤操劳，甚至双手都起了茧子。既然在彼得堡站稳了脚跟，那么我们难道要等着查理把军队从欧洲抽出来，专心对付我们不成？要是出现了那样的情况，恐怕连海神尼普顿也救不了我们。我们的心在这里，但是迎击查理却应当在辽远的边疆，应当在坚固的要塞里。我们自己一定要敢于进攻。等河水一开化，我们就该向克克斯霍尔姆挺进，把它从瑞典人手里拿下来，让拉多加湖回到我们的手中，让我们的舰队毫无顾虑地从北方顺流而下。我们一直冲过纳罗瓦河，攻下纳尔瓦，这一回事关重大，不能再丢丑了。马上着手进军的准备，朋友们。拖延就意味着死亡。"

五

"你就坐着吧,丹尼洛维奇,用不着跟我走。我想出去呼吸下新鲜空气,过一会儿就回来。"彼得·阿列克谢耶维奇离开桌子,走到门廊里,站在尼普顿的塑像底下,抬头望着那有点残缺的月亮。春天的风直往他鼻子里钻,让他感到很舒服。彼得·阿列克谢耶维奇正享受着春夜的美好时刻,一根柱子后面,忽然闪出一个人来,光着头,穿着树皮鞋,往地上一跪,把一张纸高高地举在头顶上。"你要干什么?"彼得·阿列克谢耶维奇厉声呵斥,"你是什么人?站起来,你难道还不知道敕令吗?"

"陛下,"那人的嗓音又低沉又刺耳,"卑微穷苦、无依无靠又罪有应得的小民安德烈·戈利科夫在这里伏地恳求您,我要毁了,请陛下开恩,救救我吧。"彼得·阿列克谢耶维奇暴躁地从鼻子里哼了一声,一把扯过那张状子,再一次吩咐他站起来:"你是不是想逃避工作?还是身体有病了?他们有没有遵照我的指示,发给你们伏特加?"

"我身体很好,陛下,我也没有逃避工作,运石子,挖泥土,锯木头……我一直不停地干着,不敢稍有懈怠。可是,我身上有种神奇的力量却在被糟蹋,我是帕列赫圣像画师戈利科夫家的一个色彩画师。我能画人像,不会老也不会死,精神永远会在那里活着;我能画大海的波浪和在波浪上面扬帆前进的海船。"彼得·阿列克谢耶维奇又哼了一声,不过这一回缓和了许多:"你能画海船?可我怎么能相信你不是在胡说呢?"

"我本来可以画给您看的,不过我既没有颜料,又没有画笔。这些东西,我连做梦都在想。为几支画笔,我什么事都肯干,请您相信我。"彼得·阿列克谢耶维奇第三次用鼻子哼了一声:"我们走吧!"他朝月亮扬起脸,照例性急地往前走去。安德烈·戈利科夫小跑着跟在他后面。他们绕过广场,穿过大涅夫卡河边,那里是工人们住的泥棚。在一所泥棚前面,戈利科夫站住了脚,推开那扇毛板门。彼得·阿列克谢耶维奇低下脑袋,第一个跨了进去。大约有20个人睡在里面的板铺上,光着脚睡在皮袄和蒲席下面。

一个蓄着大胡子的人正借着灯光补衬衫。

"把你们这里的遭遇都说出来,我要了解全部!"彼得冲着他喊道。

"陛下,我是从克伦斯克城来的,我们这里住的是城市工商业者,都是自由人。您再看我手中的衣服,这还是秋天发的呢,都穿了一冬,现在都破得没法再穿了。我们吃的都是发霉的面包,即使这样还不够吃。我们生病了也没有人管,只能硬挺着,很多人就这样一病不起了。"说着,这个人眼中流出了几滴泪。头也低了下去,轻声抽泣起来。

安德烈·戈利科夫给灯架换了点松明,白粉的泥棚随即亮了一些。有几个脑袋从蒲席底下抬起来。彼得·阿列克谢耶维奇在一张板床上坐下,逼人地盯着那个大胡子的眼睛问:"你在克伦斯克是干什么的?"

"陛下,我是卖热蜜水的。可是眼下,基本没有人来喝热蜜水了,大家都没钱啦。在过去的年代里,我们的日子比现在好过得多,最起码还没有这样多的苛捐杂税。眼下,这也得出钱,那也得出钱,简直是让我们没法过了。你把我的儿子抓去当龙骑兵了,家里还有我的老太婆和四个女儿,她们总算躲过了征兵的劫难。陛下,您做这一切到底是为了什么啊?"说着,他拿出了一片发霉的面包,递给了彼得。

彼得·阿列克谢耶维奇把那块发霉的面包接过来,嗅了一下,往口袋里一塞。"等涅瓦河开化,我会让人把新衣服和树皮鞋运来。还会运来面粉,面包就在这里烘制,不再运输了。"彼得说完,便朝门口走去,竟把戈利科夫完全给忘了。戈利科夫赶紧追了上去,央求地瞅着皇上。彼得·阿列克谢耶维奇这才笑了笑说:"好吧,圣像画师,把你的东西指给我看吧。"

板铺中间的一块墙壁,刷上了白粉,用一张蒲席遮着。戈利科夫小心翼翼地把那张蒲席取下了,拉过来那个沉甸甸的灯架,扯起嗓门念道:"为纪念1703年5月5日在涅瓦河口伟大而光荣的海上胜利而做。装有十四门大炮的敌方舰船'阿斯特列尔号'和装有十门大炮的海军上将的旗舰'格达恩号'向炮兵下士彼得·阿列克谢耶维奇和陆军中尉缅希科夫投降。"

彼得·阿列克谢耶维奇蹲下身子,仔细观察着。戈里科夫说得都对,画得确实惟妙惟肖,战斗场面也是层次分明而清晰,他甚至还能辨任出阿列克萨什卡，正抓着手枪和宝剑，顺着云梯往上爬；他也认出了自己，他在船头上一边叫喊，一边掷着手榴弹。彼得·阿列克谢耶维奇用手指摸了摸那幅画，转过头对戈利科夫说："你确实很有绘画天分，我恐怕得派你到荷兰去学习了。你不会沉迷在酒吧里吧？我是知道你们这些鬼东西的爱好……"

彼得·阿列克谢耶维奇回到总督府，坐在那张镀金椅子上。蜡烛快点完了，客人们都已经酩酊大醉，只有亚历山大·丹尼洛维奇一个人还算清醒。他察觉出彼得的嘴角在抽搐，心里一沉，不知道又发生了什么事情，惹得彼得又生气了。"把这个拿去尝一尝！总督先生！"彼得·阿列克谢耶维奇突然向他嚷道，从口袋里掏出那块发霉的面包，朝他的面部砸了过来。

"陛下，这事不能怪我，发面包的事是军需官戈洛夫金负责的。一定是他贪污克扣了这些面包，那个不要脸的家伙！"彼得·阿列克谢耶维奇的眼睛狂暴地睁大了。"把它吃下去！你拿脏东西给大家吃，你自己就把它吃下去，这儿的一切你都得负责！"

亚历山大·丹尼洛维奇开始嚼那块面包，咽下去的时候故意显得很困难，仿佛噙着眼泪似的……

彼得大帝的出行装束

六

彼得·阿列克谢耶维奇回到他自己的小木房去睡觉，侍卫纳尔托夫已经把火炉生得很旺，窗前的桌子上摆好了书和记事本、纸张和文具，以及望远镜、罗盘针、烟草和烟斗。壁上挂着海船的帆布。彼得·阿列克谢耶维奇洗过了澡，吃了晚餐，正常来说应该入睡了。可是此刻的他没有半点睡意。他的知心朋友亚历山大·丹尼洛维奇坐在地毯上，正在述说奥古斯特国王在财政方面的困难，关于这一点，格里戈里·费多罗维奇·多尔戈鲁基公爵派专差送来的那些报告中是经常提到的。

奥古斯特国王被他的宠妃爱妾把钱花得一个子儿都不剩了，彻底陷入经济深渊中了。在萨克森，老百姓已经被榨干了油水，就连最贫穷的强盗都不会对他们有幻想了。在桑多米尔的议会里，波兰人拒绝拨钱和所需的军需物资。奥古斯特把自己的城堡半价卖给了普鲁士国王，可是魔鬼却还不放过他，也许就是查理国王本人，又一次把一个全欧洲最漂亮的女子，奥罗拉·柯尼希斯马克伯爵夫人偷偷地塞给了他，而奥古斯特又把出售城堡得来的钱花在她身上，为了讨她欢心，放弃了一切。当伯爵夫人把他的口袋掏空之后，便彬彬有礼地向他告辞，满载着丝绒、绸缎和银器走了。他开始清醒过来，来到格里戈里·费多罗维奇·多尔戈鲁基公爵府邸，哭了起来："我的萨克森军队啃面包的日子，已经有一个多礼拜了。我的军队因为得不到军饷，已经在打家劫舍。波兰人简直都神经失常了，贵族大地主们带着各自的小贵族互相袭击城市和城堡，烧毁村子，比鞑靼人更加胡作非为。唉，我真是一个倒霉的国王！我还不如拔出宝剑，引颈自刎！"

多尔戈鲁基公爵是个好心肠的人，听着听着，便为这种不幸流下了眼泪，还自己掏腰包，给了他一万外国银币。国王回到家后，正遇到他的新宠科泽尔斯卡伯爵夫人大发脾气，于是就跟她大吃大喝起来了……

亚历山大·丹尼洛维奇掏出一封信，凑近灯旁边念了起来：

陛下，波兰军队在小酒店里为一杯啤酒会打得不可开交，可是要把他们带到战场那完全就是另外一回事了。奥古斯特国王的萨克森军队的战斗力还是有的，只是他们无意去打瑞典人。半个波兰已经被瑞典人破坏殆尽，就连教堂和坟墓都不放过。波兰贵族大地主却当什么也没看见，他们只是在意自己的利益。我不明白这样的国家怎么还能存在！它对我们不会有任何帮助，除非它攻打瑞典，把敌人的注意力引开。

"我也不指望波兰能有多大的帮助，"彼得·阿列克谢耶维奇说。"至于多尔戈鲁基，我已经写信告诉他，那一万银币得由他自己去向国王追回。这么大的一笔数目，一艘巡洋舰也造得起来了。"他打了一个哈欠，强忍睡意继续说道："女人对我们有什么事情干不出来啊！在阿姆斯特丹，有个小酒店的女人常常上我那儿去，她是个撒谎者，为她也花了我不少钱，大概有五百卢布。奥古斯特不是我们的榜样；我们是属于国家的，我们自己都没有钱。对了，阿列克萨什卡，你那里有一个搬运木材的人，他是个天才！"

"陛下，你指的是安德烈·戈利科夫吧？"

"他在这里给糟蹋了，应当把他送到莫斯科去，让他去给一个人画个肖像。"彼得·阿列克谢耶维奇斜眼看着阿列克萨什卡，觉得他好像在咧着嘴笑。"你得留神！要再这样的话，我就让你尝尝那根木棍的滋味。我现在很惦念卡捷琳娜，眼睛一闭，仿佛就看见了她；眼睛一睁，我的鼻孔就感觉到她。我宽恕她的一切，她所有的男人，包括你在内。"

彼得·阿列克谢耶维奇突然不再吱声，亚历山大·丹尼洛维奇轻轻地从地毯上站起来。窗子外面，在风的呼吼中间，冰崩破、碎裂的响声清晰地传了过来。"涅瓦河开化了，陛下！"彼得·阿列克谢耶维奇立即跳了起来："是真的吗？那我们就不能再睡了！"

第三章

一

远征克克斯霍尔姆一开始就不顺利，麻烦事儿不断。开拔到施利谢尔堡的步兵团和辎重车队还没走到一半路程，骑兵刚渡过奥赫塔小河，载着普列奥布拉任斯科耶团和谢苗诺沃团的船往涅瓦河上游都没有划出五俄里，一个骑着马的人忽然从岸边蹿出来，玩命地挥着帽子，示意有重要消息禀告。彼得·阿列克谢耶维奇此时正坐在一艘小艇里欣赏着周围的景色，听到那个人高声叫喊："喂，船夫，皇上在哪儿？事情十万火急，快告诉我！"彼得让小艇掉转方向，靠近岸边。这个人是陆军中尉保罗·亚古任斯基，他见彼得的船划了过来，便慌忙跳下坐骑，一个箭步赶到了水边，沙着嗓子说道："御前大臣彼得·马特维耶维奇·阿普拉克辛有十万火急的事情要告诉您，炮手先生。"

彼得·阿列克谢耶维奇将信飞快地看了一遍，随后又仔细读着，眉头都快拧在一起了。他的眼睛眯缝起来，瞅着水面上的舰船出神。许久之后，他从沉思中恢复过来。"把马交给水手，你上船来吧，我要详细了解情况。"

他对亚古任斯基说。直到彼得堡地区为止，一路上彼得都一声没吭。船靠岸之后，他大踏步向自己的小木房走去。惊惶不安的缅希科夫、戈洛夫金、布留斯和海军中将克赖斯紧随其后跳下船，跟在彼得后面。彼得·阿列克谢耶维奇把窗子打开，让风吹进闷热的小屋子，随后往桌子旁边一坐，向他们念着扬堡要塞卫戍司令彼得·马特维耶维奇·阿普拉克辛呈上来的那封信：

陛下，我尊奉您的旨意，于早春时节率领三团步兵和五连骑兵从扬堡出发，向纳罗瓦河口挺进，在罗松小溪流驻扎下来。扎下营寨没几天，五艘瑞典船便从海面上开过来了，远远地就能望见船上的旗帜。两艘战舰驶进河口，开始向我辎重车队发炮猛轰。谢天谢地，我用野战炮进行还击，一艘瑞典军舰被击中，其余几艘也受到不同程度地损伤。我们取得了胜利，已将敌人舰船赶出纳罗瓦河口。

自从这次遭遇之后，瑞典人的五艘战舰和十一条运货帆船，就一直下锚在海边，始终对我们虎视眈眈。他们的行为引起我极大的疑虑。我经常派出小股部队前去骚扰，不让瑞典人在岸上卸下任何东西。为确保万无一失，我还派出一队龙骑兵顺着列维尔大道一直到纳尔瓦去，摧毁敌人的前哨。据抓获回来的"舌头"们供称，他们在纳尔瓦物资奇缺，而且后勤补给还无法保证，因为我们已经把纳罗瓦河口占领下来。

我们的侦察兵偷偷地摸到纳尔瓦城门口，抓到一个信使。这人怀揣一封用明码写的信，是列维尔总督让他送给纳尔瓦要塞司令霍恩的。这个信差是瑞典近卫军大尉，名叫斯塔尔·冯·霍尔施泰因，是国王查理的宠臣。最初，他一句话也不肯回答，可是我稍微吓唬一下，他就全部摺了：他们现在日夜期盼，指望着施利本巴赫将军很快会带着一支大军到来纳尔瓦，还说瑞典人有一队35条商船队，船上满装了粮食、麦芽、鲱鱼、熏鱼和腌肉，正开往纳尔瓦。这个商船队由海军中将德·普鲁负责押运，为了防止发生意外，这些船上配备了两百多门大炮和一支海军陆战队。

在这样一件令人震惊的事情上，我不知道是否应当相信霍尔施泰因大尉的话，但今天早上，黑暗刚从海面上空消散，我们就看见不下40艘的舰船出现在海面上，而且每条船都装有重炮。我这边的实力很弱，骑兵人数极少，大炮只有九门，其中一门在作战时被炸开了，根本无法使用。救救我吧，陛下，请您抓紧多派舰船支援我吧。

"你们怎么看这件事情？"彼得·阿列克谢耶维奇问。

布留斯低下了头，整理着自己的衣服；科尔涅利·克赖斯那张饱经风霜的脸一点表情也没有，好像根本就没听到彼得的问话；就连一向对答如流、反应敏捷的亚历山大·丹尼洛维奇，这会儿也闷声不响，摆弄着衣服上的扣子。

"我要问问诸位先生，是不是认为在这场斗智的棋赛里，查理国王已经暂时处于优势，他向纳尔瓦走了巧妙的一着，把克克斯霍尔姆保住了？还是我们应当仍然固执己见，率领近卫军到克克斯霍尔姆去，把纳尔瓦让给施利本巴赫？"彼得见众人不吱声，继续急迫地追问。"对我们来说，攻下克克斯霍尔姆也不是件难事，"加夫里尔·伊万诺维奇·戈洛夫金柔声细气地说，"可是到那个时候，查理国王说不定又会从我们这里赢去一颗棋子，这一回可能就是王后了。"

彼得·阿列克谢耶维奇一句话也没说，可他心里非常清楚，如果让施利本巴赫的军团顺利开进纳尔瓦，就意味着要放弃占领的纳尔瓦和尤里耶夫两个要塞。如果放弃这两个要塞，后果不言而喻，通往彼得堡的路就被打通了。事情十万火急，一刻也不能耽误了。彼得命令急使骑上快马，带上诏书，顺着施利谢尔堡大道，沿涅瓦河方向拍马疾驰，要军队和舰队火速返回彼得堡。

帕什卡·亚古任斯基中尉已经有三天三夜没下过马，刚喘口气，吃了点面包，便又带着敕令，动身返回彼得·马特维耶维奇·阿普拉克辛的营地，做好迎击瑞典舰队的准备。把亚古任斯基打发走的时候，彼得·阿列克谢耶维奇抓住他的一只手，往身边拉了拉，说道："一个星期后，我会率领全军到达纳尔瓦城下，到那个时候我们前后夹击瑞典人。"

二

查理国王被公鸡报晓声惊醒了。匀整而沉重的哨兵脚步声离帐篷越来越远了。国王竖起耳朵，倾听那哨兵换班时的口令声。他盖着一件充满了汗水味儿的大衣，在行军床上酣睡了一会儿，现在感觉精神特好。如果敌人在田野的那一边扎营，那他会毫不犹豫地翻身跳下床，穿上骑兵长靴，跨上坐骑，走到自己的部队前面，率领着他的士兵冲杀过去。

真是岂有此理！自从在克利斯索夫被波兰军队致命一击后，奥古斯特国王损失了所有的大炮和物资，就知道一个劲儿往后退。整整一年，瑞典军队就像抓兔子一般，在广袤无垠的波兰大地上跑来跑去，疲于奔波。那个懦夫！那个胆小鬼！奥古斯特害怕公开交锋，成天东躲西藏，居无定所，不停地兜着圈子。在这个倒霉的波兰，他已经带领瑞典人转悠了三年！三年的时光，半个世界都可以让他踩在脚下了！

"请陛下去用早餐，"贝尔根海尔姆男爵走进帐篷，站在一旁，毕恭毕敬地说道，用一只保养得很好的手指了一指。帐篷里面，在一个铺着雪白亚麻布的空火药桶上，放着一碟切面包，煮熟的胡萝卜和一碗士兵们吃的小麦粥。就是这么一点儿东西。查理走进去，坐下去吃了起来。"陛下，昨天深夜，奥古斯特国王的爱妃科泽尔斯卡伯爵夫人来到了营里，她有事情要求见您，希望能给她一个机会。"

查理想了想，问："皮佩尔伯爵知不知道她来的事？"男爵给查理一个肯定的答复。查理国王吃完早餐，随后把餐巾揉成一团，大踏步走出营帐，问清伯爵夫人的马车停在哪里后，他便朝一排榛子树迈步走去。

科泽尔斯卡伯爵夫人此刻正在马车里熟睡。她是一个相当丰满，还很娇嫩的女子，皮肤白净极了，透着淡粉红色，招人喜爱。她的那只哈巴狗被国王的骑兵长靴一碰便汪汪地叫了起来，叫声把伯爵夫人给惊醒了，她睁开一双很大的眼睛，看见有张土灰色的瘦脸，正靠近玻璃车门，她便尖叫一声，用双手捂住脸。

"您来干什么？马上让您的仆人把牲口套好，火速返回到奥古斯特那儿去，要不，我要把您当作间谍抓起来。你听到了我的话没有？"查理拉开玻璃车门，大声喊道。伯爵夫人是个波兰人，吓唬她可不是件容易的事。况且，查理刚开始就把事情弄得对自己很不利，用粗暴和威胁的办法对付她，这是错误的。伯爵夫人欠起身子，露出一副天真迷人的样子，朝查理微微一笑："请您原谅我的鲁莽，我的尖叫让您受惊了。这都要怪我的小狗比儒，它是现在的我最亲近的人，我十分担心它的安危。陛下，我跟它两个都快饿死了。昨天一整天，我们在一片荒地上飞驰，连一点面包碎屑也找不到，陛下，我要恳求您的宽容，恳求您的雅量，准许我当着您的面吃一顿早餐。"

伯爵夫人喋喋不休地谈着，法国话说得那么精彩，仿佛在凡尔赛生活过一辈子似的，查理国王连插一句嘴的机会都没有。伯爵夫人翩翩地跳下马车，一把抓住他的胳臂："啊，我心目中的英雄，全欧洲都为您神魂颠倒了。大家再也不提萨沃伊的欧根公爵或是马尔波罗公爵，成天说的就是瑞典国王。我现在的心情非常激动，只要见到您这位我们梦想中的英雄，我会毫不犹豫，准备牺牲自己的生命。陛下，听到您的嗓音，我就觉得很幸福了。"

伯爵夫人紧紧地抓着国王的臂肘，弄得查理不好意思直接甩开，强行挣脱弄不好会闹出绯闻。"我吃的是素菜，喝的是冷水，"查理冷冷地说道，"你在奥古斯特国王那里过惯了没有节制的生活，我怀疑你是否能适应我这里的，如果你喜欢，到我帐篷里去吧。"

瑞典营地上所有的人都看见查理国王从树丛里拉出来一个丰满的美女，都觉得很惊诧。国王气冲冲地走在她头里，优雅的贝尔根海尔姆男爵和粗鲁且爱讽刺的皮佩尔伯爵也随之走进帐篷，微笑着守候在旁边，静候国王的吩咐。查理让伯爵夫人先走进帐篷，自己扭头向皮佩尔说道："这件事是你给我带来的，我都不会饶恕你。"随后他又贝尔根海尔姆说："活见鬼，快去弄点牛肉！"

摆在火药桶上的早餐完全出人意料，有酥皮大冈馅饼，鹅肝，野味冷盆，还准备了一点酒。查理嘴上没说，心里却嘀咕开了："好极了！我这才知道贝尔根海尔姆这个浑蛋吃的是什么了。"伯爵夫人津津有味地饱餐了一顿，把吃过的骨头扔给小狗吃，叽叽喳喳地谈论着："陛下，您肯定看出了我的心思。我到这儿来，就是为了拯救波兰国家而来，这是我的使命，上天给我神圣的使命。我要把波兰的欢乐愉快、它的光荣宴会还给波兰。可是现在的波兰，受到战争的摧残，成了一片废墟。但这只能怪奥古斯特国王的浮躁轻率，没有正确看待自己。他今天后悔得肠子都青了，后悔听信了约翰·帕特库尔那个魔鬼的话，做了您的敌人。帕特库尔为此会得到处以极刑的惩罚。可是错误难道就没法纠正吗？宽大难道不是最高贵的品德吗？陛下，您是一位伟大的人物，您拥有海洋一般的胸怀……"

伯爵夫人那双迷人的眼睛闪烁着魅力的光芒，可是这并没有减损她的食欲。她的思维转换得太过迅速，弄得查理国王很难跟上，只有乖乖地听她说的份了。伯爵夫人一面优雅地吃着东西，一面说道："陛下，奥古斯特国王希望的是和平，他准备撕毁跟彼得沙皇订立的那个可耻的条约。只要能结束战争，他什么都可以做。三年的战争和骚乱，对我们短促的生命来说时间已经不短了，我们不想再这样虚耗下去了。"

"你说得不对，波兰现在要做的不是和平，而是投降，"查理国王等她说完后，终于开了口，"我打算举行谈判，可不是在这里，而是在萨克森，在他的首都。吃饱了没有，夫人？您没有别的话要责难我吗？"

"陛下，我简直发昏了，"伯爵来人急忙说道，"我把最重要的一个使命给忘啦，我正是为了这个使命才赶到您这儿来的。"她打开一个小金盒，从里头取出来一个小纸卷儿，随手把它铺开了。"陛下，这是信鸽带回来的一份紧急情报，昨天早晨才收到。沙皇彼得率领大军，正在向纳尔瓦移动。我们商议了一下，决定把莫斯科暴君的这种危险的行为预先通知您，这是我们义不容辞的责任。"

皮佩尔伯爵不再微笑了，走到国王身边，两个人一起开始研究那份情报。伯爵夫人把一对漂亮的眼睛转向了贝尔根海尔姆，悄悄地叹了口气，喝了口酒……

三

奥古斯特国王这会儿心情十分消沉。他的朝廷被安顿在里伏夫省一个名叫索卡尔小城中一座半坍毁的城堡里，每天他都提心吊胆，还要忍受着贫困。这儿的乌克兰居民，不是躲进了林子里等候战争结束，便是已经逃到不知什么地方去了，据传是到了第聂伯河沿岸，还传出来乌克兰哥萨克要起事的谣言，弄得人心惶惶。

为了避免空着肚子睡觉，奥古斯特国王不得不接受当地地主们的邀请，去吃晚饭，喝劣质的酒。随便哪一个波兰大贵族地主，都觉得自己比奥古斯特国王更像是一个国王。华沙议会已经把他废黜了，已经推举新人登基了。波兰各省虽然有半数还没承认这个新国王，可是在华沙，在他的王宫里，斯坦尼斯瓦夫·列辛斯基已坐在宝座上，开始发号施令，行驶自己作为国王的权力。第聂伯河右岸各处，从温尼察到波多利亚，农民起义的烈火熊熊燃烧，恐怕会成为波兰历史上最大的一次骚乱。在里伏夫与雅罗斯拉夫之间，又驻扎着查理国王及35000精兵，把奥古斯特向萨克森退却的道路都给切断了。

出于对查理国王那种令人极端厌恶的恐惧，以及几次交手下来的结果，奥古斯特已经彻底丧失了自信心，只能选择避免与之正面交锋。查理这个人，既没法儿收买，也没法儿引诱，除了大炮的轰鸣与硝烟，各种武器的碰撞，士兵受伤后的呼叫声，以及弥漫着焦烟味和血腥味的战场，他恐怕最喜爱的便是一本放在床头上的《恺撒文集》。查理有着和中世纪诺尔曼人一样的情感，热爱战争。他宁可让炮弹打在头上，也不愿意缔结和约，不管这样做对他的国家是否有利。

奥古斯特国王一直在等候伯爵夫人回来。他对她能够说服查理讲和，并没有抱什么希望。可是由信鸽带来的、关于彼得沙皇出兵的消息对他来说未尝不是一个好信息，说不定查理会不再信赖施利本巴赫将军那一个军团，停止对他这场毫无意义的追逐，把军队调到波罗的海沿岸的几个省份去，亲自率领精兵去和彼得决斗。后来，魔鬼约翰·帕特库尔来见奥古斯特了。他沙着嗓子，用蹩脚的法语数落着彼得沙皇的怯懦，说他胆小如鼠，总是回避跟查理国王正面交锋。

"沙皇有两支大军。他应该信守和约，率军攻进波兰，跟您会师，前后夹击查理，彻底打垮他，不管花多少代价，"帕特库尔说，"可沙皇像所有的俄罗斯人一样，贪得无厌。他已经进入芬兰海湾，正在那里建设他那微不足道的小城，按理说他理应心满意足，尽一尽对欧洲的义务。可是他对纳尔瓦和尤里耶夫又有了胃口，看着列维尔又想张开嘴巴。等这些实现之后，他还会要利沃尼亚和里加呢。俄罗斯净是些粗野的庄稼人，欧洲对于他们，也不过像是一张干净的床对于一只肮脏的猪罢了。我这些话也许说得太尖刻，可是我心里很痛苦，我只希望让我的故乡利沃尼亚重新回到陛下的权杖之下。可是无论身处何处，维也纳也好，柏林也好，波兰也好，我遇到的都是十足的漠不关心。我茫然了。到底谁是利沃尼亚的最大的敌人呢？我心里的痛苦，因为您陛下的呆然不动和毫无作为而加深了。扬起您的嗓音，请求沙皇出兵，与查理进行一次决战吧。"

要是放在其他时刻，奥古斯特国王根本就不会让这个厚颜无耻的人说话，直接撵出门了事。今天他却一声不吱，自顾摆弄着鼻烟盒。帕特库尔走了之后，奥古斯特唤来了当日值班军官、骑兵大尉塔尔诺夫斯基，谁第一个禀报科泽尔斯卡伯爵夫人回来的消息，他就赏赐给谁一百个金币。"请允许我提醒一下，陛下，"站在门口的骑兵大尉说塔尔诺夫斯基，"索别先斯基老爷已经第三次派人来请了，说是他们一家人正等着陛下去参加宴会。有几道菜，放置时间太久就不好吃了。"

"好极了！把我的宝剑拿来，我这就去。"

大贵族地主索别先斯基的庄园离城市没多远。奥古斯特国王坐着他的皮篷车驶进了庄园。许多擎着火把的人跑出来迎接奥古斯特国王。在台阶这个地方，拥挤地站着五十来个小贵族，他们是大贵族地主索别先斯基家的食客。他们都把一只手叉在腰里，另一只手搭在军刀柄上，这是贵族特权的象征。当奥古斯特国王魁梧的身躯从马车里走出来的时候，大贵族地主索别先斯基从台阶上走下来，表示欢迎。安娜太太站在丈夫后面，那么漂亮，那么白净，一双惊诧的眼睛正盯着他，奥古斯特国王所有的忧郁一下全都消失了。国王抓着安娜太太的指尖，微微地抬起她的手，引着她走向餐厅。后面跟着那个大贵族地主，再后面是那个听取忏悔的长老，长老后面是所有的小贵族，按着等级或先或后地走着。

奥古斯特国王本来想劝说主人，放弃那种让客人喝得无法自己走回去的劝酒习俗，可是大贵族地主索别先斯基坚决遵守波兰的传统礼节，在这一点上毫不让步。席面上有多少客人，主人便站起来多少次，从国王开始一直到那坐在餐桌尽头的一个，喊出所有人的名字。主人把一满杯酒递给客人，客人就要向大贵族地主及其太太回敬。向所有的客人都敬过酒以后，大贵族地主索别先斯基又开始了第二巡，建议为波兰、随后为最仁慈的波兰国王奥古斯特干杯。那些小贵族疯狂地嚷着,为不可侵犯的贵族特权干杯。酒喝到这个份儿上,众人全都失去了理智,互相吹嘘胡闹起来,酒量小一点的直接躺到桌子下面去了。

奥古斯特国王的左手边坐着索别先斯卡太太,她十分巧妙地向国王打听凡尔赛那些使人神往的习俗,以及他在那里的风流事儿,一边咪咪地笑着,一会儿用小臂、一会儿用肩头碰碰他。奥古斯特已经不止一次地试图搂住女主人的纤腰,每当这时,大贵族地主索别先斯基总是递给他一满杯酒。奥古斯特试着不喝干,或是把它偷偷倒掉,可却没有任何作用,因为一个站在他椅子背后的仆人,马上就把他的酒杯斟满。这让国王心里叫苦不迭。

国王没有办法,只能等待跳舞开始的时间,那样就可以不受阻碍,表白他的心意了。正在这时,闯进来一个惊慌的人,脸上都是尘土,浑身流着汗,径直跑到索别先斯基面前,喘着粗气说道:"老爷,老爷,不好了!你派我到修道院去弄陈蜜酒,我顺利地弄到了。可是在回来的路上,我鬼使神差,竟绕着村子的外围,打大路上赶回来。有一支大军正开往索卡尔,东西被抢了个一干二净。那桶蜜酒,我的马,我的军刀,我的帽子,我好不容易捡回来这条命。"

奥古斯特国王皱起了眉头。除了查理国王的军队在穷追猛赶以外,还能有其他别的军队开进索卡尔来吗?那些小贵族在酒精的刺激下,疯狂地嚷道:"是瑞典人!准备战斗吧!"大贵族地主索别先斯基用拳头捶了下桌子:"请大家安静些,诸位先生!你们每一个人都听着,国王陛下是我的贵宾,我不能让我的花白头发蒙上永久的耻辱。让瑞典人带着他们所有的军队到这里来吧,我们决不会把国王交出去的!给马套上马鞍!手枪装上子弹!我们宁可牺牲,也不能玷污波兰的荣誉!"

"我们决不会把国王交出去!"小贵族们群情激奋,叫嚷着,从刀鞘里抽出了军刀。奥古斯特国王心中非常清楚,唯一理智的解决办法便是立刻跳上马鞍,溜之大吉,回到自己的军营里去。可是他,堂堂的奥古斯特,波兰的国王,怎么能像一个可耻的胆小鬼那样溜掉,当着这么多人的面丢脸,况且身边还坐着一个女人?查理决不能把这样的屈辱强加在他的头上!去他妈的理智吧!

"我命令你们，诸位先生，继续我们的宴饮，"奥古斯特说着，坐了下去。归根结底，瑞典人要是真来到这儿，大家一定会找个地方把他藏起来或是把他带走，倒霉事儿决不会落到自己头上。奥古斯特为自己斟了一杯酒，又举起了酒杯。安娜太太钦佩地瞅了他一眼，含情脉脉。"好极了！国王命令我们继续宴饮！"大贵族地主索别斯基拍了拍手，盼咐一个小贵族，带上几个人到大路上去侦察敌情，探明情况迅速报告。接着，他又盼咐给全桌的人斟上顶好的匈牙利酒，把地窖和储藏室里一切最好的东西统统都拿来，让乐师们过来助兴。

宴会的热情被进一步激发起来。安娜太太跟国王跳着舞。"我头脑不能自主了，安娜夫人，我头脑不能自主了！看在一切圣徒面上，怜惜怜惜我吧！"他从牙缝里跟她说着，渴望着安娜肯定的眼神。安娜暗送秋波，回答着奥古斯特，两个人越发投入了……

黑暗里，窗外突然传来奴仆们受惊的喊声和牲口的嘶鸣声。音乐戛然而止了。谁都来不及抓起军刀，或是扳起手枪的扳机。只有国王把安娜太太紧紧搂住，将宝剑抽了出来。两个人从外面闯进正在举行盛宴的大厅，一个人身材魁梧，一只眼睛已经瞎了；另一个人身材稍矮，一副贵族气派，穿着一身满是尘灰的制服，肩头斜挂着一条将军的绶带。"奥古斯特国王陛下是不是在这儿？"当他看见奥古斯特执着宝剑站在那儿时，摘下帽子，深深地鞠了一躬。"仁慈的国王陛下，奉彼得·阿列克谢耶维奇沙皇陛下之命，我已经率领十一个步兵团和五个哥萨克骑兵团前来，听候您的指挥。"

这人便是基辅总督、俄罗斯援军指挥官德米特里·米哈伊洛维奇·戈利岑，施利谢尔堡的英雄米哈伊尔·米哈伊洛维奇的哥哥。身材魁梧的那个人是临时委派的哥萨克首领丹尼尔·阿波斯托尔。一看见这个哥萨克人，那些波兰贵族的嘴角便不由自主地抽动起来。奥古斯特国王哈哈大笑，把宝剑插入剑鞘，拥抱、亲吻着戈利岑和哥萨克首领。筵席第三次开始了。他们为信守诺言、从乌克兰派兵来支援的沙皇彼得干杯，为已经开到的所有团队干杯，为瑞典人的覆灭而干杯。

破晓时分，喝醉的小贵族被拖到外面庭院里，让清晨的凉风帮助他们清醒。奥古斯特国王趁机对安娜太太说："我来参加宴会之前，并没有什么宝物可以送给你。可现在，我又有了力量和财富。安娜夫人，我要您坐上马车，跟在我的军队后面。军情紧急，我们必须马上出发，一刻也不能耽搁了。我现在有了足够的力量，要把查理国王当作孩子戏耍一下，我要把华沙放在一个盘子里送给您！"与安娜夫人说完悄悄话后，奥古斯特站起身来，向那些依然坐在桌边的人说道："诸位先生，我命令你们准备好马匹刀枪，把你们所有的人统统编入我的亲随队伍。"

不论德米特里·米哈伊洛维奇·戈利岑公爵绞尽脑汁想出多少办法，善意地提醒奥古斯特，部队最少需要三天的休整，恢复下急行军带来的疲劳，等待辎重车队开上来，可是奥古斯特国王固执己见，丝毫不肯改变主意。太阳初生之时，奥古斯特在戈利岑和那哥萨克首领陪同下回到了索卡尔。一进城里，视线所及之处都是大车、牲口和大炮，以及疲乏至极的俄罗斯士兵。篝火还在冒着烟。骑兵大尉塔尔诺夫斯基在宫堡门口迎接他，惊慌失措地小声说道："陛下，伯爵夫人回来了。她不肯睡觉，正在大发脾气，我们都劝不了她。"

"唉，她又在使小性子，这个傻女人！"国王虽然嘴上这么说，但掩盖不住脸上洋溢着的兴奋表情，迈着轻快的步伐走进寝宫。伯爵夫人站在门口迎接他，直勾勾地看着他，脸色非常难看，就等着奥古斯特先开口。"亲爱的，你到底回来了！怎么样？见到了查理国王啦？他怎么说？"

"是的，陛下，我见到了查理国王，他没有答应我们的任何要求，他巴不得把您吊死在碰到的第一棵白杨树上。对他来说，没有再比这件事更迫切的了，要是您想知道我跟国王谈话的详情细节，我可以向您详细叙说。可是，这会儿我想问您：您把我当作一个最下等的厨娘，派出去给您干那种肮脏的勾当。我受到了侮辱，在路上又遇到危险，差一点被奸污，被杀死，被抢劫。您可倒好，居然在这个时候与索别斯卡太太寻欢作乐，这就是在羞辱我，还不如杀了我呢。"

奥古斯特国王发出了一声感叹，对他来说确实考虑欠周。伯爵夫人走过去，伸出柔软的手打了他一个嘴巴……

第四章

一

彼得·阿列克谢耶维奇跳下了马,爬上了通往平台的陡直的梯子。钱伯斯、缅希科夫和阿尼基塔·伊万诺维奇·列普宁紧随其后,最后一个是彼得·马特维耶维奇·阿普拉克辛。他身体肥胖,头又发晕,对他来说,爬到离地十俄丈高的这样一个险处,确实是一件危险的事。彼得·阿列克谢耶维奇常年爬上爬下,已经习惯了这种生活,上来后竟连气也不喘一口,从口袋里摸出一副望远镜,迫不及待地瞭望起敌情来了。

远景俯瞰,纳尔瓦仿佛盛在一个绿色盘子里,景色极为秀美。那些带着大门和吊桥的矮壮的塔楼、城角上那些突出的棱堡,防范严格的火药库,以及河对岸高耸着的八座阴沉沉的碉楼,和一道伊凡雷帝时期兴建的伊凡戈罗德要塞的高高的城墙尽收眼底。美中不足的是,这城墙经过连续轰击,已被炸开了。城市下面,罗松溪边,辎重大车和部队正在有序移动,但扬起来的沙尘让视线变得有点模糊。部队缓缓通过一道浮桥,骑兵和步兵的团队在离城五俄里的左岸驻扎下来。很快,营地里冒出阵阵炊烟,飘向了无风的天空,卸下了马鞍的牲口在草地上吃着新鲜的草。

"这座城市就要落到我们手里了!"缅希科夫兴奋地说,用望远镜观察着。彼得·阿列克谢耶维奇从牙缝冷冷挤出了一句话:"你现在高兴得太早了吧。"

"陛下,我们现在只是用大车和拒马圈进行防御,为了安全起见,您是否要下个敕令,开掘壕沟,修筑栅寨?"阿尼基塔·伊万诺维奇·列普宁公爵请示着彼得。他是一个小心谨慎的人,既有理智又有作战经验,勇敢而不鲁莽。"壕沟和栅寨救不了我们。我们不是为了要躲在栅寨后面才来的,是为了拿下这个城市而来的。"彼得·阿列克谢耶维奇说着,把望远镜转向西边更远的地方,继续观察。钱伯斯看出了彼得的心思,他沙着嗓子说:"如果这样的话,命令士兵们不解衣衫,抱着火枪睡觉。要是施利本巴赫将军驻扎在韦津贝格的消息属实的话,那么下星期以前就不可能指望有援军,我们只能靠自己。"

"我以前有过一次,也像现在这样等待瑞典援军的经历。不过要感谢他们,我们有过一次教训了,现在知道该怎么做了。"彼得·阿列克谢耶维奇答道,语气很奇特。缅希科夫爽朗地笑了。西边是一片辽阔的大海,彼得·阿列克谢耶维奇贪婪地望着这个地方,那位海军上将德·普鲁的舰队此刻正在风平浪静的海里停泊。

彼得·马特维耶维奇抓着并不牢固的平台栏杆,说道:"炮手先生,对有着五十来艘战舰和一位骁勇的海军上将,我怎么能不担心呢?我现在感谢上帝,不给那个该死的家伙一点儿海风,要不然我们就会面临灾难了。"缅希科夫用手指数着地平线上的樯桅数量,也开了口:"我想,他的船舱里一定装满了鱼和肉,以及火腿、面包和腌菜。在这种大热天里,这些东西用不了多久就会坏掉,到那个时候,他们就会把这些东西抛下水去,那个独臂的魔鬼!阿普拉克辛啊,你这个陆地汉!为什么你连一条小船都没有呢?在这种风平浪静的时刻,如果有一艘小船多好,可以派一连掷弹兵去,德·普鲁一定没处藏身,把他另一条胳膊也炸下来。"

"有只海鸥停在沙滩上了,"彼得·阿列克谢耶维奇突然嚷了起来,瞪圆了眼睛。"我愿意用十个金币打赌,大风暴就要袭来了。谁愿意跟我打赌?

丹尼洛维奇，我们完全有可能尝到那位海军上将的火腿。"彼得兴冲冲地把望远镜往怀里一塞，撒腿就从梯子上往下跑。他不等踩完最后几蹬，便跳了下来，朝急匆匆赶过来的雷恩上校说："快去，先调一个骑兵连给我，另一个骑兵连跟在我后面。"他说完便翻身上马，直奔纳尔瓦。这匹马是舍列梅季耶夫元帅送给他的礼物，在埃列斯特费尔战役中虏获的，此刻撒开四蹄小跑着。亚历山大·丹尼洛维奇、阿尼基塔·伊万诺维奇·列普宁也都跃上了马背，跟在彼得后面。先行的一连龙骑兵已经赶在了前面，正分散在丛林里侦察。在彼得几人的后面，还有一连龙骑兵在行进，为首的长官正是雷恩上校，他跟钱伯斯将军一样，为了追求幸福，把荣誉和宝剑都献给了彼得沙皇。

彼得·阿列克谢耶维奇对跟他并辔而行的钱伯斯说："俄罗斯的军队就是在这里毁灭的，也是在这个地方，查理收获了自己的光荣，成为欧洲人心目中的英雄。就是在这个地方，我们找到了强大的力量，学会了该从哪一头着手，永远埋葬了那一切僵化了的老古董，正是这些老古董差一点把俄罗斯彻底毁灭了。"他把视线从钱伯斯身上移开，向四周扫了扫，看到远处一所已经坍塌荒废的房子。他勒住了马，脸上笼罩着一抹愁云。缅希科夫赶紧策马过去，高高兴兴地说："陛下，你还记得这所小房子吗？"

彼得·阿列克谢耶维奇点了点头。毁灭之前那个不眠的夜晚，他怎么会不记得呢？那时候，他坐在这所房子里，阿列克萨什卡躺在一条毡毯上，悄没声儿地哭着。那时候，彼得好不容易才克制了绝望与羞耻，以及愤怒的心情，让自己接受残酷的事实。好不容易使他做出了不可置信、不能忍受的决定。他离开了军队，飞也似的赶到诺夫戈罗德去。一切都从头开始，抓住一切机会，将所有的东西，哪怕是贴身衣服，统统都卖给外国商人，以便买进武器和原材料，铸造子弹、大炮、炮弹……为了把人们从年深日久的沼泽里拖出来，扒开他们的眼睛，命人打他们、抓他们、教他们，让他们成才，为俄罗斯的现在和将来服务。这些年在摧毁、兴建的模式中不停地重复着，多次在欧洲变动的政局中惊险躲过灾祸。回首过往，彼得都有一点毛骨悚然了："嘿，那是怎样的一座大山啊！"

龙骑兵的先头部队很快就到了纳尔瓦城墙前那一片宽广的牧场上，城壕的另一边。受惊的居民边跑边叫，赶着他们的牲畜往城里跑。吊桥的链索哗哗啦啦地响了一阵，城门"砰"的一声关上了。彼得·阿列克谢耶维奇一行人等策马来到一座小土包前。众人又把望远镜拿出来，观察着要塞的情形。城墙上的瑞典人披挂着铠甲，站在城楼上，观察着城下的情形。一个身材高大的人，走到城楼边缘，也用望远镜观看，起初对准的是那些龙骑兵，随后便盯着彼得·阿列克谢耶维奇不动。

"他们的身材都很魁梧健壮，站在城楼上，你就不由得害怕起来了，"阿普拉克辛跟阿尼基塔·伊万诺维奇·列普宁小声说道，"陛下，你现在亲眼看到了，在纳罗瓦河口，舰队向我扑来的时候，我只有九门大炮，面临多大的危险。那个大个子，就是纳尔瓦要塞司令霍恩将军本人。就在你来到这儿以前，我在战场上跟他打过交道了，我当时就想把他生擒，可是没成功。"

阿普拉克辛一说出"霍恩"这个名字，亚历山大·丹尼洛维奇用马刺磕了一下马肚子，抖着缰绳，穿过牧场，向着城楼飞驰而去。"蠢材！"彼得·阿列克谢耶维奇望着他的背影狂暴地叫嚷，但是风把声音掩盖住了，缅希科夫一点也听不见。他在吊桥前勒住马，挥舞着宝剑，拉长了嗓音喊道："喂，那个站在城楼上的！司令先生！我们为了保存你们的面子，允许你带着士兵、火枪和乐队走出城去。为了你们仅有的一点尊严，请接受我的劝告吧，不然你们会败得很惨，而且会颜面扫地。"

霍恩将军放下望远镜，看着马背上发疯一般腾跳的俄罗斯人的一举一动，嘴角微微上扬，轻蔑地笑了笑。他把头扭向了跟随他的翻译，那个人赶紧把缅希科夫的话翻译给将军。霍恩将军弯下身子，朝亚历山大·丹尼洛维奇的方向吐了一口唾沫。"这是我给你的回答，你这个浑蛋！"将军喝道，"我还有个小礼物送给你，好让你带着这个结实的东西回去复命，免得沙皇失望。"说着，他一挥手，城墙上闪出一道火光，冒出一团白烟，一颗炮弹划破长空，打亚历山大·丹尼洛维奇的头顶上飞了过去。亚历山大·丹尼洛维奇下意识地低下了头，城楼上的瑞典人爆出一阵让他难堪的笑声。

阿尼基塔·伊万诺维奇·列普宁为了挽回些面子，鼓舞己方的士气，故意尖着嗓子朝城墙上喊道："你们这些瑞典人打炮的水平太差了，这么近的距离都打不中。把你们的炮手送到我们这里来,先让我们教会他们如何发射炮弹再说吧!"这一回俄罗斯人群中也爆出一阵笑声。亚历山大·丹尼洛维奇知道自己要挨彼得·阿列克谢耶维奇的一顿鞭子,这时候便在马背上旋转着,腾跳着,向瑞典人龇牙咧嘴地狞笑与叫嚷,让他们率领人马出城决战。直到第二颗炮弹在他近旁爆炸,才把他从城楼下赶走了。

彼得·阿列克谢耶维奇绕着要塞走了一圈,数着城墙上的大炮数量,至少有三百门,他才拨马回转。在回来的路上,他没有直接回营地,而是来到了那所让他念念不忘的小房子。他下了马,传令所有的人在外面等他,只让亚历山大·丹尼洛维奇随他一起走进屋子,回忆以前的时光。四年以前,为了拯救俄罗斯国家,他曾经忍受羞愧和耻辱,只为能够得到一个强大的俄罗斯。那时候,屋里还有一个很好的火炕,可现在却只剩下一堆烧焦的砖头,地上满是肮脏的麦草,一看就知道有人把绵羊和山羊赶到这里来过夜的。他在一个已经破碎的窗台边坐下,阿列克萨什卡羞红了脸,惭愧地站在他面前。

"丹尼洛维奇,你给我记住今天所发生的事情,以后如果再让我看见你愚蠢地卖弄招摇,我一定会用鞭子把你背上的皮都抽掉!"彼得·阿列克谢耶维奇恶狠狠地盯着亚历山大·丹尼洛维奇,咆哮着。"闭嘴,用不着你回答!今天,你自己选择了命运。我本来还在考虑把攻城部队交给谁去指挥,到底是信任你,还是交给奥吉尔维元帅多一些呢?以前,在这种大事上,我与其信托外国人,毋宁信托本国人。可你自己把一切全毁了,你居然当着霍恩将军的面,像一个小丑似的表演!你太给俄罗斯人丢脸了,你骨子里还是无法忘记莫斯科的市集!你想把什么事都当作儿戏,可是你忽略了一点,全欧洲都在注视着你,你这个蠢材!别开口,用不着你回答!"彼得说道气愤处,对亚历山大·丹尼洛维奇一顿暴打,然后呼哧呼哧地喘了半天。

两个人都不说话了。彼得默默站在破损的窗台前望着外面,亚历山大·丹尼洛维奇低着头,沉思着。过了好一会儿,还是彼得率先打破了沉默:"我仔细观察了要塞的城墙,那是个易守难攻之地,现在并没有把握把它拿下来。我也心里很愁闷,丹尼洛维奇。纳尔瓦是整个战局的关键,我们不能第二次从纳尔瓦退却了。或许查理还不知道,我可是非常清楚其中的厉害。明天,我们要用所有的部队去包围那座城市,先用攻城炮轰它两个星期。可是轰击结束后,我们又该怎么办呢?要塞的城墙很牢固,霍恩将军顽强勇敢,施利本巴赫正在间接威胁着我们。如果不能尽快攻下要塞,一味地原地踏步,我们准会把查理连同他的全部军队都从波兰招来,那样的话,俄罗斯会面临灭顶之灾的。当务之急就是要攻下那座城市,我不愿意让我们的人血流得太多。你说怎么办,丹尼洛维奇?"

"陛下,您不用忧虑,我们一定会想出办法解决这个问题。奥吉尔维元帅既然是这儿的指挥官,就让他这个书呆子去考虑该怎么办吧。至于我,又有什么话好说呢?总是傻里傻气的,典型的乡下佬做派。"缅希科夫赌气地说出了这番话,说完之后便后悔了,犹豫了半天,他还是扬起了眼睛。彼得·阿列克谢耶维奇的脸色又宁静又忧郁,这样的神情他还是第一次看见。亚历山大·丹尼洛维奇心中一阵疼痛,清晰地感觉到彼得的内心苦闷,他又开口说道:"陛下,你这样发愁又何苦呢?请给我一点时间,今天晚上我去你的营帐,那时肯定能想出办法来。现在已经不是1700年了,请您不要发愁,事情一定会解决的。"

二

在彼得的帐篷里,侍卫官纳尔托夫像在彼得堡的小木房那样,把制图仪器、工具、文件和军用地图都放在行军桌上了。从帐篷那开着的门帘里钻进来一股地上的热气,让人心生烦躁。彼得·阿列克谢耶维奇穿一件衬衫,正在低头研究着地图。他不时从桌子边站起来,让纳尔托夫把一勺勺泉水浇在他头顶上。在远征纳尔瓦的日子里,已经有许多刻不容缓的事情都积压下来了,不能再拖延了。

阿列克谢·瓦西里耶维奇·马卡罗夫,最近才被提拔担任御前机要秘书这一职务。他是一个不太显眼的年轻人,此刻站在桌子边整理着文件,把需要处理的一件件公文递给彼得,口齿清晰地念着:"谕知阿列克谢·西多罗维奇·西尼亚温,命其掌管莫斯科以及其他城市的营业性澡堂,谕到之日生效。"念完之后，他把一张纸轻轻地放在皇上面前，那敕令就写在这张纸的左边一栏里。彼得·阿列克谢耶维奇用眼睛飞快地溜了一遍，然后将鹅毛笔往墨水壶里蘸了蘸，在这张纸的右边一栏里歪歪斜斜、潦潦草草地写下了一行字："如有可能，那些澡堂不妨附设理发馆，方便人们剃须，并雇用一些治鸡眼的高手。"马卡罗夫又把另一件公文放在他面前："谕知彼得·瓦西里耶维奇·基京，命其掌管全国的捕鱼和水磨业务，谕到之日生效。"彼得·阿列克谢耶维奇的手停在了那张纸的上空，侧着脑袋问："这件公事是哪一个办的？"

"是'公爵皇帝'送来的，请您亲笔签署。"

"莫斯科充满了寄生虫，他们成天坐在小窗口前无所事事，可是要找个能办事的却一个也找不到。好吧，我就让基京先试试看。要是他贪赃枉法，我会用鞭子来抽裂他的皮作为对他的惩罚。你回信的时候，把这层意思写上去，把我的怀疑也一并告诉他。"

彼得·阿列克谢耶维奇口述完后，走到帐篷的一个犄角里，让泉水再次浇在头顶上，驱散身体中的热气。当热气消散一些之后，他又回到桌边，对阿列克谢·瓦西里耶维奇说："还有什么公事？挑重要的给我，其他的等会再说。"

"格里戈里·费多罗维奇·多尔戈鲁基从索卡尔给陛下捎来一封信，向您报告我们军队安全到达的事。"

"念吧！"彼得·阿列克谢耶维奇闭上了眼睛，翘着二郎腿，靠在椅子上，活动着颈部。多尔戈鲁基在信上说，自从俄军到达索卡尔以来，奥古斯特国王盲目自大的毛病又发作了，他成天叫嚷着要跟查理国王在战场上一决雌雄，以便洗刷他在克利斯索夫惨遭失败的耻辱。他的宠妃们也天天怂恿国王，不停地游说他说服俄罗斯人，一起攻打瑞典人。德米特里·米哈伊洛维奇·戈利岑拿出了极大的力气与耐心，总算劝奥古斯特国王打消了马上跟查理作战的意图。德米特里·米哈伊洛维奇说，现在的查理更像是一只贪婪的狼，一直在等待着机会，如果出兵正中查理下怀。要想战胜瑞典人就要先进攻华沙，查理在华沙城的防御力量很薄弱。现在要做的就是一点点削弱查理的力量，等到时机成熟时候再一举击败他。

彼得·阿列克谢耶维奇耐心地听完这封长信，他活动了下有些僵硬的脖子，自言自语地说："这是个好主意，必须要这么做！"随后他把一张干净的纸拽到面前，亲自动手给多尔戈鲁基写回信，手里的笔勉强跟上彼得思维的变换：

格里戈里·费多罗维奇，我要再次提醒阁下，你要不厌其烦地劝说奥古斯特国王，让他打消与查理马上决一雌雄的念头，这是令人恐怖的念头，会给联盟带来灾难性的后果。他急于想找一个决战的机会，纯粹是心存侥幸，那将是一场危险的俄罗斯轮盘赌的游戏。可是这种事情的结果是由至高无上的神单独掌管的，我们凡人根本无从知道。我们还要注意那种比较接近现实、属于人世间的事情更为聪明。简单地说，要找一个决战的机会对他说来是极端危险的，假使决战失败，那么奥古斯特陛下不仅将被敌人投入牢笼之中，而且波兰人将再一次受到凌辱，被赶到更远的地方，彻底剥夺他夺回王位的机会。你要劝说他，不能为了一次战斗，而让自己遭受更大的灾难。至于阁下提到的宠妃，我一直认为女人是最无可救药的。你要想方设法赢得这些夫人们的好感，跟她们结成同盟。除此之外，别无他法。

彼得·阿列克谢耶维奇挥动墨水飞溅的鹅毛笔，已经感受不到热意，签了自己的名字后，便走出帐篷，进入难以忍受的暑热里。辎重车队和部队正在从营地里开拔，向纳尔瓦那个方向，要塞前面的作战阵地缓慢地移动。彼得·阿列克谢耶维奇用手掌抚在胸口，他的心在缓慢地、剧烈地跳跃。他向海上的方向凝视，其实从这里什么也看不清楚，德·普鲁海军上将的船舰停泊在辽阔的海面上，船舱里装满了足够供应全部俄罗斯军队的物品。忽然，有一大群黑鸟杂乱地冲过小丘上空，向远处飞去。火红火红的天空里，一片黑云快速从西南方升起，以惊人的速度向小丘方向推了过来。

"马卡罗夫，你要不要拿十个金币打赌，今夜就有暴风雨？"彼得兴奋地跳了起来，喊着马卡罗夫的名字。听见彼得的呼喊，马卡罗夫急忙从帐篷里跑出来，从口袋里掏出一只钱包，恭敬地说道："随您吩咐，只要陛下高兴就好。"彼得·阿列克谢耶维奇向他摆了摆手："去，你让纳尔托夫给我准备水手的短上衣、雨帽和骑兵长靴。再吩咐下去，暴风雨就要来了，把帐篷好好加固一下，免得到时候被吹跑。"

彼得穿上宽松的短上衣，带着半连龙骑兵，策马向海边驰去。大炮和掷弹兵在后面缓缓向海边移动。风把海面吹出一条条纹路，一团乌云从发黑的天边爬了上来。风越刮越紧，用海神特有的嗓门咆哮着、呼吼着。彼得·阿列克谢耶维奇抓住雨帽，乐呵呵地跳下马背，太阳最后一次从乌云后面闪了出来，把最后一丝光芒洒给了海面。随后，一切都昏暗了。狂涛越滚越高，雷电不停地隆隆作响，一道弯弯曲曲的闪电射进水里，吓得海滩上的人们都缩成一团，感觉如同世界末日一般。

彼得·阿列克谢耶维奇与其他人不同，欣赏着周围的景色，对别人来说是恐怖的末日，对他而言则是美好的新生。缅希科夫戴着雨帽，穿着水手的上衣，忽然出现在他的身旁，趁机夸赞：“陛下，你真有先见之明！用不了多久，我们就要得到那批战利品了吧？”真不用等很久。电光一闪，他们看见离得并不远的德·普鲁海军上将的那些战舰和商船，暴风雨就像一个可怕的魔鬼，正把它们攥向岸边，往沙滩上赶着。看样子，只消一会儿工夫，就可以将整个散乱的船队赶到岸滩上来了。

"好！真是太好了！"彼得·阿列克谢耶维奇嚷道。"瞧他在干些什么吧！他是个真正的海军上将呢！正在巧妙地与大海搏斗，丹尼洛维奇，你要虚心向人家学习！"不知是因为风势已经减弱，还是因为海军上将的技术在同海洋的搏斗中占了优势，在船员灵活地操纵下，舰船战胜了风暴，又开始往天边航行去了。不过还是有三艘装得很沉的平底货船，继续向沙滩方向驶来，在离岸大约三百步的地方搁浅了。巨浪不断冲击着船身，把小船和木桶从甲板上卷走冲跑，把桅杆都折断了。

"炮手们，开火！不用瞄准，吓唬吓唬他们就行！"缅希科夫朝炮手们发出了命令。大炮开始轰鸣了，炮弹落在一艘平底货船旁边的海里，溅起大量翻滚的水花。船上传来了手枪的还击声。彼得·阿列克谢耶维奇跳上马鞍，第一个冲向了海里，缅希科夫与龙骑兵跟着彼得闯进了翻腾的海浪里，一面吐海水，一面呼喊："你们没有出路了，只有投降这条出路了！"掷弹兵在齐胸身的海水里走着，一边咒骂，一边还用冒着烟的炸弹向他们威胁，那些瑞典人都吓昏了。船员和士兵们开始跳下平底货船，把手枪和军刀交了出来，用不太标准的俄语一个劲儿喊着："莫斯科，莫斯科，朋友！"当他们一个个涉水走上岸,被早已等候在那里的龙骑兵团团包围起来了。缅希科夫率领掷弹兵抓获了船长,可是马上又拍了拍他的肩头,把短刀递了回去,随后嚷道:"炮手先生,船舱已经飘出臭味来了,可是那船长却仍抱着希望,说是鲱鱼和腌肉可能还没变坏,还可以吃。"

插有彼得大帝旗帜的战舰

三

彼得把军队布成一个半圆形的阵,把纳尔瓦要塞包围起来了,一头在城市的上面,一头在城市的下面。河对岸,伊凡戈罗德也被同样的阵势包围起来。堑壕掘好了,阻滞敌人进攻的各种准备也做好了。俄军营地上人员频繁调动,尘土飞扬,近距离都看不清人影。瑞典人从高高的城墙上闷闷不乐地朝下望着。自打暴风雨把德·普鲁将军的舰队驱散之后,他们便怀恨在心,经常找机会发泄不满的情绪。当看到零星的骑兵经过棱堡侦察情况时,他们也发炮轰击了。

遵照彼得的敕令,俄罗斯人把从平底货船上卸下来的鲱鱼和腌肉,当着瑞典人的面,大摇大摆地运到了俄军营地。意图再明显不过,就是要让瑞典人看见,顺便小小动摇一下他们的军心。一桶桶食物在各个连队和炮兵连里分发了。士兵们把鲱鱼或腌肉戳在刺刀尖上摇晃着,羞辱着瑞典人。事情发展成这个样子,不论是谁,什么样的好脾气,都无法忍耐了。瑞典人愤怒了。他们吹起号角,擂着战鼓,放下吊桥,一个连的骑兵冲了出来。他们策马疾驰,扑向俄罗斯人的壕堑。俄罗斯人扔下战利品,用手边的武器进行还击。一场混战开始了,要塞的上空充斥着喊声、骂声、武器碰撞的叮叮当当声,以及号叫与奔跑的声音。当那些瑞典骑兵看见俄罗斯的龙骑兵向他们疾驰,掷弹兵也气势汹汹地向他们扑来,瑞典人的愤怒表情不见了,转而是惊慌失措的神情,纷纷拨转马头,反身逃窜,顾不上受伤倒在草地上的同伴。俄罗斯士兵在他们后面追赶着。

除了这种受到俄罗斯人的强烈刺激,导致他们突然不合乎理智的出击之外,瑞典人也没有什么特别的不安情绪。据俘虏们供述,霍恩将军曾经和他们说过这样的话:"俄罗斯人没什么好怕的。他们取得胜利的办法就是偷袭,光明正大对垒时就没有能耐了。现在遇到了我,如果有胆量,那就让他们偷袭要塞好了,我会让他们品尝到偷袭的痛苦,在他们心里铭刻比1700年更为不堪回首的记忆。"要塞里的粮食、火药和炮弹都很充足,坚持一年半载没有问题。让他更有信心的是,他还信赖着施利本巴赫将军,想与之里外夹攻,给俄罗斯人一个惨痛的教训。施利本巴赫眼下驻扎在列维尔大道旁边一个名叫韦京贝格的小城里。这是亚历山大·丹尼洛维奇派出去的骑兵侦察得到的确切消息。

由于攻城大炮和烧城的臼炮在诺夫戈罗德刚刚启程,沿途糟糕的路况又耽误了运送的时间。没有这些重武器,想要攻击城市是不可想象的。俄罗斯军队闲得无聊,靠睡觉和观看城墙上的变化度过时光。鲍里斯·彼得洛维奇·舍列梅季耶夫元帅那里传来消息,说他们那边也没大的动作。他已经派兵把尤里耶夫包围起来,掘好战壕,筑起围栅,开挖地下坑道,往城里发射炮弹。"瑞典人叫我们厌烦得要死,"他写信给纳尔瓦的亚历山大·丹尼洛维奇抱怨自己这边的情形。"到目前为止,我还没找到办法,阻止住瑞典军队大炮和白炮的轰击。他们用许多大炮发射排炮,不过绝大部分目标是瞄着辎重车队打,企图毁掉我们的物资。我们费了很大的力气,但结果却让人很失望,还没有从城里抓到一个俘虏,打探到里面的具体部署。只有两个芬兰人来到我们这里,他们也不清楚城里的事情,只是胡诌,告诉我们施利本巴赫已经答应迅速派援军来解救要塞。"

施利本巴赫的确成了一根肉中刺,越早拔除越好,免得夜长梦多。彼得·阿列克谢耶维奇的全部心思也集中在施利本巴赫身上。那天夜里,缅希科夫并没让他失望,他走进帐篷,把所有的人都打发走之后,便向彼得和盘托出一个想好的计谋,用来打消霍恩将军对于施利本巴赫的信赖。彼得·阿列克谢耶维奇听了之后,起初很生气:"你这个家伙是不是喝多了,这样的主意也来告诉我?"可是缅希科夫又解释了之后,彼得在帐篷里踱了一阵,抽了几口烟以后,突然大笑起来:"把那个老头儿作弄一下也不坏。那我们先按照你的方法试试看!"

当天夜里,帕什卡·亚古任斯基中尉接到彼得的密令,跨上战马,往军需库所在地,普斯科夫的方向飞奔而去。他以超人的智慧,把计划中所需要的一切物品,用许多辆大车给拉来了。步兵连和骑兵连的裁缝们花了两天两夜的时间,改缝和配制长襟衣、军官用的绶带、旗幡等计划中必需的物品。也是这短短的两天中,阿萨菲耶夫和戈尔博夫的两团龙骑兵以连为单位,秘密地、悄无声息地开走了,与他们一起开拔的还有谢苗诺沃和因格曼兰德两团步兵,而且还带上了大炮,只不过大炮的绿色炮架改漆成黄色,以免被瑞典的侦察兵认出来。他们都走列维尔大道,在离纳尔瓦要塞十俄里的捷尔维耶奇的森林地区扎了营。行动获得了成功,瑞典人一点也没觉察到俄罗斯人的企图。

6月8日早晨,天空晴朗,艳阳高照。纳尔瓦城下俄军军营里突然骚乱起来。报警的信号擂响了,军官们到处飞驰,嗓子都喊哑了;士兵们穿戴不整地从帐篷里跑出来,跳进了壕沟;炮手们慌里慌张地把大炮拉了出来,将炮口对准了列维尔大道方向。瑞典人从城墙上吃惊地望着俄军军营中的混乱。霍恩将军接受手下人报告后,爬上瞭望台,把望远镜对准列维尔大道,可惜距离太远,无法看清到底发生了什么事。只能听见从那边传来的两声炮响,过一分钟后又是两响,重复了六次。瑞典人明白了,这一定是施利本巴赫率军赶来支援了,发射那二十一门大炮作为回答王军规定的暗语。要塞里一片欢呼雀跃,庆祝即将到来的胜利。

被围了那么些日子,严肃的霍恩将军第一次露出一丝笑意,这时他又看见了上次像小丑一样表演的缅希科夫,对战壕中的莫斯科军队指指点点,挥舞着手中的宝剑，发布着各种命令，让俄罗斯士兵尽早做好迎敌的准备。经验丰富的霍恩将军看缅希科夫正在犯下无法弥补的错误，率领单薄的、没有铠甲护身的步兵线去迎击施利本巴赫将军装备齐整的骑兵，霍恩将军冷笑了一声，目送着这些俄罗斯士兵或是被炮弹打死，或是被掷弹兵投出的弹药炸死。他深深吸了一口气，十二连骑兵和四营步兵已经做好了战斗准备，只等施利本巴赫一出现，他便用这些兵力猛扑俄罗斯人的后阵，对之进行夹攻。

缅希科夫仿佛急着要去迎接死神似的，跟着各营士兵高喊着"乌拉"，朝树林方向冲了过去，老将军霍恩便又笑了笑。松树林里出现了施利本巴赫的近卫兵连，他们排出最堂皇的军容，肩膀接着肩膀，如同受检阅似的士兵行进着，黄色的王旗举得高高的，显得威风凛凛。

缅希科夫这边也没闲着。他让士兵们停止冲锋，命令炮手们把大炮推了上来。俄军的炮手们麻利极了，熟练地操作着大炮，大炮迅速冒出浓浓的白烟。瑞典人还没走上20步，这些大炮又怒吼了一阵。老将军霍恩眼睛死死地盯着战场上的变化。由于受到轰击，瑞典人停步不前了。他有点怀疑，这种作战风格不像是施利本巴赫将军的风格啊，大炮一轰竟慌乱起来了，难道不是他在指挥，或是先让骑兵上前去冲锋，或是等待自己的炮队推上来？霍恩移动望远镜，四处寻找施利本巴赫的身影，可是战场上的硝烟越来越浓，使他的视线受到了极大的影响，无法看清战场上的形势。但他依然按兵不动，密切关注着战场。黄色炮架的瑞典军的大炮从林子里推出来，发出阵阵怒吼，炮弹嗖嗖嗖地飞向了俄军身边。这一下他看得很清晰，缅希科夫的队伍乱成了一团，四散奔逃。是时候了！霍恩把眼睛从望远镜上移开，脸上抑制不住的兴奋，对他的副司令官马克瓦尔特上校说："我命令：打开城门，进攻俄军右翼！"

吊桥吱吱嘎嘎地响着，四扇城门同时打开，马克瓦尔特上校率领纳尔瓦卫戍军，排成楔形的队列，从后阵攻打缅希科夫的侧翼，与施利本巴赫前后夹击，想把缅希科夫的军队绞杀其中。霍恩从望远镜里紧张地注视着其举动。马克瓦尔特上校的部队行动迅速，损失不大，冲过了俄罗斯人设置的障碍，准备打劫俄罗斯人的军营。缅希科夫的人马杂乱无章地放了一阵火枪之后,突然做了一番不可思议的调动,掉头扑向了马克瓦尔特的左边,施利本巴赫的瑞典军也不打了,扑向了他的右边。两边的大炮突然都沉寂了。马克瓦尔特发现自己身处旷野里,夹在缅希科夫和施利本巴赫部队的中间。他手下的骑兵与步兵全都不知所措,茫然地望着瞬间发生改变的战场形势。"发生了什么事!怎么搞的?马克瓦尔特到底在干什么!"霍恩一时也没明白是怎么回事,急急地怒吼着。站在他旁边的副官比斯特列姆也是一脸迷茫地望着他:"我也不明白到底发生了什么情况,将军。"

后来,霍恩越来越快地移动着望远镜,他看见缅希科夫拍马向着瑞典军冲去。难道是去投降吗?缅希科夫到了一座长着野草的小土冈上,就在一群军官旁边跳下了坐骑,根据他们的斗篷和描着一只直立的狮子图纹的黄旗来判断,这是施利本巴赫的司令部。可是施利本巴赫本人呢?霍恩移动了下望远镜,看见正在追逐缅希科夫的马克瓦尔特飞驰到那群军官旁边,又转身奔窜,可是已经有人赶到他面前,把他从马鞍上拉下来了。一汪泪水遮糊了老将军霍恩的视线,那个骑着垂耳大马的骑士竟不是施利本巴赫,而是俄罗斯的沙皇彼得!"这帮可恶的俄罗斯人!他们假冒神圣的瑞典军队,欺骗了我们!快去让人把我的胸甲和宝剑拿来……"霍恩将军把望远镜扔到了一边,像个小伙子似的跑下了瞭望楼。

战场的形势发生了逆转。假扮成瑞典军队的谢苗诺沃和因格曼兰德团的官兵,以及一直躲在林子里等候时机的阿萨菲耶夫和戈尔博夫所部的龙骑兵,还有缅希科夫所部的几个营,从两边朝马克瓦尔特的瑞典军猛扑过去。马克瓦尔特已经被俘了。他把宝剑交给沙皇彼得,将头盔扔在草地上,站在土冈上羞愧而绝望地耷拉着脑袋,不忍亲眼看到纳尔瓦卫戍军三分之一精英的毁灭。双方士兵短兵相接,一场肉搏战无法避免了。射击停止了。只能听见俄罗斯人砍杀时的狂暴吼叫,瑞典人临死时的哀号,武器碰击时的声响。王旗倒下去了。零星逃脱的瑞典骑兵,像无头的苍蝇一般,在草地上各自寻找着出路,但没跑出几步,便倒了下去。只有很少一部分瑞典军队拼死冲出了包围,回到了纳尔瓦。霍恩将军所能做的,唯有守住城门,防止俄军的追兵尾随入城。

当天晚上,彼得在缅希科夫的帐篷里举行了一次欢乐的晚宴。众人喝着德·普鲁海军上将的烈性酒，吃着列维尔火腿和很少人见过的、味道尚可的熏比目鱼，心情愉悦。他们为亚历山大·丹尼洛维奇的机智干杯，纷纷夸赞他："你的计策真是高明！那个聪明的霍恩被你作弄得狼狈不堪！你不愧是今天的主角！"彼得·阿列克谢耶维奇已经喝了不少酒，但头脑还算清醒，不停地用拳头捶打着缅希科夫的肩头："我敢打赌，就连奥德修斯都会败在你的妙计下！"钱伯斯也凑了过来，捶打着总督的脊背，嘴里也跟着赞扬："我想象不出来，还有哪个俄罗斯人能比你更有智慧！"

阿尼基诺·伊万诺维奇·列普宁笑得非常酣畅，他们几个人正胡闹着让秘书官给霍恩写信，把所能想到的羞辱的词语都写上了。这会儿一时想不出什么词了，便赶过来说："彼得·阿列克谢耶维奇，这样子羞辱那个老头儿行不行？要知道，这个事情还没有结束，我们还没拿下要塞呢。"大家听了之后哈哈大笑，又一次捶台拍桌，大呼小叫起来。可是彼得·阿列克谢耶维奇从马卡罗夫手里抢过那封还没写完的信，用力揉成一团，往口袋里一塞："先生们！我们笑也笑了，闹也闹了，这就足够了。"说着，他站了起来，深深呼出一口酒气，脸上又恢复了原有的镇静："宴会到此结束。"

他走出了帐篷，天此时已经大亮了。彼得·阿列克谢耶维奇深深地吸了一口早晨的清新空气，精神为之一振，对众人说道："时候到了，祝你们顺利！"阿尼基塔·伊万诺维奇·列普宁和雷恩上校应声从彼得后面走了出来。彼得凝视着两人的眼睛："我再次提醒你们两位，我不需要浮夸的胜利，你们要如实报告自己的胜利。摆在你们面前的任务是艰巨的，你们必须把施利本巴赫彻底打垮，使之永远不能恢复元气。去吧！伟大光荣的俄罗斯会为你们祝福的！"

阿尼基塔·伊万诺维奇·列普宁和雷恩上校向彼得深深地鞠了一躬，朝着已经透出光亮的林子走去。在那里，龙骑兵团和坐在大车上的步兵——所有参加昨天那次假战斗的人们都换上了俄罗斯的军队制服，等待着开拔的命令。如今要他们完成的不再是靠偷袭、耍个小聪明就能完成的任务：要在韦京贝格附近完成包围，并且歼灭施利本巴赫的军团，彻底解除心腹之患。

四

"先生们，我刚才已经把事情的缘由都告诉你们了，那个微不足道的前任国王奥古斯特，如今却得到了俄罗斯人的强力支援，他的爪子又变得凌厉了，此刻正带领军队向华沙迅速地移动。"新任国王斯坦尼斯瓦夫·列辛斯基在紧急召开的军事会议时说。他被接踵而来的国家大事弄得非常疲倦，脸上也不见了昔日健康的光彩。自阿尔维德·霍恩上校率领瑞典卫戍军驻扎到华沙以来，波兰的大地主、大贵族们早把传统的波兰宽松的衣服换下，穿上适合作战的制服，用军刀代替以前跨在腰间的宝剑。

在华沙，他们在阿尔维德·霍恩上校的保护下，过着欢乐愉快、无忧无虑的生活。而现在，一片乌云就要升到华沙上空来了。奥古斯特乘胜进军，没费什么力气便占领了富饶的卢布林城，此时正让波兰骑兵沿着维斯拉河的左岸向华沙急速挺进。俄罗斯的丹尼拉·阿波斯托尔首领带着哥萨克大兵，穿跃维斯拉河的右岸，逼近了华沙的郊区布拉格区。此外，俄罗斯的十一个步兵团也攻占了布格河沿岸的一些城市，把拥戴斯坦尼斯瓦夫国王的人全部肃清后，随后兵锋一转，占领了布列斯特，也转向了华沙。而从西路，舒仑布尔格元帅的萨克森军团也正向华沙迅疾前进，他用机智的调动，迷惑了正在寻找他的查理国王。

"上帝和圣母看得很清楚，我并没有什么野心，并不想把波兰王冠戴在自己头上，这是议会的意志，"斯坦尼斯瓦夫国王用慢悠悠的声调说道，连眼睛也没抬一下，"我虽然身居高位，直到如今，除了困难与烦恼以外，我什么也没得到。我准备放弃王位，免得让华沙遭到奥古斯特的毒手。他有许多愤恨的理由需要发泄，我这样做是为了避免生灵涂炭。他的盟友沙皇彼得比他还要狡黠，他们一定会把战争进行下去，直到达到他们的目的为止，那就是——把我们大家全都毁灭。"

阿尔维德·霍恩上校眼神十分冷酷，坐在国王对面一张折叠椅里，身体有些懒散，发着牢骚："这根本就不是什么军事会议，这是屈辱的投降，我想没有必要再开下去了。"斯坦尼斯瓦夫国王不屑地撇撇嘴。红衣主教拉济耶夫斯基是奥古斯特的死敌，并没有听出瑞典人发的牢骚，这会儿他正用曲意奉承、谦卑恭顺而又带有命令意味的口气说道："陛下为了拯救华沙而放弃王位的愿望，使我们很受感动，可是天主教国王的王冠不同于普通人的帽子，它是跟脑袋长在一块儿，无法分开的。我们要鼓起勇气，谈谈如何抵抗那个僭位者和教会的仇敌，萨克森选帝侯奥古斯特正是那样一个人，一个邪恶的天主教徒。让我们听听霍恩上校怎么说吧。"红衣主教说完后，笨重地转向瑞典人，做了个文雅的手势，请上校发言。

　　霍恩上校把椅子往后面一推，猛然站了起来。跟所有的瑞典人一样，他也是从服装与风格上处处模仿查理国王，他先干咳了一阵，清了清喉咙，然后说道："先生们，我再重复一遍：军事会议就得像个军事会议，不要谈与之无关的内容。我们现在是要保卫华沙，直到最后一兵一卒，这是皇上给我的旨意。我已经下令，入夜以后，任何人都不许出城，不论是谁违反，一律予以射杀。我要所有能参加战斗的人全部投入战斗！我觉得很可笑，我们的军队并不比奥古斯特的少。关于这一点，大统领柳博米尔斯基公爵比我知道得更清楚。我给大家分析下：华沙以东那位丹尼拉·阿波斯托尔首领，他手下的哥萨克兵都是用轻武器装备起来的，禁不起穿铠甲的骠骑兵的冲击，根本就不值一提；舒仑布尔格元帅到不了华沙城下，便会一命归天，我们的王上正像猎人追逐一般，四处寻找他的落脚点；唯一重大的危险，倒是戈利岑公爵率领的十一个俄罗斯团，不过当他们从布列斯特挪磨磨蹭蹭徒步前进的时候，我们有足够的时间把奥古斯特给歼灭，到那个时候，对他们来说不是被迫后撤，便是死亡。我建议，柳博米尔斯基公爵今天夜里把所有的骑兵团集中到华沙。我还建议，陛下马上宣布全国民兵总动员，作为机动部队，这样我们就会稳操胜券。"

　　阿尔维德·霍恩说完后笑了笑，又坐了下去。屋子里安静了，所有人的目光全部望向了大统领柳博米尔斯基，波兰和立陶宛军队的总司令。大家讨论的时候，他一直坐在国王左首一张镀金椅子里，一言不发。当霍恩上校提及他的时候，他仿佛刚刚清醒过来，叹了口气，挺直了身子，慢慢地站了起来。等待已久的让他报复的时刻终于到来了。

　　柳博米尔斯基是波兰最有名的大地主，在那宽广的领地上，他比任何一个国王都更有权力。当他出发去议会或是去琴斯托霍夫朝圣的时候,至少有五千个小贵族跟随,走在马车的前面和后面。当奥古斯特被推翻以后,他认为自己是第一个应该坐上波兰王位的人。去年这个时候,三分之二的议会代表把军刀弄得铮铮作响,叫嚣着:"我们要柳博米尔斯基!"但事与愿违,查理国王却不赞成这样做,因为他需要的是傀儡。霍恩上校带着他的火枪兵把吵闹不休的议会团团包围起来,然后大踏步走到空着的御座那儿,喝道:"我建议斯坦尼斯瓦夫·列辛斯基!"

自从那时,大统领便怀恨在心。从来没有人敢损害他的荣誉,可查理国王居然这样做了。他扫视了众人一眼,缓缓开腔了:"是我听错了,还是这只是我的错觉:卫戍司令官居然向我这个大统领、柳博米尔斯基公爵,随意发号施令了?这是开玩笑,还是胆大妄为?你们在这里等我发表意见吗?我已经听到你们的话了。我们的军队是靠不住的。为了迫使他们流出自己的和他们弟兄们的血,每一个贵族的心就得充满着热情,也许斯坦尼斯瓦夫国王知道这种助威的呐喊吧?如果不是为了列辛斯基家族的光荣,他们是不会拼命的!他们会把军刀都扔下,我没法儿统率军队!我再也不要当统帅了!"

"这是背叛!"霍恩狂暴地嚷道。屋子里更加寂静了,众人全都用眼神交流着各自的看法,继续开着会……

五

碰上查理国王狂暴发作的时候,他营帐里的朝臣个个都胆战心惊,生怕查理把火气喷到自己身上,引起熊熊大火。这是有先例的,皮佩尔伯爵差一点连自己的命都没保住。接到科泽尔斯卡伯爵夫人那封鸽信以后,查理心中的怒火越烧越旺,也不考虑皮佩尔、雷恩舍尔德元帅以及其他将领们的意见,一意孤行地要打垮奥古斯特,使整个波兰臣服于斯坦尼斯瓦夫·列辛斯基,再让军队好好休整一下。第二年,他会发动一个夏季攻势,把彼得的那一帮傲慢的家伙全部歼灭,彻底结束东线的战事。纳尔瓦和尤里耶夫的命运他倒并不担心,因为那边的卫戍军很可靠,城墙又坚固,莫斯科人啃不动它，何况还有骁勇善战的施利本巴赫在那儿守护。他这个马其顿亚历山大和恺撒的光荣的继承者，因为接到一封鸽信——那封鸽信又是一个放荡的交际花带给他的——便改变他的伟大计划，让他的自豪感也会受到极大的损伤。

俄军增援部队到达了索卡尔。查理此时正在调集大军，准备给奥古斯特致命一击，彻底结束这两年和他玩的追逐游戏。皮佩尔伯爵得到消息后便心慌意乱，便跑过来想唤醒国王，因为那时天也亮了。查理平静地睡在行军床上，依旧睡得很香。起初，皮佩尔伯爵把希望寄托在国王的公鸡身上，本来已经是它大声啼叫的时候了。可是那公鸡跟国王一起过着修道者的生活，没有发出任何声音。"陛下，请醒醒吧！"皮佩尔伯爵硬着头皮，尽可能温和地说道，拨亮灯盏的火苗。"陛下，有一个不太愉快的消息，奥古斯特趁我们没有防备溜跑了。"查理闻声立刻清醒过来，一骨碌坐了起来，盯住皮佩尔伯爵。皮佩尔小心翼翼地启奏那关于奥古斯特的命运已经有所改变的情况。

"把我的骑兵长靴拿来，还有裤子！"查理语气中已有了一丝愤怒。皮佩尔立刻跑出帐篷，随即跟贝尔根海尔姆一同进来了，将领们陆续走进了营帐。查理穿上了裤子和骑兵长靴。直到这时，他的狂暴才爆发出来："你整天跟那些肮脏的娼妇厮混，今天就是你受辱的日子！"他朝无辜的罗森将军吆喝着。他又向勒文豪普特将军扑了过去，抓着他的衣服怒吼着："你应当作为一个小兵，在我的辎重车队里最合适！你的侦察队到哪去了？一个决定欧洲命运的最重要的消息，我竟然要从一个交际花那里得知！真是个笑话！我倒觉得很惊奇，为什么哥萨克人没有趁我熟睡的时候把我从帐篷里拖出去，用绳子套住颈脖，押解到莫斯科！还有皮佩尔先生，你这个酒鬼！蠢驴！我要用车轮碾死你，四马分尸才解我心头之恨！你的密探在哪儿，你的信差在哪儿？你们是不是要等事情发生后才把消息报告给我？滚！我要抛下军队，我要做一个平常百姓！做你们的国王，让我觉得颜面尽失！"

谁也不敢回一句嘴，任由查理在那些步步后退的朝臣们中间乱转乱跳。等狂暴逐渐平息时，查理才把双手抄在背后，颓然地低下了脑袋，冲众人喝道:"我命令你们立即向部队发出警报。给你们三个小时去准备。我就要开拔了。一切情况,你们可以从我的诏书中了解。现在,你们离开我的营帐吧。贝尔根海尔姆,准备笔、纸和墨水。"

六

"这真让人受不了,我们在这里等待了这么久。如果早点打这一仗,今晚上我们说不定就可以在华沙过夜了,"科泽尔斯卡伯爵夫人抱怨地说,她疲累得快昏倒了。她那辆做工精致的马车在穿越一条小溪时损坏了,无法行驶,因此她不得不坐到安娜·索别先斯卡太太那辆既不舒服又不好看,而且还颠簸摇晃的马车。伯爵夫人心里虽然看不起安娜太太,但她也只有硬着头皮,对这个波兰女人表现出几分殷勤,顺着她的意思说道:"国王的御车就停在我们的马车前面,可是他不在那里。他到底在想些什么,就连上帝也不知道。"

"我怕我们会发现王宫已经凌乱不堪,被洗劫一空了。列辛斯基家族个个都贪得无厌,那个斯坦尼斯瓦夫,我太了解他了。他就是一个伪君子,吝啬又小气。我劝您,亲爱的,总得有所私人的房子在那里啊,您不要把希望寄托在奥古斯特国王身上,他是一个怎样的无赖啊!"

安娜太太十分喜欢跟伯爵夫人谈话,这是接受上流社会教育的捷径。安娜太太从少女时代起,就梦想过一种不平凡的生活。她的出身并不好,父亲是一个破落的小贵族,在集市谋生,靠有钱的大贵族家的赌台过日子。独生女安娜总是缠住父亲讲他的冒险故事。父亲起初不愿意,可是逐渐高兴起来,开始夸耀自己的丰功伟绩和那些有权有势的熟人。安娜像听神话故事一样,听着那些或真或假的关于维什纳韦茨基、波托茨基、柳博米尔斯基、恰尔托雷伊斯基等爵爷的古怪行径和奢华生活。当父亲把她许配给上了年纪的贵族大地主索别先斯基的时候,安娜一点也没反对,她心里明白,这桩婚事是她走向光明未来的安全阶梯。

现在,机缘凑巧,使她一下子登上了幸运之梯的顶层。国王奥古斯特也落到她的罗网里了。安娜太太不像傻瓜那样被冲昏了头脑,她的敏锐的才智高速运转，样样事情都得深思熟虑，不能有一丝纰漏。贵族大地主索别先斯基没感觉到妻子的任何变化，一如既往地过着宴饮的日子。安娜的心里充满了对自己做华沙第一夫人的幻想，起初只是一个小火苗，后来变成了熊熊大火，如果时间太久，可能会伤及自身。现在有一道难题摆在她面前，需要解决：要以巧计胜过科泽尔斯卡伯爵夫人，并且还不能露出痕迹；而最微妙的是要抓住国王转瞬即逝的奇想，使他依恋自己，无法自拔。

要达到这个目的，光靠女性的娇媚是不够的，还需要经验。安娜太太准备从伯爵夫人口中探询秘密。她细声细气地说："啊，亲爱的伯爵夫人，到了华沙我打算住在茅草房里，只要能够靠近您就好，至于其他我别无所求。本来我还只是一个小孩子嘛。直到现在，奥古斯特国王跟我说话的时候，我还会打哆嗦，因为我生怕回答得让他不满意，或者是不得体。"

伯爵夫人听了安娜的话，心里酸溜溜的，她说道："国王感到饥饿之时，黑麦面包和普通的馅饼都让他觉得很愉快；若是没有食欲，精美的佳肴也无法勾起他的胃口。在路旁一家小客店里，他会死乞白赖地缠着一个麻脸的哥萨克女人，直到人家答应为止。现在，国王又被柯尼希斯马克伯爵夫人征服了，只因为她在跳舞的时候把吊袜带露了出来。"

"吊袜带！这个小东西能起这样大的作用？"安娜太太简直都不敢相信自己的耳朵，吃惊地望着伯爵夫人。

"奥古斯特国王就是这样的人，他的爱是让人感到不可思议和荒唐可笑的。就拿俄罗斯贵族夫人沃尔科娃来说吧，就因为她在一次舞会上跳得很尽兴，中途换了好几次外衣和内衣。奥古斯特就冲进她的房里，用她的内衣擦他汗水涔涔的脸。这样的事历史上也有过一次，上个世纪，法兰西国王菲利普二世也曾做过类似的事情。不过那是在法兰西，而且事情也很圆满，而贵族夫人沃尔科娃的结局不是这样，后来，贵妇人从他鼻子底下悄悄地溜走了。"

伯爵夫人不再吱声，安娜太太也不再追问了，开始沉思起来，这会儿到底是谁的智谋胜过了谁。车窗外出现了一个熟悉的马头，这是奥古斯特骑着马过来了。他跳下马拉开了车门，在侍卫骑士们的火炬映照中，显得精神亢奋，兴冲冲地嚷道："两位夫人，请下车吧，你们就要亲身经历一个具有历史意义的场面了，要是错过了，你们会终身遗憾的。"

安娜太太轻轻地噢了一声，起身从车厢里跳了出去。伯爵夫人却说："国王陛下，我的腰累得要折了，而且衣冠不整，我想还是空着肚子再打一会盹吧。"国王的脸色立刻变得难看起来，粗暴地答道："你要是需要轿子就告诉我，我让人给你抬过来！"

"轿子，给我？"伯爵夫人的眼睛里突然射出两道绿幽幽的光，逼得奥古斯特不禁往后退了下。伯爵夫人仿佛是已经点燃的火药线，从马车里飞出来。他们三个人一起走向了奥古斯特的御车。在火把的光芒中，一队精选的贵族骑兵连等候在那里。奥古斯特和那两位夫人坐在了早已准备好的椅子里。安娜太太的心砰砰地乱跳，她觉得围在四周的魁伟的骑士都是上帝的天使，他们降临人间，是要把华沙的宫殿、荣誉和金钱还给奥古斯特，而她正接受着众人的赞美，恭贺她成为华沙第一夫人。

马蹄声在安静的夜空中显得特别清晰。骑兵连往两边闪开了。黑暗中，大统领柳博米尔斯基带着卫队驰近。一直来到国王近旁，大统领才勒住缰绳，正了正头盔，跳下马，跪在奥古斯特面前的地毯上，用略显沙哑的嗓子说道："如果可能的话，请宽恕我的叛逆，奥古斯特国王陛下。不过，请您相信，我从头到尾都不承认斯坦尼斯瓦夫是国王。我见到了他，把权杖往他脚边一扔，啐了他一口，便转身离开了。在宫院里，我受到司令官部下士兵的袭击，不过要感谢上帝，他让我把军刀抓得很牢，让我用敌人的血来证明我跟列辛斯基的决裂。我把生命奉献给您了！"

奥古斯特听完大统领柳博米尔斯基的陈述后，脸色开朗了。随后他站起来，伸出双手，在空里画着圈："我相信你，大统领。我真心诚意地宽恕你，拥抱你，祝福你。"他胳膊并未停歇，用劲把统领的脸按在自己的胸口，完全超出了一般礼节所需要的时间。奥古斯特表达完自己的热情后，吩咐侍卫再搬来一把椅子。可椅子早已准备好了。大统领摸了下被打伤的腮帮，开始讲述他拒绝出兵攻打奥古斯特和俄罗斯人之后，华沙对他的所作所为。

华沙惊慌万状。红衣主教拉济耶夫斯基去年曾跪在刻着基督受难像的十字架前面，宣誓效忠于奥古斯特和波兰国家的自由；一个月以后在华沙又亲吻着路德教派的《圣经》，宣誓效忠于查理国王，废除奥古斯特；他也曾建议柳博米尔斯基公爵为王位候选人,而在阿尔维德·霍恩的要求之下,再次出卖了自己的魂灵。这个三次变节的叛徒第一个逃离了华沙,带走了几大箱教会的财物。

斯坦尼斯瓦夫国王在空荡荡的宫廷里徘徊了三天,上早朝的大臣日益减少,逃离华沙的却越来越多。国王不想让阿尔维德·霍恩看见他,因为霍恩已经向国王起誓,率领卫戍军单独固守华沙,等待援军的到来。第四天夜里,斯坦尼斯瓦夫终于按捺不住了,换上了庄稼人的衣裳,乔装打扮后,从王宫里溜出去了。等阿尔维德·霍恩得到消息后,已经晚了,斯坦尼斯瓦夫国王这个十足的浑蛋已经离开了华沙,这些日子里,斯坦尼斯瓦夫除了朗诵诗篇之外,还背着他干了许多别的事情。愤怒的阿尔维德·霍恩把国王寝宫里能拿起来的东西都扔到了地上,用剑刺死了内廷掌礼官,用枪打死了守夜的警卫长,发泄着心中的愤懑。可是现在,已经没有什么东西可以制止贵族大地主们从华沙逃走了,就连国王本人都叛逃了,还有什么理由说服他们呢?

听了大统领的讲述后,奥古斯特哈哈大笑,用力地在椅子扶手上捶了一拳,朝两位夫人转过脸去。科泽尔斯卡伯爵夫人冲国王笑了笑,但她眼睛里却流露出一种冷冷的轻蔑;安娜太太与之相反,爆发出一阵银铃般的笑声。奥古斯特感到心满意足,开口问道:"那么,你又给我带来哪些好主意呢,大统领?我们是应该包围还是马上攻击华沙?"

"攻击是目前最好的办法,陛下。阿尔维德·霍恩的卫戍军并没有多少人。趁查理的援军还没赶到以前,一定要把华沙拿下来。"

"马上攻击!真是个高明的主意!"奥古斯特的神情兴奋起来,双手不停地摩挲着。"要使袭击成功,就得让战士们好好地吃一顿,可我这里连让他们饱餐一顿都成了问题。"他的眉毛拧起来了。"如果能给他们先发一点饷银,也是一个不错的办法。德米特里·米哈伊洛维奇·戈利岑公爵只拨我两万金币,数目实在是太少了!一涉及金钱,咱们的盟友,沙皇彼得出手就不那么阔绰了,我还幻想过,把希望寄托在红衣主教和王室的财物上头,可该死的斯坦尼斯瓦夫,他把能带走的东西都盗走了!"奥古斯特的脸涨得通红,不停地踱来踱去。柳博米尔斯基公爵听完了他的话,眼睛一直望着脚下，随后小声说道："我的军费金库还没有空，只消您盼咐一声……"

"谢谢你，我很乐意接受你的馈赠，"奥古斯特从椅子里跳了起来，再一次拥抱了大统领，呼吸都有些急促了，"我需要十万金币，收复华沙后还给你！去吧，公爵，你先去休息吧。我们也累了，需要休息了。"

大统领给国王陛下行完礼后，便跳上坐骑，消失在黑暗中了。奥古斯特直到看不见他的背影之后，才把头转向了两位夫人。"两位夫人，请再坚持下，你们几天来劳累的旅行就要得到补偿了。不过，你们现在不妨把你们的愿望告诉我，我在任何时候都不会忘记的。现在，请你们到我的马车里去吧，我们好好谈谈。"

第五章

一

　　加夫里尔·布罗夫金正在马不停蹄地赶往莫斯科，他带着彼得皇上的邮件，还给"公爵皇帝"捎来了彼得的口信：命令他赶快把各种铁器装上大车，火速运往彼得堡，作为前线军队的补给。与他同行的还有刚刚被彼得从军营发现的具有绘画天才的安德烈·戈利科夫。彼得命令加夫里尔不得在路上耽搁，抓紧完成交代的任务。其实加夫里尔根本没有耽搁的心情，他恨不得给马装上翅膀，飞回莫斯科。每到一个驿站，满身尘土的加夫里尔总是冲上台阶，用鞭子抽打着破旧的门，嘴里还大声吼道。"我是专员！奉皇上的旨意，有急事赶往莫斯科！快给我备三匹套马！"随后他朝那个打瞌睡的地方小吏走过去，松了松腰带："来一勺克瓦斯，在等我喝完之前，你要把牲口套好！"

　　安德烈·戈利科夫情绪也很兴奋。他终于可以做自己喜欢的事情了。一路上他都咬紧牙关，抓住大车的车帮，免得跌倒和摔死。他几年来第一次欣赏着俄罗斯大地的景色：清新的空气中散发着迷人的芳香，天空中飘过片片悠闲的白云，地面上圆圆的沼泽地和湖泊，马车经过小桥时，成群的野禽从波光粼粼的水面上惊起，以及弯弯曲曲的小溪和点缀其间众多不知名的花草。

沿路疏疏落落地出现了一些村子。这些村子都很古老，居民也很少，简陋的农舍，开着有两个手掌大的窟窿当作窗子，低矮的大门上头还有一个被烟熏黑的裂口。有些村子里，只有两三间农舍住着人；其余的村子里，房顶大都塌陷，大门口长满了野草。至于人呢，你大概可以在难以穿越的密林中、在德维纳河或是维戈河沿岸的北方莽原上找到他们，要是他们还没有逃到乌拉尔或是顿河下游去的话。

"唉，多么贫穷的村子！唉，贫穷的俄罗斯！"戈利科夫小声嘟囔着，揉着已经有些僵硬的脸部。加夫里尔从乡下出来，更知道这种情况，但几年的军旅磨砺让他性格变得非常成熟，他想了下，审慎地答道："俄罗斯人少，可国家很大，从这一头穿到那一头，十年的时间恐怕也走不完。于是，贫困就那样出现了。我曾经去过法兰西，那里的情况让我大吃一惊。农民们在地里拼命耕种，靠野草和酸酒来填饱肚子，但就是那样的东西，还不是每个人都能吃到的。可每逢侯爵或是太子本人狩猎之际，打死的野禽野兽却压得大车吱吱作响，车轮每转动一圈，马都要花费很大的力气。到了法兰西，你才会明白真正的贫困是什么。"戈利科夫没有继续追问下去，他的脑袋还没有开窍，许多事情的道理他都不理解，需要他多观察、多思考。

当马车来到彼得堡南部的丘陵地带，即瓦尔代高地时，景色变得十分宜人了：一条条林间小道，弯弯曲曲地消失在阔叶树的密林里，似乎招引人过去采摘沿路的果实。村子也比较富裕，有石头的大门，有装饰起来的雕花的门廊。他们在一口井边停下来，让牲口饮下水，恢复下长时间奔跑所消耗的体力。一个十六岁左右的少女，样子极讨人喜爱，此刻正好奇地望着他们。戈利科夫真想和她交流下，缓解下旅途的疲倦。可现实却不允许他这么做，只能叹了口气。加夫里尔却不大理会，对这个小姑娘喝道："你还站在那看什么？你难道没看见我们的车轮上的箍坏了吗，你快去叫个铁匠来！"

那个少女轻轻地喊了一声，把水桶和扁担往地上一撂，往村子方向跑去。

没过多大一会儿，她就带来了一个铁匠。一看到这个庄稼汉，两人心里不禁暗暗赞叹起来：好一个精壮的家伙！他的身体健硕，胸脯禁得起两普特重的秤砣的捶打，一双坚实有力的大手插在皮围裙里面。"车轮箍坏了，是不是？"他用悦耳的低音问道，也不等回答，他便俯下身去查看。他晃着脑袋，绕大车转了一转，又往车子底下看了看，随后抓住车身的后部，让两个人坐在上面，轻轻地摇了一摇。他说："一看就知道这是莫斯科制造的东西。马车就要散架了，这种大车只配让魔鬼拿去当劈柴用。"

加夫里尔听到这样的侮辱后，便怒气冲冲地与铁匠争论起来。不过他很快就清醒过来，现在最宝贵的是时间，不能把它用在无聊的事情上。他平复了一下心情："好吧，就算你说得对。把它修理一下要花很多时间吗？对我来说，每个小时都很宝贵。我在赶着办皇上交代的公事啊。"

"时间可以多一些，也可以少一些，就看你怎么想了。"铁匠不温不火地答道。加夫里尔的怒火又上来了，他凌厉地看了看自己手里的鞭子，随后又朝他斜了一眼，压制了火气："好吧。你说，到底需要多少钱才能少花时间？"

"我要多少钱？"铁匠笑了笑，"我的工钱很贵的。如果按照我开的价，把你手头的钱都给我，恐怕还不够付呢。我是认识你的，加夫里尔·伊万诺维奇·布罗夫金先生。今年春天，你跟你哥哥路过这儿，还在我家里住过一夜。你都已经忘了吗？说起你哥哥，他真是个聪明人。我跟彼得皇上也很熟，他也认识我，每回他打这儿路过，总要到我的作坊里去转一转。他也很聪明。行了，把车拉到我作坊里，抓紧时间修理看看吧。"

铁匠作坊坐落在大路旁边一个山坡上，房子是用大圆木造的，有三间钉蹄铁的棚屋；周围散放着轮子、犁和耙。铁匠的两个弟弟束着皮围裙，正站在门口等候着。铁匠毫不慌忙、毫不费力地着手操作了。几个弟兄干起来了。加夫里尔倚在门上吸着烟斗。戈利科夫坐在高高的门槛上。加夫里尔卡抽了几口后便过来问，如果让他们来帮忙，时间能不能缩短些，可铁匠却摆了摆手，让他们耐心等待。铁匠的一个弟弟万纽沙拉着风箱，火星似狂风一般蹿到了屋顶。另一个则把一只手搭在一普特重的铁锤的长柄上。铁匠在熔炉里转动着车轴。

"我们的名字，你们一定很好奇吧，让你们知道吧，大家都管我们叫作'沃罗比耶夫兄弟'，我们是铁匠、军械匠和铸钟匠。你可能不知道，拴在你们马颈圈底下的铃铛，就是我们打造的。彼得皇上去年也跟你们现在一样，坐在这门槛上，不住地问我各种问题：为什么我们铸造的铃铛会发出悦耳的响声？为什么宝剑的剑身不会折断？为什么沃罗比耶夫手枪打起来比别的手枪远20步，而且枪枪都能打出子弹去？我把问题一一做答，满足了皇上的好奇心，得到了他的交口称赞。"

一个半小时以后，大车的轮箍修好了，也装配好了，车身既稳当，又轻灵。铁匠看到少女一直在旁边看着，便冲她喊道："马舒特卡！快去给这两位老爷拿点儿冷牛奶来，让他们喝了再上路。"加夫里尔眯缝着眼睛问道："是你们的妹妹吗？她倒是个漂亮的姑娘。"

"她啊，才麻烦呢，"铁匠望了一眼背影答道，"把她嫁出去吧，好像还早了些。让她待在家里吧，可她一点用处也没有，什么都不会，什么也不干。她只喜欢干一件事：每天搓揉着青泥，自得其乐，把这些青泥捏成各种形象。她那间小屋子里净是这种无聊玩意儿。我们好几次都想把这些玩意儿扔出去，可她就哭闹不停。时间一长我们也习惯了，任由她去胡闹好了。"

"我的天哪，我的天！"戈利科夫小声地说，"我们得马上去看看那些东西！"铁匠听了他说的话后，拍了拍屁股，笑起来了。万纽沙和斯乔帕也拘谨地笑了笑。当姑娘拿来一壶煮沸的牛奶时，铁匠孔德拉季就对她说："玛什卡，这位大人要看看你的那些小泥人儿，你就去拿来给他看看吧。"

姑娘的脸刷地便白了，牛奶壶在她手里直打抖："啊，不行，我不给他看！"她把牛奶壶往草地上一搁，转身就走，消失在铁匠作坊后面了。这时候，所有的弟兄们便开始捧腹大笑，唯独戈利科夫一点也不笑，瞪着那姑娘消失的地方出神。加夫里尔开腔了："唔，孔德拉季·斯捷潘诺维奇，我总得付钱给你啊。"

"你怎么付得起啊？"铁匠擦了擦眼睛，"这样，你看到彼得皇上的时候，替我向他请个安。该说些什么话，你就自己看着说好了。还请告诉他，孔德拉季·沃罗比耶夫恳求他不要生气，你说孔德拉季·沃罗比耶夫不会比别人更愚蠢。皇上会懂我的意思的。"

在波浪形的田野后面，在桦树丛林后面挂着一道彩虹。彩虹的一头消失在雨云中了，另一头抵住地面的地方，把傍晚的天空点缀的格外醒目。

"加夫里尔·伊万诺维奇，你看到没有，那是一个好兆头，彩虹为我们照亮了通往莫斯科的路。"安德烈心情激动地说着。加夫里尔·伊万诺维奇看了他一眼，想了想说道："我们还有很多事要做呢。等到莫斯科之后，我们头一件事就是上澡堂洗个澡。第二天早晨，我要去看'公爵皇帝'，把情况汇报给他；随后，我带你去见纳塔利娅·阿列克谢耶芙娜长公主殿下的。"

"正是这件事让我害怕，我到时候怎么办啊？"

二

一场大雨过后，路好走了不少。一个里程标过去了，那上面画着一只鹰，写着一行大字："距莫斯科34俄里。"大路旁又出现了一些破败的茅屋，稍远处矗立着一座小教堂，帐篷式屋顶已经剥落了。一个露着肚皮的小孩子，装成一匹马的样子，奔跑着穿过马路。车夫弯下身子，用鞭子往他屁股上戳了一下。他们从一座小山翻到另一座小山。右边有条小溪，一些穿着破烂的农民在牧场上同时前进，一齐闪动着镰刀，收割麦子。小山的左边是一片树林，有个牧童手里抓着一根鞭子，后面跟着一头机灵的小狗，正在追一头小公牛。又浮过去一个31俄里的里程标。加夫里尔哼了一声："赶车的，你也太慢了，这么久我们才走了三俄里，照这个速度，什么时候才能到莫斯科呢？"

车夫朝他转过来一张高高兴兴的脸，耐心地跟他解释："老爷，我们不是靠里程标来计算路程，而是靠小酒店来计算的；里程标是那帮为了图省事的人胡乱放置的，根本不能作为参考。瞧，我现在就要加快速度了。"

车夫突然拖长了声音喝道："驾——驾，我的小马儿！"说着往后一仰，把缰绳一松，那几匹套马随即飞驰起来。一阵快跑之后，车夫转了个急弯，在一家小酒店旁边停住了。"老爷，今天不能再跑了，牲口都快累死了，您要是生气就打我吧，不过您在打我之前，最好还是吩咐我去弄点烧酒来。"加夫里尔·伊万诺维奇一点没有办法，他们只好从大车里爬出来，活动活动筋骨，休息下再走。

黄昏时分，他们终于赶到了莫斯科的近郊。莫斯科熟悉的一切又都出现在脑海里。加夫里尔探出头，抓住车夫的肩头，指点着他前进的方向。马车钻进钻出一条条小胡同，七拐八拐来到了一处府邸前。"到了！"加夫里尔·伊万诺维奇跳下大车，用力敲着铁皮大门。他家那几头很凶的狼狗，便在里面狂吠起来，把链子弄得铮铮响。

出门久了，回到老家，可真有意思。你一进来，样样东西都很熟悉，样样东西都很亲切。父母的家里自有一股特殊的味儿，让你感到既愉快，又舒适。看见你回来，家里人都很高兴，都喜欢为你服务，与你交谈，一心想满足你的愿望。父亲伊万·阿尔捷米奇恰巧不在家，他出门忙自己工业方面的事去了。迎接加夫里尔的是那个又高又胖的女管家阿加波芙娜，还有那个新近从国外雇来、名唤"卡尔"的管事。"我什么都不需要，只想洗一个澡，舒舒服服睡个觉，"加夫里尔跟他们说，"至于晚饭，给我弄一点鱼冻，牛肉馅饼，另外再弄点能吃得饱的东西就可以了。"

女管家一面动手把洗浴后需要换穿的干净衬衣放在一起，一面用悦耳的嗓音说："少爷，你先在澡房里洗一个蒸汽浴，然后喝点酒，吃点菜，好好睡上一觉。我们一切都很好，感谢上帝，晦气和灾难都过去了。你爸爸伊万·阿尔捷米奇，老是在空荡荡的屋子里走来走去，还觉得屋里闷得慌。为了缓解心情，他前几天便去工厂转悠去了。我还要告诉您一个消息，莫斯科都在传闻，伊万·阿尔捷米奇说不定就会得到皇上赐封晋爵。如果真能实现，那才叫气派呢。夏至节那一天，我们开了个盛大的宴会，连皇后娘娘普拉斯科维娅·费多罗芙娜和长公主纳塔利娅·阿列克谢耶芙娜都来赏光了，这让我们感到了极大的荣耀。"

女管家讲这些话的时候，那个管事便替加夫里尔脱掉满是尘灰的长襟衣和坎肩，解开领带，一面喘气，一面动手脱下他的骑兵长靴。加夫里尔忽然腿一抖，跳起来嚷道："长公主也来过我们家里吗？你是不是在胡诌啊？"

"少爷，我向上帝发誓，美丽的纳塔利娅长公主的确来过！她当时就坐在伊万·阿尔捷米奇的左首，人人都望着她，连吃喝也忘了，每个人都为之着迷。"加夫里尔不再听了,把羊皮短袄往肩膀上一搭,顺着走廊和楼冲到澡房里去了。到了更衣室,他忽然想起一件事,大声问管家:"阿加波芙娜,同我一同进来的那个人在哪儿?"

原来那个管事没有把安德烈·戈利科夫放进来,因此他仍然坐在庭院里,他一个人在那里静思默想,倒也很快活。不知从什么地方飘过来一阵正在开花的椴树那甜蜜的香气,弄得他心跳加速。安德烈支着胳膊,抬头望着天空的星星。这种宁静,从天上流进他心里。而他,安德烈,在这辆大车上显得多么渺小啊!不过要说明的是,他虽然渺小,但已经不像涅克塔里长老教训他时的那种渺小了。他眼下在这儿,更像一个万王之王,眼望着宇宙的光华,耳听着心里那秘密的声音:"走吧,安德烈,不要灰心丧气,不要走入歧路。不久以后,你那惊人的力量就会爆发出来,一切都成为可能,你将创造出一个改变了面貌的美丽的新世界。"

他的脑海开始闪回以往发生的一切。突然记起有一次,在瓦尔瓦尔卡一家烟气蒸腾的小酒店里,他这个万王之王被几个城里人狠狠地毒打了一顿,然后把他拖到外面,抛在盖着畜粪的积雪上。为什么会挨这一顿毒打?他已经记不清了。这件事发生在基塔城和克里姆林宫墙上吊着射击军尸体的那个可怕的冬天。那时候,安德烈空着肚子,贴身穿着一件破烂的上衣,光着脚,充满了绝望与痛苦,从一家小酒店走到另一家小酒店,向闲散的酒客乞求一杯烧酒喝。如今坐在星光下,回首过往的一切,他只不过微微一笑而已。"嗨,这位先生,你快下车吧!"安德烈才从回忆中清醒过来。那个内侍站在他面前。"加夫里尔·伊万诺维奇请你到澡房去,洗蒸汽浴。你最好把衣物都放在大车底下,在我们这儿可不像在领主家里,衣衫破烂的人是不让进屋的。"

洗过澡之后,两个人身心都极为舒畅,加夫里尔和安德烈把毛巾围在颈脖上,坐下来吃饭。阿加波芙娜将管事打发走了,免得大家感到拘束。当蜡烛燃到最旺的时候,加夫里尔注意到犄角里一张椅子上放着一个用粗麻布遮盖起来的镜框,便用询问的眼神问女管家。阿加波芙娜伤心地用手托着腮帮,抽泣道:"少爷,我不知道该怎么办,是否应该当着一位生客的面把这个东西拿给你看。这是你姐姐桑卡为夏至节那天的宴会,特意从荷兰寄来的。您的父亲，我们亲爱的伊万·阿尔捷米奇先生，一会儿把它挂在墙上，一会儿又把它拿下来用粗麻布遮好，不让任何人拿开粗麻布。邮包寄来的时候，你的姐姐桑卡在信上写着：'爸爸，请你十万不要迟疑，把我的画像大胆地挂在餐室里，您不知道，在欧洲比这个更加触目的东西都会挂出来，请您别做野蛮人了。'"

加夫里尔从桌子旁边站起来，抓起蜡烛，揭开了犄角里盖在相框上的粗麻布。戈利科夫微微欠起身子，他简直连气都透不过来了。这是领主夫人沃尔科娃的画像，画中的女子说不尽的美丽，又有说不尽的迷人印象。"唔！"加夫里尔用蜡烛照着，仔细看了看画像，但仅仅说了这么一个词，便不再出声了。画家在这里画的是亚历山德拉·伊万诺芙娜在清晨的海里，躺在一匹海豚的背上，赤条条，跟她出娘胎时一模一样，在她头顶的左右两边，两个胖胖的婴孩倒竖在半空里，鼓起腮帮，吹着海螺。亚历山德拉·伊万诺芙娜年轻的脸上，有一双海水色的眼睛，嘴角扬起着，露出一抹调皮的微笑。

"这就是桑卡！"加夫里尔说道，一点也不觉得惊奇。"安德烈，你知道不，我们就是要派你到她那边去，到荷兰去，去学习欧洲绘画。不过你要小心，到了荷兰那边，你可别叫魔鬼给迷住了。维纳斯，真是一个维纳斯！不用说，许多男人为了她会毫不犹豫地拔剑决斗，有的人还会因此而送命。"

三

莫斯科最忠诚的守护者、"公爵皇帝"的府邸坐落在卢布扬卡广场附近，就是米亚斯尼茨基街上那所宽敞的、祖上传下来的庄宅里。"公爵皇帝"所有的房舍都是用几人合抱的大圆木建成的，虽历时几百年却仍牢固。府邸本身没有一点花哨的装饰，外表很普通平凡，可是建得很坚固，年代久远的木板房顶长满了苔藓，墙上开着离地很高的小窗。家里的规矩和习惯也都是俄罗斯传统的。这似乎和彼得一再提倡学习欧洲的礼仪有冲突，但彼得似乎并不介意，任由他坚守。

"公爵皇帝"每天起得都很早，穿着深色的土布衬衫，带着一篇主耶稣的祷文，脚上登着杂色的精制山羊皮皮靴，做着晨祷。当一缕阳光射入了窗户，神甫念到"阿门"之时，"公爵皇帝"会准时跪在那块小小的地毯上，做着祈祷，吻吻神甫递给他的冰冷的十字架，然后向餐室走去。他在一张长凳上舒舒服服地坐定以后，开始吃东西。他吃得毫不慌忙，但家里人，包括公爵夫人阿纳斯塔西娅·费多罗芙娜，普拉斯科维娅皇后的亲姊妹在内，在餐桌上都不吱一声，小心谨慎地吃东西。

"公爵皇帝"又喝了一点儿克瓦斯才站起身来，慢慢地走过穿堂，一个人顺着砖砌的小道，穿过一道小铁门，来到隔壁普列奥布拉任斯科耶政厅的庭院里。普列奥布拉任斯科耶政厅的秘书官普罗霍尔·奇切林早已在办公厅门口恭候他，等"公爵皇帝"在一张靠窗的桌子旁坐定之后，便按事情的轻重缓急报告。这几个月几乎都是关于军需品的内容。大多是繁冗枯燥的呈报批复，不过也有令人欣喜的事情：数月的忙碌，今天终于结出了果实。前天，四门铜炮和四门铁炮已经从图拉运来，这次铸造得极为优良。现在让"公爵皇帝"感到幸福的烦恼的是，这几门大炮是送到纳尔瓦城郊，还是送到尤里耶夫城郊的营地？也是在前天，新招募的那个团的第一连终于装备好了，可以让他舒口气了。火药、引火线、子弹等物资，已经遵奉彼得的圣旨送到纳尔瓦的营地去了，为即将到来的战事准备。事无巨细，秘书官奇切林极为尽职，把所有的事情都一件件报告给"公爵皇帝"，最后才捡起秘密案件的档卷，开始念起来：

在长公主叶卡捷琳娜·阿列克谢耶芙娜和马丽亚·阿列克谢耶芙娜姊妹的府邸中，在被剥夺神职的神甫格里什卡躲藏的那间废弃的澡房里，我们发现地板底下有一个四开的手抄本，它不太厚，手抄本的第一页上写着："探索一切智慧。"再往后翻一页，又写着："凭圣父、圣子、圣灵的名义。有一种名叫泽列泽卡的药草，生长在峡谷和野火烧过的地方，本身很小，旁边长着九瓣叶片，可以开三朵不同颜色的花：红的，紫的，暗蓝的；这种药草力量很强，必须要在新月出现的时候采集，然后将它捣烂熬好，连服三次，你就可以看见水里和空中的邪神了。当你向他们念'恩斯茨德特奇恩德西'的咒语时，那么你的愿望就可以实现了。"

"公爵皇帝"听完长叹一声，抬起了头，冲秘书官说道："你把那句咒语再说一遍,我刚才没太听清。"奇切林憋红了脸,费力地念道:"恩斯茨德特奇恩德西。"随后他小心地朝"公爵皇帝"望了一眼,只见他点点头,奇切林暗松了口气,接着往下念了:

"啊,公爵们,显贵们,眼泪和叹息!你们到底有什么愿望啊?但愿我们能驯服目前这个时代,还有它的那种狂暴,让一个寻常的时代重新到来吧!"

"对啦,这就对啦!""公爵皇帝"又一次打断了他,动了动稍稍僵硬的脖颈,眼睛忽然变得清晰明亮起来。"泽列泽卡药草的作用,已经很明显了。我问你,那个被剥夺了神职的神甫格里什卡,有没有承认这个手抄本是他的?"奇切林早就做好了准备,他流利地说着:"经过拷打以后,今天早晨格里什卡已经承认这个手抄本是他的了。这个手抄本是他在基斯洛夫卡,从一个陌生人手里花四个戈比买来的,后来出于无知,把它藏在澡房里的地板底下。"

"你有没有问他,'让一个寻常的时代重新到来'这句话怎么理解?"

"我问了。为此还赏了他五鞭子,他才告诉我,买这个手抄本是为了要纸用,拿来烤圣饼,至于那上面写的是什么,他没有看,他不知道。"

"骗子!骗子!"一边翻着手抄本的破烂的书页,"公爵皇帝"一边把其中的几节小声地念了出来:"有一种叫作'瓦哈里亚'的药草,开的花是红里带黄的;如果有人服了致命的毒药,只要把这种草汁给他一喝,他马上就会上吐下泻。他到来的标志是:一种叫作尼古丁的药草,有人下命令把它烧了,吞下那股烟气,或者把它研成粉末,拿来闻嗅他们就一刻不停地闻嗅这种粉末,打喷嚏。"手抄本合拢了。"奇切林,我们去问问他,驯服目前这个时代到底是什么意思,又是谁能做到。这个神甫机灵老练,不好对付。我以前就听人说过,有这么个本子。可他却带着这个本子已经把半个莫斯科都走遍了。"

他们顺着狭窄的楼梯往地窖里的拷问室走去,一个录事擎着一支蜡烛在前面引路。到了低矮的地窖里,他把蜡烛往桌子上一放,几只耗子如同黑影一般蹿到洞里去了。两个面目狰狞的人,把神甫格里什卡拖了进来,他眼睛翻白,脸色发青,嘴唇都已裂开。当他们把格里什卡扔到椅子上的时候，他软绵绵地倒了下去，仿佛死了一般。

"公爵皇帝"朝格里什卡瞅了半晌，缓缓说道："我们现在都已经查清了，前年在兹维尼戈罗德，你偷窃了先知伊里亚教堂的圣像上的银饰，撬开了捐款箱，你还从祭坛里偷走了神甫的羊皮袄和毡靴。你把这些东西统统卖了，换了钱去喝酒。到了莫斯科，一直到被我们抓到为止，你先是藏在几个领主的庄园里，后来又躲进了长公主府邸的澡房。对于这些事实，你到底承认不承认？你是打算回答，还是不回答？这些事还不过是你所做的一小部分坏事，罪恶深重的我还没说呢。"

"公爵皇帝"沉默了半晌，期待格里什卡脸上表情的变化。可是让他失望了。"公爵皇帝"看他仍无反应，便继续抛出更多的内容刺激他："为了完成任务，你去外侨区找过一个叫乌里扬娜的修女，给她一点钱，让她帮你送信。这个叫乌里扬娜的女人把信带到新圣母修道院，交给了某人，拿回了信和包裹，你便把这些东西送给了那几个人。是不是这样？"这时，秘书官从桌子上凑过身去，跟"公爵皇帝"耳语了几句，用眼色指指格里什卡，低声说："他的戒备心很强，从他耳朵上就能看出来。他是个不好对付的人，嘴巴非常紧。"

"你不肯承认吗？你倒是很倔强，一心忠于你的主人。不过，那也是毫无意义的。对我们来说，不过多添点麻烦；对你来说，只能徒增肉体上的痛苦。我在问你一遍，你到底去过哪几家？你到底向哪几个人念过这个本子上的话，说什么但愿驯服目前这个时代，还有它的那种狂暴，让一个寻常的时代到来？"格里什卡还是没有反应。秘书官使了个眼色，一个刽子手走到他身边，用力地推搡他，踢着他，让他清醒过来，开口回答问话。

"费多尔·尤里耶维奇爵爷，看这个情形，他今天是不会开口的了。自从我们把他弄上拷问台，吃了五十鞭子以后，他就变得麻木了。您还是先休息吧，让他先缓下，我们等到明天再问也不迟。"费多尔·尤里耶维奇用指甲敲敲桌子，沉思着下一步的动作。这件事十二分重要，彼得也不时地催促他审问结果。由于神甫格里什卡的被捕，"公爵皇帝"已经找到一些线索，从现有掌握的证据来看，虽然谈不上是一种明目张胆的阴谋，至少也是少数莫斯科权贵对沙皇恶毒的抱怨和诅咒，他们一直沉浸在长公主索菲娅当政的时代,那个时候领主的特权不受太大约束,他们可以舒舒服服地过日子。即使到了现在,索菲娅依旧戴着黑色修女帽,表面在新圣母女修道院里修行忏悔,但暗中并没有放松推翻彼得的活动。然而,一点办法也没有。"公爵皇帝"站起身来,走了出去。秘书官奇切林还在格里什卡身边瞎忙,仍旧试图从他嘴里套取一些东西。

阿斯特拉罕的彼得博物馆

四

加夫里尔此时正享受着莫斯科早晨,畅快地呼吸着湿润的空气,可这样的心情并没有维持多久。他在普列奥布拉任斯科耶政厅的大门前下了马,费了好半天劲儿才找到那个警卫官。加夫里尔急忙走了过去,向他解释自己从彼得堡带来了皇上的一封信,询问"公爵皇帝"在什么地方,要亲手交给费多尔·尤里耶维奇公爵,还捎来了皇上的口信。警卫官摇摇头,没给他答复。

大门突然开了,四匹黑马大摇大摆地冲了出来。加夫里尔总算反应迅速,往旁一跳躲开了,从马车的窗子里,费多尔·尤里耶维奇正用眼睛瞅着他。加夫里尔大喜,赶紧跳上马,要去追赶那辆马车。还没等他松缰绳呢,警卫官却一把抓住了马的缰绳,告诉他,按照规定任何人都不准追赶"公爵皇帝"的车驾,这是皇上的敕令。

"放开手!"加夫里尔狂暴地嚷道,一边把缰绳拉紧,用马刺撞了他一下,那警卫官松了手,摔倒在地。经过这么一耽误,马车已经跑远了,在卢布扬卡广场的尽头处消失了。加夫里尔一看追不上那辆马车了,便懊恼地啐了口唾沫,骑马穿过涅格林尼桥,前往克里姆林宫的西伯利亚政厅。

"公爵皇帝"已经坐在军备署里了。加夫里尔也没事先通报一声,把阻拦他的人一推,独自走进去了。"公爵皇帝"坐着办公。他旁边一张桌子上,放着大量的公文、请愿书和控诉状。一看见加夫里尔,他用责备的表情摇了摇头:"你真是大胆,伊万·阿尔捷米奇的儿子!你太大胆了!平民出身的人现在居然都不通报,直接自己开门进来了!算了,我也不追究你了,有什么重要的事?"

加夫里尔从怀中掏出那封信,交给了公爵,随后把奉命口头传达的话说了一遍:彼得已经要发疯了,他让费多尔·尤里耶维奇把所有能找到的各种小五金货,特别是钉子,即刻送到彼得堡去。"公爵皇帝"打开信,用粗大的手指展开皇上的手谕,远远地擎着,蠕动着嘴唇。彼得在信上这样写着:

陛下!我向您启奏,纳尔瓦附近发生了一件惊人的奇事,瑞典人的眼睛已经被荣誉糊住了,什么都看不见,因此他们更无法看破我们的妙计。我们派一部分人化装成施利本巴赫的部队,引诱要塞里霍恩的部队出战,结果我们杀死和俘虏了三分之一的纳尔瓦卫戍军。为了让您更详细地知道这里发生的情况,我们派去一个亲眼目睹整个战役过程的人,近卫军中尉亚古任斯基,马上就要到您这里来,您就可以听取他的报告了。原定给药房用的药草,说是上个星期就会送达彼得堡来的,可我至今一丁点儿也没见到。为此事,我已经写过好几封信给安德烈·维尼乌斯,催促他办好这件事,每一次问他时,他总是给我一个马上从莫斯科起运的答复。我希望您过问一下,找个时间问问他,为什么对比他的脑袋宝贵一千倍的大事竟这样漫不经心。

念完以后,"公爵皇帝"把信上签名的地方放到嘴唇边,随后费力地叹了口气,开了口:"现在我连气也喘不匀了,这里又热又闷,可还有一大堆事情等我处理。一天下来也处理不了几件事情。我需要帮手啊!肯做事情的人太少了,大家都想敷衍了事,没人上心,只顾着自己多捞东西。你为什么这样衣冠楚楚啊,是不是要到长公主那里去?她不在皇宫里,她在伊兹迈洛夫。你出去吧,你告诉涅斯捷罗夫书记官,叫他派人去找安德烈·维尼乌斯,找到后马上把他带到我这里来,快去吧。"

五

下午,雨淅淅沥沥地下起来了。女眷们全都唉声叹气,准备好的游玩项目全部泡汤了,一个个无精打采的。阿尼西娅·托尔斯塔娅生怕大家无聊,便带她们到一间空荡荡的金銮殿里玩球。缅希科夫家的两个姑娘——安娜和马尔法,巴不得有东西玩,以便打发这无聊难捱的时光。她们一面尖声叫换,一面在地板上追逐着球。这一天不知为什么,纳塔利娅·阿列克谢耶芙娜仿佛觉得眼泪一直要流出来似的,虽然其他人都沉浸在游戏的乐趣中,可她就是无法提起兴致来。雨点淅淅沥沥地打在屋面上,让她的心情更加抑郁。她对卡捷琳娜说:"我不喜欢这座伊兹迈洛夫宫,又大又空,简直像坟墓一样。我们还是到别的地方去静静地坐一会儿吧。"

她把一只手搭在卡捷琳娜的肩上,引她走到亡母纳塔利娅·基里洛芙娜那间没有人住、已经被遗忘的寝宫里。多少年已经过去了,可是这儿,依稀还可闻见一股神香或是麝香的味儿。纳塔利娅·基里洛芙娜一生都钟爱这种东方的香气,她活着的时候,不断保持着屋里的这种特殊的香气。

纳塔利娅推开已经破烂的窗户,让外面雨水的味道闯入屋子,不想再闻这种香气而让自己更加伤心。"我们坐下吧,卡捷琳娜。"她们在开着的窗子旁边坐下了,纳塔利娅叹了口气。"夏天马上就要过去了,转眼秋天就将来临。人在19岁的时候,是不会回头去看逝去的岁月,那个时候正是高兴的时候,会让岁月像鸟儿一般飞走的。可是我,比我哥哥彼得皇上只小5岁,你算算我有多大了。我母亲出嫁的时候是17岁,我父亲那时候已经快40了。有一次,阿尼西娅·托尔斯塔娅喝了一点果子酒,便把从前一些秘密事儿讲给我听了。我母亲年轻时候无忧无虑,对一切未知的事情都充满了热情。你懂吗?那个可恶的索菲娅,她指使手下人,对我母亲造谣中伤,不放过任何一个细小的事情!阿尼西娅还告诉我,那时,莫斯科有一个名叫穆辛·普希金的人,他是一个领主的儿子,人长得极为英俊漂亮,活像一个天使，让不少少女为之着魔。在谢肉节那一周，他不管遇到什么人，都要向人家提出挑战，去莫斯科河的冰上去拳斗，他每次都能获得胜利。我母亲常常乘着一辆朴素的轿式雪车，偷偷地赶到那里去看他的拳斗。后来，她把他带到宫里来当御膳监，忽然有一天，他被派到普斯托泽尔斯克去当总督去了。从此，她就再也没有看见过他。卡捷琳娜，你知道不，我这么多年连一丁点儿都还没有得到啊。"

细雨还是霏微地下着。沉闷极了。卡捷琳娜用一种无忧无虑的眼色瞅着窗外飞来飞去的小鸟，纳塔利娅·阿列克谢耶芙娜把臂肘搁在窗台上，脑袋耷拉着。卡捷琳娜望着她的颈脖，突然想到一个问题："难道从来就没有人吻过那里吗？太奇怪了！"想到这儿，她叹了口气。纳塔利娅听到了这声叹息，便用一只手托着下巴颏，说道："现在把你自己的事讲给我听吧，我要听真话！你有过几个爱人，卡捷琳娜？"

卡捷琳娜把头别转了，小声说道："三个。"

"关于亚历山大·丹尼洛维奇的事，我已经知道了。可是在他之前呢？是不是舍列梅季耶夫？"

"不，不是！"卡捷琳娜很快地回答。"我只来得及给舍列梅季耶夫将军煮一道加牛奶的爱沙尼亚甜汤，还替他洗过一次衬衣。我根本不喜欢他！亚历山大·丹尼洛维奇当天就将我带走了，我倒是非常喜欢他，他生性欢乐，常常跟我开玩笑，我们在一起的时候很开心，我一点也不怕他。"

"你很怕我哥哥吗？"卡捷琳娜把嘴唇一扁，老老实实地回答："是的，可是我想处过一段时间后，我就不那么害怕他了。"

"那么你的第二个爱人是谁呢？"

"啊，第二个不是什么爱人，他是一个俄国兵，一个好人，我只爱了他一夜。他把我从几个可怕的人手里救出来，我怎么能拒绝他呢？我没有别的办法感谢他。天早已黑了，我们便躺在麦草上……"

"那么，第三个又是谁呢？"长公主还是要追问到底。卡捷琳娜严肃起来，正色答道："第三个是我的丈夫，约翰·拉贝，查理国王陛下的马林贝格城卫戍军的骑兵。我16岁那一年，格柳克牧师告诉我，他要履行对我那已故的母亲的诺言，帮我找到了一个好丈夫。我从小就没了父母亲，他们的样子已经记不太清了。我父亲名叫伊万·斯卡夫罗休克。他年轻的时候从明斯克的萨佩格老爷那里逃出去，来到爱沙尼亚，在马林贝格附近租了一个小小的农庄。我有四个哥哥，两个姐姐，我是最小的孩子。后来发生了瘟疫，我的双亲和大哥都死了。格柳克牧师把我领了去，他是我的第二个父亲。我有一个姐姐住在列维尔，还有一个姐姐住在里加，至于那几个哥哥眼下在哪里，我一点也不清楚。战争把我们一家人都拆散了。"

"你爱你丈夫吗？"长公主起了怜悯心。"我还来不及爱呢。我们是在夏至节结婚的。一个星期后，舍列梅季耶夫元帅就把马林贝格包围起来了，当俄国兵把城墙炸毁的时候，我就让他逃命去。他当时就往湖里一跳，不知游到了那里。从此我就没有再看见他。"

"可你到底还是幸运的。"纳塔利娅把腮帮搁在一只手上，又朝窗外望着，"我们做公主的，不管怎么样快活，最后只会进修道院过完自己的余生。俄罗斯皇家有规定，不允许我们出嫁。不然，就是不顾廉耻的放荡，像玛什卡和卡季卡那样。其实也不能全怪索菲娅，她如果不争夺权力，那她只能进修道院，搏斗一番或许还能有一点希望。"

卡捷琳娜刚刚弯下身去亲吻纳塔利娅那只青筋微露的手，一个高大的人，骑着一匹马在草地上出现了。一看见纳塔利娅·阿列克谢耶芙娜，他便跳下马鞍，朝窗口走来。随后他摘下帽子，在草地里单膝跪下，给长公主请安。纳塔利娅·阿列克谢耶芙娜看见这个人，便急匆匆站起身，满脸通红，浑身哆嗦，双目炯炯发光。"加夫里尔！是你吗？你好，快到屋子里来，别站在外头淋雨了。"

一辆马车跟着加夫里尔也赶过来了，车夫旁边坐着一个神色惊惶的人，惊恐着注视着周围。加夫里尔仍然用一双黑黝黝的眼睛盯着纳塔利娅·阿列克谢耶芙娜，柔声说道："长公主殿下，祝您长命百岁，我是为皇上办差来的。皇上让我给您带来了一位高明的画师，奉旨要替某位亲爱的女性画肖像。完事之后，他就要被派到外国去学习。他就在那辆小车上，他叫安德烈·戈利科夫，请允许我把他带进来吧。"

阿尼西娅·托尔斯塔娅派一个仆人骑马，赶到克里姆林宫的食品处去领取晚餐食品和甜食，派另一个仆人到外侨区去请乐师。年老的人，沙皇阿列克谢·米哈伊洛维奇时代的家奴，坐在厨房门口，望着姑娘们忽隐忽现的身影，听着各种脚步声和哗笑声，都有点不知所措了。这么多年来，他们已经习惯了安静的生活，突然被打破，让他们一时无法适应。纳塔利娅·阿列克谢耶芙娜仿佛突然附了鬼似的，从早晨起她一直很愁闷，可是自加夫里尔来了以后，她就如同打了鸡血一般，脸上红扑扑的，心里喜洋洋的，一分钟也不能安静。

安德烈·戈利科夫也奉命跟着大家一起跑，也被弄得昏头昏脑。从昨天夜里他看见了加夫里尔的姐姐桑卡那幅画像以来，一切都好像似真似幻。缅希科夫家那两个浅色头发、浑圆腮帮的姑娘，身上还有一股苹果的香味，使他十分不好意思，弄得连气也喘不过来。

经过几个小时的忙活后，大家终于坐了下来，喝着蜜酒和啤酒。纳塔利娅·阿列克谢耶芙娜开始背诵一些诗句。这些诗句，加夫里尔在一个冬天的夜里，在克里姆林宫后院一间生得很暖的屋子里，听长公主念过：

古老的神祇在高山过着快乐逍遥的生活，
但是丘比特仍旧向他们射出了毒箭头，
主神宙斯自怨自艾说："唉，我真苦恼，
我没法休息，可也不知道该怎样治疗，
口渴时都没东西喝，心中燃着熊熊烈火，
我是个苦命人，我也抵抗不了爱情。"
唉，如果天神也挡不住丘比特的毒箭，
凡人的心又能指望谁给他长保安全？
还是快乐一下吧！让我们不要再烦忧，
来为这些个毒矢高奏颂歌，痛饮旨酒……

纳塔利娅这样念着，呷了一口蜜酒，便站起来跟阿尼西娅·托尔斯塔娅跳波尔卡舞。乐师们轻轻地吹奏着，给他们合着节拍。"去跟卡捷琳娜跳舞！"纳塔利娅向加夫里尔嚷道，眼睛忽闪了一下。他随即跳起来，卡捷琳娜的脚步很轻盈，加夫里尔让舞步加快，乐师们也把节拍加快了。安娜和马尔法也开始旋转，大家拉着手。只剩下戈利科夫一个人，对着蜡烛坐在地毯上，他脑海中始终浮动着那个骑在海豚背上的裸体女神的幻影，手里拿着一个杯子,里面盛满了诱惑……

加夫里尔跳得很尽兴,虽然有好几次他看到纳塔利娅·阿列克谢耶芙娜笑得很异样,有点郁郁不乐,眼睛里也失去了光彩,可他拿不准是不是该结束和卡捷琳娜的舞蹈了。长公主的脸又在他眼前闪现了一下,随后她突然摇晃了一下,一把抓住阿尼西娅·托尔斯塔娅,倒了下去。阿尼西娅慌慌张张地喊道:"不好了,长公主殿下晕倒了!"一面她朝乐师们摆摆手,叫他们停止吹奏。

纳塔利娅·阿列克谢耶芙娜挣开了她,宴会就这样结束了。加夫里尔黯然神伤,双眉紧锁,瞅着众人背影出神。阿尼西娅把长公主送进屋之后,一会儿又冲了回来,用指尖戳了下加夫里尔:"你真是个傻瓜,你还不快进屋,给长公主赔礼,请她原谅你。"加夫里尔这时才有点反应过来,撒开两腿,跑到了长公主那里。加夫里尔走到她跟前,静等着长公主的吩咐。

"你到莫斯科来要住一些时候吗?"纳塔利娅·阿列克谢耶芙娜头也不回地问,吁了一口气。"这儿没有你的事了。明天你就赶紧为皇上办事去吧!"说完之后,她便让肩膀耸了起来,抹着眼睛。加夫里尔答道:"我怎么惹你生气啦?老天爷,只要你知道就好了!只要你知道就好了!"

她一面说着"给我走,给我走",一面伸出胳臂去推他,可是也许因为知道这样一个瘦长个子,她没法将他推走。加夫里尔也不知道自己在干着什么,竟开始用嘴唇轻轻触碰着、亲吻着她。可她一面还在说着:"不,不,你给我走,给我走……"

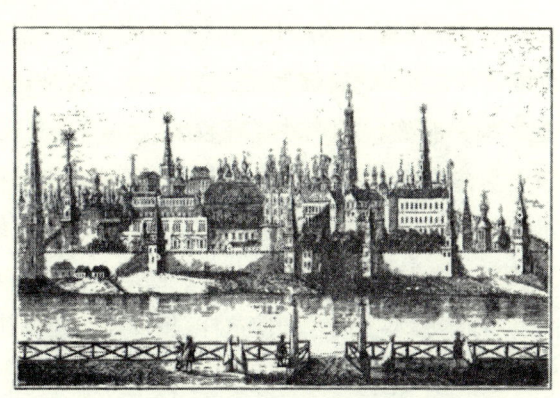

18世纪莫斯科的克里姆林宫

第六章

一

彼得·阿列克谢耶维奇脱掉帆布上衣，卷起袖管，眯缝着眼睛看着舰船。双桅侦察舰"卡捷琳娜号"根本不像是在航行，更像是在滑行，宛如一个溜冰高手在表演。后面跟着那艘两桅帆船"乌尔里卡号"，三桅巡洋舰"瓦赫特迈斯特号"的风篷也都扯起来了。这些船舰都是最近从瑞典人那里截获的。这是一次意想不到的、令人激动的光荣的胜利，俄罗斯人在这次战役中，一共缴获了十二艘两桅帆船和三桅巡洋舰，这是司令官莱舍尔特的整个舰队。他以前是强盗，后来被查理收编，摇身一变成为舰队司令。这两年来，他极为尽忠职守，就连最小的船只也不让开进楚德湖。除此之外，他还抢劫沿海的乡村和农庄，就像一把尖刀，从后面威胁着正在围攻尤里耶夫的舍列梅季耶夫将军。莱舍尔特司令官是一个有着丰富经验的海员，普通人的小伎俩根本骗不了他。即使这样，俄罗斯人还是让上帝的宠儿，莱舍尔特司令官上当了。

一天夜里，雷雨大作，因为害怕暴风或是别的原因，司令官把舰队开进了恩巴赫河口,他放松了警惕,以为这种天气不会有事,就在旗舰"卡罗卢斯号"上放松了一次,喝得酩酊大醉。拂晓时分,当他睁开眼睛,视线中只见几百条小艇、木筏和系在一起的桶子飞快地从岸边向他的船舰驶来。司令官马上命令开火,可是已经来不及了。瑞典人还没来得及把火药填进大炮,俄罗斯人就已经将船舰团团围住,从小艇、木筏和桶子上往那些船舰爬去,扔着手榴弹,用手枪射击。这个脸丢得太大了,颜面扫地,别人准会当天方夜谭听,步兵竟然能俘获一支舰队!莱舍尔特司令官暴怒,跳进火药库,随后一声巨响,船帆、木桶、士兵和司令官本人差不多悉被数抛到云端里去了。

炽热的太阳烤着彼得·阿列克谢耶维奇的后背,轻风吹拂着他的脸,水面上反射回来的光耀得他眼睛都花了。他载着胜利正在向纳尔瓦驶去,甲板上堆放着大量杂乱无章的瑞典军旗,就在前天,俄罗斯人突击攻下了尤里耶夫。查理又被砍下了一个指头,让他感到痛彻心扉。彼得为此而感到得意,感到自豪。他派人连夜出发,给教皇、英吉利国王和法兰西国王送去了照会,告诉全欧洲,俄罗斯已经收复了尤里耶夫城,它是七百年前雅罗斯拉夫·弗拉基米罗维奇大公为了捍卫俄罗斯边境的国土而兴建的,后来一度落入瑞典人手中。

喜讯不仅是收复了尤里耶夫城,还有更让彼得身心愉悦的事:几天前还属于瑞典人的海岸,现在已经落入俄罗斯人的手里,楚德湖现在也重新纳入俄罗斯人的怀抱。彼得做到了几代沙皇梦寐以求的事情。可人就是这样贪心,总想获得更大的成就。在这么一个晴朗的早晨,坐着一艘漂亮的双桅侦察舰在海上航行,彼得为了使查理难堪,故意在船艄上高高地升起一面很大的安德鲁旗,昭示自己的威风与查理的失败。按道理说,没有比这个更让他高兴的事了,可他偏偏思念起他的情人来,他所爱的卡捷琳娜。他吸了一口湿润的空气,海水和甲板上的木板混合发出一种更像是浴池的气味,仿佛看见卡捷琳娜出浴,让他魂牵梦绕。尤里耶夫城里那些吓得半死的女人,长相身材固然没的说,可是没有一个能比得上卡捷琳娜,没有一个让他着迷。在战事紧张之时,彼得的心思都投入作战当中去了,顾不上思念卡捷琳娜;清闲下来之后,思念的欲火便熊熊燃烧,她的举手投足、一颦一笑无不折磨着彼得。

彼得·阿列克谢耶维奇用鞋后跟不耐烦地撞着甲板。阿列克谢·瓦西里耶维奇·马卡罗夫很快就从舷梯上跑了下来，站在了沙皇的面前。彼得·阿列克谢耶维奇尽量不去看他那张令人厌烦的脸，带理不理地吩咐道："你快把纸笔等应用之物给我拿来。"马卡罗夫慌了手脚，跌跌绊绊地又跑上去。他的速度还算不慢，拿着折椅、纸张和墨水壶，以及几支鹅毛笔。彼得·阿列克谢耶维奇抓过来一支笔，往折椅上坐下去，把一张纸摊在膝盖上，随后侧着脑袋，望着桅顶寻思了一会儿，开始动笔写信了。

在那张纸的一面，他写下了"阿尼西娅·托尔斯塔娅和卡捷琳娜·瓦西里耶夫斯卡娅夫人亲启"的字样。反面，他写着："祝你们百年康泰。你们身体怎样，我很想知道你们现在的消息。我在这里依旧如前，过着辛劳而困苦的生活。现在最大的困难是没有人给我缝缝补补，可是更重要的是我惦记你们。前天，我们还跟瑞典人开了一次舞会，这对查理国王是一个极大的讽刺，他知道了准会双眼发黑。一点不假，自从我服役以来，这样精彩的玩意儿可还没有看见过。靠上帝保佑，我们已经把尤里耶夫拿下来了，让它又重新回到俄罗斯的手中。至于你们的健康状况，千万不要写信来告诉我了，我恳求你们亲自到我这里，越快越好，解除我的相思之苦。等到了普斯科夫后，你们得等候我的指示。那里并不安全，敌人正在附近伺机而动。"

"把信封起来，不准看，"他对马卡罗夫说，"尽快寄出去。"

彼得仿佛觉得稍微轻松了些。这艘双桅侦察舰的指挥官，涅普柳耶夫船长，这会儿跑了过来："炮手先生，现在是早餐时间，请你喝一杯吧。"涅普柳耶夫后面跟着身材瘦小的费尔滕，他在船上没有戴厨师帽，把一只锡盘捧到彼得面前，盘里放着一个银酒杯和一块小面包。彼得·阿列克谢耶维奇吞下那杯带有劣等白酒气味的烈性伏特加，一面咀嚼着面包，一面对涅普柳耶夫说："今夜船舰在纳罗瓦河边抛锚，我到岸上去过夜。那边的深度是多少，你有没有测量过？"

"纳罗瓦河口水深十一英尺，陛下。"彼得·阿列克谢耶维奇满意地点点头，挥挥手，让他们两个人退下。甲板上又剩下了他一个人。他沉浸在胜利的喜悦中，不禁回忆起前天那件光荣的大事。查理得到消息后，肯定气得两眼发黑。

二

舍列梅季耶夫元帅无精打采地在指挥围攻尤里耶夫的战役，他和士兵们都不是很上心，攻城的热情不高，一心指望用饥饿迫使瑞典人投降。彼得·阿列克谢耶维奇把他寄来的信几下就撕扯碎了，揉成一团扔到桌子底下。彼得不知道是什么原因让这位元帅的性格发生了改变，两年来他一直骁勇善战，是令瑞典人胆寒的对手。可是眼下，他好像被魔鬼附了身，像一个老太婆似的，在瑞典人的城墙面前踯躅不前了。奥吉尔维元帅在帕特库尔的劝说之下，以每年三千金币，外加膳食以及其他免费供应的优厚条件下，从维也纳被请到莫斯科，为沙皇陛下服务。终于来到纳尔瓦营地的时候，彼得·阿列克谢耶维奇就把指挥权交给他，自己迫不及待地赶到尤里耶夫来了。

奥吉尔维没有料到彼得会来。那天中午，他吃过饭，正在营帐里打鼾。沙皇踢醒了他。"你倒睡得很安稳！"彼得呵斥道，狂暴的眼睛里充满了愤怒。"起来，快带我去看看围城工事！"元帅极为惶恐，连话也说不出来了。军事工程师科伯特跑过来，睡眼惺忪。他们三个人骑着马朝阵地驰去。

巡视之后，事事都不合彼得·阿列克谢耶维奇的心意。舍列梅季耶夫挖的很深的战壕和近敌工事并没有起多大作用，它离瑞典人的城墙尚有一段距离，因为害怕瑞典人的炮火。他的大炮阵地设置得更加愚蠢，已经往城里打了两千发炮弹，可城墙一点也没损坏。"您知道不知道，元帅先生，每一发炮弹要花我多少钱？"彼得·阿列克谢耶维奇气愤地说。"我们首先要把它们从乌拉尔运来，然后经过种种艰苦的路程才能到达这里。难道您准备掏自己的薪金，来偿付这两千发白白浪费掉的炮弹？南边的一带城墙又旧又矮，最适合突破。我们攻击这里，打开一个缺口。"他朝工程师科伯特扫了一眼。"把大炮全都调集到这边来，炮弹一齐发射，把南边的城墙和城门轰毁。我们不能因为那里地势不好就放弃，攻打坚固的东边城墙。"

舍列梅季耶夫唯唯诺诺，不敢与彼得争辩，附和着："您这么一说，让我知道了攻城的重点，炮手先生。我们也想过，但那里的地形限制了大家的思维。"工程师科伯特毕恭毕敬地站在那里，露出一抹歉疚的微笑，建议着："陛下，南边的城墙虽然陈旧，但却难以攻破，因为要想攻打那里，必须先穿过沼泽地带才能靠近。可那片沼泽却是一只拦路虎，我们无法穿越过去。"

"你说什么，那片沼泽穿越不过去？"彼得·阿列克谢耶维奇厉声喝道，面部瞬间变得极为狰狞，就像饿极了的狼寻觅猎物时的神情。科伯特吓得后退了一步，不敢再看他的眼睛。"对一个俄罗斯士兵来说，什么地方都必须要穿越过去。我们又不是下棋，我们是在玩一场生死存亡的战争，必须赢！"

彼得拿出了城市地形图，铺在了草地上，舍列梅季耶夫和科伯特蹲在他旁边。"这里才是你应当放置全部炮垒的地方！"他指着那片沼泽的边缘，冲元帅叫嚷。"河对岸，还得加上几门攻城炮。"说着，他灵巧地在地形图上画了几道线，随后又用圆规测量着距离。舍列梅季耶夫嘟囔地说道："没问题，距离是够得到的。"科伯特意味深长地笑了笑。彼得说道："我给你三天时间把阵地改变一下。7号那天，我要开始放烟火了。"三天之内，他不让大家休息，也不让大家睡觉。白天，所有的部队都当着瑞典人的面继续修筑原先的围城工事，在枪林弹雨底下挖掘战壕，把梯子连接起来。夜里，他们偷偷地把大炮拉到沼泽边缘的新阵地上，还渡过浮桥送到河对岸，用束柴和土堤遮掩起来。

7日的太阳刚在森林上空显现，60门攻城炮和重炮马上地动山摇地震撼起来，两普特重的炮弹和引信炸弹呼呼地打沼泽上空飞过去。在硝烟的掩蔽下，伊万·日德克的掷弹兵团挟着一捆捆枯树枝来回奔跑，要在沼泽里铺一条路。彼得·阿列克谢耶维奇待在南面的炮垒里。他来不及指示，也来不及生气，只是瞪着那些炮手，让他们迅速把炮身擦干净，将弹药筒装上火药，把炮弹捶进去，炮口瞄准目标。

"全体注意！"涅恰耶夫上校个子不高，可是嗓门大得惊人，瞪着充血的眼睛，帽子被第一阵排炮震得飞了起来。"距离照旧。安好导火线，放！"炮弹打中了目标，城墙上的房顶腾起浓烟，冒出火焰，城里的房子燃烧起来。尽管这样,到了那天傍晚,城门望楼和城墙却还是屹然不动。彼得·阿列克谢耶维奇命令把炮兵阵地再往前面推进一点。

就这样,烟火一直持续了六天。伊万·日德克的掷弹兵没在齐腰身的水里,在沼泽上铺一条路,用盛着泥土的箩筐,挡着敌人的炮弹和枪弹。大批的士兵当场就沉下去了,受伤的由伙伴们搭了回来。瑞典人也意识到危局的严重性,便从别的城楼上调来了一部分大炮,一天天增强他们的火力。彼得·阿列克谢耶维奇心急如焚,一直没离开过。他的脸被火药弄得乌黑,也没心情洗,急匆匆地吃了口饭。在大炮的隆隆声中,他就地往炮车底下一躺,随意打个盹。他把工程师科伯特发配到辎重车队本部,这个人虽然很有学问,可是人太温和,不适合指挥部队。

7月12日黄昏,彼得派人找来了舍列梅季耶夫。几天来,元帅带着所有的部队在东边吵吵嚷嚷,摆出一副进攻的架势。他希望用声东击西的办法,吓唬瑞典人。他又变得活跃起来了,成天不下马背,又是厮杀,又是咒骂。当他找到彼得·阿列克谢耶维奇的时候,彼得正坐在最大的一门炮的炮架上嚼着面包,讨论当天的工作,急促而又滔滔不绝地谈着。攻击终于有了效果:南边的城墙有三处打开了缺口,这些缺口敌人再也没法儿堵住了,望楼的整个犄角都已经倒下去,其余部分随时都有可能坍塌。

"伊格纳特,你在哪儿?过来。"说完,他把一只烟斗递给了那个炮手。"这烟斗我不想送给你。我身边没有第二只,你抽一口吧。好小子!要是我们能保住这条命,那我怎么也不会忘记你的。"伊格纳特·库罗奇金是个稳重的人,谢过彼得之后,他小心翼翼地接过那只烟斗。他用手指往斗里扒了一下,皱纹立刻爬上了整脸:"可这斗里一点烟草也没有哪,陛下!"

所有的炮兵都笑起来了。彼得·阿列克谢耶维奇掏出了烟草袋,里面也空了。正在这当口儿,元帅走过来了。彼得·阿列克谢耶维奇满心高兴地说:"鲍里斯·彼得罗维奇,你带烟了吗?把你的烟草袋交给炮手库罗奇金吧。伊格纳特,只是那烟斗你可别忘记还我啊。"彼得把炮兵们都打发走了,自己坐在那里嚼了一会儿面包。元帅闷声不响地站在他面前,静候着他的吩咐。

"鲍里斯·彼得罗维奇,我们不能再等待了,"彼得说道,嗓音变得凝重起来,"士兵们都很愤怒。掷弹兵冒着生命危险,一直在沼泽里与死神搏斗!你必须马上把萨莫赫瓦洛夫团的一营莫斯科射击兵派到我这里来增援。看在上帝面上,你的戏要继续演下去,越真越好,不过别让士兵们受到无谓的牺牲。拂晓,我就要发动突击了,去吧,元帅先生。"

当一桶桶焦油在沼泽边缘和河对岸燃烧之际,所有的炮弹一齐急射,像这样的炮火瑞典人从来就没有经受过。城门坍塌了。彼得·阿列克谢耶维奇蜷着膝盖,待在战壕里,通过望远镜紧张地关注着战场。他背后站着伊万·日德克,这个奥廖尔人看去像是吉普赛人,一双黑糊糊的眼睛闪出一种干涩的光。夏日的夜太短了,刚才还是繁星满天,转眼间便都隐没不见了,东方的天空里已经露出一丝光亮。时间不等人了,伊万·日德克焦急地望着彼得。可是彼得·阿列克谢耶维奇依旧在拖延。突然,伊万·日德克从内心深处发出一声痛苦的呻吟,摇了摇耷拉着的脑袋。彼得·阿列克谢耶维奇突然似想起了什么,抓住他的肩膀说道:"跟我走!"

伊万·日德克跟在彼得的后面跳过束柴,弯腰跑过沼泽。一支火箭"咻"的一响蹿上了天空,爆开了,散出来一片碧绿的火光,随后是第二支,第三支。大炮停止发射了。掷弹兵上半身都已没在污泥里,正朝城门举步艰难地走过去。整个沼泽都在荡漾着,里头挤满了人。一连连莫斯科射击兵,托着刺刀,从岸上开过来支援。彼得·阿列克谢耶维奇放下望远镜,从牙缝里抽了口气,皱着眉头。城墙那边,瑞典人仅剩下来的五门大炮对准伊万·日德克率领进攻的掷弹兵发出一阵平射炮火。俄罗斯士兵喊道:"乌拉!乌拉!"瑞典人也从城墙的缺口里冲了出来,迎着俄罗斯人奔跑着。肉搏战又一次开始了,呐喊声、呼吼声、刀剑碰撞声不绝于耳,充斥着上方的天空。不下四千人挤在城墙和城门狭小的地带中厮杀着。

彼得·阿列克谢耶维奇爬出壕沟,撒腿就走,涅恰耶夫上校赶上了他:"陛下,你不能到那边去,那里太危险了。"他们两个就站在那里朝作战的方向望着。涅恰耶夫眼中充满了泪水,神情激动地嚷了起来:"陛下,快看,我们攻进去了!"掷弹兵和莫斯科射击兵怀着满腔愤怒,顺着狭窄的街道把敌人追到城里广场上。凭着身体里原始的野性,他们杀死了尤里耶夫要塞司令派出来士兵,这场血腥的战斗也就落下了帷幕。

三

一条小船划了过来。船头上站着亚历山大·丹尼洛维奇·缅希科夫，正面带微笑瞅着舰船。彼得·阿列克谢耶维奇朝下瞧着他，也终于露出了多日来难得的笑容。亚历山大·丹尼洛维奇把胳膊举得高高的，大声喊道："万岁！炮手先生，万岁！恭祝伟大的胜利！"

"你等着，我马上就下去看你，"彼得·阿列克谢耶维奇说，嗓音调皮而深沉，"我要你弄的东西，你给我准备好了没有？我们那边可是什么都缺，连最普通的啤酒都没有了。"

"三桶莱茵酒昨天已经运到了！"缅希科夫大声吼道，"我们的营地可不像舍列梅季耶夫的营地，什么事情都不拖延，什么东西都不缺。"

"你吹吧，你尽管吹吧！"彼得·阿列克谢耶维奇召来了涅普柳耶夫船长，命令他明天将船上的旗子升起来，随后擂着军鼓把瑞典人的旗幡送到岸上军队里去。对年轻船长来说，这是一种光荣，他脸红了。彼得·阿列克谢耶维奇眼瞪瞪地盯着他，随后又补充了一句："航行得很好，司令官！"彼得·阿列克谢耶维奇没有再跟他说什么话，伸出了长长的腿，爬到小船里去。彼得在缅希科夫旁边坐下，顺手拍了拍他的肩膀："我很高兴你来迎接我，你们也取得了胜利吗？是不是把施利本巴赫打垮了？"

"我们取得了了不起的功勋，陛下！阿尼基塔·列普宁用大车朝他猛扑过去，而雷恩上校按照我给他出的主意，用骑兵截断他进城的道路。施利本巴赫被打得狼狈不堪，这位昔日的英雄仅仅带走十来个骑兵，逃到了列维尔。还有一个消息：华沙方面来了一个急使，奥古斯特国王派一位大使到你这儿来了。这位大使就在纳尔瓦，在那边宫堡里接见倒是一件很妙的事情。您觉得如何？"

彼得·阿列克谢耶维奇一面听他闲扯，一面眯缝着眼睛，望着碧绿的河水，问道："莫斯科那边有什么消息？"

"费多尔·尤里耶维奇派来一个差役，带着满满一筐信件和公文。加夫里尔·布罗夫金要去彼得堡，顺路来到了这儿，捎给您一封信。"彼得·阿列克谢耶维奇急速地瞅了他一眼。"这封信我已经拿来了,陛下。他说,她们在伊兹迈洛夫思念你,盼你盼得眼睛也哭坏了。"

小船靠近了沙滩。彼得·阿列克谢耶维奇纵身一跳,上了岸坡,缅希科夫的营帐就扎在那里。

他们两个人单独在营帐里坐下来吃晚饭。彼得·阿列克谢耶维奇狼吞虎咽地吃着,这些天把他饿慌了。缅希科夫自己不大夹菜,多半是在喝酒。他正在谈着新任元帅奥吉尔维的事:"元帅是一个有学问的人,他从维也纳带来了足足有一大车的书,全堆放在他的营帐里。他来后第一件事就是告诉我们,说他不想吃我们为他准备的任何一种伙食。他清晨醒来之后,就要巧克力、咖啡和雪白的小麦面包;午餐呢,他一定要吃新鲜的鳕鱼,还有野味和小牛肉。我们专门为他养了一头母牛,还找来了一位干净利落的姑娘,挤牛奶,制乳油。在他营帐后面,我们给他搭了一间厕所,这个厕所的钥匙,他谁也不肯给。"

彼得·阿列克谢耶维奇的心情并没有受到影响,他咽下一块食物,笑着说道:"为什么我要给他三千金币啊?就是要他教教你们这些亚细亚人如何学会礼数。"

"不错,他是教我们了。第二天,他召集了各团的团长,既不问我们的教名与父名,也不跟任何人握手,只是一个劲儿吹嘘自己,说是奥皇怎样喜欢他,他自己带头围攻过哪些城市,打过哪些著名的战役。他把所有的勋章都拿给我们看,随后就把我们解散了。按照礼貌,他应该请我们吃一点巧克力,可是他并没有提这个茬。只是告诉我们,他要写一份关于如何攻占纳尔瓦计划书。不瞒您说,到现在为止他还没有写完呢。"

"嗯,我知道了。"彼得·阿列克谢耶维奇用餐巾抹了抹手,喝了口伏特加,乐滋滋地说道:"让我们还像在库奎外侨区那个早已逝去的时代一样,我的知心朋友你把那封信交给我吧。"这封彼得盼望多日的信,是卡捷琳娜·瓦西里耶夫斯卡娅写给他的。但她现在还没学会写字,只能由阿尼西娅·托尔斯塔娅代劳。

给我的皇上,我最亲的,我最爱的皇上,我派人带给您一件礼物:在伊兹迈洛夫玻璃棚下结成的几个甜瓜,味道可甜了。请随意吃吧,皇上,我最亲的，我最爱的皇上。还有，我最亲爱的，我很想来看看您呢。

"她信上的话不多。我想就是这些话，她也是考虑了很久，才想出来的。"彼得·阿列克谢耶维奇自己给自己解心疑，语气中明显带着点儿嘲讽的味道。他往膝盖上一拍，他站起身来，踱出了营帐："缅希科夫，你去找马卡罗夫，跟他一道把莫斯科的来件理一理，按照轻重缓急给我准备好。我现在出去活动活动腿脚。"

彼得·阿列克谢耶维奇沿河走去，他不时停下来，来个深呼吸。在一个河谷边缘，他又站住了，一个人的嗓音清晰地传了过来。大概是个看马的兵，他不让人家睡觉，却要大家听他吹嘘。彼得·阿列克谢耶维奇对此没什么兴趣，正准备往回走，可是他突然听到这么一句话，身子一震，立即停下了脚步："你们都是在胡说八道，她不是个巫婆！她只是一个普普通通的婢女，当时穿着一件肮脏破烂的衣服。她被他们抓住的时候，就是这副样子。米什卡，我说的对不对？当咱们再次看见她的时候，她已经住到元帅那儿了。她从营帐里出来，倒掉污水，她又漂亮，又机灵。那个时候我就觉得这个女娃儿将来肯定有出息。我说对了吧，她才机灵呢！"

"后来怎么样了？"一个嗓音粗犷的人问道。"你还不知道吗？她这会儿跟皇上住在一起了，更享福了。更详细的事情，你去问米什卡吧，他会告诉你的。"一个瓮声瓮气的嗓音响了起来："去你们的！我已经记不起她了。"

彼得·阿列克谢耶维奇气都喘不匀了，羞愧燃烧着他的脸，愤怒涌上他心头。有人竟敢背后说有损皇上名誉的话，要是告诉"公爵皇帝"，他一定会给他们戴上镣铐，好好审讯他们一番的。可耻啊，可耻！这是他自己的过错，却已经传为军队里众人皆知的笑话了。他低下了头，朝那第一个尝到她甜头的、懒洋洋的大汉走了过去。他威风凛凛地走到下面峡谷里，听到有声音，三个人警觉地站了起来。"谁？"有一个人粗暴地喝道。彼得·阿列克谢耶维奇发着牢骚地说："是我。"那三个士兵吓得直打寒战，但他们很快就反应过来，一眨眼工夫，他们麻利地捡起火枪，一动不动地站在那里。

彼得·阿列克谢耶维奇一眼也不看他们，捡出一块火炭，点燃了烟斗。他一面抽烟，一面皱着眉头朝那个站得最远的士兵瞅了一眼，不过他的脸看不清楚。彼得清了清嗓子，问道："你叫什么名字？你多高？为什么没进近卫军?"

"米什卡·布卢多夫,涅夫斯基龙骑兵团,第六连的看马兵,1699年入伍,差三寸三俄尺,炮手先生。"

"1699年入伍,到现在还没有得到个官职?你是懒惰,还是愚笨?"米什卡毫无生气地答道:"是这样,炮手先生,我又懒又笨。"彼得·阿列克谢耶维奇大口地抽着烟,他知道自己只要一消失,这几个士兵就会交换眼色,望着他的背景偷笑。彼得也不能一直僵在那里,过了会儿后,他背着手,高傲地扬起了脸,大踏步蹀出了峡谷。回到营帐里,他就往桌子边一坐,贪婪地喝起酒来。他说:"缅希科夫,在涅夫斯基团里,第六连有个士兵,他更适合当近卫军,你应该把他调到近卫军去。"

缅希科夫既没表现出惊奇,也没显示狡猾的表情,只有一种心照不宣的神色:"米什卡·布卢多夫,我早就注意到他了。在攻克马林贝格的时候,他得过一卢布的犒赏。骑兵连长不肯放他走,我就没有立刻把他调走。"彼得又开了口:"把米什卡调到普列奥布拉任斯科耶团去,当第一连的右翼基准兵。"

彼得大帝出行

四

霍恩将军从城楼上走下来，穿过市集广场。跟往常一样，铺子里挤满了人，人是越来越多了，可是能买到的食品却一天比一天少了。人们再也不向将军问好，有的甚至背过身去不理他。他不止一次地听到人家嘀咕："快向俄罗斯人投降吧，干吗要折磨大伙儿呀，难道他是魔鬼派来的使者吗？"可是将军的涵养很好，这些闲言碎语根本伤害不到他。

城里的钟打了九下，霍恩来到自家门前，一个动作麻利的侍女给他开了门。将军洗了洗手，极有气派地走进了餐室，桌边站着他的夫人，施佩林伯爵夫人家出身的太太，还有三个小姑娘和一个绷着脸的男孩，大家都在等候将军。将军坐下了，其余的人也便跟着坐下去，大家一起做着祈祷。三个郁闷的小姑娘勉强地吃着，可是那个绷着脸的男孩子小声跟他母亲说："我不想吃，我不想吃。"将军用蜡黄的大牙齿不动声色地嚼着羊肉。

施佩林伯爵夫人吃了口面包，喝了口汤之后开了口："将军，我跟您结婚已经十四年了，用尽一切办法，我还是没有真正了解您，您有没有一滴热血？您有没有一颗丈夫和父亲的慈爱之心？国王查理给您从列维尔派来了一支船队，装着火腿、糖、鱼、熏制的和烤制的食品。作为四个孩子的父亲，您该怎么办呢？我本以为您会手执宝剑，冲到船上，把食品全都运到城里来；可您居然平静地在城楼上观望，眼看俄罗斯士兵吃掉那些美味食品，可我们的孩子什么也吃不到！您这个人真是铁石心肠！您是个不近人情的恶魔！还有假战斗的倒霉事儿！现在，我再也不能在欧洲露脸了！最后，我们那唯一的希望——施利本巴赫将军，因为要支援我们，在文登阵亡了，您居然若无其事地坐在那儿，倒像眼下是您一生当中最幸福的日子似的。我已经受够了！您一定得让我带着孩子回到斯德哥尔摩的朝廷里去！"

"晚了，夫人，太晚了，"霍恩说道，眼中流露出无奈与迷茫，"我们已经被俄罗斯人牢牢地关在纳尔瓦了，没有出路了。"施佩林伯爵夫人用双手捂住脸，低低地轻声抽泣："现在我才明白，您这是要我和孩子们跟你受罪，你忍心让我们吃草和耗子吗？"霍恩将军的心往下一沉，他没打算让孩子们吃草和吃耗子！可是他现在又能说什么呢？将军只能不动声色地吃完早点。

将军的副官比斯特列姆站在门口已经有一会儿了。比斯特列姆手里拿着将军的宝剑和头盔，有点上气不接下气地说道："将军阁下，俄罗斯营地上突然行动起来了，不过我们还没猜出他们的用意。"霍恩将军又一次穿过市集广场，广场上挤满了惊慌的人群。他快速地爬上城楼。俄军排成了两行，一阵尘烟从东边疾卷而来。充当先锋的还是龙骑兵，沙皇和缅希科夫率领军队在后面紧紧跟随。在他们两人后面，士兵们在高举着十八面黄绸旗幡，十八只愤怒张开爪子的狮子在弯弯曲曲地蠕动，将军痛苦地闭上了眼睛。

龙骑兵连、沙皇、缅希科夫、瑞典人的旗幡，一一从围城军队旁边闪了过去，围城的士兵扯开粗野的嗓门："乌拉！乌拉！胜利！"

五

俄军军营里一片欢腾。沙皇的营帐周围的大炮正在发射，根据礼炮的齐发次数不难计算出已经干过几杯庆功酒了。霍恩将军正在静静等待着，他料定彼得一定会派来一个使节，吹嘘他们的功绩。这样的事果然发生了。从沙皇的营帐里忽然涌出来约莫四十人，其中有一个人跳上了马，向着"光荣号"棱堡疾驰而来，后面跟随着一个号手。这个使节在城楼脚下勒住了缰绳；那个号手则使出吃奶的劲儿吹着喇叭，惊动了周围的乌鸦，纷纷逃离。

"跟你们说话的是普列奥布拉任斯科耶团的卡尔波夫中校！"他已经喝醉了，满脸通红，在马上摇晃着。霍恩将军从城楼上弯下身子，大声喊着："说吧，我听着呢。要杀死你，我们的时间很充裕。"

"我是来通知你们，上星期五，尤里耶夫城已经让光荣伟大、骁勇善战的舍列梅季耶夫元帅攻下来了，你们还是没有守住要塞。不过彼得皇上心生怜悯，经不住司令官的苦苦哀求，也为了他们的英勇抵抗保存点颜面，允许军官们保留自己的佩剑，三分之一的士兵准许保留他们火枪，但不允许填充弹药。至于你们的旗幡和乐队，全都让我们扣下来了。"副官比斯特列姆把卡尔波夫的话翻译给大家听，站在霍恩背后的军官们愤慨地交换着眼神，他们当中有一个气愤地喊着："不要胡扯，你这只俄罗斯狗！"卡尔波夫中校指着远处一所营帐，人们观望着此处的俄罗斯诸人："先生们，如果现在体面投降，不是要比施利谢尔堡、尼恩尚茨和尤里耶夫的丢人的战斗好得多吗？正是出于这种考虑，总司令奥吉尔维元帅建议你们采取体面的和平方式把纳尔瓦交出来，马上派使节到我们营里去谈判，商议如何移交纳尔瓦吧。"

霍恩将军脸上血色全无，青筋暴突的手一个劲儿哆嗦，用低沉嘶哑的嗓音吼道："不！我要战斗！滚开！要不然我就下令开枪了！"卡尔波夫举起宝剑向他敬了个礼，挥了挥手，让号手返回了大营，可他自己并没有离开，朝城上的瑞典人喊道："你们当中，哪一个粗野的浑蛋在骂我，说我这个俄罗斯军官在胡扯？翻译官，赶快把这句话翻译出来！要是你有种，咱们一对一较量一下！"

瑞典军官们嚷嚷起来了。有一个胖大个儿，脸色涨得发紫，正挣脱想拉住他的伙伴。城上火枪的扳机不停地响着。卡尔波夫被子弹追逐着，伏在马脖子上，从城楼前面飞也似的驰开。跑了大约两百步远近，他又勒住了马，等待他的敌手出来。等了十几分钟后，城门的吊桥放了下来，那个胖大个儿军官穿过田野，对着卡尔波夫拍马驰来。他个头比卡尔波夫还高，坐骑也比卡尔波夫的大，瑞典宝剑又比俄罗斯宝剑长两俄尺。为了决斗，他穿着铁铠甲，而卡尔波夫只是件长襟衣。

按照习惯，在双方交手以前，要进行一番咒骂，随后才能正式决斗。决斗开始了，两边的人都密切关注着他们。两个人迅速拔出手枪，用马刺往马肚子上一磕，同时发了一枪，可都没有打中对方。那瑞典人把宝剑远远地伸向前面，调转马头又重新扑了过来，势头十分凶猛，卡尔波夫用自己的坐骑挡住，才保住了一条命，而敌人的宝剑已经深深地刺进了马脖子。"哎呀，这一下我的马可完蛋了，我要支撑不住啦。"他心里一惊，暗自寻思着对策。可是那瑞典人，松开了剑柄，身子摇晃了下，用左手去摸索手枪。卡尔波夫从跌倒的马背上跳下来，用宝剑往他腰里戳了好几下，只见他在马鞍里越晃越厉害。"真是个魔鬼，身体倒结实，还不肯死！"卡尔波夫想着，一瘸一拐地朝自己的营地跑去了。

黑夜笼罩着田野，凡是有生命的东西都应该休息了，可是俄罗斯营地上依旧人声嘈杂，篝火、火把和提灯的亮光一直映射到伊凡戈罗德要塞的城墙下。到了拂晓，从纳尔瓦城楼上还是可以望见许多巨大的攻城炮和臼炮，在亚姆戈罗德大道上有条不紊地移动。

第二天清晨，霍恩将军到了毗连河岸的"荣誉号"棱堡。他爬上一座高高的三角堡，观察着那些装着铸铁轮子的黄铜怪物，可以清晰地数出数量，他马上明白了彼得沙皇的计划和自己的错误。俄罗斯人又一次用巧计胜过了他，尽管他年纪大，经验多。他还沉浸在旧经验之中，忽略了防御方面两个最薄弱的地方：一个是被认为攻不破的"荣誉号"棱堡，现在看来，几天后它就会被俄军新式攻城炮所摧毁；一个是坐落在河边，充当城市屏障的"胜利号"棱堡，这棱堡还是伊凡雷帝时代的遗物，年代十分久远。两个月来，俄罗斯人一直在使用声东击西的计策，佯装准备突击那座新城的坚固工事，与此同时，他们做着进攻这边的准备工作。

霍恩将军放眼望去，足有上千个俄罗斯士兵正在挖掘战壕，部署大炮，炮口对准了"荣誉号"棱堡、"胜利号"棱堡和伊凡戈罗德要塞。他转向一群军官："很好，你们也都看清楚了，愚蠢的玩笑快要开完啦。我们一定要战斗！我们要用瑞典人的英雄气概来对付他们，这儿马上就要变成地狱了！我们要承受俄罗斯人的炮弹！俄罗斯人正在加紧修筑各种工事，我们也应当加紧干。我命令你们，把城里会用铲子的人统统召集来修筑防御工事。城墙坍了，我们就转入堑壕中作战，在街头作战。我们一定要胜利，决不能把纳尔瓦交给俄罗斯人！"

六

彼得·阿列克谢耶维奇正耐着性子，看着一份既冗长又沉闷的公文。如果是别人写的，他早已把它扔给马卡罗夫了："你看一下，给我弄出个摘要来。"可是这件公文却是奥吉尔维元帅的作战部署计划书。从5月1日元帅开始领取薪俸算起，时至今日，他别的事一件也没有做，光是这份计划书就已经花了七百金币,还不包括他的伙食和其他供应在内。彼得·阿列克谢耶维奇压制着心中的烦躁,读着元帅用德文写成的计划书。

彼得·阿列克谢耶维奇身旁坐着彼得·夫洛维奇·沙菲罗夫,他是跟元帅一块儿从莫斯科来的。彼得朝他瞅了许久,想看出来他是不是聪明可靠,或过分贪得无厌。这沙菲罗夫原是使节政厅一名普通的翻译官,现在却成了一位红人,虽然现在还没有一官半职。"又在胡说!又走弯路了!"彼得·阿列克谢耶维奇眉头一皱。沙菲罗夫立马起身,朝那件公文俯下身去,准确地译出了其中晦涩的部分。

"他的话太啰唆了,要是用我们俄罗斯话来说,要简单得多。对了,沙菲罗夫,你跟元帅相处了一段时间,觉得他这个人怎么样?"彼得将鹅毛笔在墨水壶里蘸了下,在手稿的边儿上批了几个字。沙菲罗夫观察着彼得的脸色变化。他一句话也没说,倒不是出于谨慎,而是因为知道彼得那双一眨也不眨的眼睛,用不着他说话就会看透他的心意。

"陛下,我们对元帅的印象都不好。我们的人都满腹牢骚,元帅仗着以前的功劳,对我们极为傲慢。他不愿意接近任何一个士兵,我也不知道俄罗斯士兵身上有什么让他如此讨厌的。嘿,这个奥地利人!今天早晨我到他的帐篷里去,他正在一个小盆里洗手洗脸,最让我感到恶心的是,他把口水也吐在那里头。就是这样一个人,他却讨厌我们。从维也纳来到这里以后,我还见他洗过一次澡呢。"说到这里,沙菲罗夫笑个不停,不得不用手掩住嘴。"他告诉我说,在他们那里,一位绅士需要盥洗的时候,他们就给他拿来一桶水,凡是他认为需要洗的地方,他都在那一桶水里洗。至于洗澡,照他看来,这是一种野蛮人的习惯。而最叫元帅先生愤懑的是,我们吃了那么多的大蒜,不论农奴和领主都一样。最初那些日子里,他总是用手绢把鼻子遮住。"

"是这样吗?"彼得吃惊地说,"那你为什么没有早一点告诉我?我们的确离不开大蒜,但大蒜对我们的健康有好处。如果他不习惯,那就让他慢慢适应吧。"彼得终于看完了计划书,他把计划书放在桌子上,伸了个懒腰,随后对马卡罗夫说:"你出去告诉他们,准备一些酒,再给元帅搬一把椅子来。还有一件事,马卡罗夫,你要改掉这个习惯:以后跟人讲话的时候,不要对着人家的脸呼吸。你该把头转开一点，避免大蒜味都扑到人家脸上。"

奥吉尔维元帅走进了营帐。彼得·阿列克谢耶维奇指了指那把椅子："元帅先生，你好，请坐！"沙菲罗夫走上前去，微笑着把这句话翻译了。元帅神气十足地坐了下去，把一只手搁在手杖上。"我已经看过你的计划书了，总体来说写得还不错，很有道理，值得我们执行。"彼得·阿列克谢耶维奇说着，从桌子底下拿出一张城市地形图，把它展开了。"只有一点我不同意：纳尔瓦应当在三天内攻下来，而不是在三个月！"

元帅的脸拉长了，眼睛里露出愤怒的神色，盯着彼得一动不动。彼得为了避免更大的尴尬，决定缓和下气氛："三天，我是在气头上说的。我可以宽限你一星期，这是最后的底线，没有什么可讲的了。你计划书里陈列的大炮位置，确实很合理，不过请你原谅，刚才我亲自下了命令，把所有部署在河对岸的大炮统统掉转方向，对准'胜利号'和'荣誉号'棱堡，因为霍恩将军的薄弱之处正是在那里，那里是整个战役胜负的关键。"

"陛下！"奥吉尔维情不自禁地叫嚷起来，"根据计划书，我们要从炮轰和突袭伊凡戈罗德开始，不是那两个棱堡！"

"将军先生，现在已经不需要那样做了。霍恩将军巴不得我们一直忙到秋天。你说你担心查理国王会赶来支援这个城市，这话确实很有道理，1700年的时候，我就在这些阵地上折损大量士兵。为此，你准备来一个反支援，可是那个代价很大，情况也复杂，花费的时间太多。我所规划的反支援，就是迅速把纳尔瓦攻下来，越快越好，让前来支援的人没有机会。你的作战部署计划书，不可否认是军事科学的结晶，可是我现在急需纳尔瓦，正像一个饥饿的人马上需要一块面包一样，饥饿的人是不会等待的，我也没有耐心等待了。"

"陛下，幸运曾经使我在攻占十一座要塞和城市中得到了成功。"奥吉尔维知道很难说服这个年轻的沙皇，但为了他的自尊心，他又必须硬着头皮上。"在突袭那慕尔的时候，德·沃班元帅拥抱我，把我称作他最得意的门生，为了表彰我的功劳，他送给我一只鼻烟盒。我草拟的这份计划书浓缩了我所有的军事经验，为了做好计划书，我视察了每一个角落，一切的东西都经过了认真的权衡和估计。我坚定地支持我的计划书，它是没有瑕疵的,若是您对我的推论有任何怀疑,那就会陷于毁灭的境界。是的,陛下,我把围攻的时间拉长了,可我要考虑的是,您的士兵眼下还不能算是真正的士兵,只能算是拿着火枪的农民。他们没有一点秩序和纪律的观念,打起战来肯定是乱哄哄的。如果他们能像一个真正的士兵应当作到的那样,那我的权杖一挥,他们就会拿起云梯,冒着弹雨爬到城墙上,按照您规定的时间拿下要塞。"

奥吉尔维得意扬扬地陈述着自己的观点。沙菲罗夫把他的话翻译之后,便望着彼得·阿列克谢耶维奇,看着沙皇的反应。彼得的脸立刻变得铁青,充满了杀气,喘着粗气,从两只睁得很大的眼睛里,复仇女神仿佛随时都会跳出来似的。"原来是这样:俄罗斯士兵是拿着火枪的农民!"他带着嘲讽的语气说,"我看这样也很好,没有什么问题。俄罗斯农民既聪明又果敢。一旦拿起枪,就会使敌人心惊胆战。你说他们不懂得秩序?如果他们不懂,那也不是他们的错,而是他们的军官没有带好他们!"

钱伯斯将军、列普宁将军和亚历山大·丹尼洛维奇·缅希科夫走进营帐来了。彼得一面不时地看着元帅那份被他批注过的手稿,一面用铅笔在地形图上画着线条,做着记号,向这些将军们宣读作战部署计划书。所有的部队、炮队和辎重车队都按着这个计划书运转起来了。

七

俄军大炮的吼声依旧震撼着广场上的房屋,这种情况已经持续七天了。昨天,霍恩将军拒绝了奥吉尔维元帅的合理而客气的建议:他不愿意看到俄军进城后大肆劫掠,满足士兵的私欲。将军把元帅的信揉成一团,扔到来使的脸上。这件事,全城人很快都知道了。

女人们扑向了霍恩将军的坐骑。她们抓住马的缰绳,揪住将军的衣服。她们又干又瘦,瞪大了眼睛,吵嚷着:"把城市交出去,把城市交出去!"就连骑兵卫队,也被缠住了,没法儿挤到他那边去,帮助将军解围。

霍恩将军从剑鞘里抽出宝剑,一面吓唬她们,一面催马快走。不料大家还是不为所动,大声吵嚷着:"你杀吧,杀吧!"这时,一阵从未听过的巨大的响声传入了众人的耳膜，原来是炮弹打中了火药库，引起了爆炸。将军的心凉了下去。人们做鸟兽散，纷纷寻找安全的地方，广场上瞬间空荡荡了。将军急促地磕着马刺，策马朝"荣誉号"棱堡疾驰而去。从河对岸飞来的炮弹，不断地落在临街的房顶上，落在弯弯曲曲的街头。城中起了大火，居民们又是一阵手忙脚乱。

"荣誉号"棱堡被尘土和烟雾笼罩起来了，城墙连基脚都崩坍了，朝着俄军的方向出现了一个大缺口。团长走了过来，他脸上挂了彩，正淌着血。将军冲他喊道："我命令你，率领士兵守住这里，不要让敌人从缺口冲进来！"团长冷笑了一声，仿佛没听见一般，独自走远了。将军气得发疯，但又看不到士兵，只能向"胜利号"棱堡方向驰去。情况和刚才差不多，炮弹在呼呼地乱飞，缺口在不断加大。俄军的大炮打得准极了。将军爬过坍塌下来的乱砖堆，向俄军的方向望去。他们已经开始突击了！

缅希科夫夹在因格曼兰德团射击兵中间，此刻正抡着宝剑，放开嗓门呐喊；所有的士兵也都放开嗓门呐喊。从伊凡戈罗德的高高的城墙上，缅希科夫跑到左岸，跳下浮桥，回头高呼："前进，前进！快点！"如果有人稍微慢了点，他便破口大骂，所骂的话都是临时想出来的，可非常难以入耳。

缅希科夫在齐膝的水里奔跑着，很快就冲到了队伍的前面，鼓励着士兵前进。伊凡戈罗德的大炮这会儿隔河朝这里轰着，配合着俄罗斯士兵的突击。在缺口顶端的后面，冒起一股硝烟，射击兵从那个缺口涌进城里，进行着血腥的肉搏。第二支突击纵队打钱伯斯将军面前开过去。将军骑着高头大马，嗓音嘶哑，一遍又一遍地喊着："勇敢的俄罗斯人，前进！勇敢的俄罗斯人，前进！"

冲在队伍最前面的一支部队，是普列奥布拉任斯科耶团的一个营，这个营的首领是卡尔波夫中校。他知道那些瑞典人都把眼光盯在他身上，但他毫无畏惧，继续阔步前进，高高地扬起脑袋。离厚厚的砖城墙上那个被炸开的缺口不到五十步了，卡尔波夫却没继续前进，而是停下了脚步。他并没有给后面的士兵一个命令或暗示，后面的士兵前进脚步的节奏立刻乱了，后面的人挤着前面的人，推推搡搡。卡尔波夫喝道："把武器扔下，你们这批流氓！"光亮一闪，一声巨响，硝烟冲在他脸上。他一心想要战斗，但他手下的士兵们已经赶过了他，他想找人来用宝剑厮杀一番，只能枉费心机了。他只看见普列奥布拉任斯科耶部队的脊背，他们正和敌人厮杀着，虽然仍能看出农民的影子，但他们都很勇猛，这才是战斗中最重要的啊。

阿尼基塔·伊万内奇·列普宁率领的第三支纵队，带着大量的攻城云梯，猛攻那座已经坍塌了一半的"光荣号"棱堡。瑞典守军从城墙上发射着炮弹、石块和木头如雨点一般落下，点燃了一桶桶焦油，往攻城士兵的身上倾倒。阿尼基塔·伊万内奇在城楼脚下不耐烦地踱着步，用尖细的嗓子呐喊，鼓舞他的部下，生怕他们在云梯上疏忽大意。一个又一个士兵被打伤、刺伤，从云梯顶上摔了下来。感谢上帝！士兵们还是密集地、凶悍地一窝蜂爬上了城墙，让瑞典人来不及倾倒一桶桶烈焰腾腾的焦油了。

不到一个小时，战斗结束了。俄罗斯人如飓风一般，冲进了纳尔瓦旧城的广场和街道，要把他们赶出去已经是不可能了。霍恩将军命令部队朝新城的土城退却，这座土城防御仍未被摧毁，这也是他们最后的希望了。从这座高高的土城上，将军可以看到下面好几条街道。他的部队应按照他的命令，顺着这些街道退却，可是这会儿连一个鬼影也没有。他一直望着，等待着他的士兵出现。后来，在那远远的一头，先是在一条街上，随后又在另一条街上，看见一些细小的人形在跑着。他不知道这些人是谁，在街上跑什么。一个没命地疾驰的人出现了，来到土城脚下，爬上陡峭的坡道。人影逐渐清晰了，是将军的副官——比斯特列姆。

"将军！"他朝霍恩扬起了那张疯狂的脸。"将军，我们的军队被包围了。俄罗斯人正在四处追杀我们的士兵，场面太血腥了，我这辈子从没见过。将军，请您赶快躲到城堡里去吧。"霍恩将军张皇失措了。这时他才看清楚在街上跑着的到底是些什么人。跟在将军后面那些骑兵你看看我，我望望你，随即动手拔出宝剑，往地上一扔，从马背上爬了下来。雷恩上校第一个赶到了将军跟前，他兴奋极了，一把抓住将军的马的缰绳不放，有些语无伦次："霍恩将军，您做了我的俘虏了！太好了！"这时的将军，思绪如同神游在外一般，雷恩上校为了夺下他的宝剑，不得不用强力扳开他的手指。

要不是奥吉尔维元帅阻止，彼得·阿列克谢耶维奇早就冲去了；为了这一刻，他苦熬了四年，同整个俄罗斯作对，把人们统统投到军队或为之服务的地方去，为弄到钱想尽了办法。让他朝思夜想、令他血液沸腾的事件，不到一个小时就完成了！

彼得·阿列克谢耶维奇骑着一匹白马，一身普列奥布拉任斯科耶团的制服，围着一条围巾，戴着一顶崭新的三角帽，上面佩着一个帽徽，右手拿着一副望远镜，脸上露出一副皇家的威严气派。这是一件会载入欧洲史册的大事：彼得用突击的办法，占领了号称世界上最难攻克的纳尔瓦要塞。不时有军官驱马飞驰而来，兴奋地向彼得汇报战况，彼得却朝奥吉尔维指了指，于是他们便向元帅报告。后来，三个军官忽然从"光荣号"棱堡大门里出现，朝这边拍马赶来了。奥吉尔维举起一根手指晃了晃，抑制不住脸上的神情："啊！一定是好消息，陛下。"

首先赶到的是一个哥萨克少尉，他没等停步就从马背上飞下来，朝彼得皇上扬起他的黑胡子，大声吼道："纳尔瓦司令官，霍恩将军把宝剑交出来了！"

"好极了！"奥吉尔维扬声说道，优雅地做了个邀请彼得·阿列克谢耶维奇的姿势："陛下，请入城，要塞已经是您的了。"彼得强行按捺住积聚许久、已经喷发的火山般的情绪，急急地走进了要塞的骑士厅。他首先看到的是亚历山大·丹尼洛维奇，此时的他一脸得意之色，铁胸甲上布满了弹痕，变得凹凸不平，头发被汗水打湿了，嘴唇裂了许多细小的口子。彼得又望了望列普宁，只见他依旧保持着往日的微笑，没有显出特别的神色。雷恩上校和钱伯斯将军的欢乐劲儿，让人感到一种过生日般的狂喜。

"我要知道，"彼得·阿列克谢耶维奇向他们嚷道，"为什么屠杀到现在还没停止，城里抢劫为什么还在进行？我进城之时，打过一个士兵。他喝得醉醺醺的，正强拉着一个姑娘往里面走！这种事情要马上结束！炮兵中尉缅希科夫，我任命你担任这个城市的总督。给你一个小时，如果办不好，我不要你的脊背对此负责，而是用你的脑袋！"

缅希科夫脸色刷地白了，他急忙跑了出去。阿尼基塔·列普宁给彼得解释着："陛下，事情是这样的，敌人迟迟不肯投降，我们的士兵极为愤慨，正发泄着他们的情绪。后来我派去几个军官，总算把他们拉开了。至于抢劫，那不是我们的人做的，是城里的居民自己干的。"

"把他们都绞死,让所有人看见,这就是下场!"

奥吉尔维进来了,后面跟着两个士兵和霍恩将军。屋子里瞬间静寂无声,只有霍恩将军的马刺铮铮地响着。将军昂着头,朝沙皇彼得走过去,脸上挂着一丝苦笑。彼得猛然攥起了一个拳头,奥吉尔维慌慌张张地向旁闪开了,身体开始轻微抽搐起来。

"你休想得到我的优待,"彼得说道,嗓音不大,但充满了暴躁。"你这个蠢材!你这个冥顽不灵的家伙!"接着,他向四周扫了一眼,最后把目光落到雷恩上校身上:"把他带出去,押着他到全城走一遍,让他亲眼看看自己干下的惨事……"

彼得大帝